U0902636

中国西部民族文化通志（33 卷）

哲学卷	伦理卷	心理卷	宗教卷
政治卷	历史卷	古籍卷	法律卷
社会卷	妇女卷	婚姻家庭卷	游牧卷
农耕卷	建筑卷	交通卷	贸易卷
科技卷	生态卷	教育卷	饮食卷
服饰卷	体育卷	娱乐卷	旅游卷
节日卷	礼仪卷	禁忌卷	文学卷
艺术卷	影视卷	工艺美术卷	傩文化卷
吉祥物卷			

中国西部民族文化通志

瞿明安　何明　主编

政治卷

段尔煜　主编

云南出版集团
云南人民出版社

国家出版基金资助项目

教育部人文社会科学重点研究基地重大项目

教育部人文社会科学重点研究基地云南大学西南边疆少数民族研究中心项目

总 序

21 世纪之初，中国政府启动了西部大开发的战略部署，将西部各民族的繁荣发展推到了中国现代化建设的前沿阵地，使其成为中国西部发展史上最值得大书特书的一页。国发〔2000〕33 号《国务院关于实施西部大开发若干政策措施的通知》中规定，中国西部开发的政策适用范围，包括重庆、四川、贵州、云南、西藏、陕西、甘肃、宁夏、青海、新疆、内蒙古、广西等 12 个省区市（统称为西部地区）。根据以上区域划分的原则，在中国西部地区主要分布着 49 个少数民族，即维吾尔族、哈萨克族、乌孜别克族、塔塔尔族、塔吉克族、柯尔克孜族、俄罗斯族、回族、土族、裕固族、东乡族、保安族、撒拉族、锡伯族、蒙古族、达斡尔族、鄂温克族、鄂伦春族、藏族、门巴族、珞巴族、羌族、傣族、哈尼族、基诺族、佤族、景颇族、德昂族、布朗族、拉祜族、阿昌族、傈僳族、独龙族、怒族、白族、纳西族、普米族、彝族、苗族、瑶族、布依族、水族、侗族、土家族、壮族、仫佬族、仡佬族、毛南族、京族等。在西部大开发的过程中，西部少数民族的现实状况和未来发展趋势将直接影响中国西部经济社会发展的总体进程。2001 年国务院西部开发办《关于西部大开发若干政策措施的实施意见》中规定，其他地区的民族自治州（湖南湘西土家族苗族自治州、湖北恩施土家族苗族自治州、吉林延边朝鲜族自治州），在实际工作中比照有关政策措施予以照顾。

西部大开发分别包括对西部地区自然资源的开发利用与可持续发展，以及对人文资源的开发利用与保护传承两个方面的内容。而在人文资源的开发利用与保护传承方面，如何充分有效地认识和发掘西部少数民族文化资源的价值和功能，使其在西部大开发中发挥积极的作用就是其中一项十分重要的内容。从应用民族学的角度来看，西部少数民族文化资源的开发利用与保护传承包括多种不同的表现形式，既有从经济发展和提高人民物质生活水平的需要出发对民族饮食、民族服饰、民族建筑、民族生产方式、民族贸易、民族旅游等文化资源的开发利用与保护传承，也有从构建和谐社会的需要出发对民族政治、民族法律、民族道德、民族宗教、民族心理等社会结构及文化要素的调适、引导和传承，还有从提高全民族文化素质和满足人们精神生活需要出发对民族教育、民族科技、民族文学、民族艺术、民族古籍等传统知识及文化要素进行的传承、改造和创新。在对西部少数民族文化资源进行开发利用与保护传承的过程中，应正确处理好突出经济效益的开发利用与关注社会效益的保护传承两者之间的关系，做到开发利用与保护传承两者并重，或在开发利用的过程中高度关注民族文化资源的保护传承。可以说，西部少数民族文化资源的开发利用与保护传承是一项巨大的社会系统工程，它与西部地区自然资源的开发利用及可持续发展具有同等重要的价值。

面对西部大开发这一前所未有的宏伟规划，作为以民族群体及其文化为研究对象的中国民族学研究者，如何在西部少数民族文化资源开发利用与保护传承的过程中发挥独特的作用，就成了当代中国学术界高度关注的现实问题。其实，早在西部大开发之前的 20 世纪 80 年代中期，中国的部分民族学研究者就参与了由国务院委托中国科学院牵头组织的有关西部大开发的前期研究准备工作，为 20 世纪末和 21 世纪初西部少数民族经济社会的发展献计献策。随着 21 世纪初西部大开发的正式启动，中国民族学研究者再一次站在了西部少数民族文化资源开发利用与保护传承的前沿阵地，除了直接参与西部各省区市政府部门有关当地少数民族经济社会发展的应用对策研究以外，为了正确认识把握西部少数民族的历史和现状，继承和弘扬西部少数民族的优良文化传统，还有不少学者撰写了一些与西部少数民族文化有关的著作，在研究西部少数民族文化方面取得了初步的成果。然而，在肯定以上事实的同时也应该承认，目前有关中国西部少数民族文化研究的成果仍处于零散、单一、粗浅的初期阶段，在学术界尚未形成大的气候和雄厚的优势，远远适应不了西部大开发对精神文化产品的客观现实需要。为了改变这种被动的状态，我们策划并组织全国的有关学者撰写了这套《中国西部民族文化通志》，以便为西部大开发提供精神文化方面的优秀产品，同时也为西部少数民族文化资源的保护传承献上一份厚礼。与国内其他同类的书籍相比，本通志在研究对象、学术取向和书写范式等方面具有以下几个鲜明的特点：

第一，坚持民族学的文化概念，系统深入地研究中国西部少数民族文化的各种构成要素。有关文化概念的界定问题，在不同学科的认知体系中往往存在着较大的差异。在一般人们的视野中，文化主要是指文学、艺术、教育、新闻、传播、伦理道德、思想观念等反映经济基础的意识形态。而从民族学的角度来看，文化则是指整个人类及其各个民族生活方式的总和，包括物质文化、行为文化、制度文化和精神文化等不同的构成要素，是人与自然、人与人、人与社会互动的产物。这两种不同的看法其实就与文化概念的狭义和广义之分相关。本通志坚持民族学的广义文化概念，将中国西部少数民族的各种文化构成要素划分为33个方面，相应形成了哲学卷、伦理卷、心理卷、宗教卷、政治卷、历史卷、古籍卷、法律卷、社会卷、妇女卷、婚姻家庭卷、游牧卷、农耕卷、建筑卷、交通卷、贸易卷、科技卷、生态卷、教育卷、饮食卷、服饰卷、体育卷、娱乐卷、旅游卷、节日卷、礼仪卷、禁忌卷、文学卷、艺术卷、影视卷、工艺美术卷、傩文化卷、吉祥物卷等33个分卷，几乎涵盖了中国西部少数民族文化的方方面面，由此形成一个宏大而多元的文化体系。除了从总体上将西部少数民族的各种文化现象划分为以上不同的构成要素以外，各个分卷的专题民族文化志则更进一步地将某一种特定的文化现象进行细致入微的分解。通过这种层层深入的描述和解析，使中国西部少数民族文化的各种鲜明特点得以充分地显现出来，为人们正确地认识了解中国西部少数民族文化的本质特征和表现形式提供系统翔实的文本资料。

第二，对中国西部少数民族文化进行整体的研究，为中国民族学西部学派的形成奠定坚实的基础。中国民族学以往的研究曾显现出一个鲜明的倾向，就是绝大多数学者的精力和时间都投入了对某些单一民族及其文化的研究，对田野调查报告或民族志的关注超越了对文化整体的认识。在对中国少数民族的历史和现状缺乏了解的背景条件下，对各个单一民族及其文化开展的调查研究不仅是非常迫切需要的，而且也符合现代民族学的学科发展规律。而在对各个单一民族及其文化所进行的田野调查和民族志资料积累发展到一定程度的时候，对中国少数民族文化进行宏观和微观相结合的整体研究，就自然而然地成了当代中国民族学学科发展的必然趋势。本通志的研究对象和学术取向就是这一学科发展趋势的具体体现。与国内已出版的各个单一民族的文化志有所不同的是，本通志各个分卷的民族文化志都不是只单独涉及西南、西北和内蒙古等地区各个单一民族，而是打破原有的地区和民族界限，将西南、西北和内蒙古等西部地区所有少数民族的特定文化现象作为一个有机的整体来看待。通过对各种文化现象的描述和概括来认识中国西部少数民族文化的总体特点，在此基础上建立中国民族学西部学派。所谓中国民族学西部学派，就是在中国民族学研究者中以西部少数民族文化为整体研究对象的学术群体和学术取向。它既从学科发展的角度关注整个中国西部少数民族文化的构成要素和总体特点，同时又从应用实践的角度重视中国西部少数民族文化资源的开发利用与保护传承，以便在基础研究和应用研究方面构建当代中国民族学的学科体系。可以说，本通志的出版就是中国民族学西部学派正式形成的标志，同时也为今后中国民族学的学科建设和发展打下了坚实的基础。

第三，把描述性与解释性有机地结合起来，使中国西部少数民族的各种文化现象得以较完整地呈现出来。以往志书的一个鲜明特征就是完整地记录和描述某一特定的事项，即古人所谓的“述而不作”。而本通志的设计和写作则突破了这一窠臼，即注重描述性与解释性两者之间的有机结合。本通志各个分卷主要包括导论和正文两个部分，其中各个分卷的导论是具体专题民族文化志的核心和灵魂。每一种具体的民族文化均有其基本特点、形成因素、表现形式、特定内涵、价值取向、应用功能等方面的重要内容。本通志各个专题民族文化志的导论部分，需要作者具有扎实的理论功底和素养，熟练地运用民族学有关民族文化的相关理论方法来进行高度的概括和分析，使人们对纷繁复杂的中国西部民族文化现象有一个较高层次的感悟和较全面的理解，为进一步认识中国西部民族文化的具体构成要素提供总体的思维模式和分析框架。而本通志各分卷的正文部分则是具体专题民族文化志的主体内容。它们分别对每一种涉及的具体民族文化要素进行层层深入的描述和解释，充分展现中国西部民族文化各种构成要素所具有的特色鲜明的表现形式、内在含义，以及与其他文化要素之间的互动关系。其显著效果就是使被描述、解释的内容显现得细致入微和丰富多样，以便加深人们对这些特定民族文化现象的认识程度。

第四，把横向的民族志资料与纵向的历史文献相结合，充分显现出中国西部少数民族传统文化形成和发展的特点。通常情况下，民族文化志书写的特点都是侧重于横向的研究，即对某一特定时期的民族文化现象进行全面客观的描述，很少涉及历史上这种特定民族文化现象形成、发展、变化的过程和特点。本通志则在这一方面有所突破，即分别从横向和纵向两个方面入手，既描述某一种民族文化现象的具体表现形式和鲜明特征，同时又对这种民族文化现象在历史上的演变乃至在现代社会中发生的变化进行简要的概括和分析，使得各个专题民族文化志能够融贯古今，使其显现出本身应有的资料价值和学术价值。而在横向与纵向相结合的书写过程中，则以横向的民族志描述为主，以纵向的历史演变为辅。通过阅读本通志，既可以从文化体系的角度认识和了解中国西部少数民族传统文化的基本特征、表现形式、形成因素、价值取向、象征意义、社会功能等，也可以从历史发展的角度洞察中国西部少数民族传统文化在历史上的演变以及在现实生活中的状态和未来发展的趋势，让读者从各种不同的民族文化构成要素中充分体悟中国西部少数民族文化的多样性和复杂性。

本通志由云南大学西南边疆少数民族研究中心的瞿明安教授和何明教授担任主编，组织了以云南大学为主、其他院校和科研单位为辅的研究团队。分别由云南大学、中山大学、北京师范大学、四川大学、中央民族大学、中南民族大学、广西民族大学、云南民族大学、贵州民族大学、云南师范大学、云南农业大学、云南省社会科学院、云南行政学院、武汉工商学院、中国妇女儿童博物馆、云南人民出版社等国内十五所大学、科研机构和出版社长期从事民族文化研究的三十余位知名专家学者领衔撰写，参与人员近百人。全套通志约一千六百万字，可以说是目前国内规模最大、体系最完整的一套专题民族文化志，在中国民族学界尚属首次出版，堪称传世之作。这也是一项重大的基础建设工程，对于继承和发扬中国西部少数民族的优良文化传统，增强各民族的自豪感和自信心，提高中国民族学的整体研究水平具有重要的学术价值。

本通志的编辑和出版得到了有关方面的大力支持和帮助。其中云南人民出版社人文读物编辑部尹杰主任最早提出了编写这套通志的构想，并在具体策划和编辑过程中付出了辛勤的劳动，云南人民出版社刘大伟社长对本通志的出版给予了全力的支持，责任编辑李萍女士为通志的编辑出版敢担其责、倾心尽力。云南大学西南边疆少数民族研究中心将本通志申报立项为瞿明安主持的 2010 年教育部人文社会科学重点研究基地重大项目（批准号：10JJD850007）。本通志还得到了云南出版集团和云南大学的大力支持，在此表示衷心的感谢！

《中国西部民族文化通志》编委会

2013 年 10 月 31 日

目　录

导 论

我国西部地区自古就居住着大量少数民族。据《尚书·夏书》及相关史籍记载，先秦时期西部主要民族就有：（夏朝时期）昆仑、析支、渠搜，（商时期）西戎、氐、羌、昆夷、蜀，（西周时期）众戎、混夷、蜀、巴，（春秋战国时期）匈奴、氐、羌、义渠、绵诸、大荔等。至秦汉时期，形成了全国性的相对统一的多民族国家，并逐步形成了汉族和少数民族之分。自此各民族走上了不平衡发展之路，至中华人民共和国成立初期，西部省区40多个少数民族中尚有极少数处于原始社会末期，有的处于原始社会向奴隶社会、封建社会过渡时期，有的处于封建领主社会时期，有的则处于封建地主制社会时期，也有部分民族已产生了资本主义经济因素的萌芽。从先秦至民国时期，西部众多发展不平衡的民族经历了10多个中央王朝政权，以及前后数十个区域性民族政权。历朝历代中央王朝在经略西部时，均采取了一系列包括政治、军事、经济、文化、社会等在内的措施和办法，建立了涵盖民族政治统治、民族政治管理、民族政治参与和民族关系调和在内的一系列制度规则体系。而各个地方性民族政权也有不同的组织框架、运行方式、政治制度模式、民族管理内容和民族冲突与协调方式等。由于西部聚集了我国绝大部分少数民族，各民族均有悠久的历史、文化传统，且在中华人民共和国成立后聚集了全国155个民族自治地方中的115个，各民族共同体、民族精英、民族群众、中央王朝和地方性民族政权等主体的民族政治历史实践，构成了一幅丰富多彩、极具研究价值的重要民族政治画卷。

一、基础概念界定

西部民族政治是一个复杂、庞大的概念体系，加之目前学术界使用的有关民族与政治的概念多由西方引进，与西部传统民族政治实践不够吻合。为此，在深入进行研究前，需对涉及的“西部民族”“民族管理”等核心概念进行辨析，以便研究能够严谨地深入展开。

（一）西部民族

“西部”和“西部民族地区”是两个现代性名词。参照《国务院关于实施西部大开发若干政策措施的通知》，中国西部开发的政策适用范围，包括今重庆市、陕西省、甘肃省、青海省、宁夏回族自治区、新疆维吾尔自治区、四川省、云南省、贵州省、西藏自治区、内蒙古自治区、广西壮族自治区 12 个省（自治区、直辖市），统称为西部地区，面积约 685 万平方公里，约占全国国土面积 71.4% 的区域。2001 年国务院西部开发办《关于西部大开发若干政策措施的实施意见》中规定，其他地区的民族自治州（湖南湘西土家族苗族自治州、湖北恩施土家族苗族自治州、吉林延边朝鲜族自治州）在实际工作中比照有关政策措施予以照顾。但是由于不同历史时期地方民族政权和中原统一政权的实际控制区域不同，西部民族地区的范围也各不相同，有“西羌”“西戎”“西域诸族”“西番”“西南夷”“巴蜀”等。故在《中国西部民族文化通志·政治卷》（以下简称《政治卷》）中，西部是一个因不同历史时期地方民族政权和中原统一政权的实际控制区域不同而内涵不同的地域，在不同历史时期有不同的边界，但是均部分或全部含于现今的“西部”。

“民族”是一个历史范畴，是基于传统、语言、文化、风俗习惯和心理认同等民族差别①而形成的具有较强稳定性和明显特征的人群共同体。这种表述科学地揭示了民族的本质属性，但是只适用于现代民族②，因而对中国古代的“民族”却不能一概而论。中国各民族间的区别与认同自古就有明确的标准，多以“种”“人”“族”“国”“部族”“族类”“方国”等词语表示，但是现代“民族”一词却源于 19 世纪末日文对“nation”一词的译文。故《政治卷》中的“民族”，既包括中国西部现有民族，也包括历史上西部的原始群落、民族群体、族群和民族共同体等，在不同的历史阶段有不同的内涵和外延。西部民族在极少地方指西部的现有民族，但主要是指夏朝以来至中华人民共和国成立前，在今西部 12 个省（自治区、直辖市）辖区内的原始群落、民族群体、族群和民族共同体等，有“种”“方国”“人”“族”“氏族”“部族”“族类”等称谓，是西部民族纵向演进形态的横向呈现。

① 胡锦涛《在中央民族工作会议暨国务院第四次全国民族团结进步表彰大会上的讲话》，新华网 2005 年 5 月 28 日。

② 周星著《民族政治学》，中国社会科学出版社 1993 年版。

（二）民族管理

在特定语境下，民族管理与民族行政管理、民族公共管理、民族地区行政管理、民族自治地方行政管理等概念相近或有密切的内在联系，都可同时作为一种静态的基本理论和动态的实践过程，但是细究其内涵和外延却不尽相同。要辨明此组概念，需先厘清民族自治地方与民族地区、行政管理与公共管理两组概念的关系。民族自治地方是指依据《中国人民政治协商会议共同纲领》（以下简称《共同纲领》）、《中华人民共和国宪法》（以下简称《宪法》）、《中华人民共和国民族区域自治法》（以下简称《民族区域自治法》）等法律、法规设立的，其自治机关享有自治权的行政区域。民族地区在中国古代社会主要指多民族聚居，由国家政权通过特殊制度安排、实施特殊政策的区域，而在现当代它则是一个人文、地理概念，不仅包括民族自治地方，还包括少数民族聚居或杂居而未实行民族区域自治制度的区域。时下所称的"行政管理""公共行政""公共行政管理"和"公共管理"应是同源异译①。而"行政"一词单独使用时，可为"私人行政"，亦可为"公共行政"，当其与"民族"等具有公众性、公共性的词语组合在一起使用时，其"公共行政"之意即不言而喻。由于行政管理是指现代国家各级政府部门在执行法定职能及其具体运作的过程中，对于所经历的程序、环节及所处理的公共事务和解决的问题等一系列的管理活动②，故民族自治地方行政管理是指民族自治地方各级政府在执行法定职能及其具体运作的过程中，对于所经历的程序、环节及所处理的各种公共事务和解决问题等一系列的管理活动。但是由于"行政"一词主要源于现代三权分立、政治与行政二分体制之中，具有狭义政府之称，而在中国古代政治格局中，皇权、相权、军权、监察权等都集中于最高统治者一身，高度合一，基本没有分化，在这种情况下就根本不存在"行政"和"政府"之说，仅有传统专制权力的承载者——皇帝、朝廷、各级官府、军事组织等，故民族地区行政管理或民族行政管理只能专指现代社会中民族地区各级政府在执行法定职能及其具体运作的过程中，对于所经历的程序、环节及所处理的各种公共事务和解决的问题等一系列的管理活动。

---

① 夏书章主编《行政管理学》（第四版），高等教育出版社、中山大学出版社2008年版。

② 夏书章主编《行政管理学》（第四版），高等教育出版社、中山大学出版社2008年版。

为此，《政治卷》在进行研究时选用了“民族管理”概念而非“民族行政管理”“民族地区行政管理”等概念。民族管理主要指夏朝以来至中华人民共和国成立前，中原统一性政权的朝廷（中央政府）、各级官府、军事组织和地方民族政权组织等“官方组织”在履行职能和具体运作过程中，处理西部各种民族事务的一系列管理活动。其管理主体涵盖了传统社会中所有有权对西部民族事务发布“公共性”指令的政权组织和个人，如最高统治者、朝廷（中央政府）、各级官府、军事组织和地方民族政权组织等。由于受到中原封建王朝盛衰、民族势力大小和民族地理、政治、经济、文化、社会和宗教等多重因素的复杂影响，西部民族管理呈现出主体多元化、内容日渐繁杂化和策略日益多样化等特点。

二、民族政治与民族文化的关系

人因其社会性而存在，而人的社会性存在直接导致人群共同体即“族”的产生。在一定的经济、社会、历史、地理条件下，长期生活在一起的“族”的内部联系逐渐紧密、稳固并形成了自身特色，于是“族”具有了共同的传统、语言、文化、习俗和心理认同等，遂产生了“民族”。随着“民族”的社会性存在和发展，民族政治与民族文化逐渐产生。虽然民族政治与民族文化各有其内涵和外延，但是又有着千丝万缕的内在联系。

（一）内涵丰富的民族政治

由于我国西部自古以来民族众多且源流复杂，所以需要从历史发展进程中把握其政治属性及内涵等。

1. 民族的政治属性

西部各民族在其起源、形成、发展、演变的历史过程中，必然与中央王朝或中央政权产生多层次、多维度的联系，进而获得多种属性。在不同历史时期具体的经济基础上，西部各民族为了获得和维护自身利益而必须争取政治权力，形成各种力量不一的社会政治势力，构筑起政治权力体系，进而运用政治权力管理自己的经济、社会、文化生活，追逐和实现自身利益诉求，协调与其他民族的政治关系。于是各民族不可避免地与一定的政治权力体系和政治生活联系在一起，进而获得了特定属性，即西部民族的政治属性。

（1）民族政治实体的形成。我国西部各民族共同体在争取、维护和实现自身利益的过程中，必然围绕政治权力而形成一定的政治实体。西部各民族一旦形成，必然在其内部和与其他民族之间因生存与发展而产生利益关系，在利益的争取、维护和实现中碰撞与角逐，并借此形成一定的利益群体和社会政治实体。在处理利益关系中各民族均尽力利用自身的族体规模、组织系统、民族意识、文化和地理区位特点、经济实力、军事力量等，以获得政治优势，进而通过自身获得的社会政治优势，影响和制约在力量对比中处于劣势的其他民族。在试图影响或制约其他民族以实现或维护自身利益的过程中，民族政治实体产生并发挥作用。

（2）民族与政治的结合。西部各民族的社会存在形式必然要有效处理内外关系，并建立和维护一定的秩序。社会秩序的建立和维护需要一种对全体民族成员都具有约束力的强制性权力或规则体系。而在西部民族中，这种强制力既有根植于民族内部的，也有外源性的。其中根植于民族内部的强制力主要源于民族的传统习惯法、风俗、宗教信仰和历史积淀等；外源性强制力主要源于外围，如中央王朝、四周强大宗主国的经济、政治、军事、文化等方面的强烈影响和制约力。在特定历史时期的一些地域，根植于民族内部的强制力更大些，源于中央王朝等外围的强制力要小些，在其他历史时期或地域则会不太一致。但是不管其强制力大小如何，西部各民族共同体逐渐构筑起自身的公共权力体系，并影响着公共资源的权威性分配格局，以建立和维护经济社会生活秩序，于是民族与政治紧密地结合在一起。

2. 民族政治的内涵

从逻辑上讲，民族政治是民族政治属性的展开①。在西部民族政治实践的历史长河中，作为主体的民族在不断演进变化，民族政治属性的内容也在逐渐丰富，并日趋博杂，难以逐一穷尽。为此，研究西部民族政治必须运用马列主义历史地观察问题，注重历史发展的主流。即从历史发展的纵向和横向交叉结合中，把握住西部民族政治发展演变的主流脉络，以民族政治的基本理论、框架结合西部民族政治实践的独特内容，进而概括性地阐释其基本内涵。

（1）民族的公共组织体系。西部各民族为争取、维护和实现自身利益，必然通过一定形式凝聚特定的社会政治势力以影响和制约其他民族政治主体，实现这种影响和制约功能的载体即成为民族政治的公共组织体系。它包括内源性和外源性两种，其中根植于民族内部的即内源性组织体系，如部落、部

---

① 周星著《民族政治学》，中国社会科学出版社 1993 年版。

落联盟、民族公社、石牌组织、议榔组织、游牧宗法组织、村社联合组织等地方民族政权组织体系；外源性的则主要指由中央王朝在西部民族地区建立的各级政权组织、外来宗教组织等。各种不同的民族政治组织共同承担着组织西部民族，构筑西部民族地区经济、政治、社会、文化秩序的重任。

（2）民族的政治权力体系。西部民族的公共组织体系运用其权威影响和制约其他民族政治主体，以争取、维护和实现特定利益的过程，就是行使民族政治权力的过程。因组织系统和权力来源不同，其政治权力可以分为两种类型：一种来源于内部，如西部各民族共同体或地方民族政权具有的公共权力；另一种来源于外部，如中央王朝在西部民族地区的政治存在。政治权力体系一旦构建起来，必然运用政治权力对社会资源进行权威分配，构建、调节和控制社会秩序，调和民族关系，整合民族共同体，聚集民族利益，进而促进西部多民族社会的发展。

（3）民族政治活动与规则体系。西部民族社会政治势力的不同公共组织体系，运用政治权力为争取、维护和实现特定利益而开展各种政治活动，进行政治参与、政治统治、民族管理和军事活动等民族政治活动。在进行各种政治活动的过程中，不同组织层面、不同权力模式中形成了不同的或明文规定或约定俗成的各种规则体系，其中有的体现为制度形式，有的则体现为前制度形式的习惯法、风俗和策略等。

（4）民族政治关系。由于民族存在社会性，西部各民族或民族社会必然在不同层面以不同方式与其他民族或民族社会产生不同程度的联系。而不同民族或民族社会之间存在的各种政治方面的联系的总和就是民族政治关系，具体指各民族或民族社会之间的权力或影响力关系，其中涉及彼此间的政治控制、政治信息沟通、政治势力对比、政治能量交换、政治资源的利用和动员等方面[①]。这些都普遍存在于民族产生以来的各个历史时期。民族政治关系作为一种利益关系主要包括合作共享、分立竞争、对峙博弈和压迫掠夺等类型[②]，但就其表现形式看，可以分为冲突型与协调型两大类。西部民族政治关系的历史演变不是简单的重复，而是随着具体历史情势的变化而不断变化，但始终遵循民族融合的对立统一规律。随着经济社会的不断发展，民族政治

① 周星著《民族政治学》，中国社会科学出版社 1993 年版。

② 高永久著《民族政治学概论》，南开大学出版社 2008 年版。

关系协调的手段日趋多样化，由最初单纯的军事、政治手段逐渐转变为政治、经济、社会、宗教、文化等手段的综合运用。西部民族政治关系的协调暗含着对该地域民族政治资源和共同利益的重新整合，直接影响到各民族的发展演变，以及“一体多元”的中华民族的形成。

（二）多元一体的民族文化

文化是人类生活和存在的特有方式，是人类之所以成为人类的基础，它使人类更加完美或日趋完善①。总的来看，文化是人类适应环境的创造活动及其成果的总和②。西部民族文化即是西部古今各民族适应环境并创造的物质与精神成果的总和。在西部漫长的历史进程中，各个民族不同的生产方式、生产力发展水平、物质文明成果和各具特色的精神文化仍呈现出多姿多彩的格局，各民族的差异性并没有消失，各民族间、各个层次间分分合合的动态矛盾体和分而未裂、融而未合等多元民族关系仍然存在。于是西部各民族在国家统一的长期历史发展过程中始终保持着“多元”的特征。此外，西部各民族人口多少不一、经济社会发展程度不一也是导致其多元性的重要原因。然而在西部历史进程中汉族也同样起着不可替代的作用，各少数民族不断给汉族输入新鲜血液，同时汉族也不断为其他民族充实新的成分，于是西部各民族作为中华民族的一部分，“经过接触、混杂、联合和融合，同时也有分裂和消亡，形成一个你来我去、我来你去，我中有你、你中有我”③ 的统一体，逐渐具有了一定的整体性特征。西部民族文化作为中华民族文化的一部分，与中华民族文化具有共性和基本认同，从而生成了“一体”的特征。

西部民族文化的“多元一体”特征是历史形成的，是民族多样性的必然产物。从历史发展的主流来看，汉文化自秦汉统一版图形成后，即在西部民族地区发挥着越来越重要直至主导的作用，但各少数民族文化不断给汉文化输入新鲜养分。与此同时，汉文化也不断为其他少数民族充实文化元素，从而使各民族文化不间断地融合。

在中华人民共和国成立前，西部民族基本处于前资本主义的各种社会政治形态。不同社会政治形态基础上产生的民族文化，其差异性也特别明显。此外，西部民族处于“大杂居、小聚居”的状态，分布的地域范围较广、自

① 引自［法］维克多·埃尔著《文化的概念》，上海人民出版社 1988 年版。

② 张忠利、宗文举著《中西文化概论》，天津大学出版社 2002 年版。

③ 费孝通著《中华民族多元一体格局》，中央民族学院出版社 1989 年版。

然地理环境各异，而在局部地域内各民族文化又相互影响，必然使民族文化生成多样性特征。

（三）民族政治与民族文化的互动

作为古今各民族为适应环境而创造的物质与精神成果的总和，民族文化的主要要素包括物质产品与精神文化、语言与符号、规范体系、社会关系与社会组织等方面①。民族政治作为民族的政治属性存在、展开和体现的过程、活动和现象的总称，必然内含于民族文化，是民族文化的重要组成部分。由此可见，西部民族政治是比西部民族文化涵盖范围小的子概念。虽然按逻辑推理而言，只有对等、平级或独立的两个主体之间才能形成互动关系，但是由于民族政治的核心——政治权力具有扩张性、价值分配的权威性等特性，并且作为上层建筑的民族政治会影响生产力的发展，进而影响着物质文明、生产关系及军事、文化等全方位的发展。因而民族政治在西部民族文化中具有相对独立性和能动性，居于主导地位，对民族文化发挥着重要和明显的作用；而西部民族文化的发展又影响着民族政治的发展。从这个角度看，在相当程度上可以把民族政治与民族文化间的主要关系定位为一种互动关系。

1. 民族政治对民族文化的影响

作为民族共同体及其成员围绕着建立、巩固、执掌国家政权而形成的特定政治关系结构，西部民族政治体系包括民族政治权力、民族政治角色、民族政治关系和民族政治规范四个方面。其中民族政治权力作为民族政治体系的核心部分，具有强制性、制约性、能动性、工具性、动态性和发展性等特征，可以通过暴力、压力、命令、处罚、规范、说服和奖励等方式重新分配各种资源和权益，能动地引导或制约民族地区经济社会的整体发展，进而影响着民族文化的发展与繁荣；民族政治角色作为掌握、参与和行使政治权力的组织和个人，是民族政治生活和民族政治活动的组织者、发动者、领导者和参与者，以不可替代性影响民族政治的结构框架和功能发挥；民族政治关系以特定政治权力和权利分配为内容，在特定的社会历史条件下，以特定的类型、状态和协调机制对相关民族、西部地区乃至国家的治乱兴衰产生不可估量的影响，进而促进或阻滞民族文化的发展；民族政治规范作为制约民族政治角色从事政治活动的基本准则和行为规范，必然会影响到民族政治角色

① 徐万邦、祁庆富著《中国少数民族文化通论》，中央民族大学出版社 1996 年版。

的政治活动效能，进而影响和制约到与之相关的经济生产、社会发展效能，以及民族群体的政治意识、心理和思想认同效能。为此，西部民族政治通过民族政治权力、民族政治角色、民族政治关系和民族政治规范的能动作用与效能，深刻地影响着西部民族文化的发展与变迁。

2. 民族文化对民族政治的影响

西部民族文化涵盖范围极广，包括西部各民族为适应环境创造的所有物质和精神文化成果。其中经济基础和物质文明成果等民族文化“硬实力”在一定程度上决定着上层建筑，深层次地影响着西部民族政治的发展，进而与民族政治体系、民族政治角色、民族政治行为、民族政治关系和民族政治文化间产生互动关系，并不断调适与发展；宗教信仰、风俗习惯、传统习惯法及民族心理等民族文化“软实力”则进一步影响着民族群体的民族认同、政治价值取向等，进而影响着民族政治行为和民族政治的合法性。若民族政治体系与民族文化相适应，则民族政治角色的民族政治统治、民族政治参与和民族政治管理等行为才能顺应时代潮流、民族民意和社会演进规律，从而其合法性就高。若民族政治体系与民族文化不相适应，则民族政治角色的民族政治统治、民族政治参与和民族政治管理等行为必然具有相应程度的暴力性，并破坏原有政治秩序和规则体系，直至建立起与之相适应的新的民族政治系统。另外，民族文化的发展与变迁必然导致直接或间接影响西部民族政治格局的中央王朝统治者和西部民族群众、民族领袖、民族精英等政治角色的政治心理、政治价值观、政治思想的变化，进而影响西部民族政治的变革和发展方向。

三、民族政治的历史演进

我国历朝历代都存在着中原民族与西部民族、西部各民族间、西部各民族内部、西部各民族与国家，或西部民族区域性政权与全国性政权间的复杂关系。在传统专制社会中基于民族不平等的思想观念，与西部民族政治相关的各种政治势力为维护和实现自身权益，围绕着不同层面的政治权力展开争夺，并通过不断地角力和相互作用，逐渐以中央王朝强大政治统治力和凝聚力为主推动和引领西部民族政治发展，而西部各民族则主动或被动地卷入发展洪流中，陷入自身内在经济社会发展演变规律与外在强势力量的双重影响漩涡，其民族政治具有了一定的多样性和特殊性。中华人民共和国成立后，经过艰苦的探索并推行民族区域自治制度，始终奉行民族平等、团结、互助、和谐和共同繁荣发展的政策，西部各民族的自主性和积极性被充分挖掘出来，从而逐步进入了各民族平等自主发展与帮扶发展的快车道。

（一）演进的整体轮廓

在中华人民共和国成立和中国共产党探索、推行民族区域自治制度前的传统专制社会里，权力即为真理。无论是汉族作为中央王朝的统治者，还是少数民族作为中央王朝的统治者，均视“本民族为尊、其他民族为卑”“本民族为中国主人、其他民族为从属者”，在西部民族地区奉行不平等的民族思想观念，并依据王朝自身的强弱及其与西部民族的力量对比关系、统治阶级特别是其代表人物的意志和要求，推行一系列具有“羁縻”色彩的民族统治方针和策略。中华人民共和国成立后，把民族区域自治制度作为一项基本政治制度加以推行，而西部作为最大的民族聚居区，聚集了全国155个民族自治地方中的115个。民族区域自治制度是由中国共产党早期解决民族问题的基本政策经实践和理论提升后，逐步提出、发展、完善而形成的。民族区域自治是在中华人民共和国内各少数民族聚居的地方，在中央人民政府统一领导下，遵照《宪法》《民族区域自治法》和其他法律的规定，依据民族自治与区域自治相结合的原则，设立自治机关，行使《宪法》中所规定的相应一级地方国家机关的职权，同时依照《宪法》《民族区域自治法》和其他法律的规定行使自治权，管理本地方和本民族内部事务的一项基本政治制度。实行民族区域自治对于加强平等、团结、互助、和谐的民族关系，维护国家统一，加快民族自治地方经济社会发展，提高少数民族生活水平起到了重要作用，是中国特色社会主义行政管理制度的重要组成部分，是传统民族政治管理制度的历史性飞跃。

1. 夏朝

黄帝族的一支夏后氏，最初居住在西部民族地区，在公元前21世纪前后向东发展并建立了最初的国家政权，实行王位世袭制度。夏王朝为维护其统治，将疆土划分为“甸服”、“侯服”、“绥服”、“要服”和“荒服”，实行“五服”纳贡制的管理模式。明确规定要服是“蛮夷”居住地，荒服是“戎狄”居住地，西部各民族只要表示归附，夏王朝即给其酋领封赐官职、爵位及贵重物品进行笼络。

2. 商朝

商王朝沿袭和变革了夏王朝的“五服”纳贡制，对更多的西部民族酋长采取封官、赐爵，同时与大族进行政治联姻；规定地处西部的民族方国要“来享”“来王”，纳贡之物为当地的土特产；制定了种种刑法，但对民族酋长的违法犯罪行为可以赦免，处罚措施较中原华夏族轻。此外，由于处于奴隶社会的鼎盛期，商王朝频繁征伐西部地区不听号令的民族方国以使其臣服。

3. 周朝

周王朝仍采用“五服”纳贡制，但有了较大变革。在封赐民族酋长的同时对各“服”的纳贡时限、物品、多少等做了更为具体的规定，明确各民族酋长要尊周天子为天下共主，且袭承王位的要到都城晋见周天子。周王朝与西部的羌、戎、狄等民族进行政治联姻和结盟，以巩固其在西部民族地区的统治。西周王朝统治者认为“非我族类，其心必异”①，故采取“封邦建国”“因俗而治”的办法避免西戎姜姓贵族等西部民族内讧，并达到监控其民族酋长的目的。同时周王朝还对戎、狄等西部民族不断征伐，迫使其臣服并大肆掠夺奴隶和其他财富。

4. 东周列国（春秋战国时期）

这一时期西部部分民族地区已开始从奴隶社会向封建地主制社会过渡。在前期周天子成为名义上的天下共主，实际权力已被诸侯国分化和掌控，各诸侯成为所控制地区一切权力的拥有者。一些诸侯国为了扩大统治区域，将封国、封邑设于边远的西部民族地区，如晋国的诸大夫封邑就处于西部戎、狄与华夏族杂居区。而周王室在进行朝见、会盟、封赏等时，遵循“先同姓、后异姓、再后异族”的次序②，在实行“尊王攘夷”③策略的同时，华夏族和西部戎、狄已开始普遍的政治联姻和结盟。

5. 秦朝

秦王朝建立了统一的中央集权制的封建王朝，在朝廷设置了“典客”和“典属邦”等处理民族事务的专门官职和机构，其中“典客”“掌诸归义蛮夷，有丞”，即管理归附民族；“典属邦”“掌蛮夷降者”④，即管理通过征战而降伏、仍有很大势力和政权组织的民族或部落。依据西部民族聚居人口的多少，在民族聚居区设置特殊的县一级机构“道”，而对一些不归附的民族地

① 《左传·成公四年》，中华书局1962年版。

② 龚荫著《中国历代民族政策概要》，民族出版社2008年版。

③ 《春秋公羊传注疏》，上海古籍出版社1990年版。

④ 《汉书·百官公卿表上》，中华书局1962年版。

区进行征伐，征服后虽设置郡县，委派郡守、县令，但“蛮夷邑郡侯王”并未废除，仍任命民族酋领进行统治，实行土流双重官制；在法律、税赋等方面对民族地区给予适当照顾，并修筑“五尺道”等道路通达西部边疆，颁布、推行开发令，进行移民屯垦等。秦王朝在朝廷和地方设置专门管理民族事务的机构以及在西部民族地区实施的特殊策略，被后世王朝国家借鉴和发展。

6. 汉朝

汉王朝对西部民族地区的统治总体上沿袭了秦王朝的策略，在朝廷设置了数量更多、职责更为明确的民族事务管理机构，在地方则设置了县级行政区划“道”和西域都护府、护羌校尉、金城属国都尉等军政管理机构，以及犍为、益州、郁林等郡。同时对西部民族采取封官赐爵、以夷制夷、怀柔、武力征伐、政治联姻和结盟等策略。汉朝初期采取“安内和外”的策略，对北边的匈奴采取“和亲”政策，对“西南夷”“西羌”等维持现状，与西部民族和平相处。汉武帝时对西部民族地区采用战争和扩张行为，迫使西域诸国和西南夷先后归附，扩大和巩固了对西北地区的统治。王莽代汉称帝建立新朝后，对西部民族进行民族压迫和武力征服，激起匈奴、西南夷和西域诸族的反抗。东汉时期光武帝对西部民族采取“息事宁人”“不言兵事”的策略，待后汉得到恢复和发展后，对内附的哀牢夷设置哀牢、博南二县，遣兵北击匈奴，夺取西域的控制权①。

7. 三国两晋

这一时期，魏、蜀、吴三国总的策略是：先求自保，再求消灭对方，统一全国。其中魏、蜀两国对管辖下的西部诸民族实施的各种策略，也是为这一目的服务。蜀汉诸葛亮提出“西和诸戎，南抚夷越”② 的策略。在南征中既有比较缓和的安抚措施，又采取了一些军事行动，赢得了胜利；南征后“不留兵而纲纪粗定，夷、汉粗安”③，以安定后方、反对孙吴干预，为北伐曹魏做准备。而西晋国力较弱，在对西部民族地区采取封赐民族酋领官爵、奴役和索取的同时，设置州县，委派官员进行管理，并设置长史、中郎将、校尉等军事机构或军事长官，安置“慕义归化”的内迁诸族。

---

① 龚荫著《中国历代民族政策概要》，民族出版社 2008 年版。

② 许嘉璐主编《二十四史全译》之《三国志·蜀书五·诸葛亮传》，汉语大词典出版社 2004 年版。

③ 〔东晋〕常璩撰《华阳国志·南中志》，齐鲁书社 2010 年版。

8. 隋朝

隋王朝建立后，首先对民族事务管理机构进行变革，在朝廷设立礼部、鸿胪寺等民族事务管理机构，在西部民族地区大量设置郡县。同时对强大的突厥采取武力征服、分化瓦解和离强合弱的策略，使突厥分化为东、西突厥；对相对弱小的民族则招抚安置，“以慰其心”；对民族酋领视其势力或忠勤劳绩封赐官爵，予以拉拢。以和为贵、以礼相待，发生纠纷时多“以理服人”，进行调解；尊重民族习俗，不干涉民族固有的生产、生活、婚姻和着装习惯等。此外，为了缓和民族矛盾、巩固统治，对部分西部民族实行了“和亲”、通好和互市等。

9. 唐朝

唐王朝对民族地区的管理逐渐趋于成熟，在朝廷设置礼部司、主客司、门下省侍中、中书省侍郎和通事舍人、鸿胪寺典客署、互市监等机构，在西部民族地区设置了大量羁縻府州和都督、都护府管理民族事务。对西部各民族酋领则采取怀柔政策，授予羁縻府、州、县官职，册封可汗、王、公、将军勋爵，给予其子弟优待，使其臣服归心。同时规定西部各民族的贡品、贡期、贡使人数及朝廷接待与回赐事宜，征收轻于内地汉族地区的赋税。与各民族通好、互市并形成一套完整的管理制度。把和亲当成一种广泛运用的安边策略，与突厥、吐谷浑、吐蕃、宁远国、回纥、南诏等和亲，进行政治联姻和结盟。然而依据前、后期国力和民族情势的差异，唐王朝对西部民族的统治大致可以分为：①积极防御与“胜而后与之和”时期。唐初，唐高祖李渊采取这一策略主要是因为当时国力较弱。②对外扩张时期。贞观元年至开耀元年期间，唐王朝施行以武力征服、镇压与怀柔相结合的策略，先后降服东突厥、吐谷浑、高昌、焉耆、薛延陀、龟兹、西突厥。同时采取和亲联姻政策，多次与吐蕃、回鹘、吐谷浑、突厥等族通婚。③和平相处时期。唐高宗永淳元年至安史之乱前是唐王朝对西部民族管理的稳定和守成期，对吐蕃采取守势，与突厥、南诏则以和平相处为主。④衰败与混战时期。安史之乱至唐亡时期，唐王朝逐渐没落，内乱未平、外患不断，吐蕃、回纥、南诏日益强盛，吐蕃侵占了唐王朝的大片疆域，曾占据唐王朝的都城长安，于是唐王朝只好采取北和回纥、西南争取南诏、向西孤立吐蕃的策略。

10. 五代十国

五代十国时期各割据政权管理民族事务基本沿袭唐制，多采取防御抵抗、亲善友好政策，但由于各割据政权均为了保全自己、战败对方，军事争斗成为头等大事，民族事务管理较少。到了后唐时期，西部民族与中央王朝的依存关系又基本恢复，因而对西部各民族采取怀柔抚绥政策。民族酋长来朝觐，即册封称号、赐予虚衔，对归顺的民族酋领进行抚慰，对叛逆的民族酋领进行征讨。在经济上则对进贡马匹、表示归附的民族酋领进行赏赐，并沿边境设置马场。

11. 宋朝

宋王朝在朝廷设置的具有民族事务管理职能的机构、职位主要有鸿胪寺、礼部主客郎中、兵部职方和驾部郎中、客省使、引进司使、四方馆使、东西上合门等，在已控制的西南民族地区设置羁縻府州县和监控机构。采取“因俗而治”的策略，“树其酋长，使自镇抚”[①]，对不能直接控制的“荒服”地区不征收税赋，对羁縻地区收取少量的税赋和劳役。而在宋王朝控制力不能直接到达的西部民族地区，主要的民族政权除北方（现内蒙古地区）契丹建立的辽王朝外，还有西北党项建立的西夏王朝、回鹘建立的诸政权与吐蕃建立的四王系政权，西南白族建立的大理国、壮族建立的南天国等。北宋时，宋王朝为收服燕云十六州，对辽国进行了一系列战争，但战争失利。随后辽军主动进攻宋军，宋王朝求和，双方遂订立“澶渊之盟”和平相处。宋王朝于北宋初，想吞并西夏，但遭到西夏的强烈反抗，经过多次战争不仅未能消灭西夏，反而使西夏愈来愈独立。之后西夏对宋王朝采取表面臣服，实际则完全独立的策略。宋王朝对西南大理国和西北诸民族政权等基本上是采取和平相处的策略。

12. 元朝

元王朝以蒙古贵族为统治者，具有明显的军事性和向外扩张性，向西征服了畏兀儿、喀喇鲁等民族，向南剿灭了西夏、大理国、南宋，招降了吐蕃。对被征服的民族或民族政权实行民族压迫，“以蒙古人充各路达鲁花赤，汉人充总管，回回人充同知，永为定制”[②]。对中原地区实行“汉法”，推崇儒学；与畏兀儿、吐蕃等民族上层或精英进行政治联姻和结盟。同时拉拢、笼络吐

---

① 许嘉璐主编《二十四史全译》之《宋史·蛮夷列传一·西南溪峒诸蛮上》，汉语大词典出版社2004年版。

② 许嘉璐主编《二十四史全译》之《元史·世祖本纪》，汉语大词典出版社2004年版。

蕃地区佛教首领，把萨迦法王八思巴“尊为国师，授以玉印”，后升号为“大宝法王，更赐玉印”[1]，统领诸国释教；设置宣政院，“郡县土番之地，设官分职，而领之于帝师”[2]，把西藏地区正式纳入管辖之下，促进了政教合一制度的形成。在陕西西部、四川西北部、云南和广西壮族、黎族、苗族、瑶族等民族先民所在地区推行土司制度，以当地民族上层人士担任地方官，实施“以夷制夷”策略，间接承认多民族政权的存在。

13. 明朝

明王朝存续期间的民族关系主要表现为明王朝和蒙古族间的斗争。明朝前期，明王朝试图消灭北逃的“北元”，降服蒙古族，安定北方；对西北、西南和南方进行征伐、招降和安抚后推行土司制度，强化管理。对民族宗教采取优待、宽容和利用政策，佛教和伊斯兰教得以迅速发展，对藏传佛教各教派均加以利用。对西部不同的民族开设马市、木市、茶市进行贸易交往。明朝后期，明王朝和蒙古族间有战有和，明王朝总体上处于守势，对北方蒙古族等民族设置九边防御体系，实行封锁管制。对于西北、西南民族多使之“怀恩报义，安生乐业”，而对反抗者进行残酷镇压。对违法土司实行“改土归流”，即撤销其府、州、县土官职，改由朝廷委派的流官管制。

14. 清朝

清王朝在朝廷设置理藩院，掌管政令、爵禄、朝会、刑罚等，管理蒙古、西藏、新疆等地民族事务。为笼络民族上层人士和尊重民族宗教，在承德仿西藏、新疆等地寺庙建外八庙，用以接待民族首领和宗教领袖。在明朝四夷馆的基础上建立四译馆，掌管边疆民族地区和部分外国贡使来京的翻译事务。先后制定了《理藩院则例》《大清会典事例》《户部则例》《吏部处分则例》等规章制度和规范与少数民族关系的法律制度。然而清王朝同样采取民族不平等策略：满族“甲兵系国家根本，不可不加意爱养”[3]，让满族贵族继承皇位，世袭爵位，出任要职，抚恤和照顾八旗兵丁；优待蒙古族，建立盟旗制度，封授其贵族爵位，进行政治联姻和结盟，发展经济交往；对汉族采用

---

① 许嘉璐主编《二十四史全译》之《元史·释老列传·八思巴》，汉语大词典出版社2004年版。

② 许嘉璐主编《二十四史全译》之《元史·释老列传》，汉语大词典出版社2004年版。

③ 《清实录》（康熙朝实录），影印本。

“汉法”，推崇儒学，提倡“满汉一家”，但必须剃发易服；对新疆地区采取招抚或讨伐，派兵平定分裂叛乱；制定《藏内善后章程》使西藏直接隶属于朝廷，并确定了驻藏大臣的地位及其全面督办西藏事务的权限和职责，规定了达赖、班禅及各地格鲁派大活佛转世时金瓶掣签的办法，对西藏的官制、军制、司法、财政、边防、差役及对外事宜等都有明文规定；对西南诸少数民族仍实行土司制度，进一步加强管制，并随着民族地区经济社会的发展加快了“改土归流”的步伐。

15. 中华民国

南京临时政府成立后，因当时国内各种政治势力的博弈与妥协，南京临时政府参议院于1912年2月6日正式通过了优待清皇室的条件。同时南京临时政府总体上主张“五族共和”，追求国家统一，反对民族分裂，承认民族平等，尊重民族宗教信仰自由，重视西部民族地区的建设。北洋政府先后设置蒙藏事务处、蒙藏事务局和蒙藏院，以管理蒙藏地方和回部土司的典仪、宗教、封叙、边卫、交涉、咨商、会商、劝业、民治等事务；同时实行羁縻政策笼络西部民族上层人士，吸收民族上层人士参与管理，维持民族上层原有管辖地域和管理制度，沿袭土流双轨官制。国民政府成立后，在行政院下设置藏蒙委员会，以管理西藏、蒙古地区民族事务为主，兼管其他民族地区的宗教事务。

16. 中华人民共和国成立后

中国共产党成立后，以马列主义民族理论为指导，结合中国国情积极探索解决民族问题的方针政策。由最初的民族自决主张，到民族自决与民族区域自治并举，再到主张并实践民族区域自治制度，经历了艰苦、曲折的探索、发展和创新历程。在中华人民共和国成立前，中国共产党先后成立了蒙古工作委员会和定边工作委员会、少数民族工作委员会、中共西北工作委员会和西北中央局少数民族工作委员会等机构，以推行民族政策、实施民族事务管理。中华人民共和国成立后，成立了中央政府民族事务委员会，随后地方各级政府也陆续成立了主管民族事务的机构，为疏通民族关系、消除民族隔阂、推行民族平等政策、确立和实施民族区域自治制度奠定了基础。民族区域自治制度的落实虽然遭到“文化大革命”的破坏，但经过“拨乱反正”，最终作为国家的一项基本政治制度得以发展和完善，并法制化。

（二）演进的几条主线

在西部民族政治演进过程中，纷繁复杂的政治现象总会围绕一定的主题展开，并且随着这些主题的变化而变化，如在传统专制社会中，围绕着民族的强弱兴衰和力量对比关系，民族管理的策略、内容和制度安排，以及族际交往的策略选择和族际关系的协调等都会做出相应的调整与变化。为此，注重几条演进主线，可以提纲挈领地整体把握西部民族政治的全貌。

1. 特殊的地方社会政治形态

依据“社会发展规律”理论，用综合分析的方法从历史与政治的角度考察西部民族社会发展中，特定生产力之上的经济基础与上层建筑的特殊统一体，即地方社会政治形态。西部民族政治的演进受到其自身发展演进规律和外部强势政治力量的双重影响，产生了一些奇特的变异或畸形体。在这些变异或畸形体中，几种不同发展阶段的社会要素和谐共存，只有同时关注其自身发展所处的阶段和外部社会发展阶段，以及二者之间的相互影响，才能合理地理解和准确地把握西部民族地区独特的地方社会政治现象。

2. 民族兴衰和力量对比关系

民族作为一种社会政治势力，在参与资源和价值的权威分配时，相互间的力量对比关系具有决定意义。在传统专制社会的西部民族政治中，西部民族之间力量的强弱和力量关系对比，除对疆土、财富等利益分配格局产生至关重要的影响外，还决定着相互间的族际关系及其协调方式的类型。而西部民族与中央王朝的力量对比关系则直接影响到中央王朝管理民族地区的策略、内容、制度安排和政治体系，以及军事活动、边疆稳定和民族融合与发展等重大问题。中华人民共和国成立后，始终奉行民族平等、团结和共同繁荣发展的政策取向，对西部各少数民族采取帮扶措施。20 世纪末，实施西部大开发战略，西部各民族经济社会取得了长足的发展，但各民族的自身综合素质、力量强弱等内在因素在参与资源与价值的权威分配、经济社会发展中依然起着关键作用。

3. 民族政治制度的演进和内在联系

因社会发展、民族情势的变化，西部民族政治制度不断演变和发展，但又有其内在的联系和规律性。首先，任何一个民族政治制度均有其产生背景、渊源和发展演化过程、规律。随着中央王朝控制力的加强，以及西部民族地区经济社会的发展进步，“羁縻制度”必然从产生到日趋完善、逐渐消亡，并演化为流官制度。在此过程中，虽然“羁縻”的表现形式、内容不断变化，从最初的“五服”纳贡制到羁縻府州制再到土司制度，无不体现“羁縻”的思想和价值观念。中央王朝对西部的控制力强化后，才逐渐开始放弃“羁縻”的理念和制度，进行改土归流，逐步增设流官，扩大流官制度在西部民族地区的影响力。这一过程耗时较长，直到20世纪中期才逐渐完成。另外，在传统专制社会中，由于民族不平等的指导思想始终如一、民族情势变化具有一定的连续性等因素，历史时期相近的民族政治制度的内在联系性一般较强，如羁縻府州制、土司制度和土流合一制度的内在联系就相对较强。

四、民族政治的基本特征

纵观西部民族政治的发展轨迹，由于受特殊的民族地理、历史、情势和文化等因素的影响，既不同于现代民族政治基本理论的规范性阐述，也不同于其他地区的民族政治，具有自身的鲜明特点。

（一）多种社会政治形态共存

西部民族地区地形特别复杂，山脉纵横交错，江河顺地势分流，有草原、平原、高原、山地、沙漠、盆地和丘陵等，有与中原地带联系紧密的地区，也有与世隔绝的“世外桃源”。复杂的自然生态环境客观上造就了不同的生产、生活方式和经济基础，进而形成不同的上层建筑和民族政治。同时西部民族众多，生活着40多个民族，各民族错杂分布，形成“又杂居、又聚居”、“大杂居、小聚居”的特点，各民族交叉融合、相互影响，其政治、经济、文化、社会形态及习俗各有变异。由此虽然相邻各民族具有一定“中间形态”，但其经济社会发展极不平衡，彼此间差距较大，有的早已进入封建社会，而有的尚处于原始社会末期；有的受外部因素影响在向封建社会过渡，而有的则正向奴隶社会过渡。有的地方、有的民族社会政治形态同时受到多种因素影响，以致具有几种社会类型的局部特征，且各种局部特征相容并存，难以简单划一地分割。多种社会政治形态共存，但又不可能简单地用社会分类理论加以归纳概括。为此，只能依据具体民族社会的主要特征进行社会的分类研究，进而在一般化定性的前提下对其特殊性进行阐述。总体来看，西部民族地区存在着从原始社会到封建地主制社会之间的各种前资本主义社会政治形态。

1. 原始社会政治形态

由于受特殊的民族地理和自然生态气候环境的影响，部分人口较少、地处高山峡谷阻隔封闭环境的西部民族社会还处于原始社会政治形态。这种社会政治形态的特点是：生产工具非常简陋、生产力极其低下，采集、狩猎和原始农业以集体参与的方式存在，人与人之间保持一种平等、互助的共产关系，奉行原始的军事与民主制度，如云南省澜沧拉祜族的“底页”、贡山独龙族的“其拉”、金平拉祜族的“卡”、勐海布朗族的“戛滚”和景洪基诺族的“卓米”等社会形态。

2. 介于原始社会与封建领主制间的社会政治形态

由于受自身发展规律和外部封建势力的双重影响，部分西部民族地区的社会政治形态正逐渐向两个方向演变：①向奴隶制社会演变的形态。它具备了奴隶制的基本特征，即“奴隶主占有奴隶，奴隶是会说话的工具”，但是由于受自身社会发展演变规律及外部封建社会势力的双重影响，还保留着大量的原始社会残余和封建制度因素，几种不同的社会制度互相交织、存于一体，形成既有奴隶又有农民的变异体。如四川省凉山的奴隶制社会形态。②向封建社会演变的形态。这是一种由农村公社的某种次生形态向封建社会过渡的社会政治形态，因受多重因素的影响这种社会政治形态发展缓慢，虽然封建制度因素已占据主导地位，但原始社会残余和一些奴隶社会特征依然畸形存在，尚未完全进入封建社会。如云南省德宏傣族景颇族自治州景颇族的山官制，怒江傈僳族自治州傈僳族的“共耕制”，广西壮族自治区大瑶山瑶族的“石牌制”，贵州省黔东南苗族侗族自治州雷公山地区苗族社会的“议榔制”和“榕江、从江、黎平”一线侗族的“峒款制”等。

3. 封建领主制社会政治形态

在这种社会形态中，封建主“世有其土”，土地严禁买卖，农奴完全成为土地的附属物，世世代代被束缚在领主分配的“份地”上，不准随意迁徙，更不能自由选择主人。这在很大程度上借助外部封建王朝的政治力量形成，显示出“跳跃”和“早熟”的特征，但由于“先天不足”，原始社会残余形态被大量保存下来。如阿坝草地藏族的“游牧宗法制”、永宁纳西族的封建领主制与母权制相结合、西双版纳傣族的封建领主制、黔桂边境壮族与布依族的亭目制、黔西北彝族的封建领主制、西藏藏族的封建领主制等社会政治形态。

4. 封建地主制社会政治形态

在这种社会政治形态中土地实行私有制，可以自由买卖，农民与地主间普遍存在的租佃关系仅受“租佃契约”约束，一旦契约期满，农民有权解除契约、自由迁徙、选择新的主人。在 20 世纪 50 年代民主改革前，纳入中国版图时间较长、受内地封建社会影响较大、发展较充分的大部分西部民族地区都已进入了封建地主制社会政治形态，大致包括生活在云贵高原坝子、巴蜀盆地、西北五省及蒙古草原的30多个民族。

（二）多种政治组织并存

在传统专制社会中，西部民族地区的政治组织多样并存，既有中央王朝建立的各级政权组织，也有多种不同的地方民族政权组织。而在中华人民共和国成立后，在国内各少数民族聚居的地方推行民族区域自治制度，西部民族地区的政治组织既有自治机关，又有非自治机关。

1. 中央王朝建立的民族管理机构与西部民族政权组织

中央王朝设立的西部民族地区管理机构有两种。首先，中央王朝在朝廷设置了专门的民族事务管理机构。这虽然是针对全国性的民族事务管理设置的机构，但对西部民族事务管理产生着不可忽略的间接影响。具有管理民族事务职能的机构或职官，如商王朝的“宾”，西周王朝的“小行人”“象胥”“掌客”“职方氏”和“怀方氏”，东周列国（春秋战国）的“行人”或“封人”（或“大行”），秦王朝的“典客”和“典属国”“大鸿胪”，隋唐的主客司，宋王朝的鸿胪寺、礼部主客郎中、兵部职方和驾部郎中、客省使、引进司使、四方馆使、东西上合门使等，元王朝的帝师、宣政院及兵部、礼部的相关机构，明王朝的鸿胪寺、提督四夷馆、行人司等，清王朝的理藩院、礼部、鸿胪寺等。同时中央王朝依据自身控制力的强弱和特定时期的政权组织形式在西部民族地区设置了不同的管理机构，直接参与西部民族事务的管理，对各民族的发展和价值资源分配具有直接影响力。如郡县、羁縻府州县、布政使司与指挥使司、宣慰使司等。

西部民族政权设置的政权组织是由西部并立民族政权建立或民族地区内生型的类似于政权组织的各种组织。西部民族并立政权组织，如南诏、大理、吐蕃、西夏、辽、西域等国的政权组织。而民族地区内生型的类似于政权组织的各种组织的种类和数量则更多，如部落、部落联盟、氏族公社、石牌组织、议榔组织、游牧宗法组织、村社联合组织等。

2. 自治机关与非自治机关

中华人民共和国成立后，在国内各少数民族聚居的地方，在中央人民政府的统一领导下，遵照《宪法》《民族区域自治法》和其他法律的规定，依据民族自治与区域自治相结合的原则，设立自治机关，行使《宪法》中所规定的相应一级地方国家机关的职权，同时依照《宪法》《民族区域自治法》和其他法律的规定行使自治权，管理本地方和本民族内部事务。依据《宪法》《中华人民共和国地方各级人民代表大会和地方各级人民政府组织法》（以下简称《地方组织法》）和《民族区域自治法》等法律的规定，民族自治地方的自治机关是指自治区、自治州、自治县的人民代表大会和人民政府。截至2003年年底，我国共建有155个民族自治地方，其中西部民族地区集中了5个自治区、27个自治州、83个自治县（旗），共115个民族自治地方及其自治机关①。在西部民族地区，还存在着大量的非民族自治地方和非自治机关，如省（市）、市、县（市、区）、乡（镇、民族乡）等政权组织。

（三）沿袭性与发展性相统一

从总体上看，在从夏朝至民国的专制社会中，西部民族政治的各个具体方面，如建置、政权组织形式、政治制度、管理制度、社会政治形态、民族关系等，均存在“量变”与“质变”相统一的辩证关系，这在历史发展的长河中则呈现出沿袭性和发展性相统一的特征。

所谓民族政治的沿袭性，主要是指西部民族在其政治生活进程中，由于受民族文化传统、社会政治形态惯性、主流政治指导思想等的影响，其民族政治某一内容在一定历史时期内呈现出一定的相似性或相通性。而民族政治的发展性则主要是指西部民族在其政治生活进程中，不断对传统政治模式进行变革，当变革因素逐渐积累到一定临界值时某种政治形式发生“跨越式”或“质变式”的变化。在漫长的历史长河中，西部民族地区社会政治形态的形成和发展，民族事务管理机构设置、管理方式和策略的选择等，都具有沿袭性与发展性相统一的特征。如“五服”纳贡制的管理模式形成于夏王朝，发展于商王朝，完善于周王朝，在春秋战国、秦汉、南北朝时期因变革而遭到破坏，但在变革与发展的基础上于隋朝时期形成了羁縻府州制。羁縻府州制经唐、宋的完善与发展，为土司制度的形成、发展奠定了一定的基础。

（四）冲突与协调相伴

自古以来西部生存着众多民族，而各民族在开展政治生活的过程中不可避免地形成了各种各样的政治关系。所谓政治关系，就是民族社会政治势力体作为一定的政治主体而与其他政治主体发生的、以特定政治权力和政治权

① 《中国的民族区域自治》白皮书，人民网，2005年2月28日。

利分配为内容的关系总和。它具有确定性、多样性、复杂性、变动性、广泛性和结构性等特点，可以分为和平共处型、实力对峙型、战争型、压迫与被压迫型等[①]。这些特征和类型在西部民族政治不同历史时期同一对民族政治主体的政治关系，或同一历史时期不同民族政治主体的关系中均有所体现。从这一视角来分析，由于西部民族众多、各民族在历史发展长河中的力量对比关系不断变化，各民族在各具体历史横切面上所体现的民族政治关系特点和类型均不相同，难以清晰阐述有史籍记载以来的西部民族政治关系。虽然从逻辑上可以从关系本身的性质和特点来对民族政治关系进行分类，但在西部民族政治发展的整个历史长河中，各民族间的政治关系非常复杂，往往会出现难以准确、清晰划分民族政治关系类型的问题。

用辩证唯物主义和历史唯物主义的观点看，西部民族政治关系作为一个矛盾体，具有冲突、协调，再冲突、再协调的螺旋式发展特征。就某一对具体的民族政治关系而言，其冲突与协调始终相伴，不断转化与发展。就民族政治关系的整体而言，西部民族政治关系始终在冲突中寻求和平与协调，在和平与协调发展中暗流涌动，潜藏着冲突爆发的风险。由此可以说，西部民族政治关系的又一基本特征是冲突与协调相伴相随。所谓“冲突”是建立在民族社会政治势力体的利益矛盾或差异基础上，各民族间形成的以对抗性为主的民族政治关系，这在西部各民族内部和外部，甚至与西方强族间的关系上均有所体现，如压迫与被压迫、族际战争、实力对峙型等民族政治关系。所谓“协调”则是建立在民族社会政治势力体的共同利益居主导地位时，各民族间形成的以包容性为主的民族政治关系，如和平共处型、互助型等民族关系。以此为脉络可以较好地把握西部民族政治关系的主线，对其进行纵向和横向的观察与分析。

五、民族政治研究的意义

《政治卷》既不同于“西部民族史”“民族政治制度史”，也不同于“西部民族政策史”，更不同于“西部民族管理制度史”，它有自己的研究视野、研究领域和研究方法。可以从民族政治的视角，梳理西部民族政治生活的各种史料，进而审视和思考西部民族政治的内容及从古至今的发展演变脉络，揭示民族政治的内在本质与规律。与此同时，它又提供了一种途径，即从西

① 周星著《民族政治学》，中国社会科学出版社1993年版。

部民族政治历史与现实的实际内容、演变脉络和内在本质、规律出发，审视、思考和完善民族政治的基本理论，进而丰富、充实民族政治理论，促进民族政治理论的中国化，以史为鉴，创新和完善现行的民族区域自治制度理论并指导实践。

（一）构建民族政治理论体系和话语体系

作为从政治学视角认识和研究民族与民族问题的范畴，民族政治是人们在思考民族政治问题、探索民族问题的政治解决方式、研究民族政治生活的过程中，逐步构建起来的以民族政治生活和政治现象为研究对象的研究领域。作为一门专门性学科的民族政治学研究起源于近现代。首先对此进行研究尝试的是国外学者。其中，日本学者平野义太郎的《民族政治学理论》、新西兰学者拉季·K. 瓦两尔的《马来西亚民族政治学》、俄罗斯学者季什科夫的《民族政治学论集》等都是从政治学的角度研究民族政治现象和民族政治生活的较早探索。而中国学者对民族政治学的研究则是伴随着现代政治学基本理论的引进和不断发展而逐步提出并走向成熟的。一是周星的《民族政治学》[①]，该著作较为全面地阐述和论证了民族政治学的若干基本范畴和基本理论，基本构建了民族政治学理论的研究框架，是我国第一部完整的民族政治学著作；二是以段尔煜、刘宝明的《中国民族自治地方行政管理学》[②] 为代表的一系列研究成果，对民族政治学中民族自治地方行政管理这一特殊领域进行了系统研究，拓展了民族政治学的研究领域；三是周平的《中国少数民族政治分析》《民族政治学》和《民族政治学导论》[③]，其中《中国少数民族政治分析》对我国少数民族的政治体系、政治关系、政治参与、政治沟通、政治文化、政治发展等进行了广泛而深入的探究，而《民族政治学》和《民族政治学导论》以民族政治生活和政治现象为研究对象，丰富和充实了民族政治学理论的研究；四是高永久等的《民族政治学概论》[④]，把城市化进程中的民族政治学理论体系分为民族政治体系、民族政治行为、民族政治意识、

---

① 周星著《民族政治学》，中国社会科学出版社 1993 年版。

② 段尔煜、刘宝明著《中国民族自治地方行政管理学》，中央民族大学出版社 1994 年版。

③ 周平著《中国少数民族政治分析》，云南大学出版社 2007 年版；周平著《民族政治学》（第二版），高等教育出版社 2007 年版；周平著《民族政治学导论》，中国社会科学出版社 2001 年版。

④ 高永久等编著《民族政治学概论》，南开大学出版社 2008 年版。

民族政治制度和民族政治发展五个部分，进一步丰富了民族政治学理论研究。

然而，我国民族政治理论的真正成熟和完善，不仅需要国内外相关基础理论的支撑，还需要对我国历史和现实民族政治实践与思想积淀的全面深入把握、去粗取精、融会贯通和灵活运用。即民族政治理论从逻辑上要能准确阐释我国历史与现实中的民族政治生活和政治现象，同时又要能很好地指导民族政治实践，预测民族政治发展的未来，进而形成根植于中国土壤，符合中国文化心理逻辑和语言体系，又有理论突破并高度概括的完善的中国理论体系和话语体系。当代中国民族政治理论体系、话语体系和五千年的中华优秀传统文化，是内在衔接、相互贯通、辩证统一、有机结合和不可分割的。但在我国民族政治学界，相关基本理论引进与阐述、研究范式和现实民族政治问题的研究成果较为丰富，而很少注重从历史实践与思考中汲取民族政治理论“中国化”的营养。西部地区自古以来就是多民族聚居区，各民族的社会政治形态、建制、政权形式、政治制度、管理策略和内容及方式与军事活动、民族关系等政治生活和政治现象丰富多彩，具有各种各样的案例和内容，既有西部民族内部的各种政治现象、政治生活和政治关系，也有西部民族政权与中央王朝和其他外部政治势力体的各种关系。西部民族政治研究比单纯的以中央王朝或汉文化地区的民族政治研究具有更为丰富的内容和更高的理论价值。可以从前资本主义各种社会政治形态，尤其是“直过区”[①] 民族的社会政治形态入手，研究西部民族地方政权组织的基础、结构、演变及发展规律，也可以从中央王朝的角度，研究对西部民族地区的管理，以及由此形成的建制与区划、政治制度、管理制度、管理策略与内容、民族关系的协调等问题。此外，甚至可以从相对中立的角度出发，研究中央王朝作为一个政治势力体在与西部民族政治势力体相互影响、作用的过程中，各民族政治体系的政治互动、调适和“你中有我，我中有你”式的民族融合等问题。

为此，以国际化视野，强化问题意识，突出中国视角，体现学术话语，以新概念、新范畴、新表述为具体体现和重要支撑，以开放的意识、宽容的精神、平和的心态，对西部民族政治进行多角度、贯通式研究与探索，必将逐步丰富中国民族政治理论的内涵，为形成民族政治理论的中国话语体系充

① “直过区”是指我国进入社会主义社会后，因受外力的影响，其社会政治形态脱离自身发展、演变路径，跳跃式地直接过渡到社会主义社会的西部少数民族地区。

实相应的养分。

（二）发掘借鉴和启示的作用

“以史为鉴可以知兴衰”，话虽简洁却历久弥新。在西部民族的传统政治中，各种民族社会政治势力体和不同社会政治形态相互作用和影响，使西部民族政治涉及的内容和形式极其丰富，进而对现实民族政治实践具有一定的借鉴和启示作用。

1. 有助于以历史的经验教训警示当代的民族政治实践

随着西部大开发战略的实施，西部民族地区迎来了新的历史性发展机遇。而西部民族地区依然存在着发展不平衡、社会转型期潜在利益冲突、部分地区的分裂势力和恐怖势力等问题。由此西部民族地区可以吸取历史上的经验教训，挖掘相关问题的历史根源，进一步增进民族团结和国家的凝聚力，利用一切可资利用的资源和力量，切实推进西部民族地区的跨越、健康和持续发展。

2. 有助于对历史上的实践和思想进行扬弃、创新和运用

在封建专制的传统社会中，中央王朝对西部民族地区采取了一系列的管理策略和措施，如采用特殊的区域经济、政治策略，重视发展边疆地区的交通和通信，兴办儒学和对宗教宽容等，其中难免有很多糟粕，但也有一些对西部民族地区现代化具有一定的借鉴意义。比如，封建专制的传统社会在西部民族地区逐渐推行流官制，流官制实践在职官和辅助人员的选拔、任用、考课与奖惩、等级与俸禄、休假、退休和抚恤等方面取得了不少经验和教训，对当代国家公务员制度在西部民族地区的推行和完善具有一定的积极意义。中央王朝为巩固其统治，除在西部民族地区采取一些服务于大一统政治需要的经济措施外，对一些敏感、特殊的民族区域采取了一些较为特殊的区域性经济策略刺激民族经济的发展，这对实施兴边富农、发展边疆贫困民族地区经济则具有一定的借鉴意义。历朝历代均重视发展西部民族地区的交通、通信，以便于该地区的经济社会发展和边防巩固，这对推进西部大开发，加强民族团结，巩固国防，尤其是领土有争议地段的边防建设具有重要的借鉴意义。历朝历代在西部民族地区兴办文教事业、发展民族教育，对提升各族老百姓的综合素质，促进该地区经济社会发展，增进各民族的相互了解，促进各民族“你中有我，我中有你”式的融合和对国家与中华民族的认同具有重要作用。此外，封建专制的传统社会对民族宗教多采取宽容、扶持的策略，

这对当前处理好民族与宗教关系，促进西部民族地区和谐社会建设也具有一定的参考价值。

六、研究思路与方法

西部民族传统政治涉及的民族较多，且各民族的具体形态和发展阶段各不相同，政治活动和政治关系纷繁复杂，是一个极为复杂的研究对象。为此，在研究过程中，在遵循《中国西部民族文化通志》丛书体例要求的基础上，结合历史实际进行了一定调整和创新。

（一）研究思路

在整体研究思路上，《政治卷》按照西部民族传统政治的基本构成要素，在横向上分建制与区划、政权组织体系、政治制度、民族管理、地方社会政治形态、民族军事活动、民族政治关系等内容展开，并依照历史事件的先后顺序从纵向上对西部民族传统政治的每一基本要素进行深入的解析。在这一整体脉络下，由于历史事件纷繁复杂，难以一一罗列，故部分内容仅选择了具有代表性的历史事件作为例证。此外，在具体章节安排上，《政治卷》除了西部民族传统政治的基本构成要素以外，还体现了与中央王朝政治相一致的“一般性”和西部民族政治独有的“特殊性”这两条线。

（二）研究方法

文献研究法是一种古老而又富有生命力的科学研究方法，也是《政治卷》的重要研究方法。各位作者在从浩瀚的相关典籍、史料、史书及专著中收集、挖掘、整理、考证和取舍大量史料的基础上，提炼和总结了西部传统民族政治的诸要素、丰富内涵和内在逻辑。

第一章　西部民族地区的建制与区划

夏族建立了中国历史上第一个王朝国家，到汉朝其主体逐步演变成汉族。从秦汉时期开始西部民族地区就逐步纳入了统一的皇权专制统治范围。中央王朝为维护其统治，在该地区采取两种建制与区划，实行“双轨制”，即一方面在靠近中原经济相对发达、条件相对成熟的地区建立并推行郡县制、州制、道（路）制和行省制等与内地相同的建制与区划；另一方面又在远离中央王朝、经济社会发展滞后、控制能力较弱的边远地区，因地制宜和依俗而治，实行羁縻制度等特殊建制与区划。

第一节　西部民族地区的建制

秦统一中国后推行郡县制，把全国划分为36个郡，奠定了以皇权专制集权为特征的建制。此后全国的地方建制虽历经变动，但集权的特性基本未变。不同时期因国力强弱不同对西部民族地区的控制范围也有所变化，在靠近内地、控制力较强的地区施行郡县制、州制、道（路）制、行省制的同时，中央王朝又对控制力较弱的边远地区采取了羁縻制等有别于内地的建制。

一、同一建制

在王朝国家中，建立建制成为君权和王权彰显统治权力，顺利进行统治的工具。从发展史看，中国古代的建制主要可分为郡县制、州制、道（路）制和行省制4个时期。不同历史时期统治者从当时的实际出发，建立不同的建制以维护自身统治，并不断向四周扩张统治势力。与腹地建制发展史基本一致，中央王朝在其势力强盛时，在靠近内地、经济相对发达、条件成熟的西部民族地区采用了郡县制、州制、道（路）制、行省制等建制。

（一）郡县制

郡县制是中国古代继宗法分封制度之后出现的以郡统县的两级地方建制，

是皇权专制制度在地方政权上的体现，萌芽于春秋时期，演进于战国时期，正式确立于秦朝。从秦始皇统一中国正式确立郡县制为全国统一的地方建制，到魏晋时期实施州制，郡县制前后经历了400多年时间。

1. 春秋战国时期周边民族地区①的郡县制

最早和较普遍设立郡县的是春秋初期的晋国和楚国。楚国最早设县，这些县与原来奴隶制国家国君直接统治的领邑和国君分赏给卿大夫的封邑不同。春秋战国时期的县经历了3个发展阶段，即县鄙之县、县邑之县和郡县之县②。楚和秦的县直属于君主，晋、吴的县多是卿大夫的封邑，君主在县设有官吏，县成为一级地方政权由君主直接控制，春秋后期县制开始逐渐推行于内地。战国时期县的设置已较为广泛，并已转变为地方政权而实行官僚制度的县制。县制的普遍推行是为了把政权与兵权集中到朝廷，建立皇权专制集权的政治体制。县下设乡、里等作为对百姓进行直接控制的基层单位，形成比较完整的县级政权体系。

郡的设置较县晚，春秋后期晋国首先设立了郡，最初的郡大多设在边境地区。“郡本来设在新得到的边地，因为边地荒僻，地广人稀，面积虽较县大，但是地位要比县低。”③ 有名可考的郡是魏文侯时的西河郡、上郡和楚悼王时的宛郡，楚国西面的黔中郡、巫郡，秦国在其北部设上郡（辖区位于今陕西省北部）、南部设巴蜀郡。上述郡的辖区都位于今西部民族地区，县和郡由国君派官驻守，后来为了扩大领土和抵御外敌逐步成了固定的地方政权，使其有权应对边境的突发事变。据《左传·哀公二年》记载，晋国的赵简子曾于鲁哀公二年（前493年）宣布“克敌者，上大夫受县，下大夫受郡”④。这一时期县的建制高于郡，到战国时期七雄并争，强国不断扩展疆域，边郡日益增多、地位不断提升，其下开始设置多个县；内地则因事务繁多而在数县之上设郡统辖，从而逐渐形成以郡统县的两级地方政权结构。史载，周显王四十一年（前328年），“魏纳上郡十五县”，即魏国向秦国奉献上郡的15

---

① 秦朝之前汉族尚未形成，因此称为周边民族地区，两汉后汉族形成后才能称为西部民族地区。

② 周振鹤著《中国地方行政制度史》，上海人民出版社2005年版。

③ 杨宽著《战国史》，上海人民出版社1980年版。

④ 梁励《中国古代地方行政区划沿革述论》，《江苏教育学院学报》（社会科学版）2010年第1期。

个县。周赧王延七年（前308年），甘茂对秦王说：“宜阳，大县也，……名曰县，其实郡也。”[①] 可见，郡辖县制形成于战国中期，并于战国后期在各国开始普遍实行。

2. 秦王朝时期周边民族地区的郡县制

秦始皇二十六年（前221年），秦始皇统一六国后在全国范围内实现了从分封制到郡县制的变革，在列国政治制度的基础上建立起统一的多民族的封建专制集权的王朝国家。秦王政兼采三皇、五帝的尊号，改称“始皇帝”，废除了周朝以来的封国建藩的制度，全面推行郡县制度，“分天下以为三十六郡”[②]，实现了“诸夏”的统一，又在闽越、岭南、河套等地区增设郡县，使全国拥有40多个郡。郡以下设县，“县大率方百里，其民稠则减，稀则旷，乡、亭亦如之，皆秦制也”[③]。在位于今西部民族地区的大部分区域设置了郡，使其成为中央王朝的重要组成部分。详情见表1-1。

表1-1　秦王朝位于西部民族地区郡简表[④]

西部民族地区	郡
陕西省	上郡和汉中郡等
甘肃省	陇西郡和北地郡
四川省	蜀郡
重庆市	巴郡、南郡
贵州省	黔中郡
广西壮族自治区	南海郡、象郡和桂林郡
内蒙古自治区	九原郡和云中郡

3. 两汉时期西部的郡县制

两汉沿袭秦制仍实行郡县制，且比秦更为严整。两汉朝廷不断增设新郡，“汉兴，以其郡太大，稍复开置，又立诸侯王国。武帝广开三边。故自高祖增

---

① 《史记·樗里子甘茂列传第十一》，中华书局1959年版。

② 《史记·秦始皇本纪》，中华书局1959年版。

③ 《汉书·百官公卿表上》，中华书局1962年版。

④ 根据周振鹤著《中国地方行政制度史》，上海人民出版社2005年版；龚荫著《中国民族政策史》，四川出版集团、四川人民出版社2006年版；赵云田著《中国边疆民族管理机构沿革史》，中国社会科学出版社1993年版等资料整理而成。

二十六，文、景各六，武帝二十八，昭帝一，讫于孝平，凡郡国一百三”①，东汉顺帝时全国共设105个郡②。武帝以后国的地位相当于郡，郡一般统辖约20个县，人口一般在20万左右，多的达上百万。西汉时“凡县、道、国、邑千五百八十七”③，东汉设置县1180个④。县以下一般设置有乡、亭、里。

西汉王朝对西南夷进行征伐后，设置犍为郡（辖区位于今四川宜宾）。汉武帝又派司马相如出使西南，并设官管理。张骞从西域归来后，汉武帝想打开由西南通往身毒（印度）的通道，前后多次派使者向昆明以西探索，终因无法前进而停止。元鼎元年（前116年），西汉破南越之后在西南设越嶲郡（辖区位于今四川西昌东南）、沈黎郡（辖区位于今四川雅安南）、汶山郡（辖区位于今四川茂汶县北）和武都郡（辖区位于今甘肃成县）。元封二年（前109年），汉武帝发兵至滇迫使滇王投降，在其领地设置益州郡（辖区位于今云南晋宁），并赐“滇王之印”。此后，西南大部分地区都归入西汉的管辖之下。自此，西汉王朝在位于今西部民族地区的区域设置了大量的郡。详情见表1－2。

表1－2　西汉王朝位于西部民族地区郡简表⑤

西部民族地区	郡
陕西省	渭南郡、河上郡、中地郡和弘农郡
甘肃省	武都郡、武威郡、酒泉郡、张掖郡、敦煌郡
四川省	广汉郡、蜀郡、犍为郡、越嶲郡、沈黎郡和汶山郡
重庆市	巴郡
云南省	益州郡、越嶲郡
贵州省	牂牁郡
广西壮族自治区	郁林郡和苍梧郡
内蒙古自治区	朔方郡、五原郡、张掖郡、上郡、西河郡、云中郡、定襄郡、雁门郡、代郡、上谷郡、右北平郡、辽西郡

① 《汉书·地理志》，中华书局1962年版。

② 韦庆远主编《中国政治制度史》，中国人民大学出版社1989年版。

③ 《汉书·百官公卿表》，中华书局1962年版。

④ 韦庆远主编《中国政治制度史》，中国人民大学出版社1989年版。

⑤ 根据周振鹤著《中国地方行政制度史》，上海人民出版社2005年版；龚荫著《中国民族政策史》，四川出版集团、四川人民出版社2006年版；赵云田著《中国边疆民族管理机构沿革史》，中国社会科学出版社1993年版等资料整理而成。

东汉王朝持续对西部民族地区进行开拓，管辖地域也超过了西汉，如对西南夷的统治深入到哀牢、掸人地区，并建立了永昌郡。详情见表1－3。

表1－3 东汉王朝位于西部民族地区郡简表①

西部民族地区	郡
陕西省	汉中郡、上郡
甘肃省	陇西郡、汉阳郡、武都郡、金城郡、安定郡、武威郡、张掖郡、酒泉郡、敦煌郡、广汉属国
宁夏回族自治区	北地郡
四川省	广汉郡、蜀郡、犍为郡、越嶲郡、广汉属国、蜀郡属国
重庆市	巴郡
云南省	益州郡、永昌郡、犍为属国、牂牁郡、越嶲郡
贵州省	牂牁郡
广西壮族自治区	苍梧郡、合浦郡、郁林郡
内蒙古自治区	五原郡、云中郡、定襄郡、雁门郡、朔方郡、张掖属国和居延属国

4. 三国两晋南北朝时期西部的郡县制

三国时期，刘备于蜀章武元年（221年）在成都称帝，建立了蜀汉政权，仍推行郡县制，实行州、郡、县三级制，统治范围包括今陕西省南部、四川省、云南省及贵州省西北部，西南地区是其统治的主要区域。西晋统一后，仍实行州、郡、县三级制。东晋建置袭承西晋，也是实行州、郡、县三级制，但领土大为减少，完整的只有扬州、荆州、江州、湘州、交州、广州6个州，其他的豫州、徐州等只占一部分，至于司州、兖州、梁州、益州、宁州等则数度出入，其州、郡却越分越多，但辖区却逐渐缩小。南北朝建制也实行州、郡、县三级制。南梁和北魏设置州的数量越来越多，导致州实质上与汉晋时期的郡基本相同。最终隋王朝改州、郡、县三级制为州（郡）、县二级制。

① 根据周振鹤著《中国地方行政制度史》，上海人民出版社2005年版；龚荫著《中国民族政策史》，四川出版集团、四川人民出版社2006年版；赵云田著《中国边疆民族管理机构沿革史》，中国社会科学出版社1993年版等资料整理而成。

（二）州制

据《尚书·禹贡》载，禹在位时把全国分为冀州、兖州、青州、徐州、扬州、荆州、豫州、梁州、雍州9个州①。为加强对地方的控制，汉武帝元封五年（前106年），“初置刺史，部十三州”②。东汉时期设司隶、豫州、冀州、兖州、徐州、青州、荆州、扬州、益州、凉州、并州、幽州、交州，州由监察区变为地方建制，自此州制进入中国的地方建制。魏晋南北朝时期州不断增加，西晋时有州19个，至南北朝末期南陈有42个州，北周有211个州。直到隋朝，州一直是地方最高层级的建制，延续了400年左右③。

1. 东汉时期西部的州制

中平五年（188年）三月，东汉朝廷改州刺史为州牧，从此州成为郡之上的一级建制，即成为地方的最高建制。东汉王朝共设置13个州，其中司州、并州、凉州、益州和荆州等位于今西部民族地区。详情见表1－4。

表1－4　东汉时期位于西部民族地区州简表④

州	西部民族地区
司州	辖区位于今陕西省中部地区
并州	辖区位于今陕西省、宁夏回族自治区、内蒙古自治区的一部分地区
凉州	辖区位于今甘肃省及宁夏回族自治区大部分地区
荆州	辖区位于今陕西省和贵州省的一部分地区
益州	辖区位于今四川省、云南省大部分地区，贵州省、陕西省的一部分地区
交州	辖区位于今广西壮族自治区的一部分地区

2. 三国时期西部的州制

三国时期，魏国、蜀汉和吴国沿袭东汉形成的州制，共设置17个州（其中魏国和吴国都分别设置荆州和扬州）⑤。

① 韦庆远主编《中国政治制度史》，中国人民大学出版社1989年版。

② 汪清《汉武帝初置刺史部十三州辨析》，《史学月刊》2009年第3期。

③ 韦庆远主编《中国政治制度史》，中国人民大学出版社1989年版。

④ 根据周振鹤著《中国地方行政制度史》，上海人民出版社2005年版；龚荫著《中国民族政策史》，四川出版集团、四川人民出版社2006年版；赵云田著《中国边疆民族管理机构沿革史》，中国社会科学出版社1993年版等资料整理而成。

⑤ 梁励《中国古代地方行政区划沿革述论》，《江苏教育学院学报》（社会科学版）2010年第1期。

（1）魏国位于今西部民族地区的州。汉献帝时曹操“挟天子”以“令天下”，改汉 13 个州为 9 个州，不久魏文帝曹丕又改为 12 个州[①]。当时魏国占据黄河流域，设置有司隶、豫州、兖州、青州、徐州、雍州、凉州、冀州、并州、幽州、荆州（汉荆州北部）、扬州（汉扬州北部）12 个州，其中司隶、雍州、凉州、并州和荆州位于今西部民族地区。详情见表 1－5。

表 1－5　魏国位于西部民族地区州简表[②]

州	西部民族地区
司隶	辖区位于今陕西省中部地区
雍州	辖区位于今陕西省中部北部、甘肃省（除去东南部）、青海省的东北部和宁夏回族自治区一带
凉州	辖区位于今甘肃省东北部地区
并州	辖区位于今陕西省北部和内蒙古自治区一部分地区
荆州	辖区位于今广西壮族自治区和贵州省的边缘地区

（2）吴国位于今西部民族地区的州。吴国占据长江中下游、珠江流域，设置有荆州、扬州、交州和广州 4 个州[③]，其中荆州、广州和交州 3 个州的部分地区位于今西部民族地区。详情见表 1－6。

表 1－6　吴国位于西部民族地区州简表[④]

州	西部民族地区
荆州	辖区位于今广西壮族自治区、贵州省边缘地区
广州	辖区位于今广西壮族自治区一部分地区
交州	辖区位于今广西壮族自治区一部分地区

① 梁励《中国古代地方行政区划沿革述论》，《江苏教育学院学报》（社会科学版）2010 年第 1 期。

② 根据周振鹤著《中国地方行政制度史》，上海人民出版社 2005 年版；龚荫著《中国民族政策史》，四川出版集团、四川人民出版社 2006 年版；赵云田著《中国边疆民族管理机构沿革史》，中国社会科学出版社 1993 年版等资料整理而成。

③ 梁励《中国古代地方行政区划沿革述论》，《江苏教育学院学报》（社会科学版）2010 年第 1 期。

④ 根据周振鹤著《中国地方行政制度史》，上海人民出版社 2005 年版；龚荫著《中国民族政策史》，四川出版集团、四川人民出版社 2006 年版；赵云田著《中国边疆民族管理机构沿革史》，中国社会科学出版社 1993 年版等资料整理而成。

（3）蜀汉位于今西部民族地区的州。蜀汉仅设置益州[①]，益州辖今四川省、贵州省和云南省大部分地区以及陕西省南部与甘肃省一部分地区。

3. 西晋时期西部的州制

曹魏灭蜀汉后，从益州分置出梁州。西晋初，又从雍州分置出秦州，从益州分置出宁州，再从幽州分置出平州。西晋咸宁六年（280 年）晋武帝平吴国，将南、北荆州合为 1 个，南、北扬州合为 1 个，共设置 19 个州。西晋后期，从荆、扬两州中分置出江州，从荆州、广州中分置出湘州，共设置 21 个州[②]。至此州制发展得较为完善，但西晋后期天下大乱，州制也陷于混乱。其中司州、雍州、荆州、梁州、益州、凉州、广州、秦州和宁州 9 个州位于今西部民族地区。详情见表 1－7。

表 1－7　两晋王朝位于西部民族地区州简表[③]

州	西部民族地区
司州	即司隶校尉部，治所在首都洛阳（位于今河南省洛阳东北），辖区位于今陕西省东南部
雍州	治所在长安（位于今陕西省西安市西北），辖区位于今陕西省中部、甘肃省东南部、宁夏回族自治区南部及青海省东部、四川省北部部分地区
荆州	治所在江陵（位于今湖北省江陵），辖区位于今陕西省东南及贵州省东北地区
梁州	治所在南郑（位于今陕西省汉中市），辖区位于今四川省中部和东部、陕西省西南部及贵州省东北部分地区
秦州	治所在冀县（位于今甘肃省甘谷县东），辖区位于今甘肃省东南部、陕西省西南部、四川省北部及青海省东部部分地区
凉州	治所在姑臧（位于今甘肃省武威市），辖区位于今甘肃省西部、青海省东北部及内蒙古自治区南部部分地区

① 梁励《中国古代地方行政区划沿革述论》，《江苏教育学院学报》（社会科学版）2010 年第 1 期。

② 梁励《中国古代地方行政区划沿革述论》，《江苏教育学院学报》（社会科学版）2010 年第 1 期。

③ 根据周振鹤著《中国地方行政制度史》，上海人民出版社 2005 年版；龚荫著《中国民族政策史》，四川出版集团、四川人民出版社 2006 年版；赵云田著《中国边疆民族管理机构沿革史》，中国社会科学出版社 1993 年版等资料整理而成。

（续表1－7）

州	西部民族地区
益州	治所在成都（位于今四川省成都市），辖区位于今四川省中、南部及贵州省北部地区
广州	治所在番禺（位于今广东省广州市），辖区位于今广西壮族自治区的大部分地区
宁州	治所在滇池（位于今云南省昆明市南），辖区位于今云南省、贵州省西南部地区、广西壮族自治区西部地区

4. 东晋南朝时期西部的州制

永嘉之乱后，晋皇室渡江南迁暂处建康，实际仅统治江、淮以南的州郡。东晋南朝地方建制分实、侨两种，其中扬州、荆州、江州、广州、交州、豫州、徐州、兖州、益州、宁州等10个州为实州，青州、冀州、司州、幽州、并州等7个州为侨州。因为北方沦陷官府南迁，往往将若干沦陷建置的名称移置南方，管辖南方原来的区划，称“侨州郡县”。这种“双头州郡”制即两州、两郡建置同辖一个地方，但仍只设1名官员担任两州刺史、两郡太守。东晋时期，在士族势力高度发展和东吴世袭领郡制的基础上，两者结合形成了士族世袭领州制，士族把持政权并围绕着州的统领权按门户档次分配地域权益，并力图世代保持下去[①]。

刘裕崛起后攻灭谯蜀并发动两次北伐，收复四川、山东、河南及关中地区，然而刘裕因故返京关中得而复失。此时东晋管辖有扬州、北徐州、豫州、江州、北青州、司州、荆州、北雍州、东益州、宁州、交州、广州、北并州、北冀州、梁州、徐州、北兖州等17个州，以及幽州、冀州、东秦州、青州、并州、兖州、秦州、雍州等8个侨州，共25个州[②]。其中位于今西部民族地区的有荆州、宁州、广州、交州4个州，辖区位于今重庆市、云南省、贵州省、广西壮族自治区的全部或部分地区。此外，同时期的前秦、吐谷浑、前凉等国地处今西部民族地区，其辖区位于今内蒙古自治区、西藏自治区、甘肃省、青海省、新疆维吾尔自治区。

① 汪清《东晋士族世袭领州制初探》，《史学月刊》2010年第2期。

② 梁励《中国古代地方行政区划沿革述论》，《江苏教育学院学报》（社会科学版）2010年第1期。

东晋灭亡后，宋、齐、梁、陈先后承袭，社会一直动荡不安。南朝时期同样实行“双头州制”，但州的数量大增。据《通典·州郡典》等记载，东晋时南方有10多个州，南朝宋、齐时增至20多个州，到梁朝后期增至107个州，以疆域相差无几的南朝陈国和三国吴国相比较，陈国的州数是吴国的16倍①。南朝时期，宋、齐、梁、陈设置的益州、宁州、荆州、交州和广州等5个州位于今四川省、云南省、贵州省和广西壮族自治区等西部民族地区。

5. 五胡十六国和北朝时期西部的州制

与东晋南朝同时期，在北方的五族纷纷建立割据政权，即“五胡十六国”和“北朝”。各国之间战乱不断，统治者对于归附的豪强大族首领往往授予刺史、郡守、县令等官职，基本维系原有的州、郡、县体系②。在统治所及的较小区域中分置了许多州，并且变化无常，州制陷于混乱。这一时期今西部民族地区的区域内也设置了不少州。详情见表1－8。

表1－8　五胡十六国和北朝时期位于西部民族地区州简表③

时期	国家	西部民族地区
十六国前期	前赵	为匈奴族建立，以今陕西省关中为中心，下设的雍州、荆州、秦州、凉州等位于今陕西省、甘肃省等的大部分地区
	后赵	为羯族建立，下设的司州、雍州、青州、荆州、秦州等位于今陕西省、内蒙古自治区、宁夏回族自治区等的大部分地区
	前秦	为氐族建立，下设的雍州、荆州、秦州、凉州、宁州、益州等位于今陕西省、宁夏回族自治区、甘肃省等的大部分地区
	成汉	为氐族建立，下设的益州、梁州、荆州、宁州、汉州、安州等位于今四川省、重庆市、云南省、贵州省和陕西省的大部分地区
	前凉	为汉族建立，下设的凉州、河州、沙州、定州、商州、秦州等位于今甘肃省、宁夏回族自治区、新疆维吾尔自治区等的大部分地区

① 梁励《中国古代地方行政区划沿革述论》，《江苏教育学院学报》（社会科学版）2010年第1期。

② 龚荫著《中国民族政策史》，四川出版集团、四川人民出版社2006年版。

③ 根据周振鹤著《中国地方行政制度史》，上海人民出版社2005年版；龚荫著《中国民族政策史》，四川出版集团、四川人民出版社2006年版；赵云田著《中国边疆民族管理机构沿革史》，中国社会科学出版社1993年版等资料整理而成。

（续表1－8）

时期	国家	西部民族地区
十六国后期	后秦	为羌族建立，设置雍州、并州、秦州、凉州、河州等位于今陕西省、内蒙古自治区、宁夏回族自治区、甘肃省等的大部分地区
	西秦	为鲜卑族建立，设置秦州、凉州等位于今甘肃省的部分地区
	夏	为匈奴族建立，设置雍州、秦州、凉州等位于今陕西省、内蒙古自治区、宁夏回族自治区和甘肃省等的大部分地区
	后凉	为氐族建立，设置凉州位于今甘肃省、新疆维吾尔自治区、内蒙古自治区和宁夏回族自治区的大部分地区
	南凉	为鲜卑族建立，设置凉州位于今甘肃省、青海省的部分地区
	西凉	为汉族建立，设置凉州位于今甘肃省、新疆维吾尔自治区的部分地区
	北凉	为匈奴族建立，设置凉州、沙州、秦州位于今甘肃省的部分地区
北朝	北魏	为鲜卑族建立，设置洛州、朔州、雍州、岐州、华州、秦州、东秦州、梁州、泾州、夏州、凉州等位于今陕西省、甘肃省和内蒙古自治区等的大部分地区
	东魏	为鲜卑族建立，设置南汾州位于今陕西省的大部分地区
	西魏	为鲜卑族建立，设置雍州、华州、洛州、汾州、泰州、灵州等州位于今陕西省、甘肃省、宁夏回族自治区等的大部分地区
	北齐	为汉族建立，辖区部分位于今内蒙古自治区的部分地区
	北周	为鲜卑族建立，设置的雍州、华州、灵州、会州、泰州、并州、开州、鄯州、恭州等州位于今陕西省、甘肃省、宁夏回族自治区、四川省、重庆市和云南省等的大部分地区

6. 隋朝时期西部的州制

南北朝后期，州、郡、县三级建制极度混乱，郡一级形同虚设。于是隋文帝于开皇三年（583 年）“罢天下郡”，实行以州领县的两级建制。在开皇九年（589 年）平定南朝的陈统一全国后，又将州、县两级建制推行至全国。这样东汉末年以来一直沿用的州、郡、县三级建制改为州、县二级制，但实行的依然是州制。隋王朝从隋开皇三年至隋大业三年（607 年），实行州县两级建制 24 年。炀帝于大业三年又改州为郡，以郡统县恢复秦制。从古代建制沿革上看，隋王朝处于从州制到道制的过渡阶段①，主要还是实行州、县二级制，隋王朝设立了冀州、兖州、青州、徐州、豫州、扬州、荆州、梁州及雍州等 9 个州。其中部分位于今西部民族地区。详情见表 1 －9。

表 1 －9　隋王朝位于西部民族地区州简表②

州	西部民族地区
雍州	辖区位于今甘肃省、宁夏回族自治区、陕西省、内蒙古自治区西部、青海省、新疆维吾尔自治区南部
豫州	辖区位于今陕西省东部
扬州	辖区位于今广西壮族自治区部分地区
荆州	辖区位于今广西壮族自治区、贵州省的部分地区
梁州	辖区位于今四川省、贵州省、陕西省、甘肃省南部的大部分地区
冀州	辖区位于今内蒙古自治区中部

（三）道（路）制

唐初李渊统一全国后一度改郡为州，恢复州领县制。天宝元年（742 年）至乾元元年（758 年）又改州为郡，实行了 16 年郡领县制。随后州被道取代，成为二级建制。唐王朝后期地方的最高建制不是州或郡，而是“道”；宋

① 梁励《中国古代地方行政区划沿革述论》，《江苏教育学院学报》（社会科学版）2010 年第 1 期。

② 根据周振鹤著《中国地方行政制度史》，上海人民出版社 2005 年版；龚荫著《中国民族政策史》，四川出版集团、四川人民出版社 2006 年版；赵云田著《中国边疆民族管理机构沿革史》，中国社会科学出版社 1993 年版等资料整理而成。

王朝地方的最高建制是“路”。“道”和“路”最初都是监察区的性质，随后转化为建制区划。这表明唐、宋王朝进入了道（路）制时期，这一时期从7世纪初至13世纪后期持续了600多年①。

1. 唐朝时期西部的道制

贞观元年（627年），唐太宗根据山河的形状分全国为10个道。道下辖府、州，府、州下设县。开元二十一年（733年），唐玄宗改10道为15道，设置常驻的采访使和观察使，道逐渐成为州之上的一级建制②。唐中叶后，道实际上已名存实亡，节度使所辖区域虽有不少称道，但道制已混乱不堪。唐朝时期在今西部民族地区的区域内设有不少的道。详情见表1－10。

表1－10 唐王朝位于西部民族地区道简表③

道	西部民族地区
关内道	辖区位于今陕西省、甘肃省、内蒙古自治区大部分地区
山南道	辖区位于今陕西省、甘肃省、四川省、重庆市大部分地区
陇右道	辖区位于今甘肃省全部、青海省部分地区和新疆维吾尔自治区的东部地区
江南道	辖区位于今四川省部分地区、贵州省东部和广西壮族自治区的西北部
剑南道	辖区位于今四川省、云南省、贵州省、甘肃省的大部分地区
岭南道	辖区位于今广西壮族自治区大部和云南省东南部
京畿道	辖区位于今陕西省中部关中平原
黔中道	辖区位于今贵州省东部、广西壮族自治区西北部、四川省长江以南部分地区

2. 两宋时期西部的路制

北宋王朝沿袭唐朝旧制，于淳化四年（993年）把全国划分为10个道，

---

① 梁励《中国古代地方行政区划沿革述论》，《江苏教育学院学报》（社会科学版）2010年第1期。

② 韦庆远主编《中国政治制度史》，中国人民大学出版社1989年版。

③ 根据周振鹤著《中国地方行政制度史》，上海人民出版社2005年版；龚荫著《中国民族政策史》，四川出版集团、四川人民出版社2006年版；赵云田著《中国边疆民族管理机构沿革史》，中国社会科学出版社1993年版等资料整理而成。

为监察区域，与唐朝的道性质相似。宋乾德年间（963—968 年），朝廷将财赋集中于自身，地方上的一切管理事务都归于转运使，于是其成为府、州以上的长官，道却有职无权。至道三年（997 年）废道改路，在全国分置 15 路，逐渐形成路的建制。路设置帅司、漕司、宪司、仓司 4 个机构[①]。两宋王朝在今西部民族地区的区域内设置了一些路。详情见表 1－11。

表 1－11　两宋王朝位于西部民族地区路简表[②]

时期	路	西部民族地区
北宋王朝	永兴军路、利州路	辖区位于今陕西省的部分地区
	秦凤路	辖区位于今甘肃省的部分地区
	成都府路、梓州路	辖区位于今四川省的部分地区
	夔州路	辖区位于今重庆市的部分地区
	广南西路	辖区位于今广西壮族自治区的部分地区
南宋王朝	利州路	辖区位于今陕西省和四川省的部分地区
	成都府路、潼川府路	辖区位于今四川省的部分地区
	夔州路	辖区位于今重庆市的部分地区
	广南西路	辖区位于今广西壮族自治区的部分地区

3. 唐宋时期西部的道（路）制

辽、金、西夏、南诏、大理国等西部民族政权的政治制度因受中央王朝影响，仿唐学宋，同时保留其原有制度。与北宋对峙的辽朝廷把全国分为道—府、州、军城—县三级建制，仿照唐王朝的制度设置五京道，将全国分为五道（也称五路），即上京道、东京道、中京道、西京道、南京道，属地方建置。《辽史》载："总京五，府六，州军城百五十六，县二百有九，部族五十

① 梁励《中国古代地方行政区划沿革述论》，《江苏教育学院学报》（社会科学版）2010 年第 1 期。

② 根据周振鹤著《中国地方行政制度史》，上海人民出版社 2005 年版；龚荫著《中国民族政策史》，四川出版集团、四川人民出版社 2006 年版；赵云田著《中国边疆民族管理机构沿革史》，中国社会科学出版社 1993 年版等资料整理而成。

有二，属国六十。”[1] 每道（路）的治所称府，建有京号，并以京号命名道的名称，合称五京道（或五京路）。

与南宋对峙的金也采用宋王朝的制度，其早期仿辽制设置五京道，后仿宋制分路而治。据《续通典》载，金“袭辽制，建五京，置十四总管府，是为十九路”[2]。五京即上京（位于今黑龙江省阿城南）、南京（位于今河南省开封市）、北京（位于今内蒙古自治区宁城县）、东京（位于今辽宁省辽阳市）、西京（位于今山西省大同市）。五京各辖一路，京内又设十四路，连同五京的路共设十九路[3]。路下辖府、州，府、州下设县，但仍保留女真族的“猛安谋克”制度。

（四）行省制

自元朝开始，中国又出现了一种新的地方建制——行省（简称“省”）。“省”名起源甚早，魏晋时期已有尚书省、中书省之称，然而都是朝廷中枢要署，不直辖地方。隋文帝于开皇八年（588 年）伐陈，曾置淮南行省于寿春，但不久即废。金入主中原之初曾出现过行省建置，在外地设立行尚书省，但时间也很短暂。蒙古族仿照金朝实行行省建制，元世祖一方面将尚书省并入中书省总理朝政，同时在地方设立若干行中书省，作为朝廷中书省在地方的代理机构。最初只是临时设置并只管军事，后演变为军民兼管，其长官也由朝廷官吏演变为地方官吏，行省逐渐成为元王朝的地方主要建制。自此地方的建制进入行省（省）制时期。该时期从 13 世纪后期至 20 世纪初，历经元、明、清 3 个封建王朝[4]。

1. 元朝时期西部的行省制

元世祖时开始设置中书省，中统（1260—1263 年）、至元（1264—1294 年）年间在各地分置行中书省，作为中书省的派出机构。后逐渐成为固定的地方主要建制，掌管辖区内的军政要务。约在世祖末成宗初，随着江浙、湖广、江西、陕西、四川、甘肃、辽阳、河南等行省的改置或增设，行省逐渐演化为常设的、

---

① 《辽史·地理志一》，中华书局 1974 年版。

② 梁励《中国古代地方行政区划沿革述论》，《江苏教育学院学报》（社会科学版）2010 年第 1 期。

③ 龚荫著《中国民族政策史》，四川出版集团、四川人民出版社 2006 年版。

④ 梁励《中国古代地方行政区划沿革述论》，《江苏教育学院学报》（社会科学版）2010 年第 1 期。

固定的地方最高建制。“凡钱粮、兵甲、屯种、漕运、军国重事，无不领之”①，“掌国庶务，统郡县，镇边鄙，与都省为表里”②，“省有政令则布于下，郡县有请则达于省”③。行省下设路、府、州、县。元王朝在全国共设河南省、江浙省、江西省、湖广省、陕西省、四川省、辽阳省、甘肃省、岭北省、征东省等11个行省④。而山东、山西、河北和内蒙古等地则称为“腹里”，由中书省直辖。元王朝在今西部民族地区的区域内也设置了不少行省。详情见表1－12。

表1－12　元王朝位于西部民族地区行省简表⑤

行省	西部民族地区
甘肃行省	辖区位于今宁夏回族自治区、甘肃省东北部
湖广行省	辖区位于今广西壮族自治区、贵州省大部
辽阳行省	辖区位于今内蒙古自治区的东北部
岭北行省	辖区位于今内蒙古自治区北部和新疆维吾尔自治区部分地区
陕西行省	辖区位于今陕西省大部、内蒙古自治区西南部、甘肃省东南部、四川省西北部
四川行省	辖区位于今四川省、重庆市大部、陕西省西南部
云南行省	辖区位于今云南省全境、贵州省西部、四川和广西壮族自治区部分地区

2. 明朝时期西部的行省制

明初太祖朱元璋定都金陵，基本上保留了元王朝的行省制，只在洪武元年

① 韦庆远主编《中国政治制度史》，中国人民大学出版社1989年版。

② 梁励《中国古代地方行政区划沿革述论》，《江苏教育学院学报》（社会科学版）2010年第1期。

③ 梁励《中国古代地方行政区划沿革述论》，《江苏教育学院学报》（社会科学版）2010年第1期。

④ 韦庆远主编《中国政治制度史》，中国人民大学出版社1989年版。

⑤ 根据周振鹤著《中国地方行政制度史》，上海人民出版社2005年版；龚荫著《中国民族政策史》，四川出版集团、四川人民出版社2006年版；赵云田著《中国边疆民族管理机构沿革史》，中国社会科学出版社1993年版等资料整理而成。

(1368年)废中书省，其辖境分属河南行省和山东行省，同时改江南行中书省为中书省，以示国都所在。洪武九年(1376年)，朱元璋改元朝行省建制为布政使司建制，其性质仍同行省，因此习惯上仍称为省。自宣德三年(1428年)以后，全国统分为“两京”“十三司”：“两京”是京师(北直隶)和南京(南直隶)；13个布政使司简称“十三司”(俗称“十三省”)，即山东省、山西省、河南省、陕西省、四川省、湖广省、江西省、浙江省、广东省、广西省、云南省、贵州省、福建省。因习惯上也称1个直隶区为“一省”，所以又有“十五省”之说。布政使司(省)下辖府，府下领州，州下领县。明王朝在今西部民族地区的区域内设置了不少的省份。详情见表1-13。

表1-13　明王朝位于西部民族地区布政使司(省)简表①

布政使司(省)	西部民族地区
陕西	辖区位于今陕西省大部、甘肃省部分地区
四川	辖区位于今四川省和重庆市全境、云南省部分地区
云南	辖区位于今云南省全境
贵州	辖区位于今贵州省全境、四川省和云南省部分地区
广西	辖区位于今广西壮族自治区全境
广东	辖区部分位于今广西壮族自治区的部分地区

3. 清朝时期西部的行省制

清王朝建立初期，为便于统治，明朝故土仍沿用明王朝地方建制设15个布政使司，只是改北直隶为直隶，南直隶为江南布政使司，废除了金陵的国都地位。康熙初年又改布政使司为省，分湖广布政使司为湖南省和湖北省，分江南布政使司为江苏省和安徽省，分陕西布政使司为陕西省和甘肃省，全国共设18个省。此外，清王朝还在奉天(盛京)、吉林、黑龙江、乌里雅苏台和伊犁设将军辖区，在西藏、西宁设办事大臣辖区，以及由朝廷理藩院直

① 根据周振鹤著《中国地方行政制度史》，上海人民出版社2005年版；龚荫著《中国民族政策史》，四川出版集团、四川人民出版社2006年版；赵云田著《中国边疆民族管理机构沿革史》，中国社会科学出版社1993年版等资料整理而成。

接管辖的内蒙古盟旗，连同内地 18 个省，全国共设 26 个政区建制。清光绪十年（1884 年）设置新疆省，光绪十三年（1887 年）设立台湾省，光绪三十三年（1907 年）改奉天、吉林、黑龙江三个将军辖区为省，加上内地 18 个省共为 23 个省。因光绪二十一年（1895 年）清王朝签订《马关条约》，台湾省被割让给日本，所以史称 22 个省。在今西部民族地区的地域内也设置了一些省。详情见表 1－14。

表 1－14　清王朝位于西部民族地区省简表①

省	西部民族地区
陕西省	辖区位于今陕西省大部、甘肃省的部分地区
甘肃省	辖区位于今甘肃省、青海省和宁夏回族自治区的大部分地区
四川省	辖区位于今四川省、重庆市全境、云南省的部分地区
云南省	辖区位于今云南省的大部分地区
贵州省	辖区位于今贵州省全境、四川省和云南省的部分地区
广西省	辖区位于今广西壮族自治区的大部分地区
广东省	辖区部分位于今广西壮族自治区的部分地区

4. 民国时期西部的行省制

辛亥革命后，国民政府改直隶为河北省，改奉天省为辽宁省，又于边区增设热河省、察哈尔省、绥远省、青海省、宁夏省、西康省等 6 个省。至此全国共有江苏省、安徽省、江西省、湖北省、湖南省、四川省、西康省、云南省、贵州省、广东省、广西省、福建省、浙江省、山东省、山西省、河南省、河北省、陕西省、甘肃省、宁夏省、青海省、新疆省、辽宁省、吉林省、黑龙江省、热河省、绥远省、察哈尔省等 28 个省和南京市、上海市、北平

① 根据周振鹤著《中国地方行政制度史》，上海人民出版社 2005 年版；龚荫著《中国民族政策史》，四川出版集团、四川人民出版社 2006 年版；赵云田著《中国边疆民族管理机构沿革史》，中国社会科学出版社 1993 年版等资料整理而成。

市、天津市、青岛市、西安市等6个直辖市。抗战胜利后台湾省回归，并将战前东北3省（伪满时分划为18个省）分开设置为辽宁省、辽北省、安东省、吉林省、合江省、松江省、黑龙江省、嫩江省、兴安省等9个省，全国共35个省。1925年7月国民政府成立后，颁布了《省组织法》，规定："省政府于中国国民党指导、监督之下，受国民政府之命令，处理全省政务。"①西部民族地区设置了不少省。详情见表1－15。

表1－15　民国时期位于西部民族地区省简表②

省	西部民族地区
陕西省	辖区位于今陕西省全境
甘肃省	辖区位于今甘肃省大部分地区
宁夏省	辖区位于今宁夏回族自治区全境
新疆省	辖区位于今新疆维吾尔自治区全境
四川省	辖区位于今四川省大部分地区和重庆市全境
西康省	辖区位于今四川西部和西藏自治区的东部地区
云南省	辖区位于今云南省全境
贵州省	辖区位于今贵州省全境
广西省	辖区位于今广西壮族自治区全境
热河省	辖区部分位于今内蒙古自治区部分地区
绥远省	辖区部分位于今内蒙古自治区部分地区
察哈尔省	辖区部分位于今内蒙古自治区部分地区

① 韦庆远主编《中国政治制度史》，中国人民大学出版社1989年版。

② 根据周振鹤著《中国地方行政制度史》，上海人民出版社2005年版；龚荫著《中国民族政策史》，四川出版集团、四川人民出版社2006年版；赵云田著《中国边疆民族管理机构沿革史》，中国社会科学出版社1993年版等资料整理而成。

二、特殊建制

在不同历史时期，中央王朝既在全国设立统一的地方建制，又从西部民族地区的实际出发设立特殊的建制，并采取相对特殊的管理方式，加强对西部民族地区的统治。

（一）“五服”制

夏、商、周王朝为加强对周边少数民族的统治，将其管辖疆土分为“甸”“侯”“绥”“要”“荒”五服。“五服”建制按距离王城（京城）远近和关系的亲疏对少数民族居住地域进行划分，并实行不同的贡赋等管理制度。春秋战国时期，随着皇权专制集权制度的逐步巩固，地方由采邑制逐渐演变为郡县制，到秦朝时期五服制彻底瓦解。

1. 夏王朝的“五服”制

夏王朝将其统治中心和影响所及的东临大海、西至沙漠、从北方到南方的边陲，划分为“甸服”“侯服”“绥服”“要服”“荒服”五服。天子直接统治的地区称“甸服”，天子之“国”在这里，王室成员住在这里。夏天子的诸侯国称“候服”，与天子不管是同姓国还是异姓国都有臣属关系。与天子有一定臣属关系的四方少数民族，（“夷、蛮、戎、狄”）之国或部落称“绥服”。与天子无任何臣属关系的四方少数民族的邦国和部落称“要服”。“荒服”，靠近要服“三百里”以内为“蛮”人居住，再往外“二百里”以内为“戎、狄”。这些荒远“蛮、夷、戎、狄”地区不向夏王朝贡纳，但也有不远千里到王城贡献的。如《史记·夏本纪》载：“织皮昆仑、析支、渠搜，西戎即序。”[①] 昆仑、析支、渠搜位于今甘肃省、青海省和新疆维吾尔自治区[②]。

2. 商王朝的“五服”制

商王朝仍然实行“五服”建制的贡纳制。《尚书今古文注疏·酒诰》载：“越在外服，侯甸男卫邦伯；越在内服，百僚庶尹，惟亚惟服宗工。越在百姓里居，罔敢湎于酒。”[③] 商王朝沿袭夏王朝的“五服制”因社会的发展而有所变化，因而有明显不同。一是商王朝之“内服”（也称“比服”），即夏王朝的“甸服”。二是商王朝“外服”为五等（侯、甸、男、卫、邦伯），夏王朝

---

① 《史记·夏本纪》，中华书局1959年版。

② 龚荫著《中国民族政策史》，四川出版集团、四川人民出版社2006年版。

③ 〔清〕孙星衍撰《尚书今古文注疏·酒诰》，载《四库备要》中华书局影印本。

“外服”为四等（侯、绥、要、荒）。三是《尚书今古文注疏·酒诰》所载“邦伯”，即为《王会》记载的“要服”“荒服”区域的民族方国酋长。孔子在《论语·为政》中说：“殷因于夏礼，所损益可知也。”①

3. 周王朝的“五服”制

周王朝仍实行“五服”制②，《国语·周语》载：“夫先王之制，邦内甸服，邦外侯服，侯卫宾服，蛮夷要服，戎翟荒服。甸服者祭，侯服者祀，宾服者享，要服者贡，荒服者王。日祭，月祀，时享，岁贡，终王，先王之训也。”③ 周王朝的“五服”制，对各服“职事”的规定都较为明确具体。《周礼·夏官司马》载：“大司马之职……以九畿之籍，施邦国之政职，方千里曰国畿，其外方五百里曰侯畿，又其外方五百里曰甸畿，又其外方五百里曰男畿，又其外方五百里曰采畿，又其外方五百里曰卫畿，又其外方五百里曰蛮畿，又其外方五百里曰夷畿，又其外方五百里曰镇畿，又其外方五百里曰蕃畿。”④ “职方氏……辩其邦国，都、鄙、四夷、八蛮、七闽、九貉、五戎、六狄之人民，……辩九服之邦国，方千里曰王畿，其外方五百里曰侯服，又其外方五百里曰甸服，又其外方五百里曰男服，又其外方五百里曰采服，又其外方五百里曰卫服，又其外方五百里曰蛮服，又其外方五百里曰夷服，又其外方五百里曰镇服，又其外方五百里曰藩服。”⑤

（二）道和属国

道的建制始于秦朝，在两汉时期得到较大发展。而属国的设置始于战国时期，如秦兵器铭文中已有“属邦”一词，汉王朝为了避汉高祖刘邦讳而改称属国，都是为管理民族地区设置的建制。

1. 秦汉时期的道

秦灭六国统一中原后，继续征服周边民族地区，并根据周边民族情况设置特殊的建制。针对各民族地区社会发展不一的状况，秦王朝在推行郡县制的同时，在一些不适宜设置郡县的民族地区设置了类似县的道，并先后设置了7个道。《汉书》载：“县大率方百里，其民稠则减，稀则旷，乡、亭亦如

① 龚荫著《中国民族政策史》，四川出版集团、四川人民出版社2006年版。

② 龚荫著《中国民族政策史》，四川出版集团、四川人民出版社2006年版。

③ 《国语·周语》，载《四库全书》影印本。

④ 《周礼·大司马》，载《十三经注疏》影印本。

⑤ 《周礼·职方氏》，载《十三经注疏》影印本。

之，皆秦制也。列侯所食县曰国（侯国），皇太后、皇后、公主所食曰邑，有蛮夷曰道。凡县、道、国、邑千五百八十七。”①

汉王朝继续开疆拓土，仍在民族地区设置道，任命当地民族上层人士进行统治。对西南少数民族靠近内地的汉、夷杂居地区一般实行郡县制，派汉官进行统治；而完全是少数民族聚居的地区，沿用秦王朝统治制度，仍设置相当于县的“道”。《汉书》卷二八载：“讫于孝平，凡郡国一百三，县邑千三百一十四，道三十二，侯国二百四十一。”② 东汉时设置过21个道，这些道多为氐羌族聚集区。道在不同时期的性质和层级都不尽相同，随民族的发展有设有废、有增有减。

2. 两汉王朝的属国

属国是两汉为安置归附的匈奴、羌、夷等少数民族而设的地方建制，对西部民族地区的少数民族一族一部归附的设置属国。属国也指内附汉王朝的西部民族地区的少数民族部族或部落，如属国户水胡、属国湟中月氏诸胡、属国诸胡，或指属国都尉官。在按一定地域范围划定的属国中，“本国之俗”一般保持不变。西汉时推行属国制的西部民族地区仅限于西北，设立了7个“属国都慰”，包括“安定属国都慰”“天水属国都慰”“西河属国都慰”“上郡属国都慰”“五原属国都慰”“张掖属国都慰”和“金城属国”③。东汉时属国制则在西北、西南等少数民族地区广为推行。从汉武帝元狩二年（前121年）到汉末止，先后设置了金城、定安、西河、上郡、五原和张掖等属国都慰。大的属国辖5—6个城，小的属国辖1—2个城。大郡在边远县设置属国，小郡的属国则设置于本郡之内，不另标名称，如龟兹属国只作为上郡的一个县④。

汉王朝对臣服的匈奴国以“蕃国”对待，待以客礼；降汉或归附于汉的匈奴、氐羌，则通过设置边郡和建立属国进行管辖，因俗而治，不干预其内部事务；对西域臣服的诸族国，设置西域都护管辖⑤。

---

① 《汉书·百官公卿表上》，中华书局1962年版。

② 《汉书·地理志八下》，中华书局1962年版。

③ 龚荫著《中国民族政策史》，四川出版集团、四川人民出版社2006年版。

④ 龚荫著《中国民族政策史》，四川出版集团、四川人民出版社2006年版。

⑤ 龚荫著《中国民族政策史》，四川出版集团、四川人民出版社2006年版。

表 1－16　西汉王朝位于西部民族地区道简表[①]

西部民族地区	道
陕西省	左冯翊“翟道”、武都郡的“故道”、北地郡的“䧟道”、上郡的“雕阴道”
四川省	广汉郡的“甸氐道”“刚氐道”、蜀郡的“严道”“汶江道”“绵虎道”“湔氐道”、犍为郡的“僰道”、越巂郡的“灵关道”
甘肃省	广汉郡的“阴平道”、武都郡的“平乐道”“嘉陵道”“循成道”“下辨道”、陇西郡的“狄道”“氐道”“予道”“羌道”、天水郡的“戎邑道”“绵诸道”“略阳道”“原道”、北地郡的“略畔道”“义渠道”
宁夏回族自治区	安定郡的“月氏道”

（三）左郡、左县、僚郡、俚郡、僚县

左郡、左县、僚郡、俚郡、僚县是魏晋南北朝时期封建王朝按民族特征和族名在民族地区设的建制。南朝在其西部边疆“蛮”族地区设置左郡、左县，在“僚”族地区设置僚郡、僚县，在“俚”人地区设置俚郡。古代一些边疆少数民族的衣服前襟向“左”掩，异于中原汉民族的衣服前襟向“右”掩，因而中原地区的汉人就以“左衽”为少数民族的代称。至南朝时，宋、齐、梁、陈王朝把“蛮人”和“左衽”合称为“蛮左”。史载，臧严“历监义阳、武宁郡，累任皆蛮左”[②]；“荆、雍之界，蛮左数反”[③]。魏晋南北朝时汉族建立的王朝国家基本上沿袭汉王朝体制，而在民族地区设置的郡县，其名称或加上一个“左”字，称为左郡、左县；或加上其族名，称为俚郡、僚郡、僚县。史载，南朝宋时设置有左郡 3 个、左县 16 个；齐时设有左郡 65 个、左县 138 个，僚郡 5 个、僚县 4 个，俚郡 8 个、俚县 23 个[④]。这类郡、县都以民族首领为郡守、县令，民不编户，实行羁縻统治。南朝在其控制地区设置左郡、左县、僚郡、俚郡，

---

① 《汉书·地理志下》，中华书局 1962 年版。
② 《梁书·大学列传下》，中华书局 1973 年版。
③ 《陈书·淳于量列传》，中华书局 1972 年版。
④ 龚荫著《中国民族政策史》，四川出版集团、四川人民出版社 2006 年版。

如在南豫州、江州、司州、荆州、郢州、雍州、益州、湘州、越州等9个州内，设置有左郡、僚郡、俚郡57个，左县、僚县179个①。上述这类建制部分涉及西部民族地区，而在封建王朝控制力弱时，甚至有时对部分民族地区完全失去控制。如宁州地域辽阔、民族众多，因为大姓爨氏在这里的势力很大，南朝难于控制，就没有设立郡、县。同时左郡、左县、僚郡、俚郡都是一些规模小、人口少的小郡县，1个左县一般约有600户，有的还更少，不过100多户，600多人。有的郡很小，没有属县，户口也不到1000户②。左郡、左县、僚郡、俚郡以氏族部落的居住地域设置，但由于经济社会落后、争斗多而常常迁徙，所以设置很不稳定，大多很难弄清其具体设置的地域。

（四）羁縻府州

羁縻府州是唐、宋时期在少数民族内附部落中设置的与内地不同的建制。羁縻之治始于西周，秦、汉加以发展，唐臻于完善。唐王朝的羁縻建制包含羁縻都护府、都督府、州、县四级。“唐初，初未暇于四夷，自太宗平突厥，西北诸蕃及蛮夷稍稍内属，即其部落列置州县。其大者为都督府，以其首领位都督、刺史，皆得世袭。虽贡赋版籍，多不上户部，然声教所暨，皆边州都督、都护所领，著于令式。”③ 至开元年间，在边疆民族地区先后设置了865个羁縻州及437个县④，宋王朝在部分西南民族地区也因袭此制，共计设置羁縻州263个、县22个、峒11个⑤。明王朝在边疆部分民族地区设置羁縻卫、所，性质与唐、宋羁縻府州相似。史载西南夷之地耆老曰：“盖闻天子之于夷狄也，其义羁縻勿绝而已。”⑥

（五）土司制

土司是西部民族地区的职官，最初用于封授给西北、西南地区的少数民族部族头目，这是元王朝总结历朝特别是唐、宋以来设置羁縻府、州、县经验的基础上建立的，后成为元、明、清王朝在西部民族地区的建制。元王朝实行“蒙、夷参治”之法，官有“流、土”之分，开始设置土府、土州、土

---

① 龚荫著《中国民族政策史》，四川出版集团、四川人民出版社2006年版。
② 龚荫著《中国民族政策史》，四川出版集团、四川人民出版社2006年版。
③ 《新唐书·地理志》，中华书局1959年版。
④ 龚荫著《中国民族政策史》，四川出版集团、四川人民出版社2006年版。
⑤ 龚荫著《中国民族政策史》，四川出版集团、四川人民出版社2006年版。
⑥ 《史记·司马相如传》，中华书局1959年版。

县，宣慰、宣抚、安抚、长官诸司推行土司制度。明王朝在其西南部30多个少数民族聚居区授予大小酋领不同土职，并对授职、承袭、升迁、奖惩、贡赋等做了严格规定，使土司制度达到了鼎盛时期。至清朝随着西部民族地区地主经济兴起，土司制度对社会发展产生阻碍作用，逐渐被改为流官制度。总的来看，西部民族地区土司发展详情如表1－17。

表1－17 西部民族地区土司简表①

省份	设置区域	总数
甘肃	兰州府、巩昌府、凉州府	31
青海	西宁府、环海地区、果洛地区、玉树地区	304
西藏	洞巴、观角地方、喀喇乌苏河流域	92
四川	龙安府、松潘直隶厅、茂州直隶厅、理番直隶厅、雅州府、懋功直隶厅、康定府、登科府、巴安府、宁远府、嘉定府、叙州府、永宁直隶州、酉阳直隶州、石硅直隶厅	512
云南	云南府、大理府、临安府、楚雄府、澄江府、广南府、顺宁府、曲靖府、丽江府、普洱府、永昌府、开化府、东川府、昭通府、镇雄直隶州、景东直隶厅、蒙化直隶厅、永北直隶厅、广西直隶州、武定直隶州、元江直隶州、镇沅直隶厅、黑盐井、临安府至永昌府边外	587
贵州	贵阳府、大定府、安顺府、兴义府、遵义府、平越直隶州、都匀府、黎平府、镇远府、铜仁府、松桃直隶厅、思州府、思南府、石阡府	412
广西	桂林府、平乐府、梧州府、郁林直隶州、浔州府、柳州府、庆远府、南宁府、上思直隶厅、思恩府、百色直隶厅、泗城府、镇安府、归顺直隶州、太平府	341
内蒙古	斡难河羁縻卫土司、乞塔河羁縻土司、古贲河羁縻卫土司、古贲河羁縻千户所、木塔里山羁縻卫土司、老哈河羁縻卫土司	6

① 根据龚荫著《中国民族政策史》，四川出版集团、四川人民出版社2006年版，《全国土司总表》和龚荫著《中国土司制度史》（上卷），四川出版集团、四川人民出版社2012年版整理。

1. 元王朝的土司制

元王朝开创了土司制，涉及今西部民族地区的西藏自治区、云南省、广西壮族自治区、贵州省、四川省等。据《元史·地理志》载，四川、云南、湖广等行省共设有大小土司行政机构296处[①]。其中四川行省设置宣慰司1个、安抚司2个、“蛮夷路”3个、“蛮夷州”6个、长官司2个、土军1个、“蛮夷千户所”1个、“蛮夷峒”15个、“蛮夷处”6个、“蛮夷寨”4个；云南行省设置宣慰司4个、宣慰司都元帅府1个、宣抚司3个、军民总管府25个、“蛮夷路”19个、“蛮夷州”39个[②]。吐蕃（西藏）设宣慰使司都元帅府3个，即吐蕃等处宣慰使司都元帅府、吐蕃等路宣慰使司都元帅府、乌思藏纳府和乌思藏纳里速古鲁孙等三路宣慰使司都元帅府。各宣慰使司都元帅府下设宣慰司、宣抚司、安抚司、招讨司、万户府等各级机构[③]。贵州在元代土官设有总管、宣抚司、安抚司、长官司、土府、土州、土县等7种，其在顺元宣慰司者，有总管1个、安抚使13个、土府6个、土州37个、土县12个、长官272个，还设有乌撒乌蒙宣慰及播州沿边溪洞宣慰[④]。广西实行土官统治的地方，先后有长官司3个、路5个、州84个、县20个、都1个、峒39个、“蛮夷”4个、团1个[⑤]。

2. 明王朝的土司制

明王朝在元王朝土司制的基础上加以改进和完善，在全国13个行省中设置土司建制的有7个，位于西部民族地区的有四川省、云南省、贵州省、广西省、陕西省。明王朝中期以前的百余年间是土司制度的鼎盛时期，至后期土司制度逐渐削弱，各地区的大土司已基本上被“改土归流”或“众建分立”，之后还存在的多是中、小土司。明王朝土司设置分文职和武职，武职土司主要设置于经济社会落后的地区、边境地带、襟要之地或屏障地方；而文职土司主要设置于经济较发达的民族地区，或“夷、汉杂居”而以少数民族为主体的地区。其中四川有武职土司325个、文职土司18个，云南有武职土

① 陈绍举《土司制度的建立及其历史贡献》，《乌蒙论坛》2010年第2期。

② 陈绍举《土司制度的建立及其历史贡献》，《乌蒙论坛》2010年第2期。

③ 李干《元代西藏（吐蕃）土司制度探析——元朝中央政府管理西藏地方方略研究》，《中南民族学院学报》（人文社会科学版）2002年第1期。

④ 罗绕典撰《黔南职方纪略·土司》，道光二十七年罗氏家刻本。

⑤ 范宏贵、顾有识著《壮族历史与文化》，广西民族出版社1997年版。

司179个、文职土司255个，贵州有武职土司203个、文职土司41个，广西有武职土司28个、文职土司309个，陕西有武职土司146个，无文职土司[①]。武职土司的职务称谓为宣慰、宣抚、安抚、招讨、长官；文职土司的职务称谓为土指挥使、土千户、土百户、土镇抚等。

3. 清王朝的土司制

清王朝土司制“因明制”[②]，只稍微进行了一些改进，主要在顺治、康熙、雍正3个时期设置。清初为尽快平定西部民族地区实现全国统一，清王朝大肆招降。顺治帝发布谕旨：“各处土司，原应世守地方，不得轻听叛逆招诱，自外王化。凡未经归顺，今来投诚者，开具原管地方部落，准与照旧袭封；有擒执叛逆来献者，仍厚加升赏；已归顺土司官，曾立功绩及未经受职者，该督抚按官通察具奏，论功升授。”[③] 清王朝四川省有武职土司447个、文职土司5个，未入流土司102个；云南省有武职土司157个、文职土司80个，未入流土司36个；贵州省有武职土司212个、文职土司18个，未入流土司83个；广西省有武职土司2个、文职土司63个；甘肃省有武职土司27个；青海省有武职土司288个，未入流土司16个；西藏有武职土司92个[④]。清初清军进入西部民族地区以后，对明末已具备改流条件的土司趁势进行了改土归流，因而雍正年间以后土司制度逐渐在西部民族地区的部分地方衰落。

（六）其他特殊建制

宋、元、明、清时期，朝廷除了采用上述建制管理西部民族地区外，还遵循从西部民族的传统习俗，采用了一些特殊的建制。

1. 领户分封制

元王朝建立前，蒙古实行传统军政合一的领户分封制。领户分封制是蒙古早期的军事管理制度，后发展成为一种地方建制。成吉思汗建立蒙古汗国后，将其所属部众按十进制组织起来，编为十户、百户、千户和万户，设立各级户那颜。成吉思汗于开禧二年（1206年）分封时说：“建国时辛苦努力的是我的母亲吧！是我的长子拙赤吧！是我的幼弟斡惕赤斤吧！给母亲、斡

① 龚荫著《中国民族政策史》，四川出版集团、四川人民出版社2006年版。

② 《清史稿·土司列传一》，中华书局1977年版。

③ 《清世祖实录》，台湾华文书局1969年影印本。

④ 龚荫著《中国民族政策史》，四川出版集团、四川人民出版社2006年版。

惕赤斤二人一万百姓（一万户），给拙赤九千百姓，给察阿台八千百姓，给斡歌台五千百姓，给拖雷五千百姓，给合撒儿四千百姓，给阿勒赤台二千百姓，给别勒古台一千五百百姓。”[①] 各级户长都分得大小不等的封地和数量不等的领户。领户居民被限在特定的牧地范围内造户登册，不许随意迁徙，定期向领主纳贡和服役，战时自备鞍马、兵器和粮食随领主出征。这种领户分封制把生产、军事、管制三者结合在一起，取代了原有的部落或氏族组织，成为一种建制。

2. 盟旗制

为了适应战争和管理的需要，完成统一女真各部的大业，建州女真首领努尔哈赤在原“牛录”组织的基础上建立起“八旗制度”。牛录起初是出猎时按所属氏族或村寨临时性组织的狩猎组织，每 10 个人为 1 个牛录，其头领称为“牛录额真”（“额真”即主的意思，每次出猎结束后其成员仍回本氏族部落受部落首领统领）。努尔哈赤在战争中充分利用了这一组织形式。每 300 人为 1 个牛录，每 1 个牛录设 1 个牛录额真；5 个牛录为 1 个“甲喇”，设 1 个“甲喇额真”；5 个甲喇为 1 个“固山”（即“旗”），设 1 个“固山额真”。最初只有红、黄、蓝、白 4 个旗，到了万历四十三年（1615 年）又增加了镶黄、镶红、镶蓝、镶白 4 个旗，形成了著名的“八旗制度”。随着其他少数民族的不断归附，八旗制形成后，各级额真成为永久性的管理和军事长官，其成员脱离原民族部落首领的管辖，统一由八旗分管。清王朝将八旗制度也植入其他民族地区，为了有效管制蒙古族，将漠南蒙古 24 部改编为 6 盟 49 个旗，漠北喀尔喀蒙古分为 4 盟（部）86 旗；青海蒙古分为 4 部 29 旗[②]。为防止旗长势力坐大，又在旗这一建制的基础上实行盟制，将不同部落划出的旗组成盟，取代原有部落首领的权力。盟旗制的实施使清廷有效地控制住广大的蒙古族地区。

第二节　西部民族地区的区划

从春秋时期设置县开始，中国的区划至今已有 2500 多年的历史，将原有

---

① 吴柏春《试论领户分封制》，《内蒙古师范学院学报》1990 年第 1 期。

② 龚荫著《中国民族政策史》，四川出版集团、四川人民出版社 2006 年版。

的以血缘划分居民改变为按地域划分居民，把全国划分为不同级次的若干区划，设置相应的机构进行管辖。地方统治制度变迁的核心，就是区划和官府层级及其所辖机构数量的变化。按照层级的变化情况可以将秦朝到民国初年分为三个阶段：第一阶段是秦汉魏晋南北朝时期，地方区划从二级制变成三级制；第二阶段是隋唐五代宋辽金时期，重复了从二级制变成三级制的循环；第三阶段是元明清时期及民国前期，从多级制逐步简化到三级制，以及短时期的二级制。具体情况详见表1－18。在长期的历史发展中，封建朝廷根据当地政治、经济、民族、人口分布、地理条件、边防需要、历史传统等因素在西部民族地区设置区划。

表1－18　各个时期行政区划单位简表①

时期	具体区划设置	新出现的区划层级
夏商周	州（诸侯国）	州
春秋战国	诸侯国、县（郡、邑）	县、郡
秦	郡、县、乡、亭（里）	郡的名目、内史
汉	州、郡、县、乡、亭（里）	郡（国）、县（侯国、邑、道）、刺史部
东汉末年、三国	州、郡、县、乡、亭（里）	开始州、郡、县三级制
西晋	州、郡、县、乡、亭（里）	郡县开始分等第
东晋、南北朝	州、郡、县、乡、亭（里）	侨置区划：侨州、侨郡、侨县
隋	州（郡）、县、乡、亭（里）	开始州（郡）县二级制
唐	道、州（府）、县、乡、里（保、邻、坊）	道、府出现，节度使辖区（镇）

① 转引自http：//baike.baidu.com/view/257295.htm。

（续表1-18）

时期	具体区划设置	新出现的区划层级
五代十国	道、州（府）、县、乡、里（保、邻、坊）	军监
宋	路、州（府）、县、乡、保（甲、坊）	路
元	行省、州（府、路）、县、乡、村（社、坊）	行省
明	省、府（州）、县、乡、村（图、镇、市、都、厢）	布政司、总督、巡抚辖区市（村级）
清	省、府（州）、县、乡、保（甲、牌、图、镇、市、都、厢）	
民国	北洋军阀政府时期：省、道、县、乡（镇、市、区）、保（甲、里） 国民政府时期：省、区、县、乡（镇、市、区）、保（甲、里）	特别市（院辖市）、地方、设治局

一、古代西部民族地区的区划

商、周王朝实行的是分封制，即“封邦建国”，各个领主在自己的封国内独立为君主，所以没有地方区划。春秋时期周室衰微，一些诸侯国逐渐强大，新开拓的疆土不再进行分封，而由君主直接统治，为了便于统治，萌生了县、郡等地方区划单位。

县级建制也可称为地方基层区划，是历史上最稳定的一级建制，其辖区、数目与名称变化最小，皇帝直接任命的地方官员到这一层级为止。辖县的地方区划称为郡，秦汉时期的郡，隋、唐、五代、宋、辽、金时期的州，元朝时期的路、府、州，明、清时期的府、州，民国初期的道管辖县。更高层级地方区划不直接辖县，只是辖县的上一级区划，在魏、晋、南北朝时期为州，唐、宋时期为道、路，元、明、清时期与民国时期为省。按照三个层级划分可将历朝历代地方区划与官府的层级进行归纳。详情见表1-19。

表 1－19　历朝地方区划与官府层级对应简表[1]

时期	高层区划	统县区划	县级区划
秦		郡	县、道
汉	州	郡、王国	县、道、邑、侯国
魏晋南北朝	州	郡	县、侯国
隋、唐前期		府、州（郡）	县
唐后期、五代	道（方镇）	府、州	县
辽	道	府、节度州（州）	县
宋	路	府、州、军、监	县
金	路	府、州	县
元	省	路（府、州）	县
明	布政使司（省）	府、直隶州（州）	县
清	省	府、直隶州、直隶厅	县、州、厅
民国初年	省	道（区）	县、设治局

（一）州—郡二级制区划

地方区划体系在春秋战国时期逐渐形成。秦汉时期主要实行州、郡二级制。

1. 秦王朝周边的区划

郡的建制从战国时期开始出现，而且逐渐成为县之上的一级地方区划。战国诸雄的郡是陆续建立起来的，魏国曾置有河西郡、上郡、河东郡、方舆郡、大宋郡、上党郡等，赵国有上党郡、雁门郡、云中郡、代郡等，韩国有上党郡、三川郡、上蔡郡等，楚国有宛郡、汉中郡、新城郡、江东郡、黔中郡、巫郡等，燕国有辽东郡、辽西郡、渔阳郡、上谷郡、右北平郡等。秦国比较特别，除自身设置的陇西郡、北地郡、巴郡、蜀郡等外，在并吞六国过程中不断设置新郡。七雄中只有齐国未设置郡。同时各国都城附近的本土部分也未设置郡[2]。

---

① 周振鹤著《中国地方行政制度史》，上海人民出版社 2005 年版。

② 周振鹤著《中国地方行政制度史》，上海人民出版社 2005 年版。

秦并六国后疆域空前辽阔，“地东至海暨朝鲜，西至临洮、羌中，南至北向户，北据河为塞，并阴山至辽东”①。即疆域东、南到海，西至今甘肃省、四川省，西南到今云南省、广西壮族自治区，北至阴山，东北至辽东。秦朝的地方区划是县，在民族地区的县则称道，县之上设置郡，为郡、县二级制。秦始皇分天下为36个郡，加上内史即都城咸阳附近地区，共37个郡级区划。后来郡数有所增加，一方面是开胡、越之地扩大疆域设置新郡，同时将内地一些郡一分为二，从而秦朝的郡数达48个，加上内史共49个。就西部民族地区而言，在今内蒙古自治区秦始皇曾经北逐匈奴，占领阴山河套地区，设置九原郡。在今四川省中部偏西的蜀族，国名称蜀，被秦吞并后于其地置蜀郡。在今川东、鄂西一带的巴族，国名亦称巴，秦出兵灭巴后以其地置巴郡。在今岭南地区，秦军打败西瓯人后设置了桂林郡、南海郡和象郡。此外，秦国灭楚国后设置南郡和黔中郡，统治范围涉及今重庆市和贵州省的部分地区。

2. 两汉王朝西部的区划

秦亡以后，经过数年楚汉之争，刘邦在高帝五年（前202年）正式建立汉王朝，经过不断开拓和经营，建立了一个东起东海，西到巴尔喀什湖，南抵南海，北至贝加尔湖，由汉、匈奴、诸羌、百越、西南夷、乌桓、鲜卑等共同组成的统一的多民族国家。西汉王朝在西北设置了“河西四郡”；在西南通过经营西南夷设置了7个郡，把汉王朝的西南疆土拓展到今四川省邛崍山和云南省高黎贡山及哀牢山一带。对西南一带已存在的夜郎、滇、嶲、昆明、邛都、徙、筰都、冉駹、白马等少数民族，有的封以王、侯称号，设置郡县置于朝廷的管辖之下；有的则任其自在发展，没有置于朝廷统治之下。东南百越族中的西瓯居住在今广西壮族自治区的东南部及中部，元鼎六年（前111年）汉王朝在当地设置了郁林郡和苍梧郡。

西汉王朝管辖西部民族地区地方区划的方式，一是在人口集中的地方设置“道”，主要设置在今陕西省、四川省、甘肃省和宁夏回族自治区等地，先后设置32个道，不同时期有增有减。二是对归附的大的族体设置“属国”进行统辖，属国相当于郡，其范围较大，统领着几个县，管理匈奴、西羌、乌桓、鲜卑、西域诸族。西汉王朝对归附的西部民族保留其原来的官职名号和部落组织，不改变其原来的生产方式和生活习俗，但隶属于朝廷委派的属国

① 《史记·秦始皇本纪》，中华书局1959年版。

都尉管辖。也有一些地区在县一级设置都尉统领较小的少数民族部落，如敦煌郡广至县设宜禾都尉，龙勒县有阳关都尉和玉门关都尉，酒泉郡会水县有北部都尉和东部都尉，轮齐县有西部都尉等。三是设置“都护”“中郎将”“校尉”等官员驻地镇抚。在西域地区设置了“西域都护府”“校尉”和“都尉”，在西北地区设置了“护羌校尉”和“金城属国都尉”，在匈奴地区设置了“使匈奴中郎将”和7个“属国都尉。”①

到东汉时期，西域存在乌孙、车师、鄯善、于阗、莎车、疏勒、龟兹、焉耆等国，东汉王朝对这一地区的统治时断时续。西北一带存在着河湟诸羌、西域诸羌和武都氐羌，这些氐羌诸族有的仍处于部落时期，有的已建立了国家但规模较小。西南存在冉駹、筰都、邛都、滇、昆明、僰人、夜郎、句町、漏卧与进桑人、哀牢夷等诸族，有的设置郡，有的设置属国进行管辖。从西部民族地区的区划看，一是在靠近内地或较发达和邻近有汉族人口的地区设置郡、县，而少数民族聚居的县称为道。这些郡、县（道）因新设，称为“初郡”或“新郡”，又因大都在边地，也称“边郡”。边郡与内地郡因经济社会发展程度不同、民情有别，大都以部族联约的范围作为区划范围，边郡主要有犍为郡、牂牁郡、越嶲郡、益州郡、永昌郡、郁林郡、苍梧郡和合浦郡等。二是对西部民族地区一族一部整体归顺的设置属国，在西北地区和西南地区推广。在西北有张掖、金城、安定、上郡、居延、西河、五原等属国；在西南设置了广汉、蜀郡、犍为、巴东等属国。三是在西部民族地区设置“都护府”“都护”“中郎将”“校尉”等机构和职官。在西域地区设置了“西域都护府”“宜禾都尉”“西域长史府”等，还在西部地区设置了“护羌校尉”“金城属国都尉”“使匈奴中郎将”“安定属国都尉”等②。

（二）州—郡—县三级制区划

东汉王朝覆亡后，形成了魏晋南北朝长期分裂的状态。由于分裂往往带来战乱，东晋以后对在战争中立功的武将及对方来降的将领，朝廷都给予封赏，而封赏之物则是刺史、郡太守的职务。为了设置更多的职位以满足需求，只得把州、郡的区划分割得越来越小。

1. 魏蜀吴三国时期西部的区划

汉献帝兴平二年（195年），孙策割据江东开三国鼎立之势。数年之后，

① 龚荫著《中国民族政策史》，四川出版集团、四川人民出版社2006年版。

② 龚荫著《中国民族政策史》，四川出版集团、四川人民出版社2006年版。

曹丕、刘备、孙权相继称帝，进入三国时期。三国时期，州—郡—县三级制已成为正式制度。魏国的区划与吴国、蜀汉的并不完全相同：魏国在州下设郡或王国，吴国、蜀汉在州下仅设郡；魏在郡或王国下设县、县王国、县公国与侯国，吴、蜀在郡下仅设县和侯国。与汉制的县级单位不同，三国时已无道、邑之称，但在魏国有县王国、县公国等设置。

三国时期，魏国有东汉的司州、豫州、冀州、兖州、徐州、青州、雍州、凉州、并州、幽州等10个州，并在荆州和扬州的北部仍然设置州，故魏国共有12个州。吴国共占有荆州和扬州的大部分与交州，共3个州。蜀汉只有益州1个州。所以魏国、蜀汉和吴国实际上仍只有14个州。魏元帝景元四年(263年)，魏国灭蜀汉得益州，在第二年从益州分出梁州。吴国又从交州中分出广州，故魏国和吴国对峙时共为16个州。从郡来看，魏国有郡90多个，蜀汉有郡20多个，吴国有郡30多个，三国共有郡国140多个。三国初期实行州制时，1个州一般辖10个郡，每个郡统辖10—20个县，以10多个州之地辖100多个郡、1000多个县。

三国中魏国的辖区最大，覆盖淮河以北的北半部，西至陇西，并曾经管辖西域，涉及今陕西省、内蒙古自治区、新疆维吾尔自治区、甘肃省等西部省区，西部民族地区设有雍州、凉州、荆州和益州4个州，设有陇西郡、南安郡、天水郡、广魏郡、安定郡、新平郡、扶风郡、北地郡、冯翊郡、武威郡、武都郡、金城郡、西平郡、张掖郡、酒泉郡、敦煌郡、西海郡、魏兴郡等18个郡，91个县①。其中西域诸国中的龟兹国、于阗国、康居国、乌孙国、疏勒国、月氏国、鄯善国、车师国等国在魏国建立后“无岁不奉朝贡，略如汉氏故事”②，此后西域诸国和魏国的关系不断。魏国设置“护羌校尉”“戊己校尉”和“西域长史府”管制今甘肃省和新疆维吾尔自治区的部分地区③。

蜀汉的疆域北至汉中，南抵南中，其疆域全部为今西部民族地区，包括今陕西省南部和四川省、云南省、贵州省西北部及甘肃省一部分，设置1个

① 根据周振鹤著《中国地方行政制度史》，上海人民出版社2005年版；龚荫著《中国民族政策史》，四川出版集团、四川人民出版社2006年版；赵云田著《中国边疆民族管理机构沿革史》，中国社会科学出版社1993年版等资料整理而成。

② 《三国志·魏书·乌丸鲜卑东夷传》，中华书局1959年版。

③ 龚荫著《中国民族政策史》，四川出版集团、四川人民出版社2006年版。

州、22个郡、138个县①。在西北与魏国交界处有氐、羌等族，在南中地区有众多民族，一些民族酋领利用内地移民与当地民族结合形成势力后割据一方。蜀汉在南中地区设置庲将都督和建宁郡、朱提郡、云南郡、永昌郡、兴古郡、越嶲郡和牂牁郡等7个郡②，进行招降、抚慰和全面统治。

吴国占有长江中下游、珠江流域，设置了4个州、43个郡、313个县③，西部民族地区的荆州辖今广西壮族自治区和贵州省与之毗连的边缘地带，广州、交州辖今广西壮族自治区的一部分。其中荆州的始安郡、临贺郡、零陵郡、武陵郡等4个郡辖及今广西壮族自治区桂林市、梧州市等地。广州的苍梧郡、郁林郡、桂林郡、高凉郡等4个郡及合浦北部都尉，辖及今广西壮族自治区梧州市、柳州市、玉林市、南宁市、河池市、百色市等地。交州的合浦郡辖及今玉林市、钦州市、北海市等地。还设置军事监控机构南部都尉和北部都尉，辖今广西壮族自治区的桂林市和横县④。

表1-20　魏蜀吴三国西部民族地区的州郡区划简表⑤

国家	州	郡
魏国	雍州、凉州、荆州、益州	陇西郡、南安郡、天水郡、广魏郡、安定郡、新平郡、扶风郡、北地郡、冯翊郡、武威郡、武都郡、金城郡、西平郡、张掖郡、酒泉郡、敦煌郡、西海郡、魏兴郡
蜀汉	益州	汉中郡、巴郡、巴西郡、巴东郡、涪陵郡、广汉郡、梓潼郡、蜀郡、汉嘉郡、汶山郡、犍为郡、江阳郡、朱提郡、南广郡、牂牁郡、兴古郡、梁水郡、越嶲郡、建宁郡、云南郡、永昌郡、阴平郡、武都郡
吴国	荆州、广州、交州	始安郡、临贺郡、零陵郡、武陵郡、合浦郡、苍梧郡、郁林郡、桂林郡、高凉郡

① 龚荫著《中国民族政策史》，四川出版集团、四川人民出版社2006年版。

② 龚荫著《中国民族政策史》，四川出版集团、四川人民出版社2006年版。

③ 龚荫著《中国民族政策史》，四川出版集团、四川人民出版社2006年版。

④ 龚荫著《中国民族政策史》，四川出版集团、四川人民出版社2006年版。

⑤ 根据周振鹤著《中国地方行政制度史》，上海人民出版社2005年版；龚荫著《中国民族政策史》，四川出版集团、四川人民出版社2006年版；赵云田著《中国边疆民族管理机构沿革史》，中国社会科学出版社1993年版等资料整理而成。

2. 两晋时期西部的区划

西晋取代魏国之初占有 14 个州，即魏国原有的 12 个州加上灭蜀所得的益州和梁州。晋武帝泰始五年（269 年）从雍州、凉州、梁州 3 个州中分出秦州，后从益州分出宁州；咸宁二年（276 年）从幽州中分出平州，共有 17 个州。太康元年（280 年）灭掉吴国后得扬州、荆州、交州、广州 4 个州，把南北两个荆州、两个扬州合并为 1 个州，所以西晋统一全国时共有 19 个州。太康二年（281 年）这 19 个州共辖 181 个郡国。太康三年（282 年）取消秦州和宁州，惠帝时又重新设置，同时又把扬州和荆州的 110 个郡设置为江州，怀帝永嘉元年（307 年）又把荆州、江州的 8 个郡设置为湘州，所以到西晋末年共有 21 个州。据《晋书·地理志》载，西晋有县、邑、侯国、公国 1232 个[①]。从西部民族地区来看，西晋在西北和西域设立晋昌郡，护羌校尉，西戎校尉，护匈奴、羌、戎中郎将，戊己校尉和西域长史府进行统治。泰始七年（271 年），晋武帝在西南划出云南郡、兴古郡、建宁郡、永昌郡 4 个郡设置宁州，由朝廷派官对各族进行直接统治；在益州设置了西夷校尉统治益州北部诸羌人部落及其他少数民族。西晋太康三年（282 年），撤宁州设置南夷（府），设南夷校尉管制牂牁郡、越嶲郡、朱提郡、云南郡、兴古郡、建宁郡和永昌郡等 7 个郡。晋武帝时设置“护蛮夷中郎将”统治西部民族地区的众多民族。西晋王朝设置交州统治在今广西壮族自治区居住着的“莫徭”“俚人”和“乌浒”等“蛮夷”，西晋统一局面维持时间不长，便被东汉以来就进入中原地区的各少数民族推翻。晋王室南迁建康，镇守江东的琅邪王司马睿于大兴元年（318 年）称帝，建立东晋王朝。东晋区划承袭西晋，也是实行州、郡、县三级制，但疆域大为缩小，完整的只有扬州、荆州、江州、湘州、交州和广州 6 个州，其他如豫州、徐州只占一部分，至于司州、兖州、梁州、益州和宁州等 5 个州则数度出入，其州、郡越分越多，面积逐步缩小。就西部民族地区而言，主要涉及今广西壮族自治区、贵州省和云南省，主要设立了益州和宁州。东晋以后开始呈现分裂趋势，益州和宁州下辖的郡反而比西晋时增多，而且难以进行有效的统治。宁州主要被爨氏割据，其中设置“镇蛮校尉”对宁州进行管制，“镇蛮校尉，隶宁州”[②]。益州下辖各郡也在分裂中三易其主。

① 《晋书·地理志上》，中华书局 1974 年版。

② 《南齐书》卷一六《百官志》，中华书局 1972 年版。

表 1－21　两晋王朝西部民族地区区划简表[①]

国家	州	郡
西晋	雍州	京兆郡、冯翊郡、扶风郡、安定郡、北地郡、始平郡、新平郡
	凉州	金城郡、西平郡、武威郡、张掖郡、西郡、酒泉郡、敦煌郡、西海郡
	秦州	陇西郡、南安郡、天水郡、略阳郡、武都郡、阴平郡
	梁州	汉中郡、梓潼郡、广汉郡、新都郡、涪陵郡、巴郡、巴西郡、巴东郡
	益州	蜀郡、犍为郡、汶山郡、汉嘉郡、江阳郡、朱提郡、越巂郡、牂柯郡
	宁州	云南郡、兴古郡、建宁郡、永昌郡
	荆州	魏兴郡、上庸郡、建平郡、武陵郡、零陵郡等
	广州	始安郡、苍梧郡、郁林郡、桂林郡、宁浦郡
	交州	合浦郡
东晋	益州	蜀郡、宁蜀郡、晋原郡、江阳郡、犍为郡、汶山郡、越巂平乐郡、沈黎郡、东江阳郡
	宁州	建宁郡、晋宁郡、牂柯郡、平蛮郡、夜郎郡、朱提郡、南广郡、清河郡、下邳郡、东莞郡、建都郡、兴古郡、西平郡、梁水郡、永昌郡、云南郡、东河郡、西河郡、兴宁郡
	梁州	汉中郡、广汉郡、巴郡、巴西郡、梓潼郡、涪郡等
	荆州	武陵郡、始安郡、临贺郡
	广州	晋康郡、高兴郡、苍梧郡、永平郡、郁林郡、晋兴郡、桂林郡、宁浦郡
	交州	合浦郡

① 根据周振鹤著《中国地方行政制度史》，上海人民出版社 2005 年版；龚荫著《中国民族政策史》，四川出版集团、四川人民出版社 2006 年版；赵云田著《中国边疆民族管理机构沿革史》，中国社会科学出版社 1993 年版等资料整理而成。

3. 南北朝时期西部的区划

南北朝区划都实行州、郡、县三级。南梁和北魏设置州的数量越来越多，导致州的面积、人口和赋税等与汉晋时代的郡基本相同。最终隋王朝改州、郡、县三级为州（郡）、县两级。东晋元熙二年（420年），东晋大将刘裕废东晋皇帝自立，定国号为宋。此后160多年间南方先后经历了宋、齐、梁、陈4个王朝，历史上总称为南朝。从西晋末年到刘宋初年，各民族在中原与巴蜀地区先后建立了20多个割据政权，其中的前后二赵、前后西三秦、前后南北四燕、前后南北西五凉及成、夏等16个政权史称“十六国”。这一时期各个政权的疆域区划变化十分频繁。

南朝时期对西部民族地区的管制，主要涉及西南部的宁州，而南中地区则为爨氏统治。南朝诸王朝沿袭东晋的建制，在这一地区派遣校尉、中郎将、都护等进行统治。“巴州，三峡险隘，山蛮寇贼，宋泰始三年（467年），议立三巴校尉以镇之。后省。升明二年（478年），复置。”①为震慑益州地区众多少数民族，朝廷于齐武帝永明三年（485年）设置“平蛮校尉”统治益州②，在宁州设置“镇蛮校尉”进行管制，在巴州设置“三巴校尉”进行管制，同时还设立了“护军”和“督护”进行统治。在西部民族地区设置了左郡、左县和僚郡、俚郡，其中益州设立了僚郡5个、左郡2个、僚县4个、左县1个，合计郡7个，县5个③。齐国在汉中地区有45个郡是“荒或无民户”，有的两州或两郡合治一地称为“双头州郡”，从而实行了400年左右的州、郡、县三级制已有相当一部分名存实亡。在东晋、南朝还实行一种特殊的区划制度，即侨州、侨郡、侨县。永嘉之乱后中原百姓大批南迁，东晋、南朝为笼络人心、安置大族，便就地按流民原来籍贯在南迁之地设置原籍州、郡、县。南朝时期西南地区仍然遵照之前的建制：南朝宋时，梁州、秦州、益州、宁州、广州、越州、交州；南朝齐时，越州、交州、梁州、秦州、巴州、益州、宁州；在南朝梁、陈时，嶲州、宁州、宁蛮府、交州等西部民族地区，也设置了合浦郡、齐熙郡、宋寿郡、郁林郡等众多郡。今四川省大部分地区属于益州，云南省大部分地区属于宁州，广西壮族自治区大部分区域分属交州、广州、荆州。

---

① 《南齐书·州郡志下》，中华书局1972年版。

② 《南齐书·百官志》，中华书局1972年版。

③ 龚荫著《中国民族政策史》，四川出版集团、四川人民出版社2006年版。

十六国时期，不少政权辖地涉及西部民族地区，主要有成汉、前凉、前秦、后秦、西秦、夏、后凉、南凉、西凉和北凉等国。详情见表 1－22。

表 1－22 十六国时期管理西部民族地区简表[①]

国家	基本情况	疆域
成汉（304 年—347 年）	成汉建初二年（304 年）氐族李雄率军攻克成都，称成都王。并于成汉建兴三年（306 年）自称皇帝，建都成都，国号大成。汉兴元年（338 年）李寿称帝，改国号汉，史称成汉，晋书载："时海内大乱，而蜀独无事，故归之者相寻。"[②] 立国 44 年	辖境位于今四川省、重庆市、云南省、贵州省和甘肃省的部分地区
前凉（320 年—376 年）	永嘉之乱后，凉州地区所保持的汉族政权。八王之乱后，西晋凉州刺史张轨及其子守土保境，中原百姓纷纷前来避乱。张祚继位后自称凉王，建都姑臧（今甘肃省武威市），为西北汉文化的中心，在其地设立高昌郡。立国 57 年	控制了从陇西到高昌的广大地区，处于今甘肃省的大部分地区
前秦（351 年—394 年）	东晋永和七年（351 年）氐族苻健攻占长安，占据关陇，并以此建都称帝，国号大秦，史称前秦。前秦寿光三年（357 年）苻坚即位，随后前秦势力逐渐强大，开始了统一黄河流域的征战，前秦建元十八年（382 年）苻坚命吕光率军攻进西域。至此统一了整个北方及西北大部，与东晋形成南北对峙局面。前秦的疆域面积在东晋十六国时期处在第一位，是历史上第一个统一北方及西北大部的非汉民族政权。立国 44 年	辖境位于今内蒙古自治区、甘肃省、陕西省和四川省等地

① 根据周振鹤者《中国地方行政制度史》，上海人民出版社 2005 年版；龚荫著《中国民族政策史》，四川出版集团、四川人民出版社 2006 年版；赵云田著《中国边疆民族管理机构沿革史》，中国社会科学出版社 1993 年版等资料整理而成。

② 《晋书·李雄载记》，中华书局 1974 年版。

（续表 1－22）

国家	基本情况	疆域
后秦（384 年—417 年）	前秦苻坚在淝水之战溃败后，羌族贵族姚苌于后秦白雀元年（384 年）在北地（今陕西省富平县）自称秦王。后秦白雀二年（385 年）杀苻坚、取长安，后秦白雀三年（386 年）称帝，建都长安（位于今陕西省西安市），国号大秦，史称后秦。后秦永和二年（417 年）被晋朝刘裕灭。立国 34 年	统治区域主要位于今陕西省、甘肃省东部等西部民族地区
西秦（385 年—431 年）	西秦建义元年（385 年），陇西鲜卑族乞伏部首领乞付国仁自称大将军、大单于，并领秦河二州牧，筑勇士城为都，立年号建义，史称西秦。西秦建义四年（388 年）乞付国仁死，其弟乞伏乾归继位，称河南王，迁都金城（位于今甘肃省兰州市）。立国 47 年	国力强盛时控制今甘肃省西南部和青海省部分地区
夏（407 年—431 年）	匈奴铁弗部，首领赫连勃勃曾任后秦姚兴的骁骑将军，夏龙升元年（407 年）脱离后秦，赫连勃勃于高平（位于今宁夏回族自治区固原市）自称天王大单于，建元龙升，国号夏。夏龙升七年（413 年）定都统万城，夏凤翔六年（418 年）赫连勃勃攻取长安称帝。夏胜光四年（431 年），夏帝被吐谷浑俘虏，夏亡。立国 25 年	统治区域主要位于今陕西省北部和内蒙古自治区的一部分。疆域最广时，“南阻秦岭，东戍蒲津，西收秦、陇，北薄于河”①
后凉（386 年—403 年）	淝水之战前苻坚派氐族太尉吕婆楼子吕光率兵经营西域，吕光攻破焉耆、龟兹等 36 国，掳获大量珍宝和马匹。淝水之战后吕光回归姑臧（位于今甘肃省武威市）。苻坚被害后吕光于后凉太安元年（386 年）攻占凉州，称酒泉公，建都姑臧，国号凉，史称后凉。立国 18 年	统治范围主要位于今甘肃省西部和宁夏回族自治区大部分地区、新疆维吾尔自治区东部、内蒙古自治区西部和青海省部分地区

① 〔清〕顾祖禹撰《赫连勃勃载记》，中华书局 1974 年版。

（续表 1－22）

国家	基本情况	疆域
南凉 （397 年—414 年）	占据着河西走廊和湟水流域，首领为鲜卑秃发乌孤，其最初依附后凉吕光，南凉太初元年（397 年）与后凉决裂后，乌孤自称大将军、大单于、平西王，建都西平，后迁移到乐都，年号太初，史称南凉。南凉嘉平七年（414 年）西秦寻机袭击攻占了乐都，南凉投降西秦。立国 18 年	兴盛时辖区位于今甘肃省西部和宁夏回族自治区的部分地区
西凉 （400 年—421 年）	汉族李暠原为后凉敦煌太守，西凉庚子元年（400 年）占据敦煌自称大都督、大将军、凉公，并设官建号，发兵攻下玉门以西各城，控制了西域，建都酒泉，国号西凉。西凉嘉兴五年（421 年）被北凉消灭。立国 22 年	兴盛时辖区位于今甘肃省西部酒泉、敦煌一带，西抵新疆维吾尔自治区葱岭
北凉 （397 年—460 年）	匈奴族沮渠部首领沮渠蒙逊，初属后凉吕光的部下。北凉天玺三年（401 年）沮渠蒙逊起兵攻破张掖后杀段业，自称大都督、大将军、凉州牧、张掖公，建都张掖，史称北凉。北凉永安十二年（412 年）蒙逊迁都姑臧，称河西王，至北凉玄始十年（421 年）灭西凉，管辖范围达整个甘肃西部、河西走廊。北凉义和三年（433 年）蒙逊死，其子牧犍继位。北凉永和七年（439 年）北魏大军围攻姑臧，牧犍出城投降之后牧犍弟沮渠无讳西行至高昌重新建国，北凉承平二年（444 年）沮渠无讳病故，弟弟沮渠安周继任。460 年柔然攻破高昌，沮渠安周被杀，北凉遂亡。立国 64 年	兴盛时辖区位于今甘肃省西部、宁夏回族自治区、新疆维吾尔自治区、青海省的部分地区

后凉太安元年（386 年），拓跋部首领拓跋珪建立北魏王朝，于北魏太延五年（439 年）统一黄河流域。太武帝拓跋焘统一了北方。为防御北方柔然等族的南下，北魏统治者修筑了长城，同时设立了 6 个军镇替代原来的州郡，在今内蒙古自治区的主要有沃野镇、怀朔镇、武川镇、抚冥镇和柔玄镇 5 个镇，在今宁夏回族自治区设置了高平镇和薄古律镇，在今甘肃省设置了敦煌镇。然而大部分地区仍然保留着郡县，如云中郡、京兆郡、平秦郡、天水郡、中部郡、仇池郡、安定郡、赵兴郡、化政郡、武威郡、大兴郡等。东魏以后郡逐渐减少，州不断增多，州郡数量逐渐接近。6 世纪前期，北魏分裂为东魏和西魏，随后东魏为北齐所代替，西魏为北周所代替。历史上把这五个王朝总称为北朝。北朝时期，北魏、东魏、西魏、北齐和北周相继占据和统治位于今内蒙古自治区部分地区。

宋魏对峙时期。宋元嘉二十七年（450 年）南北爆发大战，从此南朝转衰，北朝转盛。这一年宋王朝管辖扬州、南徐州、徐州、南兖州、南豫州、豫州、江州、青州、冀州、荆州、湘州、雍州、梁州、秦州、益州、宁州、广州、交州等 18 个州，其中南徐州、南兖州、南豫州、冀州、秦州为侨州，其他各州中也有侨郡县。雍州、梁州、秦州、益州、宁州、广州、交州等州辖区部分位于今四川省、云南省、贵州省、重庆市和广西壮族自治区等地区。同时期北魏的洛州、朔州、雍州、梁州、武川镇、高平镇、焉耆镇等辖区位于今陕西省、内蒙古自治区、甘肃省、宁夏回族自治区和新疆维吾尔自治区等地区①。

齐魏对峙时期。齐王朝由齐高帝萧道成于建元元年（479 年）建立，存在 23 年。齐朝初承宋朝旧制设 22 个州，后分出荆州和益州的 5 个郡设置巴州，但后来又撤销，所以仍设置 22 个州，即扬州、南徐州、豫州、南豫州、南兖州、北兖州、北徐州、青州、冀州、江州、广州、交州、越州、荆州、郢州、司州、雍州、湘州、梁州、秦州、益州和宁州，下设郡、左郡、俚郡、獠郡达 395 个②。其中涉及西部民族地区的位于今陕西省、四川省、重庆市、云南省、贵州省和广西壮族自治区等地。同时期北魏州、镇的设置较多，设置了司州、豫州、荆州、洛州、东荆州、东豫州、南兖州、

① 周振鹤著《中国地方行政制度史》，上海人民出版社 2005 年版。

② 周振鹤著《中国地方行政制度史》，上海人民出版社 2005 年版。

兖州、青州、齐州、徐州、南徐州、南青州、光州、济州、相州、冀州、幽州、平州、营州、定州、瀛州、燕州、安州、并州、肆州、恒州、朔州、汾州、雍州、秦州、夏州、东秦州、华州、泾州、岐州、梁州、西安州、河州、凉州等 40 多个州；以及御夷镇、怀荒镇、柔玄镇、抚冥镇、武川镇、怀朔镇、沃野镇、薄骨律镇、高平镇、鄯善镇、敦煌镇 11 个镇，涉及位于今内蒙古自治区、陕西省、甘肃省、宁夏回族自治区和新疆维吾尔自治区等地的区域。

梁、东魏、西魏鼎立时期。梁武帝萧衍于天监元年（502 年）建立梁王朝。北魏自正光四年（523 年）六镇起义后，经过战乱至孝武帝永熙三年（534 年）分裂为东魏、西魏。梁天监十年（511 年）设置州 23 个、郡 350 个①，其后趁东魏、西魏争斗，梁王朝的版图有所扩大。同时又以虚号设置了大量的州郡，至大同年间（535—546 年）州的数量多达 107 个，南朝梁至中大同元年（546 年）为梁王朝的最鼎盛时期，区划既有实州郡县也有侨州郡县，总体上十分混乱。部分辖区位于今广西壮族自治区、云南省和贵州省等大部分地区，陕西省和四川省的一部分地区。从南朝梁至中大同二年（547 年）侯景之乱起，南朝一蹶不振。北魏于六镇起义后改镇为州，至东魏、西魏分裂前设置州 80 多个、郡 350 多个②。东魏的南汾州部分位于今陕西省和内蒙古自治区的一部分地区，西魏管控着西晋时的雍州、凉州、秦州、豳州、灵州、益州和荆州等州，部分位于今内蒙古自治区、新疆维吾尔自治区、甘肃省、青海省、四川省、宁夏回族自治区和陕西省等部分地区。

陈、齐、周鼎立时期。陈永定元年（557 年）陈霸先建立陈王朝。东魏高洋于武定八年（550 年）篡位自立，建国号齐，改元天保，史称北齐。西魏宇文氏也于 557 年废其主自立，建国号周，史称北周。梁从侯景之乱后江北被东魏和北齐侵占，汉东、荆襄及汉中巴蜀被西魏攻占。陈王朝和梁王朝一样国力衰弱，仅占有三峡以东大江以南地区，设置 42 个州、109 个郡③。其中越州、桂州、东宁州、成州、静州、石州、南定州、安州、龙州、黄州

---

① 周振鹤著《中国地方行政制度史》，上海人民出版社 2005 年版。

② 周振鹤著《中国地方行政制度史》，上海人民出版社 2005 年版。

③ 周振鹤著《中国地方行政制度史》，上海人民出版社 2005 年版。

等10个州的部分辖区位于今广西壮族自治区内[①]。北齐承袭了东魏的疆域，河北有平阳以东，河南有洛阳以东的土地，又开拓了淮南，至灭亡时设置97个州，160个郡[②]，其部分辖区位于今内蒙古自治区的部分地区。北周于建德六年（577年）灭掉齐国，至大象二年（580年）设置221个州，508个郡[③]。其中雍州、华州、同州、洛州、灵州、会州、宁州、秦州、交州、信州、并州、南宁州等12个州和永丰镇等的部分辖区位于今陕西省、宁夏回族自治区、甘肃省、四川省、重庆市、云南省和内蒙古自治区等西部民族地区。

（三）州（郡）—县二级制区划

隋炀帝于大业三年（607年）大量合并州县，同时又改州为郡，实行郡县二级制，合并后“大凡郡一百九十，县一千二百五十五”[④]，平均每个郡统辖6—7个县。唐王朝立国后又把郡改为州，归顺的隋王朝郡守都被委以刺史官职，于是州的数量大量增加，尤其在位于今广西壮族自治区和四川省的区域内设置的州更多。

1. 隋王朝时期西部的区划

隋文帝于开皇元年（581年）建立隋王朝，隋王朝的区划有两次大变动。首先是隋文帝在开皇三年（583年）废除郡一级建制，将施行了400年的州、郡、县三级制改为以州管县的二级制，设置州260多个、县1500来个[⑤]，平均1个州管辖7个县。隋炀帝于大业三年合并州县，并改州为郡。隋王朝存在的时间较短暂因而对西南的统治不太深入，只是在位于今四川省、重庆市、贵州省的部分地区先后设置了20多个郡。大业元年（605年），设置的永平郡辖永平县、武林县、隋建县、安基县、隋安县、普宁县、戎成县、宁人县、淳人县、大宾县、贺川县11个县，设置郁林郡辖郁林县、郁平县、领方县、阿林县、石南县、桂平县、马度县、安成县、宁浦县、乐山县、岭山县、宣化县12个县，设置合浦郡辖合浦县、南昌县、北流县、封山县、定川县、龙苏县、海康县、抱成县、隋康县、扇沙县、铁杷县11个县，改钦州设置宁越郡，辖钦江县、安京县、内亭县、南宾

① 胡阿祥《陈朝疆域变迁与政区建制考论》，《南京晓庄学院学报》2004年第1期。

② 周振鹤著《中国地方行政制度史》，上海人民出版社2005年版。

③ 周振鹤著《中国地方行政制度史》，上海人民出版社2005年版。

④ 《隋书·地理志上》，中华书局1959年版。

⑤ 周振鹤著《中国地方行政制度史》，上海人民出版社2005年版。

县、遵化县、海安县6个县[①]。大业三年，设置始安郡辖始安县、平乐县、荔浦县、建陵县、阳朔县、象县、隋化县、义熙县、龙城县、马平县、桂林县、阳寿县、富川县、龙平县、豪静县15个县。隋王朝在西北则先后设置了伊吾郡、鄯善郡和且末郡等郡。大业五年（609年），隋炀帝命观德王雄率兵出浇河（位于今青海省贵德县），许公宇文述率兵出西平（位于今青海省乐都县）打败吐谷浑。自西平临羌城（位于今青海省湟源）以西，且末（位于今新疆维吾尔自治区且末县）以东，祁连以南，雪山以北，东西4000里，南北2000里为隋所占据[②]。隋王朝在这一区域内设置了鄯善郡、且末郡、西海郡、河源郡4个郡。鄯善郡辖显武县和济远县，且末郡辖肃宁县和伏戎县，西海郡辖宣德县和威定县，河源郡辖远化县和赤水县[③]。大业六年（610年），在伊吾（位于今新疆维吾尔自治区哈密市）设置伊吾郡[④]。随后西域相继来朝贡的有30多个小国，隋王朝设置西域校尉[⑤]进行管制。

表1－23　隋王朝位于西部民族地区郡简表[⑥]

西部民族地区	郡
陕西省	京兆郡、冯翊郡、扶风郡、延安郡、雕阴郡、汉川郡、西城郡
甘肃省	北地郡、天水郡、会宁郡、金城郡、枹罕郡、临洮郡、武威郡、张掖郡、武都郡
宁夏回族自治区	灵武郡、平凉郡
青海省	西平郡、浇河郡、河源郡、西海郡
四川省	金山郡、蜀郡、临邛郡、眉山郡、资阳郡、犍为郡、泸川郡、遂宁郡、越巂郡、义城郡、巴西郡、清化郡、通川郡、宕渠郡

① 《隋书·地理志上》，中华书局1959年版。

② 《北史·吐谷浑传》，中华书局1959年版。

③ 《隋书·地理志》，中华书局1959年版。

④ 《元和郡县图志·唐兴启元年写本沙州、伊州地志残卷》，清嘉庆兰陵孙氏刻本。

⑤ 《隋书·西域传》，中华书局1959年版。

⑥ 根据周振鹤著《中国地方行政制度史》，上海人民出版社2005年版；龚荫著《中国民族政策史》，四川出版集团、四川人民出版社2006年版；赵云田著《中国边疆民族管理机构沿革史》，中国社会科学出版社1993年版等资料整理而成。

（续表 1－23）

西部民族地区	郡
重庆市	巴郡
贵州省	巴东郡、牂牁郡
广西壮族自治区	始安郡、永平郡、郁林郡、宁越郡、合浦郡，零陵郡、熙平郡、苍梧郡、永熙郡等郡的部分属县也在广西壮族自治区境内
新疆维吾尔自治区	伊吾郡
内蒙古自治区	马邑郡、定襄郡、五原郡、榆林郡

2. 唐王朝时期西部的区划

唐王朝始于高祖武德元年（618 年），终于哀帝天祐四年（907 年），太宗、高宗、玄宗三代是唐朝的强盛时期。《新唐书》载："唐之盛时，开元、天宝之际，东至安东，西至安西，南至日南，北至单于府，盖南北如汉之盛，东不及而西过之。"[①] 区划有几次较大的变迁：武德初年改隋郡为州，为政治军事需要大量设置州、县，并以数州合设 1 个总管府管军事；武德七年（624 年）改总管府为都督府。贞观初大量合并州县，贞观十三年（639 年）设州府 358 个，县 1551 个[②]。后继续合并内地州郡，开元二十八年（740 年）设州 328 个，县 1573 个[③]。天宝元年（742 年）玄宗改州为郡，肃宗乾元元年（758 年）又改郡为州。贞观元年（627 年），以山川形状分天下为 10 个道，开元二十二年（734 年）依据 10 个道而设置采访处置使，次年又分 10 个道为 15 个道。安史之乱引起唐王朝区划的大变动，在府州统县区划之上加了方镇这一级。唐后期方镇和道的数量在 40—50 个之间变动。《旧唐书・地理志》记录的肃宗至德、乾元时期的区划显示，该时期共有 44 个镇。贞观元年全境共设 10 个道，其中关内道、山南道、陇右道、江南道、剑南道和岭南道 6 个道的辖区部分位于今陕西省、甘肃省、青海省、四川省、重庆市、云南省、贵州省、广西壮族自治区、新疆维吾尔自治区、内蒙古自治区。玄宗开元二

① 《新唐书・地理志一》，中华书局 1975 年版。

② 周振鹤著《中国地方行政制度史》，上海人民出版社 2005 年版。

③ 周振鹤著《中国地方行政制度史》，上海人民出版社 2005 年版。

十一年（733 年），在原来 10 个道的基础上又划分为 15 个道。其中京畿道、陇右道、山南西道、剑南道、黔中道、岭南道 6 个道的辖区部分位于今陕西省、甘肃省、青海省、四川省、重庆市、云南省、贵州省、新疆维吾尔自治区、内蒙古自治区和广西壮族自治区的部分地区。

（四）道（路）—州—县三级制区划

为了平息安禄山和史思明叛乱，唐王朝在全境普遍设置方镇，形成了道—方镇—州三级制区划，后来逐渐把道与方镇合二为一，州县之上形成了新的一区划“道”，由此形成了道（路）—州—县三级区划。从唐哀帝天祐四年（907 年）起，中原历经后梁、后唐、后晋、后汉、后周，至北宋建隆元年（960 年）为五代时期。与之同时，南方先后建立割据政权的有前蜀、后蜀、吴、南唐、吴越、楚、南平、闽、南汉九国，加上北汉共十国。

1. 五代时期西部的区划

（1）后梁（907 年—923 年）。唐朝末年，原为起义军将领的汉人朱温投降唐王朝后，朝廷封其为左金吾卫大将军，赐名“全忠”。他帮助朝廷剿灭秦宗权并消灭许多割据者，初步统一了黄河流域，于天复元年（901 年）被封为梁王。在扫除政治上的全部阻力后，朱全忠于唐哀帝天祐四年（907 年）废哀帝自立，改国号梁，史称后梁，定都开封。至此唐王朝灭亡，由此进入了大割据的“五代十国”时期。后梁传国 3 帝，立国 17 年，辖 78 个州[①]，在西部民族地区的辖区位于今陕西省、甘肃省和内蒙古自治区的大部分或部分地区。

（2）后唐（923 年—936 年）。后梁开平二年（908 年），沙陀部人李存勖继其父晋王李克用的职位任河东节度使，袭晋王。后攻破幽州，于后梁龙德三年（923 年）称帝，改国号唐，史称后唐，定都洛阳。同年攻占开封。梁末帝自杀，后梁灭亡。后唐共传国 4 帝，立国 14 年，辖河东、河北、河南、关中，南至汉水流域及淮水以北，全盛时有 170 多个州[②]。在西部民族地区的辖区主要位于今陕西省、甘肃省、四川省、贵州省和内蒙古自治区的大部或部分地区。

① 龚荫著《中国民族政策史》，四川出版集团、四川人民出版社 2006 年版。

② 龚荫著《中国民族政策史》，四川出版集团、四川人民出版社 2006 年版。

（3）后晋（936年—947年）。后唐清泰三年（936年），时任河东节度使的沙陀人石敬瑭反后唐，借契丹兵攻入洛阳灭后唐称帝，改国号晋，称高祖，定都东京。割燕云16州给辽，对辽帝称臣子。天福八年（943年）石敬瑭死，其侄石重贵继位。开运三年（946年）后晋灭亡。共传国2帝，立国12年，辖109个州①。在西部民族地区的辖区主要位于今陕西省全境，甘肃省、四川省和内蒙古自治区的部分地区。

（4）后汉（947年—950年）。沙陀部人刘知远曾与石敬瑭合谋反后唐，后唐灭亡后为河东节度使世居太原。后汉天福十二年（947年）后晋亡，他便改国号汉，定都开封。后汉乾祐元年（948年）其第二子刘承佑继位，称隐帝。后汉乾祐三年（950年）李守贞等藩镇叛乱，隐帝命郭威平叛后，猜忌郭威并派人去刺杀并没有成功。于是郭威造反，隐帝被溃军所杀，后汉亡。共传国2帝，立国4年，辖106个州。在西部民族地区的辖区主要位于今陕西省全境，甘肃省、四川省和内蒙古自治区的部分地区。

（5）后周（951年—960年）。后汉乾祐三年，后汉大将郭威以邺都留守起兵，于后周广顺元年（951年）灭后汉即帝位，建后周，定都开封，于后周广顺三年（953年）死。同年柴荣（郭荣）以养子继位，称周世宗。后周显德六年（959年）世宗病死，其子柴宗训（郭宗训）继位，称恭帝，恭帝在位仅6个月。后周定都汴州开封，传国共3帝，立国10年，辖118个州②。在西部民族地区的辖区主要位于今陕西省全境，甘肃省和内蒙古自治区的一部分地区。后周显德七年（960年）正月，边境谎报辽兵南侵，命殿前都点检赵匡胤率军抵御，赵匡胤行至陈桥发动兵变，篡周建宋。

2. 十国时期西部的区划

十国时期，南吴（902年—937年）、南唐（937年—975年）、吴越（902年—978年）、闽（909年—945年）和北汉（951年—969年）五国辖区未涉及西部民族地区。

（1）前蜀（907年—925年）。唐王朝册立的蜀王、西川节度使王建于唐哀帝天祐四年（907年）在成都称帝，国号大蜀，史称前蜀，立国19年，辖46个州③，于前蜀咸康元年（925年）被后唐所灭。在西部民族地区的辖区主

① 龚荫著《中国民族政策史》，四川出版集团、四川人民出版社2006年版。
② 龚荫著《中国民族政策史》，四川出版集团、四川人民出版社2006年版。
③ 龚荫著《中国民族政策史》，四川出版集团、四川人民出版社2006年版。

要位于今四川省全境，陕西省、甘肃省及贵州省的部分地区。

（2）南汉（917 年—971 年）。南汉的奠基者是唐清海军节度使刘隐，后梁贞明三年（917 年）称帝，国号汉，定都广州，史称南汉，立国 55 年，辖 47 个州①。在西部民族地区的辖区主要位于今广西壮族自治区。

（3）南平（荆南）（924 年—963 年）。为后凉荆南节度使高季兴于南汉乾亨八年（924 年）建立，定都江陵，立国 40 年，辖荆州、归州和峡州 3 个州②。南汉大宝六年（963 年）宋军南征时路过江陵降宋。在西部民族地区的辖区主要位于今四川省部分地区。

（4）楚（927 年—951 年）。楚为原唐武安军节度使马殷于南汉白龙三年（927 年）建立，定都长沙，立国 25 年，辖 10 个州③。在西部民族地区的辖区主要位于今贵州省和广西壮族自治区的部分地区。

（5）后蜀（934 年—965 年）。后蜀由原后唐西川节度使、蜀王于后唐应顺元年（934 年）建立，国号蜀，史称后蜀，定都成都，立国 32 年，疆域与前蜀相同。于后蜀广政二十八年（965 年）被宋军所灭。在西部民族地区的辖区主要位于今四川省全境，陕西省、甘肃省及贵州省的部分地区。

唐王朝亡于藩镇割据，而且祸延五代十国，造成中国历史上第二次长期分裂的时期。宋王朝开国伊始，立即收节度使所领诸州归朝廷，从而形成了州、县二级制，由于施行二级制比较困难，于是在州之上又设置了路一级的区划。

3. 北宋时期西部的区划

北宋初期为加强朝廷集权，削夺方镇权力，以朝廷直管州、县。至太宗统一南北方后，因朝廷直接管制 300 多个州的幅度太大，不得不在州县之上再设置路一级区划。北宋王朝在太宗时期设置 15 个路，仁宗天圣时期设置 18 个路，神宗元丰时期设置 23 个路，徽宗崇宁四年（1105 年）都城开封府成为 1 路，增加为 24 个路④。其中永兴军路、利州路、秦凤路、广南西路、成都府路、梓州路和夔州路 7 个路的部分辖区位于今西部民族地区的陕西省、甘肃省、四川省、重庆市和广西壮族自治区大部或部分地区。

---

① 龚荫著《中国民族政策史》，四川出版集团、四川人民出版社 2006 年版。
② 龚荫著《中国民族政策史》，四川出版集团、四川人民出版社 2006 年版。
③ 龚荫著《中国民族政策史》，四川出版集团、四川人民出版社 2006 年版。
④ 周振鹤著《中国地方行政制度史》，上海人民出版社 2005 年版。

北宋时期统县的建制还有府、州、军、监4种。州承前朝，只是区划略小。府是地位特殊的州，即都城、陪都及与皇帝有关的州都改为府。军同下州并非与军事有关，故州可退而为军，军也可进而为州。县级区划的建制除县以外还有隶于府州的军、监和寨、尉司。宣和四年（1122年），共有38个府、243个州、52个军、4个监、1200多个县[①]。宋王朝在其能控制的西部民族地区设置羁縻州县。据《宋史》载，宋王朝在西部民族地区设置羁縻州县，其中黎州辖54个羁縻州，雅州辖44个羁縻州，茂州辖10个羁縻州，威州辖2个羁縻州，叙州辖30个羁縻州，泸州辖18个羁縻州，绍庆府辖49个羁縻州，重庆府辖1个羁縻州，邕州辖44个羁縻州，融州辖1个羁縻州，庆远府辖10个羁縻州、14个县。宋王朝共设置263个羁縻州，22个县，11个峒[②]。上述州主要位于今四川省、重庆市和广西壮族自治区。

4. 辽王朝西部的区划

唐朝末年，契丹在位于今内蒙古自治区东部的地带崛起。唐天祐四年（907年），耶律阿保机为契丹首领，并8部为1国，于后梁贞明二年（916年）称帝。随后相继征服周围的奚、女真、室韦、吐浑、党项、鞑靼、沙陀等部，契丹天赞五年（926年）攻灭渤海国，契丹天显十一年（936年）占据后晋的幽云16州，契丹会同元年（938年）改国号为辽。辽国在国势最盛时的疆域，东至于海（今日本海），西至金山（阿尔泰山），北至胪朐河（今蒙古国克鲁伦河），南至白沟（今河北雄县一带）[③]。辽国主要实行道—路府州—县的区划制度，据《辽史·地理志》载，辽国的区划为“总京五，府六，州、军、城百五十有六，县二百有九，部族五十有二，属国六十。”[④]

5. 西夏王朝西部的区划

西夏是以党项族为主建立的政权，党项族是羌族的一支，《隋书》载：“党项羌者，三苗之后也。”[⑤] 最早分散居住在位于今青海省和四川省西北部的区域，后迁徙到位于今陕西省、甘肃省和宁夏回族自治区的区域。北宋初

---

① 周振鹤著《中国地方行政制度史》，上海人民出版社2005年版。

② 《宋史·地理志五》，中华书局1977年版。

③ 《辽史·地理志一》，中华书局1974年版。

④ 《辽史·地理志一》，中华书局1974年版。

⑤ 《隋书·西域传·党项》，中华书局1973年版。

党项族人丁兴旺、势力很大，其首领李继迁攻下灵州后将势力扩展到黄河河套地区与河西走廊。明道元年（1032 年），李德明之子李元昊继夏国公位，第二年以避父讳为名改宋明道年号为显道，始建西夏的年号。并派大军攻取吐蕃的瓜州、沙州、肃州 3 个战略要地。这样元昊就拥有了夏州、银州、绥州、宥州、静州、灵州、会州、胜州、甘州、凉州、瓜州、沙州、肃州等多个州，即位于今宁夏回族自治区全部、甘肃省大部、陕西省北部、青海省东部及内蒙古自治区西部地区。宝元元年（1038 年）十月十一日，元昊正式称帝，定都兴庆（位于今宁夏回族自治区银川市），国号大夏，史称西夏，疆域扩大到 19 个州①。其统治区域主要位于今宁夏回族自治区，甘肃省西北部、青海省东北部、内蒙古自治区以及陕西省北部地区。东尽黄河，西至玉门，南接萧关（位于今宁夏回族自治区同心县南部），北控大漠，占地 2 万多里。西夏东北与辽国西京道相邻，东面和东南面与宋王朝为邻。金王朝灭辽、宋后，西夏的东北面、东面、南面都与金王朝相邻，南面和西面与吐蕃诸部、黄头回鹘、西州回鹘相邻。

西夏基本上沿用唐、宋中央王朝的府、州、郡、县地方区划，大体上是州（府）、县两级，一些重点州则设府。另分左右厢 12 监军司作为军管区。西夏的州郡建制随其疆域变化而增减，立国前只辖 5 个州，立国初期设有 19 个州，占领河套地区与河西走廊后，在夏崇宗、夏仁宗时期达到 22 个州②，即河南 9 个州、河西 9 个州、熙秦河外 4 个州。州所辖县不多，有的就是堡垒和城镇，其规模比不上宋王朝的州。其多设州的目的只是壮大声势，安置亲信以严密控制。升州为府的有河套的兴州（升为兴庆府、中兴府）、灵州（升为西平府）与河西走廊的凉州（升为西凉府）、甘州（升为宣化府）等。夏州、灵州与兴州曾先后作为西夏立国前的首府，地位十分重要。凉州是管控河西走廊与河套地区的枢纽，地理位置也很重要。

6. 金王朝西部的区划

金是以女真族为主建立的政权。北宋政和四年（1114 年），辽的属部女真部族联盟长完颜阿骨打起兵反辽，翌年称帝，定国号金。北宋宣和七年（1125 年）金灭辽，两年后又灭北宋，与南宋以秦岭、淮河为界。金王

① 《宋史・外国列传一・夏国上》，中华书局 1977 年版。

② 《宋史・外国列传二・夏国下》，中华书局 1977 年版。

朝在北方建立起大金国，疆域北至外兴安岭的火鲁火疃谋克，东临海，西至“界壕”与蒙古为邻，南达淮河与南宋并立[①]。在西部民族地区的辖区主要位于今内蒙古自治区。金王朝继承北宋的路制。金熙宗皇统二年（1142年），宋对金称臣，纳币割地，此时金分全境为17个路。17个路中前7路以诸京为治所（诸京所领路），后10路以诸府为治所（诸府所领路）。诸路分辖若干州、县，州级区划有散府、节镇州、防御州、刺史州、军之别。另外，上京路辖蒲与路、曷懒路、速频路和胡里改路4个路，东京路所属有曷苏馆路和婆速路，也是相当于州级的区划，因不辖民户只辖猛安谋克，所以不称府州而称路。

7. 南宋王朝西部的区划

北宋靖康二年（1127年），金灭北宋后康王赵构即帝位于南京（位于今河南省商丘市），是为高宗，南宋从此开始仅剩半壁江山。绍兴八年（1138年）定都临安府（位于今浙江省杭州市），绍兴十一年（1141年）宋金和议成功，第二年割地定界。绍兴十二年（1142年），南宋分全境为两浙东路、两浙西路、江南东路、江南西路、淮南东路、淮南西路、荆湖南路、荆湖北路、京西南路、广南东路、广南西路、福建路、成都府路、潼川府路、利州路、夔州路等16个路，位于今西部民族地区的有：成都府路、潼川府路，其辖区位于今四川省的部分地区；夔州路，辖区部分位于今重庆市的部分地区；广南西路，辖区位于今广西壮族自治区的部分地区；利州路，辖区位于今陕西省和四川省的部分地区。

嘉定元年（1208年），宋宁宗把区划改为17个路，把利州分为东、西两路。南宋路制沿袭北宋而来，唯两浙路分东、西，梓州路更名潼川府路而已，并且百余年间没有大的变化，仅利州路时分东、西或不分（分则全境为17个路，合则仍为16个路），荆湖南北路一度改为东西路而已。区划沿袭北宋“路—府、州、军、监—县”三级制，统县区划仍为府、州、军、监4种，以嘉定元年为准，共设置17个路，辖27个府、132个州、34个军、2个监[②]。

（五）多级复合制区划

元亡金王朝、平西夏、并西辽、取大理、灭南宋，其区划制度于是混合

① 《金史·地理志》，中华书局1975年版。

② 《宋史》卷八五，《地理志一》，中华书局1977年版。

并用了不同政权的类型，形成复杂的多级区划体系。元明清时期地方的高层区划是省，元朝正式名称为中书省与行中书省，统县区划有路、府、州三种；明朝为布政使司，统县区划为府与直隶州、散州；清朝统县区划为府、州，之外还有直隶厅、散厅。元朝从二级制到五级制都有，明朝简化为三级制与四级制的混合，直到清朝才简化为单一的三级制，后又在府、州之上加上道成为准四级制，区划的层级和统辖关系相当复杂。

蒙古至元八年（1271 年），大汗忽必烈改国号为元，元王朝正式建立。至元十三年（1276 年）灭南宋，3 年后全部占据宋王朝的疆域。自蒙古国初起经成吉思汗以来 70 余年的征讨，终于兼并了金、夏、西辽、宋、大理国、吐蕃诸政权，元王朝的疆域“北逾阴山，西极流沙，东尽辽左，南越海表”[①]。统一过程中元王朝在各地设置行中书省，这些行省逐渐变为相对固定的地方区划。至元十七年（1280 年），设陕西四川、云南、江淮、江西、福建、湖广 6 个行中书省，以及河北、河南、山东、山西、漠南、漠北、辽东、西夏故地等直属中书省。辖区位于今西部民族地区的有：陕西四川行中书省和云南行中书省，具体位于今陕西省、四川省和云南省这一区域；湖广行中书省，所辖地区主要位于广西壮族自治区、内蒙古自治区部分区域。以上划分的几个行中书省辖区面积悬殊，元中期逐渐调整为 1 个中书省和 11 个行中书省（陕西行中书省、四川行中书省、云南行中书省、江浙行中书省、江西行中书省、湖广行中书省、河南行中书省、江北行中书省、辽阳行中书省、岭北行中书省、甘肃行中书省）。其中位于西部民族地区的有陕西行中书省、四川行中书省、云南行中书省、甘肃行中书省 4 个行中书省，而中书省的部分辖区则位于今内蒙古自治区。西藏地区归朝廷宣政院直接管辖，甘肃以西的哈密力、北庭都元帅府（别失八里）、哈喇火州都不属行中书省管辖。据《元史·地理志》载，文宗至顺元年（1330 年），11 个行中书省分统“路一百八十五，府三十三，州三百五十九，军四，安抚司十五，县一千一百二十七”[②]。省以下有路、府、州、县四级区划。

（六）布政使司—府—州—县四级制区划

洪武元年（1368 年），朱元璋在消灭其他农民起义军后，即皇帝位，建国

① 《元史·地理志》，中华书局 1976 年版。

② 《元史·地理志·序》，中华书局 1976 年版。

号明。北伐中原驱元帝弃大都而北逃，又四出征讨，终于洪武二十一年（1388年）完成统一大业。洪武初沿袭元制，以中书省及行中书省分统府、州、县。洪武九年（1376年），改行中书省为承宣布政使司。洪武十三年（1380年），撤销中书省，以所领郡县直隶6部。全境共设直隶1个及浙江布政使司、江西布政使司、福建布政使司、湖广布政使司、山东布政使司、山西布政使司、北平布政使司、河南布政使司、陕西布政使司、广东布政使司、广西布政使司、四川布政使司12个布政使司。其中位于今西部民族地区的有陕西布政使司、广西布政使司和四川布政使司。洪武十五年（1382年），又增设云南布政使司。永乐元年（1403年），撤销北平布政使司，以所领府州县直隶北京，自此有南北二直隶。永乐五年（1407年）收安南入版图，设置交趾布政使司，永乐十一年（1413年）设置贵州布政使司，至此共有直隶2个、布政使司14个。宣德二年（1427年），放弃安南并取消交趾布政使司，此后有直隶2个、布政使司13个。二直隶又称京师与南京两京，13个布政使司仍俗称十三省，两京、十三司总称十五省①。其中位于今西部民族地区的有陕西布政使司、广西布政使司、四川布政使司、云南布政使司、贵州布政使司，以及山西布政使司部分区域所涉及的今内蒙古自治区。元王朝的路到明王朝全部改为府，所以省以下有府、州、县三级区划。宣德年间15个省统辖府、州数百个，县1100多个②。明王朝仿照宋王朝的区划制度，高层区划以都指挥使司、布政使司与按察使司三司并立，所辖区域范围不尽一致，如陕西都指挥使司既辖与陕西布政使司府、州、县相错杂的非实土卫所，又辖陕西布政使司以外的许多实土卫所。除府、州、县、卫所外，西南地区还有土府、土州、土县隶属于布政使司、宣慰使司、宣抚使司、安抚使司、长官使司。因此，明王朝的直辖版图由两种类型的区划组成，一类是布政使司府州县区划，一类是都司卫所区划。明王朝在边疆地区不置正式郡县而设卫（俗称实土卫所），这些卫所不仅是军事组织的防区，也是区划。内地卫所与府州县相错杂，虽俗称非实土卫所，但仍辖有分散于州县之中的军屯田地。据《明史·兵志二》载，明代有493个卫，359个所③。明王朝的州实际上有两种，一种直属于布政使司，另一种隶属于府，但名义上相同都可以辖县，是与府相当的统县区划，也有少数州不辖县。据

① 周振鹤著《中国地方行政制度史》，上海人民出版社2005年版。

② 周振鹤著《中国地方行政制度史》，上海人民出版社2005年版。

③《明史·兵志二》，中华书局1974年版。

《明史·地理志》载，明朝有140个府、193个州、1138个县[①]。西部民族地区也设置了不少府。详情见表1－24。

表1－24　明王朝时期西部民族地区的区划简表[②]

西部民族地区的布政使司	府
陕西布政使司	辖西安府、延安府、汉中府、平凉府、凤翔府、临洮府、河州、兴安州、秦州、邠州、灵州
四川布政使司	辖成都府、嘉定府、夔州府、重庆府、顺庆府、叙州府、镇雄府、保宁府、马湖府、龙安府
广西布政使司	辖桂林府、平乐府、梧州府、浔州府、柳州府、庆远府、南宁府、思恩军民府、太平府、思明府、镇安府、田州、归顺州、泗城州、向武州、都康州、龙州、江州、思陵州、凭祥州
贵州布政使司	辖贵阳府、安顺军民府、思南府、思州府、石阡府、镇远府、铜仁府、都匀府、普安安民府、普定军民府、平越军民府、黎平府
云南布政使司	辖云南府、永昌军民府、永宁府、鹤庆军民府、曲靖军民府、景东府、元江军民府、广西府、广南府、顺宁府、寻甸府、楚雄府、澄江府、镇沅府、通西府、武定府、平缅府、蒙化府、孟爱府、孟艮御夷府、孟定御夷府、孟隆府、木朵府、木来府、丽江军民府、临安府

（七）省—府—县三级制区划

明万历十一年（1583年），建州女真首领、明建州左卫指挥使爱新觉罗·努尔哈赤开始起兵兼并邻部。天命元年（1616年），努尔哈赤即汗位，建国号

① 《明史·地理志》，中华书局1974年版。

② 根据周振鹤著《中国地方行政制度史》，上海人民出版社2005年版；龚荫著《中国民族政策史》，四川出版集团、四川人民出版社2006年版；赵云田著《中国边疆民族管理机构沿革史》，中国社会科学出版社1993年版等资料整理而成。

金。后其子皇太极嗣位，于崇祯八年（1635 年）改女真族名为满洲族，第二年即皇帝位，又改国号为清。顺治元年（1644 年），清兵入关，顺治帝入主北京。20 年后大陆南明势力被肃清，之后 19 年台湾奉南明永历正朔的郑氏政权降清，明王朝告终。明王朝被灭以前，努尔哈赤父子两代已经统一东北诸部族且兼并了漠南蒙古。明王朝被灭以后，清王朝又对准噶尔部进行了长达 70 年的征战，陆续将厄鲁特蒙古、喀尔喀蒙古、套西、青海蒙古与西藏、回部等地全部收入版图，至乾隆二十四年（1759 年）建成了中国历史上版图最大的封建王国。《清史稿》载："东极三姓所属库页岛，西极新疆疏勒至于葱岭，北极外兴安岭，南及广东琼州之崖山。"① 清王朝大体上采用两种不同的区划进行管理，一种是明故土"内地十八省"的正式郡县区划制度，另一种是边疆地区军事型或监护型的特殊区划制度。据《嘉庆重修一统志》载，嘉庆二十五年（1820 年），除都城顺天府与 18 省外，东北满洲故土为"盛京三将军"辖区，西北新疆有伊犁将军辖区，外蒙古有乌里雅苏台将军辖区，漠南蒙古分内蒙古与套西蒙古 2 个区域，青海与西藏分别有西宁办事大臣和驻藏办事大臣辖区，内地边疆共有 28 个区划②。

清王朝地方区划实行省—府（直隶州、直隶厅）—（州）县（厅）三级制，散州和散厅与县同为第三级区划，直隶厅虽与府和直隶州同为一级，但基本上不辖第三级区划。清王朝将明朝的一些直隶州升为府，又将若干散州或县升为直隶州，厅则是新设的区划，多设置于各省的边远或海疆地区。另外，在府州厅之上又有省的派出机构——道，也有一定的辖区和治所，实际上成为一级准区划。从康熙六年（1667 年）起至光绪八年（1882 年）保持了 18 省的区划未变，具体为直隶、江苏省、安徽省、山西省、山东省、河南省、陕西省、甘肃省、浙江省、江西省、湖北省、湖南省、四川省、福建省、广东省、广西省、云南省、贵州省。光绪十一年（1885 年），清王朝分福建省的台湾府建行省，加上东北 3 省，共有 22 个省③。位于西部民族地区的有陕西省、甘肃省、四川省、广西省、云南省和贵州省。并在四川省、云南省、贵州省、广西省、甘肃省设土司管其固有领地。

---

① 《清史稿》卷五四，《地理志一・序》，中华书局 1976 年版。

② 周振鹤著《中国地方行政制度史》，上海人民出版社 2005 年版。

③ 《清史稿・地理志三》，中华书局 1976 年版。

（八）多种多样的特殊区划

西部民族建立的区域性政权，根据各自的情况设立了一些特殊区划。同时历朝历代封建朝廷也根据西部民族地区的实际情况，设立或保留了一些特殊的区划。

1. 唐王朝的特殊区划

唐王朝在西部民族地区的区划有羁縻都督府、羁縻州、羁縻县。这是秦、汉时期在边疆民族地区设置的道，南北朝设置的左郡、左县、僚郡、俚郡区划的发展。唐王朝到开元年间，在民族地区先后设置了856个羁縻府州及437个县。位于今西部民族地区的为：关内道辖5个突厥府、19个州，9个回纥府、18个州，15个党项府、51个州、47个县，2个吐谷浑州；陇右道辖27个突厥府、3个州，1个回纥府、3个州，1个党项府、73个州、33个县，1个吐谷浑州，4个安西四镇府、34个州；河西内属2个诸胡府、12个州，16个西域府、72个州；剑南道辖168个诸羌州、28个县，92个诸蛮州、201个县；江南道辖51个诸蛮州、51个县；岭南道辖92个诸蛮州、1个郡、83个县①。唐王朝还设置了都护府和都督府，监控西部民族地区的羁縻府、州、县。在关内道突厥、回纥、党项、吐谷浑地区设立了单于都护府、安北都护府、夏州都督府、灵州都督府、庆州都督府，辖区位于今内蒙古自治区、陕西省、宁夏回族自治区和甘肃省等地区；在陇右道突厥、回纥、党项、吐谷浑、四镇、河西诸胡、西域地区设立北庭都护府、燕然都护府、安西都护府、凉州都督府、临州都督府、洮州都督府和松州都督府，管控区域位于今新疆维吾尔自治区、内蒙古自治区、甘肃省和四川省的部分地区；在剑南道设立松州都督府、茂州都督府、嶲州都督府、雅州都督府、黎州都督府、戎州都督府、姚州都督府和泸州都督府，管控区域位于今四川省和云南省的部分地区；在江南道“诸蛮”地区设立了黔州都督府，管控区域位于今四川省彭水县；在岭南道设立桂州都督府和邕州都督府，管控区域位于今广西壮族自治区的部分地区。

2. 吐蕃的特殊区划

松赞干布约在唐太宗贞观七年（633年）建立吐蕃王朝。在政治制度上模仿唐王朝官制设置各级官府，赞普拥有至高无上的权力。松赞干布统一吐

① 龚荫著《中国民族政策史》，四川出版集团、四川人民出版社2006年版。

蕃全境后，把全境划分为 5 大翼（茹）、18 个地方势力、61 个豪奴千户。从松赞干布至朗达玛历经 9 个赞普的王朝，区划都没有发生大的变化①。

（1）“五大茹”。即“卫茹”（中翼）、“夭茹”（左翼）、“叶茹”（右翼）、“茹拉”（分支茹）和“苏毗茹”。“卫茹”因处于整个吐蕃疆域中央，故称“卫”（中），又按军队编制单位称“茹”。管辖区域为东部从沃喀、秀巴奔敦至西与宿尼木接壤，南至马喇山脉，北到朗玛格浦。“夭茹”在“卫茹”的左方，称“左翼”。辖区包括东至林芝县，西至喀惹雪峰，南至错那县勒布区夏乌村，北至玛拉山脉，以乃东县为中心。“叶茹”在“卫茹”的右方，称为“右翼”。辖区为东至朗玛格浦，西至昂仁县皆玛拉，南至聂拉木雅布纳，北至嘉黎县迈底卡，以香地雄巴蔡为中心。“茹拉”是“叶茹”的一个分支，辖区东至降乃札，西至拉盖雅弥，南至尼泊尔的朗纳，北至切玛拉恩，以萨迦县色曲为中心。“叶茹”和“茹拉”的辖区为今日喀则地区的 18 个县及樟木口岸。“苏毗茹”是以苏毗部落为基础整编的军队单位，以嘉雪达巴蔡为中心，辖界为东至尼域奔，西至耶夏顶布切，南至迈底曲那，北至那雪斯昌。

（2）18 个地方势力。这 18 个地方势力属于“五大茹”的辖区，是赞普和众臣等割据地方的 18 个区划，也是吐蕃时期的一级建制，它比“五大茹”低，比“千户”高一级。具体为卫茹雪钦、乃钦宫殿、雅隆索喀、羊卓岗钦、强阿强域、章杰帕阿、占与雄巴、上下察仁、上下藏、龙雪那波、澎域千户、娘绕仲巴、香与赖、大小雍瓦、夏盖三部、囊惹恰贡、达雪嘎姆、多康多钦。前两个区划直属于赞普和众大臣的辖区，其余 16 个区划则属于各地方使臣的势力范围。

（3）61 个千户。61 个千户辖属“五茹”增加“象雄茹”后“六大茹”的势力范围。“千户”和“茹”一样既是一级区划，又是一级军事组织的防区。“卫茹”“夭茹”“叶茹”“茹拉”和“象雄茹”各辖 10 个千户，“苏毗茹”辖有 11 个千户，合计 61 个千户。

3. 南诏的特殊区划

唐朝初年，散居在洱海周围的“西洱河蛮”诸部已有较发达的农业，出

① 端智嘉著，左戈·卡尔译《吐蕃时期的行政区划与官僚制度》，《西北民族大学学报》（哲学社会科学版）2005 年第 6 期。

现了城郭村邑；“昆明蛮”“哀牢蛮”“磨些蛮”诸部则形成6个较大的酋邦，各据一方互不统属。在唐王朝的支持下，蒙舍诏吞并“西洱河蛮”，征服五诏，在洱海地区建立起统一的南诏政权。开元二十六年（738年），唐封其首领为云南王。南诏迅速强大并向四周扩张，其强盛时的辖区包括位于今云南省全境、四川省南部、贵州省西部、越南北部、缅甸北部等广大地区。据《新唐书》载，南诏的区划为10个赕、6个节度、2个都督①。

（1）10个赕。赕就是州。南诏的10个赕为首府直辖区域，具体是：云南赕（治所位于今祥云县云南驿）、白崖赕（又作勃弄赕，治所位于今弥渡县）、品澹赕（治所位于今祥云县县城）、川赕（治所位于今洱源县邓川）、蒙舍赕（治所位于今巍山彝族回族自治县）、大厘赕（治所位于今大理市喜州镇）、苴咩赕（治所位于今大理市古城）、蒙秦赕（治所位于今漾濞彝族自治县）、矣和赕（治所位于今大理市太和）、赵川赕（治所位于今大理市凤仪镇）。

（2）6个节度和2个都督。南诏的6个节度为：弄栋节度，辖区位于今楚雄彝族自治州；拓东节度，辖区位于今昆明市、曲靖市、昭通市、玉溪市4个市及红河哈尼族彝族自治州部分地区；剑川节度，辖区位于今剑川县、洱源县、鹤庆县、云龙县及丽江市；铁桥节度，辖区位于今迪庆藏族自治州；永昌节度，辖区位于今保山市、德宏傣族景颇族自治州和临沧市；银生节度，辖区位于今普洱市、西双版纳傣族自治州、缅甸景栋、老挝北部、越南莱州；丽水节度，辖区位于今缅甸北部。南诏的2个都督为：通海都督，辖区位于今红河哈尼族彝族自治州和文山壮族苗族自治州；会川都督，辖区位于今四川省凉山彝族自治州大部分。

（3）3个羁縻地区。南诏疆域内还有3个边缘地区，是南诏控制力较弱而不归节度、都督直接统辖，实行羁縻的地区②。

东爨诸部。南诏占据曲州（位于今昭通市）、靖州（位于今镇雄县、威信县），其势力达石门镇（位于今盐津县南部），但实际上仅能直接控制从制长馆（治所位于今马龙县城）至石门共16日路程的交通沿线。当地爨部首领各据一方、各长称雄，在兼并争夺过程中出现了乌撒、茫部、闷畔等4个强部，占据位于今云南省昭通市朝阳区、昭通市镇雄县、昆明市东川区以及贵州省

① 江应樑主编《中国民族史》（中），民族出版社1990年版。

② 江应樑主编《中国民族史》（中），民族出版社1990年版。

毕节市威宁县等地。

牂牁昆明诸部。唐朝时期的牂牁由昆明族占据，昆明族是汉晋时的木耳夷，与洱海的昆明人同名而异族。天宝末年后南诏兵占据牂牁昆明，并以此为据点侵扰唐王朝的黔中、播州，但南诏在这一区域的统治并未深入，仅是羁縻而已。

"东蛮"诸部。在嶲州北部偏东地区居住着勿邓二十姓、两林九姓、丰琶二姓，总称"东蛮"。勿邓位于今四川越西、喜德、冕宁等地，两林位于今甘洛、洪溪等地，丰琶位于今喜德以东、阳觉以北的山区。天宝十五年（756年），南诏与吐蕃合力攻陷嶲州，吐蕃即占据"东蛮"诸地，贞元年间吐蕃被击败，唐西川节度使不能再控制这一地区，为南诏势力所及，但未能进行直接统治。

4. 辽王朝的特殊区划

辽王朝区划推行双轨制，在其发源地仍推行部族制，在中原地区实行传统的州县制，甚至在一个区划内既实行部族制，又实行州县制。

（1）部族制。在原来的契丹及其他部族区域实行传统的部族制，设立了四大部族，首领称王，其余一些小的部族首领称节度使。部族之下的区划称为石烈、瓦里、抹里等。实行部族制的区域主要位于今内蒙古自治区。

（2）"五京"及州县。以皇都为上京临潢府，以辽阳故城为东京辽阳府，升幽州为南京幽都府（后改析津府），后又建中京大定府，升云州为西京大同府。于是以五京为中心划分全境为"五京道"，即上京道、东京道、中京道、南京道、西京道，其中上京道、中京道和西京道的部分区划位于今内蒙古自治区的大部分地区。据《辽史》载，上京道政区凡置州（军、城）三十六，州下属县（城）五十二，部族二十一（其中王府三、节度使级十八），部族属下的石烈（相当于县）十六（其中隶属王府者四、隶属节度使者十二）①。道以下辖府州、县，府、州大致同级，但又有所不同。府有直属县，又统辖领县的州，所以府兼有统县区划与高层区划的性质。州一级区划更为复杂。辽国以刺史、节度使兼观察使或观察使兼团练使、防御使作为州的长官称谓，并以之区分州的区划层级，因而有节度州、观察州、团练州、防御州与刺史州之别。此外还有一些州不加节度、观察、团练、防御或刺史任何名目，区划层级又在刺史州之下。节度州与府同属于道内的区划，观察以下诸州直属于道，或隶属于府与节度州内。所有的州都可辖县，但节度州除自辖县外还

① 《辽史·地理志一》，中华书局1974年版。

可统领辖县的其他州。

（3）“头下军州”和“头下州（县）”。“头下军州”是诸王、外戚、公主的私州，区划内不设县。人口规模较小的为“头下州（县）”。又有西北边界上的边防城称州或称城，都“因屯戍而立，务据形胜，不资丁赋”[①]，与中原地区州的区划性质不同。

5. 金王朝的特殊区划

金王朝从自身实际出发，在地方大致实行三级区划制度：设“五京”，下辖路、府、州、县，对汉、渤海等族进行管辖；对女真族以及部分其他族编制成猛安谋克；对北部边境地区以游牧为主的各族基本上以原来的部落、部族为区划。

（1）五京。五京即上京（位于今黑龙江省阿城南）、南京（位于今河南省开封市）、北京（位于今内蒙古自治区宁城县）、东京（位于今辽宁省辽阳市）、西京（位于今山西省大同市）。五京各辖1路，另设14路，共设19个路。各路辖府、州、县。府的区划层级相当于州，但地位略高于州。猛安谋克。

（2）猛安谋克。这是相当于州、县一级的区划。处于内地的猛安谋克受总管府和节镇州管辖，处于边防及军事要地的猛安谋克则受该地区军事防卫的统军司、招讨司统辖。

（3）与州县、猛安谋克平行的部族。金王朝境内特别是北部有众多游牧、游猎或半农半牧的部族，朝廷保留其原有的区划，但其得接受各路官府或统军司、招讨司统辖[②]。

6. 大理国的特殊区划

大理国是宋朝时期以白族为主体的少数民族在位于今云南省的地域内建立的少数民族政权。后晋天福二年（937年）通海节度段思平灭南诏建国，定都羊苴咩城，国号大理。南宋宝祐元年（1253年）大蒙古国忽必烈“革囊渡江”征云南灭大理国，后建云南等处行中书省，原大理国王段氏被任命为大理世袭总管。其疆域与南诏相当，东至普安路之横山（位于今贵州省普安），西至缅甸之江头城（位于今缅甸杰沙），南至临安路之鹿沧江（位于今越南莱州北部的黑河），北至罗罗斯之大渡河。疆域大致是今中国云南省、贵

① 周振鹤著《中国地方行政制度史》，上海人民出版社2005年版。

② 龚荫著《中国民族政策史》，四川出版集团、四川人民出版社2006年版。

州省、四川省西南部，缅甸北部地区，以及老挝与越南的北部地区。

大理国前期曾设置首府（大理地区）、二都督、六节度为大府。二都督是会川（位于今四川省会理县）、通海（位于今云南省通海县）。六节度即弄栋（位于今云南省姚安县）、银生（位于今云南省景东彝族自治县，后移至巍山彝族回族自治县）、永昌（位于今云南省保山市）、丽水（位于今缅甸达罗基）、剑川（位于今云南省保山市剑川县）、拓东（位于今云南省昆明市）。都督的名号沿袭南诏旧制后改为节度，故有8个节度，即8个二级区划，也称“八国”或“云南八国”。宋太平兴国元年（976年），北宋朝廷曾册封大理国王（白王）为“云南八国郡王”①。

为加强对各地区、各部族的直接统治，大理国前期又在各地设立郡或赕，委派贵族分守管制，并迁徙洱海地区的白族前往屯驻，受都督、节度管辖的部族则仍为部或甸，任命土长为首领，实行羁縻统治。郡（或赕）与部（或甸）的区划犬牙交错连成一体。大理国后期的区划是首府之外废都督、节度，设置8个府、4个郡、4个镇，部、赕、甸分别隶属于府、郡、镇。8个府分别是鄯阐府、威楚府、统矢府、会川府、建昌府、腾越府、谋统府、永昌府。4个郡分别是东川郡（治所位于今会泽县）、石城郡（治所位于今曲靖市）、河阳郡（治所位于今澄江县）、秀山郡（治所位于今通海县）。4个镇分别是西北的成纪镇（治所位于今永胜县）、西南的蒙舍镇（治所位于今巍山彝族回族自治县）、西部的镇西镇（治所位于今盈江县）、东部的最宁镇（治所位于今开远市）②。

7. 清王朝的特殊区划

清朝时期蒙古、西藏、青海、新疆与黑龙江“布特哈”（达呼尔族、索伦族、鄂伦春族等族）被称为“藩部”，由朝廷专设的理藩院管理，清王朝在这些地区实行了特殊的区划。

蒙古分为众多部落（蒙古语称为“艾马克”），清太宗时依照满洲八旗的组织形式也将蒙古各部落编为旗，旗下设“佐”（苏木）作为一级区划，自此被纳入统一的区划体系之中。在地域上蒙古地区大致分为察哈尔、内蒙古、西套蒙古、外蒙古（包括土谢图汗部、赛音诺颜部、车臣汗部、札

① 江应樑主编《中国民族史》（中），民族出版社1990年版。

② 江应樑主编《中国民族史》（中），民族出版社1990年版。

萨克图汗部)、科布多与唐努乌梁海。清王朝又分蒙古为“内属蒙古”与“外藩蒙古”，内属蒙古包括察哈尔、归化城土默特、唐努乌梁海、阿尔泰乌梁海等部。在外藩蒙古以若干旗合为一盟，只是监察机构，不是一级区划。外藩蒙古又按其归附清王朝的先后分为内札萨克蒙古与外札萨克蒙古。内札萨克蒙古又被称为内蒙古。乾隆以后定为24个部，共设6个盟、49个旗。康熙中期以后归附清王朝的各部落称为外札萨克蒙古，包括漠北的喀尔喀四部、西套蒙古二旗、青海蒙古各部、科布多各札萨克旗、新疆旧土尔扈特部及中路和硕特部。

清朝时期的青海不包括今西宁、海东、黄南及青海省边缘的部分地区。大致以黄河为界，分为青海蒙古和玉树等四十族土司。黄河以北主要为蒙古人，有和硕特、辉特、绰罗斯（准噶尔)、土尔扈特、喀尔喀五大部落。雍正三年（1725年)，清王朝编青海蒙古为27个旗的区划，后增至29个旗。另设有察汉诺门罕牧地，实际上单独为1个喇嘛旗。道光三年（1823年)，分黄河以北24个旗的区划为左、右翼二盟。黄河以南主要为藏人，设有40个土司，其中玉树土司最大，故称“玉树等四十族土司”。土司以下有土千户、土百户。西藏在清朝时期又称“唐古忒”“图伯特”，分为卫、喀木（康)、藏、阿里四部，以及霍尔三十九族地区。西藏的基层区划是宗（大致相当于内地的县)，但是规模很小。贵族、寺庙的庄园领地称为“溪卡”，层级比宗低或者平级。位于今那曲地区、昌都北部地区的各部落统称“霍尔三十九族”（简称三十九族)，由驻藏大臣的属员夷情章京管辖。驻扎于达木（治所位于今当雄）的达木蒙古八旗，直属于驻藏大臣管辖。

新疆分为天山北路的准部和天山南路的回部，其中的蒙古游牧地区实行盟旗制，维吾尔族、布鲁特族、塔吉克族等地区则实行伯克制。蒙古旧土尔扈特部与中路和硕特部划分为盟、旗区划：旧土尔扈特部为南北东西四路乌讷恩素珠克图盟，和硕特部为巴图塞特奇勒图盟。准部地方划设乌鲁木齐都统区划，辖乌鲁木齐（迪化州)、库尔喀喇乌苏、吐鲁番、哈密、古城、巴里坤（镇西府）等城。其中迪化州、镇西府由新疆与甘肃省双重管辖，塔尔巴哈台由塔尔巴哈台参赞大臣管辖。伊犁及其以西地方由伊犁参赞大臣、领队大臣管理。回部区划内设总理回疆事务大臣（喀什噶尔参赞大臣)，统辖喀什噶尔、叶尔羌、和阗、阿克苏、乌什、库车、喀喇沙尔等城。光绪十年（1884 年），新疆建省后，实行与内地相同的府、厅、州、县区划，分为镇迪、伊塔、阿克苏、喀什噶尔 4 个道，辖迪化、伊犁、温宿、焉耆、疏勒、莎车 6 个府，库车、和阗 2 个直隶州，镇西、吐鲁番、哈密、库尔喀喇乌苏、塔尔哈巴台、精河、乌什、英吉沙尔 8 个直隶厅、1 个州、21 个县①。

二、现代行政区划

辛亥革命推翻清王朝以后，在北洋军阀政府时期和国民政府时期，主要行政区划为省、县、乡（镇、市、区）、保（甲、里），其中市（乡级以上）为新设立的行政区划，北洋军阀政府和国民政府不同时期也对西部民族地区的行政区划进行了调整。

（一）省（特别区域、地方）—道—县（设治局、旗、宗）三级制

1912 年 1 月 1 日，孙中山在南京宣誓就任临时大总统，中华民国中央政府成立。2 月 12 日，清宣统皇帝退位。4 月 1 日，孙中山正式辞职，由袁世凯任临时大总统。5 日，临时政府迁往北京。1915 年 12 月 12 日，袁世凯窃国称帝，次年 6 月初病死。此后进入军阀纷争和割据的北洋军阀政府时期，直至 1927 年南京政府建立，这一时期又称为北京政府时期，其行政区划层级主要是省（特别区域、地方）—道—县（设治局、旗、宗）三级制。截至 1926 年底，全国共辖地方一级行政区划 33 个，其中包括 23 个省（含被日本侵占的台湾省）、5 个特别区域、4 个地方、1 个特别市，以及 98 个道和 1800 多个县②。

在南京临时政府时期，由孙中山签署颁布的《中华民国临时宪法》第 3 条规定：中华民国领土为 22 省（未包括被日本侵占的台湾省）、内外蒙古、西藏、青海。由于时间较短，南京临时政府来不及对地方行政区划有所建树。北京政府前期沿袭了 22 个省。详情见表 1 – 25。

---

① 龚荫著《中国民族政策史》，四川出版集团、四川人民出版社 2006 年版。

② 郑宝恒《民国时期行政区划变迁述略（1912—1949）》，《湖北大学学报》2000 年第 2 期。

表 1 – 25　民国时期省份①

时期	省份
南京临时政府管辖的省	江苏省、浙江省、安徽省、江西省、湖北省、湖南省、四川省、西康省、山东省、山西省、河南省、河北省、陕西省、福建省、广东省、广西省、云南省、贵州省、甘肃省、青海省、宁夏省、新疆省、绥远省、察哈尔省、热河省、辽宁省、吉林省、黑龙江省、安东省、辽北省、松江省、合江省、兴安省、嫩江省、台湾省
南京临时政府管辖的西部民族地区省	四川省、西康省、陕西省、广西省、云南省、贵州省、甘肃省、青海省、宁夏省、新疆省，而绥远省、察哈尔省、热河省、辽北省和兴安省的部分地区属今内蒙古自治区
北京政府管辖的省	直隶省、奉天省、吉林省、黑龙江省、山东省、河南省、山西省、江苏省、浙江省、安徽省、江西省、福建省、湖北省、湖南省、广东省、广西省、云南省、贵州省、四川省、陕西省、甘肃省、新疆省
北京政府管辖的西部民族地区省	广西省、云南省、贵州省、四川省、陕西省、甘肃省和新疆省

其中广西省、云南省、贵州省、四川省、陕西省、甘肃省和新疆省位于今西部民族地区。内外蒙古、青海、西藏等地方均维持清末的区划状况。各省独立以后大都自行制定行政区划制度，没有统一规定。北洋军阀政府在1913 年底开始进行省级行政区划的调整。1914 年 4 月从四川省原边东、边西两道辖区分出设置相当于省一级的川边特别区域，1925 年 2 月改名西康特别区域，辖区位于今四川省的部分地区。清末原拟建省的绥远、热河、察哈尔

① 郑宝恒《民国时期行政区划变迁述略（1912—1949）》，《湖北大学学报》2000 年第 2 期。

三地区分别于1913年11月、1914年1月和6月设置相当于省一级的绥远特别区域、热河特别区域和察哈尔特别区域，辖区位于今内蒙古自治区的部分地区。

1913年1月公布《划一现行各道地方行政官厅组织令》后，道成为介于省、县之间的行政区划。同年6月《政府公报》发布《大总统申令》，各省所属道区名单虽基本沿袭清末道的区域，但道名有较多更改，该时期全国共设93个道。西部民族地区的道有：1916年川边特别区域增置川边道，新疆省新设塔城道；1919年新疆省阿尔泰区域改置阿山道；1920年新疆省增置焉耆、和阗两道；云南省增置普洱道；陕西省设置榆林道等。按《建国大纲》省、县二级制的规定，绝大多数省区于1927年至1929年间陆续废除道[①]。

（二）省（行政区、特别市［院辖市］、地方）—县（设治局、管理局、旗、宗）二级制

1927年至1949年9月南京政府时期，主要实行省（行政区、特别市［院辖市］、地方）、县（设治局、管理局、旗、宗）二级制的行政区划。1928年春中国国民党中央政治会议决议废除北洋政府时期地方的道级行政区划，改行政区划为省、县二级制。1941年8月，全国共有1955个县，17个省辖市、58个设治局。市分为区、坊、闾、邻四级。1943年5月后改闾邻制为保甲制，改分为区、保（甲）二级。蒙古分为盟、特别旗，直属于行政院，盟下分旗。西藏沿北洋政府时期旧制分宗，相当于内地的县[②]。截至1947年6月底，全国共辖省级行政区划48个，其中包括35个省、1个地方（西藏）、12个院辖市。下划分出57个省辖市、2016个县、40个设治局、1个管理局、131个旗的行政区划[③]。南京国民政府划分国家领土为不同区域，其行政区划包括28个省、6个直辖市、2个特别行政区和蒙古、西藏2个地方[④]。28个省（未包括被日本侵占的台湾省），即江苏省、浙江

---

① 郑宝恒《民国时期行政区划变迁述略（1912—1949）》，《湖北大学学报》2000年第2期。

② 郑宝恒《民国时期行政区划变迁述略（1912—1949）》，《湖北大学学报》2000年第2期。

③ 郑宝恒《民国时期行政区划变迁述略（1912—1949）》，《湖北大学学报》2000年第2期。

④ 郑宝恒《民国时期行政区划变迁述略（1912—1949）》，《湖北大学学报》2000年第2期。

省、安徽省、江西省、湖北省、湖南省、四川省、西康省、山东省、山西省、河南省、河北省、陕西省、福建省、广东省、广西省、云南省、贵州省、甘肃省、青海省、宁夏省、新疆省、绥远省、察哈尔省、热河省、辽宁省、吉林省、黑龙江省。1945 年 8 月 31 日新设安东、辽北、松江、合江、兴安、嫩江 6 个省，10 月 25 日收复台湾省，增至 35 个省。其中位于西部民族地区的有陕西省、甘肃省、青海省、宁夏省、四川省、西康省、云南省、贵州省、广西省、新疆省，而绥远省、察哈尔省、热河省、辽北省和兴安省的部分地区位于今内蒙古自治区内。6 个行政院直辖市即南京市、上海市、北平（今北京）市、天津市、青岛市、西京（今西安）市。1939 年 5 月以后，又先后置重庆市、哈尔滨市、大连市、沈阳市、汉口市、广州市 6 个市为行政院直辖市，增至 12 个市，其中西京市和重庆市位于今西部民族地区。2 个特别行政区为东省特别行政区、威海卫行政区。二地方为蒙古和西藏。省分为县、市（省辖）、设治局等行政区划[①]。

从 1927 年 5 月起至 1947 年 6 月底止，国民政府在西部民族地区还设置过普通市（省辖市），具体为重庆市、成都市、自贡市、昆明市、桂林市、柳州市、梧州市、南宁市、贵阳市、兰州市、西安市、陕坝市、迪化市、归绥市、银川市、西宁市、海拉尔市等 17 个市[②]。

与县级行政区划同层级的还有设治局，南京政府成立后向云南等改土归流地区和一些内地省份扩展。抗日战争期间，国民党政权重心向西北、西南转移，这两个区域的设治局又有所增加，仅青海省抗战时期就新置过海晏设治局、兴海设治局、祁连设治局、通海设治局、香德设治局、和顺设治局、和兴设治局、西乐设治局、白玉设治局、河曲设治局、南屏设治局、哈姜设治局等 12 个设治局[③]。设治局在民国时期为二级行政区划，隶属于省政府。在设治局的设置过程中，有的列入了中华民国各省（市）、县（市）行政区域代码中但尚未成立，有的未列入中华民国各省（市）、县（市）行政区域

① 郑宝恒《民国时期行政区划变迁述略（1912—1949）》，《湖北大学学报》2000 年第 2 期。

② 郑宝恒《民国时期行政区划变迁述略（1912—1949）》，《湖北大学学报》2000 年第 2 期。

③ 郑宝恒《民国时期行政区划变迁述略（1912—1949）》，《湖北大学学报》2000 年第 2 期。

代码中但已成立。此外，有的已由设治局改制为县。西部民族地区设置了不少设治局。详情见表1－26。

表1－26　西部民族地区的部分设治局简表[①]

省份	设治局
陕西省	黄龙设治局
甘肃省	肃北设治局、卓尼设治局
宁夏省	紫湖设治局、居延设治局
青海省	祁连设治局
四川省	兴中设治局、麦桑设治局、沐爱设治局、平昌设治局、农祥设治局
西康省	宁东设治局、金汤设治局、普格设治局、泸宁设治局
云南省	泸水设治局、陇川设治局、瑞丽设治局、贡山设治局、龙武设治局、梁河设治局、宁蒗设治局、沧源设治局、莲山设治局、盈江设治局、潞西设治局、碧江设治局、福贡设治局、德钦设治局、宁江设治局、耿马设治局、砚山设治局[②]
贵州省	雷山设治局
新疆省	新源设治局、乌河设治局、布尔根设治局、民丰设治局、七角井设治局

（三）特殊行政区划

北洋军阀政府时期，在西藏、青海和内蒙古实行了特殊的行政区划。

① 根据周振鹤著《中国地方行政制度史》，上海人民出版社2005年版；龚荫著《中国民族政策史》，四川出版集团、四川人民出版社2006年版；赵云田著《中国边疆民族管理机构沿革史》，中国社会科学出版社1993年版等资料整理而成。

② 张晓松、李根《民国时期云南少数民族政治行政制度的变迁》，《云南行政学院学报》2010年第1期。

清朝时期西藏驻藏办事大臣直隶中央理藩院。1912年7月改为西藏办事长官（驻藏办事长官），直隶中央蒙藏事务局（院）。办事长官通过达赖喇嘛和班禅额尔德尼的地方政权管辖西藏全境。西藏全境分前藏、后藏和阿里3个区域。民国时期，西藏地方政府下设主要有基巧、宗溪和溪卡三级行政区划，其中基巧相当于今市（州）一级，宗溪相当于县一级，溪卡在宗之下，是西藏封建农奴制社会农业区的基层行政区划，相当于今乡一级区划①。

青海在清朝末期原为西宁办事大臣管辖，民国初改称青海办事长官，仍借驻甘肃西宁。1915年10月裁撤改称宁海区，置甘边宁海镇守使管控全境，并由西宁道尹兼任镇守使。

清末原由理藩院管控的内蒙古西套2个旗，1914年改归甘肃省节制，置宁夏护军使，1921年改称宁夏镇守使。

（四）中国共产党领导的西部民族地区政权区划

至1949年中华人民共和国成立前，中国共产党（以下简称“中共”）通过领导西部民族进行武装斗争，在区域有限的范围内建立革命政权，并设置相应的行政区划。这期间在民族地区建立的政权区划范围较大的共有20多个，而在西部民族地区的不多。这些政权有的是中共在革命过程中直接领导下建立的，有的是中国工农红军在长征途中建立的，有的则是在中共或共产国际的帮助、影响下建立的，而且区划设置不统一，存在时间大多很短暂。

1. 土地革命战争时期的政权区划

这一时期全国的行政区划主要为省—县—区—乡。为贯彻落实中共“八七会议”确定的总方针，继毛泽东领导秋收起义之后，1929年12月11日，在邓小平、张云逸等领导下发动百色起义，成立了中国工农红军第七军和右江苏维埃政府，区划包括百色县、恩隆县、恩阳县、奉议县、思林县、果德县、隆安县、东兰县、凤山县、向都县、镇结县等11个县，以及凌云县的平乐区、都安县板升乡等②。1930年2月11日，又发动龙州起义，成立了中国工农红军第八军和左江革命委员会，区划包括龙州县、上金县、崇善县、左

① 何一民《民国时期西藏城市的发展变迁》，《新华文摘》2013年第10期。

② 张尔驹著《中国民族区域自治史纲》，民族出版社1995年版。

县、雷平县、养利县、万承县、明江县、思乐县、凭祥县、宁明县、龙茗县、靖西县等 13 个县①。1934 年 11 月 26 日，湘鄂川黔省革命委员会在大庸县成立，区划包括今四川的酉阳、秀山、黔江、彭水、石柱，贵州的沿河、印江、德江、松桃、江口、石阡、思南等部分地区②。

1931 年以来，以刘志丹、谢子长、习仲勋等同志为代表的共产党人，建立了红二十六军和陕甘边革命根据地。1933 年 3 月和 5 月，中共陕甘边特委和边区革命委员会相继成立。1934 年 11 月，以习仲勋同志为主席的陕甘边区苏维埃政府建立，到 1934 年年底，根据地发展到淳化、耀县、中部、宜君、旬邑、正宁、宁县、合水、庆阳、保安；安塞、靖边、富县、甘泉等 18 个县的部分地区，新设了陕甘边南区及华池、赤安、庆北、安塞、赤淳、富西、富甘、合水、中宜、宁县、正宁等 11 个苏维埃县治区划③。

1935 年 9 月，中国工农红军第四方面军在绥靖成立了中共大金省委员会，下辖丹巴县和懋功县。在此基础上，于 1935 年 11 月 18 日在绥靖成立了隶属于中华苏维埃共和国西北联邦政府的格勒得沙共和国中央革命政府，下辖丹巴县、绥靖县、党坝县、抚边县、懋功县、崇化县等 6 个县政府、各级苏维埃政府和绰斯甲道和阿坝特区政府④。

1936 年年初，中国工农红军第四方面军到达康北草原，于 5 月 5 日在甘孜县宣告隶属于中华苏维埃共和国西北联邦政府的波巴人民共和国中央政府成立，下辖波巴、炉霍、道孚 3 个波巴政府，县下设区、乡波巴政府⑤。

1936 年 5 月，红一军团与红十五军团举行西征，先后解放了宁夏的盐池、豫旺、固原、固北等县的大部和部分地区，中央决定建立豫海地方回民自治政权，1936 年 10 月 20 日，豫海县回民自治政府在同心县成立⑥。

2. 抗日战争时期的政权区划

这一时期全国的行政区划主要为省—行政公署—县—区—乡。抗日战争爆发后，中共领导各族人民与日本帝国主义进行英勇斗争。1938 年 6 月，中

① 张尔驹著《中国民族区域自治史纲》，民族出版社 1995 年版。
② 张尔驹著《中国民族区域自治史纲》，民族出版社 1995 年版。
③ 张桂山《党在陕甘边根据地执政实践及现实启示》，《社科纵横》2011 年第 8 期。
④ 张尔驹著《中国民族区域自治史纲》，民族出版社 1995 年版。
⑤ 张尔驹著《中国民族区域自治史纲》，民族出版社 1995 年版。
⑥ 张尔驹著《中国民族区域自治史纲》，民族出版社 1995 年版。

共中央设立的蒙古工作委员会（后又改为绥蒙工作委员会）领导建立了蒙古族大青山抗日民主政权。1938 年 11 月，中共中央把绥蒙工作委员会和大青山工委合并成立绥远省委。1940 年 2 月，成立了绥中、绥西和绥南 3 个行政专员公署。1940 年 8 月，成立晋绥游击区行政公署驻绥办事处，建立了萨拉齐县、固阳县、武川县、陶林县、归武县、托和清县、归凉县、丰集县、三凉县 9 个县政府，30 多个区政府①。1941 年改为绥察行政公署，1945 年又改为绥蒙政府。

1941 年，在陕甘宁边区政府领导下先后建立了 5 个回民自治乡、1 个蒙民自治区，即关中新正县一乡回民自治乡、九乡回民自治乡、定边县城关区新华街回民自治乡、陇东三岔回民自治乡、盐池县回六庄回民自治乡及城川蒙民自治区②。

3. 解放战争时期的政权区划

随着解放战争的节节胜利，这一时期全国主要的行政区划为自治区—盟—旗（县、市），中共领导的解放区不断壮大，所以行政区划变化较大。1947 年 5 月 1 日，内蒙古自治政府正式建立，下辖呼伦贝尔盟、纳文慕仁盟、兴安盟、锡林郭勒盟、察哈尔盟 5 个盟③。

1949 年 4 月，中共广西省委建立农村工作委员会，统一领导桂中、柳北、桂北、桂东的武装斗争。1949 年春夏建立了东区人民政府，11 月建立了三江县人民政府。到解放前夕建立了游击区专署，13 个县人民政府④。

1949 年 1 月 1 日，中共中央军委颁布命令，将粤桂边区纵队与云南人民讨蒋自救军纵队合编为“中国人民解放军滇桂黔边区纵队”，统一领导云南省、广西左右江及贵州西南地区的反蒋游击战争⑤。1949 年 2 月，在云南的滇东，建立罗盘专员公署，在罗平、师宗、平乙成立了临时人民政权。在滇东，游击队 1949 年 2 月解放会泽，建立了滇东北游击根据地。在滇南，由原元江游击队发展起来的“讨蒋自救军第二纵队”先后解放思茅、宁洱、江城、景谷、镇沅等县，建立了思普游击根据地。在滇西北，游击队解放了迪庆、

① 张尔驹著《中国民族区域自治史纲》，民族出版社 1995 年版。

② 张尔驹著《中国民族区域自治史纲》，民族出版社 1995 年版。

③ 张尔驹著《中国民族区域自治史纲》，民族出版社 1995 年版。

④ 张尔驹著《中国民族区域自治史纲》，民族出版社 1995 年版。

⑤ 袁林《滇桂黔边纵与云南少数民族》，《云南民族学院学报》1992 年第 1 期。

怒江、丽江、大理等州市的10多个县，建立了滇西北游击根据地。在滇西，游击队攻克盐丰县城，建立了人民政府，创建了滇西根据地，后解放了祥云、弥渡、景东等县。在滇中，还在昆明周围建立了滇中游击根据地，在元谋、罗次、禄劝也建立了根据地①。整个边纵部队，从1947年夏天至1949年年底，战斗遍及滇桂黔3个省147个县，建立了12个成块的游击根据地，解放91座县城②。

① 张尔驹著《中国民族区域自治史纲》，民族出版社1995年版。

② 郭明进《战斗在滇桂黔的边纵部队》，《文史春秋》2010年第5期。

第二章　政权组织

从秦王朝开始，中国就建立了强有力的中央王朝，出现了多次大的统一局面，西部民族地区大部分时间都是作为中央王朝统治下的一个地区或一级地方政权。在分裂、战乱的时期，西部民族建立了区域性政权，出现了中原政权和地方割据政权并存的局面，然而每次分裂和战乱为下一时期更大范围的统一和发展奠定了基础和准备了条件。自秦王朝以来，为了使朝廷的政令得到有效执行，封建王朝设立专门机构和官员对西部民族地区进行管理，一部分西部民族地区被纳入郡县管理体制之中，而另外一部分西部民族地区在无法通过郡县制度实现制度认同与社会整合时，中央王朝便不得不选择诸多的特殊制度和方式来实现统治。西部民族地区建立的区域性政权，从机构的设置到政策的制定，都处于向中央王朝学习并逐步演进过程中，同时不断走上封建化的道路。

第一节　西部民族地区的统一政权

作为一个统一的多民族国家，中国自秦始皇建立封建集权国家以来，到汉朝汉族形成直至清末，2000 多年来出现过多次大的统一局面，西部民族地区大都处于中央王朝的管控之下。汉族与周边少数民族的关系逐渐紧密，特别随着隋唐王朝疆域的开拓，中原政治、经济和文化与西部民族地区的联系进一步强化，实现了“华戎同轨，冠带百蛮，车书万里”①。自统一的多民族国家建立以来，封建朝廷在西部民族地区建构了独特的政权组织，采取有效的管理策略，使管理和统治越来越深入，促进了西部民族地区的发展。

---

① 《旧唐书·玄宗纪》，中华书局 1975 年版。

一、政权机构

随着氏族制度的解体，中国历史上第一个奴隶制国家——夏王朝诞生。统治者为了维护自身统治和适应社会发展的需要，逐步改造旧的氏族组织，建立新的国家机构。中央王朝实行郡县制与特殊体制并存的二元结构，在以郡县体制框架实现对西部民族地区直接政治统治管理的同时，对于尚不能或尚不宜直接统治的地区，以渐进过渡的方式推进制度认同和机构整合，实现间接的统治。从而实际上存在着两种性质的地方统治机构，即封建主义的民族地方统治机构和非封建主义的民族地方统治机构。

（一）王权制度时期的政权机构

在夏商周时期，实行的是以君主为核心的王权专制和以分封贵族为主的政体①。其周边的少数民族通常被称为“东夷”“西戎”“南蛮”“北狄”，夏商周诸王朝从“普天之下，莫非王土，率土之滨，莫非王臣”的观念出发，凭借正统的地位和强大的武力，通过分封、册命和武力征服等手段，不断将周边民族地区纳入自己的统治体系之中，天子以天下共主的身份册封、任命少数民族首领担任本地的各种职务，成为天子对周边民族地区进行统治的代表。与此同时，夏商周也开始探索建立管理周边民族地区的朝廷机构和地方府衙，但这一时期各部门缺乏明确分工，管理制度带有浓厚的宗族血缘性质，机构设置的一个显著特点是机构与职官时有重合。

表 2－1　王权制度时期管理边疆民族地区政权机构的设置②

<table>
<tr><th colspan="2">朝代</th><th>朝廷机构</th><th>地方机构</th></tr>
<tr><td colspan="2">夏</td><td>四辅、三老五更、四岳、司空、后稷、司徒、士或大理、共工和司马、巫吏等</td><td>要服、荒服、方国</td></tr>
<tr><td colspan="2">商</td><td>宾</td><td>外服（侯、甸、男、卫、邦伯）、宗族、邑</td></tr>
<tr><td rowspan="2">周</td><td>西周</td><td>小行人、象胥、掌客、职方氏、怀方氏等</td><td>遂</td></tr>
<tr><td>东周</td><td>行人、封人、大行等</td><td>野、鄙、县、郡</td></tr>
</table>

① 韦庆远主编《中国政治制度史》，中国人民大学出版社 1989 年版。

② 根据龚荫著《中国民族政策史》，四川出版集团、四川人民出版社 2006 年版；赵云田著《中国边疆民族管理机构沿革史》，中国社会科学出版社 1993 年版相关资料整理。

（二）皇权制度时期的政权机构

公元前221年，秦王嬴政建立了中国历史上第一个统一的封建国家，自此中国进入皇权制度的时代。封建专制主义集权制度是以皇帝为核心的制度。自秦建立以郡县制为基础的集权制以来，这种制度在800多年间得以巩固，证明它是符合中国古代国情的合理的统治体制[①]。秦汉时期，汉族已经形成，随着皇帝制度和三公九卿体制的建立和完善，以皇权统治为核心的郡县管理制度确定，专制主义郡主集权制度不断巩固，管控西部民族地区事务的机构也紧紧围绕皇权的巩固而逐渐设立。

表2－2　皇权制度时期管理西部民族地区的政权机构简表[②]

<table>
<tr><th colspan="2">朝代</th><th>朝廷机构（职官）</th><th>地方机构（职官）</th></tr>
<tr><td colspan="2">秦</td><td>典客、典属国（邦）</td><td>郡、县、道、属邦</td></tr>
<tr><td colspan="2">汉</td><td>大鸿胪（典客、大行令、典乐）、典属国、行人、译官、别火三令丞、郡邸长丞、使主客、大鸿胪文学、客曹尚书等</td><td>道、郡、县、属国、都护、中郎将、校尉等。西域都护府、西域长史府（包括戎卢、渠勒、西夜、蒲犁、依耐、无雷、难兜、桃槐、休循、捐毒、车师都尉、车师后城长等）、匈奴中郎将、安定属国、天水属国、西河属国、上郡属国、五原属国、张掖属国、护乌桓校尉</td></tr>
<tr><td rowspan="3">三国时期</td><td>魏国</td><td>鸿胪少卿、客曹尚书</td><td>州、郡、县（州一般设刺史，刺史的州佐有上佐、门下、诸曹等；郡设置太守；县设置令或长，主管一县的民政事务；县以下有乡、里、村等基层单位，乡设三老，里置里吏、村有村司）。护匈奴中郎将、护鲜卑校尉、护乌桓校尉、护羌校尉、戊己校尉、西域长史府</td></tr>
<tr><td>蜀汉</td><td>大鸿胪卿、客曹尚书等</td><td>郡县、庲将都督</td></tr>
<tr><td>吴国</td><td>大鸿胪卿、客曹尚书等</td><td>分设政务机构和军事监控机构，政务机构为州、郡、县，军事监控机构为典农校尉、典农都尉、北部都尉</td></tr>
</table>

① 韦庆远主编《中国政治制度史》，中国人民大学出版社1989年版。

② 根据龚荫著《中国民族政策史》，四川出版集团、四川人民出版社2006年版；赵云田著《中国边疆民族管理机构沿革史》，中国社会科学出版社1993年版相关资料整理。

（续表 2-2）

朝代	朝廷机构（职官）	地方机构（职官）
西晋	客曹尚书、大鸿胪卿、大行、典客等	凉州刺史、晋昌郡、护羌校尉、西戎校尉、护匈奴中郎将、护羌中郎将、护戎中郎将、戊己校尉、西域长史府、宁蛮校尉、西夷校尉、南夷校尉、镇蛮护军、益州、宁州（建宁郡、兴古郡、云南郡、永昌郡）、交州（合浦郡、苍梧郡、郁林郡、桂林郡）、南蛮校尉
东晋	祠部尚书、大鸿胪卿	广州、交州和宁州，镇蛮校尉，左郡、左县、僚郡和僚县
南朝	客曹尚书，客曹分为南主客曹与北主客曹。其中，宋朝和齐朝时设置大鸿胪，梁朝和陈朝时大鸿胪为鸿胪卿	宁州刺史、校尉、护军、都护等，校尉、中郎将、都护（三巴校尉、平蛮校尉、镇蛮校尉），护军和督护，左郡、左县和僚郡、俚郡，双头州郡，侨州、侨郡、侨县
北朝	主客曹、鸿胪寺（卿、少卿、丞）。北魏设南北部、曹省、祠部、大鸿胪卿、典客监、典仪监、四馆四里；前秦设大鸿胪；东魏、西魏、北齐、北周继承北魏的制度，设置主客曹、鸿胪寺等	前凉在地方设立高昌郡，合武威、武兴、西平、张掖、酒泉、建康、西海、西郡、湟河、晋兴、广武 11 个郡为凉州，兴晋、金城、武始、南安、水晋、大夏、武成、汉中 8 个郡为河州，敦煌、晋昌、高昌 3 个郡及西域都护、戊己校尉、玉门大护军、三营为沙州，设西域长史府、西域校尉、西夷校尉，完善郡县乡里等建置；前秦设置宁州刺史、西蛮校尉、南巴校尉、凉州刺史、西羌校尉、高昌太守、安西将军、西域校尉、平州、平州刺史、护鲜卑中郎将、并州、并州刺史、护匈奴中郎将；北魏设凉州、河州、秦州，分别下辖 10 个郡、4 个郡和 3 个郡，统万镇（夏州）、薄骨律镇（灵州）、高平镇（原州）、仇池镇（渠州）、敦煌镇（瓜州），征西将军，护匈奴、羌、戎、夷、蛮中郎将，护羌、戎、夷、蛮、越校尉等①；西魏和北周在吐谷浑地区设置有洮州、抚州、廓州、覃州、芳州、叠州、岩州、邓州等；西魏和北齐曾一度控制了宁州

① 赵云田著《中国边疆民族管理机构沿革史》，中国社会科学出版社 1993 年版。

（续表 2－2）

朝代	朝廷机构（职官）	地方机构（职官）
隋朝	礼部和鸿胪寺。礼部下辖礼部、祠部、主客、膳部四司。鸿胪寺在京城设四方馆	郡县。在西北设置了伊吾郡、鄯善郡、且末郡、西海、河源等；在西域设置了西域校尉，管辖区域位于今新疆维吾尔自治区、青海省；在西南部地区设有始安郡、永平郡、郁林郡、合浦郡、宁越郡等，管辖区域位于今广西壮族自治区。郡守（州刺史）和县令多由当地少数民族首领担任
唐朝	尚书省礼部所辖的礼部司和主客司，门下省，中书省	羁縻府州。各大都护府下设大都护、副大都护、长史、司马等；都督府一般设都督、别驾、长史、司马等；州一般设刺史、别驾、长史、司马等；县一般设令、丞、主簿等；在都护府一般设有军、镇、城等
宋朝	礼部、兵部、鸿胪寺、礼主客郎中、兵部职方和驾部郎中、客省使、引进使司、四方馆使、东西上门使等	路、州（府）、县。羁縻州县
元朝	帝师、宣政院、礼部和兵部等	行省、行枢密院、肃政廉访司、宣慰使司、路—府—州—县。在吐蕃地区（涉及位于今西藏自治区、青海省、甘肃省、四川省和云南省的一部分地区）建立宣政院进行管辖，设置帝师、官，并设置3个宣慰使司都元帅府。在哈密、北庭和哈剌火州（位于今新疆维吾尔自治区）设置达鲁花赤监察各地，设立北庭都护府、别失八里元帅府、斡端宣慰司都元帅府和曲先元帅府等限制机构。在漠北设立和林宣慰司都元帅府，在湖广行省设立广西两江道宣慰司，下辖路、府、州、县，管理位于今广西壮族自治区一部分区域内的事务。在云南行省设置罗罗斯宣慰司、乌撒乌蒙宣慰司、曲靖宣慰司、临安广西元江宣慰司、大理金齿宣慰司、威楚开南宣慰司、丽江路宣抚司，下各辖路、府、州、县进行管理

（续表 2－2）

朝代	朝廷机构（职官）	地方机构（职官）
明朝	吏部、礼部、兵部、提督四夷馆、鸿胪寺、行人司、僧录司、五军都督府等	地方军政机构既有布政使司、府衙、州衙、县衙，又有都司卫所、羁縻卫所和各级土官土司。布政使司设左右布政使、左右参政、左右参议。附属机构有经历司、照磨所、理问所、司狱司、杂造局、军器局、宝泉局、织染局。布政使司以下为府，设知府、同知、通判、推官。附属机构有经历司，设经历、知事；照磨所，设照磨、检校；司狱司，设司狱。府下为州，设知州、同知、判官等。州下设置县，设知县、县丞、主簿等。在民族聚居区，根据地域大小、人口多少设置军民府、土州、土县，如同正府、州、县设置官吏，各府、州、县地方机构管理所辖地区的民族事务。都指挥使司是明王朝设在西部民族地区的军政机构，统率所辖卫、所，包括羁縻卫、所
清朝	蒙古衙门、理藩院、礼部、鸿胪寺等	在蒙古族聚居的北疆和西北部地区实行军政合一的盟旗制度，在新疆地区实行军府伯克制，在西藏地区实行政教合一制，在西南继续推行土司制度。在西南设置土官进行管理，主要土官有指挥使、指挥同知、指挥佥事、千户、副千户、百户、宣慰使、宣抚使、安抚使、安抚副使、长官、副长官，还有土知府、土同知、土知州、土州同、土州判、土知事、土县丞、土主簿、土典史、土巡检等官。在哈密、吐鲁番等地设札萨克管理旗务，在维吾尔族等居住的地区设伯克官进行管理。到清朝后期，在位于今新疆维吾尔自治区的区域内改省设道、府、州、县

（三）中华民国时期的政权机构

1912 年 1 月 1 日，孙中山在南京宣誓就任中华民国临时大总统，宣告中华民国成立，以 1912 年为中华民国元年。1912 年 2 月 15 日，参议院举行临时大总统选举，袁世凯以全票当选，于 3 月 10 日在北京宣誓就职，由此进入北洋军阀统治时期。1925年7月1日，国民党中央执行委员会通过《国民政府组织法》，宣告国民政府正式成立。在民国初期，由于中央政府更替频繁和政权不稳定，封建军阀割据，战争连年不断，蒙古、新疆、西藏等西部民族地区受外敌入侵，导致对西部民族地区的管理处于无序和混乱状态。而在国民政府时期，由于军阀战乱和日本发动侵华战争，对西部民族地区的管理软弱无力，从而民族事务管理机构上沿袭了清王朝的一些设置，仅做了一些微调。

表2-3 中华民国时期管理西部民族地区政权机构简表

时期	中央机构	地方机构
北洋军阀统治时期	蒙藏事务处（蒙藏事务局、蒙藏院）	省、特别行政区（绥远特别行政区、热河特别行政区、察哈尔特别行政区）、道、盟、县（设治局、旗、宗）
国民政府统治时期	党务管理设中央组织部边疆党务处，军事指挥设军令部二厅五处，政治事务管理设蒙藏委员会，教育管理设教研部蒙藏教育司	省（行政区、特别市［院辖市］、地方）、县（设治局、管理局、旗、宗）

二、机构职能

从氏族制度的解体到国家的建立，随着朝廷机构和地方机构的建立，王权和皇权制度的巩固，不同的机构承担着不同的职责，既有分工又有合作，逐步加强了对西部民族地区的管控。

（一）王权制度时期的政权机构职能

在王权制度统治时期，这些国家都是奴隶制国家，朝廷机构的设置和职能配置都围绕强化奴隶制统治。在地方则是分封诸侯，广建诸侯国。随着统治的深入，王权不断得到集中和强化，对地方的控制也不断加强。

1. 朝廷机构职能

公元前2070年，禹建立了中国第一个王朝——夏王朝。夏王朝参与管理国家的是一些旧的贵族集团，最大的贵族为国王，其次是侯、伯。设置“四辅”也称“四邻”，即前疑、后丞、左辅、右弼作为朝廷重要的谋臣和顾问官，还设有“三老五更”“四岳”等辅弼顾问官属[①]。国王是最高统治者，其下属的军队、官吏和监狱等是维系国家政权的支柱，朝廷设置了司空、后稷、司徒、士或大理、共工和虞人等六卿管理各方事务，掌管祭祀的巫吏是王之下的最高执行官。

公元前17世纪的60年代初，东方的商族酋长汤联合东夷诸部消灭了夏王朝，建立了商王朝，从汤到纣共17代30个王，历时496年[②]。其国家机构是由奴隶主贵族家族所构成的统治网，并逐步建立起一套以商王为中心的比较完备的“内”“外”职官体制。《尚书今古文注疏·酒诰》载：“越在内服，百僚庶尹，惟亚惟服宗工。”“越在外服，侯、甸、男、卫、邦伯。”[③]地方诸侯是商王的“外服”，即“外臣”。商王朝对全国的统治体现出按统治区域进行的特点，王朝以王城为中心将其统治疆土划分为东土、西土、南土、北土，四方之内分别建立许多统治据点。在朝廷设置的官吏有尹、司徒、司空、司寇、史官、“马”、“亚”、“射”、“戍”、“卫”等。《诗经·商颂·殷武》载：“昔有成汤，自彼氐羌，莫敢不来享，莫敢不来王，曰商是成。”[④]这标志着朝廷开始正式设置负责民族事务的职官“宾”。“宾掌宾客之职”，也就是负责诸侯、少数民族首领的礼仪事务官员。《尚书今古文注疏·洪范·八政》《注》云：“宾，掌诸侯朝觐之官，周礼大行人是也。”《疏》云：“宾，掌诸侯朝觐之官者，周礼大行人掌大宾之礼及大客之仪。”[⑤]《竹书纪年》卷上记载：“汤十九年，氐羌来宾。”[⑥]

公元前11世纪，周王朝建立，历时800多年。以公元前770年周平王迁都洛邑为界分为前后两个阶段，前一阶段史称西周，后一阶段史称东周；又以公元前476年为界分为春秋、战国两个时期。周王朝管理周边民族事务的官员是小行人、象胥、掌客、职方氏、怀方氏等职官，分别负责接待前来京师的四方少数民族使者，翻译他们的语言，以及了解少数民族地区的物产、民俗。周王朝“小行人”是“掌邦国宾客之礼籍，以待四方之使者。……凡

---

① 蔡放波主编《中国行政制度史》，武汉大学出版社2009年版。

② 参见《竹书纪年》，载《丛书集成》（初编），商务印书馆1937年版。

③ 〔清〕孙星衍撰《尚书今古文注疏·酒诰》，载《四库备要》中华书局影印本。

④ 《毛诗正义》，《十三经注疏》影印本（上册）。

⑤ 〔清〕孙星衍撰《尚书今古文注疏·洪范·八政》，载《四库备要》中华书局影印本。

⑥ 参见《竹书纪年》，载《丛书集成》（初编），商务印书馆1937年版。

四方之使者，大客则摈，小客则受其币，而听其辞”[①]。“象胥”是“通夷狄之言者”[②]。“掌客”是“掌四方宾客之劳礼饩献，饮食之等数与其政治”[③]。“职方氏”是“掌天下之图，以掌天下之地，辨其邦国、都、鄙、四夷、八蛮、七闽、九貉、五戎、六狄之人民，与其财用九谷、六畜之数要，周知其利害”[④]。“怀方氏”是“掌来远方置民，致方贡，致远物，而送逆之，达之以节，治其委积馆舍饮食”[⑤]。这些职官职掌明确。东周时期，周王室力量日渐衰弱，各诸侯国力量日益强大。许多诸侯国都设有“行人”“封人”，掌管外事和边疆事务。

2. 地方机构职能

夏王朝在其中心统治区以外，有许多臣服于“夏后”的氏族部落和方国。夏王朝的地方诸侯称为“君”“伯”，更多的被称为“某某氏”。朝廷将其统治区域划分“甸服”“侯服”“绥服”“要服”“荒服”进行统治并贡纳，“甸服”“侯服”和“绥服”为朝廷直接管控区。“五服”制包括了当时的少数民族管理制度，以荒服为主形成了少数民族居住区。而“要服”为“蛮夷”居住的边疆地区，朝廷只要求他们交纳少量的贡赋，不背叛、生乱就行，这是朝廷对民族地区实行羁縻政策的开端。“荒服”为荒野地区，“蛮夷戎狄”随水草迁徙，朝廷的统治虽然不能涉及，但夏王朝已经肇始各种贡纳制度的雏形。《史记·夏本纪》末，太史公曰：“自虞、夏时，贡赋备矣。”[⑥]

商王朝时期，朝廷直接统治王畿以内，商王和贵族居住在王城内，城外四周称“鄙”，为农业奴隶居住区。在直接统治区域内设置有“百姓”和“里居”，是畿内的地方事务管理者。“百姓”是管理朝廷所在区域内和贵族居住区地方事务的职官，而“里居”是管理市民居住区内事务的职官，相当于后世的街道里弄负责人和地方基层官吏里正[⑦]。除直接统治区域外，其他区域“外服”。商朝的基层社会组织单位为宗族，基层政权为“邑”。

西周时期，朝廷对所辖地域实行宗法分封制和乡遂制两种统治方式，

---

① 《周礼·小行人》，载《十三经注疏》影印本（上册）。
② 《周礼·秋官司寇》，载《十三经注疏》影印本（上册）。
③ 《周礼·掌客》，载《十三经注疏》影印本（上册）。
④ 《周礼·职方氏》，载《十三经注疏》影印本（上册）。
⑤ 《周礼·怀方氏》，载《十三经注疏》影印本（上册）。
⑥ 《史记·夏本纪》，中华书局 1959 年版。
⑦ 蔡放波主编《中国行政制度史》，武汉大学出版社 2009 年版。

西周统治者将自己的亲姻兄弟、异姓贵族勋戚以及臣服的异族首领，分封到指定的地方进行统治，将那里的土地和奴隶赐给他们，建立起西周王朝的属国——诸侯封国机构进行统治。诸侯王在封国内也实行分封制，将大部分土地分封给自己的卿大夫，卿大夫又把受封的采邑分封给士，形成了“天子—诸侯—卿大夫—士”的四层统治结构。周王还通过宗法制度确立贵族的亲属、等级、分封和世袭的关系，用“大宗”和“小宗”的等级区别把奴隶主贵族联系起来。周天子是天下诸侯的共主，是为“大宗”，其王位实行嫡长子继承制，国家权力、财富和奴隶都是世袭继承的对象，对其他各宗具有绝对的支配权和剥夺权。诸侯是周王的诸子，对周天子而言他们处于“小宗”，而在其封国内却为“大宗”，卿大夫为“小宗”。通过这种严格的宗法等级区分，将奴隶主阶级连接成了一个层次有序的统治实体，从而确立了各级奴隶主贵族的权力地位。伴随着宗法制度的是对权力、官职和财富的分割，形成了世卿世禄制度。西周在王畿之内即京城及城郊地区实行乡遂制，乡内的统治系统为乡—州—党—族—闾—比六级，具体为：五家为“比”，五比为“闾”，四闾为“族”，五族为“党”，五党为“州”，五州为“乡”，每乡共计一万二千五百家。遂内的组织系统为遂—县—鄙—酂—里—邻六级：五家为“邻”，设邻长；五邻为“里”，设里宰；四里为“酂”，设酂长；五酂为“鄙”，设鄙长；五鄙为“县”，设县正；五县为“遂”，设遂大夫。邻长、里宰、酂长、鄙长、县正、遂大夫各掌其政令刑禁。遂大夫又称“遂师”或“遂人”，执掌各遂的政务，管理各遂的土地和人民，受中央司徒府的直接领导①。

（二）皇权制度时期的政权机构职能

皇帝是社会历史的产物。春秋战国时期，国家元首制度变化的主线是由君主制、元首制向专制郡主元首转变。这一转变是通过秦国的统一完成的②。皇帝制度是中国政治制度的主要标志。秦汉时期，随着皇帝制度和三公九卿管理体制的建立和完善，以皇权统治为核心的郡县管理制度确立，专制主义中央集权制度得到巩固。汉族形成后，对西部民族地区的管理成为朝廷的重要事务，秦汉王朝开始通过羁縻制度对尚不能用郡县制管理的西部民族地区实施管理。在朝廷设置了大鸿胪、典属国、客曹尚书等机构与官职，在西部

---

① 蔡放波主编《中国行政制度史》，武汉大学出版社 2009 年版。

② 蔡放波主编《中国行政制度史》，武汉大学出版社 2009 年版。

民族地区设置都护府、中郎将、校尉属国等机构和职官，更有直接将其首领封王、封侯或授予土府、土州、土郡、土县等官职，实行“以夷治夷”的政治统治方略。

1. 朝廷机构职能

秦统一六国建立统一的多民族封建集权政权后，秦始皇嬴政改“王”为“皇帝”，自称“朕”，命令叫“制”和“诏”①。在官僚体制上确立了三公九卿制，设立的丞相、太尉、御史大夫，称“三公”，奉常、郎中令、卫尉、太仆、廷尉、典客、宗正、治粟内史、少府等官称“九卿”。并在朝廷设置“典客”这一职官专司民族事务，位列九卿之中，体现了秦王朝对周边民族地区事务的重视。秦王朝为了统治周边民族地区，在朝廷设置“典客”“典属国（邦）”的职官管理边地各民族与外国的交涉。“典客”所掌“蛮夷”为“归义”者，具有友好往来的性质；“典属国”是“掌蛮夷降者”②，即经过征服而降附者。

汉族在汉朝正式形成，随着疆域的开拓，对周边少数民族地区的管理已成为朝廷的重要事务。西汉继承秦制在朝廷设置了管理民族地区事务的职官“典客”和“典属国”。“典属国”“掌蛮夷降者”，即主管少数民族进京朝贡事宜和为防止少数民族首领叛乱而将其继承人质于京城。而典客“掌诸归义蛮夷”。秦汉时期“臣邦”“外臣”事务属“典客”管理，而“外城邦”“内臣”事务则由“典属国”负责③。后将“典客”改为“大鸿胪”，下设“行人”（后改大行）、“译官”、“别火”以及“郡邸长丞”④等职官。大鸿胪“掌诸侯及四方归义蛮夷”，“及四方夷狄封者”⑤，即掌管诸王列侯与内附部族之封拜、朝聘、宴飨、郊迎之礼仪以及接待地方诸郡上计诸吏。“事之尊重者遣大鸿胪，而轻贱者遣大行。”⑥“译官”即翻译，是沟通中原汉族和西部民族地区少数民族语言的职官。“别火，狱令官，主治改火之事”⑦，具体负

---

① 《史记·秦始皇本纪》，中华书局1959年版。

② 《汉书·百官公卿表上》，中华书局1962年版。

③ 陈庆云《秦汉时期边疆少数民族地区治策问题研究》，《楚雄师范学院学报》2007年第4期。

④ 《汉书·百官公卿表》，中华书局1962年版。

⑤ 《后汉书·百官二》，中华书局1965年版。

⑥ 《汉书·景帝纪》，中华书局1962年版。

⑦ 《汉书·百官公卿表》，中华书局1962年版。

责进京入朝少数民族官员饮食的职官，因少数民族饮食习惯不同，需要另外准备。“郡邸长丞”是“主诸郡之邸在京师者也”[①]。此外，大鸿胪的属官还有“使主客”（具体负责接待少数民族使者）、“大鸿胪文学”（负责实施礼仪的具体事务）。

东汉管理西部民族地区的机构与西汉相同，具体管理少数民族事务的职官仍为“大鸿胪”，其属官同样有“行人、译官、别火三令臣及郡邸长丞”[②]。“事之尊重者遣大鸿胪，而轻贱者遣大行”[③]；“译官”即翻译；“别火”具体负责饮食；“郡邸长丞”是“主诸郡之邸在京师者也”[④]。此外，大鸿胪的属官还有“使主客”（负责具体接待少数民族使者）、“大鸿胪文学”和“大行治礼丞”（负责各种礼仪方面的具体事务）。东汉时尚书的权力进一步扩大，也负责少数民族事务。如尚书四员，其一“客曹，主外国夷狄事”[⑤]，“掌羌、胡朝会”[⑥] 其下有尚书郎，“一人主匈奴单于营部，一人主羌夷吏民”[⑦]。

三国时期，魏国设有专门机构和官员管理西部民族地区：在朝廷设有“鸿胪少卿”，主要负责西部民族地区酋领进京朝觐时的饮食、住宿、迎来送往等具体接待事务；在尚书台中有“客曹尚书”掌管少数民族事务，主要负责朝觐时的礼仪引导等事项。

蜀汉所辖领土全部位于今西部民族地区，具体位于今陕西省南部、四川省、重庆市、云南省及贵州省西北部的地域内。在蜀汉的政权机构中，丞相为总理国家军政事务的最高官吏。丞相府属官有军师祭酒、中军师、前军师、后军师、长史、留府长吏、司马、从事中郎、主簿、参军、西曹掾属、仓曹掾等。置司徒掌民事。在不设丞相的情况下录尚书事、平尚书事或尚书令是蜀汉的最高政务长官，尚书仆射为尚书令的副手，其下有吏部、左选、右选、度支诸曹。其他部门中有太常、光禄卿、卫尉、太仆、廷尉、大鸿胪、宗正、大司农、少府、执金吾诸卿。皇室官有太后卿、大长秋、太子太傅等。秘书机构有秘书令、秘书郎及令史，另有观阁令史、东观秘书郎等。皇帝近侍有

① 《汉书·百官公卿表》，中华书局 1962 年版。
② 《汉书·百官公卿表》，中华书局 1962 年版。
③ 《汉书·景帝纪》，中华书局 1962 年版。
④ 《汉书·百官公卿表》，中华书局 1962 年版。
⑤ 《宋书·百官志》，中华书局 1974 年版。
⑥ 《宋书·百官志》，中华书局 1974 年版。
⑦ 《宋书·百官志》，中华书局 1974 年版。

侍中、散骑常侍、骑都尉等。太尉不常设，以大司马掌军务，大将军为最高军事统帅。御史中丞掌监察，其下有殿中督、符玺郎。其中，设有大鸿胪和曹客尚书等职官管理民族事务[①]。

吴国朝廷管理民族事务机构的职能基本与魏国相同，在朝廷也设置有客曹尚书和大鸿胪卿等机构及职官。

西晋朝廷负责民族地区事务的机构和官职为尚书台，下设客曹尚书“主护驾羌胡朝贺事”，大鸿胪卿统大行、典客等令，负责处理西部民族地区事务，特别是负责接待前来京师的民族地区的使者。

东晋对西部民族地区的管辖范围较小，主要涉及广州、交州和宁州，仅管辖位于今云南省和广西壮族自治区的部分地区，朝廷设置的管理西部民族地区事务的机构也相应减少，有关事务由祠部尚书掌管，大鸿胪卿不固定设置，“有事则权置，无事则省”[②]。

南朝宋、齐、梁、陈朝都设置了专门管理西部民族地区事务的机构，宋王朝时尚书台设置有客曹尚书“主外国狄夷事”，“掌羌、胡朝会”[③]。客曹尚书分为南主客曹与北主客曹。其后齐、梁、陈三朝仍设置有客曹尚书管理民族地区事务。此外，宋朝、齐朝时设置大鸿胪“掌导护赞拜。有事权置兼官，毕乃省”，下辖客馆令“掌四方宾客”[④]，又有“谒者台，掌朝觐宾飨”，设“谒者仆射一人，谒者十人”[⑤]。梁朝时大鸿胪为鸿胪卿，“鸿胪卿，位似尚书左丞，掌导护赞拜”[⑥]。陈朝时沿袭梁制，仍以鸿胪卿管理民族地区（包括西部民族地区）事务。

北朝时期，朝廷在尚书省下设主客曹“掌诸蕃杂客等事”[⑦]，管理民族地区事务。此外，设置有鸿胪寺“掌蕃客朝会”，统领典客等署令、丞。“典客署，又有京邑萨甫二人，诸州萨甫一人”[⑧]。鸿胪寺及其所属机构均有管理民族地区民族事务的责任。北魏还在京都洛阳设立“四馆”“四里”，以供四方

---

① 龚荫著《中国民族政策史》，四川出版集团、四川人民出版社2006年版。
② 《晋书·职官志》，中华书局1974年版。
③ 《宋书·百官志》，中华书局1974年版。
④ 《南齐书·百官志》，中华书局1972年版。
⑤ 《南齐书·百官志》，中华书局1972年版。
⑥ 《隋书·百官志》，中华书局1973年版。
⑦ 《隋书·百官志》，中华书局1973年版。
⑧ 《隋书·百官志》，中华书局1973年版。

民族和国外人居住。

隋王朝时设具有管理民族事务职能的机构礼部和鸿胪寺。礼部辖礼部司、祠部司、主客司、膳部司，四司中的主客司“掌诸蕃杂客等事”[①]，即专门管理少数民族事务。隋炀帝时改“主客司”为“司蕃司”，“主客郎”为“司蕃郎”。鸿胪寺“掌蕃客朝会”[②]。隋炀帝时改典客署为典蕃署，隶鸿胪寺。还在京城设四方馆以接待四方使者，其下设办事机构称署。四方馆设“东夷、南蛮、北狄、西戎”使者[③]。

唐王朝在朝廷设置的尚书省礼部所辖的礼部司和主客司，主要负责诸少数民族册封、入朝纳贡接待等事务。据《新唐书》载，礼部司主要负责“宾礼”及“出蕃册授”[④]事宜，主客司掌“诸蕃朝见之事”[⑤]。礼部司负责的“出蕃册授”由朝廷派遣使者到受册封者面前，宣读授给封爵位号的册文，连同印绶一齐授给被册封者。门下省侍中负责安排少数民族使者朝见等事宜，《新唐书》载：“掌出纳帝命，相礼仪。”少数民族使者入京朝见，门下省侍中要“承诏劳问”[⑥]。中书省侍郎及通事舍人负责接受少数民族使者表疏奏章、受封赏和做好翻译等事宜。鸿胪寺有典客、司仪二署，具体掌管少数民族首领职别辨认，安排册封具体事宜；验收贡物，安排朝见、奏表等具体时间、程序等。少府监的互市监负责与藩属国的交易事务，据《新唐书》载，掌“蕃国交易之事”[⑦]。

宋王朝在朝廷设置礼部、兵部和鸿胪寺等具有管理民族事务职能的机构，礼部掌“朝会、宴享”[⑧]诸政令。兵部掌“土军、蕃军、四夷官封承袭之事”[⑨]。卿掌四夷朝贡、宴劳、给赐、送迎等事。鸿胪寺下设“往来国信所”掌管报审朝使节交聘事务，“都亭西驿及管干所”掌河西地原各少数民族贡奉事宜，“礼宾院”掌管回纥、吐蕃、党项、女真等朝贡、馆设、设宴、互市、

---

① 《隋书·百官志》，中华书局1973年版。

② 《隋书·百官志》，中华书局1973年版。

③ 《隋书·薛世雄传》，中华书局1959年版。

④ 《新唐书·百官志一》，中华书局1975年版。

⑤ 《新唐书·百官志一》，中华书局1975年版。

⑥ 《新唐书·百官志一》，中华书局1975年版。

⑦ 《新唐书·百官志一》，中华书局1975年版。

⑧ 《宋史·职官志三》，中华书局1977年版。

⑨ 《宋史·职官志三》，中华书局1977年版。

翻译等事，“怀远驿”掌管交州及西域龟兹、大食、于阗、高昌等贡奉事宜。此外，另设客省、引进司、四方馆等分掌周边少数民族入朝纳贡、朝见、食宿等事宜[①]。

元王朝在朝廷设有帝师、宣政院、礼部和兵部等官员和机构，其具有管理民族事务的职能。帝师作为皇帝宗教方面的导师，同时也是管理全国佛教以及吐蕃军政事务的官员。宣政院（原称总制院）是处理吐蕃事务和佛教事务的机构。《元史》载：“宣政院，秩从一品。掌释教僧徒及吐蕃之境而隶治之。遇吐蕃有事，则为分院往镇，亦别有印。如大征伐，则会枢府议。”[②] 宣政院还设有大都规运提点所、上都规运提点所、大都提举资善库、上都利贞库、大济仓、兴教寺等管理民族、宗教诸事务。礼部掌管少数民族入朝贡纳、朝见、封册等事宜。其下设会同馆，“掌接伴引见诸番蛮夷峒官之来朝贡者”[③]。兵部掌管“天下郡邑邮驿屯牧之政令”[④]，包括管理西部民族地区的驿道和军政事务。

明王朝在朝廷设有吏部、礼部、兵部、鸿胪寺等具有管理民族事务职能的机构。吏部管理民族地区文职土司的封爵、袭荫、褒赠、历算等事。礼部负责民族地区使者进京朝贡及册封等有关事务。兵部管理民族地区卫所和武职土司事务。鸿胪寺内设的主簿厅下有司仪、司宾二署，其中的外夷通事“掌朝会、宾客、吉凶议礼之事”[⑤]，即负责少数民族首领在京师活动的各种仪礼。设提督四夷馆“掌译书之事”[⑥]，即负责少数民族的有关翻译事务，特设有蒙古、女真、西番、西天、“回回”、百夷、高昌、缅甸、八百等馆，置译字生、通事等，负责语言文字翻译。行人司“职专捧节、奉使之事”[⑦]，负责抚谕民族地区少数民族首领。僧箓司负责管理民族地区的宗教事务。五军都督府负责管理民族地区的都司卫所。

清王朝建立了专门管理民族事务的机构。明崇祯八年（1635 年），漠南蒙古归附后，清廷就在朝廷设立蒙古衙门，以民堪和塔布囊达雅齐为承政，

---

① 龚荫著《中国民族政策史》，四川出版集团、四川人民出版社 2006 年版。
② 《元史·职官志三》，中华书局 1976 年版。
③ 《元史·职官志一》，中华书局 1976 年版。
④ 《元史·百官志一》，中华书局 1976 年版。
⑤ 《明史·职官志三》，中华书局 1974 年版。
⑥ 《明史·职官志三》，中华书局 1974 年版。
⑦ 《明史·职官志三》，中华书局 1974 年版。

另置若干参政专管蒙古事务。随着归附的蒙古部落不断增加，需要处理的事务增多，清太宗崇德三年（1638年）改蒙古衙门为理藩院，并扩大机构。顺治十六年（1659年），又改承政为尚书，改参政为侍郎，改副理事官为员外郎，并进一步扩大机构、增加人员。顺治十八年（1661年）将理藩院升格到了与六部同等的地位。其后随着清王朝对西部民族地区统治的加强，理藩院的职能不再局限于蒙古地区，回、藏等民族地区也纳入了理藩院的管辖范围。理藩院共设旗籍、王会、柔远、典属、理刑、徕远六个吏司，负责管理民族地区经济、政治、文化、宗教等各方面的事务。此外，清王朝具有管理民族地区事务之职能的机构还有礼部、鸿胪寺等。礼部中的主客司“掌宾礼。凡蕃使朝贡、馆饩赐予，辨其贡道远迩、贡使多寡、贡物丰约以定。颁实录、玉牒告褒赏”[①]，所属会同四译馆设有“回回、缅甸、百夷、西番、高昌、西天、八百、暹罗”诸馆，负责与少数民族交往的接待、翻译工作。鸿胪寺设卿、少卿等官吏，属官有鸣赞、学习、序班、主簿、笔帖式等，分理少数民族诸事宜[②]。

2. 地方机构职能

秦王朝在地方实行郡县制，建立之初即“分天下以为三十六郡”[③]，以后又增加到四十六郡[④]。“郡置守、尉、监”[⑤]，实行政务、军事和监察三权分立：“郡守掌治其郡，有丞；尉掌佐守典武职甲卒；监御史掌监郡”[⑥]，即郡守掌管全部事务，是一郡的最高长官；郡尉掌管军事，是辅佐郡守的；郡监掌管监督，是朝廷设在地方的耳目。郡以下设县，县置令（长），其职责是全面主管县中各项事务，受郡守节制。县的主要属官是县丞和县尉，统称为“长吏”，是县令（长）的主要助手，县丞主要协助令（长）办事，而县尉则统帅兵卒，维持治安。县以下的乡、亭、里等是最基层的政权组织，乡大多设置在农村，乡设秩、啬夫、游徼等乡官，掌管基层民政和税收，三老掌教化，啬夫听讼、收赋税，游徼捕盗贼。亭与乡是同一级的基层政权机构，但

① 《清史稿职官志一·礼部》，中华书局1976年版。
② 《清史稿职官志一·礼部》，中华书局1976年版。
③ 《史记·秦始皇本纪》，中华书局1959年版。
④ 龚荫著《中国民族政策史》，四川出版集团、四川人民出版社2006年版。
⑤ 《史记·秦始皇本纪》，中华书局1959年版。
⑥ 《史记·秦始皇本纪》，中华书局1959年版。

亭主要设置在城区与交通要道，除了管理周围的居民外，还发挥着客舍和邮传的功能。此外，还有里、什、伍等居民的基层组织，主要职责是协助乡、亭对居民进行教化以及维持社会治安。秦始皇将周边的少数民族视为“属邦”，作为“臣邦”或“外臣邦”，称其酋领为“臣邦君长”或“臣邦君公”①。如在西南地区“秦惠王并巴中，以巴氏位蛮夷君长”②，“巴中蛮夷”就是秦国的属邦之一。此外，还在一些地区设置相当于内地县级建制的“道”，《史记》载“县有蛮夷曰道”③。道在政治上或许就随着郡县制的推行而担当处理少数民族地区特殊事务的功能。如《睡虎地秦墓竹简　秦律十八种》之“属邦律”记载有“道官”一职：“道官相输隶臣妾、收人，必署其已禀年日月，受衣未受，有妻毋（无）有。受者以律续食衣之。”④从其职责在属邦律中做出规定来看，秦时道的官属职掌或许与县有所不同，因地制宜根据少数民族特点采取相应的政策措施。以属邦君长或君公及道的衙门管理少数民族事务。

西汉王朝在西部民族地区少数民族集中的地方也设置了相当于县一级的特殊性质区划——“道”，受朝廷和地方双重管理，道归所在的郡管辖的同时，又由“典属国”管理，主要设置在位于今陕西省、四川省、甘肃省和宁夏回族自治区等地域内，先后设置 32 道⑤，不同时期有增有减。道的职能在秦末汉初即已开始发生转变，而逐渐与县趋向一致⑥。从司法职权来看，道在地方司法活动中与县遵循同样的原则，即处理有关“蛮夷”的案件；从居民户籍管理来看，道和县一样，负责登记名数（名数即户籍）、检核户口、户籍迁移、申请过所等诸多方面事务。道与县一样，查验户口也是其负责的一项重要职能。西汉王朝在归附的西部民族地区人口较多的匈奴、西羌、乌桓、鲜卑、西域诸族领地设置“属国”，属国官制的设置开始于秦朝，名曰“典属国”，主要管理经过征服而降附的、仍有很大势力和政权组织的少数民族或部落。保留其原来的官职名号和部落组织，不改变其原来的生产方式和生活习

① 睡虎地秦墓竹简整理小组编《睡虎地秦墓竹简》，文物出版社 1978 年版。

② 《后汉书·南蛮西南夷传》，中华书局 1965 年版。

③ 《史记·孝文帝本纪》，中华书局 1959 年版。

④ 睡虎地秦墓竹简整理小组编《睡虎地秦墓竹简》，文物出版社 1978 年版。

⑤ 龚荫著《中国民族政策史》，四川出版集团、四川人民出版社 2006 年版。

⑥ 杨建《略论秦汉道制的演变》，《中国历史地理论丛》2001 年第 4 期。

俗，让其享有较大的自主权，由朝廷委派的属国都尉管辖。属国由都尉管辖，其既典武职，又理民事。属国相当于郡，其范围较大，统领数个县。也有一些地区在县一级设置都尉统领较小的少数民族部落。西汉王朝还在西部民族地区设置“都护”“中郎将”“校尉”等官吏驻地镇抚，其主要职能就是维护西域的安全，使之不受匈奴贵族的武力侵犯，调解各族内部以及各族之间的纠纷。如在西域地区设置了“西域都护府”“校尉”和“都尉”，在西北地区设置了“护羌校尉”和“金城属国都尉”，在匈奴地区设置了“使匈奴中郎将”和7个“属国都尉”[①]。“西域都护府”的主要作用体现在以下几方面：一是从体制上保证了汉朝政府与西域诸国的关系，即中央和地方的关系。它可以代表汉王朝对西域各地首领及其下属官员进行任命、册封和奖惩。二是保护管辖下的西域诸国安全。西域都护府为了加强对匈奴奴隶主贵族的防范，除了在西域各地驻军和重点设防外，还协助西域各地加强基层政权建设，强化反击匈奴机构和职能，如设置“击胡侯”“击胡都尉”“击胡君”等等。在必要时，西域都护府可发动和征调西域各地部队，对入侵之敌，坚决予以歼灭。三是调解西域诸国内部矛盾，帮助其稳定社会秩序。四是根据朝廷的指示，组织各方面的人力，对所属西域诸国民族、政治制度、户口军备、山川物产、道里远近、风俗习惯等方面的情况，进行深入细致的社会调查，并做出详细记录。

东汉王朝在靠近内地或较发达和邻近汉族的地区设置郡县，而少数民族聚居的县称为“道”。这类郡县因为新设而称为“初郡”或“新郡”，又因大都在边境也称“边郡”。边郡与内地郡因经济、社会不同，民族情况有别，大都以部族联约的范围作为区划范围，由朝廷委派有固定任期的太守、令、长掌治，同时又任命终身任职并可以世袭的当地部族酋领土长充当王、侯、邑长。边郡太守不仅掌管民政，还主持军事、统领由内地派遣的兵马。东汉王朝对西部民族地区一族一部都归顺的设置“属国”进行管理，在西北地区和西南地区广为推广，对于属国只要求归附就行，不干预其内部事务，属国仍“以故俗治”[②]。东汉王朝在西部民族地区设置“都护”“中郎将”“校尉”等军政机构进行管理，如西域都护加官作为汉朝政府派驻西域的最高军政长官，

① 龚荫著《中国民族政策史》，四川出版集团、四川人民出版社2006年版。
② 龚荫著《中国民族政策史》，四川出版集团、四川人民出版社2006年版。

其职责一是维护社会安定，征调西域各地武装力量反击匈奴奴隶主贵族势力；二是安抚西域诸国，代表汉中央政府掌管地方首领的任免奖惩；三是发展屯田事业，确保丝绸之路畅通[①]。中郎将与专职校尉是两汉时针对匈奴、乌桓、羌等特定民族设置的军事和行政合一的官职，主要掌管少数民族的安抚、赏赐、管理、互市贸易，以及朝见天子、纳贡、质子等事宜，使其为汉侦察、守边，这些官职初期以军事职掌为主，后期政务管理的职掌逐渐加重，并与郡县官吏共同管理少数民族事务。此外，对于西部民族地区各族的土长，授以王、侯封号，代表朝廷统治本部土民，即实行“羁縻统治”。每一地区受封的土长、酋首都很多。

三国时期，魏国在对西部民族地区地方管理上，一方面和其他地区一样设置州、郡、县三级官府实施管理。在州县中，州一般设刺史，在首都所在州设司隶校尉，其既是地方行政长官，又是中央官，掌察举百官及京师近郡犯法者，督察朝廷百官。在沿边诸州，为了适应军事斗争的需要建立了军事管辖区，于是出现两个权力中心，即一个专管民事的刺史，另一个专管军事的都督。后刺史多以持节都督兼任，统一行使军权和政权，不兼军职的叫“单车刺史”。郡置太守，县置令或长，主县民政。县以下有乡、里、村等基层单位，乡设三老，里置里吏，村有村司。另一方面是在一些西部民族地区设置护匈奴中郎将、护鲜卑校尉、护乌桓校尉、护羌校尉、戊己校尉及西域长史府等特殊的管理机构。其中，护匈奴中郎将有护卫和监督南匈奴之责；护鲜卑校尉主要负责招抚边民；护乌桓校尉主要负责驻守边疆，抵御夷狄；护羌校尉主要负责招怀羌胡，安抚流民，管理羌、氐少数民族事务；戊己校尉主要管理西域事务；西域长史府也负责管理西域事务。

蜀汉辖的郡只有益州，州官有时候设置牧，有时候又设置刺史。郡设置太守、都尉，太守负责民政，而都尉负责军事。在少数民族地区仅设置都尉，即仅设置军事官员，负责镇压和招抚各少数民族，并在南中地区设置庲将都督，“南中在昔，盖夷越之地，滇、濮、句町、夜郎、叶榆、桐师、巂唐，侯王国以十数，或椎髻耕田，有邑居，或编发左衽，随畜迁徙，莫能相雄长”[②]，

---

① 陈庆云《秦汉时期边疆少数民族地区治策问题研究》，《楚雄师范学院学报》2007年第4期。

② 〔东晋〕常璩撰《华阳国志》，商务印书馆1958年版。

后“蜀之南中诸郡，庲将都督治也”[①]，其主要负责招抚南中地区的各少数民族。“庲将”取自招徕、降服之意，庲将都督是蜀汉在南中设立的最高军政机构，总摄南中事务，兼理民政和军政。其功能主要体现在：一是维护南中地区的政治稳定，镇压各族人民的反抗。二是组织各郡将南中地区的兵员及其他军国所需的战略物资源源不断地运往蜀地，以助北伐。三是推行绥抚措施，安定南中各族人民的生活[②]。

吴国在民族地区设置政务管理机构，把郁林郡、苍梧郡、合浦郡的少数民族纳入郡县编户，由官府中的典农校尉和典农都尉分别管理，典农校尉相当于郡级的主管民屯和政务的官员。吴国将原郡辖区整个地或部分地设置为郡级屯田行政区，在此范围内仍存在着郡县编户，他们既不会全部迁出，也不可能统一改编为屯田户，故典农校尉既管屯务，又兼民政[③]。典农都尉是县级主管屯田和民政的官员，吴国是将原县整个地或部分地改置为县级屯田行政区，长官典农都尉、屯田都尉管理屯田户及原县编户，既理屯田，又治民事[④]。此外，设置南部都尉和北部都尉这类军事监控机构完善管理，主要负责警戒、防御、出击等任务。

西晋地方机构沿袭汉魏以来的体制，对西部民族地区主要设置军事机构，使用军事手段进行管制：设护匈奴中郎将驻晋阳（位于今山西省太原市附近）管理匈奴杂胡及北部鲜卑等少数民族；设西戎校尉驻长安（位于今陕西省西安市）管理关中羌、氐、杂胡诸族；设护羌校尉驻姑臧（位于今甘肃省武威市）管理陇右、河西地区的羌、鲜卑、胡诸民族；在西域则设戊己校尉和西域长史管理西域诸族；设西夷校尉驻汶山（位于今四川省汶川县）管理位于今四川省西部的氐、羌诸族；设“南夷校尉”和“南蛮校尉”管理南中的“夷蛮”诸族。东晋沿袭西晋对西部民族地区的军事管制机构，在地方设置“镇蛮校尉”对宁州进行管辖，“镇蛮校尉，隶宁州”[⑤]。

南朝为加强对西部民族地区的统治，在“蛮”、僚、俚人聚居的地区分别

---

① 〔东晋〕常璩撰《华阳国志》，商务印书馆 1958 年版。

② 王进科、何银发《蜀汉之庲将都督略论》，《韶关学院学报》（社会科学版）2006 年第 11 期。

③ 胡阿祥《孙吴特殊政区制度考论》，《赣南师范学院学报》1994 年第 1 期。

④ 胡阿祥《孙吴特殊政区制度考论》，《赣南师范学院学报》1994 年第 1 期。

⑤ 《南齐书·百官志》，中华书局 1972 年版。

设置刺史、校尉、护军、都护等军政机构，实施军事控制的同时，也负责民事管理。南朝宋（420 年—479 年）时，在荆州置“南蛮校尉”（治所在江陵），雍州置“宁蛮校尉”（治所在襄阳）管理荆州和雍州的“蛮人”；置“安蛮校尉”统领豫州“蛮人”；置三巴校尉管理荆、益地区的僚人，设西江督护和南江督护管理俚人。南朝齐（479 年—502 年）时，设立“平蛮校尉”管辖梁州、益州的僚人，在宁州设置“镇蛮校尉”进行管理，但宁州刺史不少是遥领，即使到任也多是徒有其名，地方管理主要属于爨氏势力范围之内。此外，南朝在西部民族地区设置了左郡、左县和僚郡、俚郡，以各族首领为当地郡县太守县令，让他们世领其地、世长其民、世袭其职。

北朝时期，对西部民族地区实行军事管制。北魏早期在羌、氐聚居的陕西、甘肃境内设置上邦、安定、抱罕、李阔 4 个镇控制羌人；设置仇池、武兴、雍城、长蚍、清水 5 个镇管控氐人；在西北设置泰州管辖天水、略阳、汉阳 3 个郡，设置河州管辖金城、武始、洪和、临洮 4 个郡，设置凉州管辖武安、临杜、建昌等郡；在西域的鄯善、焉耆等地设镇，派驻征西将军。西魏在西北地区基本上沿袭北魏时的设置，仍设置了凉州、河州、秦州、夏州、灵州、渠州、瓜州等州郡。西魏和北周在吐谷浑地区设置有洮州、抚州、廓州、覃州、芳州、叠州、岩州、邓州等。西魏和北齐曾一度控制了宁州，但控制力弱仅是“遥授刺史”①，未能进行有效的统治。

隋王朝对西部民族地区的管理可分为郡县管理和军事管理。郡县管理主要是在西北设置了伊吾郡、鄯善郡、且末郡、西海郡、河源郡等，在西南部地区设有始安郡、永平郡、郁林郡、合浦郡、宁越郡等管辖位于今广西壮族自治区的区域，郡守（州刺史）和县令多由当地少数民族首领担任。在西域设置了西域校尉管辖位于今新疆维吾尔自治区、青海省的大片区域，主要负责处理西域地区的各少数民族和隋王朝的关系及事务。

唐王朝管理西部民族地区的地方机构主要是羁縻都督府、羁縻州和羁縻县。都护府是唐王朝设于西部民族地区军政合一的最高统治机构，有完整的组织结构，官有定员，职有专任，民政、赋税、军事、司法、人事、文书都设官专门负责。都护的职责是招抚安置归附的各部族，维护本地区的统治秩序，对付外来寇扰，考查所属官员政绩，论功行赏，镇压平民反抗或官员的

---

① 《隋书》卷三七《梁睿传》，中华书局 1973 年版。

叛乱。都护府下一般都设军、镇、城、守捉、戍、堡等军事机构。唐朝初年西部民族归附后，唐王朝陆续在其地设置羁縻府、州、县，“牂牁蛮”首领谢龙羽，“武德三年，遣使者朝，以其地为牂州，拜龙羽刺史，封夜郎郡公”[①]。“两爨蛮”，“高祖以仁寿素有能名，令检校南宁州都督，寄听政于越巂，使每岁一至其地以慰抚之，仁寿将兵五百人至西洱河，承制置八州十七县，授其豪帅位牧宰。”[②] 唐太宗平定东突厥后，“分突利故所统之地，置顺、祐、化、长四州都督府；又分颉利之地为六州，左置定襄都督府，右置云中都督府，以统其众”[③]。唐高宗平定西突厥阿史那贺鲁叛乱之后在其故地推行羁縻府州制：在关内道设立了单于都护府、安北都护府、夏州都督府、灵州都督府、庆州都督府和延州都督府；在陇右道设置了北庭都护府、燕然都护府、安西都护府、凉州都督府、秦州都督府、临州都督府、洮州都督府和松州都督府等；在剑南道设置松州都督府、茂州都督府、巂州都督府、雅州都督府、黎州都督府、戎州都督府、姚州都督府、泸州都督府；在江南道设置了黔州都督府。在岭南道设置了桂州都督府和邕州都督府[④]。安西、北庭两大都护是朝廷高品正员命官，仅亚于三公，与尚书、左右仆射同列。都护的职责是招抚安置归附的各部族，考查所属官员政绩，镇压各族百姓反抗或官员的叛乱，维护本地区的统治秩序。

宋王朝管理西部民族地区的地方机构为路、州（府）、县。路主要由四司构成，其中，经略安抚司既掌军政，又兼理民政；转运使司掌财赋，各种税收都由转运使送交朝廷，随着职权的扩大，还兼理边防、治安、钱粮、监察等事务；提点刑狱司主管司法和监察；提举常平司主管赈灾和专卖事务。路以下设州，州有知州、通判等官吏，掌本州的兵民、钱谷、户口、赋役、狱讼等事务。与州级相等的还有府、军、监。地位突出的地方设府。军有的与府州同级，有的隶于府州。府、军设官与州相同。为管理矿冶、铸铁、牧马、产盐区等而设监兼理民政，有的与府州同级，有的隶于府州。州以下设县。同时，还在西部民族地区赐少数民族首领以王、大将军、郎将、司阶、司戈、司侯等官职，或封以刺史、蕃落使、知军、都鬼主等官

---

① 《新唐书·南蛮列传下·牂牁国》，中华书局 1975 年版。

② 《旧唐书·良吏列传上·韦仁寿》，中华书局 1975 年版。

③ 《资治通鉴·唐纪九》，唐太宗贞观四年四月戊戌，中华书局 1956 年版。

④ 《新唐书·地理志一》，中华书局 1975 年版。

职管理当地民众。此外，还设置羁縻州县进行统治，在基层设有镇寨官、巡检司等官职，在少数民族村寨中仍由原来的头人担任基层头领以管理本民族具体事务。

元王朝根据西部民族地区的不同情况设置宣政院、宣慰使司、安抚使司和招讨使司等管理机构，在吐蕃地区（位于今西藏自治区、青海省、甘肃省、四川省和云南省的一部分区域）建立宣政院进行管辖，设置帝师和三个宣慰使司都元帅府，即吐蕃等处宣慰使司都元帅府、吐蕃等路宣慰使司都元帅府和乌思藏纳里速古鲁孙等三路宣慰使司都元帅府。在哈密、北庭和哈剌火州（位于今新疆维吾尔自治区）设置达鲁花赤监察各地，把占领地区分封诸子，设立北庭都护府、别失八里元帅府、斡端宣慰司都元帅府和曲先元帅府等机构。在漠北设立和林宣慰使司都元帅府，作为中书省派出机构管理漠北军民、城郭、仓廪、驿站等事务。在湖广行省设立广西两江道宣慰司，下辖路、府、州、县管理位于今广西壮族自治区部分区域内的事务。在云南行省设置罗罗斯宣慰司、乌撒乌蒙宣慰司、曲靖宣慰司、临安广西元江宣慰司、大理金齿宣慰司、威楚开南宣慰司、丽江路宣抚司，下辖各路、府、州、县进行管理。行省负责一省之钱粮、兵甲、屯种、漕运、军国重事。

明王朝管理西部民族地区事务的地方管理机构既有布政使司、府、州、县，又有都司卫所、羁縻卫所和各级土官土司。明初，行中书省长官负责辖区的民、政、军、财诸方面的事务。洪武九年（1376 年），明王朝改革行省制度，设承宣布政使司、提刑按察使司、都指挥使司，共同组成省级政权机构，分别执掌政事、司法和军事。明初在西部民族地区的布政使司主要设有陕西布政使司、四川布政使司、云南布政使司、贵州布政使司和广西布政使司，布政使司是统帅全省的领导机构，能指挥军队和处理刑狱司法事务，设左右布政使、左右参政、左右参议，但经过行省制度改革后，布政使司下降为仅负责上承下宣的部门，主要负责民政和财政方面的工作，如稽核户籍人口，征调赋役，督促生产等事务。其附属机构有经历司、照磨所、理问所、司狱司、杂造局、军器局、宝泉局、织染局等。其中，经历司主要负责收发文移之事，照磨所主要掌管文书卷宗之事，理问所则负责刑名之事。提刑按察使司负责本省的刑狱和监察。都指挥使司负责本省军事，管辖本省卫所，负责军务之事。在西部民族地区主要设置了云南都司和广西都司，内设都指挥使一人、都指挥同知二人、都指挥佥事四人、属吏多人，统率所辖卫、所，包括羁縻卫、所，隶属五军都督府而听命于兵部，还在军事要地设置羁縻卫所。府下为州，设知州、同知、判官等。州下设置县，设知县、县丞、主簿等。在云南、贵州、四川、广西根据地域大小、人口多少设置军民府、土州、土县，如同正府、州、县设置官吏，各府、州、县地方机构管理所辖地区的民族事务。在蒙古地区则采取军政合一的卫所制进行管理，吸收蒙古族首领参与管理。在西藏设置了乌思藏和朵甘两个都指挥使司进行军事管理的同时，还利用藏族上层僧侣担任各组织机构的长官，制定了西藏的僧官制度，利用宗教文化的形式进行管理。

在地方机构设置上，清王朝对西部民族地区实行省、府（州、厅）、县三级制度，总督、巡抚衙门是省级最高军政机构，总督、巡抚是省级最高军政长官。省或置总督，或设巡抚，或督抚并置。总督一般管辖一省或数省的军政，掌厘治军民、综制文武、察举官吏、修饬边疆。总督通常加“兵部尚书”或“左右侍郎”，以表明其管理军事、监察地方的身份。巡抚一般管辖一省的政务，职责是考查全省的官吏，管理关税、漕政，如果用兵则要督理粮饷。总督、巡抚下设布政使司和按察使司，分管民政和司法。府设知府一人，掌一府之政，负责宣布国家政令，治理百姓，考核属吏，审决讼案，征收赋税等。府下为县，设知县一人，主赋役，听治狱，兴教化，厉风俗[①]。与此同时，清王朝前期在位于今新疆维吾尔自治区的区域内实行军府制，在位于今西藏自治区实行政教合一制，在西南继续推行土司制度。清王朝在西南少数民族地区设置土官进行管理，主要土官有指挥使、指挥同知、指挥佥事、千户、副千户、百户、宣慰使、宣抚使、安抚使、安抚副使、长官、副长官，还有土知府、土同知、土知州、土州同、土州判、土知事、土县丞、土主簿、土典史、土巡检等官。在内蒙古实行蒙旗制，在哈密、吐鲁番以及土尔扈特进行编旗，实行旗札萨克制，以札萨克为旗长管理旗务，下设章京、参领、佐领等官，分别执掌民政、司法、赋役等事务。在维吾尔族等居住的地区设伯克官进行管理，伯克主要负责其内部的田粮、教化、税务、治安等事务。在西藏，清王朝设驻藏大臣，实行驻藏大臣、达赖、班禅三者共同管理西藏的制度，噶厦为最高的政务机构，僧俗官吏的任免、考核，财政收支以及确定达赖、班禅的继承人等，都须与驻藏大臣合议。到清朝后期，在位于今新

① 蔡放波主编《中国行政制度史》，武汉大学出版社2009年版。

疆维吾尔自治区的区域内改省设道、府、州、县，在西南对经济较发达的土司地区先后进行了改土归流。

（三）中华民国时期的政权机构职能

辛亥革命使民主共和观念深入人心，在对西部民族地区的管理上，北洋政府和国民政府都遵循了孙中山的民族观，机构设置在参考历史沿革的同时有了一些创新，其职能履行也具有一些新的特点。

1. 中央机构职能

1912 年 3 月，袁世凯窃取了辛亥革命的胜利果实，此后北洋军阀执掌的民国政府，基本上是一个带有浓厚封建主义色彩的资产阶级政权。1912 年 5 月，北洋政府的内务部设立蒙藏事务处，7 月改蒙藏事务处为蒙藏事务局，规定“蒙藏事务局直属于国务总理，管理蒙藏事务”①。其职能与清王朝所设机构相似，主要管理蒙古、西藏、新疆等地少数民族册封、朝觐、进贡、征调及其官员的升迁、赏罚事宜。1914 月 5 月 1 日，袁世凯颁布《中华民国约法》，其后不久袁世凯又改蒙藏事务局为蒙藏院，规定“蒙藏院直隶于大总统，管理蒙藏事务”②，也就是蒙藏院主要管理少数民族事宜，直接归大总统裁决，成为管理蒙藏地区少数民族的中央机构。具体看，蒙藏院主要的职能是：一是办理蒙藏地区的诉讼、赈抚、税务案件等有关安定社会、救济民生事宜。二是办理有关发展经济的各项事宜，包括审查报垦荒地手续，核准垦荒办法，修正清理荒地条例等。三是采取各种措施稳定边疆民族地区的社会秩序，包括管理台站、发放护照、划分疆界等事务。四是遵照大总统令，具体办理任命西部民族地区的官员，以及承袭爵位、晋封爵秩、世职人员承袭、颁发承袭册轴等事。五是办理藏传佛教各种事务。六是办理年班、经班、唪经、祭恤诸事。七是对蒙古地区的各方面情况进行调查③。

南京国民政府成立后，决定设置蒙藏委员会统筹处理蒙藏地区少数民族事宜，1928 年 7 月在南京设筹备处，拟隶属行政院。1928 年 8 月，中国国民党第二届第五次中央全会获准通过，12 月国民政府任命阎锡山为蒙藏委员会第一任委员长。1929 年 2 月 17 日，国民政府颁布了《蒙藏委员会组织法》，明确规定蒙藏委员会掌蒙古、西藏行政事项及其各种兴革事项，任命委员长、

① 贾海东主编《中国历代民族理论民族政策研究》，中央民族大学出版社 2011 年版。

② 贾海东主编《中国历代民族理论民族政策研究》，中央民族大学出版社 2011 年版。

③ 赵云田著《中国边疆民族管理机构沿革史》，中国社会科学出版社 1993 年版。

副委员长各1人，委员20—27人，委员们每年要轮流分赴蒙藏各地巡视[①]。蒙藏委员会设总务处、蒙事处、藏事处：总务处掌理文书庶务等事项，下设4科。蒙事处掌理蒙古事务，下设3科；藏事处掌理西藏事务，下设3科。蒙藏委员会还设置参事2—4人，撰拟审核该会法案命令，包括委员长特交各种事件，审核关于蒙藏法律命令事项，以及不属于其他各处的事件[②]。蒙藏委员会管辖范围不仅限于蒙古和西藏两个地区，还涉及青海、西康、新疆、宁夏、甘肃、贵州和陕西等地。此外，中央主管西部民族地区的机构，党务方面有中央组织部边疆党务处，军事方面有军令部二厅五处，教育方面有教研部蒙藏教育司，交通、经济、农林、畜牧、卫生等相关部门也涉及西部民族地区事务。蒙藏委员会在地方还设置了驻藏办事处、察哈尔蒙旗特派员公署等监督指导机关，以及北平蒙藏学校。

2. 地方机构职能

《中华民国临时约法》明确规定："中华民国领土，为22行省、内外蒙古、西藏、青海"[③]，除了22个行省外，肯定了蒙古、西藏、新疆、青海是中华民国领土不可分割的部分。省行政长官称民政长（1914年5月改称巡按使，1916年7月易名省长）；省军政长官称都督（1914年6月改置将军，1916年7月更名督军，1924年易名督办）；道行政长官称观察使（1914年5月改称道尹）；县行政长官称县知事。袁世凯统治时期，在原清政府划定的内蒙古政区和不属于盟的两个独立旗，以及察哈尔八旗地方，把内蒙古一分为三，划出绥远、热河和察哈尔3个特别行政区，设立都统掌管军政和蒙旗事务。1914年4月，划出四川省原边东、边西两道辖区，设置相当于省一级的川边特别区域（治康定），1925年2月改名西康特别区域[④]。西藏清时设驻藏办事大臣直隶理藩院，1912年7月改为西藏办事长官（驻藏办事长官），直隶中央蒙藏事务局（院），并设左、右参赞各1人，分驻拉萨与札萨伦布。办事长官通过达赖喇嘛的噶厦和班禅额尔德尼的堪布会议厅管辖西藏全境。1923年7月，

---

① 贾海东主编《中国历代民族理论民族政策研究》，中央民族大学出版社2011年版。

② 赵云田著《中国边疆民族管理机构沿革史》，中国社会科学出版社1993年版。

③ 《中华民国临时约法》，《中华民国史档案资料汇编》（第二辑），江苏古籍出版社1991年版。

④ 郑宝恒《民国时期行政区划变迁述略（1912—1949）》，《湖北大学学报》（哲学社会科学版）2000年第2期。

班禅离开西藏后，达赖控制了全藏。西藏全境分前藏、后藏和阿里三部，其地方政权的基本行政单位为“宗”（相当于内地的县，有大、中、小、边宗之分）和“奚谷”（宗以下或相当于宗）。在军事、政治重地还设有总管和督办，负责当地治安和各项管理工作。南京政府时在拉萨设有蒙藏委员会驻藏办事处，并派员分驻札什伦布、江孜、昌都等地。当时中央政府与西藏间日常事务分别由中央驻藏办事处与西藏驻（南）京办事处（始设于1930年）商洽办理，呈请中央核准①。青海在民国初由青海办事长官负责政治、经济和军事等诸项事务，驻地在甘肃西宁。1915年10月，裁青海办事长官，改设为甘边宁海镇守使，驻甘肃省西宁县，管辖青海全境。宁夏护军使与宁海镇守使的职权均兼管当地军政、民政、司法、外交事务。1928年9月17日，南京国民政府宣布将青海、宁夏改为省，次年1月青海、宁夏两省政府亦正式组成，先设民政厅和财政厅，分别负责民政和财政事务，后又设教育厅和建设厅，分别负责教育和建设事务。清末原由理藩院管辖的内蒙古西套二旗，1914年改归甘肃省节制，置宁夏护军使，1921年改称宁夏镇守使。道作为省的派出机构，后来成为介于省、县之间的第二级政区，先后在西部民族地区多个省份设置，1914年5月颁布的《道官制》，行政长官由观察使改名道尹，其职权主要为颁行单行规程、监督所辖官吏、节制调遣地方武装、奉行上级委办事务、出巡等。道署初名观察使公署，后改称道尹公署，分置内务、财政、教育、实业四科。1924年6月，北京政府内务部曾通令各省，自7月1日起依据《宪法》（贿选宪法）裁撤道尹，后因故未执行。随着北伐军的向北挺进，所至地方道尹也都如鸟兽散。按《建国大纲》省、县二级制的精神，绝大多数省区于1927—1929年间陆续废道，直至1930年2月国民党中央第二〇七次政治会议正式通过废除道尹的决定。清末民国初期，一些边远新开发地区设县条件尚不成熟，则置有设治局，作为设县前的一种过渡机构，履行了县政府的主要职能。北京政府时期所置设治局大都在东北各省和蒙旗地区，设治局受省政府之指挥、监督，并在不抵触中央及省之法令范围内发布局令及单行规章，管理辖区内的行政事务。

1927年至1949年10月1日中华人民共和国诞生之前的南京政府时期，

---

① 郑宝恒《民国时期行政区划变迁述略（1912—1949）》，《湖北大学学报》（哲学社会科学版）2000年第2期。

一直是省、县二级制。1925 年 7 月，国民政府成立后颁布的《省组织法》明确规定："省政府于中国国民党指导、监督之下，受国民政府之命令，处理全省政务。"[①] 最初省政府由民政、财政、教育、建设、商务、农工及军事各厅组成。每厅设厅长 1 人，各厅长联合组成省务会议执行全省政务。1927 年 10 月，废除省政府委员相互推举主席的办法，改为由国民政府指派省政府主席，并废除值日制度，日常事务由省政府主席负责办理。各个厅的设置历年并不一致，但基本的有民政、财政、教育和建设 4 厅，各厅设厅长 1 人，由国民政府在省政府委员中任命。1926 年 10 月 20 日，国民党中央委员会及各省、特别市、海外总支部代表联席会议，通过省政府与县市政府及省民会议、县民会议决案，规定县政府采用委员会制，由省政府指定 1 人为委员长，任命委员若干人，分掌教育、公路、公安、财政各局，必要时可以增设土地、实业、农工各局。1927 年 6 月 9 日，国民政府依据国民党中央执行委员会第一百次会议议决案，规定各县一律采用县长制。1939 年，国民政府又公布县各级组织纲要，规定县政府设县长 1 人，其职权主要是：一是受省政府的监督，办理全县自治事项。二是受省政府的指挥，执行中央及省委交办的事项[②]。南京政府成立后，设治局向云南等改土归流地区和一些内地省份扩展。

三、运行方式

在历史发展进程中，中央王朝对西部民族地区的管理，经历了起步探索、初步发展和相对成熟的阶段。往往是一个王朝的统一与分裂、历史贡献大小、存在时间长短等，决定着对西部民族地区管理水平的高低。因而特别需要中央王朝把合理的统治策略、因俗而治的管控方法、有效的管理制度和开明清正的官吏等因素，综合运用到西部民族地区的管理中，使政令得到有效执行。

（一）王权制度时期的运行方式

夏商周时期，在部落联盟的基础上形成了国家，但力量还十分弱小，对周边民族地区的统治还不深入，统治的运行方式还处于探索调整阶段。

1. 君权神授

夏王朝是在部落联盟的基础上建立起来的，参加部落联盟的有 10 多个部落，在禹及其之前参加联盟的部落都是平等、独立的，没有臣属关系。后来

① 韦庆远主编《中国政治制度史》，中国人民大学出版社 1989 年版。

② 韦庆远主编《中国政治制度史》，中国人民大学出版社 1989 年版。

国家的统治者开始称王，并以家长的身份进行统治，对不臣服的部落以武力进行讨伐。夏王朝开始以国家的方式来管理民众，首领产生的方式由世袭制代替选举制，政治上的平等联合关系也由统治与被统治关系所代替，氏族社会的图腾则被土地神（社）代替。以禹为象征的社神成为夏王朝的国神，统治者以代表神的身份统治民众，对社神的祭祀成为夏王朝重要的国事之一。为了祭祀社神，各部落需要交纳一定数量的农牧产品，同时王朝还把土地分给农民耕种，农民向国家缴纳一定的贡赋。夏王朝运用强制方式对社会进行统治，已有宫殿和城郭，并设置了军队、监狱和官吏等，规定了最初的国家赋税——贡。

夏、商时期的最高统治者声称是上天的后裔，君权神授成为奴隶主维护其统治的借口，神权在政治生活中占支配地位，王是最大的奴隶主。祭祀活动成为统治者进行政务活动的主要形式，被置于最突出的地位，商王朝的祭祀活动频繁而又隆重，掌管祭祀的巫吏是王之下的最高执政官，朝廷政事由占卜决定，一切活动都依靠占卜来决断。

2. 联姻通婚

在夏王朝的建立和发展中，王族与亲族对王朝的建立和发展发挥了巨大作用。黄帝部落和炎帝部落就是两个世代通婚的部落，通过通婚结成了一个强大的部落联盟，进而征服其他部落逐渐扩大势力范围。《左传》载：“禹合诸侯于涂山，执玉帛者万国。”[①] 禹把会盟地点选在涂山，特别是在娶了涂山氏女之后获得了涂山氏的支持，取得了政权。

商汤靠与东夷联姻结盟而壮大。《史记·殷本纪》载“汤妃有莘氏之女”[②]，汤同东夷族另一大姓有莘氏联姻，增强了商在黄河下游的势力，并消灭了葛、韦、顾等夏王朝的属国，“十一征而无敌于天下”[③]，随后汤又率领商族、夷族联军灭夏。

周利用姻亲关系联合东夷族的势力逐渐强盛起来，先后兼并或降服了虞、芮、密须等相邻小国。此外，周还进行了广泛的结盟。武王兴兵伐纣时，以周族为首的联军“毕渡盟津，诸侯咸会”[④]，在牧野誓师时参战的“西土之

① 《左传·哀公六年》，载《十三经注疏》影印本（下册）。
② 《史记·殷本纪》，中华书局 1959 年版。
③ 《孟子·滕文公下》，载《十三经注疏》影印本（下册）。
④ 《史记·周本纪》，中华书局 1959 年版。

人”有“庸、蜀、羌、髳、微、卢、彭、濮”[①] 八国之人，周武王联军在牧野一战中取得了决定性胜利，为夺取政权起到了重大的作用。

春秋时，秦晋两国国君世代互为婚嫁。同时华夏族和“蛮、夷、戎、狄”“和亲”联姻较为普遍。晋国军队包围了阳樊，阳樊人仓葛不服，高声呼喊：“德以柔中国，刑以威四方，宜吾不敢服也。此谁非王之亲姻，其俘之也?”[②]

3. 宗亲分封

夏王朝通过宗亲分封，分封同姓宗族和异姓亲戚中的贵族建立封国，从而把宗族制度和政治统治紧密结合起来，夏后氏统治夏自己的地区，其他贵族则统治臣属于夏的其他民族地区，以巩固和加强统治。《史记·夏本纪》载：“禹为姒姓，其后分封，用国为姓，故有夏后氏、有扈氏、有男氏、斟寻氏、彤城氏、褒氏、费氏、杞氏、缯氏、辛氏、冥氏、斟（氏）戈氏。”[③]

商王朝为了控制和笼络四周民族方国，多使用封赐爵位的办法收买民族方国酋长。《史记·殷本纪》载：“周武王之东伐，至盟津，诸侯叛殷会周者八百。”[④] 此外，商王朝制定的刑法极为残酷，但对少数民族首领有所区别，少数民族首领有罪可以赎免，对其处罚比对中原华夏族轻一些。

西周王朝以“封邦建国”的办法对四方少数民族进行监控，在东方成王封周公世子伯禽于鲁定都曲阜[⑤]，除“监七百里内诸侯”、统治商王朝的遗民外，重点是防备奄、徐、淮诸夷；又封师尚父吕望为齐侯定都营丘[⑥]，重点防御蒲姑、莱夷等。在北方成王则封康书于殷墟，建卫国定都沫，统治敌对的“殷民七族”；封同姓贵族召公奭立燕国定都蓟，统治居于今河北北部的商遗民及监视控制山戎诸部；封王弟叔虞于夏虚建晋国定都唐，管理狄族“怀姓九宗”、般吾、屠州等部。在东南方立有异姓诸侯宋国定都商丘；立吴国定都蕃篱；立宜国管辖上述地区。在南方立有姬姓小国曾国、随国等，统辖江汉地区及夷人。在西南方立有散国、巴国等，以监视和控制西南地区的众多“蛮夷”。这些监控方式的实施使四方边疆少数民族首领纷纷臣服、归附，入

---

① 《尚书·牧誓》，载《十三经注疏》影印本（上册）。

② 《左传·僖公二十五年》，载《十三经注疏》影印本（下册）。

③ 《史记·夏本纪》，中华书局 1959 年版。

④ 《史记·殷本纪》，中华书局 1959 年版。

⑤ 《左传·定公四年》，载《十三经注疏》影印本（下册）。

⑥ 《左传·定公四年》，载《十三经注疏》影印本（下册）。

朝觐见。

东周时期周天子只是名义上的天下共主，实际权力被诸侯分掌，各诸侯成为所控制地区一切权力的拥有者，各自进行分封，从而出现了“诸侯分封诸侯”的现象。各诸侯国为了扩大统治区域获得更多的人力、物力，都将封国、封邑封到边远的周边民族地区，客观上促进了民族的交往与融合，对民族地区的发展发挥了一定作用。如楚国分封的三个王，“皆在江上楚蛮之地”[①]。齐国诸大夫的封邑很多封在东夷族活动的边区。晋国为了更有效地控制少数民族，获得更多的人力、物力，把诸大夫的封邑完全封在戎、狄与华夏族杂居的地区。

4. 羁縻驾驭

夏王朝对周边民族施行仁德感化，开创了中国历代王朝使用羁縻驾驭策略的先河。文献记载：“当舜之时，有苗不服，禹将伐之。舜曰：‘不可，上德不厚而行武，非道也。’乃修教三年，执干戚舞，有苗乃服。”[②] 此外，夏王还“赐命”施行怀柔之策，即封赐官职爵位进行笼络。据载，帝芒时，“九夷来御”；帝泄时，“命畎夷、白夷、赤夷、玄夷、风夷、阳夷”[③]。

西周时期，有的少数民族被征服后入朝贡献物品，表示臣服；有的边远少数民族慕义来归，入朝进献方物（土特产）表示归附。西周王朝认为这是四方少数民族表示臣服的一个重要标志，而少数民族酋长通过与西周密切的关系提高了威望，有利于对本民族的统治。《国语》载：“王不听，遂征之，得四白狼、四白鹿以归。”[④]

5. 五服分治

五服是政治区划，按距离王城（京城）的远近实行不同的管理方式。夏王朝将其统治区域划分为“甸服”“侯服”“绥服”“要服”和“荒服”五服，根据与天子王城的距离远近、关系亲疏，交纳不同的物产，分别承担不同的义务。史载，禹王“令天下之国以外五百里甸服，百里赋纳总，二百里纳铚，三百里纳秸服，四百里粟，五百里米；甸服外五百里侯服，百里采，二百里任国，三百里诸侯；侯服外五百里绥服，三百里揆文教，二百里奋武

① 《史记·楚世家》，中华书局 1959 年版。

② 《韩非子·五蠹篇·二十二子》，上海古籍出版社 1986 年版。

③ 《竹书纪年》，载《丛书集成》（初编），商务印书馆 1937 年版。

④ 《国语·周语》，载《四库全书》影印本。

卫；绥服外五百里要服，三百里夷，二百里蔡；要服外五百里荒服，三百里蛮，二百里流。东渐于海，西被于流沙，朔南暨声教讫于四海”[①]。

商王朝仍然实行五服政治区划治理的贡纳制度。《尚书今古文注疏·酒诰》载：“越在外服，侯甸男卫邦伯；越在内服，百僚庶尹，惟亚惟服宗工。越百姓里居，罔敢湎于酒。”[②] 商王汤还命右相伊尹拟定并向四方民族方国颁布实施朝贡献物诏书，对朝贡献物做了大致的规定，以当地的土特产为贡纳物品。

周王朝也按照距离王城的远近实行不同的管理方式，对五服职事的规定比夏商更为明确具体，对周边民族地区应当承担的义务也有明确的规定。周王朝仍实行五服政治区划治理之制，《国语·周语》载：“夫先王之制，邦内甸服，邦外侯服，侯卫宾服，蛮夷要服，戎翟荒服。甸服者祭，侯服者祀，宾服者享，要服者贡，荒服者王。日祭，月祀，时享，岁贡，终王，先王之训也。”[③]

6. 征战称雄

夏王朝在征服融合中建立起来，并在征服融合中得以稳固。夏王朝建立之前，大小氏族部落和部落联盟林立，夏部落联盟不过是其中最大的一个，在对四方诸夷进行了无数次征伐，征服融合了其他氏族部落和部落联盟之后，逐渐发展壮大了自身，最终夏部落联盟才建立了夏王朝。据《左传》载，“夏桀为仍之会，（因）有缗叛之”[④]，“桀克有缗，以丧其国”[⑤]。

商王朝的奴隶制度已发展到鼎盛阶段，把奴隶当作财富，不仅进行野蛮的奴役，而且任意杀害，特别是实行活人殉葬和祭祀的残酷典礼。《竹书纪年》载：“武乙三十五年，周王季伐西落鬼戎，俘二十翟王。”[⑥] 商王朝后期对周边民族方国进行了频繁的战争，通过征伐鬼方、土方、羌方等方国来获取奴隶和财富，同时拓展了疆域，扩大了影响力，有的少数民族全部或部分被融入了华夏族中。据殷墟卜辞记载，鬼侯酋长自武丁时就参与王朝的祭祀、

---

① 《史记·夏本纪》，中华书局1959年版；〔清〕孙星衍撰《尚书今古文注疏·禹贡》，载《四库备要》影印本。

② 〔清〕孙星衍撰《尚书今古文注疏·酒诰》，载《四库备要》影印本。

③ 《国语·周语》，载《四库全书》影印本。

④ 《左传·昭公四年》，载《十三经注疏》影印本（下册）。

⑤ 《左传·昭公十一年》，载《十三经注疏》影印本（下册）。

⑥ 《竹书纪年·武乙》，载《四库全书》影印本。

征伐、掳掠羌人等活动[①]。

西周王朝不断派兵征伐“东夷、西戎、北狄、南蛮”，旨在征服周边少数民族、掠夺奴隶与财富，但客观上促进了民族融合。《竹书纪年》记载了西周王朝对少数民族“蛮族”的征伐：“昭王十六年伐荆，涉汉”；十九年“丧六师于汉”；“昭王末年，……王南巡不返”[②]，全军覆没。

春秋时期，齐国、晋国、秦国和楚国通过发动战争称雄争霸。《国语》载：“东南多有淫乱者，莱、莒、徐、夷、吴、越，一战帅服三十一国。遂南征伐楚，济汝，踰方城，望汶山，使贡丝于周而反。荆州诸侯莫敢不来服。”[③]到了战国末期，兼并战争越来越激烈，规模越来越大。公元前260年，秦国和赵国在长平发生战争，秦军坑杀赵军40多万人。在大规模的激烈兼并战争中，杂居四方的少数民族“戎、狄、蛮、夷”相继被融合，促进了华夏族的壮大，为秦汉的大统一创造了条件。

7. 因俗而治

周初西周王朝封土建侯，规定对诸侯封国因地制宜、因俗而治。对于边疆“要服”“荒服”和“九州之外蕃国”的少数民族“东夷、西戎、南蛮、北狄”诸氏族部落，更是采取“因俗而治”的方式。周边民族地区氏族部落只要按规定时间“贡货物”“世一见”，表示“臣服”“归附”，不“寇边”和“扰边”，西周王朝就“修其教不易其俗”，不过问其内部事务，一切都由其自行处置。

春秋战国时期，齐桓公首先提出“尊王攘夷”的主张，以中原霸主的身份带领各国联军抵御戎、狄“入寇中原”，并带领讨伐由“蛮族”建立的楚国。随后晋文公做了霸主，继续推行“尊王攘夷”的策略，与诸侯盟会于践土，其宗旨是“皆奖王室，无相害也”[④]。这是中原华夏族诸国共尊周王、相互求助的盟会誓言。此外，周王朝在统治中为维护其正统的地位，打击和打压周边少数民族，在朝见、盟会和封赏时遵循“先同姓、后异姓、再后异姓”的地位和名次，完全以“化外蛮夷”对待少数民族。《左传》载：“邾人、莒人愬于晋曰：‘鲁朝夕伐我，几亡矣。’”晋君听后很生气，后拒绝和鲁昭公见

① 胡厚宣主编《甲骨文与殷商史》，上海古籍出版社1983年版。

② 《竹书纪年·昭王》，载《四库全书》影印本。

③ 《国语·齐语》，载《四库全书》影印本。

④ 《左传·僖公二十五年》，载《十三经注疏》影印本（下册）。

面。鲁国贵族就向晋君提出抗议，“子服惠伯对曰：‘君信蛮夷之诉，以绝兄弟之国，弃周公之后，亦惟君！’”①

春秋战国时期游牧于北方和西北的少数民族戎、狄经常入侵中原，掠夺粮食和各种手工业品。晋国是春秋时期和西戎结盟时间长、成果比较丰富的国家。《左传》载：“惠公蠲其大德，谓我诸戎是四岳之裔胄也，毋是翦弃。赐我南鄙之田，狐狸所居，豺狼所嗥。我诸戎除翦其荆棘，驱其狐狸豺狼，以为先君不侵不叛之臣，至于今不贰。”② 结盟还促进了民族融合和全国统一政权的形成，公元前543年的“澶渊之会”是社会发展、民族融合的标志。《春秋穀梁传》载：“晋人、齐人、宋人、卫人、郑人、曹人、莒人、邾人、滕人、薛人、杞人、小邾人，会于澶渊。宋灾故，会不言其所为。……澶渊之会，中国不侵伐夷狄，夷狄不入中国。无侵伐八年，善之也。晋赵武、楚屈建之力也。”③

8. 专设官职

春秋战国时期，君主集权制代替贵族制，家族土地所有制代替宗族土地所有制，世卿制被宰相制所代替，官僚制代替了贵族世袭制，郡县制代替了分封制。由于周王室势力日益衰弱，周边少数民族“蛮、夷、戎、狄，其不宾也久矣”④。随着后来各诸侯国的强大，与周边民族地区交往日益频繁，事务日渐增多，许多诸侯国设置了“行人”职官主管外事，其他一些边境诸侯国还设置了“封人”职官专门掌管少数民族事务。如齐国设置“大行”职官负责礼仪宾客，其下属官还设有“谒者”“主客”职官。谒者负责接待宾客，主客负责礼仪宾客⑤，其接待的宾客中就有少数民族首领或使者。

（二）皇权制度时期的运行方式

进入皇权政治时期后，围绕着皇权的巩固，国家机构进一步健全，对西部民族地区的统治和管理也越来越深入，政权运行方式也越来越多样。

1. 武力征服

秦始皇统治中原地区后，使用武力征服周边民族地区，最突出的是“北

---

① 《左传·昭公十三年》，载《十三经注疏》影印本（下册）。
② 《左传·襄公十四年》，载《十三经注疏》影印本（下册）。
③ 《春秋穀梁传·鲁襄公三十年》，载《十三经注疏》影印本（下册）。
④ 《左传·成公七年》，载《十三经注疏》影印本（下册）。
⑤ 张晋藩、王超著《中国政治制度史》，中国政法大学出版社1987年版。

击胡（匈奴）”[①] 和“南平百越”[②]。秦王朝打败匈奴后占据了阴山和北假（位于今内蒙古自治区），在西南打败百越民族占据岭南地区后，设置了桂林郡和象郡。

汉武帝凭借经济的繁荣和军队强大，坚持“饬四境，安中国”的方针，先后讨伐匈奴，使西域城邦归附，武力征服西南夷地区和广西，扩大疆域并加强了对西部民族地区的统治。

三国时期，吴国主要是讨伐“蛮族”和百越后裔，在进行武力征服的同时采取招降的方式，获取军队的兵源和生产的劳动力。陆逊征伐“山寇”后，将“强者为兵，羸者补户，得精卒数万人”[③]。

唐王朝对于比较弱小的西部地区少数民族，多以“叛乱”“寇边”为借口进行征讨，而对突厥、吐谷浑、薛延陀、吐蕃和南诏等也进行过大规模的征讨。贞观四年（630 年），唐太宗派李靖率军进攻东突厥，后“俘颉利送京师”[④]。贞观八年（634 年）十一月，“下诏大举讨伐吐谷浑”[⑤]，于次年五月击破吐谷浑，其可汗被随从所杀。贞观十五年（641 年），讨伐薛延陀，“江夏王道宗兵既渡碛，遇薛延陀阿波达官众数万拒战，道宗击破之，斩首千余级”[⑥]。史载，吐蕃政权存在 200 余年，唐王朝对吐蕃大举征讨 30 多次[⑦]，如唐太宗贞观十二年（638 年），以吏部尚书侯君集等“督步骑五万击之”，“败吐蕃于松州城下，斩首千余级”[⑧]。而对南诏的征战持续多年，双方损失巨大，以唐王朝失败而告终。如唐玄宗天宝十年（751 年），“剑南节度使鲜于仲通讨南诏蛮，进军至西洱河，与阁罗凤战，军大败，士卒死者六万人，仲通仅以身免”[⑨]。

元朝时期，成吉思汗、窝阔台汗和蒙哥汗等统治者长期对西部民族地区用兵，南宋理宗宝庆二年（1226 年），成吉思汗最后一次向西夏用兵，第二

---

① 《史记·秦始皇本纪》，中华书局 1959 年版。
② 《淮南子》，上海古籍出版社影印本。
③ 《三国志·吴书·程黄韩蒋周陈董甘凌徐藩丁传》，中华书局 1959 年版。
④ 《资治通鉴》，中华书局 1956 年版。
⑤ 《资治通鉴》，中华书局 1956 年版。
⑥ 《资治通鉴》，中华书局 1956 年版。
⑦ 龚荫著《中国民族政策史》，四川出版集团、四川人民出版社 2006 年版。
⑧ 《资治通鉴》，中华书局 1956 年版。
⑨ 《资治通鉴》，中华书局 1956 年版。

年夏主降[1]，西夏灭亡。在蒙古持续进攻金国的情况下，南宋理宗端平元年（1234 年），金哀宗自杀，金国亡。南宋理宗宝祐元年（1253 年），忽必烈攻下大理。南宋恭帝德祐二年（1276 年），左丞相伯温帅军攻入临安并俘虏恭帝，南宋灭亡。

明太祖朱元璋说："帝王创业之际，用武以安天下；守成之时，讲武以威天下。"[2] 明王朝以此施行武力征伐西部民族地区。朱元璋和朱棣曾多次派兵征讨蒙古势力削弱其力量，但蒙古各部仍旧有力量经常进攻明王朝。为此，明太祖设置了军事重镇、都指挥使司和卫所构筑军事防线，派遣诸子镇守。并实施严厉的封锁措施，实行"坚壁清野"，将塞外居民迁入塞内居住，不允许塞内居民出塞与塞外蒙古族发生政治和经济关系，修筑长城防止蒙古骑兵入侵。此外，明王朝还采取"恩抚"感化的策略，采用招降和安抚的方式，利用各种机会对北元和蒙古各部进行招劝告谕，对北元诸汗、云南的梁王、大理的段明、漠北的本雅失里等都采取先礼后兵的方式，并优待俘虏、厚待投降者；对征伐后的蒙古贵族实施安抚，仍给予王的封号，封藏族政教首领为王，保护归附的民族首领。

2. 移民屯垦

秦王朝为了巩固对西部民族地区的统治，解决戍边军粮供给的问题，先后多次大规模进行移民屯垦。秦王政十九年（前 228 年），将赵王的后代迁徙到陇西，"西戎怀之，号曰赵王"[3]。秦始皇三十三年（前 214 年），秦王朝派兵"西北斥逐匈奴，自榆中并河以东，属之阴山，以为四十四县，城河上为塞"[4]。秦始皇三十五年（前 212 年），"因徙三万家丽邑，五万家云阳，皆复不事十岁"[5]。

西汉王朝既大规模迁徙汉民充实西部民族地区，开辟边疆荒土巩固边疆，又大量移"夷民"到内地，防止少数民族反抗。如唐蒙修筑西南夷道时，"乃募豪民田南夷，入粟县官，而内受钱于都内"[6]。

---

① 龚荫著《中国民族政策史》，四川出版集团、四川人民出版社 2006 年版。

② 〔明〕宋濂撰《洪武圣政记·新旧俗第七》，《金华丛书》清同治刻本。

③ 《新唐书·宰相世系表下》，中华书局 1975 年版。

④ 《史记·秦始皇本纪》，中华书局 1959 年版。

⑤ 《史记·秦始皇本纪》，中华书局 1959 年版。

⑥ 《史记·平准书》，中华书局 1959 年版。

魏国采取先征服后迁徙掠夺的政策，把羌、氐等少数民族迁入内地。在同蜀汉争夺汉中时先派遣军队到武都征伐氐人，并随之将其主要势力部分迁入魏地，“徙氐五万人余落出居扶风、天水界”①。在内迁各族中获得了大量的军用物资和兵员补充。

为了获取军队的粮饷，明王朝从内地各省迁徙大量人口到西部民族地区屯田垦殖，主要有军屯、民屯和商屯三种形式。《明史》载：“西至甘肃，南尽滇、蜀，极于交趾……在兴屯矣。”② 以云南为例，洪武十九年（1386 年）九月西平侯沐英上奏：“云南土地甚广，而荒芜居多，宜置屯，令军士开垦。”③ 朝廷采纳了沐英的建议，选派精兵，购买耕牛，到云南屯田。据《云南通志》载，云南都指挥司所辖有 36 个卫所，军屯人数为 29 万人，军屯田土约为 130 万亩，生产粮食近 39 万石④。明王朝还在西部民族地区广泛设置“民屯”。据《明史》载，太仆丞梁野仙帖木尔建议“宁夏境内及四川西南至船城，东北至塔滩，相去八百里，土膏肥，宜招集流亡屯田”⑤。朝廷采纳了其建议。明军平定云南后，云南成为移民屯田的主要地区。在产盐的云南、四川、陕西等西部民族地区，朝廷还设置了商屯。

3. “以夷制夷”

“以夷制夷”是中原统治者对西部民族地区实施有效统治的又一运作方式，特别是通过封赐民族酋领官爵的方式加强了对这一地区的统治。据史籍记载，东汉王朝对西部民族地区的少数民族酋领，以“抗拒匈奴”“慕化内属”“遣使奉献”和“从征评判”等名义，先后封赐了很多民族上层人士。如光武帝时，“河西大将军窦融乃承制立康威汉莎车建功怀德王、西域大都尉”⑥。东汉王朝对几个势力较强尤其是可能对其统治构成威胁的民族，采取分裂分化、拉拢利用和“以夷制夷”的策略，以此实现对西部民族地区的稳固统治。如以“蛮夷”治“蛮夷”，以“板楯蛮”攻杀羌人。“昔羌数入关中，郡县破坏，不绝若线。后得板楯，来掳殄尽，号为神兵。羌人畏忌，传

① 《三国志·魏书·刘司马梁张温贾传》，中华书局 1959 年版。
② 《明史·食货志一·屯田》，中华书局 1974 年版。
③ 《明太祖实录》，“中央研究院”历史语言研究所校印，台湾影印本。
④ 龚荫著《中国民族政策史》，四川出版集团、四川人民出版社 2006 年版。
⑤ 《明史·食货志一·屯田》，中华书局 1974 年版。
⑥ 《册府元龟·外臣部·封册一》，中华书局影印本。

语种辈，勿复南行。后建和二年（148 年），羌复入汉，牧守遑遑，复赖板楯破之。若微板楯，则蜀汉之民为左衽矣。"①

三国时期，魏国不仅拉拢塞外强大的鲜卑诸部酋长，而且对西域城邦首领和西南"蛮夷君长"也采用笼络的策略。如曹操对西南巴夷、賨民等委官封侯，"巴七姓夷王朴胡、賨邑侯杜濩举巴夷、賨民来附，于是分巴郡，以胡为巴东太守，濩为巴西太守，皆封列侯"②。对西北的氐、羌等族则进行招诱内附、分而治之。对西域诸国通过贡使和经济往来等手段，使用羁縻手段进行控制。如魏明帝太和三年（229 年）十二月，"癸卯，大月氏王波调遣奉献，以（波）为亲魏大月氏王"③。蜀汉为实现复兴汉室的目标需要稳定的后方，诸葛亮在《隆中对》中提出"西和诸戎，南抚夷越"④ 的策略。蜀汉派邓方为庲将都督对南中地区进行安抚，设法调和与当地"方土大姓"和"夷帅"等当地统治集团间的矛盾。如建兴三年（225 年）三月，诸葛亮率军南征"七纵七禽（擒）"⑤ 孟获，最终使他臣服不再反叛。吴国对民族首领封赐种种名号并给予印信，用各种办法笼络拉拢。封山越"诸魁帅"名号，给"蛮夷君长"保留"夷王""侯""君长"称号。"燮、壹诸子在南者，皆拜中郎将"⑥，对控制交州的士燮兄弟进行拉拢。

西晋封赐归附的少数民族首领都督、将军、王、侯等名号，以巩固对西部民族地区的统治。如西域诸族国在西晋王朝建立后即派遣使节入贡，西域车师前部王、鄯善王、龟兹王白山、焉耆王龙安等先后向朝廷遣送"侍子"，西晋王朝则给予很高礼遇，不仅赏赐优厚且封赐官爵。东晋和南朝对西部民族施行怀柔政策，对一些少数民族首领虚封爵位、名号。如东晋安帝义熙十四年（418 年），北凉王蒙逊遣使到晋王朝请求臣服，安帝"以蒙逊为凉州刺史"⑦。宋、齐、梁朝均封赐吐谷浑王为都督、将军、公、王等。对一些少数民族首领则实授官职和衔品，只要归附或承认中原政权，就授予王、侯、将军、刺史、太守等职衔和官职。据《爨龙颜碑》载，爨龙颜本人东晋末年曾

① 〔东晋〕常璩撰、刘琳校注《华阳国志校注·巴志》，巴蜀书社 1984 年版。
② 《三国志·魏书·武帝纪》，中华书局 1959 年版。
③ 《三国志·魏书·明帝纪》，中华书局 1959 年版。
④ 《三国志·蜀书·诸葛亮传》，中华书局 1959 年版。
⑤ 《三国志·蜀书·诸葛亮传》，裴《注》引《汉晋春秋》，中华书局 1959 年版。
⑥ 《三国志·吴书·刘繇太守慈士燮传》，中华书局 1959 年版。
⑦ 《宋书·氐胡列传》，中华书局 1974 年版。

“举秀才”，“除龙骧将军，试守晋宁太守”，“袭封邛都县侯”[①]。北魏对归附和臣服的民族首领封官授爵，如北魏封吐谷浑王慕璝为“大将军、西秦王”[②]。采用武力征伐与遣使交往两种手段，刚柔并济地对付柔然、南朝和吐谷浑。如向南朝派遣使者36次，向吐谷浑派遣使者达60多次[③]。对柔然和敕勒两族采取“以夷制夷”的策略，让两族相互攻击。

隋王朝推行招徕安抚、封赐官爵、“以理绥静”、尊重习俗等策略，使西部民族地区少数民族首领归附。对尚未归附的西部民族实行招徕安置“以慰其心”，使其尽快归附，并视其忠勤劳绩或势力大小封赐朝廷及地方官职与爵位给以荣宠，促其更加效力。如开皇四年（584年），契丹首领莫贺弗遣使请求投降，朝廷封其为大将军勋爵；开皇五年（585年），党项首领拓跋宁丛同被封为大将军勋爵；内附的东突厥突利可汗被封为启民可汗，咄吉被封为始毕可汗，西突厥处罗被封为曷萨那可汗。隋王朝对各民族固有生产、生活方式、婚姻、服饰等任其自由，尊重其习俗。处理与西部民族的关系“以理绥静”，主要采取礼遇、恩化、宣谕、调解等办法，以和为贵，发生纠纷时多不使用武力，以调解为主，对待首领和使者及其他人员坚持以礼相待。隋文帝时，凡西部民族地区的民族首领和使者及其他人员来朝进贡方物或朝贡，皇帝都亲自接见，吃、住、交通安排得十分周到。如突厥处罗可汗之母向氏，从开皇末年留居京师以来，“每舍之鸿胪寺”[④]，礼遇周到。

唐王朝管理西部民族地区有明确的目标、步骤、原则和施行的运作方式等，皇帝一直以“共主”自居，以“天下一统”为目标，以“中国既安，四夷自服”[⑤] 为统治西部民族地区的原则。致力先把内地治理好，再采取稳定西部民族统治集团、劝课农桑、轻徭薄赋等措施，使得西部民族地区社会稳定、经济繁荣，各民族自然而然地归附臣服。唐太宗以对“四夷”“爱之如一”作为施政方针，称“自古皆贵中华，贱夷、狄，朕独爱之如一，故其种落皆依朕如父母。”[⑥] 唐王朝对民族酋领采取怀柔政策，授予羁縻府、州、县官职，册封可汗、

① 龚荫著《中国民族政策史》，四川出版集团、四川人民出版社2006年版。
② 《北史·吐谷浑传》，中华书局1974年版。
③ 龚荫著《中国民族政策史》，四川出版集团、四川人民出版社2006年版。
④ 《资治通鉴》，中华书局1956年版。
⑤ 《资治通鉴》，中华书局1956年版。
⑥ 《资治通鉴》，中华书局1956年版。

王、公、将军衔爵，使民族酋领臣服归心，不断巩固对西部民族地区的统治。从授予羁縻府、州、县官职来看，武德三年（620年），“牂牁蛮郡”首领谢龙羽遣使来朝，拜龙羽刺史①。高祖令韦仁寿检校南宁州都督，“仁寿将兵五百人至西洱河，承制置八州十七县，授其豪帅位牧宰”② 等。从册封可汗、王、公、将军衔爵来看，朝廷往往派专使携带诏书、赋予印信，受册封者则俯首称臣，愿做 王朝蕃屏。如对突厥的册封，贞观八年（634年）突厥颉利可汗去世，“赠归义王”③，其臣胡禄达官吐谷浑邪因颉利卒哀恸而死，“赠中郎将”④。此外，唐王朝给予民族酋领种种优待，实行笼络之策，来去京城都隆重迎接欢送，朝贡时则给予很优厚的赏赐，其子弟甚至酋长本人还可入宿卫。

清王朝对蒙古王公贵族、维吾尔贵族、西藏上层人士，以及四川、云南、贵州、广西、甘肃、青海等地的少数民族上层人士采取优待之策，缓和矛盾、稳定边疆。乾隆曾说：“中国抚驭远人，全在恩威并用，令其威而生畏，方为良法。”⑤ 对于蒙古王公贵族，由于其归附清王朝较早，深受优待和荣宠，可以担任朝中军政要职，享受很高的爵禄，并可以在当地直接征收牧民赋税，与清王公贵族联姻。对于维吾尔贵族，朝廷先后授予喀什噶尔、阿克苏、叶尔羌、和阗、库车等“阿奇木伯克”，官职为二品或三品，如再有功劳可以加封为贝子、公、郡王等。对西藏上层人士如五世达赖、固始汗、五世班禅、七世达赖等等，清朝廷不断封授爵位。对于四川、云南、贵州、广西、甘肃和青海的少数民族上层人士，只要不反对清王朝，都按其管辖区域大小、人口多少和势力强弱分别授予大小土职。

4. 羁縻之治

所谓羁縻就是指封建王朝对少数民族实行松散统治，只略微管束，并加以笼络使之不生异心。羁縻之治始于西周，秦汉加以发展，唐朝臻于完善，其主要运作方式有通好、册封、盟誓、和亲、互市等等。

（1）确立羁縻府、州、县制度。唐高祖反思前朝管理西部民族地区的制度，“追革前弊”吸取隋因黩武而亡的历史教训，承认西部民族地区与华夏不

---

① 《新唐书·南蛮列传下》，中华书局1975年版。

② 《旧唐书·良吏列传上·韦仁寿》，中华书局1975年版。

③ 《新唐书·突厥传》，中华书局1959年版。

④ 《新唐书·突厥传》，中华书局1959年版。

⑤ 张共勤辑《清代藏事辑要》（卷二），西藏人民出版社1983年版。

同，“刑政殊于函夏”，对“遐荒绝域”各族的治理“义在羁縻”，诏令对内附的西部民族实行慰抚之策，“分命行人，就申和睦，静乱息民”[①]。随后唐王朝设置羁縻“府州八百五十六”[②]，而且设立“边州都督、都护府”进行监控。讨平贺鲁之后又在西突厥故地设置昆陵都护府和濛池都护府。对西突厥十姓部落保留原酋长的政治地位，不改变原部落的体系，更不触动原来的经济结构，按部落势力范围大小列置府、州、县，任命原来的酋长担任都护、都督、刺史、县令等官职。让其终身为官且实行世袭制。一经册封便是朝廷任命的统领部众官员，享有固定的俸禄。同时须严守蕃臣属国的规制，镇守封疆、长保藩辅，并定期派使者朝贡，按时遣子入朝宿卫。羁縻府州可以保留本部兵马，一般不限制数量，主要任务是镇守封疆，听取朝廷或安西、北庭都护的调遣。为了加强对羁縻府州的监控，唐王朝还设置了都护府这一完整的组织机构，最多时设置了8个都护府。

（2）设置羁縻州、县、峒。宋王朝推行“树其酋长，使自镇抚”[③]的策略，选择当地“通蛮情、习险阨、勇智可任”的民族酋长授予“刺史”“知州”“知县”“知峒”“将军”“大夫”等官职、爵位。如乾德三年（965年），西南夷龙彦瑫等到京朝贡，皇帝下诏书授予其“归德将军、南宁州刺史、蕃落使”[④]。乾德四年（966年）南宁州刺史、蕃落使龙彦瑫死后，“其国（族）人诣涪州，言南宁州蕃落使龙彦瑫卒，归德将军武才及八刺史状请以彦瑫子汉瑭为嗣，诏授汉瑭南宁州刺史兼蕃落使”[⑤]。嫡子、庶子、兄弟、侄子、亲党、族人可以承袭土官土职，但还没有形成正式制度。羁縻州、县、峒的土官独霸一方权力很大，土民则没有政治权利和人身自由，不得随便迁徙。宋王朝对羁縻州、县、峒的义务，对土官入贡的年限、人数都做了规定，入贡年限为三年或五年。羁縻州、县、峒都统辖土兵，土官管辖下的土民中的精壮男子即是土兵，土兵的数量为“旧一州多不过五六百人，今有以千计者”[⑥]。

---

① 《册府元龟·帝王部·来远》，《四库全书》影印本。

② 《新唐书·地理志七下》，中华书局1975年版。

③ 《宋史·蛮夷列传一·西南溪峒诸蛮上》，中华书局1977年版。

④ 《宋史·蛮夷列传四·西南诸夷》，中华书局1977年版。

⑤ 《宋史·蛮夷列传四·西南诸夷》，中华书局1977年版。

⑥ 〔元〕马端临著《文献通考·四裔考七》，《四库全书》影印本。

（3）建立土官、土司管理制度。元王朝在西部民族地区设置宣慰、宣抚、安抚、招讨、长官诸司和土府、土州、土县两种管理机构，在各级管理机构中参用土酋位官，授予土司、土官诰敕、印章、虎符、驿传玺书与金（银）字圆符等信物，同时对土司、土官承袭、升迁、奖惩做了规定。诰敕是朝廷给土司和土官的任命书，印、章是土官土司权威的象征，以此号令其民；虎符是节制军民的凭据；驿传玺书是通行证件；金字圆符是紧急军务证明。在湖广、四川、云南三个行省设立了大大小小的土官，成为元王朝在当地统治的基础。如至元十八年（1281 年），信苴日入觐，帝嘉其忠勤，“进大理威楚金齿等处宣慰使都元帅”，后其子阿庆袭爵，授“大理金齿等处宣慰使都元帅”①。土官、土司一经授职就为世袭。史载，延祐六年（1319 年），“中书省臣言：‘云南土官病故，子侄兄弟袭之，无则妻承夫职。远方蛮夷，顽犷难制，必任土人，可以集事。今或阙员，宜从本俗，权职以行。’制曰‘可’”②。元王朝对“有勋劳”的土官、土司进行“升赏”；同时对有罪的土官、土司进行惩处，但相对宽容，对扰乱地方的，一般不轻易出兵。由于兵力不足，元王朝每平定一处都下令就地征兵，如至元十五年（1278 年）正月诏谕：“云南阔远，多未降之地，必须用兵，已签爨、僰人一万为军，续取新降落落、和泥等人，亦令充军。”③

明王朝建立后，西南各地先后归附，为加强对这些地区少数民族的统治，便在四川、贵州、云南、广西诸省就原来元王朝所封土官设置了大批土司，并就土司制度的职衔、隶属、信物、授职、承袭、升迁、惩罚、宽待等都做了一系列规定。到了明王朝后期对一些大土司进行了“改土归流”，基本上只留存了中小土司。《明史》载：“踵元故事，大为恢拓，分别司郡州县，额以赋役，听我驱调，而法始备矣。然其道在于羁縻。彼大姓相擅，世积威约，而必假我爵禄，宠之名号，乃易为统摄，故奔走惟命。然调遣日繁，急而生变，恃功怙过，侵扰益深，故历朝征发，利害各半。其要在于抚绥得人，恩威兼济，则得其死力而不足为患。”④ 明王朝对于接近内地或汉族民众居多且其经济结构已进入封建地主制的地区，与内地一样设置流官；对于经济较为

① 《元史·信苴日传》，中华书局 1976 年版。

② 《元史·任宗本纪三》，中华书局 1976 年版。

③ 《元史·兵志一·兵制》，中华书局 1976 年版。

④ 《明史·土司列传》，中华书局 1974 年版。

落后或汉人较少的地区则除了设置流官外，还同时任命土官（土知府、土知州、土知县等）世袭，归布政司管辖而统隶于吏部验封司；而对于基本上是少数民族聚居区，且其经济结构又多处于前地主经济阶段的地区不设置流官，仍以土司（宣慰使、宣抚使等）统领，归都指挥使管辖，统隶于兵部武选司。此外，明王朝用土兵维护地方安宁、镇压叛乱，遇有重大战事时调遣参战。《蛮司合志》序云："溪峒之间，窃发时起，则彼我征调，颇易为力，因之设土兵相制之法。"①

（4）和亲安边。西汉初期，匈奴给汉王朝带来巨大威胁，在经历平城之围后，汉高祖刘邦采取了"善"② 的策略，即和亲。为了加强与西域各国的联系，还先后与乌孙、鄯善和龟兹等国和亲。西汉王朝对匈奴族的和亲有5次，对乌孙的和亲有3次，对西域鄯善与龟兹的"和亲"各1次③。汉高帝九年（前198年），"冒顿常往来侵盗代地。于是汉患之，高帝乃使刘敬奉宗室女公主为单于阏氏。岁奉匈奴絮缯酒米粮食各有数，约为昆弟以和亲。冒顿乃少止"④。同时西汉王朝对百越民族采取了"和集百越"⑤ 的策略，不使用武力进行征伐。

隋王朝建立后，在处理与西域各国的关系方面袭用汉王朝的策略，在其存在的37年中与突厥和亲7次，与吐谷浑和亲1次，与高昌国和亲1次，共计9次⑥。

和亲在唐王朝得到很大发展，已由汉王朝的权宜之计发展成为广泛运用的一种安边策略。唐王朝与之和亲的少数民族、次数都超过之前的历朝。史载，唐王朝对突厥、吐谷浑、吐蕃、奚、契丹、宁远国、回纥和南诏等8个族（国）推行了和亲，次数达28次之多⑦。贞观十二年（638年）八月，唐太宗遣冯德遐抚慰吐蕃，"吐蕃闻突厥、吐谷浑皆尚公主，遣使随德遐入朝，多赍金宝，奉表求婚；上未之许"。这因为唐太宗还不了解吐蕃的实力。吐蕃求婚未成即发兵攻击吐谷浑、党项、白兰诸羌，并进攻唐王朝的松州，打败

① 〔清〕毛奇龄《蛮司合志》，西河合集本。
② 《史记·刘敬传》，中华书局1959年版。
③ 龚荫著《中国民族政策史》，四川出版集团、四川人民出版社2006年版。
④ 《史记·匈奴列传》，中华书局1959年版。
⑤ 《史记·南越列传》，中华书局1959年版。
⑥ 龚荫著《中国民族政策史》，四川出版集团、四川人民出版社2006年版。
⑦ 龚荫著《中国民族政策史》，四川出版集团、四川人民出版社2006年版。

松州都督韩威。于是贞观十四年（640 年）十月，“吐蕃赞普遣其相禄东赞献金五千两及珍玩数百，以请婚。上许以文成公主妻之”①。次年，“命吏部尚书江夏王道宗持节送文成公主于吐蕃”②，从此唐王朝与吐蕃保持了 20 多年的友好关系。

元王朝通过与“别部”联姻建立军事联盟控制了大漠南北，统治中原后又与新疆的畏兀儿、乌思藏的萨迦款氏、云南大理段氏等贵族联姻，以安定边疆巩固统治。蒙古统治集团是由乞颜、孛儿只斤氏族与“别部”弘吉剌、亦乞列思、汪古、斡亦剌等成吉思汗的“黄金家族”氏族部落组成，乞颜、孛儿只斤氏族与“别部”弘吉剌氏族等联姻，彼此互为舅甥。元王朝通过与畏兀儿亦都护家族的通婚，对于抗击西北诸王、稳定西北地区起了重要作用。皇室与吐蕃的萨迦款氏家族先后有 4 人联姻，以驸马封王。蒙古军攻下大理国后对段氏实行怀柔策略，“段庆，元封为宣武将军，妻以公主”③。

5. 宗教统治

元王朝依靠强悍的蒙古军夺取政权后，以宗教作为精神武器巩固政权，容许各教并存，并提高宗教的政治地位。同时给予宗教信奉者以特殊的待遇，免除全国各寺院和僧道人员的差役赋税，并注重保护寺庙、教堂及其财产。蒙古族本来信仰萨满教，后来信奉了藏传佛教。元王朝建立后，藏传佛教处于国教的优先地位，忽必烈任命八思巴为“帝师”，由其统领诸国释教成为佛教的最高领袖，同时还管理吐蕃军民等世俗事务，又是吐蕃的最高政治领袖。元王朝对道教也较为重视，伊斯兰教和基督教也在这一时期得到发展。西部民族主要是信奉原始宗教，如罗罗的祖先崇拜、白族的本主崇拜和羌族的白石崇拜等等，元王朝都让其自由信奉，自由发展。

清朝统治者视宗教为“驭番之具”，历代皇帝不仅倡导佛学、弘扬教法，而且对其他宗教也采取利用和扶植的策略，发挥其教化功能，巩固自己的封建统治④。理藩院的一项重要职能就是管理藏传佛教。由于信奉藏传佛教的蒙古族、藏族等民族势力很大，直接关系到清王朝封建国家的统一

---

① 《资治通鉴》，中华书局 1975 年版。

② 《资治通鉴》，中华书局 1975 年版。

③ 〔明〕杨慎撰《滇载记》，明万历刻本，影印本。

④ 贾海东主编《中国历代民族理论民族政策研究》，中央民族大学出版社 2011 年版。

与安危，清王朝对藏传佛教采取了尊崇与扶持的策略。清军在入关前就开始和达赖、班禅联系，建立政权后先后4次派官员入藏召达赖五世到京。顺治九年（1652年），顺治帝在北京隆重接待达赖五世，专门建造黄寺供其住宿。康熙五十二年（1713年），康熙帝册封班禅五世为“班禅额尔德尼”，从而确定了达赖和班禅在西藏的统治地位。并在西藏由达赖、班禅统辖的地方，给予其他一些由皇帝册封的大喇嘛和蒙古各旗札萨克等辖众的大喇嘛，拥有地方政府官员的一切权力。同时清王朝也注重对藏传佛教的管制，通过实施金瓶掣签制度，有效管理西藏、蒙古地区的宗教事务。并利用理藩院管理喇嘛事务，把藏传佛教的事务完全纳入朝廷管理轨道，运用政治权力对藏传佛教进行管理和约束。另外，建立了年班朝贡和颁发度牒制度，以加强对藏传佛的管理。同时限制藏传佛教寺院规模，控制藏传佛教寺院经济。

6. *发展经济*

清王朝为了稳固在西部民族地区的统治，较重视当地的经济发展，采取了屯垦开荒、开采矿产、互市贸易等促进经济发展的措施。如在顺治元年（1644年）昭示：“凡州、县、卫无主荒地，分给流民及官兵屯种。如力不能垦，官给牛具、籽种，或量假屯资。次年纳半，三年全纳。”[①] 在蒙古地区清王朝虽然隔离蒙古族、汉族，但又允许一部分汉人到蒙古地方开垦，特别是康熙三十六年（1697年）以后到蒙古地区垦荒的汉人不断增多。在新疆地区，清王朝在平定准噶尔叛乱后，在天山北路实行屯田，大力发展农业生产。在川西北地区清王朝设立懋功、抚边、章谷、崇化、绥靖5个屯进行屯田，清末改土归流后移民垦殖区扩大到了石渠、德格、巴塘一带。在云南，清王朝屯垦已从云南中部地区推向西南边境地区，扩展到普洱、西双版纳和文山一带。在贵州，清王朝移民屯田垦殖区域为“古州新疆六厅地”，具体为古州、清江、台拱、八寨、丹江、都江。而且清王朝还多次派官员、技术人员到西部民族地区指导生产，并多次蠲免赋税和提供赈济。另外，新疆、云南、贵州等地盛产铜、锡、银、铅等矿，云南的铜、银矿业在清王朝得到了显著的发展。同时，针对西部民族地区的入贡贸易、互市贸易和商贩贸易等商贸形式，促进了当地的开发和经济发展。

---

① 《清史稿·食货志一》，中华书局1977年版。

7. 借助律制

秦王朝的“属邦律”是中国历史上第一部有关少数民族的专门法律。1975 年出土的《睡虎地秦墓竹简》记载了“属邦律”，其条文内容涉及少数民族聚居区的道官，以及输送隶臣妾或收捕人的义务，属邦中的少数民族首领犯法可以以爵赎免，为奴的少数民族民众不许逃离主长且其子孙也要世代为奴等，规范的内容相当广泛。

唐王朝在管理西部民族地区、处理重大事情时以律为依据。《唐律疏义》中规定：“谋危社稷”者“曰谋反”；“谋背国从伪”者“曰谋叛”；“杀本属府主、刺史、县令……”者“曰不义”。并规定：“诸化外人同类自相犯者，各依本俗法，异类相犯者以法律论。”①

清王朝早在清太祖时期对漠南和漠北蒙古的管制就注重使用律制，并先后制定了管制蒙古、西藏、新疆、青海、西南“苗疆”等地区的律制，确保各民族对朝廷的臣服。乾隆年间，理藩院汇集了对蒙古族、藏族、维吾尔族等民族地区实施管制的《钦定理藩院则例》，用以加强对西部民族地区的管理。

（三）中华民国时期的运行方式

中华民国时期西部民族地区政权机构的运行，体现出资产阶级的民主精神，特别是孙中山三民主义中有关民族问题的原则和纲领，对北洋军阀政府和南京国民政府制定有关民族政策和管理西部民族地区的实践，有着十分重要的指导意义。然而，囿于资产阶级革命的局限性以及半封建半殖民地社会的诸多弊病，使得民国政府的有关主张和法律并未真正贯彻落实。

1. 民族平等

孙中山是中国民主革命的伟大先行者，面对中国 19 世纪末 20 世纪初的民族问题，他阐发了自己的民族主义观点，但他的民族主义有新旧之分。他在旧民族主义观点中提倡“五族共和”②，“国家之本，在于人民。合汉、满、蒙、回、藏诸地为一国，如合汉、满、蒙、回、藏诸族为一人，是曰民族之统一”，五族“各于政治上有发言之权”，共同“立于平等地位”，都能取得国家参政权。1924 年国共合作以后，孙中山在民族问题上有了新主张，他提

---

① 《唐律疏义·名例第一》，载《四库全书》影印本。

② 贾海东主编《中国历代民族理论民族政策研究》，中央民族大学出版社 2011 年版。

倡各民族一律平等，民族团结，联合统一，反对分裂，“所望以后五大民族同心协力，共聚国事之进行，使中国进于世界第一文明大国”①。他号召“合汉、满、蒙、回、藏为一家，相与和衷共济”②。他反对分裂，主张实行“单一国制”，反对“联邦制”。

1912 年 3 月 11 日公布的《中华民国临时约法》，明确宣布中国各民族一律平等，提出反对民族压迫、歧视的新理念。第五条规定：“中华民国人民，一律平等，无种族、阶级、宗教的区别。”③ 同年 8 月 10 日，公布了《参议院议员选举法》，对西部民族地区特列第三章和第四章两专项，参议员的分配，在蒙古和青海地区是：哲、卓、昭、锡、乌、伊、土、车、三、札等各盟部及乌梁海各两名，科布多及旧土尔扈特、青海各 3 名，阿拉善、额济纳两旗各 1 名。在西藏地区，前后藏各 5 名。同日公布的《众议院议员选举法》，规定蒙古、西藏、青海众议员的选举，其名额与参议员同。无论是参议员还是众议员，其候选资格，照顾民族地区实际而加以变通④。在北洋军阀统治时期，西部民族地区的少数民族参议员，蒙古有阿穆尔灵圭等 24 人，青海有洛藏达等 3 人，西藏有扎希土噶等 7 人；众议员蒙古有富勒军等 27 人，青海有花力旦等 3 人，西藏有一喜托美等 8 人⑤。

袁世凯就任临时大总统后，也是根据孙中山的主张处理当时的国内民族问题。袁世凯在 1912 年 7 月下达的总统令中重申了《中华民国临时约法》的原则：“现在五族共和，凡蒙、藏、回疆各地方，同为我中华民国领土，则蒙、藏、回疆各民族，即同为我中华民国国民，自不能如帝政时代再有藩属名称。此后，蒙、藏、回疆等处自应统筹规划，以谋内政之统一，而冀民族之大同”⑥。1913 年 4 月 10 日，袁世凯政府公布的《西藏第一届国会议员选举法》共四条。其中规定：“西藏参议院及众议院之选举得于政府所在地行之”，“西藏之选举监督以蒙藏事务局总裁充之”⑦。根据上述规定，藏族同胞第一次选出自己的国会代表，共 40 名。1914 年以后，在袁世凯举行的“政治

① 周昆田著《三民主义的边疆政策》，(台北)“中央文物供应社”1984 年印订。
② 周昆田著《三民主义的边疆政策》，(台北)“中央文物供应社”1984 年印订。
③ 贾海东主编《中国历代民族理论民族政策研究》，中央民族大学出版社 2011 年版。
④ 贾海东主编《中国历代民族理论民族政策研究》，中央民族大学出版社 2011 年版。
⑤ 张有隽、徐杰舜著《中国民族政策通论》，广西教育出版社 1992 年版。
⑥ 贾海东主编《中国历代民族理论民族政策研究》，中央民族大学出版社 2011 年版。
⑦ 李斯编《中华民国大事记》(第 1 册)，中国文史出版社 1997 年版。

会议”和“约法会议”中，西藏均有代表参加。1914 年 5 月 1 日袁世凯颁布的《中华民国约法》第四条规定：“中华民国之国民，无种族、阶级、宗教之区别，法律上均为平等。”[①]

南京国民政府时期，也强调各民族一律平等。国民党一大宣言提出：“国民党之民族主义，有两方面之意义：一则中国民族自求解放；二则中国境内各民族一律平等。”[②] 国民党第二届中执会第三次全会通过的“对全体党员训令案”指出：“本党今后不但须使中华民族对外求到平等，且须使国内少数民族一律平等，以保证本党之民族主义为民族解放，非国家主义者之藐为对外抗强权而内则压制弱小民族者所可比附。”[③] 1931 年 6 月颁发的《中华民国训政时期约法》规定“中华民国领土为各省及蒙古、西藏”，强调西部民族地区是中国的一部分，“中华民国国民无男女、种族、宗教、阶级之区别，在法律上一律平等”，“蒙古、西藏之地方制度，得就地方情形，另以法律定之”[④]。1945 年 5 月发布的《中国国民党第六次全国代表大会宣言》指出：“民族主义之目的，一曰：中国民族自求解放，一曰国内各民族一律平等。”[⑤] 1946 年 12 月 25 日国民大会通过的《中华民国宪法》第五条规定：“中华民国各民族一律平等。”第七条规定：“中华民国人民，无分男女、宗教、种族、阶级、党派，在法律上一律平等。”[⑥] 1947 年 3 月国民党六届三中全会在“政治改革案”第九条中指出：“国内各民族一律平等，为本党一贯之主张，国民大会复明定于宪法，本党必竭诚拥护，促其实施。”[⑦]

2. 统一国家

中华民国时期，特别是国民政府时期，国民党在其颁布的约法和宪法

---

① 贾海东主编《中国历代民族理论民族政策研究》，中央民族大学出版社 2011 年版。

② 贾海东主编《中国历代民族理论民族政策研究》，中央民族大学出版社 2011 年版。

③ 《第二届中执会第三次全会通过对全体党员训令案》，载《中华民国史档案资料汇编》（第四辑），江苏古籍出版社 1991 年版。

④ 李国栋著《民国时期的民族问题与民国政府的民族政策研究》，民族出版社 2009 年版。

⑤ 《中国国民党第六次全国代表大会宣言》，载《中华民国史档案资料汇编》第五辑第二编《政治》（一），江苏古籍出版社 1991 年版。

⑥ 李国栋著《民国时期的民族问题与民国政府的民族政策研究》，民族出版社 2009 年版。

⑦ 李国栋著《民国时期的民族问题与民国政府的民族政策研究》，民族出版社 2009 年版。

中，都强调重申国家领土统一，并在固有的领土疆域内建立统一的中华民国。

变更西部民族地区的行政建制，加强对该地区的行政管理。袁世凯统治时期，对西部民族地区行政建置进行变革，把内蒙古一分为三，划出绥远、热河和察哈尔3个特别行政区。1914年设置相当于省一级的川边特别区域，后改名西康特别区域。南京国民政府成立后，撤销了北洋军阀政府设置的特别行政区建置，将西部民族地区改建为省。1928年8月，国民党中央政治会议第一五二次会议决定：西藏、青海设行省，并改热河、察哈尔、绥远3个特别行政区为行省。9月，国民党中央政治会议第一五三次会议又重新讨论，并最后决定除西藏仍不改行省制以外，热河、察哈尔、绥远、西康、青海都改为行省①。1928年10月，国民党中央政治会议第一五九次会议又决定：甘肃省西宁道所属地区及旧宁夏道所属各县合并设宁夏省，并以宁夏县为宁夏省会②。西康因条件特殊直到1939年1月1日才正式建省，省会设在康定。南京国民政府的这一系列改革，受影响最大的是蒙古地区。设立行省剥夺了蒙古各盟旗的自主权利，内蒙古地区原有的6个盟、2个部、4个特别区，分别划入黑龙江、吉林、辽宁以及新设置的热河、察哈尔、绥远、宁夏各省，分裂了内蒙古的区域，强化了中央政府的统辖。

国民党一大宣言明确提出要“组织自由统一的（各民族自由联合的）中华民国”③。国民党三大决议中声明：“今后必力矫满清、军阀两代愚弄蒙古、西藏及漠视新疆人民利益之恶政，扶植各民族，造成自由统一的中华民国。”④国民党三届二中全会通过的《关于蒙藏之决议案》提出：“加紧对蒙藏的宣传，要阐明蒙藏民族为整个中华民族之一部”⑤。国民党六大决议强调：“要

① 史筠编著《民族事务管理制度》，吉林教育出版社1991年版。

② 李国栋著《民国时期的民族问题与民国政府的民族政策研究》，民族出版社2009年版。

③ 孙中山《中国国民党第一次全国代表大会宣言》，载《孙中山选集》（下），人民出版社1957年版。

④ 《中国国民党第三次全国代表大会重要决议案》，载《中华民国史档案资料汇编》第五辑第一编《政治》（二），江苏古籍出版社1991年版。

⑤ 《中国国民党三届二中全会重要决议案》，载《中华民国史档案资料汇编》第五辑第一编《政治》（二），江苏古籍出版社1991年版。

扶助边疆民族，以造成独立自由之统一国家。”[①] 国民党六届二中全会决议指出：“我蒙藏回三族同胞俱为构成中华民族之一员，而其分布之地区更为我领土不可分之一部。”中华民国训政时期约法“总纲”中规定：“中华民国领土为各省及蒙古、西藏，中华民国永为统一共和国。”[②]《中华民国宪法》也规定：“中华民国领土依其固有之疆域，非经国民大会之决议，不得变更。”[③]强调中华民国由各民族自由联合而成，中华民国各民族都能共同参政。

为使各民族能共同参政，国民党曾在中央全会上多次进行规定。国民党二大会议决议“于民权主义上，乃求增进国内诸民族自治之能力与幸福，使人民能行使直接民权，参与国家之政治”[④]。国民党四届三中全会决议“提出中央各机关于可能范围内，应多任用边地各族人员”[⑤]。为确使西部民族地区少数民族参政，国民党在五大宣言中便宣示“国内蒙古族、藏族、新疆回族，以及散住内地各小族，选举代表，必须在当地有确实籍贯者，期能充分表达各族人民之情意”，并规定“中央应培养边地人员，俾中央各机关得充分任用边地出身之人员。”[⑥] 国民党五届四中全会规定：“国民参政会置参政员总额一百五十名，其中由曾在蒙古、西藏地方公私机关或团体服务，著百信望，或熟谙各该地方政治社会情形、信望久著之人员中，选任六名（蒙古四名、两藏两名）。”[⑦] 国民党六届二中全会通过的政治报告决定：“调整边疆政府、并尽量引用边胞参加中央及地方之行政，以贯彻本党之边疆政策”[⑧]。这次会

---

① 《中国国民党第六次全国代表大会重要决议案》，载《中华民国史档案资料汇编》第五辑第二编《政治》（一），江苏古籍出版社 1991 年版。

② 《中华民国训政时期约法》，载《中华民国史档案资料汇编》第五辑第二编《政治》（一），江苏古籍出版社 1991 年版。

③ 李国栋著《民国时期的民族问题与民国政府的民族政策研究》，民族出版社 2009 年版。

④ 《中国国民党第三次全国代表大会重要决议案》，载《中华民国史档案资料汇编》第五辑第一编《政治》（二），江苏古籍出版社 1991 年版。

⑤ 《中国国民党四届三中全会重要决议案》，载《中华民国史档案资料汇编》第五辑第一编《政治》（二），江苏古籍出版社 1991 年版。

⑥ 《中国国民党第五次全国代表大会宣言》，载《中华民国史档案资料汇编》第五辑第一编《政治》（二），江苏古籍出版社 1991 年版。

⑦ 《中国国民党五届四中全会通过重要议案》，载《中华民国史档案资料汇编》第五辑第二编《政治》（一），江苏古籍出版社 1991 年版。

⑧ 李国栋著《民国时期的民族问题与民国政府的民族政策研究》，民族出版社 2009 年版。

议还专门做了“边疆问题报告”，并决定：“改组后之国府委员及行政院之政务委员中，均须有蒙藏回三族忠实干练之同志参加；蒙藏回三族贤能人士，须有充分机会参加各院部会议实际工作；于新增之国民大会代表名额中，酌增蒙藏回三族代表名额，由中央推选之；改组蒙藏委员会为边政部，使蒙藏回三族干练人士，得参加实际工作，担负实际责任。”① 为能使西部民族地区少数民族有代表参加中央政治，《中华民国宪法》中也做了一些规定：“蒙古选出代表，每盟四人，每特别旗一人；西藏选出代表，其名额以法律定之；各民族在边疆地区选出代表，其名额以法律定之。”“立法院立法委员，蒙古各盟班选出者；西藏选出者；各民族在边疆地区选出者。”“监察院设监察委员，蒙古各盟旗共八人；西藏八人。”②

3. 民族自治

南京国民政府一直打着“扶植弱小民族自治”的旗号。从国民党三大起开始宣称：“于民权主义，乃求增进国内诸民族自治之能力与幸福，使人民能行使直接民权，参与国家政治。”③ 1929 年 6 月，国民党三届二中全会通过的《关于蒙藏之决议》提出：“说明本党训政之意义，促成蒙藏人民积极培养自治之能力，完成自治之组织，并优先登录蒙藏人民参加地方行政，并奖励蒙藏优秀分子来中央党政机关服务。”④ 1941 年 4 月，国民党五届八中全会通过的《关于加强国内各民族及宗教间之融合团结，以达成抗战胜利建国成功目的之施政纲要案》规定：“对于边疆各民族一切设施，应培养其自治能力，改善其生活，扶植其文化，以确立其自治之基础。”⑤ 国民党五届十中全会政治报告决议中又重申了上述决议的内容。1945 年国民党六大宣言也强调：“赋予外蒙、西藏以高度自治之权，”“为贯彻民主主义之目的，本大会特重申第一

---

① 李国栋著《民国时期的民族问题与民国政府的民族政策研究》，民族出版社 2009 年版。

② 李国栋著《民国时期的民族问题与民国政府的民族政策研究》，民族出版社 2009 年版。

③ 《中国国民党第三次全国代表大会重要决议案》，载《中华民国史档案资料汇编》第五辑第一编《政治》（二），江苏古籍出版社 1991 年版。

④ 《中国国民党三届二中全会重要决议议案》，载《中华民国史档案资料汇编》第五辑第一编《政治》（二），江苏古籍出版社 1991 年版。

⑤ 李国栋著《民国时期的民族问题与民国政府的民族政策研究》，民族出版社 2009 年版。

次代表大会是‘于革命获得胜利以后，当组织自由统一的中华民国’之宣言，必以全力解除边疆各族所受日寇劫持之痛苦，亦必以全力辅助边疆各族经济、文化之发展，尊重其固有之语言、宗教与习惯，并赋予外蒙、西藏以高度自治之权”，“惟于国内边疆各族之融合联合各族，尚鲜致力，对其政治、经济、文化之发展与自治能力之增进，更未能尽扶植之功。是民族主义中中国民族自求解放与中国境内各民族一律平等之两重意义，尚未能同时贯彻，有待于今后之继续努力，以期彻底实现自由统一之中华民国。”“实现蒙、藏各民族之高度自治，并扶助各民族经济、文化之平衡发展，以奠定自由统一的中华民国之基础。”大会还通过了《根据三民主义政纲明确承认各民族之民族地位予以应得之权利案》①。1946 年 3 月，国民党六届二中全会通过的《对于边疆问题报告之决议案》指出：“在根据三民主义、五权宪法组成统一民主国家之原则下，宪法中应有明白之规定，保障边疆民族之自治权利。”② 并提出：“调整边疆政府，并尽量引用边胞参加中央及地方之行政，以贯彻本党之边疆政策。”③ 1947 年 3 月，国民党六届三中全会又提出了努力迅速解除“边疆地区民生之实际痛苦”，“注意边疆教育，培植各族青年，以增进其公共事业服务之能力与机会；其卫生机构及社会福利事业，应予恢复及充实”，“彻底改革及充实中央边政机构，并尽量利用边疆地区干练人士参加实际工作，而负实际责任”④。

4. 扶植经济

南京临时政府制定各种政策和措施，扶持西部民族地区的经济发展。黄兴等人发起组织旨在发展当地经济的拓殖协会，“一面编纂书报鼓吹，以激国民移往之热心；一面组织公司实行，以养国民开拓之实力”⑤。临时大总统孙中山清楚“吾国民族中聚于东南，而凋零于西北，致生聚之地人口有过剩之虞，凋零之区物产无丰阜之望，过与不及，两失其宜，甚非所以致富图强之道”。认为“拓殖协会之组织，实为谋国要闻”，并对此全力支持，“国家自

---

① 贾海东主编《中国历代民族理论民族政策研究》，中央民族大学出版社 2011 年版。

② 李国栋著《民国时期的民族问题与民国政府的民族政策研究》，民族出版社 2009 年版。

③ 贾海东主编《中国历代民族理论民族政策研究》，中央民族大学出版社 2011 年版。

④ 贾海东主编《中国历代民族理论民族政策研究》，中央民族大学出版社 2011 年版。

⑤ 《令财政部将拨助殖协会经费编入预算文》，载《孙中山全集》（第二卷），中华书局 1982 年版。

应协助”。在政府预算十分紧张的情况下，令财政部将拓殖协会所请维持经费30万元，“即行编入每年预算案，即交参议院核议”[①]。为扶持西部民族地区的经济发展，南京临时政府财政部认为：“创办殖边银行，为疆隅安置流民。”“若大殖边银行，则边疆之地，有万不容缓者。良以殖民为强国之伞，辟地为致富之源。”“而我国以固有之地，弃之不顾，诚为可惜。如西北各省，沃野荒芜，空虚可虑，强邻逼峙，蚕食堪虞。我用移民实边之策，不足以图补救之方，非建立银行为周转之资，又不足以实边移民之策。况兵燹余生，居民已多失业，干戈既息，军队宜为安置。能使此种人民，贷以资财，寓兵于农，移置于边陲之地。不特可以遏乱萌舒民力，抑且可以绝邻邦之窥伺，谋国势之富强，一举而数善备之焉也。夫开设银行，以尽地力，苏民困，辟疆土，安流民，利遍于苍生，功收于久远。”[②] 1912年2月，云南干崖土司刀安仁请求南京临时政府帮助发展当地社会经济。孙中山对此极为重视，批准云南土司的行政改革，指示内政部拿出具体办法之外，还特别指出：“共和建国，凡属版图内含生负气之伦，皆当同享共和之福，政教所及，尤不能有畸轻畸重之分。此后对于各处土司行政如何改革，如何设施，皆中央政府所应有之事。”[③] 这一准则成为历届民国政府处理此类事务的标准。

1912年7月，民国政府在北京发起成立“五大民族生计会”。该会以“开通民智，利用厚生，务使一般人民皆能自谋生活，得享共和福利为宗旨”[④]，主张发展农林、畜牧、矿业、商业，开办银行，并拟在西藏等地设立分会。9月，蒙藏交通公司在北京成立，推举伍廷芳为总理，温宗尧为协理。这个公司是为筹划西藏、蒙古的交通事业而设立的。为加强移民垦荒实边的工作，在西部民族地区设立各种屯垦官吏，设有新疆青海屯垦使胡瑛，青海

① 《令财政部将拨助殖协会经费编入预算文》，载《孙中山全集》（第二卷），中华书局1982年版。

② 《财政部拟订兴农农业殖边等银行则例咨交参议院议决呈稿及临时大总统批》，载《中华民国史档案资料汇编》（第二辑），江苏古籍出版社1991年版。

③ 孙中山《令内务部核办干崖土司行政兴革及品级章服文》，载《孙中山全集》（第二卷），中华书局1982年版。

④ 中国第二历史档案馆编《中华民国史档案资料汇编》第三辑《政治》（二），江苏古籍出版社1991年版。

屯垦督办吴佩孚、西康屯垦使刘成勋等[①]。

1929年3月，国民党第三次全国代表大会通过《对于政治报告之决议案》，其中的《蒙藏与新疆的决议案》提出："本党致力国民革命，既以实现三民主义为唯一目的，则吾人对于蒙古、西藏及新疆边省，唯实行三民主义外实无第二要求。虽此数地人民之方言习俗与他省不同，在国家行政上稍呈特殊之形式，然在历史上地理上及国民经济上则固同为中华民族之一部，而皆处于受帝国主义压迫之地位者也。"因此，"乃求汉、满、蒙、回、藏人民密切团结，成一强固有力之国族，对外争取国际平等之地位"。同时"乃求发展国内一切人民之经济力量，完成国民经济之组织，解决自身衣、食、住、行之生活需要问题也。诚心扶植各民族经济、政治、教育之发达，务期同进于文明进步之域，造成自由统一的中华民国"[②]。

5. 发展教育

孙中山多次强调各民族不仅在政治上一律平等，团结一致，而且在教育上也应平等对待，不应受到歧视。南京临时政府重视民族教育事业，认为"中华民族既合五大民族而成，自应施以同等教育。蒙、回、藏语文各异，尤应首先养成师资"[③]。"为广施教育，共向进步，教育部拨款支持中华民族大同会设蒙回藏师范学校"。中华民族大同会"以联络五族为主义，复创设蒙回藏师范学校，意在广施教育，共同进化，深堪嘉尚。本部成立伊始，经费异常竭微，所请先拨开办费五万两一节，碍难照准"[④]。

1912年4月13日，袁世凯颁布《劝谕汉、满、蒙、回、藏各族联姻令》。鼓励汉族与满族、蒙古族、回族、藏族各族通婚"以除异同之迹……以期情谊之孚"[⑤]，以加强汉族与少数民族的感情联络，以打破封建时代各民族婚姻的封闭状况，带动各民族间的往来和交流。接着袁世凯又规定"五族皆可入学"，并指示创办藏文官报。1913年1月27日，蒙藏事务局编辑发行《蒙藏

① 李国栋著《民国时期的民族问题与民国政府的民族政策研究》，民族出版社2009年版。

② 贾海东主编《中国历代民族理论民族政策研究》，中央民族大学出版社2011年版。

③ 《教育部关于中华民族大同会创设蒙回藏师范学校请拨开办费批》，载《中华民国史档案资料汇编》（第二辑），江苏古籍出版社1991年版。

④ 《教育部关于中华民族大同会创设蒙回藏师范学校请拨开办费批》，载《中华民国史档案资料汇编》（第二辑），江苏古籍出版社1991年版。

⑤ 《临时公报》，1912年4月14日。

回白话官报》[1]。同时，经蒙藏事务局呈请批准，组建北平蒙藏学校，开创了中央政府设立蒙藏学校的先河。1913 年 5 月，教育部还批准姚撼组织的“筹边学会”文化学术团体成立，以“研究筹边应用之学识，造就筹边人才”[2]。并将清王朝时期设置的殖边学堂及满文高等学堂合并设立北京筹边高等学校[3]。

1929 年 6 月，国民党召开第三届第二次全体会议通过了《关于蒙藏之决议案》，主要内容：一是定于民国十九年（1930 年）三月前召开蒙藏会议，“蒙古由各盟、旗长官及人民推出代表若干人，西藏由达赖、班禅喇嘛及西藏人民各推出代表若干人，同来中央参加会议；并由中央派定若干人一律出席”。蒙藏委员会必须出席会议。“会议之任务为报告蒙、藏之实际情况，讨论关于推行训政及蒙藏地方之一切改革事宜，呈请中央核定施行之。”二是派官员分赴蒙古、西藏，宣传中央扶植蒙藏民族之政策与决心，慰问并调查蒙藏人员之疾苦。三是在首都设立蒙藏学校，由蒙藏各地选送优秀青年应试入学。该校附设蒙藏研究班，“指导促进关于蒙藏事情之专门研究”。四是从发展教育入手，以振兴蒙古、西藏之经济与文化。其实施方法是通令各盟旗及西藏、西康等地的主管官厅，迅速创办各级学校，确定蒙藏教育经费；在国家教育部内设专管蒙藏教育的司科机构；在首都及其他适宜的地点，设立收容蒙藏青年的预备学校，特定国立及省立之学校，优待蒙、藏、新疆、西康等地学生的办法；加紧有关蒙藏事宜的宣传，将宣传片译成蒙文、藏文，如阐明蒙藏民族为整个中华民族之一部，优先招录蒙藏人民参加地方行政，奖励蒙藏优秀分子到中央党政机关服务等。此外，这次会议上部分委员还提交了关于“对于满蒙藏之待遇及扶助其进至自治阶段，以达本党使国内各民族平等之目的”的议案[4]。

6. 自由信教

《中华民国临时约法》第五条规定：“中华民国人民……无种族阶级宗教

---

① 《北京地区报刊注册统计表》，载《中华民国史档案资料汇编》第三辑《文化》，江苏古籍出版社 1991 年版。

② 《教育部核准注册之文化学术团体一览表》，载《中华民国史档案资料汇编》第三辑《文化》，江苏古籍出版社 1991 年版。

③ 李国栋著《民国时期的民族问题与民国政府的民族政策研究》，民族出版社 2009 年版。

④ 贾海东主编《中国历代民族理论民族政策研究》，中央民族大学出版社 2011 年版。

之区别。”第六条第七款规定：“人民有信教之自由。”[①] 临时大总统孙中山认为“条文虽简而含义甚宏。”[②] 并在复高冀圣书亚杰函中指出：“人民自由奉教，一切平等……至君等欲自立中国耶稣教会，此自为振兴真教起见，事属可行，好自为之，有厚望焉。”[③] 在《令教育部准佛教会立案文》中也指出：“查近世各国政教之分甚严，在教徒苦心修持，绝不干预政治，而在国家尽力保护，不稍吝惜。此种美风，最可效法。”告知“是该会要求者，尽为约法所容许，有行政之责考，自当力体斯旨，一律奉行”[④]，并饬令教育部准予立案。内务部在《关于金峙生等组织回族联合会请求立案呈的批稿》中提出：“盖信教自由，为中外宪法所共许，”“该回民组织联合会以维持宗教、联络声气为目的，以组织团体不背驰共和为宗旨，本部均极赞成。”[⑤] 并根据“回族之蕃滋，因于回教，回教之范围，不止回民，故回族有今日之结果也”，“联合会仍标以回民名称，未免失实。且取义流于拘偏，足以阻害回族之发达”，建议“用宗教名义，改称回教联合会”，并希望“仰体斯意，努力进行，广扬教旨”，“于共和国实有裨益，本部有厚望焉”[⑥]。

袁世凯政府认为“宗教为国民精神之事，占社会教育之一大部分。故欧洲各国，间有名文部，为宗教及教育部者。礼俗所含之分子，亦多隶于宗教，二者皆教育之事”。所以“内务部礼教司关于宗教及改良通俗礼仪等事项，移归教育部社会司管理”[⑦]。“满、蒙、回、藏原有之宗教，听其自由信仰”，尊重少数民族宗教信仰自由。另外，在刑法草案第 168 条第 2 款中规定，放火

---

① 《中华民国临时约法》，载《中华民国史档案资料汇编》（第二辑），江苏古籍出版社 1991 年版。

② 孙中山《令教育部准佛教会立案文》，载《孙中山全集》（第二集），中华书局 1982 年版。

③ 孙中山《令教育部准佛教会立案文》，载《孙中山全集》（第二集），中华书局 1982 年版。

④ 孙中山《令教育部准佛教会立案文》，载《孙中山全集》（第二集），中华书局 1982 年版。

⑤ 《关于金峙生等组织回族联合会请求立案呈的批稿》，载《中华民国史档案资料汇编》（第二辑），江苏古籍出版社 1991 年版。

⑥ 《关于金峙生等组织回族联合会请求立案呈的批稿》，载《中华民国史档案资料汇编》（第二辑），江苏古籍出版社 1991 年版。

⑦ 《教育部官制修正草案理由》，载《中华民国史档案资料汇编》第三辑《政治》（一），江苏古籍出版社 1991 年版。

烧毁陈列储藏多数宗教上等贵重图书物品之建筑物处死刑、无期徒刑或一等有期徒刑。第3款中规定，放火烧毁宗教或历史上之贵重建筑物，同样处死刑、无期徒刑或一等有期徒刑①。

南京国民政府在其统治时期，为了把各少数民族宗教纳入统治轨道，制约其不利于政权稳固的因素，先后通过了一些决议，并制定了一系列法律法规。1931年，南京国民政府公布的《中华民国训政时期约法》规定“人民有信仰宗教之自由”②。国民党四大通过的《确定边区建设方针并切实进行案》规定“对于各该地人民之宗教信仰，须尊重之；宗教行政取渐进改良，并以唤起各教信徒自谋改良为原则”③。1936年通过的《中华民国宪法草案》重申“人民有信仰宗教之自由”④。1941年4月，国民党五届八中全会决议“尊重各民族之宗教信仰”。1947年公布的《中华民国宪法》再次重申“人民有信仰宗教之自由”。南京国民政府还在其统治期间对宗教人员及寺庙的监督管理，颁布了20多个法规⑤。

第二节 西部民族地区的区域性政权

在漫长的历史进程中，西部民族地区相继建立了一系列邦国性质的地方政权或酋长性质的土司政权，如西夏、吐谷浑、南诏、大理国、“西域三十六国”等。它们在政治、经济、文化等方面有明显的特殊性，经过几千年来不断地迁徙、分化、融合、发展，作为独立族群的许多原生民族虽然已经消失，但这些民族大多在发展和形成过程中与其他民族融合，并造就了各自不同的文化。在我国55个少数民族中，有将近50个世居在西部民族地区。在中央

---

① 《刑法草案》，载《中华民国史档案资料汇编》第三辑《政治》（一），江苏古籍出版社1991年版。

② 《中华民国训政时期约法》，载《中华民国史档案资料汇编》第五辑第一编《政治》（一），江苏古籍出版社1991年版。

③ 《中国国民党第四次全国代表大会重要决议案》，载《中华民国史档案资料汇编》第五辑第一编《政治》（二），江苏古籍出版社1991年版。

④ 《中华民国宪法草案》，载《中华民国史档案资料汇编》第五辑第一编《政治》（一），江苏古籍出版社1991年版。

⑤ 李国栋著《民国时期的民族问题与民国政府的民族政策研究》，民族出版社2009年版。

王朝建立统一政权的同时，西部民族地区也建立了一些政权，尤其是在中央王朝出现战乱、分裂、衰落与更替的时候，西部民族地区建立的政权更多。这些政权与中央王朝同时并立存在或单独存在。

一、政权机构

战国时期，西南地区先后出现处于奴隶制社会的夜郎国、滇国、巴国、蜀国等，在西北地区出现敦煌、月氏等，但这些政权存在的时间都不长。相对于中央王朝而言，西部民族地区社会发展进程缓慢，其建立的政权大都是在学习中央王朝的政治制度之后，再结合本民族的传统习俗建立起来的。秦汉时期建立起来的大多数政权经济发展水平较低，社会发育程度也低，但建立政权后上层建筑反过来作用于经济基础，促进社会经济水平有了较大提高。西部民族地区所建立的政权结构相对简单，因而设置的机构（或职官）数量少。

表 2－4　西部民族地区区域性政权机构（或职官）设置[①]

时期	政权	朝廷机构（或职官）	地方机构（或职官）
秦汉时期	匈奴	单于庭、左贤王庭和右贤王庭	左贤王、右贤王、左谷蠡王、右谷蠡王、左大将、右大将、左大都尉、右大都尉、左大当户、右大当户，其中谷蠡王以下的左右大将、左右大都尉、左右大当户、左右骨都侯等二十四长，被称为万骑长，二十四个万骑长又各自设置千骑长、百骑长、十骑长、裨小王、相、封都尉、当户、且渠等
	西域诸国	辅国侯、左右将、骑君、都尉、译长等	
	滇、夜郎等国		

① 根据龚荫著《中国民族政策史》，四川出版集团、四川人民出版社 2006 年版；赵云田著《中国边疆民族管理机构沿革史》，中国社会科学出版社 1993 年版相关资料整理。

（续表2－4）

时期	政权	朝廷机构（或职官）	地方机构（或职官）
五胡十六国时期	成汉、前凉、前秦、后秦、西秦、夏、后凉、南凉、西凉和北凉等	与两晋相似，如成汉设置太师、相国、丞相、右丞相、太宰、太傅、太保、大将军、太尉、司徒、司空、录尚书事、尚书令、尚书左右仆射、刺史等。前秦以丞相为最高官，还设置太师、太傅、太保、大司马、太尉、司徒、司空、录尚书事、尚书令、尚书左右仆射、中书监、司隶校尉等	
隋唐五代时期	突厥汗国	“叶护”	“设”“特勤”“啜”“俟斤”“吐屯”等
	吐蕃	“论茝”（大相）、“论茝扈奔”（副相）、“悉编掣逋”（那护）、内大相、内副相、内下相等	
	南诏	清平官、“内算官”、大军将、“九爽”（幕爽、琮爽、慈爽、罚爽、劝爽、厥爽、万爽、引爽、禾爽）、“外算官”、“六曹”（兵曹、户曹、客曹、刑曹、工曹、仓曹）、断事曹长、军谋曹长、同伦长	南诏政区为首府（六赕），六节度设节度使，统领一方民众，实行军事编制，100家以上设“总佐”1人，1万家以上设“理人官”1人，1万家设“都督”1人，壮丁都必须服兵役，称为“乡兵”。“理人官”的办事机构是“村邑理人处”

（续表2-4）

时期	政权	朝廷机构（或职官）	地方机构（或职官）
宋辽金时期	辽王朝	枢密院，北、南宰相，迭剌部（耶律氏部族）夷离堇（大王），惕隐典属皇族，决狱官，阿札割，文班林牙，政事令，左右尚书，汉儿司，宫卫（斡鲁朵），腹心部，族帐。北面官有北面朝官（设北、南枢密院，北、南宰相府，北、南大王院，北、南宣徽院）、北面御帐官、北面著帐官、北面皇族帐官、北面诸帐官、北面宫官、北面军官、北面边防官。南面官设有三师府，设有太师、太傅和太保；三公府设有太尉、司徒和司空，汉人枢密院、中书省、门下省、尚书省、翰林院等	可分为三个系统：一是以民政为主的系统，二是军政合一的系统，三是军事管制和单纯军政的系统。以民政为主的系统主要涉及京、府、州、军、城、县等官衙
	西夏王朝	中书省、枢密院、三司使、御史台、尚书省；部分保留原来的“蕃官”体系，如宁令（大王）、谟宁令（诸王）、祖儒（大首领）、吕则（首领）、枢铭（副首领）等官称	府、州、郡、县等官府
	金王朝	“勃极烈”、太师、太傅、太保，在尚书省下分设吏、户、礼、兵、刑、工六部	路、府、州、县等官府，猛安谋克，部落部族制
	大理国	清平官、坦绰、步燮、久赞、彦赞、“九爽”	首府、二都督、六节度、府、郡、镇、部、赕、甸等

二、机构职能

（一）秦汉时期的政权机构职能

秦汉时期，西部民族地区刚刚建立区域性政权，除匈奴外，其他政权都较为弱小，存在时间也不长，国家结构不完善，因而机构职能也相对简单。

1. 匈奴的政权机构职能

匈奴政权是中国历史上西部民族建立的第一个奴隶制政权，其统治区域大部分位于今内蒙古自治区和新疆维吾尔自治区。匈奴崛起的第一位君长是头曼单于。史载："当是之时，东胡强而月氏盛。匈奴单于曰头曼，头曼不胜秦，北徙。十余年而蒙恬死，诸侯叛秦，中国扰乱，诸秦所徙适戍边者皆复去，于是匈奴得宽，复稍度河南与中国界于故塞。"① 秦二世胡亥元年（前209年），冒顿杀父头曼自立为单于，建立起一个强大的奴隶制政权，控制地区东达辽州，西到葱岭，北达贝加尔湖，南与长城为界。随着被征服地区的扩展，大批奴隶和贡纳源源流入，私人财富也迅速增加，为了保护这些财源和镇压奴隶及被征服的部落，冒顿建立了奴隶主国家。匈奴的国家政权机构分为单于庭、左贤王庭和右贤王庭三个部分，单于是国家的君主，总揽军政外交一切大权。单于庭直接管辖匈奴的中部，其南部为汉王朝的代郡和云中郡。左贤王庭管辖匈奴东部地区，其南部为汉王朝的上谷郡，东面连接朝鲜。右贤王庭管辖匈奴西部地区，其南部为汉王朝的上郡，西面连接月氏、氐、羌。在朝廷机构中左右骨都侯辅佐单于管理朝廷事务。左、右贤王是地方政权的最高长官。匈奴人尊崇"左"，单于以下以左贤王最为尊贵，其权力和地位较右贤王高。左贤王是单于"储副"，故常以太子为左贤王。左、右贤王以下则是左、右谷蠡王。左、右谷蠡王亦各建庭于其驻牧所在地，为当地最高长官。由于匈奴奴隶主贵族政权是游牧军事政权，所以自单于以下各级官吏都是军政首领，战事一起都带兵上阵打仗，多者领兵万骑，少者千余骑。其中，谷蠡王以下的左、右大将，左、右大都尉，左、右大当户，左、右骨都侯等二十四长，被称为万骑长，二十四个万骑长又各自设置千骑长、百骑长、十骑长、裨小王、相、封都尉、当户、且渠等官。这些基层军事首领，也是基层政务官员，战时领兵打仗，平时则管理日常事务。

---

① 《史记·匈奴列传》，中华书局1959年版。

2. 西域诸国的政权机构职能

西汉初年，西域共有三十六国，绝大多数分布在天山以南塔里木盆地南、北边缘的绿洲上，主要有乌孙、车师、鄯善、于阗、莎车、疏勒、龟兹、焉耆等国，这些国家以城郭为中心兼营农牧，各国都有简单的政权机构，以农业为主，有较发达的手工业，兼营畜牧业。帕米尔及天山以北的乌孙等地以畜牧业为主，兼营农业和手工业。各城郭诸国大都设有“译长”，说明当时流行于西域的语言不很一致。在各城郭中军队所占比重很大。这种特殊的兵役制度，透视出了当时西域诸国之间复杂的关系，以及它们防止匈奴奴隶主贵族进犯的紧迫感。汉文帝前元五年（前175年），匈奴的势力扩展到西域各国，汉王朝设置“僮仆校尉”管理各国。汉宣帝时，汉王朝在乌垒城设西域都护府，统领和管辖西域诸国。东汉初年，一部分国家又重新受到匈奴的控制。永平十七年（74年），东汉恢复西域都护，但东汉末年又断绝了与西域的联系。以乌孙为例，汉文帝后元三年（前161年）至汉文帝后元四年（前160年）左右，乌孙王借匈奴兵驱逐伊利河流域的月氏人，占据其土地，建立了国家，随后又迁移到伊塞克湖一带，定都在赤谷城。乌孙为西域所有国家中人数最多的一国，西汉时达到63万人。其国王叫“昆莫”，下设有相、大禄、左右大将、侯、大将、都尉、大监、大吏、舍中大吏、骑君等官吏。车师前国设抚国侯、安国侯、左右将、都尉、归汉都尉、车师君、通善君、乡善君和译长等。总的看，西域这些国家一般设置国王，国王之下有辅国侯、左右将、骑君、都尉、译长等，有的国家还设击胡侯，都带有明显的军事政权的特征，政务和军务不区分。当然，有些地处偏僻的小国，人口很少，政权组织更是十分薄弱。

3. 滇、夜郎等国的政权机构职能

秦汉时期，西南地区居住着的少数民族被统称为“西南夷”。这些少数民族语言各异，风俗不同，社会发展阶段有很大差别，有的处于原始社会末期，有的已进入奴隶社会，夜郎、滇、邛都、徙、筰都、冉駹、白马氐等[①]设立了君长和政权组织。汉武帝时，西南各民族大部分都归附汉王朝，并在其居住地设置了郡县。楚顷襄王二十一年（前278年），楚将庄蹻率领一支队伍到达滇池地区，其目的是征服当地人归附楚国，后因归路被秦国所断，就留在滇

① 左言东著《中国政治制度史》，浙江古籍出版社1986年版。

池地区建立了滇国，都城位于今昆明市晋宁县晋城。滇国是云南古代少数民族建立的奴隶制国家，其疆域处于以滇池为中心的云南中部及东部地区。以滇王为首的奴隶主不仅通过战争掠夺奴隶、抢劫财物，还强迫被征服的部落进贡。后来秦始皇派军队打败滇国，并开通五尺道至当地，但秦王朝灭亡后交通再度中断。汉武帝元封二年（前109年），汉王朝在归降的滇国设置益州郡并“赐滇王王印，复长其民”①。东汉时随着汉王朝郡县制的进一步推广及大量汉族迁入，滇国和滇族逐渐被分解、融合、同化，最终完全消失。大约在战国时代，夜郎已是雄踞西南的一个奴隶制君长国。《史记·西南夷列传》说：“西南夷君长以什数，夜郎最大。”“夜郎”的本名应该是“耶朗”。“耶朗”即唱诵，是在祭祀活动中以半朗诵半咏唱的形式，宣读氏族盟誓。因而“耶朗”是一种口头立法。凡是参加“耶朗”的氏族都是“耶朗”大团体的成员。“夜郎国”实行的这种“耶朗制”形成了一个以经济与文化为纽带的庞大社会组织，整个“夜郎国”就是由大大小小的“耶朗”组成。当时夜郎的战争非常频繁，于是夜郎奴隶制联盟就带有浓厚的军事性。为了共同的和各自的利益，各联盟国在夜郎国的指挥下作战；战事结束或夜郎国实力衰减时，一些盟国就可能脱离出去，各自为政。古夜郎的核心在今贵州黔西南一带，其族大约分布在今贵州省的西部及北部、云南省的东北部和广西壮族自治区的北部。夜郎的最高统治集团由君、臣、师、匠组成。君则按照规矩发号施令；臣和匠按君的命令行事，臣主理行政和领兵征战；师有些像祭司，又有些像史官，负责讲解道理、规矩，记载历史事件和君的言行；匠则专门管理经济事务，领导生产、建设。

（二）“五胡十六国”时期的政权机构职能

两晋时期，一些西部民族和汉人先后建立了20多个区域性政权，旧称“五胡十六国”。这些国家存在的时间大体都不长，短的两年，长的不过几十年。十六国时期的前赵、成汉、前凉、前秦、后秦、西秦、夏、后凉、南凉、西凉和北凉等国分布于或统辖西部民族地区，位于今陕西省、内蒙古自治区、新疆维吾尔自治区、甘肃省、青海省、宁夏回族自治区、四川省、重庆市、云南省和贵州省等地。这些国家，主要沿袭两晋的制度，国家机构（或职官）的设置基本和晋王朝一样，实行的是以汉制为主的“汉

① 《史记·西南夷列传》，中华书局1959年版。

夷混杂”的政治体制，特别是一些西部民族建立的国家更是如此。比如，前赵是匈奴贵族建立的国家，其管理体制主要以汉制为主，“夷制”为辅，逐渐形成“汉夷混杂”的政治体制。刘渊建国后，实行“胡汉分治”，对于汉族人民，以都城平阳为中心，平阳以西为左司隶，以东为右司隶。“左、右司隶，各领户二十余万，（每）万户置一内史，凡内史四十三”①。对于少数民族“六夷”，即胡、羯、鲜卑、氐、羌、“巴蛮”，设大单于进行统治，并置单于台于平阳西（位于今陕西省咸阳市东北聂家沟）。单于台不仅仅是军事组织，而且是带有家属、牲畜财产的行政部落组织，下设“单于左右辅，各主六夷十万落，万落置一都尉”②。刘聪称帝后，胡汉职官混成一体，以丞相、太师、太傅、太保、大司徒、大司空、大司马为“上七公”；置御史大夫及州牧，为“亚公”；以左、右司隶，单于左、右辅，左、右选曹尚书为“六官”。大单于位于皇帝之下、丞相等上公之上，成为国之副主③。成汉设置太师、相国、左丞相、右丞相、太宰、太傅、太保、大将军、太尉、司徒、司空、录尚书事、尚书令、尚书左右仆射、刺史等④。前秦以丞相为最高政务官，还设置太师、太傅、太保、大司马、太尉、司徒、司空、录尚书事、尚书令、尚书左右仆射、中书监、司隶校尉等。这些职官和机构紧密结合在一起，主要负责政务、军务等事宜。

（三）隋唐五代时期的政权机构职能

唐王朝及五代十国时期，在西部民族地区建立的区域性政权主要有突厥汗国、吐蕃和南诏等国。这些政权在建立初期都还处于奴隶社会时期。

1. 突厥汗国的政权机构职能

突厥汉国在公元6世纪兴起于今新疆维吾尔自治区东北部的于金山西南麓，至公元8世纪中叶衰落，存在时间长达200年之久，是一个军事奴隶主阶级执掌政权的奴隶制社会。首领阿史那吐务有多子，长子土门，次子室点密⑤。南朝梁承圣元年（552年），土门自号伊利可汗，建立突厥汗国。突厥

① 《晋书·刘聪载记》，中华书局1974年版。

② 《晋书·刘聪载记》，中华书局1974年版。

③ 龚荫著《中国民族政策史》，四川出版集团、四川人民出版社2006年版。

④ 〔清〕万斯同《十六国汉将相大臣年表》，载《二十五史补编》，中华书局1956年版。

⑤ 《新唐书·突厥传下》，中华书局1975年版。

汗国的最高首领称为可汗，一般由阿史那氏的首领充当，具有至高无上的权力。可汗既是汗国内土地、牲畜的所有者，又是汗国所属民族、部落的最高统治者，集“天命”“天力”“天智”于一身，为“天神”在人间的代表。可汗分封其子弟或近亲为小可汗，其牙庭都建在于都斤山（位于今鄂尔浑河上游杭爱山之北山）。突厥把位于六合中央的都斤山视为神山，故大可汗又称为中面可汗。突厥汗国分为东、西两大部，两大部之间为可汗王庭。可汗之下的最高官员为“叶护”，相当于小可汗，一般由可汗的弟弟充当，通常管辖西突厥部众。可汗去世后叶护可袭汗位，“叶护”是登上汗位的重要阶梯，不少可汗登位前曾担任过此职。突厥在东、西、中三部各置一“设”领兵驻扎（“设”或译写作“祭”“杀”），是职位仅次于小可汗或叶护的典兵武官，有权在辖区内任意征税，并建有牙帐。如西突厥沙钵罗利失可汗分全国为十部，置十“设”。《新唐书·突厥传》载：“可汗分其国为十部，部以一人统之。人受一箭，号十设，亦曰十箭。为左右：左五咄陆部置五大啜，居碎叶东；右五弩失毕部置五大俟斤，居碎叶西。其下称一箭曰一部，号十箭部落云。”这十名“设”是可汗在十个军事行政单位的代理人。他们在和平时期是行政长官，在战争时期则是军事统帅。“特勤”为可汗子弟，最初权势不大，但拥有封地、部曲，后向文、武两种不同职能分化，有的特勤典兵出战，职权类似以前的设，另外一些特勤，则职在鼓舌摇唇，奉使出外，办理邦交，逐渐拥有重兵，担任内典机要、外交等要职。东西突厥分裂后，西突厥又分为“五咄陆”和“五弩失毕”两部分，分别由称为“啜”和“俟斤”的官员管辖。每“啜”或“俟斤”管辖一个部落，为部落的长官。“啜”和“俟斤”乃两种地位比较类似的爵号，不同者俟斤乃纯异姓突厥爵号，“啜”最初由阿史那氏汗室疏族或阿史德氏充任，后逐渐扩大到较早同汗室关系较深的嫡系异姓部落酋长。突厥分遣到被征服各部的“监国”官员称为“吐屯”。主要职责为监国异邦、属部，原来地位不高，但实权很重，且允许子孙世袭，受其监领的属国、属部。有的吐屯世代统领其部，成为该部实际的君王。突厥政权组织的职官还有阿波、颉利发、达干、阎洪达，凡十等，后来发展为二十八等，官位都世袭，无固定员额，分工也不太明确。突厥汗国是一个军事行政的联合体，兵权是政权的支柱，从大小官员到可汗都统领军队，亲临战阵。突厥以部落组织为基础，以围猎编制为形式，在一定程度上把生产活动与军事活动联系起来，把宗法关系与官兵关系混糅起来。

2. 吐蕃的政权机构职能

南北朝末期，西藏高原的中部和北部羌人以逻些（今拉萨）为中心建立苏毗政权，因以妇女为王，隋王朝称其为“女国”。

苏毗南面的牦牛部建立吐蕃政权，首领称“赞普”。其驻地“居跋布川，或逻娑川”[①]。唐太宗贞观十五年（641年），唐太宗以宗女文成公主嫁与松赞干布，以松赞干布为驸马都尉，并封为西海郡王。此后历任赞普都要得到唐王朝的“册命”才合法。赞普是最高统治者，拥有至高无上的权力，集政治、经济、文化和军事等一切权力于一身，对各级官员和民众有生杀予夺之权。赞普的王位实行世袭制，与群臣每年举行一次小盟，三年举行一次大盟，通过盟誓使臣下保证世代无条件地效忠。在赞普之下有司伦（政务大臣）、军官和法臣（教务大臣）等，其中最有权的是钵阐布，也就是执政高僧，其地位高于外戚及诸权贵。在政治制度上松赞干布模仿唐王朝官制，设置各级官府，建立官僚机构。松赞干布执政初，相传曾有五大总管和“三舅一臣”。五大总管：噶尔·东赞域松、琼波·本松杰、霍·恰叙仁波、维赞桑伯莱、觉若·坚赞[②]。“三舅一臣”：上方藏地的卓氏、下方塔布的琛氏和中间洛喀的纳南为“三舅”，贝氏为“一臣”。其工作主要是处理赞普的国舅和大臣的事务。唐贞元十四年（798年）赤德松赞即位后，继续推崇佛教，规定对僧人不得征收赋税，吸收僧人执掌吐蕃政权，建立高僧掌政制度，设立“钵阐布”官职。钵阐布对内主持君臣盟誓，对外致力于唐蕃友好。最高政权机构称为“尚论掣逋突瞿”，由“论茝”（大相）和“论茝扈莽”（副相）等大臣组成，这些大臣都由王族和外戚担任。论茝、论茝扈莽各一人，总管全国事务。“其官有大相曰论茝，副相曰论茝扈莽，各一人，亦号大论、小论；都护一人，曰编掣逋。”[③] 大相领导的一百名大臣管理政治、法律、农业、畜牧业及商业等事宜。其下又设“悉编掣逋”（都护）主持管理属部、军事征讨等事务。设内大相、内副相、内下相各一人主管朝廷内部事务。内大相领导的一百名大臣，管理赞普起居饮食及一

---

① 《新唐书·吐蕃传上》，中华书局1975年版。

② 端智嘉著，佐戈·卡尔译《吐蕃时期的行政区划与官僚制度》，《西北民族大学学报》（哲学社会科学版）2005年第6期。

③ 《新唐书·吐蕃传上》，中华书局1975年版。

切内务[①]。主管朝廷司法事务的官员是刑部尚书、整事大相、副整事、小整事。上述各种朝臣以大相为最尊贵，事情无论大小必须经过大相批准。各官位都是父死子接，无子则由近亲承袭。担任官职的人通常在其名字前面冠以“论”或“尚”的字样。“论”是与王室有直接亲属关系的大臣，“尚”是和王室通婚的各大贵族出身的官员。

在吐蕃有九个大臣的时期，即大公伦、中公伦、小公伦、大内臣、中内臣、小内臣、大噶夭盖却巴、中噶夭盖却巴和小噶夭盖却巴。“公伦”是拥有军政双权的官员，其主要职能是对外事务的处理，大“公伦”掌握所有军权，是吐蕃军队的司令。大、中、小“公伦”下为诸外相，是边防军和边界地区的官员。外相既是军官又是地方官员。“文书臣相”是管理传递赞普谕旨和众政务大臣以及军臣等官员文函的信使官员，其主要职责是宣传下达赞普的谕旨和上传大臣文告，并向赞普和大臣们呈报各地区情况和边防安全及战事等事务。“囊伦”（内相）的主要职责是处理王朝内部的诸多事务。通称大、中、小三“囊伦”。“囊伦”下设有“纳切巴”，是管理赞普宫中一切事务的官员。“安本”是掌管赞普王朝财政和商贸的官员，各地都有“安本”及他所兼管的财政官员，其主管叫“所有内库安本之上”，是掌握国家所有财政和商贸权的官员。“畜本”和“农本”是主管畜牧和农业生产的官员。“大孜巴”主要职责是统计所有财政经济情况及计算军费收支状况。“骑本’是赞普仪仗队和侍卫队的武官。“差本”是负责征收差税的官员。“森本”管赞普饮食起居等，主要是管理赞普的寝宫。“噶夭盖却巴”的职责是主管赞普的圣旨是否能执行及旨意与实际是否相符等情况分析与研究，是赞普的智囊，同时主持法律事务，是执法审判官们的主管，其下属有审判官。“旺伦”是指各地方法官。从军队来看，级别有“茹本”“代本”“千总”“小千总”“五百总长”等。“茹本”是“六大茹”中除“苏毗茹”外的每“茹”分为上下“茹部”，形成的“十茹部”再加“苏毗茹”，共有十一个“茹部”的军官。“千总”是指六十一个千户的诸军官。“代本”是指“三大戍边军（勇武军）”的诸军官，其人数比“千总”的人数多，官职级别也比“千总”高。“小千总”是因为军队人数不足千人，但是后来“小千总”属部逐渐超过千人。“千总”部属有时也达几千人，它下设“五百总长”。“索伦”是指边界哨所和关口守

① 贾海东主编《中国历代民族理论民族政策研究》，中央民族大学出版社 2011 年版。

卫者，有护城员、巡查员和对敌情侦察员等官员。“曲伦”是法臣，包括：“大班第”（“钵阐布”）是负责管理宗教事务的僧人从政官员，在政治上的权力也相当大；诸善法之主“世尊宗师”，受命于赞普，享有主持和处理与宗教相关的一切事务的权力；“善知识”，主要职责是为赞普王臣教授佛法，给僧院的众比丘答疑解惑，主持各学院的工作；“达摩大校审”，“达摩”为“法”的梵音，就是佛法大校订者，是管理各译馆佛法经典的译校者；各译馆的负责人，其职责是负责各译馆按照上级交办的任务把佛经译成藏文；讲习院的轨范师，主要职责是给学僧们讲授佛法经典。地方官员有茹本、东本、域本，以及节度使、讨击使、大兵马使等，这些官吏主管行政、军事，有的一身二任。

3. 南诏的政权机构职能

唐王朝初年，散居在洱海周围的“西洱河蛮”诸部出现了城郭村邑。“昆明蛮”“哀牢蛮”“磨些蛮”诸部形成六个较大的酋邦，各据一方，互不统属。史载：“渠帅有六，自号‘六诏’，曰蒙嶲诏、越析诏、浪穷诏、邆睒诏、施浪诏、蒙舍诏。……蒙舍诏在诸部南，故称南诏。”[①] 在唐王朝的支持下，蒙舍诏征服五诏后在洱海地区建立起统一的南诏政权，“南诏王蒙氏，哀牢夷后”[②]，驻蒙舍川（位于今云南巍山彝族回族自治县），唐玄宗开元二十六年（738 年），唐王朝封其首领为云南王。南诏的政治体制深受唐王朝的影响，最高首领是国王，称为“骠信”。其下设清平官六人，每日与南诏参议境内大事，承担宰相之职。《新唐书》载：“官曰坦绰、曰布燮、曰久赞，谓之清平官，所以决国事轻重，犹唐宰相也。”[③] 从六人中推举一人为“内算官”，掌管机密，代南诏判押处置文书，权威最重，设两元副官协助内算官处理政务。设大军将十二人与清平官同列，每日与南诏及清平官共同议事。还设有外算官，由清平官兼任并主持六曹事务。《蛮书》（《云南志》）卷九记载：“清平官六人，每日与南诏参议境内大事。其中推量一人为内算官，凡有文书便代南诏判押处置，有副两员同勾当。又外算官两人，或清平官或大军将兼领之，六曹公事文书成，合行下者，一切是

---

① 《新唐书·南蛮列传上》，中华书局 1975 年版。

② 《新唐书·南蛮列传上》，中华书局 1975 年版。

③ 《新唐书·南蛮列传上》，中华书局 1975 年版。

外算官与本曹出文牒行下，亦无商量裁判。”[①] 还设同伦判官两人，职务是传达南诏王对六曹的各种命令。清平官的主要职责总体说是佐天子、总百官、治万事。具体看：一是代南诏判押处置。清平官中的内算官有代南诏王批阅判处各种文书的职责，以南诏王的名义决定南诏大事。二是决国事轻重。清平官每日与南诏参议境内大事，是清平官辅佐南诏最重要的形式，也是清平官的主要职责所在。三是代表南诏出使唐、吐蕃等周边国家和部落。四是充任外算官。五是外出监督军队作战，评定赏罚军功[②]。军事最高指挥官为大军将，高级将领分为诏亲大军将、大军将、军将三等。大军将平时在朝内随清平官议政，参与南诏大事讨论并决策，出外镇守重要城镇担任节度使，有军事行动时则根据需要任命为领军将帅，如有突出的功劳可晋升为清平官。同时设“外算官”两人，由清平官或大军将兼领，并统领“六曹”。“六曹”下传的文书由外算官决定，与六曹文牒传下。外算官相当于唐朝的尚书省，“六曹”相当于唐朝的六部。六曹及其职能分别是：兵曹，主管军事；户曹，主管户籍、赋税；客曹，主管官园、祭祀、礼乐等；刑曹，主管司法刑律；工曹，主管营造、问津、桥梁等；仓曹，主管仓廪储藏。各曹设曹长一人，成绩卓著的曹长可升补大军将。南诏后期，改六曹为九爽，慕爽掌管军事，琮爽掌管户籍，慈爽掌管礼仪，引爽掌管外交，罚爽掌管刑法，劝爽掌管官吏调遣，万爽掌管财政，厥爽掌管工程建设，禾爽掌管官吏调遣。后来又设“督爽”总领乞托（主马）、禄托（主牛）、巨托（主仓廪）。另外，又设断事曹长主管缉拿推鞫盗贼；军谋曹长主持阴阳占候；设同伦长两人主管月终唱示，负责向六曹或九爽传达南诏王的指令。南诏政区为首府（“六赕”），六节度设节度使统领一方，以节度使、都督职位最高，多以大军将出任，既管民政，又主军事。

（四）宋辽金时期的政权机构职能

宋辽金时期西部民族地区的区域性政权主要有辽、西夏、金和大理国等，这些政权注重吸收中原的政治文明，任用汉族人士做官，采用两套政治体系施行管理，其政权机构逐步健全。

---

① 〔唐〕樊绰撰《云南志》，中国社会科学出版社 1985 年版。

② 罗家云《南诏国的中央官制研究》，《大理学院学报》2006 年第 11 期。

1. 辽王朝的政权机构职能

唐朝末年，契丹首领耶律阿保机统一各部后日渐强大①，于唐哀帝天祐四年（907年）即可汗位，后梁贞明二年（916年）称皇帝，年号神册，国号契丹。辽会同十年（947年）改国号为辽，辽统和元年（983年）又改称大丹，辽咸雍二年（1066年）复号辽。辽太祖阿保机即位后，把原有的部落联盟机构改为国家机构，辽的最高军政机构是枢密院，设于越为最高职位，于越府拥有很大的权力。其次设北、南宰相作为皇帝辅臣。以下分别设有迭剌部（耶律氏部族）夷离堇（大王）执掌兵马大权；惕隐典属皇族（由阿保机亲弟撒剌担任）；决狱官主管刑罚断狱；阿札割"遥辇故宫""所掌未详"，后并入枢密院，主管兵部和吏部事务；文班林牙掌管文书；政事令主管汉族政令；左、右尚书主管政事令；汉儿司管理汉族事务。此外还有宫卫（斡鲁朵）管理皇帝私有的奴隶、土地和兵马，腹心部是皇帝护卫亲军；族帐是皇族和遥辇氏族系管理私有的奴隶、土地和兵马的机构。在机构设置和官职制度上，"辽俗东向而尚左"，皇帝宫帐设在西方，官职分为"北面"和"南面"两个系统。北面官统治契丹人和其他少数民族，都由契丹人充任官职②；南面官统治汉人，管理"州县、租赋、军马"等事，由汉人和契丹人充任官职。

北面机构和官员有北面朝官、北面御帐官、北面著帐官、北面皇族帐官、北面诸帐官、北面宫官、北面军官、北面边防官。北面朝官是处理朝廷军政事务的机构和官员，设有三院一府。具体为：①北、南枢密院。北枢密院"掌兵机、武铨、群牧之政，凡契丹军民皆属焉"③；南枢密院"掌文铨、部族、丁赋之政，凡契丹人民皆属焉"④。②北、南宰相府。"掌佐理军国之大政"，设北、南府"左、右宰相""总知军国事""知国事"等官。北府宰相由"皇族四帐世预其选"，南府宰相由"国舅五帐世预其选"⑤。③北、南大王院。朝廷管理境内其他少数民族的机构，各"分掌部族军民之政"，设北、南"院大王"，知北、南"院大王事"，北、南"院太师"，北、南"院太

① 《新五代史·四夷附录第一》，中华书局1974年版。
② 《辽史·百官志一》，中华书局1974年版。
③ 《辽史·百官志一》，中华书局1974年版。
④ 《辽史·百官志一》，中华书局1974年版。
⑤ 《辽史·百官志一》，中华书局1974年版。

保”，北、南“院司徒”，北、南“院司空”，北、南“院郎君”等官，各下辖“都统”“详稳”“都部署”三司[①]。④北、南宣徽院。各掌“御前祗应之事”。设大于越府，“非有大归德者不授”；大惕隐司“掌皇族之政教”；夷离毕院“掌刑狱”；大林牙院“掌文翰之事”；敌烈麻都司“掌礼仪”[②]。“北面御帐官”“掌御帐亲卫之事”[③]。“北面著帐官”是侍奉皇室的机构和官员，侍奉者多为叛逆者的家属[④]。“北面皇族帐官”是管理皇族事务机构和官员。“北面诸帐官”是管理各族帐的机构和官员。“北面宫官”是管理行宫各宫事务的机构和官员。“北面军官”是管理军队的机构和官员。“北面边防官”则是管理边防的机构和官员。

南面官设有三师府，设有太师、太傅和太保。三公府设有太尉、司徒和司空。汉人枢密院是综理汉人军政的最高机构，设枢密使、知疏密使事和知枢密院事。中书省设中书令、大丞相、左丞相和右丞相。门下省设侍中、常侍、散骑常侍、给事中和门下侍郎。尚书省设尚书令、左仆射、右仆射和左丞。设翰林院掌皇帝文翰诏令之事，又称南面林牙，其官职有总知翰林院事、翰林学士、翰林学士承旨等。另还设有六部职官、御史台、寺官、诸监和诸卫等职。

辽王朝的地方机构分为三个系统：一是以民政为主的系统，二是军政合一的系统，三是军事管制和单纯军事的系统。以民政为主的系统主要涉及京、府、州、军、城、县，共有 5 个京，6 个府，156 个州（军、城），209 个县[⑤]，按等差又分为三级，即道、府州及州级军城、县。道是上、东、中、南、西五京道，亦称五路，设有宰相府、诸使、留守司等主管政务。府除五京府之外还有龙州黄龙府，共 6 个府，设府尹为主要长官，另有警巡院、府学等官署负责各项具体事务。州又称军或城，除设节度、观察等使以外，还设有钱帛司、转运司等，主管收赋和输送，另设有滞狱使、刑狱使、采访使进行不定期的巡察。县的长官是令、丞、主簿、尉和县学等，基本仿效宋制。这套以民政为主的地方系统由汉制南面官负责。军政、民政兼理系统主要涉

① 《辽史·百官志一》，中华书局 1974 年版。
② 《辽史·百官志一》，中华书局 1974 年版。
③ 《辽史·百官志一》，中华书局 1974 年版。
④ 《辽史·百官志一》，中华书局 1974 年版。
⑤ 《辽史·地理志一·序》，中华书局 1974 年版。

及各部族的辖地，也就是契丹族和非契丹族游牧、狩猎、居住、戍守的地方。主要有两类：一类是分布于内地的各部族，这些部族的首领被任命为节度使，依本部族习惯进行管理；另一类是分布于辽腹地及边远地区的部族，由朝廷任命大王，在保持部族原有风俗习惯的基础上设大王府直接管辖。这类部族称为“属国”和“大部”，它们以其所产向辽廷纳贡，受辽北面官系统的节制。军事管制和单纯军事系统由设立在各地不同级别的军事机构组成，这些军事机构是辽为加强对各族的控制而设立的。也分为两类：一类是招讨使司和节度使司，如西南路招讨使司、西北路招讨使司、倒塌岭节度使司等，负责边防地区的防守和对各属国的军事管制；另一类是统军使司和都部署司，如乌古敌烈统军使司、东北路都统军使司、黄龙府兵马都部署司、东京兵马都部署司等，负责各重要地区的军事驻屯和防守。

2. 西夏王朝的政权机构职能

北宋宝元元年（1038 年），元昊正式建西夏国并称帝，在建国前后的十六七年间，元昊在祖、父两代留下来的政权规模上，在汉人张元、吴昊等人的协助下仿照唐、宋制度，建立了一套官僚制度。“其官分文武班，曰中书，曰枢密，曰三司，曰御史台，曰开封府，曰翊卫司，曰官计司，曰受纳司，曰农田司，曰群牧司，曰飞龙院，曰磨勘司，曰文思院，曰蕃学，曰汉学”[①]。中书省主管政务，枢密院主管军事，三司使主管财政，御史台主管监察，各司分管具体事务。西夏天授礼法延祚二年（1039 年），增设尚书省，以尚书令“总理庶务”，改宋王朝的 24 个司为 16 个司，形成一套比较完整的朝廷管理体系。机构设置“多与宋同”[②]，除大体仿照唐、宋王朝的朝廷制度外，西夏还部分保留了原来的“蕃官”体系，如宁令（大王）、谟宁令（诸王）、祖儒（大首领）、吕则（首领）、枢铭（副首领）等官称。西夏的统治机构中划分为“蕃、汉有别”的两个系统，确立了党项贵族在朝廷的主导地位。西夏官职中，党项人多任武职，汉人多任文职，体现出以武力为政权之本的体制特点。

西夏的地方管理也基本上沿用唐、宋王朝的府、州、郡、县建置。建国之初设有 19 个州[③]，州或县因其地理或政治、军事方面的重要作用而升为府、

---

① 《宋史·外国列传二·夏国》，中华书局 1977 年版。
② 《宋史·外国列传二·夏国》，中华书局 1977 年版。
③ 《宋史·外国列传一·夏国》，中华书局 1977 年版。

郡，州、县、府、郡依繁简和地理位置的重要程度分为上、次、中、下、末五品。西夏腹地区划分为州、县两级，州设刺史，县设县令。在边防要地设郡多以宗亲封王镇守，在甘州还设有1个宣化府，负责处理与回鹘、吐蕃等民族交往和防守等事务。在地方管理上西夏还保留有奴隶制和军事割据的特点，地方官府军政合一，充任地方长官的多是部落首领，并担任着军事职务，或以军事职务替代官吏职务。最为明显的是12个监军司的设置。西夏把全域分为左、右厢，每厢辖6个监军司，也就是把全国分为12个“军区”。监军司分驻重要的州、府，设都统军、副统军和监军使主管，其下设指挥使、教训使、左右侍禁官等分管军事。监军司的长官实际上是一方面的军政总管，这样的设置体现了重用军事长官、以军统政的特点。

3. 金王朝的政权机构职能

北宋政和五年（1115年），阿骨打正式建立金王朝。入主中原以前地方官府采用兵民合一的部落军事制，入主中原后承袭辽、宋的区划，进行分路而治，路下辖府、州、县。金的路是分权而立并设置四使，都总管府是沿袭于辽的都总管府，原为军政合一单位，后分设统军使司专掌军事而成为民政机构。仿照辽、宋设置的转运使司掌管财政、规措钱谷等。金初没有设置提刑使司，大定二十九年（1189年）章宗即位开始设置，分按九路掌审刑狱，纠弹官吏，兼劝农桑，并统辖屯田镇防诸军，承安四年（1199年）改提刑司为按察司。统军使司属军事单位，分别设有燕京统军使司、婆速路统军使司、乌古敌烈路统军司、大名府统军司。金初的朝廷官制称为“勃极烈”制度，勃极烈原意为“官长”，即部落首领。女真部落中原设有“国论勃极烈”，即国相辅政。勃极烈制度是专门用来任用宗室近属中勋劳卓著的功臣为职官的制度。这种职官是皇帝以下职位最高的官员，其位授任后终身担任，辅佐皇帝共议国政，决定国家大策，行使国家各种职权。这种制度是带有明显贵族议事制痕迹的、由金室显贵操纵的国家权力制度和官僚制度。阿骨打等金国重要皇室成员都曾担任过勃极烈职位。金太宗时为了加强皇权，对勃极烈官制做了重大改革，将勃极烈减为四个职位，即谙班勃极烈、国论忽鲁勃极烈、国论左勃极烈和国论右勃极烈。金熙宗即位后废除了勃极烈制，改用辽、宋官制。皇帝之下设置太师、太傅、太保，称为“三师”。朝中设尚书、中书、门下三省，综合管理三省权限内的事务。其下又设左、右丞相及左、右丞（副相）。在尚书省下分设吏、户、礼、兵、刑、工六部，分掌各种事务。

金自完颜阿骨打建国（1115 年）至海陵王正隆元年（l156 年），朝廷管理制度共发生过三次大的变化。第一次是阿骨打建国，在不改易“旧俗”的情况下把原有的部落联盟机构改造为国家机构。此后先后灭辽、驱宋。在进入辽原来的疆域和中原地区以后，又沿袭了辽的南、北面官制度，进而形成三省制度。因此，金初是本朝制度和汉官制度并存的时期。第二次是熙宗天会十三年（1135 年）改官制，废除勃极烈制全面采用汉官制度，在朝廷设立尚书、中书、门下三省，而把原来的勃极烈宗翰、宗磐、宗干任命为师、傅、保，“并领三省事”，尚书令、左右丞相等要职也多由宗亲担任，仍保留着勃极烈制的残余。第三次是海陵王正隆元年（1156 年）又改官制，废除中书省和门下省，确立尚书省为皇帝控制下的唯一的最高辅政机构，使政令统一于朝廷。“罢尚书、门下省止置尚书省”①。尚书省设尚书令，为全国最高政务长官，“总领纪纲，仪刑端揆”②；废除平章政事官，以左右丞相为宰相，分管政务；左右丞、参知政事为执政官，为宰相之贰。自省而下分别设置了院、台、府、司、寺、监、局、署、所等衙门。金在地方的设置主要是路、府州、县三级制，地方管理机构实行三种不同的体制：对汉族、渤海族等设置州、县管辖；女真族及部分其他民族编制成猛安谋克；对北部边境地区以游牧生产为主的民族基本上保留了原来的部落、部族。

4. 大理国的政权机构职能

后晋天福二年（937 年），大理国建立，其疆域与南诏国大体相当。宋太平兴国元年（976 年）曾册封大理国王（白王）为“云南八国郡王”。为加强对各地区各部族的直接统治，大理国又在各地设立郡或赕，委派贵族分守治理，并迁徙洱海地区的白族前往屯驻。受都督、节度管辖的部族则仍旧为部或甸，任命土长为首领。郡（或赕）与部（或甸）犬牙交错。大理国后期的政区废都督、节度，以设置府和郡为主。大理国的政治制度与南诏后期基本相同。王称骠信，下设相国、清平官、坦绰、步燮、久赞、彦贲，其中彦贲为大理国所增设。相国为大理国的最高长官，负责执掌国家一切大事。侍内

① 《金史・百官志一》，中华书局 1975 年版。

② 《金史・百官志一》，中华书局 1975 年版。

官负责掌管机要事务，相当于南诏国的内算官，隶于相国之下。清平官负责文书工作，相当于南诏国的外算官。大理国和南诏后期一样，设置“九爽”，为国务管理机构。同时也设置“督爽”，主管马牛仓廪。从职官来看：虚官有布燮、彦赍、久赞、酋望；政官主要有相国、下帅侍内官、坦绰、清平官，清平官又下设九爽和督爽，九爽为慕爽掌管军事，琮爽掌管户籍，慈爽掌管礼仪，罚爽掌管刑法，劝爽掌管官吏调遣，厥爽掌管工程建设，万爽掌管财政，引爽掌管外交，禾爽掌管官吏调遣[①]。设翰林学士，负责为皇帝草诏修书。还设有经白撰官，也负责书写工作。大理国前期曾设置首府、二都督、六节度为大府，带有强烈的军事色彩。二都督是会川、通海；六节度即弄栋、银生（位于今云南省景东彝族自治县，后移至今云南省巍山彝族回族自治县）、永昌、丽水、剑川、拓东。都督的名号沿袭南诏旧制，后也改为节度，故有八个节度，即八个二级政区，也称为“八国”，或“云南八国”。地方长官以节度使和都督使为最高，大理国后期，改节度、都督为府、郡，“演习”一职成为地方的最高长官，袭用中央王朝旧称，演习也称作“州牧”，掌握军政大权，负责地方各种事务。同时，设置州僧长负责管理地方的宗教事务。在县级郡县设监郡和县伊两种职务负责处理各种事务，而在民族聚居之地，则以部长、甸长行使郡县职权，处理本民族和本部落的各种事务。大理国已经明确出现了言谏监察专官。《大理国故高姬墓铭》等碑文中职名刻有“谏议大夫”某某，多由儒僧充任，其职掌是“衡鉴国君”[②]，与中原言谏监察之官有相似之处。同时，大理国还封有“国师”“国公”之类的元老重臣，他们也有建言和监督行政的权力。大理国府、郡设“监府事”“监郡”；矿冶工场设有“监场”等。

三、运行方式

西部民族地区的区域性政权大都是从部落和部落联盟发展起来的，基于部落和本氏族传统力量进行统治，保留了部落联盟共同决策的习俗，本族贵族在国家管理中发挥着重要的作用。同时这些政权注意吸收和借鉴中央王朝的一些先进制度，任用汉族士人管理朝政，并逐步采用了皇帝制度、郡县制度、法律制度等维护政权稳定，提高皇权地位，发展到对不同地区、不同民

① 段玉明著《大理国史》，云南民族出版社2003年版。

② 段玉明著《大理国史》，云南民族出版社2003年版。

族采用差异性统治策略。

（一）秦汉时期的运行方式

这一时期，西部民族地区区域性政权正处于由原始社会末期向奴隶制社会转变的过渡时期，建立国家和健全各种机构成为这些政权最紧要的事。

1. 匈奴政权的运行方式

奴隶制政权频繁的掠夺性战争使氏族首领和军事首领获得并积累了大量财富，拥有众多奴隶，进一步提高了其统治权力和地位。

（1）单于掌握最高统治权。单于是匈奴政权的最高首领，权力世袭制的建立使氏族部落或部落联盟的民主原则不复存在。氏族选举制被破坏，权力逐渐集中在少数奴隶主手里，职位变为世袭制。大约在公元前3世纪，匈奴的最高统治权逐渐集中于显贵氏族手中，并实行父死子继或兄终弟即。王、侯、大将、大都尉、大当户等高官贵职也由一些显贵氏族或家族世袭。冒顿自为单于以后独断独行，有时甚至把与他意见相左的首领斩首。同时单于还对各个部落首领发号施令，命令他们必须按时出征，“有后者斩”[①]。

（2）游牧军事政权。匈奴很早就组成了氏族部落和部落联盟，但仍是分合无常不太稳定。在氏族制度日趋瓦解、阶级社会形成的过程中，匈奴首领把向外掠夺作为一种习惯和增加财富的方式。《史记·匈奴列传》载：“匈奴明以战攻为事”[②]，全体匈奴人都按军事方式组织起来以便随时出征，以至于匈奴人的氏族公社既是一种生产组织，又是一种军事组织。匈奴奴隶主贵族政权实质上是一个游牧军事政权。其特点是：一方面“士力能弯弓，尽为甲骑”，所有及龄壮丁都编为骑兵；另一方面各级官吏都是军事首领，除单于直接统领国家军队、亲赴战场外，自左右贤王以下直至大当户也都统领军队，多者万骑、少者千余骑。谷蠡王以下有左右大将、左右大都尉、左右大当户、左右骨都侯等二十四长被称为“万骑”。二十四个万骑长亦各自置千长（千骑长）、百骑（百骑长）、什长（十骑长）、裨小王、相封、都尉、当户、且渠等官。单于庭和左右贤王各有封地，各自在自己的领地内组织军队，实施统治。氏族首长被任命为什长、百长或千长，显贵氏族或家族垄断了和世袭了万骑或王、侯等高官要职，通过这样的组织关系（统治关系），迫使“甲骑”

① 《史记·匈奴列传》，中华书局1959年版。

② 《史记·匈奴列传》，中华书局1959年版。

随同进行无休止的掠夺战争。

（3）以国家形式管控民众。匈奴贵族掌握军队，制定法律，建立监狱，组织官府，设置官吏，并通过相应的政治职能机构，对外实行军事征服，对内残酷压榨奴隶和剥削本族成员。这样的政治组织成为阶级压迫的工具——国家。虽然国家机构设置比较简单，是一个刚从原始社会过渡到阶级社会的不完善的国家政权，但它建立在奴隶制的基础之上，与匈奴游牧部落的自然经济和奴隶制没有充分发展的情况相适应。这个国家的形式直到公元1世纪匈奴衰落变化较小。

2. 西域诸国的运行方式

秦汉时期，西域诸国多以城郭为中心，以农牧业为主，各国之间语言不同，互不隶属。每个国家的人口从几千人到几万人不等，各国都有简单的政权机构和不同的运行方式。

（1）匈奴和汉王朝统治。西域诸国先后被匈奴政权和汉王朝征服，匈奴设置“僮仆校尉”，汉王朝设置西域都护府进行管辖，但对这一地区的管辖时断时续，不稳固。汉文帝时匈奴势力扩展到西域，统治了天山南北的车师后部、乌孙、龟兹、车师、疏勒等三十多国，匈奴单于派日逐王在西域设置僮仆都尉，经常率数千骑兵往来于焉耆、危须、尉犁之间，将当地民众变成自己的奴隶，而且命令诸国交纳赋税。西汉和东汉王朝先后在西域设置西域都护府管辖各国，这是汉王朝在西域行使国家权力的最高统治机构，标志着从西汉中叶起西域正式纳入汉王朝的版图。除康居、大月氏、安息、罽宾、乌弋山离中原太远不属于西域都护府管辖外，其余昆仑山北麓、天山南麓、天山以北及东疆各地、帕米尔及其巴尔喀什湖以东以南的广大地区都在西域都护府的管辖范围内，并在交河、伊吾、金满等地屯田。西汉时期西域各地的府衙大体上以原来部族联结的范围作为管辖区域，仍然保留原来“国”的称谓，朝廷任免原来部族或部落的酋长为王，各国职官大都由当地土长担任，且可以世袭，但必须由朝廷或西域都护册封、任命或认可。西域都护是汉王朝在西域的政治代表，所以西域诸王都由西域都护总领，并且由其直接行使任命、册封、升迁、降罢、奖励、惩罚等权力。

（2）建立军事政权。秦汉时期，整个西域诸国的政权组织相对简单，还带有氏族社会的残余。除了匈奴和两汉对这一地区的频繁争夺战争之外，西域各国之间的争斗也十分频繁，成年男子既从事游牧、狩猎、耕作，同时也是士兵。如乌孙社会自诸翕侯上至昆弥都各有自己的份地与民众，平时的生产组织就是战时的军事组织。

3. 滇、夜郎等国的运行方式

秦汉时期，滇、夜郎等已建立国家，但机构还不健全，奴隶主和氏族在国家中占据十分重要的位置。

（1）土流合治。周慎靓王五年（前316年），秦国派遣张仪和司马错等进攻蜀国，灭蜀后设置了蜀郡，任命张若为太守。后来张若又夺取了筰（位于今雅安），占有了位于今云南省的宁蒗彝族自治县和丽江市古城区等地，把秦的统治势力深入到西南夷地区。秦先后开凿了“僰青衣道”和“五尺道”，在邛、筰地区设置县，由朝廷委派官员直接管辖这一地区。两汉时期，夜郎归顺后在其地设置犍为郡，邛、筰等地归附，汉王朝先后设置了牂牁郡、越嶲郡、沈黎郡等，后来滇王归附以其地设置益州郡，并赐滇王金印。东汉时在益州郡西部设置属国都尉，后又新设永昌郡。这些郡县主要以部族联盟的范围作为统治区域，实行土流两重统治，流官治其土，土官治其民，流官通过土官进行统治，由朝廷委派太守、令、长掌管郡县，有固定的任期并可流动。同时又任命当地部族的酋首、土长担任王、侯、邑长，终身任职并可世袭。

（2）国家和部落相结合。滇、夜郎等国社会发展差异很大，有的已经进入奴隶制社会，有了君长和政权组织，有的还处于氏族社会时期。如以滇王为首的奴隶主不仅通过战争掠夺奴隶，抢劫财物，还强迫被征服的部落进贡。奴隶除了被当作生产工具从事繁重的劳动和劳役，还被当作祭祀的牺牲。滇族奴隶社会内部还保存着浓厚的母权制残余，监督奴隶劳动的、坐肩舆出行的及祭祀的巫师都是妇女。

（二）“五胡十六国”的运行方式

“五胡十六国”对西部民族地区的治理采取了不同的策略与方式。

1. 设置政权机构

“五胡十六国”大部分是少数民族建立的政权，大都仿制晋王朝建立集权制国家，沿袭仿效魏晋以来封建化的一些统治运作方式，成汉、前凉、前秦、后秦、西秦、夏、后凉、南凉、西凉和北凉等国都设置了完整的政权机构进行统治。对西部民族地区的统治普遍实行区别对待的策略，贵族拥有很大的权力和众多特权，多设置宰相总理朝政。部分国家仍由部落贵族和大臣共听朝政，共议政事。

2. “胡汉分治”

“胡汉分治”就是建立两个政治统治与管理系统，分别统治胡人和汉人，如统治汉人采取汉魏以来的官制，而统治胡人则沿用少数民族的单于制。一些国家还建立了两套职官体系，对地方的管制主要采取两种方式：一是维持原有的州、郡、县体系。少数民族统治者占领豪强大族控制的地区，对于坚持反抗的多是进行屠杀或迁徙，以消除或削弱反抗势力；对归顺者则往往授予刺史、郡守、县令等官职，基本维持原有的州、郡、县体系不变。二是建立军事管制。少数民族统治者占领一些地区后，多把本部族民众移居到这些地区实施军事管制，如前秦王苻于东晋太元五年（380 年）把居住在陕甘边境地区的十五万户氐人，分别通过宗亲带领驻扎到占领区的不同地方进行军事控制[①]。

3. 使用汉族士人

“五胡十六国”的统治者十分重视汉族士人，如前秦苻坚称帝后，建立学校，重用汉族士人。后期的后秦大兴儒学、提倡佛教，加强对国人的思想控制；招抚流人、释放奴婢解放了劳动力；千方百计搜罗人才，命令各郡国每年推举贡清行孝廉的一个人。这些措施曾一度使后秦颇为强盛。

（三）隋唐时期的运行方式

隋唐时期，西部民族地区的区域性政权基本上都建立了完整的国家系统，而传统的氏族会议、部落会议等贵族在国家中仍发挥着重要作用，再加经济社会发育程度较低且还处于奴隶社会阶段，频繁的战争使其军事政权的性质十分明显。对奴隶和牲畜等财产的抢夺和占有成为奴隶主共同的目标，使用残酷的刑罚统治和镇压奴隶则是这一时期各国统治者权力运行的基本方式。

1. 突厥汗国的运行方式

突厥汗国由游牧民族建立，国家战争频繁，其政权的军事性质十分明显。

（1）军政合一的政权组织形式。突厥汗国的最高统治者可汗具有至高无上的权力，集军政大权于一身[②]。突厥汗国还保留着部落制的传统组织形

---

① 龚荫著《中国民族政策史》，四川出版集团、四川人民出版社 2006 年版。

② 江应樑著《中国民族史》（中），民族出版社 1990 年版。

式——“伯克”制度，且发挥着重要作用。各部落的大小头领称为伯克，各级大小伯克既是可汗的下属官员，又是本族、本部实际的君主，作为军事长官全面管理本族、本部的一切事务，可汗、贵族、各级大小伯克组成贵族会议，决定战争、和平、继位可汗等重大问题。

（2）由封建领主统治下属民众。突厥社会的封建领主主要由两种人组成：一是原来突厥的酋长和征战中的有功之臣，是构成汗国军事官僚机构的主要成员；二是草原其他民族的酋长和奴隶主被突厥征服后也成为汗国统治阶级的一部分，接受分封、赐号，统治着本族牧民。大小封建领主在汗国内形成递相从属的封建等级关系，而这种等级制归根结底由封建领主所控制的“份地”数量的多寡而决定。封建领主对牧场的获得，除了原有的奴隶主、贵族在氏族公社解体时逐渐变公社牧地为己所有外，新兴的牧主主要是通过战争掠夺而获得。

（3）牧民必须缴纳地租、赋税和服劳役。广大牧民虽然随水草迁徙移居无常，但与各有的份地、牧场紧密联系在一起。封建领主通过对牧场的占有而控制牧民，而牧民则通过使用牧场而附属于封建领主，并交租纳税、当兵服役。缴纳地租和贡赋是牧民受剥削的主要形式。突厥汗国的平民主要是铁勒各部的牧民，此外柔然、契丹、奚、鞑靼等部的牧民被突厥征服后也都成为汗国的民众，除向统治者呈贡牛、羊、马匹，自备马匹和粮食服兵役外，还必须为牧主修建帐篷、培植牧场、开辟水源，放牧牲畜及从事繁杂的家务劳动等各种劳役。

2. 吐蕃的运行方式

吐蕃为奴隶制政权，松赞干布仿照唐王朝的制度设置管理机构，并建立了较为严密、有序的运作方式。

（1）赞普具有最高统治权。赞普是吐蕃的最高统治者，拥有至高无上的权力，对各级官员和普通民众有生杀予夺之权①。大相和副相总管朝政是赞普之下职务最高的官员，也有较大的决策权。此外，王室和贵族处于统治地位并拥有特权，王位和官职都实行世袭制。

（2）以田收税。吐蕃采用北魏的“均田制”，把土地按耕田人每户人数的多少分配并登记在户主名下，有权势者也不许多占田地，田地分定之后必

---

① 江应樑著《中国民族史》（中），民族出版社1990年版。

须认真耕作，不许荒废田业和破坏田界，官府将田地与人户造成总册，按册收取租税。

（3）发动战争扩充领土。吐蕃强盛起来后不断发动战争扩大地盘，先后出兵灭掉吐谷浑，与唐王朝争夺西域并实际控制了西域。南诏与唐王朝发生武装冲突，南诏在吐蕃的支持下多次打败唐军。唐王朝势力退出云南后，南诏与吐蕃结成兄弟之国，吐蕃势力控制了云南，至此吐蕃势力达到最强盛的顶点。

（4）以酷刑恶法维护统治。吐蕃没有成文法，但其刑罚非常残酷，犯小罪的人也要受挖眼、刖足、劓鼻、鞭打等酷刑。7 世纪初，松赞干布统一了西藏，开始制定成文法《十善法律》。规定所有臣属王民都必须效忠赞普，不准侵犯私有财产，不准与贵族、官员相争，稍有违反就要受到严酷的惩处。

3. 南诏的运行方式

南诏为云南彝族和白族先民联合云南境内其他少数民族建立起来的一个奴隶制政权，其运行方式受到中央王朝和传统民族习俗的影响。

（1）建立官吏系统。国王是最高的首领，之下有清平官（相当于宰相）。此外，还有军事最高指挥官大军将，与清平官和王共同参议大政，共同做出决策①。南诏经历了奴隶制政权向封建领主制过渡的阶段，王位实行世袭制，建立了由清平官、大军将、九爽等组成的官僚系统来进行管理，同时在原六诏地区分成十睑，相当于唐朝的州，在外围要害地区设六节度，统治六诏以及各部。

（2）对民众实行军事编制。南诏统一六诏后，百家设一总佐，千家设一治官，万家设一都督实施管理。南诏对臣下实行分封授田制度，清平官以下都有官给分田，得到分田的官员或人户，除下户可能自耕外，都把田交给“佃人”耕种，每一佃人所佃租耕种的田地多少不等。由于官员及平民都按等级分配到了土地，因此每家壮丁都有当兵作战的义务。

（3）广泛使用奴隶。南诏买卖掠夺奴隶的风气比较盛行，通过发动战争掠夺了大量奴隶，奴隶被广泛使用在农业、手工业、建筑、采矿等生产领域，奴隶的劳动成为全社会赖以存在的基础。如大和四年（830 年），南诏攻破成

---

① 江应樑著《中国民族史》（中），民族出版社 1990 年版。

都西墙后占领成都西区，撤离时掳掠了成千上万的技艺工匠，其中多数为青年人；并抢走玉帛财物无数，成都以南、越嶲以北800里间的民众和牲畜都被抢劫一空。

（4）移民。天宝五年（746年），南诏征服滇池地区的“西爨”后，强迫迁徙“二十万”户“白蛮”于永昌①；然后将“乌蛮”从山林中移居到西爨原来居住的地方。后来，异牟寻将弄栋的“白蛮”迁往永昌城，将“河蛮”迁往拓东及云南东北，还将成千上万的“汉裳蛮”“施蛮”“朴子蛮”“骠国人”等先后迁至滇池地区。

（四）宋辽金时期的运行方式

宋辽金时期，西部民族地区区域性政权经济社会不断发展，皇帝掌握了最高决策权，但贵族势力还发挥着重要作用。这些政权注重吸收和学习中原先进的文化、科学、技术，注重任用汉族大臣。多设置了两套管理系统分别对本族人和外族人进行统治，还应用具有自身特色的运行方式来维护统治。

1. 辽王朝的运行方式

辽王朝是以游牧民族契丹人为主建立的政权，依靠武力建立政权后实行胡汉分治。

（1）贵族制。辽国的政治制度带有浓厚的贵族制色彩，皇权并不集中，统治核心以宗室、外戚为主②。辽太祖阿保机即位，把原有的部落联盟机构改为国家机构，设于越为皇帝之下的最高职位，建立拥有很大的权力的于越府，有如汉制的三公；设北、南宰相作为皇帝辅臣。皇帝在捺钵与北、南大臣会议国事，捺钵是朝廷决定军政大事的中心。

（2）北面官和南面官。北面官府是贵族、官员，以宗室和外戚为主，主要管理契丹本部。南面官是仿照唐代制度建立起的职官体系，主要管理汉人。辽国实行蕃汉分治的法制，用契丹人固有的法律制度来治理契丹人及其他少数民族，用唐律、唐令，后又用宋律来治理汉人和渤海人。《辽史》载：“以国制治契丹，以汉制治汉人。”③

（3）“斡鲁朵”（斡鲁朵源自古突厥语，意为宫帐）。耶律阿保机当上皇帝后，为削弱迭剌部贵族的势力，将该部分为五院、六院两部，派皇族中的

---

① 《新唐书·南蛮列传上》，中华书局1975年版。

② 江应樑著《中国民族史》（中），民族出版社1990年版。

③ 《辽史·百官志一》，中华书局1974年版。

亲信进行统领。斡鲁朵有自己直属的军队、民户、奴隶，下辖州、县、提辖司、石烈（相当于县）、扶里（相当于乡）等组织，构成一个独立的军事和经济单位。斡鲁朵既是皇帝的宫帐，又是他的私有财产；既有特别组织的禁卫军，又有其领地、属民，单独设官分领。皇帝死后，斡鲁朵扈从后妃，奉侍皇帝陵寝，仍为继位的皇帝所使用。而新继位的皇帝又建立自己的斡鲁朵，致使斡鲁朵的数目不断增加。

（4）头下军州。为了有效管理被俘掠人员，避免其逃亡和反抗，辽王朝专门设置州、县安置被俘的汉人和渤海人，或与汉俘户杂居。后晋天福五年（940年），经朝廷准许才在规模较大的私城内建州、设军、置官，成为头下军州。不能建州的只设军，不能设军的只建县，不能建县的只置城，不能置城的只筑堡。头下军州必须经皇帝批准赐予州县名称后，才能正式建立，其官吏除节度使由朝廷任命外，其他都由建军州的贵族自己委派。头下军州既依附于领主，又隶属于朝廷。

（5）推行汉化。辽初辽王朝实行“胡汉分治”，后受汉族先进经济文化的影响逐渐放弃蕃礼而采用汉礼。并尊孔崇儒把儒学引入社会，仿汉制设立学校与科举。为了巩固统治，辽王朝推行汉化并重用汉族士大夫，如辽圣宗时刘慎行“由膳部员外郎累迁至北府宰相、监修国史”①。释放奴隶并用钱向从征的契丹贵族赎买离散俘虏，普遍实行赋税制。

2. 西夏王朝的运行方式

西夏王朝是党项族建立的西部民族地区区域性政权，作为一个存在着部落军事组织游牧民族建立的政权，其运行方式带有原始氏族血缘色彩的部落制残余。

（1）西夏皇帝和贵族共享决策权。西夏政权带有浓厚的贵族色彩，党项贵族在朝廷占据主导地位，皇族在决策中占有很高的地位②。朝廷中的最高长官中书令和枢密使也在决策方面发挥着十分重要的作用。朝廷中设置了监察机构御史台，以御史大夫为首对朝廷的决策进行监督。

（2）设置两套官制。一是采取宋制建立职官制，西夏显道二年（1033年），元昊模仿宋王朝制度设官分职建立了一套系统的朝廷官职制。在皇帝之

---

① 《辽史·刘景传》，中华书局1974年版。

② 江应樑著《中国民族史》（中），民族出版社1990年版。

下设立“中书”掌管国家事务，“枢密”掌管军事，“三司”掌管财政，“御史台”掌管谏察弹劾。二是保留党项族原有的官职，设部分仅限于蕃人（主要是党项人）才能充任的“专授蕃职”，但大部分职官蕃、汉人都可以担任。史载：“自中书令、宰相、枢使、大夫、侍中、太尉已下，皆分命蕃汉人为之。”① 但党项人多任武职，汉人多任文职。

（3）以军统政。西夏军队“总计五十余万”人②，枢密院为最高军事机关，掌管国家军事兵防边备。在地方上西夏还保留有奴隶制和军事割据的特点，担任地方长官的多是担任着军事职务的部落首领，从而官府中以军统政、军政合一。

（4）实行封建土地所有制。西夏国建立时就存在着封建制的土地占有关系，后来到仁宗时制定法令完全确立了封建的土地所有制关系。“从来就已利用的渠道、土地、水等，永远属于国君和个人所有”，但西夏所有居民包括诸王、官员和庶民“可以使用国君赏赐的土地”③。土地私有制确立后，允许土地自由买卖和开始实行税赋制，《天盛旧改新定律令》规定：生荒地归开垦者所有，他和他的族人可以永远占有，并有权出卖。《新法》和《天盛旧改新定律令》记载了赐田每亩应交租税的数额④。

（5）用法律、教育和佛教治国。西夏国制定《天盛旧改新定律令》《新法》《猪年新法》和《贞观玉镜统》等各种法规规制民众。注重教育建立“蕃学”等学校培养人才，各州设立“蕃学”由朝廷委派教授教导，学校生员“于蕃汉官僚子弟内选俊秀者入学教之，俟习学成效，出题试问，观其所对精通，所书端正，量授官职”⑤。同时用佛教作为统治工具，对佛教大力推崇和扶持，仿中央王朝建立了一套比较完善的管理机构和制度，设置功德司管理与佛教相关的事务。

3. 金王朝的运行方式

金王朝是以女真族为核心，凭借武力先后消灭辽和北宋后，联合汉族和其他少数民族上层组成的政权，其运行方式呈现出错综复杂和掺杂糅合的

---

① 《宋史·外国列传一·夏国上》，中华书局 1977 年版。

② 《宋史·外国列传二·夏国下》，中华书局 1977 年版。

③ 蔡美彪编《中国通史》，人民出版社 1979 年版。

④ 龚荫著《中国民族政策史》，四川出版集团、四川人民出版社 2006 年版。

⑤ 〔清〕吴广成撰《西夏书事》，载《续修四库全书》影印本。

特点。

（1）皇帝掌握最高权力。皇帝是金王朝的最高统治者，贵族在决策中也占有十分重要的地位。勃极烈是部落联盟的议事机构，是辅佐皇帝的最高管理中枢，是部落时代长老议事制的遗迹，其决策内容涉及皇位继承、内部事务的管理、对外作战等，权力极大，是金王朝决策的核心制度①。枢密使、尚书令和左右丞相等高级官员也分享决策权。勃极烈制度废除后，尚书令、左右丞相等官员的决策权不断上升，参与国政，听决狱讼。自省而下分别设置院、台、府、司、寺、监、局、署、所等机构，在地方设置路、府州、县三级负责朝廷政令的执行。

（2）猛安谋克组织。猛安谋克是女真军事民主主义时期的军事作战组织，猛安谋克最初在氏族制中出现时与围猎经济有关。随着女真人由血缘氏族部落制向以地缘为基础的村社制过渡，猛安谋克就逐渐演变成为一种军政合一的地方组织。猛安谋克迁入中原后与州县犬牙交错，形成两套各自独立的组织系统。猛安谋克承担的是军政及生产管理的责任。

（3）封国制。金天眷元年（1138 年），金王朝对勋臣加封国王称号，国王称号只是一种荣誉勋爵，不直接统治某地。海陵王在位时削前朝皇室贵族爵号，国王多降封为郡王。此后皇室亲王封国者只依国号称某王，不称国王。封亲王者多为皇室宗亲，郡王、国公以下可以加封于外姓或外族官员。金王朝自太宗以后逐渐推行中原封建之制，废除勃极烈制，罢汉地猛安谋克制，任用汉人和契丹、渤海人为官，放免“二税户”与奴婢，仿汉制立学校、设科举，改从汉人姓名等等。如早在完颜阿骨打称帝时，即“以王为姓，以旻为名”②。此外，金王朝实行掠夺压迫政策，采取掠民为奴、强迫同化和经济掠夺等手段进行统治。如大定三年（1163 年）八月，金世宗“诏罢契丹猛安谋克，其户分隶女之直猛安谋克”③。

4. 大理国的运行方式

大理国是在取代南诏后建立的，传承了南诏的主要制度，并根据社会发展进行了一些新的变革。

（1）清平官掌握统治权力。国王是大理国的最高统治者，下设清平官，

---

① 江应樑著《中国民族史》（中），民族出版社 1990 年版。

② 宇文懋昭撰《大金国志校证》（上册），中华书局 1985 年版。

③ 《金史・世宗雍纪》，中华书局 1975 年版。

由坦绰、布燮、久赞、彦赞共同组成统治集团。从大理国中后期开始，国王成为傀儡，多位国王出家为僧。掌握实权的高氏家族占据着布燮（宰相）位置，拥有最高的决策权，并在大理国境内分封高氏子孙为世袭领主，当时社会发展水平较高的八府都以高氏子孙世守其地，委任高姓为郡主进行统领，基本形成了集权统治。此外，大理国内各地的封建领主也在自己的地盘上拥有实际控制权。

（2）因俗而治。为加强对各部族的直接统治，大理国前期在各地设立郡（或赕），委派贵族分别进行统治，并迁徙洱海地区的白族前往屯驻。而对于受都督、节度管辖的部族则继续设置为部（或甸），任命土长为首领实行羁縻统治。

（3）利用佛教统治。佛教在南诏时传入云南，大理国时十分盛行瑜伽密宗。大理国统治者尊崇佛教，其开国皇帝段思平岁岁建寺、天天拜佛，铸造佛像达 1 万多尊。大理国段氏 22 个国王中，有 8 个避位为僧①。统治阶级也利用宗教协调民族关系，巩固自身统治。

---

① 江应樑著《中国民族史》（中），民族出版社 1990 年版。

第三章　西部民族政治制度

广义的“制度”是指由一系列正式和非正式的规则构成的交往秩序，以特定的组织或机构为载体，通过明确规定或提供行为预期的方式，规范个体和组织在具体环境中的行为，并以自我约束或由外部权威实施约束的方式，使这些规则得到社会群体的广泛接受和普遍遵循。而政治制度则是规范政治生活的规则体系①。对西部民族地区而言，民族政治制度是指规范各参与主体政治生活，且受到广泛接受和普遍遵循的规则体系。从历史发展的脉络看，西部民族地区政治制度可分为传统民族政治制度和现代民族政治制度两种。其中传统民族政治制度按照制定主体的不同，又可分为封建王朝制定并在西部民族地区施行的民族政治制度（简称“封建王朝民族政治制度”）和由西部民族地方政权制定并施行的民族政治制度（简称“地方民族政治制度”）两种。而在西部民族地区现代社会中得到普遍遵循并作为国家基本政治制度的则是民族区域自治制度。

第一节　封建王朝民族政治制度

为实现对西部民族地区的有效控制，历朝历代中央王朝均制定并实施了一系列民族政治制度。这些民族政治制度具有目标的一致性、历史的延续性和发展的阶段性等基本特征。为加强对西部民族地区的控制，中央王朝制定的民族政治制度在一定历史阶段内具有一定的连续性，但当政治情势发生巨大变化时又具有一定的突破性，逐步形成一种新的政治制度。历朝历代封建王朝对经济社会发展不平衡的民族地区，尤其是西部民族地区所采取的民族

① 曹沛霖、陈明明、唐亚林主编《比较政治制度》，高等教育出版社2005年版。

政治制度，其主要形态有“五服”纳贡制、羁縻府州制、土司土官制、土流合一制和乡里制等。

一、“五服”纳贡制

在夏商周时期，中原朝廷依据与天子王城距离远近、关系亲疏等将其疆域划分为不同的区域，并实行不同的统治方式。对“要服”“荒服”“邦伯”等距离王城较远的边疆“蛮夷戎狄”居住地区，实行一些较为宽松的统治制度，如仅需交纳少量贡赋、表示归顺、不侵扰边地即可等。

（一）形成雏形

“要服”与“荒服”制度形成于夏王朝。黄帝族的一支夏侯氏，最初居住在西部地区，后东迁并建立了最初的国家政权，实行王位世袭制，即夏王朝。夏王朝将其疆土分为“甸服”、“侯服”、“绥服”、“要服”和“荒服”共五服。《史记·夏本纪》载：“令天子之国以外五百里甸服，百里赋纳总，二百里纳铚，三百里纳秸服，四百里粟，五百里米；甸服外五百里侯服，百里采，二百里任国，三百里诸侯；侯服外五百里绥服，三百里揆文教，二百里奋武卫；绥服外五百里要服，三百里夷，二百里蔡；要服外五百里荒服，三百里蛮，二百里流。”[①] 其中“甸服”为天子之“国”（王城，又称王畿或国畿或邦畿），是王室成员住地，天子直接管理的区域；“侯服”即诸侯驻地，为臣属管理的区域；“绥服”为华夏庶人住地，设官治理，受天子安抚，推行礼乐法度与文章教化；“要服”即诸“蛮”“夷”居住地，受夏朝的王化影响较大，需受一定约束，顺从天子；“荒服”是夏王朝政教不及之地，居住着“夷、蛮、戎、狄”人之“国”或部落。

按照制度规定，“甸服”是夏王室的直接领地，其百姓要承担王室费用，近的须交纳各种收获物，远的须交粮米。“侯服”是夏王朝分给卿大夫的采邑、众诸侯封地及封国，除须按时进贡外，还须拱卫京师，确保地方安宁。“绥服”是夏王朝设官管理的地区，其百姓除进贡纳税外，还须戍守疆土。“要服”为“蛮、夷”居住的边疆地区，仅需缴纳少量贡赋、表示归顺即可。“荒服”则是气候恶劣的荒远民族地区，夏王朝的控制力较弱，只需“蛮、夷、戎、狄”等民族不侵犯边疆，则任其迁徙、往来而不加约束，但也有向

① 许嘉璐主编《二十四史全译》之《史记·夏本纪》，汉语大词典出版社2004年版。

往夏朝、不远万里到王城朝贡的。《史记·夏本纪》载："自虞夏时，贡赋备矣。"[①] 由此可见，夏朝时要服与荒服纳贡之制的雏形已经形成[②]。

（二）发展形态

因众多诸侯国的存在，"五服"纳贡制在商王朝得到了发展，且有了"来享""来王"等具体规定。《尚书·酒诰》载："越在外服，侯甸男卫邦伯；越在内服，百僚庶尹，惟亚惟服宗工。越百姓里居，罔敢湎于酒。"[③]《战国策·齐四》载："大禹之时诸侯万国……一汤之时诸侯三千。"[④]《后汉书·郡国志》载：禹"涂山之会，诸侯……万国，汤受命其能存者三千余国"[⑤]。除直接统治区域（"内服"）外，其他区域均为"外服"。"外服"包括商王朝"势力所及"的区域即侯、甸、男、卫等商王诸妻、诸子、诸功臣派遣、分封之地，以及商王朝"势力所不及"的荒远区域，即臣服于商王朝的民族小国或部落等"邦伯"和"蛮夷"居住的"要服""荒服"，范围十分宽广。

商朝时西部民族方国必须"来享""来王"，缴纳贡物，称臣归附。《诗经·商颂》载："昔有成汤，自彼氐羌，莫敢不来享，莫敢不来王，曰商是常。"此外，贡物种类较多，但大多为当地土特产。《逸周书·伊尹四方献令》载："正南瓯邓、桂国、损子、产里、百濮、九菌，请令以珠玑、玳瑁、象齿、文犀、翠羽、菌鹤、短狗为献。正西昆仑、狗国、鬼亲、枳已、闟耳、贯胸、雕题、离丘、漆齿，请令以丹青、白旄、纰罽、江历、龙角、神龟为献。正北空同、大夏、莎车、姑他、旦略、貌胡、戎翟、匈奴、楼烦、月氏、孅犁、其龙、东胡，请令以橐驼、白玉、野马、騊駼、駃騠、良弓为献。"[⑥]

商王朝沿袭夏王朝的五服贡纳制，并随着经济社会发展而有所变化，与夏王朝相比，存在以下不同：①商王朝的"内服"，对应于夏王朝的"甸服"。②商王朝的外服分为五等，即侯、甸、男、卫、邦伯，而夏王朝的外服为四等即侯、绥、要、荒。③"邦伯"，相当于"要服""荒服"的民族方国酋长。虽然商王朝的"五服"与夏王朝的"五服"在区划、称谓及诸服间的

① 许嘉璐主编《二十四史全译》之《史记·夏本纪》，汉语大词典出版社2004年版。
② 龚荫著《中国历代民族政策概要》，民族出版社2008年版。
③ 〔清〕孙星衍撰《尚书今古文注疏·酒诰》，载《四部备要》影印本。
④ 《战国策·齐四》，参见钱超尘译注《战国策译注》，燕山出版社1993年版。
⑤ 《后汉书·郡国志一》，中华书局1965年版。
⑥ 《逸周书·王会解·伊尹四方献令》，载《四库全书》影印本。

距离等方面有所不同，但均有尊卑与纳贡数量等规定[①]。

（三）完善规定

“五服”纳贡制度经不断演变，至西周时逐渐成熟，对“五服”区划、朝见时限、贡物、职责等均有了较为详细的规定。

周朝时的“五服”纳贡制度，对各服职责均有详细、明确的规定。“夫先王之制，邦内甸服，邦外侯服，侯卫宾服，蛮夷要服，戎翟荒服。甸服者祭，侯服者祀，宾服者享，要服者贡，荒服者王。日祭，月祀，时享，岁贡，终王，先王之训也。”[②]“甸服”采地之君供“日祭”，“侯服”诸侯供“月祀”，“宾服”的异姓诸侯供“时享”，“要服”的边疆“蛮夷酋长”供“岁贡”，“荒服”的边外戎翟（狄）酋长要尊周天子为全国君主，嗣王即位要晋见周天子。

此外，周朝时对区划、进贡期限、贡物种类等均有较为详细的规定。就区划而言，据《周礼·夏官司马》载，除国畿外，有侯畿、甸畿、男畿、采畿、卫畿、蛮畿、夷畿、镇畿、番畿；据《职方氏》载，除王畿外，有侯服、甸服、男服、采服、卫服、蛮服、夷服、镇服、藩服。就各服的岁贡、贡物，也有一些详细的规定。据《周礼·秋官司寇》载，侯服，岁一见，其贡祀物；甸服，二岁一见，其贡嫔物；男服，三岁一见，其贡器物；采服，四岁一见，其贡服物；卫服，五岁一见，其贡材物；要服，六岁一见，其贡货物；番国，世一见，各以贵重珍宝为贡物[③]。

对周王的朝见时限、贡物种类及数量，反映王畿、华夏族诸侯国和边疆民族“蛮、夷、戎、狄”间远近、亲疏和不同程度的臣属关系。西周时期“五服”区划的不断演变和朝见贡物的各种规定，比夏、商两朝更为明确、具体、完备[④]。

（四）演进趋势

至春秋战国时期，随着东周封建王权的衰落，诸侯已不由周天子封赐而是自封等级和爵位，诸侯国间征战不断，并逐渐废除分封制而建立郡县制，废除官员世袭制而改派流官任职，于是“五服”纳贡制逐渐被废止。

---

① 龚荫著《中国历代民族政策概要》，民族出版社2008年版。

② 《国语·周语》，载《四库全书》影印本。

③ 《周礼·秋官司寇》，影印本。

④ 龚荫著《中国历代民族政策概要》，民族出版社2008年版。

秦王朝制定了少数民族法“邦属律”，对民族地区“道”官职责、民族首领犯罪后的赎免、奴隶义务等做了详细规定。秦“邦属律”规定：①各道府输送隶臣妾或收捕的人，必须写明已领口粮的年月日数，有没有领过衣服，有没有妻。如系领受者，应依法继续给予衣食。②臣邦君长假若犯了“群盗”罪，可按“鬼薪鋈足”刑赎；假若犯了“腐”罪，可按“宫”刑赎；假若犯了“比（相当）群盗”罪，也按此规定办理。按“群盗”罪，秦律规定要斩左趾、黥面，还要服“城旦”（苦工）劳役；“鋈足鬼薪”罪，鋈足为刖足，“鬼薪”为轻于城旦的一种劳役。③臣邦百姓不许离开“主长”、逃离秦的属境。④“蛮夷君长”与秦朝女子生子，不能算少数民族，只能算秦人。民族首领犯了罪可以赎免；父母都是少数民族才能算作少数民族。⑤从宽处理少数民族罪错，那些随同出使的邦徒伪吏不株连，使臣不连坐。⑥少数民族的奴隶要奉养奴隶主，或向奴隶主交纳粮食，如不奉养奴隶主或交纳粮食，就没收为官奴。⑦对“后子”包括臣邦君长的“太子”，加以特别的法律保护，不允许随意对他们加以杀害或处以刑罚[①]。

在西部民族地区，秦汉时设置道、南北朝时设置左郡左县与僚郡俚郡，以管理民族事务。但是总体看，从秦至隋，西部民族只需缴纳少量赋税或贡献少量方物即可。对臣属较早的靠近内地的“蛮夷”，如巴郡、南郡、黔中郡“蛮”，一般只征收比内地轻的少量赋税，多为幏布、鸡羽等土特产。对边远地区的少数民族，如临洮、羌中等地的少数民族，只要一年或两三年贡献少量土特产或珍奇物品即可。

二、羁縻府州制

唐王朝总结往朝往代的经验教训，发展了夏商周时的“五服”纳贡、秦汉时的道、南北朝时的左郡左县与僚郡俚郡制度，汲取了隋朝在边疆民族地区设郡县并多以民族首领充任长官的有益经验，于唐初正式创立了羁縻府州制。宋沿袭唐制，也在其控制范围内的民族地区实施羁縻府州制。就唐宋实行羁縻府州制度的地域而言，大部位于今西部民族地区。

（一）管理机构

唐朝初期，西部民族归附后唐王朝先后在其原住地或迁居地设置羁縻府、州、县，并设置了相应的官府实施管理。“西南两爨蛮”中的“南宁西爨蛮”

---

① 龚荫著《中国历代民族政策概要》，民族出版社 2008 年版。

遣使入贡，高祖以“西爨蛮酋”爨舐子弘达为昆州刺史。西北靺鞨酋长突地稽于武德初年入朝进贡，唐王朝以其部落驻牧地置燕州；靺鞨粟末、乌素固部落也随后入朝进贡，唐王朝以其地置慎州；临涂羌人内附，唐王朝以其地置涂州，同时都设置了官府，并封赐了相应的长官。

唐太宗时，唐王朝在西部民族地区设置羁縻府州县，并将其制度化。贞观初年，唐王朝划分突利故地，设置顺州、褚州、化州、长州等四州都督府；划分颉利之地，左置定襄都督府、右置云中都督府，统领其所属六州[①]。贞观年间（627—649 年），唐王朝在西北和西南边疆民族地区先后设置了大量羁縻府州县，如在党项地区设置奉州，下辖三县；酋长细封步赖内附，置轨州都督府，下辖四县[②]。在“西南诸蛮”地区以“南谢蛮”首领谢强辖地设置庄州，下辖七县；以“东谢蛮”首领谢元深辖地设置应州，下辖五县[③]。贞观末年，薛延陀政权将亡，铁勒诸姓纷纷请求内附，对内附铁勒诸姓部落唐太宗设置了六府七州安置[④]。在平定西突厥阿史那贺鲁叛乱后，唐高宗在西突厥故地推行羁縻府州制。显庆（656—661 年）时，唐以龟兹为都督府，立素稽为都督，“分阿史那贺鲁种落为六都督府……所役属诸国皆置州府：四镇都督府，州三十四；西域都督府十六，州七十二”[⑤]。武则天时，又在天山北麓向西至楚河流域设置了 23 个都督府及一些州、县。玄宗时，随着国力的强盛，唐王朝在西部民族地区设置了大量的羁縻府州县。如在党项地区置马邑州，在雅州诸羌设有 57 个州，在黎州诸羌设 49 个州等。从唐初到开元年间（713—741 年），唐王朝在边疆民族地区先后设置了 865 个羁縻府州及 437 个县[⑥]。

至宋朝，因疆域较唐朝大幅缩小，在西部民族地区主要是在西南地区设置了一些羁縻州县。具体的设置情况是：①黎州。治所位于今四川省汉源县

---

① 许嘉璐主编《二十四史全译》之《旧唐书·突厥列传》，汉语大词典出版社 2004 年版。

② 许嘉璐主编《旧唐书·西戎列传》，汉语大词典出版社 2004 年版。

③ 许嘉璐主编《二十四史全译》之《旧唐书·南蛮西南蛮列传》，汉语大词典出版社 2004 年版。

④ 许嘉璐主编《二十四史全译》之《旧唐书·北狄列传·铁勒》，汉语大词典出版社 2004 年版。

⑤ 《资治通鉴》，中华书局 1956 年版。

⑥ 龚荫著《中国历代民族政策概要》，民族出版社 2008 年版。

北，设羁縻州 54 个，有吐蕃、西番、夷等大小部落。②雅州。治所位于今四川省雅安市，设羁縻州 44 个，有吐蕃及羌、氐大小部落。③茂州。治所位于今四川省汶川县，设羁縻州 10 个，有众多羌人部落。④威州。治所位于今四川省理县东北，设羁縻州 2 个，有吐蕃人部落。⑤叙州。治所位于今四川省宜宾市长江北岸，设羁縻州 30 个，有支系众多的“乌蛮”。⑥泸州。治所位于今四川省泸州市，设羁縻州 18 个，有僰人及一些“乌蛮”。⑦绍庆府。治所位于今重庆市彭水县，北宋设羁縻州 49 个，南宋时增至 56 个州，有仡佬族、苗族、侗族、土家族等族先民。⑧重庆府。治所位于今重庆市巴南区，设 1 个羁縻州、2 个县，有仡佬族先民。⑨邕州。治所位于今广西壮族自治区南宁市南郁江南岸，设 44 个羁縻州、5 个县、11 个峒，有“乌武僚”（亦称“俚僚”“峒僚”等）。⑩融州。治所位于今广西壮族自治区融水县，设羁縻州 1 个，有苗族、瑶族先民。⑪庆远府。治所位于今广西壮族自治区宜州市，设 10 个羁縻州，有苗族、布依族等族先民[①]。

（二）监控机构

唐、宋王朝在边疆民族地区设置大量羁縻府州县后，又设置了一些监控机构，即设立了都护府、都督府或“寨”官，监控当地各民族的羁縻府、州、县。

1. 唐王朝的监控机构

高祖武德（618—626 年）年间，在边疆地区设置都督府，按照统领的州及户口数量划分为“大、中、下”三级，设立都督（“大”这一级为从二品官员、“中”这一级为正三品官员、“下”这一级为从三品官员），并设立别驾、长史、司马等佐官，之下又设立诸曹参知军事。大都督皆由亲王遥领，长史实际主持都督府政务，其僚属品秩同于京府。贞观年间（627—649 年），为加强监控，唐王朝在边疆咽喉要地设置都护府，“掌统诸蕃，抚慰、征讨、叙功、罚过，总判府事”[②]。都护府分“大、上”两个等级。大都护府置大都护 1 人，从二品，仍由亲王遥领；副大都护 2 人，从三品；副都护 2 人，正四品。上都护府置都护 1 人，正三品；副都护 2 人，从四品。其余属官同于都督府[③]。

---

① 许嘉璐、安其心编《二十四史全译》之《宋史》，汉语大词典出版社 2004 年版。

② 许嘉璐主编《二十四史全译》之《新唐书·百官志四》，汉语大词典出版社 2004 年版。

③ 龚荫著《中国历代民族政策概要》，民族出版社 2008 年版。

在西部民族地区唐王朝设立的都督府、都护府和所管辖监控的羁縻府州县情况为：

（1）在关内道突厥、回纥、党项、吐谷浑地区设立的都护府、都督府有：①夏州都督府（治所位于今陕西省靖边县东北白城子）。其监控的突厥羁縻都督府有定襄都督府下辖4个州，回纥羁縻府州有达浑都督府下属5个州，吐谷浑羁縻州下辖1个州。②灵州都督府（治所位于今宁夏回族自治区灵武县西南）。其监控回纥羁縻州6个、党项羁縻府州2个。③庆州都督府（治所位于今甘肃省庆阳市）。其管控的党项羁縻府州有芳池州都督府下辖9个州、4个县，宜定州都督府下辖7个州，安化州都督府下辖7个州。④延州都督府（治所位于今陕西省延安市城东延河东岸）。其监控的吐谷浑羁縻州下辖1个州。⑤单于都护府（治所位于今内蒙古自治区和林格尔县西北土城子）。其监控突厥羁縻府州有云中都督府下辖5个州、桑乾都督府下辖4个州、呼延都督府下辖3个州。⑥安北都护府（治所位于今内蒙古自治区额济纳旗东南）。其监控突厥羁縻府州有坚昆都督府下辖3个州，回纥羁縻府州下辖5个府、7个州。

（2）在陇右道突厥、回纥、党项、吐谷浑、四镇、河西诸胡、西域地区设立的都护府、都督府有：①凉州都督府（治所位于今甘肃省武威市）。其监控突厥羁縻州2个。②秦州都督府（治所位于今甘肃省秦安县西北）。其监控党项羁縻州1个。③临州都督府（治所位于今甘肃省临洮县）。其监控党项羁縻州1个。④洮州都督府（治所位于今甘肃省临潭县）。其监控党项羁縻县1个。⑤松州都督府（治所位于今四川省松潘县）。其监控党项1个羁縻都督府、71个州、39个县。⑥□□府（其名不详）。其监控11个党项羁縻州。⑦北庭都护府（治所位于今新疆维吾尔自治区吉木萨尔县北破城子）。其监控突厥羁縻府州2个、府25个。⑧燕然都护府（治所位于今内蒙古自治区乌拉特中、后旗西南）。其监控回纥羁縻府州3个、府1个。⑨安西都护府（治所位于今新疆维吾尔自治区吐鲁番市东南高昌废址）。其监控的四镇羁縻府州有龟兹都督府下辖9个州，毗沙都督府下辖10个州，疏勒都督府下辖15个州，以及焉耆都督府和河西内属的诸胡羁縻地区12个州、2个府；监控的西域羁縻府州有月支都督府下辖25个州，大汗都督府下辖15个州，条支都督府下辖9个州，天马都督府下辖2个州，高附都督府下辖2个州，修鲜都督府下辖10个州，写风都督府下辖4个州，悦般州都督府下辖1个州，奇沙州都督府下辖2个州，姑墨州都督府下辖1个州，以及旅獒州都督府、昆墟州都督府、至拔州都督府、鸟飞州都督府、王庭州都督府、波斯都督府。

（3）在剑南道诸羌、“诸蛮”地区设立的都督府有：①松州都督府（治所位于今四川省松潘县）。其监控诸羌4个羁縻州、5个县。②茂州都督府（治所位于今四川省汶川县）。其监控诸羌39个羁縻州、23个县。③巂州都督府（治所位于今四川省冕宁县南）。其监控诸羌16个羁縻州。④雅州都督府（治所位于今四川省雅安市西）。其管控诸羌57个羁縻州。⑤黎州都督府（治所位于今四川省汉源县北清溪镇东北）。其监控诸羌52个羁縻州。⑥戎州都督府（治所位于今四川宜宾市西南安边场）。其监控“诸蛮”64个羁縻州、145个县。⑦姚州都督府（治所位于今云南省姚安县北）。其监控“诸蛮”13个羁縻州。⑧泸州都督府（治所位于今四川省泸州市）。其监控“诸蛮”14个羁縻州、4个郡、56个县。

（4）在江南道“诸蛮”地区设立黔州都督府（治所位于今重庆市彭水县）。其监控“诸蛮”51个羁縻州、51个县。

（5）在岭南道“诸蛮”地区设立的都督府、都护府：①桂州都督府（治所位于今广西壮族自治区桂林市）。其监控“诸蛮”7个羁縻州、1个郡、21个县。②邕州都督府（治所位于今广西壮族自治区南宁市南郁江南岸）。其监控“诸蛮”26个羁縻州、9个县。③峰州都督府（治所位于今越南永富省白鹤县南风州）。其监控“蜀爨蛮”18个羁縻州。④安南都护府（治所位于今越南河内市）。其监控“诸蛮”41个羁縻州、52个县[①]。

2. 宋王朝的监控机构

宋王朝为了加强对边疆民族地区羁縻州县的控制和管束，设“寨”官以统领。羁縻州县“分隶于诸寨，总隶于提举”[②]，即羁縻州县虽然名义上隶属于所在地的正州，但对其进行直接监控和管束的却是用以防御和镇压羁縻州县民众反叛的军事据点“寨”。《粤西文载》对宋朝左右江地区羁縻州县的管理情况有清楚的记载：宋置田州、泗城州、向武州、都康州、利州、上林县隶属于横山寨，安平州、冻州、思明州、龙州、安峒隶属于太平寨，罗阳县隶属于迁隆寨，江州、陀陵县隶属于古万寨，石西州、思陵、禄州、西平州、

① 许嘉璐主编《二十四史全译》之《新唐书》，汉语大词典出版社2004年版。

② 〔清〕顾祖禹著，贺次君、施和金校点《读史方舆纪要》，中华书局2005年版。

凭祥峒隶属于永平寨。“寨置于险扼控御去处，设寨官，招收土军，阅习武艺，以防盗贼。”[①] 实际上主要用以对付少数民族的反抗。如皇祐二年（1050年），“广南西路钤辖司，请于邕州罗徊峒置一寨以扼广源州蛮贼，从之”[②]。“崇宁中，平安化抚水蛮后，置德胜寨”[③]。可见，在羁縻溪峒地区设置“寨”的目的是“弹压峒民”。“寨”作为羁縻州县峒的监控机构，除具有军事职能外，还负责管理辖区的经济、社会事务。关于民族地区设置“寨”的情况，史籍没有完整的记载，从广南西路抚水州地区看，其地共设置有11寨。由此可以推知，宋王朝在羁縻州县地区设置的“寨”的数量相当多，表明对边疆民族地区的控制较唐王朝更严。

（三）基本特征

综观唐、宋王朝的羁縻府州制，有一些共同的、基本的特征。

1. 羁縻州数量多

唐朝羁縻府州数为864个。当时人口稠密的内地所设“正州”最多时为360个，尚不及羁縻州数的一半。唐王朝在边疆民族地区设置如此之多的羁縻州，除了用这种方式统治边疆各民族实现“大一统”外，还有多种政治目的。如在诸羌地区、茂州地区设置羌州57个，在黎州地区设置羌州52个，就是为了笼络该地区的羌人部落对付强大的吐蕃[④]。此外，虽然宋朝设置的羁縻州县数量比唐朝少，但在剑南道、江南道、岭南道等民族地区设置了羁縻州402个，县362个。

2. 羁縻州规模较小

《旧唐书·职官志》记载的“正州”设置标准是：“户满四万以上为上州”，“户满二万以上，为中州”，“户不满二万，为下州也”[⑤]。大多羁縻州的户数比较少。如剑南道地区贞观二十二年（648年）“松外蛮”帅杨盛请降，

---

① 许嘉璐主编，安其心分史主编《二十四史全译》之《宋史·职官志七》，汉语大词典出版社2004年版。

② 〔清〕徐松辑《宋会要辑稿》，中华书局1957年版。

③ 〔清〕汪森编《粤西文载·黄忧传》，载《四库全书》影印本。

④ 许嘉璐主编《二十四史全译》之《新唐书·地理志》，汉语大词典出版社2004年版。

⑤ 许嘉璐主编《二十四史全译》之《旧唐书·职官志三·州县官员》，汉语大词典出版社2004年版。

“其地有杨、李、赵、董等数十姓，各据一州，大者六百，小者二三百户”①。永徽二年（651 年）“特浪生羌董悉奉求、辟惠生羌卜檐莫等种落万余户内附，又析置州三十二”②，每州平均仅有 300 余户。龙朔三年（663 年）“昆明蛮”7000 户内附，设置禄州、汤望州 2 个州予以安置，每州平均只有 3000 多户。此外，宋朝的羁縻府州县规模也较小。据《太平寰宇记》记载，在广西左右江地区，羁縻州所辖户口多的为几百，少的仅有几十户。如思顺州“管主客户三百五”，芝忻州“管户六百五十二”，文州“管户五十二”，镇宁州“管户五十一”，智州“管户三十七”，蕃州“管户三十七”③。在四川黎州地区设置有羁縻州 54 个，这一区域虽较大，但人数并不多，其羁縻州的规模也较小。

3. 按部族设置

唐、宋王朝在西部民族地区的羁縻州县设置是按归附诸族的部族大小而定，“即其部落列置州县”④。如“龙朔元年（661 年），以陇州南由令王名远为吐火罗道置州县使，自于阗以西，波斯以东，凡十六国，以其王都为都督府，以其属部为州县。凡州八十八，县百一十，军、府百二十六。”⑤

4. 设置变化较大

终唐一朝未变动的羁縻府州县极少，如显庆五年（660 年）唐平百济，在其地设置了熊津、马韩、东明、金连、德安 5 个都督府，并置带方州，麟德年间（664—665 年）以后废除，仅存在了 5 年。在陇右道突厥地区，开元年间（713—741 年）设置有火拔、葛禄 2 个州，后自然消失。永徽五年（654 年）以处月部落设置金满州，龙朔二年（662 年）金满州升为府。在剑南道诸羌地区武德元年（618 年）以临涂羌内附置涂州，领临涂、端源、婆

---

① 《资治通鉴》，中华书局 1956 年版。

② 许嘉璐主编，安其心分史主编《二十四史全译》之《新唐书·地理志七·羁縻州》，汉语大词典出版社 2004 年版。

③ 〔宋〕乐史撰《宋本太平寰宇记》，中华书局 2000 年版。

④ 许嘉璐主编《二十四史全译》之《新唐书·地理志七》，汉语大词典出版社 2004 年版。

⑤ 许嘉璐主编《二十四史全译》之《新唐书·地理志七》，汉语大词典出版社 2004 年版。

览3个县，贞观元年（627年）废除[①]。其变化主要是依据唐王朝控制力的强弱而定。

三、土司制

土司制度是封建王朝在民族地区实行的一种政治制度。它滥觞于秦汉时期的“道”与“属国”，萌芽于魏、蜀、吴三国时期蜀汉实施的“皆即其渠率而用之”，肇始于晋王朝的“左郡”“左县”与“僚郡”“俚郡”，于唐、宋时期的羁縻府州制产生雏形，并定型于元朝，鼎盛于明王朝，衰落于清王朝，残存于民国，终结于20世纪50年代中期的民主改革与民族区域自治制度[②]。所谓土司制度是封建王朝普遍利用原住民族上层人士担任当地政权机构的长官，使之在听命朝廷的同时，按“旧俗”对原有部属和辖地进行世袭统治，使“官吏军民各从其俗，无失常业”[③]，以确保民族地区的稳定。土司制度的实质在于暂不触动各少数民族固有的生产、生活方式和利益分配格局，利用原有的统治机构，通过对民族酋领加封一些不同于内地的职名和封号，使之“谨守疆土，修职贡，供征调”[④]。

（一）确立背景

元王朝是蒙古族部落联盟凭借强大的军事实力，灭西夏、金、南宋等而建立的大一统的封建政权，它把之前各朝代都无力深入控制的西部偏远民族地区纳入了统一版图。“自封建变为郡县，有天下者，汉、隋、唐、宋为盛，然幅员之广，咸不逮元。”“若元，则起朔漠，并西域，灭女真，臣高丽，定南诏，遂下江南，而天下为一。故其地北逾阴山，西极流沙，东尽辽左，南越海表。”[⑤] 面对广袤土地上尤其是地势险要、交通闭塞的西部边陲众多少数民族，元王朝统治者认识到：“远方蛮夷，顽犷难制，必任土人，可以集

---

① 许嘉璐主编《二十四史全译》之《新唐书·地理志七》，汉语大词典出版社2004年版。

② 龚荫著《中国土司制度史》，四川出版集团、四川人民出版社2012年版。

③ 许嘉璐主编《二十四史全译》之《元史·世祖忽必烈七》，汉语大词典出版社2004年版。

④ 许嘉璐主编《二十四史全译》之《明史·职官志五》，汉语大词典出版社2004年版。

⑤ 许嘉璐主编《二十四史全译》之《元史·地理志一》，汉语大词典出版社2004年版。

事。”[①] 为此，元王朝在总结之前各朝代民族管理经验教训的基础上，先在西南民族地区推行土司制度。土司制与羁縻制的不同之处在于：它既保留了世居少数民族首领旧有的权力、地位和内部统治方式，但又削弱了其“各长其君，各治其民”独霸一方的自主性和独立性，把官衔的编制、称谓及土司、土官的任免、升迁、奖惩等都纳入统一的职官体系中，并派宗王率兵留其境驻守予以监督，派蒙古族、色目人、汉族等流官参与管理，从而使朝廷对西部民族地区的管辖更为直接、深入、紧密和有效。

（二）基本内容

土司制对西部民族地区管理机构设置、土司土官的任用和义务等内容做了具体规定。

1. 机构设置

在西部民族地区，元、明王朝按原民族首领管辖地域大小、人口多少等分别设置各级管理机构。

在西部民族地区，元王朝设置了宣慰司、宣抚司、安抚司、招讨司、长官司等土司衙门，总管、土府、土州、土县等土官。其中宣慰司为行省与郡县间上传下达的机构，设置在边远民族地区的宣慰司多兼都元帅府或管军万户府。宣慰司下设宣抚司、安抚司、招讨司、长官司，其官职“品秩员数，各有差等”[②]。在靠近内地或较发达的民族地区则设置土官总管府，其下设置土府、土州、土县。元王朝已普遍设置了各级土官、土司机构。据罗绕典《黔南职方纪略》卷七记载：“其在顺元宣慰司者，有总管一、安抚使十三、土府六、土州三十七、土县十二、长官二百七十二；又有乌撒乌蒙宣慰及播州沿边溪峒宣慰，皆在今贵州境。”

明朝则设置了布政使司、府、州、县，以及都指挥使司和各级土官、土司，层层节制，管理较为严密。其中布政使司为省一级政务机构，在其下的民族聚居区设置军民府、土州、土县，其职官设置与正府、州、县相同；都指挥使司为行省军事机构，统率所辖卫、所，包括西北民族地区（主要是陕西行省）的羁縻卫、所。此外，土官多设置在靠近内地或较发展地区，土司

① 许嘉璐主编《二十四史全译》之《元史·仁宗本纪三》，汉语大词典出版社2004年版。

② 许嘉璐主编《二十四史全译》之《元史·百官志七》，汉语大词典出版社2004年版。

多设置在边境要冲或山区。土官机构设置有土府、土州、土县，“设官如府、州、县”[①]；土司则沿袭元代制度，主要有都督府、宣慰使司、宣抚司、安抚司、招讨司、长官司和“蛮夷长官司”等，但明朝宣慰使司已由元王朝设于全国行省与郡县之间的一级组织变为专在民族地区设立的土职，土司的品级则普遍低于元朝。土官在地方隶属于布政司，在朝廷隶属于吏部；土司在地方隶属于都指挥使司，在朝廷隶属于兵部，但是隶属关系有时区别并不严格。

2. 土官土司的职责

土官土司“其所以图报于国家者，惟贡、惟赋、惟兵”[②]，即对朝廷主要履行朝贡、缴纳赋税、征集土兵三项职责。

（1）朝贡。土官、土司接受朝廷授予封号、爵位后，为表示“忠顺之心”须向朝廷朝贡。朝贡一般一年或两年一次，有的偏远民族地区可三年一次。朝贡的物品为各地方物。土官朝贡后元王朝照例给予优厚的金银、物资作为回赠，以示恩宠。明王朝“贡物有典”，即对贡品、贡期和入贡人数均有专门的规定。①贡品。贡品为因地而异的方物，朝廷对其品种、数量有固定的要求，如羌族地区的叠溪长官司三年贡马四匹，岳希长官司三年贡马三匹，静州长官司、陇木长官司三年贡马两匹[③]，同时还要交纳药材、核桃、油竹笋等土特产。若不符合规定则要停赏问罪。②贡期。贡期多为三年一次，“广西、四川、云南、贵州腹里土官，遇三年朝觐，差人进贡一次。俱本布政司给文起送，限本年十二月终到京，庆贺限圣节以前，谢恩无常期”[④]，“到京过期，减半给赏”[⑤]。若不到朝觐之年擅自朝贡者，礼部不收其贡品。同时将元王朝一年或三年的贡期统一为三年一次，且不得以路途远近等为借口违反。此外，各土司入贡须征得布政司的同意，取得文印后才可进京。③入贡人数。土司纳贡后朝廷要予以回赐，为节省赏物、减少开销，明王朝严格限制入贡人数，嘉靖七年（1582年）议准“土官袭授宣慰、宣抚、安抚职事者，差人庆贺，每司不许过三人。其三年朝觐，每司只许二人，大约各司共不过百人，

---

① 许嘉璐主编《二十四史全译》之《明史·职官志五》，汉语大词典出版社2004年版。

② 〔明〕张萱《西园闻见录·土官》，影印本。

③ 〔明〕顾炎武《天下郡国利病书·四川》，影印本。

④ 《明会典·礼部·土官》，影印本。

⑤ 《明会典·礼部·给赐》，影印本。

起送到京者不过二十人，余俱存留本布政司听赏。”① 违反规定的则视其情节轻重，分别予以半赏、停赏或问罪等处罚。

（2）缴纳赋税。西部民族地区土司编户之民须缴纳一定数量的赋税，以表示受地方政权的节制，其额度比内地汉族地区低，赋税种类有金银钞、粮、布等。对新归附的则“听其输纳”，无须规定赋额。凡遇灾荒或因军功受奖，朝廷则减免税赋，以示惠顾和恩宠。然而土官管辖地区的户口、民田要登记造册上报朝廷，其民户“皆赋役之，比之内地”②。

（3）征集土兵。土官、土司必须承担按朝廷指令修筑道路、设立驿站、率兵出征的职责。凡土司、土官不朝贡或“不输税赋”、不听从调遣出征均被视为“不臣”，朝廷则会兴兵讨伐。明王朝允许土司拥有土兵，以备“以蛮攻蛮”之用，“其后展转假借，凡议大征者，无不借狼兵土兵，远为调遣”③。明朝卫所制逐渐瓦解后，凡大规模征战，土兵都成为朝廷调遣的重要军事力量，出兵配合朝廷征战则成为土司义不容辞的义务。如《牟托土巡检司碑》碑文记载：“世祖折木奉剿蔺贼，初御龙泉驿，次战成都草堂寺，损土舍二员，土兵二千……奏加宣抚职衔……旋奉剿白马、脚都、别拓、牛罗，征功在卷……岩头、脊鱼、戊戌三寨被黑虎生番入寇，派往征剿，败贼四阵，怵息归巢。”

3. 对土官土司的监督

元、明王朝多以外在强制和内在权力渗透相结合的方式对民族地区土官、土司进行监督，使土官、土司的权力受到压缩和控制，防止土司违法或叛乱，同时也为“改土归流”创造条件。明王朝对土官、土司主要采取两项监督措施：①建立严密的军事防御体系。明初设立平羌将军都督府，设置平羌将军御史大夫 1 人、都督总兵官 1 人率兵镇守威、茂。正统年间（1436—1449 年），设都御史 1 人以经略地方。成化年间（1465—1487 年），设兵部侍郎 1 人，提督松潘、威、茂，后改设都御史 1 人巡抚军务。设布政司参议 1 人管粮储，驻茂州，代管松潘；按察司副使 1 人管兵备，驻松潘，代管威、茂。弘治年间（1488—1505 年），裁去参议专设整饬威、茂等地方兵备，兼综理

① 《明会典·礼部·朝贡通例》，影印本。

② 许嘉璐主编《二十四史全译》之《元史·地理志一》，汉语大词典出版社 2004 年版。

③ 毛奇龄《蛮司合志序》，载《边疆民族资料初编·西北及西南民族》（第 22 册），知识产权出版社 2011 年版。

粮储，设按察司副使1人、协守参将1人驻茂州，协赞游击将军1人驻叠溪专门“遇贼剿杀”，即负镇压之责[①]。同时明王朝还在羌族地区建置大量的关、堡、墩台，派兵把守以防不测[②]。这无疑从军事方面对土司进行了遏制。②建立完整的流官政权，即“设州以统羌民，设卫以统军伍”，驭民与军事威慑互相配合以维系地区安定。设置了茂州、威州、汶州等州县流官政权，大量流官参与管理羌族地区事务。

（三）习惯法则

在西部民族地区，土官、土司是直接统治者，除设置土司衙门和监狱，养有土差、土兵外，还自定有“土规”“土律”，以统治土民。“土规”“土律”条文简明，内容涉及社会治安、纳税、债务、生产、土地等方面，是各民族原有习惯法的成文化和规范化，具有世俗性、适用性、权威性等特点。由于各民族习惯法差异较大，难以全部归纳和陈述，仅对羌族、彝族、瑶族、苗族等内容较为丰富并具一定代表性的民族习惯法进行简要阐述[③]。

1. 统治法则

土司占有辖区内的土地、森林、河流等资源，是辖区内的世袭最高统治者，仅在一定程度上受制于封建王朝的州县地方政权。

（1）机构设置的“土规”。①土舍。土司之下设有土舍，由土司的兄弟或近亲充任，被视作土司的“根根”，常委以重任。当土司外出时可留守代行土司职权，其地位高于总管。土司辖地内若遇到重大事件，如战争、讼案、收纳粮税等，土司不能兼顾时则由土舍酌情办理。土舍也可任带兵官指挥士兵作战，代替土司到京城向朝廷进贡等。土舍多不当差，但是偶有例外。②总管。总管由土司任命，是土司的心腹，多为世袭，多由土司后代、总管之子承嗣或个别管家升迁就任。其职权范围为：轮流到土司衙门值班，为土司管理属地范围内的一切行政事务，调解民间纠纷，处理兵马钱粮诉讼，受土司指派参加本辖区内的重要会议，代土司对外交涉、谈判、结盟；土司绝嗣或年幼，可由得力总管摄政。③师爷。即土司衙门内掌管文书、文告、裁决记录等各类文件档案的头目。④领班。为土司衙门内领管衙役的头目，负责传送公文、传票、拘捕人

---

① 参见（民国三十三年，1944年）《汶川县县志》，影印本。

② 参见（道光）《茂州志·关隘》。

③ 本部分的部分内容参考和转引了李鸣著《中国民族法制史论》（中央民族大学出版社2008年版）的相关内容。

犯、坐堂助威、行刑并管理监狱等。⑤寨首。寨是羌族地区的基层行政单位，各寨有寨首。羌民有民主选举寨首的传统。《羌戈大战》载：“羌人按姓氏，按姓分地盘，人人忙迁徙。地盘业主举寨首，选公正的人，选善战的人，选音牧放的人。”羌民中能力突出、受众人拥护者，被推为寨首，有的羌寨则由羌民轮流充任寨首。寨首每寨1人，只管本寨事务，且受土司衙门的总管管辖。寨首的职权范围为：按照总管指令办理羌寨行政业务；征收税粮，调派夫役，调解民间纠纷。寨首一般不脱产，与羌民一样自食其力，交赋服役。寨首下设乡约1人，一般由羌民中有威望的人充任。乡约仅辅助寨首上传下达，处理日常琐碎事务。每寨设会首2人，由羌民轮流担任，主要职责是逢庙会时出面征粮买香，组织土兵操练、耍龙灯等。宗师克是羌寨世袭的差人，负责送信和传讯捕押犯人，每寨1人，常被指派监督羌民，羌民要待以酒饭，还要送钱，稍不遂意就动手打人。有些羌寨还设有管山1人，其主要职责是管理山林，管理猎取野物和挖药材，安排烧山人，收取进山费等。

（2）会议及规则。土司会议主要有两种：①年度会议。多在每年正月间在土司衙门召开，由土司、土司衙门内设机构负责人、下辖各级民族头人参加，会议主要内容是部属头领向土司述职，土司从中了解各地实情和下属工作情况，进而确定年度计划和调配人员。②土舍会议。不定期举行，决定土司继承、土司婚丧、对外战争等重大问题。

（3）统治细则。为加强统治、巩固统治地位，土司多制定“土规”“土律”。①强化土司辖区界限。如《牟托巡检土司石碑告示》规定：“司地与州民接壤，各守各界，地角山隅毋得强侵茂土”；②控制外来人口，禁止私自招徕外人。如《牟托巡检土司石碑告示》规定：“司地区谷岩乡，易为藏奸匿匪，凡外界男女诸人，投宿安站，当经问来历清白，可留则留。”[①] 又如《岳希土司石碑告示》规定：“禁止私招外来之人，希图渔利，以致地方多生事端，其累不小……有寨中私和招外来不法之徒，以挖药烧井（硷）贸易为由，在境滋扰……”[②] ③禁止与汉族通婚及汉民在羌族地区置办产业。如《静州土司石碑告示》规定：“招赘入婿顶各项差事门户者，不准招进汉民，违者产业充公。”“汉民不得置买土民田产，违者充公。”[③] ④汉民到土司衙门诉讼，

---

① 《牟托巡检土司石碑告示》，立于茂县南新乡牟托村。

② 《岳希土司石碑告示》，立于同治五年（1866年）。

③ 《静州土司石碑告示》，立于同治八年（1869年）。

所纳“帮堂钱”较其所辖土民加倍。如《静州土司石碑告示》规定：“田土、婚户每案帮堂礼钱一千六百文，原告出差费钱二千四百文，每案原差脚步钱六百文；外来游民酗酒、赌博、逞豪，原告出帮堂钱二千四百文，被告出差钱四千八百文，帮脚步钱一千二百文。”①

2. 军事法则

土司“寓兵于农”，“土民”没有土地，须向土司“领一份地，交一份粮，当一份差，出一个兵”，故土民又称“兵民”，土民平时种地、纳粮、当差，战时则奉调出征。

（1）服从调遣。兵民平时训练有素，要求每人准备明火枪、吊刀等兵器，用口袋装好荞麦挂在墙上，一经传谕（紧急军情）各寨兵民就带上自备的武器、马匹和口粮到土司衙门集合，听从土司调遣，随总管出征。出发前由土司先发安家银两。清廷给兵民的赏银较为优厚，如乾隆十年（1745 年）调瓦寺土兵征战时，除征兵起程时按惯例每人赏银 3 两外，每兵再加 2 两，每百名土兵给牛 1 头，每 20 名土兵给羊 1 只。出征的土兵除受上述赏赐外，其父母妻儿还按照守兵坐银之例，每名土兵每月给银 9 钱，米 3 斗。

（2）征调法规。土司把繁重的兵役分到各户，且往往以抽丁方式进行。羌族男性民众 14 岁以下、60 岁以上免征，寡无男丁者可以出钱雇人顶替。从征的土兵 10 人选 1 个什长，10 个什长由土司派 1 个百夫长，全队由土司或土舍统领。战事中的口粮由土司拨给，并由土司准备少量茶叶、酥油。

（3）战时奖惩规则。战争中掠夺的贵重财物必须上交土司，而零碎的则由土兵自行处理。土兵自己抢掠的财物归本人所有，共同抢掠的财物由土司进行分配。

（4）训练规则。每年农闲时节的特定日子，土兵都打靶、操练。如瓦寺土兵操练时，土司规定总管、寨首都要到场观看，有专人记录，中者插红旗，不中者插白旗，凡中 1 次，赏白酒 3 杯。

3. 诉讼法则

土司一般在土司衙门审理土民违反“土规”“土律”等行为，调处土民纠纷。土司衙门一般分大堂、二堂、三堂，土司分堂审理不同案件，大堂多审理婚姻、债务、田土、继承等民事纠纷，二堂多审理偷盗、抢劫等刑事犯

---

① 《静州土司石碑告示》，立于同治八年（1869 年）。

罪，三堂多审理忤逆不孝等亲族间的犯罪。土司只审理裁决其辖区内民事案件和轻微的刑事案件，而杀人、谋叛等重大案件经土司初审后要连人带案卷移交州府审理，土司无权定罪处罚。民事纠纷等“琐屑忿事，当忍耐消释”①，则先由寨首解决，寨首不能调解的交总管处理，总管处理不了的才由土司衙门裁决，土民对土司审判裁决不服的可以赴州申诉。

土民到土司衙门打官司必须由会首、差人传案提讯，会首、差人在传案时可向土民索取路费。诉讼双方当事人必须给土司送猪羊等礼品或“帮堂钱”（诉讼费）“鞋脚钱”（调查费）等，土司才开堂审理。《岳希土司石碑告示》规定：“婚姻、田土、债账以及酗酒滋端、争界、反外、益索，每案议定官钱二千四百文，每案鞋脚钱四百八十文。”土司审理的诉案范围十分广泛，无论是债务、婚姻、田土方面的民事纠纷，还是敲诈、勒索、酗酒滋事的刑事案件，皆可上告土司请求裁决，但土司所收帮堂钱、鞋脚钱比较昂贵，土民一般难以支付。

土司衙门设有小铁凳、足压、坐笼、吊笼、枷锁等刑具，嫌犯若不如实陈述可刑讯，也可对罪证确凿的人犯用刑惩处。刑罚包括罚钱、打小板、打大板、枷号、打头、打嘴、笼禁、抄家、关班房、坐黑牢、剔目、投河、坠岩等，其手段非常残忍、严酷。此外，还推行连坐制度，一人犯死罪家人连坐，妻子没入土司衙门为奴。土司在司法过程中自制枷笼、刑杖滥责土民，土民往往要交纳重金才能脱法。否则就会被栽赃诬陷动以严刑，酷加勒索直至土民倾家荡产。

四、土流并存制

为规避土司制度存在的割据性、专断性、野蛮性和特权性等弊端，实现政治的一体化。中央王朝随着控制力的增强逐渐在西部民族地区推行“改土归流”，实行流官制。“改土归流”就是废除土司制度，实行与内地相同的管理制度，官员改为由朝廷选拔任命的流官充任而废除土官世袭制。“改土归流”始于明朝洪武年间，洪武二十年（1387 年）云南越州土司（土知州）阿资举兵反叛，朝廷于洪武二十八年（1395 年）擒杀阿资，并废除土知州，设置越州卫，以流官统之②。明永乐十二年（1414 年），明军在平定思州、思南

① 《牟托巡检土司石碑告示》，立于茂县南新乡牟托村。

② 许嘉璐主编《二十四史全译》之《明史·云南土司列传一·曲靖》，汉语大词典出版社 2004 年版。

两宣慰使司的叛乱之后，下诏废除土司，改设贵州布政使司，分两宣慰司地为8府[①]。此后明王朝还曾在其他局部地区推行过改土归流，但规模都不大。至清朝，大规模的改土归流逐渐展开，于是收缴土司印信，改设府州县，实行同内地一样的管理制度。但因各少数民族的实际情况不同，致使“改土归流”并不彻底，在一些民族地区仍实行“土流并存”制。即在土司地区设置流官为正职或副职，与土司共同管理地方事务，形成土司制与流官制之间的过渡政治制度形态。

（一）改土归流的背景

“改土归流”有着深刻的政治经济和社会背景，具有积极的一面，是经济社会发展的必然产物。

1. 政治经济背景

明朝中后期之后，由于经济的发展，地主经济在一些民族地区逐渐发展起来，奴隶制、封建领主制等土司制度的经济基础开始受到冲击，并逐渐退出历史舞台。经济基础的发展变化必然要求上层建筑做出相应调适，为此需要把民族地区的奴隶主和农奴主专政转化为封建地主阶级专政。同时中央王朝随着对民族地区整体控制力的逐渐加强，能够撇开土司而以自身实力对民族地区进行直接统治，于是“改土归流”顺势而出。

2. 社会背景

由于土司制度具有割据性、专断性、野蛮性、特权性等弊端，“土规”“土律”在制定和运作过程中土司往往“自以为是”地进行改造，既背弃了民族传统习惯，又与“王法”相对抗。①一些土司暴虐纵淫，作威作福欺压土民。如云南永昌土司统治下的土民“田产子女，唯其所欲，苦乐安危，唯其所主。草菅人命若儿戏，然莫敢有咨嗟叹息于其侧者”[②]。广西田州土司统治下的土民“生女有姿色，本官辄唤人，不听嫁，不敢字人也”[③]。四川金川土司，“其（土民）有规避徭役，不遵土司饬遣者，例最严酷，籍没其家，将其人并家属分卖各部落为奴”[④]。贵州苗族土司统治下的“土民一人犯罪，土

① 许嘉璐主编《二十四史全译》之《明史·贵州土司列传·思南》，汉语大词典出版社2004年版。

② 〔清〕刘彬撰《永昌土司论》，载《小方壶斋舆地丛钞》（第八帙），影印本。

③ 〔清〕赵翼撰《檐曝杂记·黔中倮俗》，嘉庆年间刻瓯北全集本。

④ 〔清〕李心衡撰《金川琐记·夷例》，乾隆年间刻艺海珠尘石集本。

司缚而杀之，其被杀者之族，尚当敛银以奉土司，六十两四十两不等，最下亦二十四两，名日玷刀银”①。②一些土司横征暴敛，肆意摊派，压榨百姓。如云南“姚安府土同知高厚德，于康熙四十七年（1708 年）以进京费用为名，派苴却十马银五千两。民不能措。遂捏写卖契，令土目带众持械压民照写！……流官即为钤盖印信，土官遂尔称为血产”②。③私设土军恣意掠夺劫杀，祸害百姓。如四川酉阳土司“擅敢设立五营，副将五人，守备五人，千总二十人，把总四十人。衙门大旗书‘崇文振武’四大字，地分十二里，恣意征派。邻司受其压制，土民被其苛虐。间有赴省控诉者，即遣土弁半路截杀”③。④一些土司称霸一方纷争仇杀不断，百姓苦不堪言。如广西“土田州岑氏母子相争，土目陆师等搆之以为利，杀人千余”④。⑤有的土司违抗朝廷命令，不服管制。如四川乌蒙土府“康熙五十三年（1714 年），土官禄鼎乾不法，钦差、督抚会审毕节，以流官交质始出，益无忌惮”⑤。土司制度的腐败给西部民族带来了巨大灾难，严重影响了封建王朝对西部民族地区的有效统治，于是“改土归流”已不可避免。

（二）改土归流的措施

在西部民族地区，土司政权是封建王朝立足未稳时与当地各种政治势力妥协的产物，但封建王朝的最终目标是实现政治的一体化。为此，一旦条件基本成熟就推行“改土归流”。宣统三年（1911 年）清廷民政部奏：“西南各省，土府州县及宣慰宣抚长官诸司之制，……康熙、雍正年间，川、楚、滇、桂等各省，迭议改土归流。如……四川之宁远，广西之泗城，云南之东川，贵州之古州、威宁等府厅州县，先后建置，渐成内地。乾隆以后，大、小金川，重烦兵力，迨改设民官而后，永远底定。……近年各省，如云南之富州、镇康，四川之巴安等处，均经各该疆臣先后奏请改土归流。而广西一省改革尤多，所有土州县均因事奏请停袭，及撤任调省，另派委员弹压代办。此外则四川之瞻对、察木多等处尚未实行，德尔格忒、高日、春科等处甫经核准。

① 〔清〕蓝鼎元撰《边省苗疆事论》，载《小方壶斋舆地丛钞》（第八帙），影印本。

② 《朱批谕旨》，雍正三年十二月初二《云南总督高其倬奏》，光绪年间石印本。

③ 《朱批谕旨》，雍正八年十一月二十八日《云贵广西总督鄂尔泰奏》（第 28 册），光绪年间石印本。

④ 《清史稿·循吏传一·贾禚》，中华书局 1977 年版。

⑤ 〔清〕魏源撰《圣武记·雍正西南论流记》（上），载《四部备要》排印本（第 45 册）。

伏维川、滇等省，僻处边陲，自非一律更张，不足以巩固疆圉。惟各省情形不同，办法亦难一致，……广西土州县，贵州长官司等，名虽土官，实已渐同郡县，经画改置，当不甚难。四川则未改流者尚十之六七，云南土司多接外服，甘肃土司从未变革，似须审慎办理，乃可徐就范围。”①

1. 改土归流的时机选择

封建王朝选择的改土归流时机主要是：①土司叛乱擒杀后改设流官。顺治十六年（1659 年），云南元江府土知府那嵩反抗清兵，被吴三桂镇压，元江土司便被改土归流。“自（雍正）四年至九年（1726—1731 年），蛮悉改流，苗亦归化。间有叛逆，旋即平定。”② 雍正五年（1727 年），乌蒙土司禄鼎坤率二子投诚，但“遣使往谕禄万钟等缴印就质”，禄万钟却“支吾违抗，至再至三”，禄万钟又与镇雄土府陇庆侯“合谋抗命，叛逆显然”，云贵总督鄂尔泰派兵平定后，即将乌蒙、镇雄两土府改流③。乾隆元年（1736 年），清王朝平定四川大、小金川土司叛乱后，设置美诺厅（后改懋功厅）、阿尔古厅，隶属于四川省。②土司内讧或犯罪而改土归流。如云南邓川州土知州阿霓远“因纵贼殃民，雍正四年改流”④。贵州中曹长官司副长官刘氏“雍正七年（1729 年），于土权叠害案内改流官”⑤。广西上林长官司、泗城州和广南府土官，“互争不息，清初改为西林县，设流官”⑥。③土司或土民请求而改土归流。如云南东川军民府土知府，“（康熙）三十四年（1695 年），永明妻禄氏因其二子被害，争杀相寻，陈请改土归流”⑦，于是在当地设流官知府等。光绪时云贵总督刘长佑奏田州“土知州岑乃青病故，无子，族众支分争袭，分党仇杀，土民民不聊生，来营泣诉苦状，均愿归流官管辖，请将土田州革去世职，其地改设苗疆知县一员”⑧。此外，当土司绝嗣，无人承袭时，朝廷

① 《清朝续文献通考·职官·直省土官》，载《万有文库》（第 2 册），商务印书馆 1936 年版。

② 《清史稿·土司列传一》，中华书局 1977 年版。

③ 《清世宗实录》，影印本，华文书局 1969 年版。

④ 《清史稿·土司列传三》，中华书局 1977 年版。

⑤ 《清史稿·土司列传四》，中华书局 1977 年版。

⑥ 嘉庆朝《广西通志·土司二》，嘉庆六年刻本。

⑦ 〔清〕王崧撰《云南志钞·土司下》，道光九年刻本。

⑧ 《清朝续文献通考·职官·直省土官》，载《万有文库》（第 2 册），商务印书馆 1936 年版。

也在其辖地改设流官。

2. 改土归流的策略差异

改土归流的策略多因地、因时而定，对不同民族聚居区、不同表现的土司采取不同的策略。如贵州土司，于康熙三年（1664 年）改土归流，但因当时对该地区的统治尚未稳固，于康熙二十一年（1682 年）又复设土司，至康熙四十年（1701 年）才彻底改土归流。对云南土司，雍正时提出以澜沧江为界，“江外宜土不宜流，江内宜流不宜土”①。雍正六年（1728 年），把“江内地全改流”②，而对澜沧江外的木邦、车里、孟连、孟定等诸土司则仍予保留。对甘肃土司，清王朝认为其有捍卫之劳，无叛逆之事，故至清亡而“甘肃土司从未变革”③。

3. 改土归流的基本做法

明朝洪武之后，封建王朝在“改土归流”的过程中，因时、因地采取了多种不同的方法和手段。①多采取“胡萝卜加大棒”的手段，即招抚与镇压相结合。雍正四年（1726 年），清王朝在全国进行大规模的改土归流，委任鄂尔泰为云南、贵州、广西三省总督。鄂尔泰采取招抚与镇压相结合的手段，用了五六年时间，至雍正九年（1731 年）基本完成了三省的改土归流。②改土归流后土司的安置办法。封建王朝对改土归流后的大土司多采取强制迁徙、异地安置的办法，以确保改土归流后的稳定。“惟条例于土蛮、瑶、僮、苗人仇杀劫掳及改土为流之土司有犯，将家口实行迁徙。然各有定地，亦不限千里也。”④“若留本省，管束太严，则伊等不得其所。若令疏放，恐复生事犯法。”⑤迁徙地点“各有定地”“不限千里”。如云南阿迷州土知州李纯“安置江西”，姚安府土同知高厚德“安置江南”。弱小的土司改流后因其“不复生事”，多数是原地不动，少数在省内异地安置。对被改流土司“仍酌量拨给庄田，俾资养赡”⑥。

---

① 《清史稿·土司列传一》，中华书局 1977 年版。

② 《清史稿·土司列传三》，中华书局 1977 年版。

③ 《清朝文献通考·职官·直省土官》，载《万有文库》（第 2 册），商务印书馆 1936 年版。

④ 《清史稿·刑法志二》，中华书局 1977 年版。

⑤ 《钦定大清会典事例·吏部·土官》，光绪年间石印本，商务印书馆。

⑥ 《清朝续文献通考·职官·直省土官》，载《万有文库》（第 2 册），商务印书馆 1936 年版。

（三）土流并存的规则

作为一种过渡期的特殊形态，土流并存制与纯正的土司制、流官制相比有其特殊的制度内容和特点①。

1. 制度内容

土流并存的特殊制度内容主要体现在流官节制土官、更严密的承袭制度、更严明的土司职守、更严格的考核制度、更严肃的奖惩制度、颁布禁例、属官管理等方面。

（1）流官节制土官。清朝土司一律划归当地流官管辖，绝大多数土司都隶属于府、厅、州、县，事实上造成“土司见流官低一级”，从而使有些土司名存实亡形同虚设。有的土司只能秉承流官旨意办事，听其支配，受其约束，任其升降奖惩，只能唯命是从。

（2）更严密的承袭制度。由于制度不严、管理不善，在清王朝之前，土司族内常因争袭而仇杀不止。清王朝总结了前朝土司制度的经验教训，认为“土司之乱，起于承袭”，于是在制度上有了更加严格的规定，强调预制土官、嫡庶有序和印信号纸。命令土司事先呈报宗支族谱，以避免争袭、冒袭等②。并在承袭人的宗支嫡庶次序、年龄上做了严格规定，“或土官故，或老年有病请代，准以嫡子嫡孙承袭。无嫡子嫡孙，则庶子庶孙承袭，无子孙则以其弟或其族人承袭。其土官之妻或婿，有为土民所服者，亦准承袭。如有子孙幼者，或其族其母能扶孤治事，由督抚拣奏，至其子及十五岁再令承袭。”③ 印信号纸是土司承袭、任职的凭证，由吏部给牒以标明其职衔、世系及承袭年月。新土官袭职时先缴老土官原领号纸，才给新号纸，无号纸不能承袭、任职。并根据土司品级的高低，或都发印信号纸，或只给号纸。此外，也有一些特殊情况，如“土官受贿隐匿凶犯逃人者，革职提问，不准亲子承袭，择本支伯叔兄弟、兄弟之子继其职。若有大罪被戮，则立夷众素所推服者”④。清王朝对土司承袭制度的严格规定，在一定程度上确保了西部民族地区的安

---

① 部分内容参考了贾东海主编《中国历代民族理论民族政策研究》，中央民族大学出版社 2011 年版。

② 《清世祖实录》顺治十六年五月二十二日，载《贵州巡抚赵延臣疏》影印本，华文书局 1969 年版。

③ 《大清会典·吏部》，石印本，商务印书馆。

④ 《大清会典·吏部·土官》，石印本，商务印书馆。

宁，有助于“改土归流”的推进。

（3）更严明的土司职守。清王朝进一步强化了土司“惟贡、惟赋、惟兵”的职守①，改进了其中的纳贡方法。①就地纳贡。土司不必派人上京纳贡，就地缴纳使之归属于地方流官。②贡物折成银两。所缴纳的土贡物品一律折成银两，记入户部文册。③纳贡为硬性职责。废除回赐制度，各土司每年须参照内地赋税缴纳办法，上交秋粮、丁银和驿传膳食费若干，不同点是由于土司地区未丈量土地、清理人丁而酌情征收。另外，土司要“抚夷民”“擒盗贼”“防止下民作乱”，协助官府征剿，维持地方治安。

（4）更严格的考核制度。清王朝规定土司每三年进行一次全面考核。“广西巡抚所属土司，遇三年大计之期，其中果有清廉爱民，并无掳杀及贪残不职恣意侵害之员，行令该管官据实确查，具题举劾，其升赏降革之处分，别轻重，仍照土司定例遵行。”②

（5）更严肃的奖惩制度。清王朝参照流官的考核、奖惩办法，制定了一套“有功则叙，有罪则处”，“治之如流官”的土司考核制度。开始与流官一样每三年全面考核一次，后雍正谕示：“各省所属土司，有奉法称职，裨益地方者，该督抚不必拘三年大计之例，随时举荐。”③通过考核确有劳绩的，则逐次提升品级但不能升任流官。而对掳掠百姓，吓诈、恣意侵害土民，或对管辖地土民为盗、侵犯城池、捉人勒赎、犯命盗抄抢拐争讼等不知情或徇隐、庇匿的土司，则严加惩罚，使其受杖责、罚俸、降调、革职、枷、流徙、囚禁、罪死等刑罚④。土官不食俸禄，开始“有罪降俸之案，皆免其处分”⑤，后来决定“有罪罚俸降职等事，俱按等级计俸罚米。每俸银一两，罚米一石”⑥。云贵总督鄂尔泰认为“自有明以来已数百年，中外一体，流土同官”，“流官固宜重其职守，土司尤宜严其考成。土司之考成不严，则命盗之案卷日积”，为此建议“盗由苗寨，专责土司；盗起内地，责在文员；盗自外来，责在武职”，“以此三者分别议罪，土司无辞，流官亦服”⑦。后内阁等衙门审议

---

① 〔明〕张萱撰《西园闻见录·土官》，影印本。

② 《大清会典事例·吏部》，石印本，商务印书馆。

③ 《大清会典事例·吏部》，石印本，商务印书馆。

④ 《大清会典事例·兵部》，石印本，商务印书馆。

⑤ 《大清会典事例·兵部》，石印本，商务印书馆。

⑥ 《大清会典事例·吏部》，石印本，商务印书馆。

⑦ 《朱批谕旨》（第25册），雍正四年八月初六日鄂尔泰奏，石印本，商务印书馆。

后报经世宗皇帝批准遂成定制。严肃的奖惩制度迫使土司服服帖帖、尽心尽力、不敢怠慢。

（6）颁布禁例。为防止土司骄横跋扈和反叛朝廷，清王朝颁布了一系列“苗疆禁例”，对土司进行封锁。如圣祖康熙二十五年（1686年）规定：“凡边界地方，有奸徒私将军器卖于土司番夷之人者，不论官民兵丁，俱杖一百，发边卫充军。该官员知情故纵者，与军民同罪。”对土司土民不准其擅自出境，也不准汉人随意进入土司之地。雍正十三年（1735年）议准：“土官土人，因公远赴外省，许呈该管官转报督抚给咨知会到地方之督抚查覆，于事竣日，给咨知会本省督抚。均计程立限，毋许逗留，有……擅自出境者，土官革职，土人照无引私渡关津律杖八十。若潜往外省生事为匪，别经发觉者，除实犯罪外，徒罪以上皆照军人私出境掳掠，不分首从，发边远充军治罪。”[①]“民人无故擅入苗地，及苗人无故擅入民地，均照越渡沿边关边寨律治罪，失察各官议处。民人有往苗地贸易者，令开明所置货物，并运往某司某寨贸易，行户姓名，自限何日回籍，取具行户邻佑保结，保官给照，令塘汛验放，逾期不出，报明文武官弁严查究拟。”[②]

（7）属官管理。在西部民族地区，土司属官由原来完全由土司任命变为土流共同委任，以确保对官员的有效控制。同时改变子孙承袭旧制，一有不法者即行更换，由土司任命的则“饬土官将此辈概行革斥，另召老实者充役”[③]，官府委任的则由官府收回并重新委派。

2. 特点及变化

大规模改土归流后，仍然存在不少土司，甚至有“复流为土”的情况发生，因而在制度层面呈现出了一些基本特点。

（1）土流并治。在土司地区配备正职或副职流官，与土司共同管理土司属地的土流并治，实质上是以流官牵制和监督土司。清王朝将土司一律划归地方流官管辖，使土司受制于流官。如康熙二年（1663年）规定：“凡镇臣所驻地方，境内土司应属其统辖”[④]。由此形成土司低于流官的格局，甚至使一些土司形同虚设，有的土司甚至只能秉承流官旨意办事。改土归流后清王

① 《大清会典事例·兵部》，石印本，商务印书馆。

② 《户部则例·户口》，石印本，商务印书馆。

③ 〔清〕甘汝来撰《甘庄恪公全集·冬陈土司利弊议》，石印本，商务印书馆。

④ 《清圣祖实录》，影印本，华文书局1969年版。

朝采取相应措施，进一步加强了流官对土司地区的监督与控制，并逐步形成制度。

（2）遏制土司势力膨胀。清王朝改土归流是以更有利于控制边疆民族地区为出发点，以强化对土司地区的直接稳固统治为最终目的。鄂尔泰曾说："有应改者，有不应改者，有可改可不改者，有必不可改必不可不改者，有必应改而不得不缓改者，有可不改而不得已竟改者。审时度势，顺情得理，庶先无成心而有济公事。若不论有无过犯一概勒令改流，无论不足以服人，兼恐即无以善后。如果相安，在土原无异于在流；如不相安，在流亦无异于在土。"[①] 从雍正时期被废黜的土司看，160 多家中因罪革除者有近 100 家。到雍正十三年（1735 年），云南、广西的土司多已改为流官。由此土司势力大减，土司制度发生了明显的变化。正如鄂尔泰所说："改土归流为惩一儆百之计。"[②] 改土归流后清政府在原土司辖区内设流官、屯戍兵、建城池、编户籍、立保甲，以加强直接统治，进而导致土司制度的衰微，残存的土司再不能与朝廷对抗。大多数土司已名存实亡，土司的割据性、独立性被明显削弱。

（3）保留没有领地和不世袭的土司。改土归流使相当部分土司失去了原有的世袭领地，同时还出现了不世袭的土司。清初由于军功等原因，清王朝依绿营兵制新设了一批土守备、土千总、土把总等武职土司，统称"土弁"。这些土司"初皆世袭"，后来其中一部分在雍正二年（1724 年）"改拔补"[③]，成为无领地的领兵武官且不再世袭，实际上与流官无异，与严格意义上的土司已大相径庭。

（4）尽力降等使用的土官土目。削弱土司势力、强化直接控制是封建王朝改土归流的直接目的。所采取的措施之一就是将原土司的文武官员、支庶子弟降等袭用，"使其地小势分，事权不一，不能为害"[④]。雍正三年（1725 年），吏部等衙门奏请："嗣后各处土司文武官员嫡长子孙，仍令其照例承袭本职。其支庶、子弟中，有驯谨能办事者，俱许本土官详报督抚，具题请旨，酌量给予职衔，令其分管地方事务。其所授职衔，视本土官各降二等，一体

---

① 《朱批谕旨》，影印本。

② 《朱批谕旨》，影印本。

③ 《清史稿·职官四·土司各官》，中华书局 1977 年版。

④ 蓝鼎元《鹿洲全集》，《鹿洲初集》卷一《论边省苗蛮事宜书》。

颁给敕印、号纸。其所分管地方，视本土官，多则三分之一，少则五分之一。”[①] 雍正皇帝批准后即成了定制。

（5）新增大量小土司、土弁和土官土目。在一些民族成分复杂、地处偏远的西部民族地区，除了让奉公守法的土司依旧制承袭外，对需要加强控制的则新增设了大量小土司和土弁。同时还在这类地区保留和新增设了土官土目，出现了无土司却有土官土目的现象。显然改土归流后所保留的土官土目尽管也有可以世袭的，但其地位、作用和原来相比已不能同日而语，只不过是内地的“乡保然耳”[②]。新土官土目这一角色及其作用则是改土归流后的一个根本性变化。

五、乡里制

乡里制度起源、成熟于中原地区，经历了艰难而复杂的发展和演化过程，其中或续或断，或受重视或被忽略，或沿袭或革新。随着中央王朝疆域的拓展和对边疆地区统治的深入，尤其是在明朝、清朝“改土归流”取得实效后，乡里制度逐渐在西部民族地区推广、扎根，并对经济、文化、社会发展产生了深远影响。

（一）源起与变迁

中原乡里制度萌生于先秦时期，史载：“昔黄帝始经土设井，以塞争端。立步制亩以防不足。使八家为井，井开四道而分八宅。凿井于中，一则不泄地气，二则无费一家，三则同风俗，四则齐巧拙，五则通财货，六则存亡更守，七则出入相司，八则嫁娶相媒，九则无有相贷，十则疾病相救，是以情性可得而亲，生产可得而均。均则欺凌之路塞，亲则斗讼之心弭。既牧之于邑，故井一为邻，邻三为朋，朋三为里，里五为邑，邑十为都，都十为师，师七为州。夫始分于井则地著，计之于州则数详，迄乎夏殷不易其制”[③]。商周时出现了“族尹”“里尹”“里君”“邻长”“里宰”等乡里官吏。至春秋战国时期，乡里制度初步定型，“乡”和“里”开始并称，乡正式成为基层组织的一级单位，“什伍”组织进一步完善，“三老”作为乡里组织的重要角色已经出现，出现了“啬夫”之职和“亭”的设置[④]。

---

① 《清世宗实录》卷三六，雍正三年九月乙巳，影印本，华文书局1969年版。

② 《南笼府志·地理·苗蛮》。

③ 马端临撰《文献通考·职役一·历代乡党版籍职役》，中华书局1986年版。

④ 赵秀玲著《中国乡里制度》，社会科学文献出版社1998年版。

秦汉时期在县以下分成若干乡，乡之下设置里，里下设置什伍组织。其中“有秩”品秩达“百石”，由郡府任用，其余的为百石以下，由县衙任命批准。乡设“有秩”“啬夫”“三老”“乡佐”“游徼”等乡官。大的乡设有秩、小的乡设啬夫，都是乡的主管，“皆主知民善恶，为役先后，知民贫富，为赋多少，平其差品”①，有权掌管一般性的民众事务、民事诉讼和赋税征收等事宜。三老掌管“教化”，虽非管理职务，但以礼教劝民向善，有较高的社会地位。乡佐是有秩、啬夫的助手，“主民收赋税”，分职承办县衙布置的各项事务。游徼主管乡中治安，直接隶属于县尉。里设“里魁”或“里正”、“里典”，兼有官民双重身份，负责一里事务，按规定掌管一百家。什设“什长”掌管十家，伍设“伍长”掌管五家，形成连坐关系，“什主十家，伍主五家，以相检察。民有善事恶事，以告监官。”② 里魁、什伍长均由乡任命。除乡里什伍之外，在县以下还有亭一级组织，是县派出的治安机构。亭设“亭长”“主求捕盗贼，承望都尉”③，协助县尉管理治安，并负责接待往来官吏，兼管官府文书、物资承传与转递等事宜。东汉废除郡都尉之后仍然保留亭，除承担原有的事务之外，逐渐转向民事，并且纳入县的管理系统之中。亭长之下有“求盗”“亭吏”等属员。

魏晋南北朝基本因循汉朝的乡、亭、里体系，但此时各族民众多依附于世家大族，朝廷所控制的民户越来越少，乡里组织实际上遭到了破坏。民户多以“部曲”的身份被驱策以维护世家大族的庄园政治和经济利益，乡里组织的地位反在庄园之下，朝廷一再下诏恢复乡里功能，收效却不大。

北魏初期还保留着比较稳定的氏族社会组织关系，基层组织以宗族为单位，对汉族地主的庄园也没有过多地加以干预，让这些族长、大地主以宗主的身份管理部民，即所谓“宗主都护制”。北魏孝文帝进行变革，其中比较重要的一项就是实行“三长制”，即百姓五家为“邻”，设一个“邻长”；五邻为“里”，设一个“里长”；五里为“党”，设一个“党长”，均“取乡里强谨者充之”④。其职责包括检查和审定户口、征发赋役、办理一般民事诉讼。

---

① 《续汉书志·百官志五》，影印本。

② 许嘉璐主编《二十四史全译》之《后汉书·百官志五》，汉语大词典出版社2004年版。

③ 《续汉书志·百官志五》，影印本。

④ 许嘉璐主编《二十四史全译》之《魏书·李冲传》，汉语大词典出版社2004年版。

三长制原出于《周礼》，故北齐改十家为“邻”，五十家为“闾”，一百家为“党”，分别设置“邻长”“闾正”“党族”进行管理；北周则完全依照《周礼》进一步改为“邻”“里”“党”“族”。

隋朝则以一百家为“里”，五百家为“乡”，设“里长”“乡正”主管。唐朝进一步完善乡里组织，对城区、郊区、乡村采取不同的方法进行编组。四户为“邻”，五邻为“保”，在城区五保为“坊”，在郊区五保为“村”，在乡村五保为“里”，五里为“乡”。邻、保各设“长”，坊、村、里各设“正”，乡设“耆老”主教化及诉讼。城、郊区离县治所近县衙便于控制，故以百户为单位；乡村离县治所远县衙控制力较弱，故设乡协助县衙进行管理。隋唐时期的乡里拥有的权力较大，“隋令五百家而置乡正，百家而置里长，以治其辞讼，是散千万虎狼于天下，以攫贫弱之民也”①。这一制度一直延续到宋朝初期，但宋王朝收回了乡里受理诉讼的权力，也没有把乡里列入官府的范围。

宋朝王安石变法实行保甲制度后，元朝、明朝、清朝均在一定程度上因袭旧制，使保甲制度得以发展、完善。在20世纪初的立宪运动中，乡里制度曾发生重大变化。光绪三十四年（1908年）颁行的《城镇乡地方自治章程》规定：凡府、厅、州、县治的城厢地方为“城”，其余市镇村庄屯集等地方，人口满五万以上者为“镇”，不满五万者为“乡”。城镇设“议事会”和“董事会”，乡设“议事会”和“乡董”、“乡佐”，负责督办本城镇乡的教育、卫生、道路修建、农工商务和社会慈善公益事务。这一举措尚未推广清王朝灭亡，故不少地方实际上还是保甲制度在发挥作用。

（二）管理模式

乡里制度在中原封建王朝直接统治的地区逐步推广并扎根。在乡里制度中乡里组织的管理模式是非常重要的内容。所谓乡里组织的管理模式主要是指乡里组织运行的步骤和程序，其内容主要包括乡里组织领袖的选任、职责、监督和奖惩等②。

1. 乡里组织领袖的选任

元朝的乡里组织首领选任制度基本沿用唐宋旧制。明王朝对“粮长”、

---

① 伊力主编，〔清〕王夫之著《读通鉴论·隋文帝》，中州古籍出版社1994年版。

② 赵秀玲著《中国乡里制度》，社会科学文献出版社1998年版。

“里长”、“保甲长”、“老人”和“约正”等乡里组织首领的选任都有较为详细的规定。①粮长的选任。明朝粮长的选任方法经历了由推选到轮充再到朋充的过程。明太祖洪武四年（1371 年）设粮长制“令田多者为之”[①]，后“更定，每区正副粮长二名轮充”[②]。但到“嘉靖中，为抑强扶弱之法，粮长不独任大家，以中户轮充。初轮充者，如得美官。已而纳粟于仓，投银于柜，老人概斛，法令一新。粮长大抵破家，则轮充又以朋充，朋充有三、四人或五、六或八、九，而民间以粮长为大害”[③]。②里甲长的选任。里甲长的选用与粮长的选用标准大致相同，以“丁粮多寡为序”，并“排年”轮充。明太祖洪武十四年（1381 年）设里甲制，规定“诏天下编赋役黄册，以一百十户为一里，推丁粮多者十户为长，余百户为十甲。岁役里长一人，甲首一人，董一里一甲之事。先后以丁粮多寡为序，凡十年一周，日排年”[④]。③保甲长的选任。保甲长的选用则重视“才行为令众信服”的内在标准。明朝保甲法的实施以“十家牌法”最为典型，其保长的充当标准为“在乡村遇有盗贼之警不可以无统纪，合立保长督领”，“所属各府州县，于各乡村推选才行为众信服者一人为保长”[⑤]。此外，海瑞“一甲择一行止才力为人信服之人为甲长”，“三甲或四五甲内择有行止才力为人信服之人为保长”[⑥]。④“老人”的选任。明朝较重视“老人”的“德行和经验”，须能充当乡里表率才行。“若欲尽除民间祸患，无若乡里年高有德等，或百人，或五六十人，或三五百人，或千余人，岁终议赴京师面奏：本境为民患者几人，造民福者几人。朕必凭其奏，善者旌之，恶者移之，甚者罪之”[⑦]，同时“老人”“不许罢闲吏卒及有过之人充任。违者杖六十。当该官吏笞四十”[⑧]。⑤乡约的选任。乡约的选任则比较重视“公道正直”。吕坤在“乡甲约”中规定：“本县及寄庄人民在

① 许嘉璐主编《二十四史全译》之《明史·食货二》，汉语大词典出版社 2004 年版。

② 许嘉璐主编《二十四史全译》之《明史·食货二》，汉语大词典出版社 2004 年版。

③ 〔清〕顾炎武《天下郡国利病书·江南八》，载华东师大古籍研究所整理《顾炎武全集》，上海古籍出版社 2012 年版。

④ 许嘉璐主编《二十四史全译》之《明史·食货一》，汉语大词典出版社 2004 年版。

⑤ 〔明〕王守仁《王文成公全集》，影印本，（卷一一），中华图书馆 1913 年印刷。

⑥ 〔明〕海瑞《海瑞集》上册《保甲告示》，中华书局 1981 年版。

⑦ 〔明〕朱元璋《大诰》《耆民奏有司善恶第四十五》，载钱伯城主编《全明文》（第一册，卷二九），上海古籍出版社 1992 年版。

⑧ 《大明律·户律一·户役》，影印本。

城在镇以百家为率，孤庄区村落以一里为率，各立约正一人，约副一人，选公道正直者充之，以统一约之人。约讲一人，约史一人，选善书能劝者充之，以办一约之事。十家内选九家所推者一人为甲长。”①

清朝乡里组织首领的选任集历朝历代之大成。①里长的选任。里长的选任与明朝相类似。“国初革里正加派诸弊，赋役之法，载在全书，悉沿万历条鞭旧制。初定三年一编审，后改为五年（顺治十三年，1656 年），凡里百有十户，推丁多者十人为长，余百户为十甲，届期坊、厢、里长（城中曰坊，近城曰厢，在乡曰里）造册送州县。由是而府而司达于部，皆有册。”② ②保甲长的选任。清朝很重视保甲长的选任，多要求保甲长“勤慎练达”，为“贤者能者”③。“编排保甲、保正、甲长、牌头，须选勤慎练达之人点充。如豪横之徒，藉名武断该管官严查究革。”④ ③乡约约正的选用。清朝比较重视乡里教化，乡约成为官方统治乡里的有力工具，为此对选任乡约正等也有具体规定。“讲乡约，必择年高有德为众所服者为之约讲。约讲有正副，谓之讲正、讲副。讲正、讲副所以董读讲之政……一村自有村长，一族自有族尊，即村长、族尊为之约讲，而自举其副焉。……其正、副约讲，亦如各乡之制。但乡城所举约讲正、副，以及村长、族尊，仍须按乡城开报花名，投送州县，州县点验，果堪膺选，方任以约讲之事”⑤。此外，“律载凡各处人民合设耆老，须于本乡年高有德众年推服人内选充，不许罢闲吏卒及有过之人充应，违者杖六十（革职），当该官吏笞四十（若受财枉法从重论）”⑥。

2. 乡里组织首领的职责

金元时期，乡里组织首领的职责主要有登记户口、征缴赋税、劝课农桑、监察和控制乡里等，但元朝比较重视财政税收和农业生产的发展。明朝乡里组织首领的职责较为繁杂。①粮长的职责。粮长职责为“该办税粮，粮长督并里长，里长督并甲首，甲首催督人户，装载粮米。粮长点看见数，率领里长并运粮人户起运”⑦，以及“攒造鱼鳞图册”等责任。到明朝后期粮长的职责逐渐增

① 〔明〕吕坤（叔简）《实政录》（卷五），影印本。

② 〔清〕王庆云《石渠余纪·纪停编审》，中国书店出版社 2009 年版。

③ 〔清〕徐栋编，张霞云校《保甲书·广存》，安徽师范大学出版社 2012 年版。

④ 〔清〕徐栋编，张霞云校《保甲书·刑部条例》，安徽师范大学出版社 2012 年版。

⑤ 〔清〕黄六鸿《福惠全书·教养部》，影印本。

⑥ 〔清〕徐栋编，张霞云校《保甲书·定例·乡约》，安徽师范大学出版社 2012 年版。

⑦ 《明会典·户部·征收》，影印本。

多，除了掌税粮征催、解运，还有司法、教化、劝农等职责。②“老人”和里长等的职责。“老人”和里长、甲首的职责较为繁复，“老人”有议政、教化、司法、荐举、监督、劝课农桑等职责，里长也有教化、监督、税收、治安、司法等职责，但“老人”以教化与导民为主，而里长等则以编户口和征收赋税为主，史载“里设老人，选年高为众所服者，导民之善，平乡里争讼。而里长、坊长、厢长及甲首等职，主为编户籍，办徭役，讲读法令等事”①。③保甲长的职责。保长主要是维护治安，不得干预乡里词讼案件，“各府州县于各乡村推选才行为众信服者一人为保长，专一防御盗贼。平时各甲词讼，悉照牌谕，不许保长干与，因而武断乡曲”②。④约正的职责。约正负责一约之事，不得干预约外事情，其主要职责是惩恶扬善，维护乡里风化，“约正副讲史，止为教管一约之人，不许接送官员，及州县一切差委、接递听事，朔望升堂，及不干本约事情，无故骚扰拘唤，无罪轻加凌辱，以伤优礼良民之体，……坏乱乡约，虽有他长，亦行戒饬”③。乡约逐渐被朝廷重视，成为乡里制度的重要内容。

清朝的乡里制度集历朝历代之大成，比较重视保甲制度，对乡里组织首领的职责也有明确规定。①里甲长的职责。里甲长主要有户口登记、税赋征收等职责。“每遇造册时，令人户自将本户人丁依式开写付该管甲长。该管甲长将本户并十户造册送坊、厢、里各长。坊、厢、里各长将甲长所造文册，攒造送本州县。该州县官将册比照先次原册攒造类册，用印解送本府，依定式别造总册一本，书名画字用印申解本省布政使司造册。”④ 如顺治三年（1646年）规定，“里长十人轮年应役，催办钱粮，勾摄公事，凡十年一周”⑤。②保甲长的职责。保甲长的职责开始较重人口管理和维护治安。“凡甲内有盗窃、邪教、赌博、窝逃、奸拐、私铸、私销私盐、蹈曲、贩卖硝黄，并私立名色敛钱聚会等事，及面生可疑、形迹诡秘之徒，责令专司查报”，地方官对保甲长“不得派办别差，以专责成”⑥。但随着里甲制的废弛，里甲长的一些职责也逐渐由保甲长承担，保甲长的职责范围逐渐扩大，包括治安、

---

① 许嘉璐主编《二十四史全译》之《明史·食货一》，汉语大词典出版社2004年版。

② 〔明〕王守仁《王文成公全集·申谕十家牌法增立保长》，影印本，中华图书馆1913年印刷。

③ 〔明〕吕坤《实政录·乡甲约》，影印本。

④ 《光绪大会清典事例·户部·户口·编审》，影印本。

⑤ 〔清〕席裕福纂《皇朝政典类纂·户役六·职役》，影印本。

⑥ 〔清〕徐栋编，张霞云校《保甲书·定例·乡约》，安徽师范大学出版社2012年版。

征税、司法、编户、杂差及教化等。③乡约的职责。其职责主要是掌管乡里教化，“每乡置乡约所亭屋，朔望讲解《上谕十六条》，所以劝人为善去恶也。至于查奸戢暴出入守望，保甲之法更多倚赖焉”[①]。但清朝前后期乡约所起的作用不同，前期因社会相对稳定，政治相对清明，加之统治者的重视，乡约起了较为重要的作用；后期由于社会动荡，政治腐败，以及统治者轻视，乡约多为疲于应付差事，难以发挥教化功能。

3. 乡里组织首领的监督、考核与奖惩

元朝乡里组织首领的奖罚有明文规定：“社长不管余事，专一劝课农桑，照管社内之人务勤本业，若有游荡之徒常切觉察，毋令别作非违。如是有失觉察，致有人户违犯者，验轻重将社长责罚”[②]，“所立社长，与免本身杂役，年终考较有成者优赏，怠废者责罚”[③]，“邻右、主首、社长互保，不实者罪之”[④]，“禁治社众习学枪棒，社长知情故纵，减犯人罪二等”[⑤]。明王朝对乡里组织首领的考核与处罚规定较为明确。①粮长的考核与奖惩。若粮长工作出色，政绩突出，则可获得奖赏或升官。“粮长者，太祖时，令田多者为之，督其乡赋税。岁七月，州县委官偕诣京，领勘合以行。粮万石，长副各一人，输以时至，得召见，语合，辄蒙擢用”[⑥]。②“老人”的考核与奖惩。“老人”受到较高礼遇，业绩突出可得到提拔，行为不检点则会受到处罚。“里老岁时谒县庭，知县必接之以礼貌，不遽贱辱而笞偶之也。……其人既尝已为公家所优藉，必自爱而重犯法。”[⑦] 明太祖洪武二十八年（1395 年），下令全国的乡村都放置一面鼓，“凡遇农种时月，五更擂鼓，众人闻鼓下田。老人点闸不下田者责决，务要严督见丁著业，毋容惰人游食。若老人不肯督劝，农人穷窘为非，各治其罪”[⑧]。③对里甲长的奖惩。里长有编查户口之责，倘若“失

---

① 〔清〕于成龙《慎选乡约谕》，载徐栋编，张霞云校《保甲书·广存》，安徽师范大学出版社 2012 年版。

② 〔元〕不著撰人《大元通制条格·理民》，影印本。

③ 〔元〕不著撰人《大元通制条格·田令·农桑》，影印本。

④ 胡祗通《紫山大全集》，影印本。

⑤ 《元典章·禁治社众习学枪棒》，影印本。

⑥ 许嘉璐主编《二十四史全译》之《明史·食货二》，汉语大词典出版社 2004 年版。

⑦ 〔清〕刘淇《里甲论》，载〔清〕贺长龄、魏源编《清朝经世文编·兵政五》，影印本。

⑧ 朱元璋《教民榜文》，见钱伯城等编《全明文》（第 1 册），上海古籍出版社 1992 年版。

于取勘，致有脱户者，一户至五户，笞五十，每五户加一等，罪止杖一百。漏口者，一口至十口，笞三十，每十口加一等，罪止笞五十。……若官吏曾经三次立案取勘，已责里长文状，叮咛省谕者，事发，罪坐里长”①。里长收税、粮违限也要受到严惩，“凡收夏税、秋粮，违限一年之上不足者，人户、里长，杖一百，迁徙”②。作为职役的里长还要每天给官府当差，不然要受到惩治，“里长逐日在县应卯，违卯则罚”③。若乡里百姓逃逸，里长、甲长不能征足赋税，则必须赔垫，“税粮尚征，里甲赔纳”④。④保甲长和约正的奖惩。保甲长以维护乡里治安为主，倘若“有警不出救援，并保甲长不率救援者，各治重罪”⑤。“本甲有事，甲长隐情不报，即系受财卖法，一体连坐。如甲下人丁不服约束者，许甲长指名禀众重究。每朔日，甲长一名不到者，公同酌罚不恕”⑥。对于乡约正、约副等的考核与奖惩，则设立年高有德之公正总理监督乡约正副讲史，为善者给予纪善、赏酒、送匾奖赏；为恶者要受到处分、枷号游街等处罚，“国初设老人二名以佐州县之政，……今选概州县殷实有德二人，另名公正总理。城中乡约，四乡再选公正八人分理各乡乡约，各约正副讲史不公不法，听其纠举。应更换者，听其保举。各给帖文印以便行事。先给与耆老衣冠，如果正直无私，督约有功者，三年给与冠带”，“约中一年无人违犯条款格叶者，约正旌善亭纪善一次。二年无犯法者，约副亦于旌善亭纪善一次，三年无犯者，约正副二人先以花红卮酒赏送于公堂，约讲史各纪善于旌善亭一次，六年无过者，约正副讲史各送匾一面。本约九年不违犯条款格叶者，同约保举约正给与冠带，约副免本身差役，仍与约讲史俱给约正衣冠，以礼相待。十二年，约中不违犯条款格叶者，约正副各送牌匾书本院姓名各待年至七十，仍从各约通举准入乡饮酒席，其约正年近七十，不能待九年者，掌印官每年考其勤惰公私等第，但肯实心任事，三考各约第一者，三年亦准冠带”，“约正副讲史除正项亲朋礼节往来外，如有处分本约事情，因而受人只鸡杯酒斗谷口银者，即系不立行止无耻之人，被本约讦出，

① 《大明律·户律一》，影印本。

② 《大明律》，影印本。

③ 〔明〕海瑞《海瑞集》（上册），中华书局1981年版。

④ 《明会要·民政一·户口》，影印本。

⑤ 〔明〕海瑞《海瑞集》（上册），中华书局1981年版。

⑥ 〔明〕徽州《陈氏乡约》，转引自陈柯云《略论明清徽州的乡约》，《中国史研究》1990年第4期。

枷号游迎，仍纪恶申明亭，乡邦不与为礼”[1]。

清王朝对乡里组织首领的考核、奖惩与明王朝大致相似，但惩罚更加严厉和制度化。“凡甲内盗贼逃人奸宄之窃发事件，邻右报知甲长，甲长报知总甲，总甲报知知府州县衙门，并申解于兵部。若一家隐匿，其邻右九家及甲长，不行首告，俱治罪。”[2] 保甲牌长“果实力查访盗贼，据实举报，照捕役获盗过半以上例，按名给赏。倘知有为盗窝窃之人，瞻狗隐匿者，杖八十。如系窃盗分别贼情轻重惩警。若牌头于保正、甲长处举报而不行转报者，甲长照牌头减一等，保正减二等发落。牌头免坐”，“牌头所管内有为盗之人，虽不知情而失察，坐以不应轻律笞四十，甲长保正递减科罪”，甲长保正之所以递减罪罚，是因为其“所管较宽，故罪亦减等”[3]。

（三）制度特征

在西部民族地区，乡里制度与民族因素结合后，呈现出一些较为明显的特征。

1. 渐进性

随着中央王朝控制力和影响力的增强以及“改土归流”政策的推行，乡里制度在西部民族地区得以逐步推行。到 18 世纪后期，云南土司辖区已从 16 世纪时约占全省面积的 1/2 缩小到 1/4，贵州从 2/3 缩小到 1/3，只有四川南部仍有半数属土司统治[4]，由于没有纳入保甲体系，这类区域的所有居民均未登记入册。据云南巡抚汤聘称，1766 年，云南有 21 个州县（占当时 75 个州县的 1/4 以上）没有上报其人口，这主要是由于保甲等乡里制度尚未深入这些州县[5]。由此可见，保甲制等乡里控制制度在土司辖区并未推行，而随着“改土归流”的推进，在“流官”地区实行乡里制度，乡里组织首领承担着登记户口、征缴税赋、劝课农桑、监察和控制基层等职责。乡里制随着“流官制”的推进而逐步拓展。

---

① 〔明〕吕坤《实政录·乡甲约》，《乡甲事宜》，影印本。

② 《清朝文献通考·职役考》，影印本。

③ 〔清〕徐栋编，张霞云校《保甲书·定例·刑部条例》，安徽师范大学出版社 2012 年版。

④ 李中清著，林文勋、秦树才译《中国西南边疆的社会经济：1250—1850》，人民出版社 2012 年版。

⑤ 李中清著，林文勋、秦树才译《中国西南边疆的社会经济：1250—1850》，人民出版社 2012 年版。

2. 次生性

由于西部各民族“大杂居、小聚居”的地理分布格局形成时间较早，各级民族首领在民族事务管理、对外协调中发挥着不可替代的作用。随着外部封建势力的悄然侵入，当地官府、中原封建朝廷册封的土司土官开始在民族社会中任命大量的、具有一定影响力的民族小头领充任小土弁、小土目和保甲长等官职，并以此征派赋役、加强基层统治。

3. 共管性

在西部民族地区，由于民族成分复杂，不可避免地出现以流官为代表的外部封建势力、以大姓为代表的宗族势力、以民族首领为代表的民族共同体势力、以乡绅为代表的“知识分子”势力，以及以“大户”为代表的经济富有阶层势力等。为实现自身利益诉求，各种社会政治势力都必然参与到基层社会秩序的构建中，进而在主观上寻求政治权力对本团体利益的庇护，在客观上共同参与到基层管理中。

第二节 地方民族政治制度

在西部民族地区历史上存在着主体民族、人口多少、区域大小、强盛时间长短不同的地方民族政权。每一个地方民族政权都有其独特的民族政治制度，而每一项独特政治制度均涉及政权结构、官制、军事等方面的内容。为避免内容的零散性和片面性，不宜按内容细分后进行阐述，而应把每一项独特的政治制度作为一个整体加以研究。地方民族政权制度因受中原封建王朝影响强弱而具有一些明显的特征。如吐蕃政权受中原封建王朝影响相对较小，其政教合一制等政治制度具有较明显的特殊性；而辽等地方民族政权受到中原封建王朝的一定影响，或因文化交流、民众交往多，或因其领土和民众受战争等因素影响而出现交叉，其政治制度在某些方面与中原封建王朝具有相似的形态，呈现出一种杂糅状态；南诏、大理国、西夏等地方民族政权因受中原封建王朝的影响较大，其政治制度效仿中原封建王朝建立，或借鉴中原封建王朝的政治制度模式进行改造后形成相应的政治制度。

一、特有型政治制度

特有型政治制度主要指由地方民族政权制定并实施、与中原封建王朝政治制度不同的地方民族政治制度。在西部民族地区，特有型政治制度主要有政教合一制、游牧军政合一制等。

(一) 政教合一制

唐朝初年，松赞干布继朗日偏赞成为“博国”赞普，迁都至逻些（拉萨)，降服苏毗、羊同，逐步统一西藏，建立吐蕃。随后吐蕃逐步向封建社会过渡，并与佛教日益密切结合。在元、明、清中原封建王朝的扶持下，形成了政教合一的特殊政治制度。

1. 藏传佛教及其与政治的结合

自宗喀巴进行宗教改革后，西藏佛教盛极一时。大乘佛教传入西藏后与当地“本教”结合，具有浓厚的地方与民族特色，即“藏传佛教”。因特别重视传佛的“上师”(活佛，藏语称上师为“喇嘛”)，故俗称“喇嘛教”。

(1) 藏传佛教的源流。藏族原先盛行的原始宗教为本教，崇拜自然神。约在唐朝前期佛教传入西藏，但并未产生重大影响。唐太宗贞观年间，松赞干布建立统一的吐蕃政权。为摆脱本教的牵制，以显示赞普至高无上的权力，于是提倡佛教，在拉萨建大、小昭寺以供佛像，但流传并不广。公元8世纪，赤松德赞执政时请克什米尔的密宗大师莲花生入藏弘法，把本教的神祇统统纳入佛教，使佛教逐渐地方化，并用佛教缜密的哲理取代了本教教义，从而产生了藏传佛教。唐末五代，吐蕃奴隶制政权崩溃、本教回潮，而篡夺吐蕃政权的朗达玛赞普乘机“毁佛灭法”，拆除寺庙，焚烧经典，迫害僧人，使佛教发展一蹶不振。但到10世纪末，西藏的许多割据政权都希望能以宗教来证明自己存在的合法性，于是佛教再度中兴，形成以宁玛派、萨迦派、噶举派和噶当派四大教派为主的众多教派。宁玛派以弘扬“旧密法”为主，尊莲花生为祖师，称为“宁玛瓦”（即“旧派”)，又因其僧人均着红色衣冠而称“红教”。萨迦派因其主寺建在萨迦地方而得名，其寺庙围墙涂有象征文殊、观音、金刚菩萨的红、白、黑三色花条，故称“花教”，创始人为昆贡觉杰布，以学习“新密宗”为主。“噶举”意为“教谕”，重密法而不重经典，因其远祖修法时穿白色僧衣，故称“白教”，一开始即分为香巴噶举和达布噶举两派，后来香巴噶举消失，而达布噶举则分为噶玛噶举、蔡巴噶举、拔戎噶举、帕竹噶举四派，其中帕竹噶举又有八小派，合称“四大派八小派”。“噶当”意为“佛的教诲”，即用佛语传授佛理，强调戒律，以《菩提道灯论》为教法基础，其创始人为仲郭加唯琼乃。14世纪时，各教派与地方割据势力结合，互相争斗，于是宗喀巴·洛桑扎巴提出了

“宗教改革”，主张僧人严守戒律，“少欲知足，清净自活”，广泛依靠各地施主建立寺庙，注重修习次第，严格学经制度，创立以戒律为本，显密并重，上继噶当而融合各派的新教派，谓之“格鲁派”，因其僧人披黄色袈裟而称“黄教”。从五世达赖罗桑加措建立格鲁派政权以后，黄教在西藏广为传播并一跃而为最大的教派①。

（2）宗教与政治的结合。藏族全民信教，为此历朝历代统治者都大力扶持宗教，把教权凌驾于政权之上，以教固政，以政护教，两相紧密结合而不可分割。①教、政、神混为一体。达赖喇嘛既是宗教首领，又是西藏地方政府首脑，同时还是神的化身，集教权、政权、神权于一身。②僧俗共管。管理机构中兼用僧官、俗官。如噶厦设有噶伦四人，三俗一僧，其下所属的“锱康”由俗官管理，“译论”则由僧官管理，而地方基层管理单位“基恰”和“宗”皆各设僧、俗官一员。③教权和政权融合。寺庙不是单纯的宗教组织，还有自成体系的管理权、司法权。政教合一是藏传佛教得以昌盛的重要原因，它利用政权的力量推行宗教，同时又利用宗教统治藏民。

宗教与政治的密切结合得力于封建王朝的支持。元王朝把西藏正式纳入版图后，在西藏设立乌思藏纳里速古鲁孙三路宣慰使都元帅府统管前藏、后藏及阿里地方，又置卫藏三十万户府。同时忽必烈封萨迦派第五世法王八思巴为国师，兼理总制院（后改宣政院），负责管理全国佛教事务及藏区军政民事，实行“僧俗并用”“军民通摄”制，有力地促进了政教合一的发展，但因当时各派都有一定势力故未能统一。明朝初年仍采取“多封众建”策略，进一步完善僧官制度，对各派有实力的喇嘛均予以加封，授予不同品级和职位，并让他们分别统辖一定区域，使互不统属的地方政权和教派都统归于明王朝。明朝中叶，宗喀巴推动“宗教改革”，黄教大兴并逐渐成为藏传佛教中的第一大教派。万历六年（1578年），蒙古默特部俺答汗赠给黄教首领锁南嘉措“圣识一切互齐尔达赖喇嘛”尊号。顺治二年（1645年），蒙古硕特部因始汗又赠给黄教另一首领罗桑确吉坚赞“班禅博克多”的尊号，进一步抬高黄教的地位。清王朝独尊黄教，于顺治十年（1653年）封五世达赖为“西天大善自在佛所领天下释教普通互赤喇怛喇达赖喇嘛”，又于康熙五十二年（1713年）封五世班禅为“班禅额尔德尼”，确立了达赖、班禅两系宗教领袖

① 参见王森著《西藏佛教发展史略》，中国社会科学出版社1987年版。

的地位，并赐予金册金印。乾隆十六年（1751年），清廷建立噶厦作为西藏地方政府，设四噶伦（三俗一僧）共管西藏日常事务。遇有重大事情则“命驻藏大臣会同达赖喇嘛裁决”，由黄教治理西藏的“政教合一”制度正式确立。乾隆五十八年（1793年），清王朝公布了《钦定西藏章程》，对西藏的各种制度做了详细规定，加强了对西藏的管理。随后又建立了“金本巴瓶抽签”制度、藏兵制度，达赖、班禅坐床等制度，政教合一制度更加完备①。

2. 政权组织制度

西藏的政权分为僧、俗两大系统，各有辖区，但二者又互相渗透、紧密结合。僧官多出身于世俗贵族，各级府衙中均有僧官参政。寺庙管僧又管民，而寺庙的土地又由官府封赐，宗教与政权高度结合，最后以达赖、班禅为僧、俗两大系统的最高首领。

（1）地方政权。西藏的地方政权名义上受“噶厦”节制，而实际上是由达赖的办事机构噶厦和班禅的办事机构堪布会议厅分掌。噶厦设于拉萨，统管卫、藏，设噶伦四人，后又增“噶曹辅佐”，下设“镏康”和“译仓”两大机构。镏康负责审计，以“镏本”四人统管各地差税及噶厦所属的财政机构。译仓负责秘书工作，既属噶厦，又直接隶属于达赖喇嘛，由“译仓钦波”四人分掌印信、文书、寺庙及僧人纠纷。噶厦还设有若干办事机构，称为“勒空”，如“玛基勒空”管藏军，“喇恰勒空”管财政，“阿比勒空”管修建，“索南勒空”管征粮、移民，“甲擦勒空”管盐茶税收，“颇康勒空”管军粮，“扎西勒空”管铸币，“协尔帮勒空”管刑事案件，“拉涅勒空”管总务等。此外，还设有“朗仔厦”管理拉萨市政，“扎康”管理邮传，“达尔康”管理电信，“门孜康”管理医药、历算，“欧康”掌管藏币发行，既直属于噶厦，又受镏康、译仓约束。达赖还直接控制“基恰堪布”，下设“僧噶”“卓尼钦波”“雪业”“仔恰”“森木堪布”“索本堪布”“御本堪布”等官职，分别掌管达赖的侍卫、传令、接待、仓库、总务、起居等事宜。

噶厦和堪布会议厅下属的地方政权分为“基恰”和“宗”两级。“基恰”相当于专区，设有昌都、黑河、山南、日喀则、阿里、亚东、工布等基恰，由僧、俗堪布各1人共管；“宗”相当于县，受基恰统辖，设宗本2人，亦为僧、俗共管，负责政务、司法、粮赋、差役等，全藏共有147宗。

① 参见《藏族简史简志》，四川人民出版社1973年版。

宗以下的农区和半农半牧区为庄园，牧区则为“如瓦”“措巴”或“学卡”（部落）。

（2）寺庙组织。寺庙也有一套庞大的组织机构，以黄教的寺庙最多。各大寺均有三级组织：最高一级为“拉吉”，由若干“扎仓”组成；中间一级为“扎仓”，由若干“康村”组成；最低一级“康村”，由一个地区或者若干有传统关系的僧侣组成。寺庙都有辖地，还有独立的区划和经济实体，设有税官、管事、法庭、监狱和武装。如昌都强巴林寺的帕巴拉呼图克图“拉章”管理50多个属寺和5个宗。拉萨三大寺的活佛不但管理自己的寺庙和属地，而且还直接参政。噶厦中的一切“孔仲”（僧官）也由三大寺活佛充任，达赖年幼时均由三大寺最高活佛摄政，各种重要会议都必须有三大寺上层喇嘛参加[①]。

3. 等级制度

用“政教合一”的方式进行统治，掌握政权机器，控制经济命脉，钳制思想，垄断文化教育，形成严密牢固的等级制度。

（1）统治阶级。政教合一的政权组织导致了三大领主：官府、寺院和贵族阶级即僧俗领主（藏语为“雄格却松”，意为全部庄园、部落和属民的所有者）的产生。统治阶级虽然人数极少，却占有西藏的全部耕地和牧场，并拥有大量牲畜和财产。

噶厦、堪布会议厅、基恰和宗等各级官府的官员大多出身贵族，少数出身上层喇嘛，是西藏最大的封建领主阶级。他们通过噶厦所办的僧官、俗官学校取得做官资格，出任各种要职，并以血统贵贱、职务高低、权力大小而确定品级，拥有占有和分配土地、收取“外差”等各种特权。

寺院的上层喇嘛是占有土地最多的封建领主阶级。寺院的喇嘛大致可分为四个等级：①活佛。活佛地位最高，以转世制度承袭。②拉吉、扎仓和较大康村的当权喇嘛。这类喇嘛名目繁多，多出身贵族，通过考“格西”（学位）而掌管寺院。③学经喇嘛（“贝恰哇”）。这类喇嘛不需参加劳动，专门学经念佛，大多数出身“差巴”、“堆穷”或“囊生”。④当差喇嘛。这类喇嘛地位最低，终生为寺院服役，实际是披着袈裟的农奴。因此，寺院喇嘛作为领主阶级，主要指活佛和当权喇嘛等上层喇嘛。他们占有大量财产、土地

① 参见《藏族简史简志》，四川人民出版社1973年版。

和农奴，而且凭借封建特权进行商业活动和高利贷剥削，把“乌拉”差役、商业盘剥和高利贷合为一体。同时还利用宗教活动获得布施、捐献，收取念经、卜卦费用，并不断从官府领取各种津贴、获取各种优惠。

世袭贵族是历代因有功劳而受封的家族或达赖、班禅的亲属，世代享受特权，拥有约占西藏总耕地面积1/3的封地。有的贵族官邸设有管事房大管家及“捏巴”、秘书、礼宾官等数十人，门外悬挂“法棍”，府内设有监狱，俨然是一个独立王国。

(2) 农奴阶级。农奴依附领主存在，因土地关系不同而分为“差巴”“堆穷”两个等级。差巴的地位比堆穷略高，但差巴破产即为堆穷，堆穷也可升为差巴。此外，还有少数因丧失生产资料而沦为封建领主的家奴，没有人身自由，奴隶色彩很重，藏语称为“囊生”。

差巴亦称“差米”，意为“被支差的人”，是农奴阶级的主体，以领种份地（农区）或享有部落草场（牧区）共同使用权的形式被束缚在土地和牧场上，并为领主提供劳役、兵役、实物、货币等各种差役和负担。其中差役分为内差和外差。内差根据耕种租用土地多寡负担劳役和实物租，多自带耕畜、农具为领主耕种土地，并交纳一定的实物或货币，以及割草差、运输差、盖房差、背水差、织氆氇差、打酥油差等。外差主要有“马岗差”和“乌拉差”两种，其中“马岗差”包括兵役，而“乌拉差”则包括运输差，平时为官府运送各种日用必需品，同时还需承担大昭费差、驻藏大臣用粮差等专项差役。有时还得承担大人、小孩的“耳朵差”。

堆穷亦称“娘穷”，意为“小烟火户”，没有或失去了“岗份地”（“敦份地”），须投靠领主、头人或富裕的差巴领取少量耕食地，服各种杂役，靠租种土地、出卖劳力或以手工劳动维持生计，是农奴中等级较低的一种。堆穷一般有双重隶属关系，在隶属于所投靠领主的同时，还必须保持与原领主的隶属关系，并向原领主缴纳人役税或人头税。堆穷系由差巴破产形成，但条件好的有时可被指定顶替差巴。

此外，社会地位最低的是“囊生”“差若”等。其中“囊生”意为“家养的人”，其人身及子女完全被领主占有，终身受主人役使。主要从事背水、打柴、炒青稞、打酥油、喂牲口、织氆氇等杂活，少数从事农牧业生产，基本没有自营经济，衣食由主人供给，常在主人的皮鞭、木棍之下劳动，可以被买卖、赠送、陪嫁、抵押等。“差若”意为“助差者”，即由差巴雇来支差的人，其待遇与囊生差不多，但地位不如囊生[①]。

（二）游牧军政合一制

突厥的军事组织与管理组织合二为一。“突厥人既是牧人，又是马夫、马贩、兽医和骑士。”[②] 突厥社会兵民合一，并以部落、宗族、氏族等血缘关系为纽带，与军队紧密结成一体，具有很强的凝聚力和战斗力[③]。

突厥最高统治者称为可汗，可汗的子弟称“特勤”，别部领兵统将称为“设”（或“杀”）。由于突厥汗国疆土辽阔，突厥可汗仿效匈奴、鲜卑等游牧政权，将统治区域分为东、西两部，东部名为“突利”，西部名为“达头”[④]。担任“设”的人“常以可汗子弟及宗族为之”[⑤]。突厥可汗在“设”的人选上，坚持“系谱”和“血统”两大原则，表现出极端的排外性，显示了这一职位的至关重要性。据统计，突厥第一汗国时期（552—630 年），号称“设”者有 16 人，出身阿史那氏的占 12 人。在可汗与设之间，还有被称为“叶护”的显要官职，地位相当于副可汗。其他各级官长有屈律啜、阿波、颉利发、吐屯、俟斤等十余种，后来又发展为二十八等[⑥]。各级官长都由世袭贵族担任，官职没有固定的数额。突厥的可汗与高官显贵倚仗特权拥有大量牲畜与财物，水草丰美的游牧地段也由其分别控制，“虽迁徙无常，而各有地分”[⑦]。正因为突厥统治者控制了牧场，所以才能迫使一般牧民和“黑民”（战争中的归附者）在固定的范围内放牧，向他们定期或不定期地“征发兵马，科税杂畜”，形成人身依附关系。

在突厥汗国的势力范围内，包括众多“属部”或“属国”，除东北部外在西部民族地区就有龟兹、焉耆、葛逻禄、铁勒及中亚的更多部族。突厥对这些被征服部族的统治方式主要有派吐屯去监领、征收赋税、征调兵马和军用物资。如对西域各部族，则先笼络其上层人物，授予他们“颉利发”称号，

---

① 参见《藏族简史简志》，四川人民出版社 1973 年版。

② 薛宗正著《突厥史》，中国社会科学出版社 1992 年版。

③ 罗贤佑著《中国民族史纲要》，中国社会科学出版社 2009 年版。

④ 在古代文献中，由于翻译各异，有的将突利设译为左厢察，或译为左贤王；将达头设或译为右厢察，或译为右贤王等（参阅马长寿著《突厥人和突厥汗国》，广西师范大学出版社 2006 年版）。

⑤ 杜佑撰《通典·边防十五·突厥下》，中华书局 1988 年版。

⑥ 参见《通典·突厥上》《周书·突厥传》《隋书·突厥传》。

⑦ 许嘉璐主编《二十四史全译》之《周书·突厥传》，汉语大词典出版社 2004 年版。

诱使其归附，然后派遣吐屯1人前往监领，并“督其征赋”①。对铁勒“自突厥有国，东征西讨，皆资其用，以制北荒”②。对黠戛斯则因其境内出产一种名为“迦沙”的铁，“为兵绝犀利”，故突厥统治者勒令其按时输送以供军用③。

二、杂糅型政治制度

杂糅型政治制度是指由西部民族地方政权制定并实施，与中原封建王朝国家政治制度有部分相同、部分不同的地方民族政治制度。它存在于受中原封建王朝一定影响的西部民族地区，主要有契丹政治制度、党项政治制度等。

（一）契丹政治制度

虽然辽国的主要疆域在北方，但在位于今内蒙古、新疆等西部民族地区也有大片疆域，所以其政治制度是西部民族政治制度不可或缺的一部分。因其以武力占领了大片宋王朝疆域，受中原文化的影响较大，辽国的政治制度呈现出杂糅的特征④。

1.“斡鲁朵”制

辽国的“斡鲁朵”意为宫帐，是直接隶属于最高统治者的机构，由皇帝行宫毡帐、办事衙署和警卫、供给、承应日常役使的部门组成。斡鲁朵是皇帝的私产，皇帝死后扈从后妃，侍奉皇帝陵寝。而新继位的皇帝又建立自己的斡鲁朵，故斡鲁朵的数目在辽国不断增加。辽国前后共建立了12个斡鲁朵（宫）和1个相当于斡鲁朵的王府。斡鲁朵有直属的军队、州县和民户、奴隶，是独立的军事、政务管理及经济单元。其直属军队斡鲁朵军也称“宫卫骑军”，是维护皇权的重要武力。所属民户由契丹人（正户）和其他各族人（蕃汉转户）组成，平时侍奉皇帝，纳赋服役，战时抽编为宫卫骑军。每个斡鲁朵都管辖若干汉人州县。太祖弘义宫有正户约8000，蕃汉转户约6000，辖锦、祖、严、祺、银5州；太宗永兴宫有正户约3000，蕃汉转户约7000，辖

---

① 许嘉璐主编《二十四史全译》之《旧唐书·突厥列传下》，汉语大词典出版社2004年版。

② 许嘉璐主编《二十四史全译》之《新唐书·回鹘列传》，汉语大词典出版社2004年版。

③ 许嘉璐主编《二十四史全译》之《新唐书·回鹘列传》，汉语大词典出版社2004年版。

④ 部分内容参见张岂之主编《中国历史》（隋唐辽宋金卷），高等教育出版社2001年版，以及许嘉璐主编《二十四史全译》之《辽史》，汉语大词典出版社2004年版。

怀、黔、开、来4州。辽国的斡鲁朵共有属州38个，属县10个，提辖司41个。每个斡鲁朵还管辖着“石烈”“抹里”等部属组织。共计有属部石烈23个，抹里98个。

2. “头下军州”

契丹强大后不断从中原掠来大量被称为“生口”的奴隶。此外，自唐朝末年中原战乱频繁，不少汉人为躲避战乱、天灾而自行逃亡到契丹境内，为便于管理，契丹南部的地方管理体制仍为州县制。除州县制外贵族、将领以俘掠、受赐的人口和原有奴隶在自己割占或分得的土地上建立“私城”，即“头下军州”（亦称“投下军州”）。头下军州实质上是小型的斡鲁朵。辽国允许亲王、公主、后戚建立头下州城，其下的大臣、将领则只能拥有投下县城、投下堡、军等。头下军州的节度使由朝廷任命，刺史以下官员则由投下军州主人的部曲充任。头下军州所征商税归领主所有，酒税则缴纳给朝廷。大部分下户是州县民户，对头下军州主人具有封建依附关系，从事农业或手工业，既纳课于领主，又输租于朝廷。

3. “四时捺钵”

游牧部族随时转徙、车马为家，首领处理公务也无固定地点。辽国在此基础上形成了“四时捺钵”制度。“捺钵”即皇帝出行时的临时住所。辽国皇帝全年大多在捺钵中度过，而都城仅仅是接见宋王朝及西夏国、高丽国使节的地方，且事后从不在宫中过夜，而是回到城外的车帐中住宿。

皇帝及文武大臣到“春捺钵”的时间是正月上旬，到“夏捺钵”的时间是四月中旬，到“秋捺钵”的时间是七月中旬，到“冬捺钵”的时间是十月以后。其中春捺钵的地点在鸭子河泺（今吉林省大安附近的月亮泡），秋捺钵的主要地点在庆州（位于今内蒙古自治区巴林右旗白塔子西部诸山），每年皇帝、达官贵人、各属部首领都来春秋捺钵地捕鹅、狩猎，协调朝廷与各部族的关系。夏捺钵的主要地点在永安山，冬捺钵的主要地点在租广平淀，都在庆州附近。冬、夏捺钵的主要活动是由皇帝主持召集北、南臣僚会议，处理全境范围包括汉族地区在内的军国大事。北、南臣僚会议是辽国的最高决策会议。凡属于重大人事问题及与宋王朝、西夏国的和战等问题都必须经此会议讨论决定。

4. 北、南面官制

辽国为了对生产、生活方式不同的民族实行有效统治，经过长期探索确立了北、南面官体制，即把朝廷的管理机构分别隶属于北、南二枢密院，称为“北面官”和“南面官”。北面官采用契丹传统的部族官制，有北、南宰相府，北、南大王院，敌烈麻都司等机构；南面官采用汉制设三省、六部，有大丞相、同平章事、参知政事等职官。“北面”治宫帐、部族、属国，“南面”治汉人州县[①]。

5. 官员选任制度

契丹部族联盟军事首领在同一显贵家族中经世选产生。世选是契丹部族社会固有的制度，是一种由选举向世袭过渡的形态。契丹王朝确立了世袭皇权之后仍旧实行世选制。兴宗重熙十六年（1047 年）兴宗诏：“世选之官，从各部耆旧择材能者用之。”[②] 而科举是辽国南面官系统任用官吏的主要途径。辽国推行科举制始于占有幽蓟，后仍在该地区沿用唐制进行统治，而官吏选拔也沿用唐王朝的科举制，但当时规模很小。与宋和好后交流增多，对于汉官这类人才的需要也随之增加，进士及第者的数量也大为增加。此后辽国每两年到四年举行一次科举，每次进士及第的人数从十多人到数十人，甚至上百人。最初进士考试都是在燕京举行，重熙十一年（1042 年）后则多在永安山的夏捺钵举行。科举考试分乡、府、省三类，“乡中曰乡荐，府中曰府解，省中曰及第”。“程文分两科，曰诗赋，曰经义。”[③]

6. 军事制度

辽国的军队主要由部族军、御帐亲军、宫卫骑军、五京乡丁和属国军、汉军等几部分组成。契丹部族战时为军事组织，设有军事首领，各大部族的军事首领称王，一般部族的军事首领则称节度使。辽建国后阿保机通过北、南二府统辖各部，其中最强大的五院部、六院部、乙室部和奚六部都各自为军。拥有头下军州的贵族征招属下汉人组成的军队则称大首领部族军，由设在各地的招讨司、统军司和都部署司统辖。御帐亲军则是直接由皇帝调遣的禁军，包括皮室军（又称“腹心部”）和属珊军，两军合计约五万骑。宫卫骑军由各斡鲁朵抽调属下组成。五京乡丁由五京州县所属蕃汉壮丁组成。属国军是辽各属国的军队。汉军主要是契丹统治者收编的中原溃军，神册元年

---

① 张岂之主编《中国历史》（隋唐辽宋金卷），高等教育出版社 2001 年版。

② 许嘉璐主编《二十四史全译》之《辽史·兴宗耶律宗真本纪三》，汉语大词典出版社 2004 年版。

③ 《契丹国志·试士科制》，影印本。

(916 年) 阿保机收编的“山北八军”，是辽国拥有汉军的开始。诸京禁军及边防要地驻军，称为“正军”。

辽国的军队统归北枢密院掌管，上京的军事机构有统领汉军的诸军都虞侯司，统领奚军的奚王府大详稳司，统领契丹部族军的国舅司、大常衮司、五院、六院和沓温司。南京的军事机构则主持对宋防务，设元帅府，由亲王出任大元帅，“杂掌蕃汉”。东京设契丹、奚、汉、渤海四军都指挥司，也“杂掌蕃汉”。西京则设西南路招讨司，负责对夏防务。同时对西北乌古敌烈等部也由专门的防务机构负责①。

7. 法律制度

辽国以“国制治契丹，以汉制待汉人”。所谓“国制”，即《治契丹与诸夷之法》；而“汉制”即《唐律》和《唐令》。《治契丹及诸夷之法》的突出特点就是刑罚极重且带有不确定性。关于“刑制”，唐制是笞、杖、流、徙、死五种，契丹法律则略去了最轻的笞刑，而死刑则在绞、斩之外又多了凌迟之刑。《治契丹及诸夷之法》虽为成文法，但所规定的刑罚仍具有不确定性。除名目繁多的死刑之外，像宫刑之类在中原早已废止的酷刑，契丹仍在沿用。此外，同罪不同罚的情况也很普遍②。

(二) 党项政治制度

党项族是羌族的一支，经南北朝、隋唐和五代十国时期的发展，逐渐强大为割据一方的势力。至宋朝经李继迁、李德明、李元昊的苦心经营，于宝元元年（1038 年）建立大夏国，建都兴庆府（辖区位于今宁夏回族自治区银川市）。其疆域东临黄河、西至玉门关、南至萧关（辖区位于今甘肃省环县北）、北至大漠。虽受中原文化影响较深，并效仿宋王朝设立官职，但依然保留了原有的部族组织等设置，呈现出杂糅的特点。

1. 官制

西夏朝廷官制大致仿照宋王朝，但经历了由简到繁的过程。元昊称帝后设官分文、武两班，以中书和枢密分掌。其下设三司、御史台、开封府、翊卫司、官计司、受纳司、农田司、群牧司、飞龙院、磨勘司、文思院及蕃学

① 张岂之主编《中国历史》（隋唐辽宋金卷），高等教育出版社 2001 年版。

② 张岂之主编《中国历史》（隋唐辽宋金卷），高等教育出版社 2001 年版。

和汉学等[①]。其机构职能大致包含了管理兵、刑、钱、粮及官员的培养、考课、升迁等方面。而“开封府”则是主管京都兴庆府政务的机构。“自中书令、宰相、枢密使、大夫、侍中、太尉已下，皆分命蕃汉人为之”[②]。地方上设府、州、军、县、城、寨等机构，并依其重要性确定官府层级的高低。到后期西夏国不仅官僚机构增多，而且对于各机构及官员的等级也有了更为明确的规定。朝廷及地方的官僚机构统分为上、次、中、下、末五等。官员则分为十二品级，外加无品级的“杂官”，官员除了品级以外，还有爵位、勋级、功臣号。党项族大姓享有世袭官职的特权。高层机构的长官称“大人”。中书和枢密的“大人”各六人，另有承旨六人；次、中、下级机构则视具体情况，多则八正八副少则一正一副，末等机构设“头监”管领；诸寨、诸城的首领分别称“寨主”和“城主”。

西夏国的部族组织与州县分开。元昊“即袭封，明号令，以兵法勒诸部”[③]。西夏国虽然名义上没有分设南、北面官，但实际上与辽国“南衙不主兵、北司不理民”制度相类似。西夏未立国前该地区在唐王朝、五代及宋王朝统治下即有州县设置，管理当地的汉人及党项熟户，而生户党项人则仍有部族组织。这种情况至西夏建国后并未发生太大变化，所以在西夏国除了州县的官僚系统外，部族组织仍然存在。

2. 军事制度

西夏国实行普遍兵役制，其民一家称为“一帐”，男年满十五岁为丁，两丁取正军一人。每名正军配军中充当杂役的“负担”一人，是为“一抄”。被俘的汉人充当“前军”，但只限于“勇者”，称为“撞令郎”。其武装力量的主体是党项各部族，部族组织也就是军事组织，平时为民、战时为兵。境内设有十二监军司，分为左、右厢，由党项族贵戚为统帅。元昊以皇后“野利氏兄弟旺荣为谟宁令，号拽利王，刚浪凌为宁令，号天都王，分典左右厢兵马”[④]。

---

① 许嘉璐主编《二十四史全译》之《宋史·夏国传上》，汉语大词典出版社 2004 年版。

② 许嘉璐主编《二十四史全译》之《宋史·夏国传上》，汉语大词典出版社 2004 年版。

③ 许嘉璐主编《二十四史全译》之《宋史·夏国传上》，汉语大词典出版社 2004 年版。

④ 江少虞撰《宋朝事实类苑·安边御寇·西夏》，上海古籍出版社 1980 年版。

西夏国用兵是临时聚集，西面有事就把东面的聚集到西面，东面有事就把西面的聚集到东面，中路有事则把东西两面的都集拢来，从而对宋王朝的作战常能以优势兵力取胜，并使宋王朝难以推测其兵力的多少。

3. 法律

西夏立国前的党项人各部族只有习惯法而无成文法，也没有专门的审判机构。西夏立国后元昊及其继承者比较重视法律的作用，元昊会蕃汉文字，“案上置法律”[①]。最初西夏在境内采用唐、宋法律，后来也根据实际情况创制自己的法典。不过现在流传下来的仅有《天盛律令》。《天盛律令》前有《颁律表》，内称“臣等共议论计，比较旧新律令，见有不明疑碍，顺众民而取长义”。这部法典的参考文献，包括此前西夏国已有的法典和唐、宋的法典。《颁律表》后附的纂定者中有汉人，而且还另附“合汉文者”“汉文译者”及“汉文译律令纂定者”的名字。《天盛律令》卷一所载“十恶”、卷二所载“八议”就采自《唐律疏议》。唐王朝的法律在“律”之外另有“令”，而《天盛律令》则是律令合为一体[②]。

三、效仿型政治制度

效仿型政治制度是由西部民族地方政权仿效中央王朝政治制度建立，或按照中央王朝的模式对其固有政治制度进行改造后形成，具有与中央王朝政治制度较多相似性的地方民族政治制度。总体看，存在于受中央王朝影响较大的西部民族地区，主要有南诏政治制度、大理国政治制度和西域诸族政治制度等。

（一）南诏政治制度

南诏的政治制度深受唐王朝的影响，但也具有自己的民族特点和地方特色。其最高统治者为国王，称为南诏。南诏有妻妾数百人，总称“诏佐”。王后称“信么”或“九么”；妃子称“进武”。南诏之下设清平官六人，从其中推举一人为“内算官”，设两名元副官协助，代南诏处理文书。军事官员分为诏亲大军将、大军将、军将三等，朝中设大军将十二人，与清平官同列议事。此外设立“外算官”两人，由清平官或大军将兼领。外算官统领土、户、仓、客、兵、刑“六曹”，各曹设曹长一人。六曹相当于唐王朝的六部，基本上是

---

① 许嘉璐主编《二十四史全译》之《宋史·夏国传上》，汉语大词典出版社 2004 年版。

② 张岂之主编《中国历史》（隋唐辽宋金卷），高等教育出版社 2001 年版。

仿照唐王朝的建制。后来为适应社会政治、经济的发展，又将“六曹”改为“九爽”。地方政权组织则设立十赕、六节度、二都督，“赕”即是内地的“州”，“节度”“都督”也是仿自内地的官号。故《南诏野史》称，南诏的各种制度“皆中国降人为之经划者”。在地方行政区划里凡百家设“总佐”一人，千家以上设“理人官”一人，万家以上设“都督”一人。“理事官”的理事机构称“村邑理人处”，是南诏最基层的政权组织①。

南诏实行兵农合一的“乡兵制”，丁壮们农忙时耕作，农闲时则操练演阵，进行极为严格的军事训练。南诏尚武成风，规定“诸在职之人，皆以战功为褒贬黜陟”②。

（二）大理国政治制度

大理国政权是多民族的集合体，统治集团以“白蛮”（白族）为主，段氏世袭大理王位，是大理国最高统治者。大理国的政治制度与南诏后期基本相同，国王之下设置清平官总理国政，清平官下设有“九爽”协理政务。此外还有坦绰、布燮、久赞、彦赞等职官。南诏时无彦赞一职，为大理国所增设。

大理国的管理机构是朝廷设首府，治大理（位于今云南省大理市）；地方政权初期设有通海、会川两个都督府；永昌（位于今云南省保山市）、剑川（位于今云南省剑川县）、弄栋（位于今云南省姚安县）、银生（位于今云南省景东县）、拓东（位于今云南省昆明市）、丽水（位于今缅甸境内）六个节度。后来除首府不变外，废止了都督、节度而改设会川（位于今四川省会理县）、谋统（位于今云南省鹤庆县）、统矢（位于今云南省姚安县）、腾越（位于今云南省腾冲县）、鄯阐（位于今云南省昆明市）、威楚（位于今云南省楚雄州）、永昌（位于今云南保山市）、建昌（位于今四川省西昌市）八府，石城（位于今云南省曲靖市）、秀山（位于今云南省通海县）、东川（位于今云南省会泽县）、河阳（位于今云南省澄江县）四郡，蒙舍（位于今云南省巍山县）、镇西（位于今云南省盈江县）、成纪（位于今云南省永胜县）、最宁（位于今云南省开远县）四镇。统治区域内的各个民族或部落，原则上直接受所在府、郡、镇管理，同时任命土酋为当地官长，实行羁縻统治。郡

① 罗贤佑著《中国民族史纲要》，中国社会科学出版社2009年版。

② 〔唐〕樊绰著，赵吕甫校释《云南志校释》，中国社会科学出版社1985年版。

与部落犬牙交错，紧密地连为一体[①]。

大理国创立者段思平在位八年而卒，此后的七十多年中，统治集团内部陷入纷争，政事紊乱、纲纪不振。王室权威逐渐衰弱，地方封建领主势力却日益强盛，逐渐形成尾大不掉之势。北宋嘉祐八年（1063年），洱海地区的封建领主杨允贤发动叛乱，大理国主段思廉无力抵抗，后求援于滇池地区大领主、岳侯高智升出兵平息叛乱。事后高氏势力借机进入洱海地区，在王都附近建立自己的领地。高氏家族势力迅速权倾朝野，大理国重要官员几乎一半都出自高氏之门，“一门之盛，半于大理”[②]。

（三）西域诸族政治制度

在秦汉、魏晋南北朝、隋唐等时期，西域存在大小不等的诸多少数民族政权，因受中央王朝影响较大，其政治制度呈现出一些仿效性特征。但因有文献史籍详细记载的较少，现只能对高昌、回纥的政治制度进行简要阐述。

1. 高昌政治制度

高昌国在汉朝时期是车师前部故地。曹魏、西晋时仍沿袭汉朝时的体制，设置校尉治理高昌等地，并开展屯田。东晋咸和二年（327年），前凉张骏在这里设置高昌郡。北魏和平元年（460年），盘踞高昌的沮渠氏被柔然所灭，柔然拥立汉族移民首领阚伯周为高昌王。高昌地处交通要冲，成为柔然、敕勒和嚈哒三大势力争夺的战略要地，易主频繁形势动荡。北魏太和五年（481年），敕勒立马儒为高昌王，以顾礼、麴嘉为左右长史。太和十一年（487年），马儒欲举国内迁，高昌旧人依恋本土不愿东移，然后杀马儒而拥立麴嘉为高昌王，后臣服于柔然。柔然可汗伏图被敕勒杀死后，高昌重新归附敕勒。当焉耆被嚈哒打败后国人离散，求援于麴嘉，麴嘉遣其子控制了这一地区，高昌由此开始强大。延昌年间，北魏以麴嘉为持节平西将军、瓜州刺史、泰临县开国伯以示羁縻，但高昌王仍自称为王。高昌王下设有令尹、长史、将军、司马、侍郎、主簿、从事等各级职官，分掌诸事。“官人虽有列位，并无曹府，唯每旦集于牙门评议众事。诸城各有户曹、水曹、田曹。每城遣司马、侍郎相监检校，名为城令。”[③] 从高昌政权的组织与职官名号，可以看出其多

---

① 部分内容参考了罗贤佑著《中国民族史纲要》（中国社会科学出版社2009年版），以及王钟翰主编《中国民族史概要》（山西教育出版社2004年版）的相关内容。

② 冯甦《滇考》，载《云南史料丛刊》（油印本）第31辑。

③ 许嘉璐主编《二十四史全译》之《周书·高昌传》，汉语大词典出版社2004年版。

仿照中原封建王朝的建制。这是高昌长期内属、汉族移民聚居及中原封建王朝政治文化影响加深的体现。

2. 回纥政治制度

回纥汗国统一后，政治、经济、文化发生了巨大变化，经济社会发展迅速。回纥最初的政权组织主要沿用突厥制度，统兵将领称“设”，可汗子弟称“特勒”，大臣有叶护、屈律啜、阿波、俟利发、吐屯、俟斤等共二十八品级，都是世袭无固定员额。后来由于受唐王朝社会政治的影响，回纥也采用了唐王朝的官制，设有外宰相六、内宰相三，还有都督、司马、将军等官爵名号①。

第三节　民族区域自治制度

民族区域自治是“民族自治与区域自治的正确结合，是经济因素与政治因素的正确结合，不仅使聚居的民族能够享受到自治的权利，而且使杂居的民族也能够享受到自治的权利，从人口多的民族到人口少的民族，从大聚居的民族到小聚居的民族，几乎都成了相当的自治单位，充分享受了民族自治权”②。民族区域自治是在中华人民共和国内各少数民族聚居的地方，在中央人民政府统一领导下，按照《宪法》《民族区域自治法》和其他法律的规定，依据民族自治与区域自治相结合的原则，设立自治机关，行使《宪法》中所规定的相应一级地方机关的职权，同时依照《宪法》《民族区域自治法》和其他法律的规定行使自治权，管理本地方和本民族内部事务的一项政治制度。我国实行民族区域自治对于构建平等、团结、互助、和谐的民族关系，维护国家统一，加快民族自治地方发展，促进少数民族进步起到了重要作用，是中国特色社会主义基本政治制度的重要组成部分。

一、解决民族问题的基本政策

民族区域自治制度不是一蹴而就的，而是由早期中国共产党解决民族问题的基本政策经实践和理论提升后，逐渐提出、发展、完善而形成的。面对20世纪初期严峻的国内外民族矛盾，中国共产党从成立之日起就开始了艰辛

---

① 罗贤佑著《中国民族史纲要》，中国社会科学出版社2009年版。

② 《周恩来统一战线文选》，人民出版社1984年版。

的探索，提出了一系列解决民族问题的基本政策，夯实了民族区域自治制度的基础。

（一）早期的民族理论与政策

从 1922 年 7 月中国共产党第二次全国代表大会，再到第一、第二次国内革命战争时期，党的民族理论与民族政策坚持民族平等原则①。建党初期，在少数民族文化教育方面，党提出“改良教育制度，实行教育普及”②，建立民族学校、发展民族教育事业、培养少数民族干部等政策措施。在少数民族风俗习惯方面，建党初期仅从差异方面把握，没有具体政策措施，随着与少数民族接触的增多，逐步提出了尊重少数民族的风俗习惯、反对民族压迫的主张。在少数民族语言文字方面，党既重视发展民族语言文字，又提倡运用民族语言文字。如 1930 年 5 月通过的《中华苏维埃共和国国家根本法（宪法）大纲草案》提出，苏维埃政府扶助少数民族发展自己的语言文字③。1931 年 11 月颁布的《中华苏维埃共和国宪法大纲》再次明确了这一政策。综上，党提出了民族平等的基本原则，反对民族压迫以及各民族在政治、文化教育、风俗习惯、语言文字等方面享有平等权利的主张，为正确民族政策的提出进行了理论探索与实践准备。

（二）提出民族区域自治

20 世纪 30 年代，党逐步提出了民族区域自治的主张。1931 年 11 月，中华工农兵苏维埃第一次全国代表大会通过的《关于中国境内少数民族问题的决议案》，“号召少数民族的劳苦群众与中国的工农群众共同联合起来，打倒他们共同的剥削者与压迫者——帝国主义与一切民族的地主资本家的统治，建立工农兵的苏维埃政府”，至于他们是否愿意成立自治区，由他们自己决定④。这个决议案首次提出了建立自治区的主张。1936 年 5 月发表的《中华苏维埃中央政府对回族人民的宣言》中指出“凡属回民占少数的区域，亦以区乡村为单位，在民族平等的原则下，回民自己管理自己的事情”⑤。在此期间，党进一步提出了建立民族自治机关的主张。

① 金炳镐主编《中国共产党民族工作理论与实践》，中央民族大学出版社 2007 年版。
② 中共中央统战部编《民族问题文献汇编》，中共中央党校出版社 1991 年版。
③ 肖居孝著《中央苏区司法工作文献资料选编》，中国发展出版社 2015 年版。
④ 中共中央统战部编《民族问题文献汇编》，中共中央党校出版社 1991 年版。
⑤ 中共中央统战部编《民族问题文献汇编》，中共中央党校出版社 1991 年版。

抗日战争时期，鉴于日本帝国主义为实现其侵华目的，挑拨民族关系、制造民族分裂的严峻形势，党的民族理论与政策逐步发展为强调民族自治权，主张各少数民族在共同抗日的原则下实行区域自治①。这是党在革命实践中不断总结解决国内民族问题的经验，将马列主义原理与中国实际相结合的结果，具有扎实的历史和现实依据。①中国自古以来就是统一的多民族国家。虽然历史上存在过民族压迫制度、民族冲突与战争、民族分裂，但中国历史上统一的多民族国家的长期存在，极大地促进了各民族之间的政治、经济和文化交流，各民族“大杂居、小聚居”的格局已经形成，各民族对中央政权的向心力和认同感不断增强。各族人民都为缔造统一的多民族国家，创造悠久灿烂的中华文明，推动中国历史的发展进步，做出了自己的重要贡献。②各族人民共同抵抗外辱。挽救民族危亡已成为各族人民的根本使命。③党的领导地位逐渐确立。实行民族区域自治能把全国各族人民紧密地团结起来，在党的领导下夺取革命的胜利。为此，党的六届六中全会明确提出了民族区域自治的主张。1938 年 10 月，毛泽东在《论新阶段》的报告中，代表中国共产党对民族区域自治政策及其内容进行了全面论述。1941 年 5 月，经中共中央政治局批准的《陕甘宁边区施政纲领》规定：“依据民族平等原则，实行蒙回民族与汉族在政治、经济、文化上的平等权利，建立蒙回民族的自治区。”②之后建立了回民自治乡和蒙民自治区。1945 年 4 月，毛泽东在《论联合政府》中指出，要“改善国内少数民族的待遇，允许各少数民族有民族自治的权利”，“必须帮助各少数民族的广大人民群众，包括一切联系群众的领袖人物在内，争取他们在政治上、经济上、文化上的解放和发展”，“他们的语言、文字、风俗、习惯和宗教信仰，应被尊重”③。至此，民族区域自治作为党解决民族问题的基本政策被正式提出。

（三）初步实践的民族区域自治

在民族理论、民族政策逐步成熟和完善的同时，党也在积极进行民族区域自治的实践探索与尝试。

1. 豫海县回民自治政府的建立

1936 年 6 月，西征红军进入宁夏回民聚居区，解放了豫旺县（辖地属今

---

① 金炳镐主编《中国共产党民族工作理论与实践》，中央民族大学出版社 2007 年版。

② 中共中央统战部编《民族问题文献汇编》，中共中央党校出版社 1991 年版。

③ 中共中央统战部编《民族问题文献汇编》，中共中央党校出版社 1991 年版。

宁夏回族自治区同心县）全境，成立了苏维埃豫旺县人民政府，并建立了区、乡政府。同年 8 月，豫海县回民自治政府筹备委员会成立。经过两个多月筹备，1936 年 10 月 20 日至 22 日，“陕甘宁省豫海县回民自治政府”成立大会在同心清真大寺召开，大会代表通过了《陕甘宁省豫海县回民自治政府条例》《减租减息条例（草案）》和《土地条例（草案）》，选举马和福（贫农、回族）为政府主席、李德才（回族）为政府副主席，政府下设军事部、土地部、没收委员会、保卫部，启用阿拉伯文、汉文两种文字的木制圆形政府印章。豫海县回民自治政府建立后，选拔了一批回族积极分子参加政府工作，成立了以回民为主的县游击大队和自卫队等地方武装，以及农会、解放会、少先队、儿童团等群众组织。自治政府为红军北上抗日提供了大量人力、物力、财力的支持，共筹粮六万余斤，银圆八万多块，二毛皮大衣一千多件[①]。豫海县回民自治政府在历史上首次以民族区域自治的形式存在并运行。虽然仅存在了半年多时间，但这是党成立以来建立的第一个县级民族自治政府，是一次有益的实践探索和尝试。

2. 内蒙古自治区的建立[②]

内蒙古自治区是中国共产党通过蒙古民族自治运动组织建立的第一个民族自治区，是民族区域自治政策的成功实践。抗日战争胜利结束后，在内蒙古地区兴起了蒙古民族运动。1945 年 8 月 18 日，在兴安盟王爷庙成立了内蒙古人民革命党与东蒙党部，发表了《内蒙古人民解放宣言》，主张内蒙古加入蒙古人民共和国。接着又组织蒙古族武装，发动“内外蒙合并”的签名运动，但遭到了蒙古人民共和国的拒绝。同年 8 月 23 日，呼伦贝尔部分蒙古族和达斡尔族上层人士，要求呼伦贝尔与蒙古人民共和国合并也遭拒绝。9 月 9 日，成立了“内蒙古人民共和国临时政府”，并请求苏联、蒙古人民共和国承认其独立。10 月 8 日，又成立了呼伦贝尔自治省要求实行高度自治，被国民政府拒绝。而在锡林郭勒盟苏尼特右旗部分蒙疆政府的高级官员则成立了内蒙古临时政府，提出“内外蒙合并”要求也被拒绝。面对如此纷乱的局面，中国共产党以正确的方针、政策和方法，引导蒙古民族运动向着正确的方向发展。10 月初，乌兰夫、奎璧、克力更等根据中

① 张尔驹著《中国民族区域自治史纲》，民族出版社 1995 年版。

② 部分内容参考了陈连开、杨荆楚、胡绍华、方素梅主编《中国近现代民族史》，中央民族大学出版社 2011 年版。

共中央的指示，向“内蒙古人民共和国临时政府”人士介绍了党的民族政策，尤其是以民族区域自治实现民族解放的主张，并指出内蒙古不可能独立，独立不利于蒙古民族的解放与发展。同时争取了蒙古族的青年知识分子与开明上层人士，改组了“临时政府”，乌兰夫被选为临时政府主席，奎璧等五名共产党员当选为政府成员①。

1945 年 10 月 23 日，中共中央批发的《关于内蒙工作的意见》指出：内蒙古战略地位极其重要，关系到蒙古民族解放和我党我军能否有一个巩固的后方。并提出在内蒙古实行民族区域自治，开展自治运动，建立自治政府，争取民族上层人士参加；对最反动的伪蒙军以武力解决，一般采取宽大政策，建立蒙古地方武装；培养蒙古族干部，发展经济、文化事业，尊重蒙古族的风俗习惯等政策。中共晋察冀中央局据此提出：成立内蒙古自治运动联合会，统一领导自治运动，准备成立内蒙古自治政府；建立各盟旗区域性自治政权，各盟旗的代表参加热、察、绥各省政府，各省政府帮助各盟旗建立政权，发展经济和文化，改善蒙古族人民的生活；成立内蒙古自治运动联合会，建立和改造各盟旗政权，在联合会的基础上成立内蒙古自治政府；在各盟旗组织保安队和民兵，维持地方秩序，改造旧军队并训练军队干部，准备建立内蒙古人民自卫军②。

1945 年 11 月 6 日，内蒙古自治运动联合会筹委会在张家口成立，乌兰夫任主席；25 日召开预备会议，选出了乌兰夫、奎璧、克力更等 9 人为大会主席团成员，并通过了议事与选举办法章程；26 日内蒙古自治运动联合会成立大会在张家口召开，出席大会的代表来自 8 盟 36 旗共 79 人，通过了《内蒙古自治运动联合会目前工作的方针意见案》《内蒙古自治运动联合会会章》《内蒙古自治运动联合会成立大会宣言》，以及经济建设、文化教育、医疗卫生、宗教信仰、组织人民武装等决议案。大会选举产生了由乌兰夫等 21 人组成的内蒙古自治运动联合会执行委员会，乌兰夫当选为执委会主席兼党委会主席。内蒙古自治运动联合会是党领导的团结内蒙古各阶层的统一战线性质

① 金炳镐主编《中国共产党民族工作发展研究》（第一编），中央民族大学出版社 2007 年版。

② 金炳镐主编《中国共产党民族工作发展研究》（第一编），中央民族大学出版社 2007 年版。

的组织，既是群众团体，又具政权性质[①]。

随后内蒙古自治运动联合会派出大批干部，到锡林郭勒盟、察哈尔盟、巴彦淖尔盟和乌兰察布盟开展自治运动，相继建立了察哈尔盟分会筹委会和人民政府筹委会并筹备建立该盟各旗支会，锡林郭勒盟各旗支会，巴彦淖尔盟、乌兰察布盟分会，绥东四旗各支会、四子王旗支会[②]。同时内蒙古自治运动联合会为了培养军政干部，于1945年12月18日在张家口创办了内蒙古军政学院，乌兰夫任院长，培养了大批蒙古族军政干部。

1946年3月11日，中共中央指出：为团结内蒙古人民反对国民党，应在内蒙古地区实行统一的民族区域自治，须首先统一东西蒙的自治运动。为此内蒙古自治运动联合会与东蒙古人民自治政府代表于1946年3月底在承德召开内蒙古自治运动统一会议。3月30日至4月2日举行预备会议，双方代表一致认为内蒙古自治运动的统一是蒙古人民的愿望，是历史发展的必然趋势，但在自治的道路与领导权问题上存在着分歧。东蒙古自治政府的代表主张“独立自治”，由内蒙古人民革命党领导内蒙古自治，自治运动统一于东蒙古人民自治政府。内蒙古自治运动联合会的代表主张走“平等自治”的道路。自治运动必须由中国共产党领导[③]。经过五次预备会议，终于在自治运动的方向、道路和领导权问题上，双方代表达成了共识。4月3日，内蒙古自治运动统一会议正式召开，通过了《内蒙古自治运动统一会议主要决议》，主要内容为：①内蒙古自治运动由中国共产党领导。内蒙古自治运动的方针是民族区域自治，自治运动联合会为自治运动的领导机关，东、西蒙各盟旗建立联合会分会、支会和人民政府。②解散东蒙古自治政府。建立内蒙古自治运动联合会东蒙总分会，领导东蒙自治运动。③内蒙古的民族武装配属八路军。内蒙古的民族武装部队由内蒙古自治运动联合会领导，各支民族武装部队配属八路军各军区。④内蒙古自治运动联合会增设总务部、经济建设部、文化教育部，增加执行委员、候补执行委员和常务委员人数。

---

① 金炳镐主编《中国共产党民族工作发展研究》（第一编），中央民族大学出版社2007年版。

② 金炳镐主编《中国共产党民族工作发展研究》（第一编），中央民族大学出版社2007年版。

③ 金炳镐主编《中国共产党民族工作发展研究》（第一编），中央民族大学出版社2007年版。

东、西蒙自治运动的统一，为内蒙古自治运动的发展及内蒙古自治政府的成立创造了条件。1946 年 12 月 26 日，中共中央指示东北局为建立内蒙古自治政府做准备，东北局提出了建立内蒙古自治政府的具体方案①。1947 年 3 月 23 日，中共中央又明确指出："内蒙古民族自治政府非独立政府，它承认内蒙古民族自治政府仍属中国版图，并愿为中国真正民主联合政府之一部分。"② 4 月 20 日，中共中央在给东北局的指示中，要求立即成立中共内蒙古工作委员会，受东北局领导；同意内蒙古自治政府的施政纲领和暂行组织大纲，并部署参加庆祝内蒙古自治政府成立典礼。1947 年 4 月 3 日至 21 日，内蒙古自治运动联合会执委扩大会议在兴安盟王爷庙召开。这次会议的召开为建立内蒙古自治政府奠定了思想、方针和政策基础。23 日内蒙古人民代表大会在王爷庙开幕，出席会议的代表来自各民族、各阶层和各界，共 392 人，乌兰夫主持大会并致开幕辞。24 日乌兰夫代表内蒙古自治运动联合会做政治报告，内容包括内蒙古自治运动的回顾，一年来内蒙古自治运动联合会的工作，内蒙古自治政府成立后的主要任务。他还向大会做了《内蒙古自治政府施政纲领》和《内蒙古自治政府暂行组织大纲》的说明。与会代表经过讨论一致通过了政治报告、施政纲领、组织大纲及《内蒙古人民代表会议宣言》，选举产生了由 121 人组成的内蒙古临时参议院。27 日会议代表向毛泽东、朱德发了致敬电。29 日召开内蒙古临时参议会，选举乌兰夫为内蒙古自治政府主席，哈丰阿为副主席，特木尔巴根、奎璧、阿思根、高布降博、刘脊等 19 人为政府委员；博彦满都当选为内蒙古临时参议会议长，吉雅泰为副议长，特古斯朝克图、王海峰、克力更等为驻会参议员。5 月 1 日，举行内蒙古自治政府成立庆典，内蒙古自治政府主席、副主席和政府委员，内蒙古临时参议会议长、副议长和 9 名驻会参议员同时宣誓就职。

内蒙古自治区的建立是内蒙古历史上划时代的大事，中共中央东北局、陕甘宁边区政府和晋察冀、冀热辽、晋冀鲁豫等解放区纷纷致电祝贺。毛泽东、朱德来电祝贺，电文称："曾饱受困难的内蒙同胞在你们的领导之下，正在创造自由光明的新历史。我们相信：蒙古民族将与汉族和国内其他民族亲

---

① 金炳镐主编《中国共产党民族工作发展研究》（第一编），中央民族大学出版社 2007 年版。

② 《内蒙古自治运动联合会档案史料选编》，档案出版社 1989 年版。

密团结，为着扫除民族压迫与封建压迫，建设新蒙古与新中国而奋斗。”[1] 内蒙古自治区的建立是党的民族区域自治政策实践的重大成功，也是党运用马列主义民族理论解决国内民族问题的成功实践，为民族区域自治制度的最终确立提供了成功的案例。

二、国家的基本政治制度

党组织召开的中国人民政治协商会议第一届全体会议通过的《共同纲领》起着临时宪法的作用，把民族区域自治制度初步确立为国家的一项基本政治制度。

（一）《共同纲领》的有关规定

1.《共同纲领》的形成[2]

1945 年 8 月抗日战争胜利后，全国各族人民正准备和平建国之际，国民党发动了内战，为此党领导人民进行了解放战争。1949 年 4 月 23 日解放了国民党政府首都——南京，宣告了国民党政府在大陆统治的结束。随后党决定召开全国政治协商会议，商讨建国大计。1949 年 6 月 15 日，政治协商会议筹备会成立，筹备召开政治协商会议和成立中央人民政府的工作。

1949 年 9 月 21 日，中国人民政治协商会议第一届全体会议在北平召开。同日《人民日报》发表了题为《旧中国灭亡了，新中国诞生了!》的社论，指出中国人民政治协商会议是一个以工人阶级为领导，以工农联盟为基础，包括工人阶级、农民阶级、小资产阶级、民族资产阶级和其他爱国民主分子、各少数民族及海外华人代表在内的人民民主统一战线的会议。与会者 600 多人，虽然没有经过普选，但代表着全国各民主党派、人民团体、人民解放军、各地区、各民族和海外华侨，具有广泛的民意基础。会议通过了《共同纲领》《中华人民共和国和中央人民政府组织法》《中国人民政治协商会议组织法》，选举了中央人民政府主席、副主席和委员。出席此次会议的少数民族代表包括正式代表、候补代表及特邀代表共 33 人，包含回族、彝族、蒙古族、苗族、朝鲜族、黎族、藏族、侗族、高山族、维吾尔族、白族、满族、乌孜别克族等 13 个民族成分。出席会议的 198 名政协委员中，少数民族委员共 19

---

[1] 《内蒙古自治报》，1947 年 5 月 28 日。

[2] 陈连开、杨荆楚、胡绍华、方素梅主编《中国近现代民族史》，中央民族大学出版社 2011 年版。

人，占全体委员总数的9.6%[①]。

2.《共同纲领》的相关规定

中国人民政治协商会议第一届全体会议代行全国人民代表大会的职权，会议通过的《共同纲领》起着临时宪法的作用。《共同纲领》共分为七章六十条，其中第六章为民族政策专章，共四条，对少数民族在政治、经济、文化等方面的权利做了明确规定。

鉴于中华人民共和国成立前，全国各民族深受统治阶级的压迫和剥削，造成了民族间的不平等和深重隔阂，《共同纲领》规定："中华人民共和国境内各民族一律平等，实行团结互助，反对帝国主义和各民族内部的人民公敌，使中华人民共和国成为各民族友爱合作的大家庭。反对大民族主义和狭隘民族主义，禁止民族间的歧视、压迫和分裂各民族团结的行为。"同时根据少数民族"大杂居、小聚居"、交错杂居的特点和经济社会发展情况，规定："各少数民族聚居的地区，应实行民族区域自治"；"各民族杂居的地方及民族自治区内，各民族在当地政权机关中均应有相当名额的代表"；"各少数民族地区均有发展其语言文字、保持或改革其风俗习惯及宗教信仰的自由。人民政府帮助少数民族的人民大众发展其政治、经济、文化、教育的建设事业。"[②]

《共同纲领》中有关民族问题的规定，确定了各少数民族的平等权利和义务，第一次以法律形式确立党的民族政策，把民族区域自治作为国家的一项基本政治制度，为做好民族工作、解决民族问题提供了法律依据。

（二）民族工作机构

民族工作机构的设立和任务的明确，对民族区域自治制度的推行和完善具有非常重要的意义。

1. 专门机构的设置

中央一级的民族工作专门机构最初设立是在第二次国内战争时期。1935年10月，中共中央率领工农红军抵达陕北后不久就成立了蒙古工作委员会和定边工作委员会，这是党第一次正式设立的中央一级的民族工作专门机构。随着抗日救国斗争的深入发展，民族工作的重要性日益凸显，1937年7月中共中央成立少数民族工作委员会，把原有的蒙古工作委员会和定边工作委员

① 《新华社电讯稿》，1949年11月25日。

② 《民族政策文件汇编》（第一编），人民出版社1958年版。

会纳入并改为蒙古工作部和回民工作部。1939 年，中共中央成立中共西北工作委员会，这是党全面、系统研究民族问题的开端。1940 年，西北工作委员会先后发表《关于回回民族问题的提纲》《关于抗战中蒙古民族问题的提纲》，指导抗战中的民族工作。1941 年，西北工作委员会与陕甘宁边区中央局合并成立西北中央局，下设少数民族工作委员会。同时陕甘宁边区政府成立了少数民族事务委员会，同年 9 月边区的部分县、市也设置了民族工作机构和配备了工作人员，负责管理境内的民族工作①。

1949 年 10 月 19 日，中央人民政府委员会第三次会议，任命李维汉为中央人民政府民族事务委员会（以下简称中央民委）主任委员，乌兰夫（蒙古族）、刘格平（回族）、赛福鼎・艾则孜（维吾尔族）为副主任委员。22 日中央民委成立并开始办公。此后西北、西南、中南、东北、华北等大行政区和一些民族事务较多的省、市、专区及县政府，陆续成立了主管民族事务的机构。1950 年 1 月 6 日，中央人民政府政务院第十四次会议通过了省级人民政府组织原则，其中第七条规定，在民族事务较多的地区，设民族事务委员会（或在民政厅下设民族事务委员会），之后有关省份建立了民族事务委员会（以下简称民委）。3 月政务院第二十四次会议，任命了甘肃省、宁夏省、青海省的民委主任委员。8 月贵州省民委成立。1951 年 10 月，广西省民委成立。1952 年 2 月，广东省民委成立。除中央人民政府和地方各级人民政府民委以外，全国人民代表大会常务委员会、中共中央统一战线工作部和中国人民政治协商会议等，也都设置了民族工作机构，与之相对应的各级地方部门也设置了相应的民族工作机构。另外，政务院于 1951 年 2 月 5 日发布的《关于民族事务的几项决定》，“责成中央人民政府各委、部、会、院、署、行等，注意建立有关民族事务的业务”②。根据这一决定，贸易部、教育部、卫生部等有关部、委先后设立了相应的民族工作机构。1951 年 10 月 12 日，还成立了政务院文教委员会少数民族语言文字研究指导委员会。政务院为了加强对民族工作的指导及所属有关部门之间的相互配合，1951 年 3 月又建立了政务院民族工作会议制度，每两周举行一次会议，专门讨论、协调并处理有关民族事务方面的问题。中央及地方各级民族工作机构的建立，为新中国民族工

① 陈连开、杨荆楚、胡绍华、方素梅主编《中国近现代民族史》，中央民族大学出版社 2011 年版。

② 《民族政策文件汇编》（第一编），人民出版社 1958 年版。

作的顺利开展提供了有力的组织保障[①]。

2. 专门机构的职责

中央民委和地方各级民委是国家和地方各级政府管理民族工作的主要机构。主要任务是：贯彻执行党和国家关于少数民族工作的方针、政策，管理民族事务，保障少数民族的平等权利和民族区域自治权利，帮助各少数民族地区发展经济和文化，促进各民族团结，维护国家统一。根据1952年政务院公布的《各级人民政府民族事务委员会试行组织通则》，各级政府民委是各级政府管理民族事务的行政部门，在各级政府的统一领导下履行以下职责：①检查和监督《共同纲领》中的民族政策及中央政府关于民族事务的各项法令和决定的执行；②督促和检查民族区域自治及民族民主联合政府政策的实施；③协助各少数民族发展经济和文化的事宜；④办理民族团结的事宜；⑤协助少数民族语言文字的研究；⑥领导和管理民族学院及研究、编译工作，并协助有关部门培养民族干部；⑦联系同级各部门，办理其他有关少数民族的事务；⑧指导下级民委及各级政府部门专管民族事务的机构或专人工作；⑨承办政府交办的事项；⑩接受和处理各民族人民对民族事务的意见[②]。

三、确立民族区域自治制度

随着1952年《中华人民共和国民族区域自治实施纲要》（以下均简称《实施纲要》）施行、1954年《宪法》的颁布实施，民族区域自治制度得以确立并全面推行。

（一）《实施纲要》的规定

根据《共同纲领》的规定，中央政府和各大行政区及有关省，为了尽快在全国范围内实行民族区域自治，进行了大量的准备工作。1950年11月，西康藏族自治区（1955年改为四川省甘孜藏族自治州）成立，这是中华人民共和国成立初期最早建立的州级民族自治地方。

1952年始，中央政府颁布实施了《实施纲要》，对民族区域自治的性质和地位，自治区和自治机关的建立原则，自治机关的自治权利，自治区内的民族关系，以及上级政府的领导原则都做了比较明确的规定。“各民族自治区统为中华人民共和国领土的不可分离的一部分。各民族自治区的自治机关统

---

① 陈连开、杨荆楚、胡绍华、方素梅主编《中国近现代民族史》，中央民族大学出版社2011年版。

② 《民族政策文件汇编》（第一编），人民出版社1958年版。

为中央人民政府统一领导下的一级地方政权，并受上级人民政府的领导。”“各少数民族聚居的地区，依据当地民族关系，经济发展条件，并参酌历史情况，得分别建立下列各种自治区：一、以一个少数民族聚居区为基础而建立的自治区。二、以一个大的少数民族聚居区为基础，并包括个别人口很少的其他少数民族聚居区所建立的自治区。三、以两个或多个少数民族聚居区为基础联合建立的自治区。”“依据当地经济、政治等需要，并参酌历史情况，各民族自治区得包括一部分汉族居民区及城镇。”“各民族自治区的人民政府机关，应以实行区域自治的民族人员为主要成分组成之；同时应包括自治区内适当数量的其他少数民族和汉族的人员。”“各民族自治区自治机关须保障自治区内的各民族都享有民族平等权利；教育各民族人民互相尊重其语言文字、风俗习惯及宗教信仰；禁止民族间的歧视和压迫，禁止任何煽动民族纠纷的行为。”“上级人民政府应尊重各民族自治区的自治权利，并帮助其实现。”①

《实施纲要》是中华人民共和国成立后，在民族区域自治方面制定的一部重要法规，为民族区域自治制度的实施和发展提供了法制保障。

（二）《宪法》的有关规定

1954 年 9 月，第一届全国人民代表大会第一次会议审议通过了《宪法》。《宪法》吸收了《共同纲领》和《实施纲要》的有关条文，对民族区域自治制度做了明确规定。“自治区、自治州、自治县都是民族自治地方。”“自治机关的形式可以依照实行区域自治的民族大多数人民的意愿规定。”“在多民族杂居的自治区、自治州、自治县的自治机关中，各有关民族都应当有适当名额的代表。”“自治区、自治州、自治县的自治机关依照宪法和法律规定的权限行使自治权。”“自治区、自治州、自治县的自治机关在执行职务的时候，使用当地民族通用的一种或者几种语言文字。”“各上级国家机关应当充分保障各自治区、自治州、自治县的自治机关行使自治权，并且帮助各少数民族发展政治、经济和文化的建设事业。”② 此后全国进一步加快了民族区域自治的实施步伐。到 1958 年底，全国共建立了 4 个自治区、29 个自治州、54 个自治县（旗），包括 35 个民族成分，多在西部民族地区。实行自治的民族人口，

---

① 《民族政策文件汇编》（第一编），人民出版社 1958 年版。

② 金炳镐主编《民族纲领政策文献选编》，中央民族大学出版社 2006 年版。

已占全国有条件建立民族自治地方民族人口的大多数[①]。

（三）民族区域自治的主要内容

作为民族政治制度的历史性飞跃，民族区域自治制度的内容非常丰富。

1. 以民族聚居区为基础划分民族自治地方

民族自治地方一般分为三种类型：以一个民族聚居区为基础建立的，实行区域自治的民族人口占总人口的大多数，同时包括一些人口较少的民族；以一个人口较多的民族聚居区为基础，包括一个或几个人口较少的民族建立的，这些人口较少的民族在其聚居区内视条件也可以实行区域自治；以两个或两个以上民族聚居区为基础建立的，境内还包括其他一些人口较少的民族。民族自治地方的名称除有“自治”二字外，一般都冠以地方与实行自治的民族的名称。民族自治地方按照其人口多少、区域的大小及历史条件，分为自治区、自治州、自治县三级。大小不同的民族聚居区和分布交错的民族，都能享有管理本地方和本民族内部事务的权利[②]。

2. 民族自治地方是国家不可分离的一部分

自治机关是地方国家机关，同非民族自治地方的国家机关一样，必须服从中央政府的统一集中领导。同时各民族自治地方又享有《宪法》赋予的管理财政、制定自治条例和单行条例等自治权利。《宪法》规定，“各少数民族聚居的地方实行区域自治”，“各民族自治地方都是中华人民共和国不可分离的部分”[③]。

3. 民族自治地方的自治机关实行民族化

自治机关的民族化具体表现为必须以实行区域自治的民族的人员为主要组成成分，自治区的主席、自治州的州长、自治县的县长必须由实行自治的民族公民担任。同时公务员在执行职务时，依照自治地方自治条例的规定，使用本地通用的一种或几种语言文字。公务员民族化是自治机关民族化的重要体现，在以实行自治的民族公务员为主的同时，不排斥其他民族和汉族的公务员。

4. 民族自治地方的自治机关享有自治权

自治机关除行使非民族自治地方国家机关的职权外，“同时依照《宪法》

---

① 陈连开、杨荆楚、胡绍华、方素梅主编《中国近现代民族史》，中央民族大学出版社2011年版。

② 段尔煜、刘宝明著《中国民族自治地方行政管理学》，中央民族大学出版社1994年版。

③ 金炳镐主编《民族纲领政策文献选编》，中央民族大学出版社2006年版。

和《民族区域自治法》以及其他法律规定的权限行使自治权，根据本地方的实际情况贯彻执行国家的法律、政策”。这明显有别于同级非民族自治地方政权机关。如上级国家机关的决议、决定、命令和指示，不适合民族自治地方的实际情况，自治机关可报经上级国家机关批准，变通执行或停止执行①。

四、推行民族区域自治制度

民族区域自治制度的推行是一项系统工程，伴随着民族识别工作的开展、少数民族社会历史和语言大调查、民族自治地方建立和法制建设的开展而得以在实践中确立。

（一）开展民族识别工作

民族识别是从历史和现实出发，只要具备构成单一民族的条件，不论其社会发展水平高低、居住区域大小、人口多少等都承认为一个民族，享有民族平等权利。民族识别为各少数民族在多民族社会主义大家庭中享有民族平等权利，建立和发展平等、团结、互助、和谐的新型社会主义民族关系创造了前提条件，同时也是推行民族区域自治制度的一项基础性工作，对于全面推行民族区域自治制度具有非常重要的意义。

1. 民族识别的依据

民族识别是指确认待识别人群共同体是汉族还是少数民族，是单一民族还是某一民族的支系。20 世纪 50 年代开展的民族识别工作主要是依据马列主义关于民族的定义和民族形成的论述，结合具体实际并参考大量的历史文献及民族学、语言学和考古学等有关资料，对各个待识别的人群共同体的来源和历史发展进行综合性分析研究，逐一进行识别，进而明确民族成分、确定民族名称。民族识别的主要依据有：①理论依据。“民族是人们在历史上形成的一个有共同语言、共同地域、共同经济生活以及表现在共同文化上的共同心理素质的稳定的共同体。”② 由于中华人民共和国成立之前大多民族尤其是西部民族仍处于前资本主义社会历史阶段，各民族发展极不平衡，以致并不完全具备四个基本特征。故在实际工作中多参照此理论而根据具体情况进行。②历史资料。民族识别工作中利用史料、传说、系谱及其他一切有关资料，参酌民族长期的社会历史发展情况，为民族识别提供客观的历史依据。

---

① 段尔煜、刘宝明著《中国民族自治地方行政管理学》，中央民族大学出版社 1994 年版。

② 《斯大林全集》（第 2 卷），人民出版社 1953 年版。

③“名从主人”。即尊重民族意愿进行民族识别和民族命名。民族意愿是民族自我意识、归属意愿的重要表现，也是民族共同体对自身历史和特征的自我表达。所以进行民族识别须征求待识别民族意见，经过充分协商、实事求是地确定民族成分和民族称谓[①]。

2. 民族识别的过程

自1950年起中央民委和地方民委就组织专家、学者和民族工作者开展民族识别工作。至1953年全国“民族群体”提出的族称多达400多个，仅云南省就有260多个。但有的族名是自称，有的是他称，还有的是同一族体若干分支的称谓[②]。

“文化大革命”中受“左倾”错误干扰，民族识别工作中断。“文化大革命”结束后许多民族群众要求识别和恢复自身民族成分。随着1979年11月3日国家民委向川、滇、黔、粤、藏等省、自治区发出《关于抓紧进行民族识别工作的通知》，1982年5月11日国家民委《关于民族识别工作的几点意见》的发出，各地民族识别工作加速开展。1981年6月至7月，广西壮族自治区由区民委组织民族识别调查组，分赴18个县（含自治县）的部分地区，对民族成分不清的3.4万人进行调查，并对民族成分做了甄别和确定。1981年7月3日，贵州省召开民族识别工作座谈会。会后在8个地区（州、市）和60多个县（市、区）建立民族识别领导小组或办公室，抽调汉族、回族、苗族、布依族、侗族、彝族、水族、壮族等民族知识分子、干部共287人，全面开展民族识别工作。经深入调查，23个待识别族称中的3个确定为汉族；20个分别归属于已有的9个少数民族[③]。新疆阿勒泰地区部分自称为“图瓦人”的群体，经调查识别不具备单一民族条件而归入蒙古族。云南省的“苦聪人”“摩梭人”经重新识别，分别确定为拉祜族支系和纳西族支系[④]。

3. 对民族的认定

民族识别工作经专家、学者的广泛调查、识别，取得较大成功。1953年首先认定的少数民族中，除已得到确认的蒙古族、回族、藏族、维吾尔族、苗族、彝族、朝鲜族、满族、瑶族、黎族、高山族等11个民族外，还有壮族、布依

---

① 陈连开等主编《中国近现代民族史》，中央民族大学出版社2011年版。

② 陈连开等主编《中国近现代民族史》，中央民族大学出版社2011年版。

③ 《当代中国民族工作大事记（1949—1988）》，民族出版社1989年版。

④ 陈连开等主编《中国近现代民族史》，中央民族大学出版社2011年版。

族、侗族、白族、哈萨克族、哈尼族、傣族、傈僳族、佤族、东乡族、纳西族、拉祜族、水族、景颇族、柯尔克孜族、土族、塔吉克族、乌孜别克族、塔塔尔族、鄂温克族、保安族、羌族、撒拉族、俄罗斯族、锡伯族、裕固族、鄂伦春族等 27 个民族。1954 年经过进一步的识别，从剩下的 183 个“民族群体”中又认定了土家族、畲族、达斡尔族、仫佬族、布朗族、仡佬族、阿昌族、普米族、怒族、“崩龙”族（后改称为德昂族）、京族、独龙族、赫哲族、珞巴族、门巴族和毛难族（后改称为毛南族）等 16 个民族。到“文化大革命”前，全国已识别出少数民族 54 个，对“民族群体”的识别工作基本完成①。

1979 年重新开始民族识别工作后，认定基诺族为单一的少数民族，全国少数民族由 54 个增加到 55 个。经过重新识别解决了民族识别中的遗留问题和部分民族群众的归属问题，约有 260 万人恢复和更改了民族成分②。

（二）调查民族社会历史和语言

民族社会历史和语言调查有助于把握民族现状、制定正确的民族政策、推进民族自治地方经济社会建设。

1. 社会历史调查

自 1956 年起全国人大民族委员会（以下均简称“全国人大民委”）组织和领导了大规模的民族社会历史调查。1956 年 8 月，中共中央批转全国人大民委《关于在少数民族地区进行各民族社会历史情况的调查研究工作的初步规划》时指出：“这一工作对于了解少数民族社会历史情况和进行民族的科学研究是十分必要的，望各有关省和自治区党委，加强对此工作的领导，争取按期完成任务。”为此设立了全国民族社会历史调查办公室。1956 年年初，根据彭真关于“确定以大力在少数民族地区进行调查研究工作，要求于 4 年到 7 年内基本弄清楚各主要少数民族的社会经济结构和阶级情况”的指示③，按地区组织了内蒙古、东北、新疆、两广（广西、广东）、四川、云南、贵州和西藏 8 个民族社会历史调查组，深入各民族地区进行社会历史调查。随后全国人大民委民族社会历史调查组分赴各地对少数民族的社会、经济、政治、文化和历史进行调查。1958 年，少数民族社会历史大调查由中国科学院民族研究所具体负

---

① 陈连开等主编《中国近现代民族史》，中央民族大学出版社 2011 年版。

② 陈连开等主编《中国近现代民族史》，中央民族大学出版社 2011 年版。

③ 全国人大民委《关于在少数民族地区进行各民族社会历史情况的调查研究工作的初步规划》，1956 年 4 月 19 日。

责。除扩充原有8个调查组外，又新增了宁夏、甘肃、青海、湖南、福建、辽宁、吉林、黑龙江8个调查组，人员最多时达1000多人。1958年6月，全国人大民委、中国科学院民族研究所和中央民族学院联合召开了全国民族调查研究工作讨论会，对开展全国少数民族社会历史调查和编写少数民族简史、简志做了具体规划。到1959年，调查组基本完成了各少数民族社会历史的初步调查，并写出调查报告、简史、简志等三种民族问题丛书的大部分初稿①。

2. 少数民族语言调查②

我国少数民族的语言文字较为复杂。中华人民共和国成立前50多个少数民族中存在60—70种语言，而有自己文字的民族只有21个。中华人民共和国成立后为加强少数民族语言工作，在1951年10月成立了政务院文教委员会少数民族语言文字指导委员会，组织少数民族语言调查工作，帮助无文字民族创制文字，帮助文字不完备的民族改革文字。

少数民族语言调查开始于1950年，但当时的规模较小。1956年，少数民族语言调查规模逐步扩大，5月中国科学院和中央民委组建了少数民族语言研究所，中央和地方民族学院、地方语文机构及有关单位的700多人，组成7个少数民族语言调查工作队，分赴云南、广东、广西、贵州、甘肃、青海、新疆、内蒙古等省、自治区开展民族语言调查。到1959年上半年，少数民族语言调查工作队已调查了42个少数民族的语言。

在进行民族语言调查的同时，开展了创制或改革一些民族文字的工作。1950年年底至1951年年初，中央西南各民族访问团、西康省西昌专区军管会和彝族彝文工作者，经过4个月的研究完成了西康彝族拼音文字的设计工作。1952年，云南省民族工作队和中国科学院语言研究所云南工作队傣语组到云南保山专区进行调查研究，与当地傣族知识分子、寺庙佛爷共同制订了傣文修正草案，并成立了傣族文字改革委员会。1954年6月，中央人民政府派遣语言学家和民族语文干部到西南各地帮助各民族整理、改进和创立文字。1956年2月3日，《人民日报》发表题为《加速完成创立少数民族文字的工作》的社论，指出各民族迫切希望有自己的文字，要加速完成创立民族文字的工作，使各民族文化迅速发展起来。自此，民族语言文字调查与创制或改

① 陈连开等主编《中国近现代民族史》，中央民族大学出版社2011年版。

② 参见陈连开等主编《中国近现代民族史》，中央民族大学出版社2011年版。

革大规模展开。1957 年 9 月 30 日，《光明日报》专题报道：7 年来民族语文工作者为 15 个民族设计了 20 种文字方案，其中苗文 4 种，傣文 2 种，景颇文中还包括载瓦文。民族语言调查工作到 1958 年基本完成。

3. 调查成果

20 世纪 50 年代，民族社会历史和语言调查工作者深入民族地区，遵循与民族群众同吃、同住、同劳动的原则，调查工作开展顺利并取得了丰硕成果。

（1）较全面地掌握民族社会历史文化发展情况。民族社会历史调查组搜集了大量的文献资料和文物，摄制了一些记录民族社会形态的纪录片。如新疆调查组在和田一带搜集到 300 多件民族历史文献，其中有 16 世纪 80 年代到 20 世纪 30 年代的维吾尔文、阿拉伯文、波斯文、土耳其文、印度文等书籍、契约和法令等①。1958 年，内蒙古调查组完成了鄂伦春族、达斡尔族、鄂温克族 3 个民族的社会历史调查工作，搜集的资料达 500 多万字，拍摄图片近千张，并完成了 3 个民族的简史、简志初稿②。到 1958 年 6 月，民族社会历史调查搜集了数千万字的资料，其中已整理付印的有 400 多万字。摄制了云南佤族、凉山彝族、苦聪人和藏族等纪录影片，再现了原始公社残余、奴隶制和封建农奴制等社会面貌。

（2）积累了大量民族语言资料。民族语言文字调查工作队对民族语言系属、方言划定和各个语言的语音系统、语句结构、词汇和文字等进行了较深入的研究。到 1958 年 8 月为壮族、布依族、苗族、彝族、侗族、哈尼族、傈僳族、佤族、黎族、纳西族 10 个民族创制了文字，为傣族、拉祜族、景颇族、维吾尔族、哈萨克族 5 个民族改革了文字。民族语言调查和研究为民族识别提供了较翔实的语言学依据。

（三）全面建立民族自治地方

自《共同纲领》《实施纲要》颁布后，民族自治地方大量建立。截至 2003 年年底我国共建有 155 个民族自治地方，其中西部民族地区集中了 5 个自治区、27 个自治州、83 个自治县（旗），共 115 个民族自治地方。

1. 建立自治区

中华人民共和国成立后先后建立了新疆、广西、宁夏和西藏 4 个自治区。

---

① 《人民日报》，1957 年 2 月 13 日。

② 《内蒙古日报》，1958 年 12 月 9 日。

（1）新疆维吾尔自治区的建立。1949年9月25日新疆和平解放。国民党新疆警备司令陶峙岳、新疆省政府主席包尔汉·沙赫德拉宣布起义，中国人民解放军第一野战军第一兵团在王震将军率领下进驻新疆。1949年12月17日新疆省民族民主联合政府成立，包尔汉·沙赫德拉为主席，高锦纯、赛福鼎·艾则孜为副主席。并制定《新疆省人民政府目前施政方针》，规定："新疆境内各民族一律平等，实行团结互助"，"反对大汉族主义和地方民族主义"，"反对美帝国主义及其走狗所倡导的大土耳其主义"，"各民族均有发展其语言文字，保持并改革风俗习惯及宗教信仰的自由，禁止一切民族间的歧视、压迫、报复、仇杀和分裂各民族团结的行为"，"宗教不得干涉司法行政"①。1951年4月完成了对旧政权的改造，1953年完成了全疆的土地改革。1952年9月"新疆省推行民族区域自治筹备委员会"成立，并于1954年11月完成了县级、专署级和行署级11个民族自治地方的建立工作，于是新疆人口最多的民族维吾尔族实行民族区域自治的问题提上了议事日程。1955年2月"新疆省民族区域自治筹备委员会"成立，开始着手建立省级自治区的筹备工作。经广泛宣传、协商与讨论，各民族对自治区的名称等达成了一致②。1955年9月13日，第一届全国人大常委会第二十一次会议批准成立新疆维吾尔自治区，撤销新疆省的建制，并以原新疆省的行政区域为新疆维吾尔自治区的行政区域。1955年9月20日到9月30日，新疆省第一届人大第二次会议在乌鲁木齐市召开，通过了《新疆维吾尔自治区人民代表大会和常务委员会组织条例》，选举产生了自治区人民委员会的组成人员。新疆维吾尔自治区于1955年10月1日正式成立③。

（2）广西壮族自治区的建立。在反地方民族主义扩大化的浪潮中，1957年第一届全国人大第四次会议通过了《关于建立广西壮族自治区的决议》，撤销广西省建制，以原广西省的行政区域为广西壮族自治区的行政区域，并成立了筹备委员会，韦国清（壮族）任主任委员，李任仁等五人任副主任委员。1958年3月5日，广西壮族自治区正式成立。广西壮族自治区第一届人民代

---

① 《新疆省人民政府委员会目前施政方针》，载中共中央文献研究室、中共新疆维吾尔自治区委员会编《新疆工作文献选编（1949—2010年）》，中央文献出版社2010年版。

② 金炳镐主编《中国共产党民族工作发展研究》（第二编），中央民族大学出版社2007年版。

③ 张尔驹著《中国民族区域自治史纲》，民族出版社1995年版。

表大会第一次会议选举产生了以壮族为主的自治区人民委员会的组成人员和出席全国人民代表大会的代表三十八人。

（3）宁夏回族自治区的建立。1954 年 10 月，中央民委党组向中共中央上报了《关于拟在西北回民聚居区建立回族自治区的请示报告》。1957 年 5 月 2 日，甘肃省人民委员会、省政协举行联席会议，正式通过了建立回族自治区的方案，将当时甘肃的银川专区 9 个县（市）、吴忠回族自治州 5 个县（市）、固原回族自治州 3 个县（市）、泾源回族自治县、隆德县等 19 个县（市）划出，作为宁夏回族自治区的辖区。1957 年第一届全国人大第四次会议通过了成立宁夏回族自治区的决议。宁夏回族自治区筹备委员会于 1958 年 6 月中旬正式成立。为使宁夏回族自治区尽快建立，中共中央、国务院从 1958 年年初到自治区成立之前仅 10 个月就从中央各部门和全国各地抽调了 7 万干部和人才。1958 年 10 月 24 日，宁夏回族自治区第一届人民代表大会第一次会议召开，次日选举产生了以回族为主的自治区人民委员会的组成人员，宁夏回族自治区正式成立①。

（4）西藏自治区的建立。1955 年 3 月西藏自治区筹备委员会成立。1965 年 6 月 28 日，西藏工委拟定于 1965 年 9 月 1 日在拉萨召开首届西藏人民代表大会，选举自治区人民委员会，成立西藏自治区。西藏工委的报告得到党中央、国务院和全国人大的批准。同年 9 月 1 日至 9 日，西藏自治区第一届人民代表大会第一次会议在拉萨召开，出席大会的代表中藏族和其他少数民族代表占总数的 80%。党中央、国务院专门派中央代表团到会祝贺。大会代表经过认真讨论，选举产生了以藏族为主的自治区人民委员会的组成人员。9 月 9 日会议通过了一系列决议后胜利闭幕，宣告西藏自治区正式成立②。

2. 民族自治州的建立

1950 年 11 月，西康省藏族自治区成立，这是中华人民共和国成立后的第一个州级民族自治地方。之后经过增减变更等曲折发展历程，到 2003 年年底全国共建有 30 个自治州，其中 27 个在西部民族地区。

---

① 金炳镐主编《中国共产党民族工作发展研究》（第一编），中央民族大学出版社 2007 年版。

② 金炳镐主编《中国共产党民族工作发展研究》（第三编），中央民族大学出版社 2007 年版。

3. 民族自治县的建立

1950 年 5 月，甘肃省天祝自治区成立，这是中华人民共和国成立后的第一个县（旗）级民族自治地方。之后经过增减变更等曲折发展历程，到 2003 年底全国共建有 120 个县（旗）级民族自治地方，其中 83 个在西部民族地区。

（四）推进民族区域自治的法制建设

作为民族区域自治制度的基本保障，民族自治地方法制建设一直受到党和国家的高度重视。在 1952 年《实施纲要》、1954 年《宪法》颁布实施后，民族自治地方先后制定实施了大量的自治条例、单行条例及变通规定、补充规定等。尤其是在 1982 年《宪法》、1984 年《民族区域自治法》制定实施后，民族自治地方的法制建设得到飞速发展。

1.《民族区域自治法》

《民族区域自治法》的制定实施对民族区域自治制度的全面推行和完善发挥了重要作用。

（1）制定过程。1979 年 6 月，第五届全国人大第二次会议决定，恢复全国人大民委。并明确了全国人大民委的三项任务：起草《宪法》关于民族问题的部分；起草《民族区域自治法》；协助民族自治地方起草自治条例。1980 年，全国人大常委会委员长叶剑英在第五届全国人大第三次会议上提出“要加强民族立法”。经中央批准成立了由全国人大常委会副委员长乌兰夫主持的《民族区域自治法》起草小组负责起草工作。1981 年 6 月，党的十一届六中全会通过的《关于建国以来党的若干历史问题的决议》中指出：“必须坚持实行民族区域自治，加强民族区域自治的法制建设。”① 同年 8 月，邓小平视察新疆时强调：“我们和苏联不同，不搞共和国，我们是自治区。法律上要解决这个问题，要有民族区域自治法。”② 《关于建国以来党的若干历史问题的决议》和邓小平的讲话，加快了《民族区域自治法》起草工作的进程。全国人大民委进行了重点调查、研究和座谈，总结《实施纲要》颁布实施中的经验教训，新时期民族区域自治存在的主要问题，拟出了自治法的草稿。1982 年 12 月 4 日，第五届全国人大第五次会议通过了《宪法》，这部《宪法》与

① 金炳镐主编《民族纲领政策文献选编》，中央民族大学出版社 2006 年版。

② 《新疆人民永远怀念邓小平》，《人民日报》，1982 年 2 月 19 日。

1954 年《宪法》相比，对民族区域自治的法律规定更加完善和具体，是对 1954 年《宪法》的继承和发展。这次会议还讨论了《中华人民共和国地方各级人民代表大会和地方各级人民政府组织法》（以下简称《地方组织法》）、《中华人民共和国全国人民代表大会和地方各级人民代表大会选举法》（以下简称《人大代表选举法》）。《地方组织法》规定：采取适合民族特点的具体措施，保障民族聚居的乡、民族乡、旗的人民代表大会行使职权。《人大代表选举法》第四章规定了各民族的选举事宜。《宪法》《地方组织法》《人大代表选举法》的颁布施行，为修改《民族区域自治法》（草案）提供了基本原则和法律依据。起草小组根据上述法律对《民族区域自治法》草案进行多次反复修改，形成了征求意见稿，两次发往中央国家机关的有关部门、有关省区市和民族自治地方的自治机关，以多种形式征求各方面的意见，又经过多次修改形成了正式草案。1984 年 3 月和 5 月，经过全国人大常委会两次审议修改后，5 月 22 日在第六届全国人大第二次会议上，全国人大民委主任阿沛·阿旺晋美向大会做了《民族区域自治法（草案）的说明》。阿沛·阿旺晋美阐述了民族区域自治是我国的一项基本政治制度；关于制定《民族区域自治法》的基本原则；关于自治机关的组成；关于民族自治地方自治机关的自治权；关于大量培养、配备民族干部、专业人才和技术工人；关于加强和发展社会主义民族关系等问题。5 月 31 日，会议审议通过了《民族区域自治法》，并于同年 10 月 1 日起正式实施[①]。

（2）修改历程。1984 年颁布实施的《民族区域自治法》是在计划经济体制下制定的。随着改革开放的深入和社会主义市场经济体制的发展，《民族区域自治法》的部分内容已不适应形势发展的需要。1993 年 3 月，《民族区域自治法》修改小组成立。全国人大民委先后召开 10 多次会议，同中央 20 多个部门多次协商，派出 7 个调研、检查组，到 10 个省（区）听取修改《民族区域自治法》的意见和要求。在征求各方意见的基础上起草了《中华人民共和国民族区域自治法修正案（草案）》，提交全国人大常委会进行审议。2001 年 2 月 28 日，第九届全国人大常委会第二十次会议通过并施行《关于修改〈中华人民共和国民族区域自治法〉的决定》[②]。

---

① 陈连开、杨荆楚等主编《中国近现代民族史》，中央民族大学出版社 2011 年版。

② 陈连开、杨荆楚等主编《中国近现代民族史》，中央民族大学出版社 2011 年版。

（3）贯彻落实。为贯彻落实《民族区域自治法》，西部省（区、市）都先后制定了实施《民族区域自治法》的规定、办法等。如 1986 年 2 月 17 日四川省人民政府发布《关于实施〈中华人民共和国民族区域自治法〉的若干规定》，1987 年 7 月 13 日青海省人民政府发布《贯彻实施〈中华人民共和国民族区域自治法〉的若干试行规定》，1988 年 9 月 20 日甘肃省第七届人大常委会第四次会议通过、2006 年 6 月 1 日甘肃省第 10 届人大常委会第二十二次会议修订《甘肃省实施〈中华人民共和国民族区域自治法〉若干规定》，2004 年 5 月 28 日云南省人大常委会发布《云南省实施〈中华人民共和国民族区域自治法〉办法》，2005 年 9 月 23 日贵州省人大常委会发布《贵州省实施〈中华人民共和国民族区域自治法〉若干规定》[①]。

2. 自治条例和单行条例的制定

1952 年颁布实施的《实施纲要》规定：各民族自治区自治机关在中央人民政府和上级人民政府法令所规定的范围内，依其自治权限可以制定本自治区单行法规，层报上两级人民政府核准。1954 年颁布实施的《宪法》规定：自治区、自治州、自治县的自治机关，可以依照当地民族的政治、经济和文化的特点，制定自治条例和单行条例，报请全国人大常委会批准。民族自治地方从 1955 年开始进行制定自治条例和单行条例的工作。自治条例是民族自治地方的综合性法规，单行条例是规范某项事务、某一专门问题的法规。1958—1965 年，民族自治地方人大制定，报经全国人大常委会批准而颁布的单行条例共 31 个。“文化大革命”期间民族自治地方的法制建设遭到严重破坏，“文化大革命”结束后得以逐步恢复。1982 年颁布实施的《宪法》和 1984 年颁布实施的《民族区域自治法》规定：民族自治地方的人民代表大会有权依照当地民族的政治、经济和文化的特点，制定自治条例和单行条例。自治区的自治条例和单行条例，报全国人大常委会批准后生效。自治州、自治县的自治条例和单行条例报省、自治区、直辖市的人大常委会批准后生效，并报全国人大常委会和国务院备案[②]。各民族自治地方制定的单行条例，涉及当地的政治、经济、文化、教育、卫生、语言文字、土地、草原、森林、环保、计划生育及禁毒等多方面的内容。

① 宋才发主编《民族区域自治法通论》，民族出版社 2003 年版。

② 陈连开、杨荆楚等主编《中国近现代民族史》，中央民族大学出版社 2011 年版。

3. 其他相关规定

1952年2月，中央人民政府政务院通过的《关于保障一切散居的少数民族成分享有民族平等权利的决定》明确规定：一切散居的少数民族成分的人民，均与当地汉族人民同样享有《共同纲领》所规定的权利；依法享有选举权与被选举权；有自由保持或改革其民族的生活方式、宗教信仰和风俗习惯的权利；有分别加入当地各种人民团体及参加各种职业的权利；有其本民族语言、文字者，有在法庭上以本民族语言、文字进行诉辩的权利；如遭受民族的歧视、压迫或侮辱，有向人民政府控告的权利等[①]。这对保障散居民族群众的合法权益起到了重要作用。

《民族区域自治法》颁布实施后，为保障散居民族的权益，国务院批准，由国家民族事务委员会发布施行了《民族乡行政工作条例》《城市民族工作条例》，西部各省（区、市）人大则先后颁布施行了《民族乡行政工作条例的实施办法》，《城市民族工作条例的实施办法》，以及《少数民族权益保障条例》和加强民族工作的决定、决议等。

1993年，国务院批准，由国家民族事务委员会发布施行的《民族乡行政工作条例》规定："少数民族人口占全乡总人口30%以上的乡，可以按照规定申请设立民族乡。""民族乡人民政府配备工作人员，应当尽量配备建乡的民族和其他少数民族人员。""县级以上地方各级人民政府应当在师资、经费、教学设施等方面采取优惠政策"，"牧区、山区以及经济困难的民族乡，在上级人民政府的帮助和指导下，可以设立寄宿制和助学金为主的学校。""对长期在边远地区的民族乡工作的教师、医生和科技人员，应当给予优惠待遇。"已建立民族乡的省（区、市）都分别根据此条例，结合当地实际制定了民族乡条例或暂行规定。

1993年，国务院批准，由国家民族事务委员会发布施行的《城市民族工作条例》规定：要"保障城市少数民族的合法权益，促进适应城市少数民族需要的经济、文化事业的发展。"城市人民政府应该"加强对少数民族教育事业的领导和支持"，"对义务教育后阶段的少数民族考生，招考时给予适当照顾。""城市人民政府应当教育各民族干部、群众相互尊重民族风俗习惯。宣传、报导、文艺创作、电影电视摄制，应当尊重少数民族风俗习惯、宗教信

① 金炳镐主编《民族纲领政策文献选编》，中央民族大学出版社2006年版。

仰和民族感情。”“保障少数民族使用本民族语言文字的权利”，“发展少数民族传统医药科学”，“保护和建设具有民族风格的建筑物。”并规定：“少数民族职工参加本民族重大节日活动，可以按照国家有关规定放假，并照发工资。”① 随后西部各省（区、市）均先后颁布了《城市民族工作条例》的实施办法。

---

① 金炳镐主编《民族纲领政策文献选编》，中央民族大学出版社2006年版。

第四章　西部民族管理

我国古代历朝历代大都存在着西部少数民族与汉族、地方民族政权与中央王朝政权间的复杂关系，具有丰富的民族管理实践。西部民族管理实践虽与当时的主流民族思想观念有密切联系，但有时却主要取决于中央王朝势力强弱及其与西部地方民族政权的力量对比关系，以及统治阶层尤其是其代表人物的认识水平和具体诉求。民族管理机构的设置、管理策略的选择和管理内容的分布，除受当时具体民族管理实践影响而具有鲜明的时代特色和民族性外，还由于受民族文化传统、社会政治形态惯性、主流政治思想等的影响，其民族管理还呈现出一定的连续性。

第一节　民族管理机构

民族管理机构是民族管理的主体，民族管理政策主要通过民族管理机构来推行。它由组织目标、机构设置、人员构成、权责体系、法规制度和物质因素等基本要素构成，具有政治性与社会性、法制性与权威性、系统性与动态性相结合的特性①。西部民族管理机构可以分为实施民族管理的朝廷机构和实施民族管理的地方机构两种。

一、朝廷机构

（一）宏观管理机构

宏观民族管理机构是指在实施民族管理时，辅佐君王制定民族管理策略、民族律制，进行民族职官管理的朝廷机构。它主要是辅佐君王从宏观上管理西部民族事务，且随着民族管理的内在演进和朝代更迭而具有鲜明

① 夏书章主编《行政管理学》，高等教育出版社、中山大学出版社 2003 年第 3 版。

的延续性和时代特色。从先秦至民国的几千年间，施行宏观民族管理的朝廷机构经历了“四辅”、“三公”与“两寮”、将相制、“三公九卿制”、“三省六部制”、“二府三司制”、“一省制”、“内阁制与军机处”等形式，强化了宏观民族管理，促进了民族地区的发展与稳定。《史记·夏本纪》“敬四辅臣”[①]中，“四辅”也称“四邻”，即前疑、后丞、左辅和右弼，是夏王朝的重要谋臣和顾问，辅佐国君，参与决策，进行宏观的民族管理。商王朝内服职官中的“尹（相）”、“三公”、“太师”、“少师”辅佐商王执政，宏观管理众多诸侯国和古老氏族。西周的“三公”、“两寮”执掌“三事”和“四方”诸事，管理“三事”大夫、“四方”诸侯，协助周王颁布诏令，从宏观上管理民族地区的农业、畜牧业、建筑业、手工业、军事及宗教文史等事务。春秋战国时期，诸国在国君之下，百官之上设有一个总领国政的“执政”（相），在“执政”之下设置司徒、司马、司空、司寇、行人、舌人、疆吏等职官辅佐君王管理宏观朝务。同时还设置“将”，负责统领军队、指挥作战。“三公九卿制”起于商朝，发展和形成于周朝，确立于秦汉时期，设置丞相（大司马）、御史大夫（大司空）、太尉（大司徒）等“三公”各府机构，以及奉常（太常）、郎中令（光禄勋）、卫尉、太仆、廷尉、典客（大鸿胪）、宗正、治粟内史（大司农）、少府等“九卿”机构，辅佐君王从宏观上处理民族地区政治、经济、文化、民族、军事等事务。“三省六部制”萌芽于魏晋南北朝时期，正式在隋王朝设置，而完善于唐王朝，设置中书省、门下省、尚书省等“三省”机构，以及吏部、户部、礼部、兵部、刑部、工部等“六部”机构，分散了丞相与朝廷的权力，限制了地方割据势力的产生和发展，推动了机构运转与相互牵制，使西部民族地区统一于中原朝廷。“二府三司制”形成于中晚唐时期，确立于宋王朝，构成了宋王朝初期朝廷机构的核心，设置枢密院、中书和门下等“二府”及盐铁、度支、户部等“三司”机构，辅助君王处理军政事务，进一步强化朝廷权力。元王朝以武力取得天下后，总结唐、宋制度的弊端，采用了高度集权的“一省制”，只设中书省，以皇太子任中书令，以左右丞相、平章政事、左右丞、参知政事等组成的宰相班子处理日常朝务，同时设置宣政院处理全国佛教事务并统率吐蕃地区，以提高朝廷的办事效率和妥善处

---

① 许嘉璐主编《二十四史全译》之《史记·夏本纪》，汉语大词典出版社2004年版。

理民族宗教事务。明、清的内阁制与军机处制度则进一步加强了朝廷的权力，巩固了西部民族地区统一于中央王朝的基础[①]。

（二）具体管理机构

具体的民族管理机构是指在君王和宏观管理机构的统领下，在朝廷内部设置的具体管理民族政治、经济、文化、宗教等事务的机构。它是贯彻落实民族管理策略、民族法制的主要执行机构或办事机构，具有明显的时代性、沿袭性和执行性等特征。

商王朝在朝廷中设置了“宾”的官职，负责诸侯及民族首领到京朝觐、纳贡和接受封赐等事宜时的各种礼仪和迎来送往事务。西周王朝专门设置了管理边疆民族事务的职官。“小行人”，“掌邦国宾客之礼籍，以待四方之使者。……凡四方之使者，大客则摈，小客则受其币，而听其辞”[②]。“小客”是“藩国”使者，其“礼籍”由“小行人”负责。另外，设置了“象胥”“掌客”“职方氏”和“怀方氏”等职官，分别掌管语言翻译、礼仪接待、舆地图籍、迎来送往事宜[③]。春秋战国时期，许多诸侯国均设置了“行人”官职，负责与诸侯国和民族政权的外事活动；有的还设置了“封人”（或“大行”）官职，专门掌管民族事务。

秦王朝设置了“典客”和“典属国”的官职，其中典客“掌诸归义蛮夷，有丞”，负责管理归附的民族，而典属国（邦）“掌蛮夷降者”，则负责管理被征服的、仍然有较大势力和一定政权组织的民族或部落。至汉王朝，进行具体民族管理的朝廷职官和机构不仅数量增多，而且职责也较为明确，具体职官有“典客”和“典属国”（典属国于公元前 28 年六月与“大鸿胪”合并，后未再见诸史册）。公元前 144 年改典客为“大行令”，后又更名为大鸿胪，大鸿胪下设“行人”“译官”“别火三令丞”“郡邸长丞”“使主客”和“大鸿胪文学”。“事之轻贱者遣大行也。”[④]“别火，狱令官，主治改火之事”[⑤]，郡国在京师的馆舍及人员住宿管理、接待民族使者、礼仪等。魏晋南

① 参见蔡放波主编《中国行政制度史》，武汉大学出版社 2009 年版。

② 《周礼》卷三七《小行人》，载《十三经注疏》影印本（上册），中华书局 1980 年版。

③ 龚荫著《中国历代民族政策概要》，民族出版社 2008 年版。

④ 许嘉璐主编《二十四史全译》之《汉书·景帝纪》，汉语大词典出版社 2004 年版。

⑤ 许嘉璐主编《二十四史全译》之《汉书·百官公卿表》，汉语大词典出版社 2004 年版。

北朝，尤其是曹魏和吴国进行具体民族管理的朝廷机构在设置上基本沿袭汉制，只是东晋王朝未设置客曹尚书，有关民族事务由祠部尚书掌管，不固定设置大鸿胪卿。在南朝宋时客曹尚书分为南主客曹与北主客曹，“主外国夷狄事”，“掌羌、胡朝会”①，设置大鸿胪“掌赞导拜授诸王”，“有事则权置，事毕即省”②。

隋王朝礼部下辖的主客司（炀帝时改为司蕃司，主客郎改为司蕃郎）“掌诸番杂客等事”，即专门掌管民族事务，设置鸿胪寺“掌番客朝会”，其下辖的“四方馆”设置在京城建国门外，以接待各民族使者③。至唐王朝，进行具体民族管理的朝廷机构主要有“三省”“六部二十四司”“九寺”“五监”中的一些机构，它们专门或部分管理民族事务。尚书省中的礼部下设的礼部司和主客司，分别负责“宾礼”、“出番册授”及“诸番朝见之事”。门下省侍中“掌出纳帝命，相礼仪”。中书省侍郎则“受其（民族使者）表疏而奏之；献贽币，则受以付有司”。而中书省通事舍人是办事官员，“受（民族使者的纳贡）而进之”。中书省的属官番书译语负责翻译事宜。鸿胪寺下辖的典客署掌“四夷归化在藩者，朝贡、宴享、送迎皆预焉。酋渠首领朝见者，给廪食。病，则遣医给汤药。丧，则给以所须。还番赐物，则佐其受领，教拜谢之节”④。少府监管辖的互市监掌“番国交易之事”，专门管理民族间的互市交易等事务⑤。

宋王朝朝廷具体管理民族事务的机构和官员主要有鸿胪寺、礼部主客郎中、兵部职方、客省使、引进司使、四方馆使、东西上阁门使等。其中鸿胪寺具体负责的是“四夷君长、使价朝见，辨其等位，以宾礼待之，授以馆舍而颁其见辞、赐予、宴设之式，戒有司先期办具；有贡物，则具其数报四方馆，引见以进”。礼部主客司设郎中、员外郎等职官“掌以宾礼待四夷之朝贡。凡郊劳、授馆、宴设、赐予，辨其等而以式颁之”⑥，礼部下

---

① 许嘉璐主编《二十四史全译》之《宋书·百官志》，汉语大词典出版社 2004 年版。

② 许嘉璐主编《二十四史全译》之《宋书·百官志》，汉语大词典出版社 2004 年版。

③ 龚荫著《中国历代民族政策概要》，民族出版社 2008 年版。

④ 许嘉璐主编《二十四史全译》之《新唐书·百官·鸿胪寺》，汉语大词典出版社 2004 年版。

⑤ 龚荫著《中国历代民族政策概要》，民族出版社 2008 年版。

⑥ 许嘉璐主编《二十四史全译》之《宋史·职官志·礼部》，汉语大词典出版社 2004 年版。

辖的膳部郎中、员外郎等职官则须会同光禄寺官员共同准备和操办朝会、设宴款待等事宜。兵部的职方“掌天下图籍”，“四夷归附，则分隶诸州，度田屋钱粮之数以给之”[①]。客省设使、副使“掌国信使见辞宴赐，及四方进奉、四夷朝觐贡献之仪”[②]，接受其贡品，并以礼相待，负责安排食宿等事宜，待民族使者返还时则颁发诏书，给予赏赐。引进司掌管民族政权进奉贡物等事宜。四方馆负责安排民族使者和外国使者参与“掌进章表”“郊祀大朝会”等事宜。东西上阁门则负责民族使节以下“朝会宴幸、供奉赞相”等事宜[③]。

元王朝朝廷具有具体管理民族事务职能的机构和官员与前朝略有不同，有帝师、宣政院、礼部会同馆和兵部等。元王朝利用八思巴的宗教地位和影响以管理宗教和吐蕃地区事务。“宣政院，秩从一品。掌释教僧徒及吐蕃之境而隶治之。遇吐蕃有事，则为分院往镇，亦别有印。如大征伐，则会枢府议”。礼部下设的会同馆“掌接伴引见诸番夷峒官之来朝贡者”[④]。兵部则负责“天下郡邑邮驿屯牧之政令”[⑤]，以及管理民族地区驿道。

明王朝朝廷具有具体管理民族事务职能的主要有礼部、吏部、兵部、鸿胪寺、提督四夷馆、行人司等机构。礼部仪制司、主客司等机构负责管理民族首领进京朝贡、接受册封等事务。吏部文选司、验封司等机构则负责民族地区“文职土司”的升迁、改调、封爵、袭荫、褒赠等事务。兵部武选司、职方司则分别掌管民族地区“卫所土官选授、升调、袭替、功赏之事”，“舆图、军制、城隍、镇戍、简练、征讨”等事务[⑥]。鸿胪寺下设的主簿厅、司仪

① 许嘉璐主编《二十四史全译》之《宋史·职官志·兵部》，汉语大词典出版社2004年版。

② 许嘉璐主编《二十四史全译》之《宋史·职官志·客省引进》，汉语大词典出版社2004年版。

③ 许嘉璐主编《二十四史全译》之《宋史·职官志·东西上阁门》，汉语大词典出版社2004年版。

④ 许嘉璐主编《二十四史全译》之《元史·百官志·礼部》，汉语大词典出版社2004年版。

⑤ 许嘉璐主编《二十四史全译》之《元史·百官志·兵部》，汉语大词典出版社2004年版。

⑥ 许嘉璐主编《二十四史全译》之《明史·职官志·兵部》，汉语大词典出版社2004年版。

署、司宾署“掌朝会、宾客、吉凶仪礼之事”[①]，负责民族首领在京活动的各种礼仪。提督四夷馆“掌译书之事”，负责管理与民族地区相关的翻译事务。行人司曾隶属于鸿胪寺，后为独立机构，其官员全部以进士充任且没有皇帝旨意不得随意调派，负责抚谕民族首领等事务。

清王朝朝廷具有具体管理民族事务职能的机构主要有理藩院、礼部、鸿胪寺等。其中理藩院原为“蒙古衙门”，后更名并进行改组和充实，由四部分组成：①领导机构。设置有尚书、左右侍郎、额外侍郎等。②直属机构。设置有旗籍司、王会司、柔远司、典属司、理刑司、徕远司、司务厅、银库、蒙古翻译房、满档房、汉档房、领办处、当月处等。③附属机构。设置有唐古忒学、稽查内外馆、木兰围场、则例馆、托忒学、蒙古官学、喇嘛印务处、俄罗斯馆等。④派出机构。如古北口管理驿站“员外郎”、库伦管理买卖事务“司员”、四川和陕西总督衙门蒙古“笔帖式”等。理藩院可参与处理军政事务，负责审理民族地区刑事诉讼案件，管理藏传佛教，管理会盟、驿站、稽查蒙古地区户工，以及民族王公贵族朝觐、贡物、燕赉、饩廪、封爵和俸禄等事务。礼部主客司“掌宾礼。凡蕃使朝贡、馆饩赐予，辨其贡道远迩、贡使多寡、贡物丰约以定。颁实录、玉牒告成褒赏。”[②] 礼部下辖的会同四译馆“掌治宾客，谕语言”[③]，主要负责民族语言、文字的翻译工作。鸿胪寺则“掌朝会、宾飨赞相礼仪，有违式，论劾如法。少卿佐之。”[④] 晚清时期，管理西部民族事务机构最大的变化是理藩院改为理藩部。庆亲王在负责核编定制中提出：“各国竞争，殖民为要，蒙、藏、青海，固圉防边，其行政事宜实与各部并重，固易理藩院为理藩部。”[⑤] 光绪帝于光绪三十二年（1906 年）奉慈禧懿旨发布上谕，宣布将理藩院改为理藩部，随后又把满档房、汉档房、俸档房、督催所等合并，改为领办处，遴派司员充任领办、帮办；将蒙古官学扩充为藩言馆；保存原设旗籍、典属、柔远、王会、徕远、理刑六司；设立调查、编纂二局等。宣统三年（1911 年），清朝廷改组内阁制，理藩部与

---

① 许嘉璐主编《二十四史全译》之《明史·职官志·鸿胪寺》，汉语大词典出版社 2004 年版。

② 《清史稿·职官一·礼部》，中华书局 1976 年版。

③ 《清史稿·职官一·礼部》，中华书局 1976 年版。

④ 《清史稿·职官二·鸿胪寺》，中华书局 1976 年版。

⑤ 《清末筹备立档案史料》（上册），中华书局 1979 年版。

其他部一样，改尚书为大臣，侍郎为副大臣①。

二、地方官府

（一）郡县道

秦王朝通过郡县制建立起统一的多民族国家，并得到巩固、发展，秦初将内地划分为36郡，后又在闽越、岭南、巴蜀等地增设郡县，使全国增至40余郡②，其中桂林郡、象郡、九原郡、蜀郡、巴郡等的辖地位于今西部民族地区。秦王朝在边郡之下依据民族聚居人口的多寡而设置“道”，“道”是专在民族聚居区的设置，是县级区划的特殊形态。汉承秦制，秦汉时期全国史籍有记载的“道”有30个，其中秦朝设置的为16个，汉朝设置的为14个③。

南朝则在西南民族聚居区设置左郡、左县和僚郡、俚郡。左郡、左县和僚郡、俚郡以民族聚居区为政区，任用民族首领为刺史、太守、县令等职官，并封为王、侯，给予较大的自主权，保持当地民族社会组织、经济结构和文化习俗。南朝的左郡、左县和僚郡、俚郡上承秦汉的“边郡”“道”，下启隋唐的“羁縻府州”。在我国边政制度、民族地区政区发展史上具有重要的意义④。南朝宋齐时期先后共设置左郡、僚郡、俚郡57个，左县、僚县179个。左郡、僚郡、俚郡和左县在设置上有5个主要特征：①设置在王朝有一定控制力的民族聚居区；②规模较小、人口较少；③在西部边疆“蛮族”地区设置左郡、左县，在僚族地区设置僚郡、僚县，在俚人地区设置俚郡⑤；④以民族首领充任长官；⑤隐含民族歧视和不平等。

（二）军政合一机构

根据不同情况，在西部民族地区分别设置了军政合一的管理机构对民族事务进行管理。如西域都护、民族校尉、属国都尉、宣慰使司都元帅府等。它拥有高度合一的军政大权，以军推政，以政促军，进而促进民族地区的稳定与发展。

“都护府”是军、政、司法高度合一的机构，设置有都护、副都护、长

---

① 晓根著《中国少数民族行政制度》，云南大学出版社1999年版。

② 罗贤佑著《中国民族史纲》，中国社会科学出版社2009年版。

③ 龚荫著《中国历代民族政策概要》，民族出版社2008年版。

④ 罗贤佑著《中国民族史纲》，中国社会科学出版社2009年版。

⑤ 龚荫著《中国历代民族政策概要》，民族出版社2008年版。

史、司马、录事、功、仓、户、兵、法等官职，“掌统诸蕃，抚慰征讨，叙功罚过”，有代表皇帝册封属国国王和官吏、调解属国纠纷、调动属国军队抗击匈奴入侵、统领屯田驻军保护西域稳定、确保交通通畅、参与属国司法事务、奖惩任免中级官吏等职权。西汉宣帝神爵二年（前60年）在乌垒设置的西域都护府，统领大宛及以东诸城郭国，管理西域全境[①]的军政事务[②]。至唐王朝及以后，都护府成为朝廷与羁縻府州间的纽带，代表朝廷行使对羁縻府州的管理权，负责边防、政务和司法、民族等事务，并设立了安西、北庭、单于、安北、燕然等都护府。

“民族校尉”“属国都尉”与西域都护府相似，有固定驻地，是军事化或半军事化的组织，代表朝廷对各民族多采取怀柔、笼络等手段实施管理。汉武帝破匈奴、降服大宛后，西汉王朝在轮台（位于今新疆轮台）、渠犁、尉犁（位于今新疆库尔勒）设置“校尉”，为中央王朝在西域设立建置的开端。在西北地区平息羌族各部落反叛后，设置“护羌校尉”管辖从事畜牧业的羌族牧民，设置“金城属国都尉”管理归附的羌族部落。

宣慰使司都元帅府是元王朝在吐蕃地区（今西藏及青海、甘肃、四川、云南的部分地区）设置的管理机构。元王朝借助藏传佛教维护对该地区的统治，设置了三个宣慰使司都元帅府，分别管理吐蕃东北部地区、东部地区、西部和中部地区。

（三）羁縻府州县

唐王朝在汲取前朝民族管理的成功经验后，上承南朝的左郡、左县和僚郡、俚郡，创建了羁縻府州制。羁縻府州县由当地民族首领担任都督、刺史、县令，统帅原部众，沿用原有模式管理民族事务，并在军事要地设立都护府，在其他地区设立都督府，监控本区域的羁縻府、州、县。

---

① 西汉初年，“西域”指今新疆地区，共计三十六国，后随着西汉王朝疆域的扩大，“西域”指玉门关和阳关以西地区，即今新疆乃至中亚地区。参见：张岂之主编《中国历史》（秦汉魏晋南北朝卷），高等教育出版社2001年版。

② 龚荫著《中国历代民族政策概要》，民族出版社2008年版。

表 4－1　唐朝羁縻府州县及其管理机构统计表①

<table>
<tr><th rowspan="2">道名</th><th rowspan="2">民族或民族所在区域</th><th colspan="3">设置羁縻府州县数（个）</th><th colspan="2">朝廷设置的管理机构</th></tr>
<tr><th>羁縻府</th><th>羁縻州</th><th>羁縻县</th><th>都护府</th><th>都督府</th></tr>
<tr><td rowspan="10">关内道</td><td rowspan="3">突厥</td><td>1</td><td>4</td><td></td><td></td><td>夏州都督府</td></tr>
<tr><td>3</td><td>12</td><td></td><td>单于都护府</td><td></td></tr>
<tr><td>1</td><td>3</td><td></td><td>安北都护府</td><td></td></tr>
<tr><td rowspan="3">回纥</td><td></td><td>6</td><td></td><td></td><td>灵州都督府</td></tr>
<tr><td>4</td><td>5</td><td></td><td></td><td>夏州都督府</td></tr>
<tr><td>5</td><td>7</td><td></td><td>安北都护府</td><td></td></tr>
<tr><td rowspan="2">党项</td><td>12</td><td>28</td><td>16</td><td></td><td>灵州都督府</td></tr>
<tr><td>3</td><td>23</td><td>4</td><td></td><td>庆州都督府</td></tr>
<tr><td rowspan="2">吐谷浑</td><td></td><td>1</td><td></td><td></td><td>夏州都督府</td></tr>
<tr><td></td><td>1</td><td></td><td></td><td>延州都督府</td></tr>
<tr><td rowspan="6">河北道</td><td>突厥</td><td></td><td>2</td><td>2</td><td></td><td rowspan="4">（起初为）营州都督府（后来为）幽州都督府</td></tr>
<tr><td>奚</td><td>1</td><td>9</td><td>4</td><td></td></tr>
<tr><td>契丹</td><td>1</td><td>17</td><td>9</td><td></td></tr>
<tr><td>靺鞨</td><td>3</td><td>3</td><td>3</td><td></td></tr>
<tr><td>降胡</td><td>1</td><td></td><td></td><td></td><td>幽州都督府</td></tr>
<tr><td>高丽降户</td><td>9</td><td>14</td><td></td><td>安东都护府</td><td></td></tr>
</table>

① 龚荫著《中国历代民族政策概要》，民族出版社 2008 年版。

（续表 4－1）

道名	民族或民族所在区域	设置羁縻府州县数（个）			朝廷设置的管理机构	
		羁縻府	羁縻州	羁縻县	都护府	都督府
陇右道	突厥	1	1			凉州都督府
		25	2		北庭都护府	
	回纥	1	3		燕然都护府	
	党项		1			秦州都督府
			1			临州都督府
				1		洮州都督府
		1	71	35		松州都督府
			11			（不详）
	吐谷浑		1			凉州都督府
	龟兹、毗沙、疏勒、焉耆	4	34		安西都护府	四镇都督府
	河西内属诸胡	2	12			
	西域	16	72			
剑南道	羌		4	5		松州都督府
			39	23		茂州都督府
			16			巂州都督府
			57			雅州都督府
			52			黎州都督府
	“蛮”		64	145		戎州都督府
			13			姚州都督府
			14	56		泸州都督府

（续表4－1）

道名	民族或民族所在区域	设置羁縻府州县数（个）			朝廷设置的管理机构	
		羁縻府	羁縻州	羁縻县	都护府	都督府
江南道	“蛮”		51	51		黔州都督府
岭南道	“蛮”		7	21		桂州都督府
			26	9		邕州都督府
			41	52	安南都护府	
			18			峰州都督府
	党项		24			（不详）
总计		93	771	436		
备注	《新唐书·地理志》记载羁縻府州总数为856，有误。由表可知，羁縻府有93个，羁縻州有771个，故羁縻府州总数为864个					

宋王朝沿用唐制，在其控制的西部民族地区的部分地域按照归附诸部族的“种族”大小设置羁縻府州县管理民族事务，并设立“寨”官进行统领。在管理机构、层级的设置上较唐朝更为严密，但数量比唐朝少。北宋中叶后，民族地区的管理层级为：经略安抚使—知州与溪峒都巡检使—知寨—羁縻州、县、峒。

（四）土司土官府

元明清等封建王朝在西部民族地区设置了大量土司土官。元明清时期的土司土官可分为两个系统：一是由军事机构管辖的“土司”，下设同知、副使、佥事等职官，由民族头人世袭担任，归各省军事部门统率，而任免袭替等事务则由兵部武选司负责；多设在边远或新征服地区，土司统率一定“土兵”，协助维持该地区的社会秩序。二是由官衙管辖的“土官”，即土知府、土知州、土知县，编制设置效仿内地但较简略，由民族头人世袭担任，由各省布政司统领，而任免等事务则由吏部验封司负责，多设在靠近内地的民族地区①。

（五）布政使司与指挥使机构

布政使司是明王朝在云南、广西等民族地区依据地域大小、人口多少等设置的地方民族事务管理机构。布政使司下设府，府之下设置州，配置知府、同知各1人。州之下则设置县，配置知县、县丞各1人。都指挥使司是明王朝在该地区设置的军事机构，配置都指挥使1人，都指挥同知2人，都指挥佥事4人，属吏多人。都指挥使司隶属于五军都督府而听命于兵部，掌管地方军政大权，统帅所辖卫所。在边疆民族地区的军事要地则设置羁縻卫所，“所部兵五千人为指挥，千人为千户，百人为百户，五十人为总旗，十人为小旗”②，管理民族地区的军事事务。

第二节　民族管理策略

为实现对民族地区的有效统治，中央王朝都制定了一系列不同的管理策略。因中央王朝的执政策略、民族情势、政治力量对比、文化习俗不同，而对同一民族采取不同的管理策略。同一王朝甚至同一代帝王因实际情势发生变化，其民族管理策略也会不同。但总体看，中央王朝对西部民族地区采取的因俗而治、德化怀柔、离强合弱、武力征服、移民、屯田等策略，具有明显的相似性或传承性等特点。

一、因俗而治

我国自古就有重视风俗的传统，不少封建统治者不仅亲自过问风俗民情，还委派官吏考察民风民俗，在制定国策时作为参照并载入史册，为后世的治国理政积累经验。“俗”是特定社会文化区域内民众共同遵守的行为模式或规范。“因俗而治”是历朝历代中央王朝统治其他民族的主要策略。它在不同的历史时期具有不同的表现形式，但其本质是一致的，即根据被统治民族的风俗习惯、宗教信仰、法制传统、地域和文化差异采取不同的管理模式。

---

① 韦庆远、柏桦编著《中国政治制度史》，中国人民大学出版社2005年第2版。

② 许嘉璐主编《二十四史全译》之《明史·兵志二·卫所》，汉语大词典出版社2004年版。

（一）“法制从俗”

“法制从俗”是指中央王朝依据某一民族在发展过程中逐渐形成和普遍适用且具有约束力的一些习惯、惯例和通行做法即民族习惯法，以实现对该民族的统治和管理。从另一个角度看，中央王朝通过“法制从俗”进行“因俗而治”，按“俗”法处理其内部事务，进而“以夷制夷”达到有效统治的目的。

“政教荒忽，因其故俗而治之。蛮，慢也。礼简怠慢，来不拒，去不禁。流行无城郭常居。”① 西周王朝时期，朝廷任由“荒服”② 民众往来居住，依据各自固有习惯进行管理。西部边疆的“戎、蛮、狄”等民族部落，只要按规定时间朝贡，表示臣服、归附即可，而中央王朝“修其教不易其俗”，不过问其内部事务，所有事务均由其自行处理。

楚威王时，楚将庄蹻率兵占领巴、黔中以西等地，“以兵威定属楚。欲归报，会秦击夺楚巴、黔中郡，道塞不通，因还，以其众王滇，变服，从其俗，以长之”③。“属邦律”是对归属民族制定的法律，在对归属民族管理的同时也照顾到了民族的特殊“习俗”，如保留民族首领王、长称号和血统的纯洁性，维护民族的奴隶制体制，以及对民族首领的法定继承人给予保护等④。《唐律疏议》载：“诸化外人⑤，同类自相犯者，各依本俗法；异类相犯者，依法律论。疏议曰：化外人，谓蕃夷之国，别立君长者；各有风俗，制法不同。其有同类自相犯者，须问本国之法，依其俗法断之。若高丽之与百济相犯之类，皆以国家法律论其刑名。”⑥《宋史》记载：“诸蛮族类不一、大抵依

① 许嘉璐主编《二十四史全译》之《史记·夏本纪》，汉语大词典出版社2004年版。

② 夏、商、周时期，把中国按照行政区划分为九州，并根据统治区域内各民族与中央王朝所在地距离的远近及各区域不同的社会风情分为甸服、侯服、绥服、要服和荒服等“五服”。其中“甸服”为天子之国，其臣民缴纳田赋；“侯服”为诸侯之国，臣属天子，任王事；“绥服”为与天子臣属关系较近的四方少数民族，接受文教武卫；“要服”为与天子臣属关系较近的四方少数民族，据宋蔡沈《书籍传》，“要者取要约之义，特羁縻之而已。”；“荒服”为与天子没有臣属关系的边远民族的邦国和部落。参见李鸣著《中国民族法制史论》，中央民族大学出版社2008年版。

③ 许嘉璐主编《二十四史全译》之《史记·西南夷列传》，汉语大词典出版社2004年版。

④ 李鸣著《中国民族法制史论》，中央民族大学出版社2008年版。

⑤ 化外人主要指唐周边的少数民族。参见苏钦《唐明律“化外人”条辨析》，载《法学研究》1996年第5期。

⑥ 《官板故唐律疏议》，影印本。

阻山谷，并林木为居，椎髻跣足，走险如履平地。言语侏离，衣服斒斓。畏鬼神，喜淫祀，刻木为契，不能相君长，以财力雄强。每忿怒则推刃同气，加兵父子间，复仇冤不顾死。出入腰弓矢，匿草中射人，得牛酒则释然矣。亲戚比邻，指授相买。父子别业，父贫则质身于子，去禽兽无几。其族铸铜为大鼓，初成，悬庭中，置酒以招同类，争以金银为大钗叩鼓，去则以钗遗主人。相攻击，鸣鼓以集众，号有鼓者为'都老'，众推服之。唐末，诸酋分据其地，自为刺史。宋兴，始通中国，奉正朔，修职贡。间有桀黠贪利或疆吏失于抚御，往往聚而为寇，抄掠边户。朝廷禽兽畜之，务在羁縻，不深治也。"①

朝廷允许西部民族按照其习惯法处理一些案件。淳化二年（991 年），"荆湖转运使言，富州向万通杀皮师胜父子七人，取五脏及首以祀魔鬼。朝以其远俗，令勿问"②。大中祥符二年（1009 年），"诏曰：'朕常诫边臣，勿得侵扰，外夷若自相杀伤，有本土之法，苟以国法绳之，则必致生事，羁縻之道，正在于此。'"③ 乾道三年（1167 年）五月，泸南治边安抚司言："绍兴三十一年（1161 年）十月赦旨：夔州路所属州、军，自今熟夷同类自相杀伤罪至死者，于死罪上减等。泸州夷人与夔州夷人一同，欲依绍兴三十一年十月夔州路已得旨于死罪上减等从流罪不至死，并依本俗专法，余沿边溪峒有熟夷人亦乞依此施行。从之。"④

朝廷通常在其他一些法制上也给予西部民族特殊照顾。如宋对于走私铜钱及销熔铜钱铸器物颁布了严厉的铜禁：走私铜钱一贯以上，"为首者处死，其为从，若不计一贯……决配广南远恶州军本城"；销毁铜钱者处斩⑤。而对民族的特殊情况却给予适当照顾。雍熙元年（984 年），"黔南言溪峒夷僚疾病，击铜鼓、沙锣以祀神鬼，诏释其铜禁"⑥。真宗时，禁蕃部私买禁香药，

---

① 许嘉璐主编《二十四史全译》之《宋史·蛮夷传三》（第 16 册），汉语大词典出版社 2004 年版。

② 许嘉璐主编《二十四史全译》之《宋史·蛮夷传一·西南溪峒诸蛮上》，汉语大词典出版社 2004 年版。

③ 〔清〕徐松辑《宋会要辑稿》，影印本，中华书局 1957 年版。

④ 〔清〕徐松辑《宋会要辑稿》，影印本，中华书局 1957 年版。

⑤ 〔宋〕李焘撰《续资治通鉴长编》，载《四库全书》影印本，上海古籍出版社。

⑥ 许嘉璐主编《二十四史全译》之《宋史·蛮夷传一·西南溪峒诸蛮上》，汉语大词典出版社 2004 年版。

甘州回鹘使者有违禁者，三司请即论决。真宗以回鹘“绝域远来，未知国法，骤加刑辟，恐失绥怀之道，乃令先具罪状以闻”①，不予惩处。

此外，朝廷还对擅杀西部民族群众的汉官加以严厉惩处。“唐蒙使略通夜郎西僰中，发巴蜀吏卒千人，郡又多为发转漕万余人，用兴法诛其渠帅，巴蜀民大惊恐。上闻之，乃使相如责唐蒙，因喻告巴蜀民以非上意。”② 元祐元年（1086 年），“诸蛮复叛，朝廷方务休息，痛惩邀功生事，广西张整、融州温嵩坐擅杀蛮人，皆置之罪”③。

（二）“和断”纠纷

对西部民族间的纠纷、争执、攻伐、仇杀等，朝廷多坚持“以和为贵”宗旨，进行劝谕，由官吏进行调解、“和断”而不随意发兵征讨，以“安部族，勿相侵扰”④ 使其感恩归附。靺鞨与契丹互相劫掠，靺鞨派使者入朝，隋文帝告诫：“我怜契丹与尔无异，宜各守土境，岂不安乐？何为辄相攻击，甚乖我意。”⑤ 宋王朝乾德二年（964 年）四月，“溪、叙、奖等州民相攻劫，遣殿直牛允赍诏谕之，乃定”⑥。景德四年（1007 年），“唐龙镇羌族来美与其叔璘不叶，召契丹破之，来依府州”，“其族人又与王璘互相仇劫，侧近帐族不宁，诏遣使召而盟之，依本俗法和断”⑦。“祥符中（1012 年）万安州言，黎峒人相仇杀，巡检使臣深入诛捕，王卒有战伤者。真宗曰：‘朕累有宣谕，蛮夷相攻，至令和断，不得擅发兵甲，致其不宁，当令禁止之。’”⑧ 清朝时期，“先是三年四月，廓尔喀商人与察木多番商索债起衅，聚众械斗，互有杀伤，经驻藏大臣穆腾额照夷例分别罚款完案。嗣因多收税米，阻挡商民，藉端与

① 〔宋〕李焘撰《续资治通鉴长编》，载《四库全书》影印本。

② 许嘉璐主编《二十四史全译》之《史记 · 司马相如列传》，汉语大词典出版社 2004 年版。

③ 许嘉璐主编《二十四史全译》之《宋史 · 蛮夷传一 · 西南溪峒诸蛮上》，汉语大词典出版社 2004 年版。

④ 〔宋〕李焘撰《续资治通鉴长编》，中华书局 1979 年版。

⑤ 许嘉璐主编《二十四史全译》之《隋书 · 东夷列传 · 靺鞨》，汉语大词典出版社 2004 年版。

⑥ 许嘉璐主编《二十四史全译》之《宋史 · 蛮夷传一 · 西南溪峒诸蛮上》，汉语大词典出版社 2004 年版。

⑦ 许嘉璐主编《二十四史全译》之《宋史 · 外国列传七 · 党项》，汉语大词典出版社 2004 年版。

⑧ 《武经总要前集》，影印本，商务印书馆。

藏边失和，唐古特屡战不胜，宗喀、济咙、聂拉木等处均陷于贼。驻藏大臣赫特贺驰往后藏督办防剿事宜，命成都将军乐斌统汉土官兵继进。廓番闻大兵将至，惧，遣其噶箕来藏上表乞和，诏许罢兵。”① 光绪十年（1884 年），“因攒招，各处喇嘛麇集，与巴勒布商人购物起衅，将巴商八十三家全行劫毁。廓尔喀因索偿损失银三十余万两，并集兵挟制。驻藏大臣色楞额奏派汉、番委员前往开导，晓以恩威，始允减为十八万有奇。除唐古特商上捐筹及清出货物抵价外，尚不敷银六万七千余两，奉旨由四川拨给。”②

（三）依“理俗”平抚

依理俗平抚是指中央王朝依“理”或“王道”，以及民族俗制对一些较为弱小的民族进行谈判、招抚以使其归附，实现有效管理的统治策略。

汉武帝经营“西南夷”时，由于西南各民族没有较强大的军事力量，主要采取了较为和缓的招抚方式，即派遣使者与西南民族酋长谈判使之内附。建元六年（前 135 年），汉武帝派遣使者到夜郎及周边地区对该地民族进行拉拢，收效显著。元光五年（前 130 年），邛、筰等民族酋长请求内附，朝廷遂在这些地区设置了 10 多个县。元狩元年（前 122 年），汉武帝派使者出使邛、筰等地寻找到大夏、身毒的道路。王然于等到达滇国，得到滇王的帮助与支持。元封元年（前 110 年），司马迁奉命“南略邛、筰、昆明”，并于元封二年（前 109 年）与滇王谈判、协商后设置了益州蜀郡，“赐滇王王印，复长其民”③。东汉王朝对居住在巴郡东南部的“蛮夷”进行残酷压迫，激起巴郡“板楯蛮”反叛，寇掠三蜀（蜀、广汉、犍为）、汉中诸郡，御使丞萧瑗统帅益州兵进行讨伐，连年不克。益州计曹掾程苞认为巴郡“板楯蛮”有功于汉王朝、勇敢善战且助汉王朝破解羌族之患，其谋反皆因赋役过重所致，应予安抚。灵帝听从其建议，派遣太守曹谦宣诏赦免，巴郡“板楯蛮”遂降服④。南中大姓、夷帅反叛，威胁到蜀汉政权的巩固、后方安定及北伐，不得已动武时依然采取“攻心为上，攻城为下，心战为上，兵战为下”的“和抚”方针，诸葛亮七擒七纵，收伏孟获，成功处理了叛乱。大中祥符元年（1008 年），

① 《清史稿·西藏列传》，中华书局 1976 年版。

② 《清史稿·西藏列传》，中华书局 1976 年版。

③ 许嘉璐主编《二十四史全译》之《史记·西南夷列传》，汉语大词典出版社 2004 年版。

④ 参见龚荫著《中国历代民族政策概要》，民族出版社 2008 年版。

“泸州言江安县夷人杀伤内属户，害巡检任赛，既不自安，遂为乱。诏遣阁门祗侯侍其旭乘传招抚。”① 元祐三年（1088 年）正月，东门峒黎叛乱，哲宗“诏经略司俟朱崖军使崔诏到面谕，依近旨革旧弊，开示恩信，令生黎洒然知有所赴愬，能改过自信者，厚抚恤之。”② 康熙十四年（1675 年），“西宁诸镇兵屯河东剿叛贼王辅臣，青海蒙古乘隙犯河西。永固营副将陈达御之，阵殁。孙思克屯凉州，宣示朝廷恩威，各引罪出塞。会达赖喇嘛使至，命传谕达赖巴图尔等戢部众，勿为边患。”③

二、德化怀柔

德化怀柔是中央王朝施行德政、不使用武力征讨而采取怀柔措施使少数民族臣服的统治策略。最早采用此策的是舜，对三苗不用武力而施行德政，使其臣服④。夏王朝“以九仪之命，正邦国之位。壹命受职，再命受服，三命受位，四命受器，五命赐则，六命赐官，七命赐国，八命作牧，九命作伯”⑤，封官爵、赐贵重物品进行怀柔、笼络，使之臣服、归心。此策施行后，周边的于夷、方夷、白夷等纷纷归附⑥。

（一）封赐官爵

封赐官爵作为德化怀柔的一种方式，主要是指中央王朝对西部民族首领采取封授官爵、赐予俸禄或封号等恩抚手段使其归附、接受统治的统治策略。

夏商周时的一些侯爵、男爵、伯爵等职官就是民族酋长。为表示更大的尊崇，商朝统治者还对部分已获爵位的酋长加封更高的爵位，如“鬼侯”“西伯昌”“鄂侯”被晋升为比“侯”更高的“公”爵⑦。通过封赐官爵，在避免大姓内讧的同时加强对部众的镇压与统治。秦汉时期，归附的民族上层保留“王”“长”称号或封赐爵位、加官晋级。汉高祖时，闽越首领无诸因协助攻打项籍有功，被立为闽越王；丁复等 5 名少数民族将领因参加刘邦起义

---

① 许嘉璐主编《二十四史全译》之《宋史·蛮夷列传四·西南诸夷》，汉语大词典出版社 2004 年版。

② 〔清〕徐松辑《宋会要辑稿》，影印本，中华书局 1957 年版。

③ 《清史稿·青海额鲁特列传》，中华书局 1976 年版。

④ 陈秉才译注《韩非子》，中华书局 2007 年版。

⑤ 《周礼·大宗伯》，见《十三经注疏》，中华书局 1980 年版。

⑥ 参见《竹书纪年》，平津馆刊藏，影印本。

⑦ 引自龚荫著《中国历代民族政策概要》，民族出版社 2008 年版。

被封为侯爵。汉文帝时，積当、桀龙等匈奴将领来降，被封为侯爵。义渠人公孙浑邪被封为平曲侯，后官至典属国。汉武帝时，匈奴浑邪王等首领归顺汉朝，被大加封赏。至元狩四年（前119年）被封侯者已达19人，时年归汉的14岁的原休屠太子金日磾被分派到京城黄门养马，后因养马有功晋升为马监、寺中、驸马都尉、光禄大夫、车骑将军，被封为秺侯。此外，汉朝军队中的将军、校尉、都尉，地方政权中的郡守、县令等也有不少由民族酋领担任。如大将军卫青部下名将中有公孙贺七（后官至太仆、丞相）及将军公孙敖四两个义渠人、赵信和弓高侯積当之孙韩说两个匈奴人。对自愿归附的民族酋领，则追加封号以表恩宠，使其仍统领原属民；对征伐后的民族降将，则规定封邑不在原土，或“惟得衣食租税，不与政事”，目的在于笼络、分化民族上层人士[①]。东汉王朝以“抗拒匈奴”“慕华内附”“遣使奉献”“从征平叛”等名义，先后给106个民族酋领封赐官爵，其中都护1人、都尉2人、单于3人、王8人、侯9人、君长83人[②]。曹魏时期，曾对漠南自云中（辖区位于今内蒙古自治区托克托县）以东的鲜卑步度根、轲比能等表示臣服者“皆表宠以为王”；对西域鄯善、龟兹、于阗、车师后部等首领进行册封和颁发印信；对西南巴夷等也委官封侯[③]，如建安二十年（215年）九月，“巴七姓夷王朴胡、賨邑侯杜濩举巴夷、賨民来附，于是分巴郡，以胡为巴东太守，濩为巴西太守，皆封列侯。”[④] 蜀汉任命李恢为建宁太守、吕凯为云南郡太守、孟获为御使中丞、孟琰为辅国将军、爨习为领军将军，除给予其“瑞景铁拳”外，还把隶属于郡守统治的情形画成图谱、作为信符，以明确其统属关系。西晋王朝建立后，西域诸族国随即遣使入朝进贡。西域车师前部王、鄯善王、龟兹王白山、焉耆王龙安等先后遣使送“侍子”。西晋王朝为此不仅给他们极重的赏赐，且封赐官爵、授予印绶等。太康四年（283年），鄯善国王遣使入侍，遂被封为“归义侯”；太康六年（285年）派使者拜大宛国王为“大宛王”等[⑤]。

---

① 龚荫著《中国历代民族政策概要》，民族出版社2008年版。

② 龚荫著《中国历代民族政策概要》，民族出版社2008年版。

③ 龚荫著《中国历代民族政策概要》，民族出版社2008年版。

④ 〔晋〕陈寿撰，〔宋〕裴松之注《三国志·魏书一·武帝纪》，中华书局1999年版。

⑤ 许嘉璐主编《二十四史全译》之《晋书·四夷列传·西戎》，汉语大词典出版社2004年版。

隋王朝开皇五年（585 年），党项族首领拓跋、宁丛同被封为大将军勋爵，内附的东突厥突利可汗被封为启民可汗，咄吉被封为始毕可汗，西突厥处罗被封为葛萨那可汗等。

唐王朝仍然对西部民族首领封官赐爵，令其担任羁縻府、州、县官职，册封为可汗、王、公、将军等，优待其子弟，使其臣服归心，进而巩固对该地区的统治。“唐兴，初未暇于四夷，自太宗平突厥，西北诸蕃及蛮夷稍稍内属，即其部落列置州县。其大者为都督府，以其首领为都督、刺史，皆得世袭。虽贡赋版籍，多不上户部，然声教所暨，皆边州都督、都护所领，著于令式。”[①] 唐太宗贞观三年（629 年）十二月，“牂牁酋长谢龙羽及充州蛮入贡，诏以牂牁为牂州；党项酋长细封步赖来降，以其地为轨州；各以其酋长为刺史。党项地亘三千里，姓别为部，不相统一，细封氏、费听氏、往利氏、颇超氏、野辞氏、旁当氏、米擒氏、拓跋氏，皆大姓也。步赖既为唐所礼，余部相继来降，以其地为崌、奉、岩、远四州。”贞观四年（630 年），“处突厥降众，东自幽州，西至灵州；分突利故所统之地，置顺、祐、化、长四州都督府；又分颉利之地为六州，左置定襄都督府，右置云中都督府，以统其众。”“以突利为顺州都督，使帅其部落之官。”“以阿史那苏尼失为怀德郡王，阿史那思摩为怀化郡王。……上嘉其（阿史那思摩）忠，拜右武侯大将军，寻以为北开州都督，使统颉利旧众。”“以右武卫大将军史大奈为丰州都督，其余酋长至者，皆拜将军、中郎将，布列朝廷，五品以上百余人，殆与朝士相半，因而入居长安者近万家。”[②]《新唐书·沙陀传》载：“龙朔初，以处月酋沙陀金山从武卫将军薛仁贵讨铁勒，授墨离军讨击使。长安二年（702 年），进为金满州都督，累封张掖郡公。金山死，子辅国嗣。……开元二年（714 年），复领金满州都督，封其母鼠尼施为鄯国夫人。辅国累爵永寿郡王。死，子骨咄支嗣。天宝初，回纥内附，以骨咄支兼回纥副都护。从肃宗平安禄山，拜特进、骁卫上将军。死，子尽忠嗣，累迁金吾卫大将军、酒泉县公。”开成元年（836 年），牂牁蛮（位于今贵州大部及云南部分）鬼主阿珮内附，会昌（841—846 年）

---

① 许嘉璐主编《二十四史全译》之《新唐书·地理志七下》，汉语大词典出版社 2004 年版。

② 《资治通鉴》，影印本。

中，“封其别帅为罗殿王，世袭爵。其后又封别帅为滇王”[①]。

涉及西部民族地区、史册记载有年代或名字的册封、吊祭册立使者参见表4－2。

表4－2　唐王朝对西部民族册封、吊祭册立统计简表[②]

使者姓名	时间	官职	吊册所涉	简要经过	史料来源
朱惠表	武德二年（619年）	前河州刺史	高昌	伯雅死，其子泰立，遣朱惠表吊祭	《旧唐书·西戎传》
乔师望	贞观三年（629年）	游击将军	薛延陀	册夷男为真珠毗伽可汗	《新唐书·回鹘传》
刘善因	贞观六年（632年）	鸿胪卿	西突厥	册莫贺咄为咄陆可汗	《册府元龟·外臣部》
不详	贞观九年（635年）	不详	吐谷浑	册封为西平王、可汗	《册府元龟·外臣部》
李道明	贞观九年（635年）	淮阳王	吐谷浑	册诺葛钵为河源郡王、可汗	《旧唐书·西戎传》
梁方师	贞观十二年（638年）	左领军大将军	薛延陀	册夷男二子为可汗	《册府元龟·外臣部》
孝恭 刘善因	贞观十三年（639年）	赵郡王 鸿胪卿	突厥	册阿史那思摩为可汗	《新唐书·突厥传》
温无隐	贞观十五年（641年）	通事舍人	西突厥	册莫贺子乙毗射匮可汗	《新唐书·突厥传》

① 许嘉璐主编《二十四史全译》之《新唐书·南蛮列传下》，汉语大词典出版社2004年版。

② 此表参考李大龙《唐王朝派往边疆民族地区进行册封的使者》（载《民族史研究》第三辑）一文中《唐王朝册封使者、吊祭使者、吊祭册立使者简表》等相关统计资料。

（续表 4－2）

使者姓名	时间	官职	吊册所涉	简要经过	史料来源
张大师	贞观十五年（641 年）	左领军将军	西突厥	册乙毗沙钵罗叶护可汗	《新唐书·突厥传》
不详	贞观十九年（645 年）	不详	薛延陀	夷男卒，册其二子为突利失可汗、四叶护可汗，分统薛延陀	《册府元龟·外臣部》
崔敦礼	贞观二十年（646 年）	兵部尚书兼检校鸿胪卿	回纥	吐迷度为部下杀，令其子袭父所领	《新唐书·回鹘传》
韦弘机	贞观中	左千牛胄曹参军	西突厥	册同俄设为可汗	《新唐书·韦弘机传》
元礼臣	永徽六年（655 年）	丰州都督	西突厥	册颉苾达度设为可汗，见其不能服众，未册而返	《资治通鉴》
卢承庆	显庆二年（657 年）	光禄卿	西突厥	册阿史那弥射为兴昔王可汗、阿史那步真为继往绝可汗	《资治通鉴》
不详	显庆三年（658 年）	不详	龟兹	册白素稽为龟兹王，授左骁卫大将军	《册府元龟·外臣部》

（续表 4－2）

使者姓名	时间	官职	吊册所涉	简要经过	史料来源
裴行俭	仪凤二年（677 年）	前安西都护	波斯	册波斯王且为安抚大食使，以利用其平十姓可汗都支反叛	《新唐书·裴行俭传》
阎知微	万岁通天元年（696 年）	左豹韬卫将军	突厥	册默啜为迁善可汗、骠骑大将军、行左卫将军	《册府元龟·外臣部》
阎知微	万岁通天二年（697 年）	左豹韬卫将军	突厥	册默啜为立功报国可汗	《新唐书·突厥传》
阿史那怀道	神龙二年（706 年）	右屯卫大将军	突骑施	册乌质勒为左骁卫大将军，兼卫尉卿、怀德郡王	《册府元龟·外臣部》
阿史那怀道	神龙二年（707 年）	右屯卫大将军	突骑施	乌质勒死，册其子娑葛为左骁卫大将军，袭封爵	《新唐书·突厥传》
不详	景龙三年（709 年）	不详	突骑施	册守忠为怀化可汗	《册府元龟·外臣部》
甘昭	景云二年（711 年）	朝散大夫试司宾少卿护军曹国公	吐蕃	册金城公主为睿宗长女	《全唐文·册金城公主文》

（续表 4 – 2）

使者姓名	时间	官职	吊册所涉	简要经过	史料来源
解忠顺	开元三年（715 年）	侍御使	突骑施	册苏禄为忠顺可汗	《册府元龟·外臣部》
王惠	开元五年（717 年）	武卫中郎将	突骑施	册苏禄为左羽林人将军、顺国公、金方道经略大使	《新唐书·突厥传》
不详	开元八年（720 年）	不详	乌长国、骨咄国、俱立国	册立三国王，并赐玺书及财物	《册府元龟·外臣部》
不详	开元八年（720 年）	不详	勃律	册苏麟陀逸之为勃律王	《册府元龟·外臣部》
不详	开元八年（720 年）	不详	个失密国	册真陀罗秘利为个失密国王	《册府元龟·外臣部》
乔梦松	开元十六年（728 年）	大理正摄鸿胪少卿	疏勒	册安定为疏勒王	《新唐书·西域传》
李佺	开元二十二年（734 年）	宗正卿	突厥	吊祭毗伽可汗，册其子为伊然可汗	《新唐书·突厥传》
李思敬	开元二十六年（738 年）	中使	南诏	册蒙归义为云南王	《册府元龟·外臣部》
不详	开元年间	不详	康国	册咄葛袭父官爵	《新唐书·西域传》

（续表 4－2）

使者姓名	时间	官职	吊册所涉	简要经过	史料来源
李质	开元二十八年（740 年）	右金吾将军	突厥	册登利为可汗	《册府元龟·外臣部》
不详	天宝十二年（753 年）	不详	突骑施	册登立伊罗蜜施为可汗	《新唐书·突厥传》
王翊	广德元年（763 年）	御使大夫散骑常侍	回纥	册回纥可汗、可敦、宰相、左右殺、都督等	《旧唐书·回纥传》《新唐书·回鹘传》
源休	建中元年（780 年）	京兆少尹	回纥	送突董等尸体，册回纥可汗为武义成功可汗	《新唐书·回鹘传》
庚（康）铤	贞元七年（791 年）	鸿胪少卿	回纥	吊祭忠贞可汗，册奉诚可汗	《册府元龟·外臣部》《资治通鉴》卷二三三
袁滋	贞元十年（794 年）	工部员外郎兼御史中丞	南诏	册异牟寻为南诏王	《册府元龟·外臣部》《新唐书·南蛮传》
张荐	贞元十一年（795 年）	秘书监	回纥	册骨咄禄为毗伽怀信可汗	《资治通鉴》卷二三三
段平仲	元和元年（806 年）	谏议大夫	南诏	册异牟寻子为南诏王	《册府元龟·外臣部》

（续表 4－2）

使者姓名	时间	官职	吊册所涉	简要经过	史料来源
孙杲	永贞元年（805 年）	鸿胪少卿兼御史中丞	回纥	吊祭可汗，册封俱禄为毗伽可汗	《新唐书·回鹘传》
柳晟	元和三年（808 年）	检校工部尚书兼将作监	回纥	吊祭毗伽可汗，册封保义可汗	《新唐书·柳晟传》《新唐书·回鹘传》
武少仪	元和四年（809 年）	太常少卿兼御史中丞	南诏	吊祭异牟寻，册其子为南诏王	《册府元龟·奉使部》
李锐（铣）	元和十一年（816 年）	少府少监兼御史中丞	南诏	吊祭龙蒙盛，册立新王	《册府元龟·外臣部》《新唐书·南蛮传》
裴通	长庆元年（821 年）	散骑常侍兼御史大夫	回纥	册立登里羽禄没密施合句禄毗伽可汗	《册府元龟·外臣部》《旧唐书·回纥传》
韦沈规	长庆三年（823 年）	京兆尹	南诏	册立南诏王	《册府元龟·外臣部》《新唐书·南蛮传》
于人文	宝历元年（825 年）	司门郎中兼御史中丞	回纥	吊祭可汗，册立其弟葛特勒为毗伽昭礼可汗	《册府元龟·外臣部》《新唐书·回鹘传》

（续表4-2）

使者姓名	时间	官职	吊册所涉	简要经过	史料来源
唐弘实	大和七年（833年）	金吾将军兼御史大夫	回纥	吊祭昭礼可汗，册立毗伽彰信可汗	《旧唐书·回纥传》《新唐书·回鹘传》
王端章	大中十年（856年）	卫尉少卿	回纥	册回纥怀建可汗，道为黑车子所阻，不至而返	《资治通鉴》

为联合吐蕃厮啰部对付西夏并获取军马，宋王朝“明道初，即授厮啰宁远大将军、爱州团练使，授逋奇归化将军”，“景祐中，以厮啰为保顺军节度观察留后，岁以奉钱令秦州就赐”，“宝元元年（1038年），加保顺军节度使，仍兼邈川大首领”。“后累加恩兼保顺河西节度使、洮凉两州刺史，又加阶勋检校官、功臣、食邑，赐器币鞍勒马。”这些恩抚策略取得了良好效果，厮啰不仅帮宋王朝牵制西夏使其不敢进犯，而且获得了大量军马①。此外，宋王朝对西南“诸夷”、溪峒“诸蛮”也采取了封官授爵等恩抚措施。乾德三年（965年），西南夷龙彦瑫等进京朝贡，诏授龙彦瑫为归德将军、南宁州刺史、蕃落使。雍熙二年（985年）八月，夷王龙汉璿遣使献方物、名马，宋太宗授其为归德将军、南宁州刺史，同时授予牂牁酋长赵文桥等为怀化司戈。咸平元年（998年），诏授予夷王使者龙光典等138人官职。对于西南溪峒“诸蛮”，宋王朝提拔辰州瑶人秦再雄为辰州刺史，任命其子为殿直。咸平五年（1002年）七月，高州刺史田彦伊之子田承宝等进京朝贡，宋王朝封田承宝为山河使、九溪十峒抚谕都监②。

元王朝在西部民族地区的约束力明显增强，设置的各级管理机构及土司土官均由朝廷直接掌控。在西部民族地区设置管理机构，选用土酋为官，并

① 许嘉璐主编《二十四史全译》之《宋史·外国列传八·吐蕃》，汉语大词典出版社2004年版。

② 龚荫著《中国历代民族政策概要》，民族出版社2008年版。

正式赐予其诰敕、印章、虎符、驿传玺书和金（银）字圆符等信物。其中诰敕为土司、土官的任命书；印章为其权威的象征，并以此号令其民众；虎符为节制军马的凭据；驿传玺书是通行证件，金（银）字圆符是紧急军务的证明，以确保朝廷与边疆民族地区交往、联系的畅通及紧急军务的及时办理。朝廷对土司、土官的承袭、升迁、惩处等有较为严明的规定，建立了相对完整的管理制度。

明王朝在四川、云南、贵州、广西、陕西等行省设有土司，其中以云南行省最为突出。明王朝共设土司1608家，其土官多以民族首领为正职，以汉官为副职。大量册封新疆诸族头领为王，如先后封哈密安克帖木儿等为忠义王、忠顺王等，任命当地民族头目为都指挥使、都督佥事、指挥、千户、百户等管理地方。打败鞑靼部后，封其首领啊鲁台为和宁王，授其部下 2962 人为都督、指挥使、千百户、镇抚等官职①。明王朝还封赐宗教领袖以国师、法王等称号。“洪武初，遣人招谕，又令各族举旧有官职者至京，授以国师及都指挥、宣慰使、元帅、招讨等官，俾因俗以治。自是番僧有封灌顶国师及赞善、阐化等王，大乘大宝法王者，俱给印诰，传以为信。所设有都指挥使司、指挥司。”设置都指挥使司 2 个、指挥使司 1 个、宣慰使司 3 个、招讨司 6 个、万户府 4 个、千户所 17 个②。

清王朝对西部具有传统政治经济势力、有较大号召力和影响力的民族精英多采取“恩威并施”之策，使其享有爵禄并诚心归附。内蒙古王公贵族最受清王朝优待，可以担任军政要职，享有很高的爵禄。喀尔喀蒙古王公、厄鲁特蒙古杜尔伯特部、土尔扈特部对朝廷尤其忠顺，各部仍保留其汗名，并分封其贵族为王、贝勒、贝子、公、台吉。清朝廷授予维吾尔贵族大回城“阿奇木伯克”（“总理大城”的“回族头目”）的有喀什噶尔、阿克苏、叶尔羌、和阗、库车、辟展等。“阿奇木伯克”为二品或三品，若忠于朝廷且有功劳的，则被加封为贝子、公、郡王等。清朝廷对西藏上层民族人士的封赏，主要体现在对达赖喇嘛、班禅额尔德尼、平叛有功的颇罗鼐及其家人的封赐上，而对四川、云南、贵州、广西、甘肃、青海等省的民族上层人士，只要不反对朝廷统治，都按其辖地和势力大小及人口多少，分别授予官职，使其

① 晓根著《中国少数民族行政制度》，云南大学出版社 1999 年版。

② 许嘉璐主编《二十四史全译》之《明史·兵志二》，汉语大词典出版社 2004 年版。

“仍领其地、仍长其民”。对听从征调、作战有功的或特别忠于朝廷的土官还晋升其土职，赏给顶戴，颁布诰敕等。西部民族地区大小土司家数为：四川省 554 家，云南省 273 家，贵州省 313 家，广西省 69 家，甘肃省 27 家，青海省 304 家[①]。

（二）联姻与和亲

除宋明以外的中央王朝与西部民族进行联姻与和亲的较多。而联姻与和亲的目的在于加强中央王朝与西部强族或民族政权的联系，维护其政治利益。

商王室就与西部地区其他民族有联姻关系。殷墟卜辞武丁，有“妇周”，有“周氏女嫀”，这显然是商、周的联姻与和亲[②]。在启的父辈时代，周人就同西戎大姓姜姓开始通婚。联姻通婚对周族的发展壮大和消灭殷商、建立西周王朝发挥了重大作用。周建国后，武王、周公、成王、宣王等继续推行联姻结盟策略，在周贵族和西部的姜、子、戎、狄等间进行联姻结盟[③]。春秋战国时期，华夏族和其他民族通婚联姻已经很普遍，尤其是在西部边疆的戎、狄等民族接受农业定居方式后，华夏族与戎、狄等西部民族的通婚联姻就更为普遍。

隋王朝为缓和民族矛盾，在其统治的 38 年中，与突厥和亲 7 次，与吐谷浑和亲 1 次，与高昌国和亲 1 次。唐王朝的和亲对象也多分布在西部民族地区，其政治目的多与调解、缓和、密切与西部民族政权的关系有关。据史籍记载，唐王朝对西部的突厥、吐谷浑、吐蕃、回纥、南诏等民族政权进行了和亲，其中与突厥和亲 6 次，与吐谷浑和亲 3 次，与吐蕃和亲 2 次，与回纥和亲 8 次，与南诏和亲 1 次[④]。

元王朝通过与“黄金氏族”、畏兀儿亦都护家族、撒加款氏、大理段氏等西部民族中势力较强的氏族、大姓联姻，以笼络其作为王朝的边境屏障。蒙古统治集团是由成吉思汗系的“黄金氏族”——乞颜、孛尔只斤氏族与“别部”弘吉剌、亦乞列思、汪古、斡亦剌等氏族部落相继“世缔国婚”而构成的。《元史·特薛禅传》载：“有旨：‘弘吉剌氏生女世以为后，生男世尚公

① 参见龚荫著《中国历代民族政策概要》，民族出版社 2008 年版。

② 许嘉璐主编《二十四史全译》之《史记·周本纪》，汉语大词典出版社 2004 年版。

③ 参见龚荫著《中国历代民族政策概要》，民族出版社 2008 年版。

④ 参见龚荫著《中国历代民族政策概要》，民族出版社 2008 年版。

主，每岁四时孟月，听读所赐旨，世世不绝。'"[①] 元朝期间，弘吉剌贵族中"尚公主为驸马者"有11人，弘吉剌贵族出了13位皇后；亦乞列思贵族共娶公主11人，1人立为皇后，1人立为皇妃；汪古贵族共娶公主12人，3人成为皇妃；斡亦剌贵族共娶公主14人，9人成为王妃。在西北边疆，元王朝主要与畏兀儿亦都护家族通婚。畏兀儿亦都护巴而术阿而忒的斤率先归附蒙古国，获赐蒙古公主为妻、列为第五子的殊荣。此后，其后裔一直世袭着亦都护、高昌王的封号，与蒙古王室保持着密切的联姻关系。据相关史料统计，畏兀儿亦都护家族与蒙古公主的联姻情况如下[②]。

表4－3　畏兀儿亦都护家族与蒙古公主的联姻情况统计表

<table>
<tr><th>畏兀儿亦都护</th><th>官职、封号</th><th>蒙古公主</th><th>公主身份</th><th>联姻时间</th><th>子嗣</th></tr>
<tr><td>巴而术阿而忒的斤</td><td>亦都护、第五子</td><td>也立安敦</td><td>成吉思汗之女</td><td>元太祖时期</td><td></td></tr>
<tr><td>怯失迈失</td><td>亦都护</td><td>阿剌真公主</td><td>窝阔台之女</td><td>元太宗时期</td><td></td></tr>
<tr><td>火赤哈儿的斤</td><td>亦都护</td><td>巴巴哈儿公主</td><td>定宗皇帝贵由之女</td><td>至元十三年</td><td></td></tr>
<tr><td rowspan="3">纽林的斤</td><td rowspan="3">荣禄大夫平章政事、亦都护、高昌王</td><td>不鲁罕公主</td><td>窝阔台的孙女</td><td>至元十四年后</td><td></td></tr>
<tr><td>八卜叉公主</td><td>窝阔台的孙女</td><td>世祖期间</td><td>帖睦尔补花、钱吉</td></tr>
<tr><td>兀剌真公主</td><td>安西王阿难答之女</td><td>元仁宗</td><td>太平奴</td></tr>
</table>

① 许嘉璐主编《二十四史全译》之《元史·特薛禅传》，汉语大词典出版社2004年版。

② 王红梅《元代蒙古王室与畏兀儿亦都护家族联姻考》，《兰州学刊》2009年第6期。

（续表 4－3）

畏兀儿亦都护	官职、封号	蒙古公主	公主身份	联姻时间	子嗣
雪雪的斤	缅中行省左丞相	雪雪的斤公主			
帖木儿补化	中书左丞相、亦都护、高昌王	朵儿只思蛮公主	阔端的孙女	元大德年间	不答失里
不答失理	中书平章政事、高昌王	也先忽都公主		元顺帝期间	和赏

元王朝不仅在宗教上对吐蕃萨迦款氏加以扶持利用，还进行联姻。元世祖时，八思巴之弟恰那多吉娶宗王阔端之女墨麦卡顿公主为妻，后恰那多吉之子达玛巴拉继萨迦法主，进京朝觐，又娶诸王启必帖木儿之女贝舟为妻。元成宗时，达尼钦波桑波贝继任法主，娶元成宗之姐门达干公主为妻。泰定三年（1326 年）五月，达尼钦波桑波贝之子锁南藏卜“领西蕃三道宣慰司事，尚公主（布达干），锡王爵”[①]。此外，元王朝还与西南大理段氏进行联姻。1253 年，蒙古军攻下大理国，段兴智投降后被送至和林觐见宪宗蒙哥。段兴智“献地图，请悉平诸部，并条奏治民立赋之法”，深得蒙哥赏识，赐名“摩珂罗嵯”（大王），并统领“悉主诸蛮白爨等部”。元世祖忽必烈继位后，重封段苴信日后，又封其子阿庆（段庆）宣武将军，获嫁公主为妻。大理第九代总管段功率兵击退红巾军后，被提升为云南行省平章，并娶公主为妻[②]。

清朝时期，满、蒙王公贵族世代联姻，有 8 位蒙古族皇后，同时有 33 位满族公主嫁给了蒙古王公为妻。

（三）“理德”感附

“理德”感附主要指部分中央王朝以强大的军事、政治、经济、文化实力为后盾，对西部民族首领、使者及其他人员采取以礼相待、恩化、劝谕等办

① 许嘉璐主编《二十四史全译》之《元史·泰定帝也孙铁木儿》，汉语大词典出版社 2004 年版。

② 参见龚荫著《中国历代民族政策概要》，民族出版社 2008 年版。

法，使其感化、自动归附的策略。隋文帝时，凡是边疆民族首领、使者及其他人员入朝进贡都亲自接见，周到安排吃、住、行等。突厥沙钵略被迫带领部落穿过沙漠、寄居在白道川时，隋文帝“给以衣食，赐以车服鼓吹”；沙钵略死，“赠物五千段”。隋初，党项羌时叛时附，反复无常，开皇十六年（596年）复叛，侵入会州（今甘肃靖远县境）。隋文帝发陇西兵讨平之，羌酋遣子弟入朝谢罪，文帝曰：“还语尔父兄，人生须有定居，养老长幼。而乃乍还乍走，不羞乡里耶?”自此朝贡不断[①]。隋炀帝时，礼遇更加周到。如突厥处罗可汗之母向氏，自开皇末年留居京城以后，“每舍之鸿胪寺”，始终以礼款待。处罗可汗入朝，隋炀帝“接以殊礼”，“备设天下珍膳，盛陈女乐，罗绮丝竹，眩曜耳目”[②]。民族首领死后，隋炀帝以皇帝礼节表示哀悼，如启民可汗卒，“上为之废朝三日”。恩化即馈赠或赏赐民族首领财物，使之感恩向化。《清史稿·青海额鲁特列传》载：“康熙四年（1665年），甘肃提督张勇奏蒙古番众游牧庄浪诸境，情形叵测，请增甘肃、西宁驻防兵。先是青海蒙古恋西喇塔拉水草饶，乞驻牧。张勇以其地为甘肃要隘，不容逼处，往责之，谢罪去。因设永固营，联筑八寨。至是蒙古等复相继徙近边。上以渐不可启，诏如张勇请。五年（1666年），勇复奏：‘青海虽通西藏，不过荒徼绝塞，朝廷曲示招徕，准开市，自应钤束部落，各安边境。乃迩来蜂屯祁连山，纵牧内地大草滩。曾遣谕徙，复抗拒定羌庙，官军败之，犹不悛，声言纠众分入河州、临洮、巩昌、西宁、凉州诸地。请设兵备。’诏严防御，仍善抚以柔其心。勇等乃自扁都口、西水关至嘉峪关，固筑边墙。六年（1667年），川陕总督卢崇峻奏青海诸头目侦于八月将入寇，因赴庄浪所备之，遣总兵孙思克屯南山隘，相形势固守。达赖喇嘛寻檄额鲁特诸台吉毋扰内地，驻牧黄城兒、大草滩。蒙古悉徙去，献驼马羊等服罪，请撤驻防兵，允之。”[③]

三、离强合弱

对势力较强的民族，中央王朝多采取“离强合弱”策略，先拉拢分化其中一部分打击另一部分，再联合另一部分打击这一部分，各个击破使其归顺，以此维护民族地区的稳定和实现间接统治。这一策略多在西部存在较为强大

① 许嘉璐主编《二十四史全译》之《隋书·西域列传·党项》（第2册），汉语大词典出版社2004年版。

② 〔宋〕司马光编纂《资治通鉴·隋纪五》，岳麓书社1990年版。

③ 《清史稿·青海额鲁特列传》，中华书局1976年版。

的民族地方政权时被中央王朝所采用。

（一）远交近攻

远交近攻主要是指中央王朝利用民族政权内部或相互间的固有矛盾拉拢、联合一部分，打击另一部分，巩固、扩大其统治区域的一种策略。南匈奴归附后，东汉朝廷给予扶持、优待以对付北匈奴。永元元年（89 年）遣窦宪、耿秉出朔方，南单于出满夷谷，度辽将军邓鸿出稒阳塞，战于稽洛山，大败北匈奴。南匈奴骑兵三万随征，成为击败北匈奴的重要力量①。唐朝初期，东突厥严重威胁边地安全。唐王朝遂拉拢西突厥、薛延陀部首领夷男以共同对付东突厥。贞观二年（628 年），突厥袭扰唐朝边境。贞观三年（629 年）八月，唐太宗令兵部尚书李靖为行军总管讨伐突厥；九月，其埃斤九人率骑兵降唐；十一月，突厥寇河西，被公孙武达、成仁重击败；十二月，突利可汗到唐，郁射设率所部降唐。贞观四年（630 年）正月，唐大举出兵突厥；二月，俘虏领利可汗，消灭东突厥②。

宋王朝为应对西夏国和辽国威胁而刻意建立与大理国、于阗、黑汉、高昌、龟兹的关系。于阗常向宋王朝进贡，并通过归义节度使与宋王朝建立藩属关系，宋王朝也于嘉祐八年（1063 年）册封于阗王为归忠保顺金翅鸟可汗。宋王朝与黑汉国关系密切，双方交往不断。高昌王也不断向宋王朝进贡，宋王朝也派使臣前往高昌。如太平兴国七年（982 年），宋使王延德、白勋等到达高昌地区，受到高昌王的热情款待。当其一行返回时，高昌王派遣 100 多人随其向宋朝答谢③。

（二）分化控制

分化控制是部分中央王朝对西部较为强大的民族政权采取的间接管控策略，主要有分化瓦解和分而治之两种。

分化瓦解就是指部分中央王朝对西部较为强大的民族势力先用计离间，再用计催化分裂，使其内部逐渐涣散、分化，以降低威胁、加强管控，达到坐收渔人之利的目的。东汉建武二十二年（46 年）匈奴单于舆死，匈奴贵族间发生矛盾。汉光武帝采取中郎将耿国之策接受呼韩邪单于归附，而拒绝匈奴北单于的遣使求亲及归附，使南北匈奴分裂。章帝元和三年（86 年），烧

---

① 〔宋〕司马光编纂《资治通鉴·汉纪三十九》，岳麓书社 1990 年版。

② 〔宋〕司马光编纂《资治通鉴·唐纪九》，岳麓书社 1990 年版。

③ 晓根著《中国少数民族行政制度》，云南大学出版社 1999 年版。

当羌迷吾与弟号吾反叛，当年秋天号吾侵入陇西界，被郡兵俘获。号吾说，如能放他生还，一定停止出兵，不再侵犯汉王朝边塞。陇西太守张纡释放了号吾，羌人遂散归故地。迷吾退居逢留大河。护羌校尉傅育使用挑拨离间计，使其自斗不已[①]。隋朝之前，突厥雄踞漠北、西域，周、齐都曾向其称臣，缴纳贡赋。隋王朝建立后，隋文帝励精图治，强夏攘夷，停止对突厥岁贡，双边关系恶化。文帝采取长孙晟“宜远交而近攻，离强而合弱”的策略对付突厥，在利用突厥大小可汗固有矛盾的同时加强边备、固守边疆。开皇三年（583 年）沙钵略可汗再次侵犯边塞，西域达头可汗拒不出兵；金山阿波可汗虽已出兵，但交战不利，长孙晟趁机劝说使其半道还兵。沙钵略可汗孤军作战，溃败而返。后来突厥分化为三个独立政权，即达头可汗在西，阿波可汗在北，沙钵略可汗在南。隋王朝对三个政权均予承认。于是三个政权相互征战，都想吞并或削弱对方成为大可汗，于是隋王朝坐收渔人之利。后来沙钵略可汗之子都蓝可汗逐渐强大，隋文帝用计除其右臂——大义公主，扶持并赐婚于其麾下小可汗突利，进而形成了达头在西、都蓝在北、突利在南的三足鼎立之势。后达头可汗势力逐渐增强，在都蓝可汗死后统治了漠北及西域地区。隋王朝仍继续大力扶持突利可汗，甚至派兵协助突利可汗与达头可汗作战，遂打败企图重建突厥汗国的达头可汗，形成相互制衡的东、西突厥汗国[②]。

分而治之指中央王朝控制西部民族地区后，有针对性地把强大民族聚集区划分为较小的区域进行间接统治的策略。东突厥灭亡后，唐太宗于贞观四年（630 年）召集群臣讨论安边之策，大臣们都主张分而治之，唐太宗采纳了此意见。先把原来分别由颉利可汗和突利可汗统辖的范围划分为东、西二部，然后“分突利故所统之地，置顺、祐、化、长四州都督府；又分颉利之地为六州，左置定襄都督府，右置云中都督府”。这样对东突厥完全实现了“分其土地，析其部落，使其权弱势分，易为羁制，可使常为藩臣”[③]。唐王朝对薛延陀等民族政权也采取了这个策略。薛延陀汗国强大后，建庭于郁督军山，驻军 20 万，控制了北方广大地区。薛延陀真珠可汗夷男，立其二子拔酌、颉利苾，分主南、北二部。贞观十二年（638 年）

① 参见龚荫著《中国历代民族政策概要》，民族出版社 2008 年版。

② 参见龚荫著《中国历代民族政策概要》，民族出版社 2008 年版。

③ 〔宋〕司马光编纂《资治通鉴·唐纪九》，岳麓书社 1990 年版。

九月，唐太宗遣使薛延陀，“拜其二子皆为小可汗，各赐鼓纛”[①]。这一举措“外示优崇，实分其势”，对薛延陀实行分而治之。贞观十九年（645年），夷男真珠可汗卒后，其二子果然不和，兄弟相互仇杀，分而治之的策略收到了效果[②]。唐王朝统一西域后，民族地区和属国成为唐王朝疆域内的地方区划，在东部地区实行州、县、乡、里制，在其他地区则实行都护府、都督府、州制，实施分而治之之策[③]。明王朝在蒙古地区设置了3个卫，任命当地蒙古族首领为都督、指挥等职官。元明清及以后，随着羁縻府州制、土司制的完善，以及改土归流的实施，分而治之之策在西部民族地区体现得越来越充分。

（三）“以夷制夷”

“以夷制夷”一方面体现为中央王朝利用西部民族间的固有矛盾，“以夷攻夷”或扶持某一民族武装力量侵扰其他民族，使之互相消耗而从中获利；调各族士兵以镇压反叛，使民族间互相争斗、倾轧和残杀，从而削弱强族，以巩固间接统治。另一方面体现为中央王朝封赐、授予民族酋领以官爵，使其代为统治辖区内的各族民众。

汉平帝元始二年（2年），西汉颁布“中国人亡入匈奴者、乌孙亡降匈奴者、西域诸国佩中国印绶降匈奴者、乌桓降匈奴者，皆不得受”[④]。王莽又命令乌桓不得再给匈奴缴纳皮布税，以挑起匈奴和乌桓的矛盾，从而使双方争斗不已。始建国二年（10年），匈奴屡次兴兵扰边。王莽“兴十二部军”，其中就有乌桓、丁令等族组成的军队。为了防止乌桓、丁令等民族军队反叛，“皆质其妻子于郡县”。始建国年间（9—13年）西域焉耆反叛，杀西域都护但钦。天凤三年（16年），西域都护李崇率领戊己校尉兵讨伐焉耆，其中就有莎车、龟兹、姑墨、尉犁、危须等西域诸国的军队[⑤]。汉章帝章和二年（88年）张掖太守邓训“发湟中秦、胡、羌兵四千人出塞，掩击迷唐（羌人）于写谷，破之”[⑥]，收效甚著。同时以“板楯蛮”攻打羌人，

---

① 〔宋〕司马光编纂《资治通鉴·唐纪十一》，岳麓书社1990年版。

② 〔宋〕司马光编纂《资治通鉴·唐纪十四》，岳麓书社1990年版。

③ 晓根著《中国少数民族行政制度》，云南大学出版社1999年版。

④ 许嘉璐主编《二十四史全译》之《汉书·匈奴列传》，汉语大词典出版社2004年版。

⑤ 参见龚荫著《中国历代民族政策概要》，民族出版社2008年版。

⑥ 〔宋〕司马光编纂《资治通鉴·汉纪三十九》，岳麓书社1990年版。

据《华阳国志》记载，“昔羌数入关中，郡县破坏，不绝若线。后得板楯，来虏殄尽，号为神兵。羌人畏忌，传语种辈，勿复南行”①。以“武陵蛮”攻杀“武陵蛮”，以“五里蛮”“六亭兵”破“澧中蛮”等。此外，在与西域“三通三绝”的过程中，以班超及其子班勇为代表的东汉统治阶级中的杰出人物采取了“以夷制夷”策略管控西域，政治、军事并举，安抚与处罚并用，合小攻大，宽于附汉，严于反复者，以达到“不动中国，不烦戎士，得远夷之和，同异俗之心”②。《后汉书·西域传》载：“自建武至于延光，西域三绝三通。”③ 在“一通”过程中，东汉王朝用耿秉之策，先攻打天山，夺取伊吾卢（位于今新疆哈密）与车师等地，联络乌孙及其他势力以断匈奴之右臂。经过两年争战，匈奴势力退出天山东麓地区。“一通”后，班超在鄯善斩杀匈奴使者、在于阗杀巫师、在疏勒杀兜题以使鄯善、于阗、疏勒归附。在“二通”时期，班超率领一万疏勒、康居、于阗、拘弥兵于建初三年（78 年）攻打姑墨石城，大破匈奴，斩杀 700 多士卒。在肃清南道之后，班超又率领于阗等国 2.5 万多名将士，大破莎车，斩杀 5000 多士卒，威震西域，使西域再次摆脱匈奴统治。永元六年（94 年），班超率领龟兹、鄯善等八国约 7 万兵卒，大举讨伐焉耆，斩杀 5000 多士卒，降服了焉耆、尉犁、危须三国，“西域五十余国悉皆纳质内属”。建初三年（78 年）班超留兵疏勒，提出“以夷制夷”之策。建初八年（83 年），朝廷任命班超为将兵长史；永元三年（91 年）任命班超为西域都护，都护府设于龟兹；任命徐干为长史，驻疏勒。又重新设立戊己校尉于车师之高昌壁（位于今新疆吐鲁番市东）；设置戊部侯于车师后部之侯城。在“三通”中，班超之子班勇“为西域长史，将弛刑士五百人，西屯柳中”④管理西域。蜀汉“及东征吴，遣良入武陵招纳五溪蛮夷，蛮夷渠帅皆受印号，咸如意指。”⑤

---

① 〔东晋〕常璩撰，刘琳校注《华阳国志校注·巴志》，巴蜀书社 1984 年版。

② 许嘉璐主编《二十四史全译》之《后汉书·班梁列传》，汉语大词典出版社 2004 年版。

③ 许嘉璐主编《二十四史全译》之《后汉书·西域传》，汉语大词典出版社 2004 年版。

④ 许嘉璐主编《二十四史全译》之《后汉书·西域传》，汉语大词典出版社 2004 年版。

⑤ 〔西晋〕陈寿撰《三国志·董刘马陈董吕传》，载《四库全书》影印本。

唐王朝在开疆拓土的过程中，也运用了历朝统治者惯用的“以夷制夷”策略。突厥袭击幽州时唐高祖以靺鞨之兵破敌，唐太宗则利用突厥分裂时机削弱突厥势力。贞观十三年（639 年）六月，“自结社率之反，言事者多云突厥留河南不便”，太宗于是下令“突厥及胡在诸州安置者，并令渡河，还其旧部，俾世作藩屏，长保边塞”。大量突厥人北迁塞外后，薛延陀与突厥之间不断发生军事冲突，削弱了薛延陀的力量，为唐王朝击灭薛延陀创造了条件①。贞元五年（789 年）十月，唐征吐蕃，“韦皋遣其将曹有道将兵与东蛮、两林蛮及吐蕃青海、腊城二节度战于巂州台登，大破之，斩首二千级”②。历次“以夷攻夷”的行动为唐王朝最终征服西部边疆民族创造了条件。

自唐以后，中央王朝先后在西部民族地区实行了羁縻府州制、土司土官制、改土归流等一系列制度，设置地方军政机构，大量选用当地民族酋领担任官职，代为统治和管理辖区内的民族群众，“以夷制夷”。

四、武力征服

中央王朝在守土固疆或开拓边地时，对一些势力弱小或有一定势力但不足够强大的民族政权，则派遣大军进行征讨和平定，以武力迫使其归附。

（一）武力迫降

武力迫降的策略多用于对付比较弱小的民族。汉武帝为维护其在西域的影响力，派遣“贰师将军”李广利率军两次征讨大宛，终于迫使其降服，西域诸国遂纷纷归附。

唐高祖武德四年（621 年）正月，稽胡酋帅刘仚率领数万兵马进犯边境，李建成率军击退。武德六年（623 年）五月吐谷浑及党项族兵马入侵河州，九月邛州僚反叛，武德七年（624 年）二月始州僚反叛，均由唐王朝以武力迫降③。贞观六年（632 年）至二十二年（648 年），静州僚、嘉州僚、党项羌先后反叛，均被武力迫降。此外，“监察御史张孝嵩奉使廓州还，陈碛西利害，请往察其形势；上许之，听以便宜从事。枝汗那者，古乌孙也，内附岁久。吐蕃与大食共立阿了达为王，发兵攻之，枝汗那王兵败，奔安西求救。孝嵩谓都护吕休璟曰：‘不救则无以号令西域。’遂帅旁

① 〔宋〕司马光编纂《资治通鉴·唐纪十一》，岳麓书社 1990 年版。

② 〔宋〕司马光编纂《资治通鉴·唐纪四十九》，岳麓书社 1990 年版。

③ 〔宋〕司马光编纂《资治通鉴·唐纪五》《资治通鉴·唐纪六》，岳麓书社 1990 年版。

侧戎落兵万余人，出龟兹西数千里，下数百城，长驱而进。是月，攻阿了达于连城。孝嵩自擐甲督士卒急攻，自巳至酉，屠其三城，俘斩千余级，阿了达与数骑逃入山谷。孝嵩传檄诸国，威振西域，大食、康居、大宛、罽宾等八国皆遣使请降”①。

（二）武力征讨

武力征讨就是指当中央王朝实力较强时，用武力征讨平定有一定势力但不够强大的民族政权，以开疆拓土、控制资源，实现对西部民族地区间接统治的策略。

对西部民族的征讨，可追溯到西周王朝。西周王朝对西北戎狄讨伐的次数较多，如《小盂鼎》载：康王命大将盂率军征讨鬼方，擒获酋长四人，俘斩万余人，得大批牲畜及财物；《国语·周语上》韦昭《注》：穆王命犬戎“时享”，即每年纳贡四次（本来是两年或五年一次），加重其负担而引起反抗，穆王率大军讨伐，获犬戎王五；《多友鼎》载：多友率军连续讨伐犷狁四次，斩杀三百余人。到春秋前期，少数民族戎狄强大起来先后灭了卫国和邢国，促使华夏诸族联合起来和戎狄做斗争。

秦、汉时，匈奴势力强盛，秦汉朝廷曾派出大将蒙恬、卫青、霍去病等率兵攻打匈奴，双方各有胜负，但秦汉王朝占据上风。东汉国力强盛起来后，开始征伐匈奴以平定北方。永平十六年（73 年）二月，汉明帝遣太仆祭彤出高阙，奉车都尉窦固出酒泉，讨伐匈奴，但效果不佳。从章帝建初末年到和帝初年，北匈奴内乱加上自然灾害，实力有所减弱。后窦太后临朝，永元元年（89 年）遣窦宪、耿秉出朔方，南单于出满夷谷，度辽将军邓鸿出稒阳塞战于稽洛山，大败北匈奴。永元四年（92 年）正月，和帝从窦宪奏请，遣大将军左校尉耿夔授于除鞬印绶，使中郎将任尚持节护卫，驻屯伊吾卢（位于今新疆哈密市）。永元五年（93 年）九月，于除鞬叛汉北返，诏遣将兵长史王辅率千余骑与任尚共同追讨将其斩于除鞬，并消灭其部众。东汉时期，西部郡县官吏和地方豪强虐待、奴役羌人，激起羌人反抗，但遭血腥镇压。安帝永初元年（107 年）夏，骑都尉王弘在金城、陇西、汉阳三郡征发羌人数千骑出征西域。羌人因路途遥远害怕去而无返，惊惧愁怨，纷纷逃离，并

① 〔宋〕司马光编纂《资治通鉴·唐纪十》《资治通鉴·唐纪十五》，岳麓书社 1990 年版。

聚众反叛。东汉朝廷派官军、匈奴兵、“南蛮”兵，历时三年于元初五年（118 年）才平定此次反抗。并州和凉州刺史来机、刘秉天性暴虐，在其压迫下羌人于顺帝永和四年（139 年）反叛，于是汉顺帝以马贤为征西将军，率京师及各郡招兵 18 万屯于洛阳。羌人杀马贤父子及地方官吏，一度迫使安定、北地两郡治所内迁，后经数年才武力镇压了此次反叛。桓帝延熹二年（159 年），朝廷任命段颎为护羌校征伐羌人，东、西羌人奋起抗击，遭到残酷镇压。汉和帝永元十三年（101 年），“巫蛮”（位于今重庆市巫山县境内）许圣等酋帅率众反叛，朝廷派兵镇压，斩其酋帅①。

西晋泰始七年（271 年），匈奴人不堪压迫而反叛逃亡塞外。元康四年（294 年），“匈奴郝散攻上党，杀长吏，入守上郡”②，第二年匈奴与羌人联合反叛，西晋连连败退，关中氐人和羌人纷纷响应共推氐帅齐万年为帝。西晋朝廷派遣大将军周处率大军前往镇压，经过 3 年征战才平息了反叛。元康六年（296 年），齐万年反于秦州，关西大乱。略阳、天水 6 个郡百姓 10 多万，在豪帅李、任、阎、赵、杨、上官的率领下觅食于汉川。永康元年（300 年）豪酋率流民入蜀，六郡流民便共推李特为主。李特起事，西晋强令荆州刺史征发当地兵丁前往镇压。“义阳蛮”张昌聚众于江夏郡安陆县南石崖起事，后于太安二年（303 年）被西晋宁朔将军、“南蛮校尉”刘弘剿灭③。

唐王朝先后对突厥、吐谷浑、薛延陀、吐蕃、南诏等进行过大规模的征讨。唐高宗永徽三年（652 年）四月，朗州道总管赵孝祖打败“西南蛮”，斩杀小勃弄酋长，擒获大勃弄酋长杨承颠平定西南。贞观四年（630 年）一月，乘东突厥内乱及大雪引发饥荒之机，唐太宗派军大举进攻。李靖率骁骑数千自马邑进攻屯恶阳岭，夜袭攻破定襄；李世勋率数千精兵出云中，与突厥战于白道大败突厥，颉利可汗率数骑逃脱藏于荒谷。三月，行军副总管张宝相俘颉利并将其送至京师。贞观八年（634 年）十一月，太宗下诏大举征讨吐谷浑；十二月，“以靖为西海道行军大总管，节度诸军。兵部尚书侯君集为积石道、刑部尚书任城王道宗为鄯善道、凉州都督李大亮为且末道、岷州都督李道彦为赤水道、利州刺史高甑生为盐泽道行军总管，并突厥、契苾之众击

① 参见龚荫著《中国历代民族政策概要》，民族出版社 2008 年版。

② 许嘉璐主编《二十四史全译》之《晋书·四夷列传·北狄匈奴》，汉语大词典出版社 2004 年版。

③ 参见龚荫著《中国历代民族政策概要》，民族出版社 2008 年版。

吐谷浑”。贞观九年（635 年）三月，“盐泽道行军总管高甑生击叛（入吐谷浑）羌（人），破之”。最后吐谷浑“伏允帅千余骑逃碛中，十余日，众散稍尽，为左右所杀”[①]。贞观十二年（638 年）八月，以吏部尚书侯君集等“督步骑五万击之”，九月，“败吐蕃于松州城下，斩首千余级”[②]。贞观十五年（641 年），唐朝出兵讨伐薛延陀，“上命营州都督张俭帅所部骑兵及奚、霫、契丹压其东境；以兵部尚书李世勣为朔州道行军总管，将兵六万，骑千二百，屯羽方；右卫大将军李大亮为灵州道行军总管，将兵四万，骑五千，屯灵武；右屯卫大将军张士贵将军一万七千，为庆州道行军总管，出云中；凉州都督李袭誉为凉州道行军总管，出其西”。十二月，“世勣选麾下及突厥精骑六千自直道邀之，逾白道川，追及于青山”。交战后，“薛延陀众溃”，“唐兵纵击，斩首三千余级，捕虏五万余人”，“其（余）众（逃）至漠北、值大雪，人畜冻死者十八九”[③]。永徽六年（655 年）正月，嶲州道行军总管曹继叔率军击败胡丛、显养、车鲁等攻取十余城。显庆元年（656 年）四月，“矩州（位于今贵州省贵阳市及清镇、龙里、修文等市县部分地区）人谢无灵举兵反，黔州都督李子和讨平之”。龙朔三年（663 年）五月，“柳州蛮酋吴君解反叛，遣冀州长史刘伯英、右武卫将军冯士翙发岭南兵讨之”。武后垂拱三年（687 年）七月，“岭南俚户旧输半课，交趾都护刘延祐使之全输，俚户不从，延祐诛其魁首。其党李思慎等作乱，攻破安南府城，杀延祐。桂州司马曹玄静将兵讨思慎等，斩之。突厥骨笃禄、元珍寇朔州；遣燕然道大总管黑齿常之击之，以右鹰扬大将军李多祚为之副，大破突厥于黄花堆，追奔四十余里，突厥皆散走碛北”。玄宗开元二年（714 年）十月，薛讷与吐蕃战于武街，大破之，因夜战，吐蕃军“自相杀伤，死者万计”[④]。唐玄宗开元三年（715 年）七月，“西南蛮寇边，遣右骁卫将军李玄道发戎、泸、夔、巴、梁、凤等州兵三万人并旧屯兵讨之”。代宗永泰元年（765 年）十月，郭子仪遣白元光率精骑追击吐蕃，战于灵台西原，“杀吐蕃万计，得所掠士女四千”[⑤]。大历十年（775 年）正月，“西川节度使崔宁奏破吐蕃数万于西山，斩首万级，捕虏数

① 〔宋〕司马光编纂《资治通鉴·唐纪十》，岳麓书社 1990 年版。

② 〔宋〕司马光编纂《资治通鉴·唐纪十一》，岳麓书社 1990 年版。

③ 〔宋〕司马光编纂《资治通鉴·唐纪十二》，岳麓书社 1990 年版。

④ 〔宋〕司马光编纂《资治通鉴·唐纪二十七》，岳麓书社 1990 年版。

⑤ 〔宋〕司马光编纂《资治通鉴·唐纪三十九》，岳麓书社 1990 年版。

千人"①。大历十一年（776年）正月，"西川节度使崔宁奏破吐蕃四节度及突厥、吐谷浑、氐、羌群蛮众二十余万，斩首万级"②。大历十二年（777年）十二月，"崔宁奏破吐蕃十余万众，斩首八千余级"③。大历十四年（779年）十月，发三道兵击吐蕃，"东川出兵，自江油趋白坝，与山南兵合击吐蕃、南诏，破之。范阳兵追及于七盘，又破之，遂克维、茂二州。李晟追击于大渡河外，又破之。吐蕃、南诏饥寒陨于崖谷死者八九万人"④。德宗贞元十七年（801年）七月，"上遣使敕韦皋出兵深入吐蕃以分其势，纾北边患。皋遣将将兵二万分出九道，攻吐蕃维、保、松州及栖鸡、老翁城"，"凡拔城七，军镇五，焚堡百五十，斩首万余级，捕虏六千"⑤。据史籍记载，吐蕃政权存在的二百余年，唐王朝对其进行的大规模征讨达30多次。玄宗天宝十年（751年）四月，剑南节度使鲜于仲通讨"南诏蛮"，率兵八万分两道出戎州、嶲州，至曲州、靖州，"进军至西洱河，与阁罗凤战，（唐）军大败，士卒死者六万人，仲通仅以身免"⑥。天宝十一年（752年）六月，"吐蕃兵六十万救南诏，剑南兵击破之于云南，克故隰州等三城，捕虏六千三百"⑦。天宝十二年（753年）五月，唐王朝以左武卫大将军何复光领岭南五府兵击南诏。天宝十三年（754年）五月，"侍御史、剑南留后李宓将兵七万击南诏。阁罗凤诱之深入，至大和城，闭壁不战。宓粮尽，士卒罹瘴疫及饥死十七八，乃引还，蛮追击之，宓被擒，全军皆没。杨国忠隐其败，更以捷闻，益发中国兵讨之，前后死者几二十万人"⑧。这次战争南诏兵死亡人数也相当多。

宋朝"泸夷"（位于今四川泸州至宜宾以南地区）时叛时附。宋真宗时"泸蛮之叛"历时两年，神宗时"泸夷"战乱达到高潮，晏州多刚都大首领卜漏聚众10万多人，于政和五年（1115年）正月出兵围攻诸寨堡，连胜，宋朝廷派招讨使赵遇领兵征讨平息了叛乱⑨。

---

① 〔宋〕司马光编纂《资治通鉴·唐纪四十一》，岳麓书社1990年版。
② 〔宋〕司马光编纂《资治通鉴·唐纪四十一》，岳麓书社1990年版。
③ 〔宋〕司马光编纂《资治通鉴·唐纪四十一》，岳麓书社1990年版。
④ 〔宋〕司马光编纂《资治通鉴·唐纪四十二》，岳麓书社1990年版。
⑤ 〔宋〕司马光编纂《资治通鉴·唐纪五十二》，岳麓书社1990年版。
⑥ 〔宋〕司马光编纂《资治通鉴·唐纪三十二》，岳麓书社1990年版。
⑦ 〔宋〕司马光编纂《资治通鉴·唐纪三十二》，岳麓书社1990年版。
⑧ 〔宋〕司马光编纂《资治通鉴·唐纪三十三》，岳麓书社1990年版。
⑨ 贾东海主编《中国历代民族理论民族政策研究》，中央民族大学出版社2011年版。

五、移民

“移民”一词最早出现在《周礼·秋官·士师》中，作为动词使用，意为迁移人口。此处的“移民”是指具有一定数量、一定距离且在迁入地居住一定时间的人口迁移过程或行动。对西部民族地区而言，主要有以政令或军事手段推行的强制型移民、为逃避战乱及灾荒等而进行的生存型移民、因经济因素而自发进行的开发型移民三种移民类型。其中以政令或军事手段推行的强制型移民，迁移的政治性、策略性和管控性较强；而生存型移民和开发型移民多源于战乱、灾荒、适宜生产与发展的优良自然环境等因素的影响，迁移的自发性较强。

（一）强制型移民

强制型移民主要指以政令或军事手段强制推行的移民，主要可分为政治型、掠夺型、惩罚型、民族型和军事型五种，多为朝廷出于巩固统治、安定边疆、增强自身实力等目的而进行的移民。

1. 政治型移民

政治型移民主要是指中央王朝出于政治统治性目的，把潜在政治威胁、敌对势力或归附民族迁居于特定区域，以巩固统治的移民。

秦惠文王后元九年（前 316 年）灭蜀时，秦立蜀王子孙为侯，加派相国予以控制。但蜀人不甘亡国，接连拥护 3 个蜀侯反叛均被秦国所杀，后“移秦民万家以实之”逐渐控制了局势，并废除蜀侯派郡守管理。开明氏的子孙宗族见复国无望，于是先退居雅安，再从雅安越大相岭至汉源，过大渡河至越西，越小相岭至泸沽，沿安宁河至西昌，再南渡金沙江，到达姚安（位于今云南省姚安县）一带，后顺礼社江入元江到达今越南北部。一些蜀人留在途中，至西汉时西昌和姚安一带还住有蜀王的子孙[①]。

秦灭六国时，把亡国之君及贵族等潜在的敌对人士强制迁徙到秦国内地或首都附近，其中迁入咸阳的“天下富户”有 12 万户。秦王政十九年（前 228 年），秦灭赵国后，将赵王的后代迁徙到陇西，与当地民族杂居在一起。秦王政二十四年至二十六年（前 223—前 221 年），秦灭楚国和齐国投降后楚王的部分宗族被迁至严道（位于今四川省荥经县），部分贵族如上

① 葛剑雄主编《中国移民史》（第二卷），福建人民出版社 1997 年版。

官氏、权氏被迁至陇西，齐王建则被迁至泾川北[①]。始皇三十五年（前 212 年）“因徙三万家丽邑，五万家云阳，皆复不事十岁”，即大规模迁徙富豪到“丽邑”（位于今陕西西安市临潼区西北）、“云阳”（位于今陕西省淳化县西北）。始皇三十六年（前 211 年）“徙民于北河、榆中、耐徙三处”，其中迁至榆中（位于今内蒙古自治区鄂尔多斯黄河北岸之地）的达 3 万家之多[②]。汉高祖把都城从洛阳迁至长安，随迁的贵族、大臣、官吏、家眷、兵卒、奴婢及民众等不下 10 万[③]。西汉初从关东迁移贵族、豪强、富人以充实首都长安及周边陵县，100 多年间移民及其后裔就多达 120 万，几乎占当地人口的 1/2[④]。高祖九年（前 198 年）十一月，“徙齐楚大族昭氏、屈氏、景氏、怀氏、田氏五姓关中”[⑤]，同时迁入的还有燕、赵、韩、魏的后人和豪杰富户，总数达 10 万多。

晋武帝泰始（265—274 年）初，“塞外匈奴大水，塞泥、黑难等二万余落归化”[⑥]（按一“落”五人计，“二万余落”应为十万余人）。泰康四年（283 年）六月，“牂牁僚二千余落内属”[⑦]。

元末兵乱、洪灾、旱灾、蝗灾、瘟疫等相继而至，百姓非亡即逃，中原及西部地区人烟稀少。朱元璋统一天下后，为恢复农业生产、发展经济、使人口均衡分布，巩固自身统治，按“四家之口留一、六家之口留二、八家之口留三”的比例进行了大规模移民。明朝大移民历经洪武、建文、永乐三帝，历时 50 多年。覆盖中原、华东数省，波及大半个中国，其移民规模在中国历史上空前绝后，在世界历史上也非常罕见。其移民部分来自内地，部分来自归附者。据《明史·地理志》载，洪武三年（1370 年），曾设宁夏府，两年后撤销，之后“弃其地，徙其民于陕西。洪武九年，立宁夏等五卫”[⑧]。《明太祖实录》载：洪武四年（1371 年）七月，“故元甘肃行省平章阿寒柏等至京师。先是，阿寒柏等官属兵民来降，陕西守臣以闻，诏阿寒柏与其官属四

① 葛剑雄主编《中国移民史》（第二卷），福建人民出版社 1997 年版。
② 龚荫著《中国历代民族政策概要》，民族出版社 2008 年版。
③ 葛剑雄主编《中国移民史》（第二卷），福建人民出版社 1997 年版。
④ 葛剑雄主编《中国移民史》（第一卷），福建人民出版社 1997 年版。
⑤ 许嘉璐主编《二十四史全译》之《汉书·高帝纪》，汉语大词典出版社 2004 年版。
⑥ 许嘉璐主编《二十四史全译》之《晋书·四夷传》，汉语大词典出版社 2004 年版。
⑦ 许嘉璐主编《二十四史全译》之《晋书·武帝纪》，汉语大词典出版社 2004 年版。
⑧ 《屯御疏》，载《明经世文编》，中华书局 1962 年版。

十四人入朝，其兵民留居宁夏。”其留居人员不会太少，可能多来自于境外归附者。永乐年间（1403—1424年），朱棣数次亲征蒙古，草原归附者安置于宁夏的人数增多。永乐元年（1403年）二月，鞑官伯帖木儿等率家属归附，安置于宁夏[①]。永乐三年（1405年），鞑官把都帖木儿等归附，其部属5000多人、驼马2万匹安置于凉州，并“给与牛羊孳牧。今以所给牛羊之例付尔观之。自今尔处有归附者，给与如例”[②]。永乐七年（1409年）六月，朱棣遣使宁夏赏赐内附的伪国公阿滩卜及其所部军民[③]。至七月，鞑靼丞相昝卜等“各率所部来归，至宁夏，众三万，牛羊驼马十余万”，朱棣派人给予赏赐[④]。后两次内附的人数可达4万[⑤]。

2. 掠夺型移民

这类移民多发生在占领敌对政权疆域后，目的在于削弱对方，同时利用掠夺人口作为士兵、奴隶、工匠或劳动力以增强自身实力。从春秋战国开始，敌对国间的掠夺性移民相当频繁，在国家分裂期间尤其明显。北方游牧民族经常侵扰中央王朝边地并掳掠人口。匈奴对西汉边缘地区、蒙古和元对金国、后金和清对明朝边地的侵扰曾掠走数十万至上百万的人口。

汉王朝时，匈奴大量掳掠、收容汉族群众以增加人口数量，利用中原汉族先进生产技术和管理能力。卫律曾经与单于谋划“穿井筑城，治楼以藏谷，与秦人守之”[⑥]。东晋初年，李氏割据益州因战乱导致人力、物力匮乏，遂从牂牁郡迁徙大量僚人至益州。李膺《益州记》载：“盖李雄据蜀，李寿从牂牁引僚入蜀境，自象山以北尽为僚居，临邛旧县因兹置也。”

晋后期，晋军取得局部胜利或退兵时，往往将当地民户掠夺性迁回作为奴隶买卖取利。永和十年（354年），恒温自关中撤军时，“徙关中三千余户而归”[⑦]。

《新唐书·南蛮传》载：“异牟寻立，悉众二十万入寇，与吐蕃并力一趋

---

① 《明太祖实录》卷一七，影印本。

② 《明太祖实录》卷四四，影印本。

③ 《明太祖实录》卷九三，影印本。

④ 《明太祖实录》卷九四，影印本。

⑤ 葛剑雄主编《中国移民史》（第五卷），福建人民出版社1997年版。

⑥ 许嘉璐主编《二十四史全译》之《汉书·匈奴传》，汉语大词典出版社2004年版。

⑦ 许嘉璐主编《二十四史全译》之《晋书·苻健载记》，汉语大词典出版社2004年版。

茂州，逾汶川，扰灌口……太和三年（829年）也，嵯巅（弄栋川节度使）乃悉众掩邛、戎、嶲三州陷之，入成都，……还，乃掠子女工技数万引而南。”南诏数次攻入西川，“掠子女工技数万引而南”也成为内地民族移民边疆的一种方式[①]。据相关史料载：唐王朝至少有20万至30万汉族人口迁入云南。

五代十国时期，前蜀建立后向关中、陇右发展，多次和岐王李茂贞发生战争。后梁开平五年（911年），前蜀军大败李茂贞部，俘虏和斩杀1万多人[②]；贞明二年（916年）十月，又大败李茂贞部，俘虏和斩杀1万多人；李茂贞部属保胜节度使李继岌率部2万多人自陇州（位于今陕西省陇县）迁入蜀[③]。

蒙宋战争开始不久，蒙古军即将大批俘虏来的南方人安置于陕西、甘肃、宁夏一带。元世祖至元元年（1264年）前已有一定数量来自四川的俘户，在宁夏境内中兴府一带充当奴仆[④]。元世祖至元七年（1270年）十二月原已迁入怀孟路的南方人1800多户迁入河西（位于今宁夏回族自治区和甘肃省一带）。元世祖至元十二年（1275年）三月，由于4800多户南方人迁入中兴府，增设怀远、灵武二县以安置之[⑤]。

3. 惩罚型移民

流放犯中的一部分可定期或不定期返回原地并不成为移民，但另一部分则在流放地定居下来且子孙后裔都不许离开，从而形成了惩罚型移民。此类移民历朝历代都有，但规模一般都较小。

《史记·五帝本纪》载：“驩兜进言共工，尧曰不可而试之工师，共工果淫辟。四岳举鲧治鸿水，尧以为不可，岳彊请试之，试之而无功，故百姓不便。三苗在江淮、荆州数为乱。于是舜归而言于帝，请流共工于幽陵，以变北狄；放驩兜于崇山，以变南蛮；迁三苗于三危，以变西戎；殛鲧于羽山，

① 许嘉璐主编《二十四史全译》之《新唐书·南蛮列传》，汉语大词典出版社2004年版。

② 《十国春秋·前蜀二·高祖纪》，影印本。

③ 《资治通鉴》，岳麓书社1990年版。

④ 李谦《中书左丞张公神道碑》，载《元文类》，商务印书馆2008年版。

⑤ 许嘉璐主编《二十四史全译》之《元史·世祖忽必烈本纪》，汉语大词典出版社2004年版。

以变东夷：四罪而天下咸服。”[①] “尧流四凶”成为有史记载的最早的惩罚型移民。

战国后期，秦国实行把罪犯迁往蜀地的法律，并规定其中部分人终生不得返回。此外，封建王朝依其统治意志任意扩大流放范围，造成大批移民。秦始皇将贾人、赘婿迁往边疆，动辄数十万。一些朝廷大案，甚至可以产生数万流放对象。秦王政九年（前238年），嫪毐作乱被杀后，其党羽舍人“夺爵迁蜀四千余家，家房陵”，其中大多定居了下来[②]。征和二年（前91年），汉武帝之子戾太子迫于武帝宠臣江充的谗害，在长安发兵被平息后，战乱中“吏士劫掠者，皆徙敦煌郡”[③]。平帝元始四年（4年），王莽执政招诱羌人在湟水以西、青海湖周围地区新设西海郡，“徙天下犯禁者处之”。为增加西海郡人口甚至不惜扩大“犯禁”范围，制造更多的“罪犯”，“又增法五十条，犯者徙之西海，徙者以千万数”[④]。建初七年（82年），“诏天下系囚减死一等，勿笞，诣边戍；妻子自随，占著所在；父母同产欲相从者，恣听之；有不到者，皆以乏军兴论”。不迁者以妨碍军需定罪，须处死刑。迁移的目的地大多为西北边疆。元和元年（84年），诏：“郡国都官系囚减死一等，勿笞，诣边县；妻子自随，占著在所。”[⑤]

南朝宋孝建初（454年）秀才檀超[⑥]，南朝元徽三年（475年）建平王景素防阁将军王季符、录事参军殷沵、记室参军蔡履[⑦]被流放梁州（位于今陕西省汉中市一带），南朝宋大明四年（460年）前庐陵内史周郎被流放宁州（位于今云南省曲靖市东），但途中被杀。

---

① 许嘉璐主编《二十四史全译》之《史记·五帝本纪》，汉语大词典出版社2004年版。

② 许嘉璐主编《二十四史全译》之《史记·秦始皇本纪》，汉语大词典出版社2004年版。

③ 许嘉璐主编《二十四史全译》之《汉书·公孙刘田王杨蔡陈郑传》，汉语大词典出版社2004年版。

④ 许嘉璐主编《二十四史全译》之《汉书·王莽传》，汉语大词典出版社2004年版。

⑤ 许嘉璐主编《二十四史全译》之《后汉书·章帝纪》，汉语大词典出版社2004年版。

⑥ 许嘉璐主编《二十四史全译》之《南齐书·文学传·檀超》，汉语大词典出版社2004年版。

⑦ 许嘉璐主编《二十四史全译》之《宋书·文九王传·建平宣简王刘宏》，汉语大词典出版社2004年版。

4. 民族型移民

由于政治、经济、军事等诸多因素的综合作用，早期人口多以民族或部族为聚居单位，一般迁移也以民族或部族为单位。如西汉迁匈奴降人于西北地区，东汉迁南匈奴于塞内，东汉及魏晋迁羌、氐等族人口于关中，唐朝突厥等各族降人迁至长安一带，明初内迁蒙古降卒等。

后稷的后裔不窋丢官后奔于戎狄间（大致位于今甘肃庆阳一带），其孙子公刘迁到豳（位于今陕西省宾县、旬邑一带）开荒定居。至古公亶父时受戎狄所逼，由豳渡漆水和沮水、过梁山，至岐山下的周原（位于今陕西省岐山县境内），进入关中平原。“豳人举国扶老携幼，尽复归古公亶父于岐下，及他旁国闻古公仁，亦多归之。”① 这是早期的民族型移民之一。

汉武帝元朔六年（前123年），汉骠骑将军卫青北击匈奴，匈奴主体部分远遁漠北；汉王朝夺取匈奴漠南地和河西地，降服了大批匈奴人。对夺取的土地设置朔方、酒泉、武威、张掖、敦煌等郡；对降服的匈奴人（如浑邪王“降者数万，号称十万”）分别迁往边郡（陇西、北地、上郡、朔方、云中）故塞外，“因其故俗，为属国”②。东汉建武二十四年（48年），匈奴南单于投降，经朝廷批准先至五原西部塞八十里处（今内蒙古自治区包头市西）、云中郡（位于今内蒙古自治区默特旗一带），后迁至西河郡美稷县（位于今内蒙古自治区准格尔旗西北），并派中郎将和副校尉留驻西河郡以监护，专门设立了官府、从事、掾吏等机构并派驻相关人员。还下令西河长吏率2000骑兵和500弛刑徒，协助中郎将保卫单于。从此南单于就常驻于此③。此后南匈奴、汉王朝与北匈奴交战，北匈奴降者也多内附，并长期定居下来。

吐谷浑原住辽西，西晋末迁入今青海境内。隋开皇年间（581—600年），吐谷浑可汗吕夸杀太子，立少子诃为太子，“诃复惧其父诛之”，图谋率部落1.5万户内迁，但遭隋王朝拒绝。名王拓拔木弥率1000多户请求归化，也未被接纳。隋大业五年（609年），隋军大败吐谷浑，“部落来降者十万余口”，

---

① 葛剑雄主编《中国移民史》（第二卷），福建人民出版社1997年版。

② 许嘉璐主编《二十四史全译》之《史记·卫青列传》，汉语大词典出版社2004年版。

③ 许嘉璐主编《二十四史全译》之《后汉书·南匈奴传》，汉语大词典出版社2004年版。

并在其故地设置四郡，徙汉人前往定居[①]。贞观九年（635年），李靖率军击败吐谷浑，唐王朝与其和亲并相安无事。高宗龙朔三年（663年），吐蕃灭了吐谷浑，吐谷浑可汗诺葛钵被迫与弘化公主率数千帐迁入凉州（位于今甘肃省武威市），咸亨三年（672年）诺葛钵率部迁青海后复迁入灵州，圣历二年（699年）论弓仁等部迁入灵州，慕容宣超率吐谷浑回迁青海后复入河西各州。四次移民除回迁之外，第一次、第三次迁入的两批人数在10万左右。后留在青海故地的吐谷浑迁入陇右和关内两道。安史之乱后，河西和灵州一带的吐谷浑人部分加入唐军参加了保卫潼关的战斗，部分迁入盐（位于今陕西省定边县）、庆（位于今甘肃省庆阳市）两州和夏州朔方县（位于今陕西省靖边县东）等地[②]。

唐太宗贞观年间，党项各部纷纷内附对唐王朝称臣纳贡。“贞观三年（629年）酋长细封步赖内附，其后诸姓酋长相率亦内附，皆列其地置州县，隶松州都督府。五年，又开其地，置州十六，县四十七；又以拓跋赤辞置州三十二。”在安史之乱前，在关内道的北部、西部和陇右道的东部都有党项移民。安史之乱后至唐末，北自黄河以北的振武节度使所在地、东至河东的中部和北部、西至河西走廊的凉州、南到关中平原西北的邠（位于今陕西省彬县）、宁（位于今甘肃省宁县）两州都已成为党项族的生活区[③]。

宋真宗景德二年（1005年），“南丹州蛮”首领淮勍率族人迁入宜州。大中祥符六年（1013年），“抚水州蛮”首领蒙但率族人迁入桂林。大中祥符九年（1016年），“宜州蛮”700多户分迁广西汉地和荆湖州军[④]。神宗元丰元年（1078年），部分安南人迁入广西，次年2万多户安南民众迁入宋境[⑤]。

5. 军事型移民

中央王朝为加强统治、巩固边防或达到某一军事目的，将部分人口迁往边疆军事要地。这类移民在国力强盛、人数充裕时多以轮流征兵役、招募、资助等方式进行，在人数不足时则以强制手段推行。如秦朝、西汉、

---

① 许嘉璐主编《二十四史全译》之《隋书·西域列传·吐谷浑传》，汉语大词典出版社2004年版。

② 葛剑雄主编《中国移民史》（第三卷），福建人民出版社1997年版。

③ 葛剑雄主编《中国移民史》（第三卷），福建人民出版社1997年版。

④ 许嘉璐主编《二十四史全译》之《宋史·蛮夷传》，汉语大词典出版社2004年版。

⑤ 许嘉璐主编《二十四史全译》之《宋史·孙固传》，汉语大词典出版社2004年版。

唐朝、明朝前期等都曾有过此类移民。而在国力衰退阶段则多为纯军事性质的少量移民，在战乱相持或战后恢复阶段以军人或解甲军人为主进行屯田。

《史记·西南夷传》载："始楚威王时，使将军庄蹻将兵循江上，略巴、蜀、黔中以西。蹻至滇池，地方三百里，旁平地，肥饶数千里，以兵威定属楚。欲归报，会秦击夺楚巴、黔中郡，道塞不通，因不还，以其众王滇。变服从其俗以长之"①。庄蹻率领的部分兵卒与当地土民通婚并定居下来，形成了有史籍记载的较早的军事型移民。始皇三十三年（前 214 年），秦王朝派兵"西北斥逐匈奴，自榆中并河以东，属之阴山，以为四十四县，城河上为塞"，"徙谪，实之初县"，并修筑长城以界之。不断迁徙的人口加上戍边的将士，"其总数不下十万之多"②。汉元封二年（前 109 年），卫广用武力击溃劳侵靡莫部落设置益州郡后，汉王朝为了巩固其统治，大量移民入滇，"募徙死罪及奸豪实之"③。唐蒙修筑西南夷道，为解决粮食供应难题，"乃募豪民田南夷，入粟县官，而内受钱于都内"。西汉文帝采纳了晁错的"守边备塞，劝农立本"之策，具体为"秦之戍卒不服其水土，戍者死于边，输者偾于道"，"不如选常居者，家室田作，且以备之"④。武帝元朔二年（前 127 年），西汉攻取匈奴河南地建朔方、五原郡后，"募民徙朔方十万口"；元鼎六年（前 111 年），"分武威、酒泉地置张掖、敦煌郡，徙民以实之"；太初元年（前 104 年），"发天下谪民西征大宛"。天汉元年（前 100 年），"发谪戍屯五原"⑤。

唐天宝十年（751 年）四月，剑南节度使鲜于仲通率 10 万大军与阁罗凤激战，全军覆没于西洱河，仅鲜于仲通身免；天宝十三年（754 年），杨国忠派侍御史李宓率军 10 万再讨南诏，阁罗凤诱敌深入，坚壁清野，唐军粮尽，染瘴十之七八，李宓败于太和城后率军队撤退，阁罗凤乘胜追击，被俘唐军沦为奴隶而留在了南诏。后唐庄宗同光三年（925 年），后唐发兵灭前蜀，留

---

① 许嘉璐主编《二十四史全译》之《史记·西南夷传》，汉语大词典出版社 2004 年版。

② 林剑鸣《秦史稿》，上海人民出版社 1981 年版。

③ 〔东晋〕常璩撰，刘琳校注《华阳国志校注·南中志》，巴蜀书社 1984 年版。

④ 许嘉璐主编《二十四史全译》之《汉书·袁盎晁错传》，汉语大词典出版社 2004 年版。

⑤ 许嘉璐主编《二十四史全译》之《汉书·武帝纪》，汉语大词典出版社 2004 年版。

兵 3 万驻防。应顺元年（934 年），东西川节度使孟知祥建立割据政权后蜀，3 万名军人都留在后蜀而不能返回北方[1]。

南宋的广西与大理国、安南等接壤，广西成为南宋王朝在南方的屯戍重点，是人口增加最快的路，从北宋神宗元丰三年（1080 年）的 242 109 户，增加为南宋宁宗嘉定十六年（1223 年）的 528 220 户，增加一倍还多[2]。军事性移民人口增加是重要原因。静江府（位于今广西壮族自治区桂林市）常年驻兵约 5000 人，邕州（位于今广西壮族自治区南宁市）常年驻兵约 5000 人，宜州常年驻兵约 2500 人，钦州常年驻兵约 500 人[3]。加之驻军一般都带家属，其移民数量较大。

洪武十四年（1381 年）九月，朱元璋命傅友德、蓝玉、沐英等率 30 万大军出征并于次年二月平定云南，设立军卫以屯戍，这批士兵中的一部分留戍云南。洪武十五年（1382 年）三月，朱元璋谕傅友德等："云南既平，留江西、浙江、湖南、河南四部司兵守之，控制要害。"[4] 洪武二十六年（1393 年），云南卫所共有士卒约 12 万人，与家属共计约 36 万人。洪武二十年（1387 年）八月，诏："在京军士戍守云南，其家属均遣诣戍所。""洪武二十一年（1388 年）三月，命兵部：凡宫人侍女有父戍守云南者，悉取回给赏，仍以其女还之。""洪武二十四年（1391 年）七月，赐云南、大理、陆凉诸卫士卒妻子之在京者白金人十两，钞十锭，仍给以官船，送往戍所。""洪武二十四年十一月，复赐鞑军幼子钞锭。初，鞑军之戍云南者，诏遣其妻子与俱，其有幼子不能往者，至今令其亲属送之，各赐锭十锭。"[5] 由此可见，明朝廷对戍军家属随军之事非常重视，随军人数也必不少。此外，"（沐英）还镇（1398 年），携江南、江西人民二百五十余万入滇，给予籽种、资金，区别地亩，分布于临安、曲靖……各郡县。……

---

① 许嘉璐主编《二十四史全译》之《新五代史·安重诲传》，汉语大词典出版社 2004 年版。

② 葛剑雄主编《中国移民史》（第四卷），福建人民出版社 1997 年版。

③ 《岭外代答·沿边兵》，影印本。

④ 许嘉璐主编《二十四史全译》之《明史·兵志三·边防》，汉语大词典出版社 2004 年版。

⑤ 许嘉璐主编《二十四史全译》之《明史·兵志三·边防》，汉语大词典出版社 2004 年版。

（沐）英镇滇七年，再移南京人民三十余万。”[①]

（二）生存型移民

生存型移民主要指民众因战乱、灾荒等因素在原居住地难以生存而迁居他乡的过程。

1. 灾荒型移民

灾荒型移民主要是指因旱灾、水灾、蝗灾、瘟疫等自然灾害导致原住民难以在当地生存下去，而迁居他乡的过程。汉朝时期因灾荒而产生的生存型移民较多，见于记载的主要有：元狩四年（前 119 年），关东连年遭受水灾，流民无处安置，“乃徙贫民于关以西，及充朔方以南新秦中”[②]，总数约 72.5 万人[③]，是向西北边疆移民人数最多的一次。汉元帝初，“关东连年被灾害，民流入关”[④]；河平元年（前 28 年），“流民入函谷、天井、壶口、五阮”[⑤]；鸿嘉四年（前 17 年），成帝诏：“关东流冗者众，流民欲入关，辄籍内，所之郡国，谨遇以理，务有以全活之”[⑥]；地皇三年（22 年），“流民入关者数十万人”[⑦]。可见当时因灾荒而引发的生存型移民数量很大，朝廷虽采取了一定措施加以限制，但收效不大。

从西晋末年开始，全国性的北方人口南迁。陕西、甘肃等地民众多因逃荒从秦岭大量进入四川。元康六年（296 年）“关中饥，大疫”。次年，秦、雍二州（辖区位于今陕西中部至甘肃东部、南部）天灾不断，“疫。大旱，陨霜，杀秋稼。关中饥，米斛万钱”。朝廷无力救济，下诏容许百姓“骨肉相卖”[⑧]。连年的传染病流行、旱灾、霜害、饥荒，迫使“百姓乃流移就谷，相与入汉川者数万家”，其中就有以李特为首的大批氐人。虽然朝廷不同意其留居汉中，但因李苾受流民贿赂，默许并向朝廷建议就地安置流民，从而使流民迁入合法化。在这种情况下各地流民纷纷涌入。

---

① 许嘉璐主编《二十四史全译》之《明史·沐英传》，汉语大词典出版社 2004 年版。

② 许嘉璐主编《二十四史全译》之《汉书·武帝纪》，汉语大词典出版社 2004 年版。

③ 许嘉璐主编《二十四史全译》之《史记·平准书》，汉语大词典出版社 2004 年版。

④ 许嘉璐主编《二十四史全译》之《汉书·于定国传》，汉语大词典出版社 2004 年版。

⑤ 许嘉璐主编《二十四史全译》之《汉书·天文志》，汉语大词典出版社 2004 年版。

⑥ 许嘉璐主编《二十四史全译》之《汉书·成帝纪》，汉语大词典出版社 2004 年版。

⑦ 许嘉璐主编《二十四史全译》之《汉书·王莽传》，汉语大词典出版社 2004 年版。

⑧ 许嘉璐主编《二十四史全译》之《晋书·惠帝纪》，汉语大词典出版社 2004 年版。

2. 战乱型移民

战乱型移民主要是指因连年战乱等因素，导致原住民难以在当地生存下去而迁居他乡的过程。东汉建武元年（25 年），因战乱等因素“氐人悉附陇蜀”[①]，全部会集到甘肃东南和四川北部。东汉初期，光武帝忙于消灭中原各地的割据势力巩固自身政权，无力北顾只能步步退让，于建武九年至二十年（33—44 年）先后撤销定襄郡、朔方刺史部、五原郡、朔方郡、云中郡、北地郡等，将其官民全部迁至内地，直到建武二十六年（50 年）回迁，迁移规模较大。东汉中后期，西北“羌乱”严重及南匈奴反叛，汉王朝在当地设置的官府不得不内迁，同时当地居民随之内迁。永初元年（107 年）迁凉州民于三辅[②]，五年（111 年）陇西郡从狄道（位于今甘肃省临洮县）迁治襄武（位于今甘肃省陇西县东南），安定郡从临泾（位于今甘肃省镇原县西南）迁治美阳（位于今陕西省武功县西北），北地郡从富平（位于今宁夏回族自治区吴忠市西北）迁治池阳（位于今陕西省泾阳县西北），上郡从肤施（位于今陕西省榆林市东南）迁治衙县（位于今陕西省黄龙县西南），居民随之内迁[③]。虽安定、北地、上郡于永建四年（129 年）迁回原地，要求内迁之民回迁，但时隔 20 多年，部分人不可避免地留了下来。永和五年（140 年），南匈奴反叛，西河、上郡、朔方三郡内迁，其中上郡迁治夏阳（位于今陕西省韩城市西南）[④]。在此期间境外和边疆的民族逐步移居关内，形成了一定数量的移民。东汉建安十六年（211 年），马超、韩遂起兵时“兴国氐王阿贵、白项氐王千万各有部落万余”参加。马、韩兵败后“阿贵为夏侯渊所攻灭，千万西南入蜀，其部落不能去，皆降。国家分徙其前后两端者，置扶风、美阳，今之安夷、抚夷二都护军所典是

① 许嘉璐主编《二十四史全译》之《后汉书·西南夷传》，汉语大词典出版社 2004 年版。

② 许嘉璐主编《二十四史全译》之《后汉书·庞参传》，汉语大词典出版社 2004 年版。

③ 许嘉璐主编《二十四史全译》之《后汉书·安帝纪》，汉语大词典出版社 2004 年版。

④ 许嘉璐主编《二十四史全译》之《后汉书·顺帝纪》，汉语大词典出版社 2004 年版。

也。其本守善，分留天水、南安界，今之广魏郡守是也。”[①] 这支氐人有近10万，战败后被安置的至少有4万多。

在唐代天宝年间（742—756年），唐王朝与南诏发生战争前，云南的汉族移民主要分布在姚州（位于今云南省姚安县北），主要来自流落不归的戍卒和逃避沉重赋役的内地汉民。高宗麟德元年（664年），唐朝设置姚州都督府，每年派兵500前往镇守[②]。这个都督府设置了80多年，其戍卒先后达4万多人，其中有戍期满回去的，而流落在姚州的也不少[③]。因逃避赋役和罪罚而进入云南的汉族移民也不少，姚州境内有2000多户“剑南逋逃，中原亡命”；在其辖的57个羁縻州中，来自中原的“巨滑游客，不可胜数”；大臣张柬之要求罢姚州和泸南诸镇，在蜀地入云南的要道设关卡，“百姓自非奉使入蕃者，不许交通往来”[④]。唐末安史之乱至五代十国时期，大量北民南迁，迁入西南民族地区的移民较多。

北宋初年，因北方有强大的辽国，大量陕甘移民进入四川。宋末，因蒙古军队进入四川，大肆屠杀平民或掳掠平民到北方充当奴隶，为逃避战乱，战争的幸存者纷纷逃入偏远山区或迁入长江中下游及东南地区。

成吉思汗建立蒙古国之后，中原汉人因被掳掠、编入军队、强制征用、被买卖和屯田等而迁移，部分迁入了漠北地区。成吉思汗八年（1213年），投降蒙古军的永靖县富户史秉直奉命率10万多降人迁至漠北[⑤]。刘伯杰“副使而北者，诸匠官所领道亡过半，独副使整部伍，工作皆完缮”[⑥]。随着蒙古军西征，大量汉族移民也到了西域地区，其中一部分为汉人将领和士兵西征后留居下来，另一部分则为随军的工匠、伎乐人等。到元末明初，由于数十年的战乱，大批湖广乡民和安徽、陕西部分军民留居四川。

此外，在一些历史时期，战争、动乱往往与灾荒交织在一起，对原住民造成严重影响，以致其难以生存而迁居他乡。永康元年（300年），益州刺史

① 许嘉璐主编《二十四史全译》之《三国志·魏志三十》，汉语大词典出版社2004年版。

② 〔北宋〕王溥撰，牛继清校译《唐会要校正·姚州都督府》，三秦出版社2012年版。

③ 方国瑜《唐宋时期洱海区的汉族移民》，《人文科学杂志》1957年第1期。

④ 张柬之《请罢姚州屯戍表》，《全唐文纪事》，上海古籍出版社1987年版。

⑤ 许嘉璐主编《二十四史全译》之《元史·史天倪传》，汉语大词典出版社2004年版。

⑥ 〔元〕袁桷撰《清容居士集·六公墓志铭》，中华书局1985年版。

赵廞因不愿内调而借李特兄弟等氐汉武装杀了继任者耿腾，次年又因嫉妒李特之兄李痒的才干而将其杀之。李特遂起兵攻占成都、杀赵廞，并报告朝廷，朝廷给予其封爵，成为四川流民的统领。永宁元年（301 年）朝廷卫下令秦、雍州“凡流人入汉川者，皆下所在召还”。新任益州刺史罗尚派官吏催逼限七月动身，广汉太守辛冉与梓潼太守张演合计想趁机劫夺流民财物。而此时由于粮食尚未收割，无法筹集口粮上路，李特多次请求朝廷将行期延至秋收后。流民“人人愁怨，不知所为”，加之感激李特，纷纷聚于李特所设大营，辛冉、罗尚发兵袭击被李特击败。于是六郡（天水、略阳、扶风、始平、武都、阴乎）[①] 流人推李特为首起兵自立。永安元年（304 年），李特之子李雄攻占成都，称成都王。至此，秦、雍移民基本在成都定居下来。与此同时，一部分蜀人由汉阳（位于今四川省泸州市）沿长江向东逃亡，或向南逃往益州南部和宁州各郡（约位于今云南省、贵州省的大部和四川省长江以南部分）。自元康元年（291 年）开始的“八王之乱”愈演愈烈，各边疆地区军政长官纷纷割据，大量难民涌入四川及西南等地。永嘉乱后，战乱、大旱和蝗灾频繁，难民纷纷以原籍或宗族为单位，或依附原籍的强宗大族、地方官员集体南迁，部分进入西南民族地区。

（三）开发型移民

开发型移民主要指民众因迁入地比迁出地具有更丰富的自然资源、更优越的地理环境和生产生活条件，以及更大的发展空间等而进行迁移的过程。

在西周前巴人的祖先随着人口增加而由夷城（位于今湖北省宜都市）溯长江而上至巴国新都江州（位于今重庆市境内），见其地理环境适宜耕种和居住而定居下来。周武王灭商后封巴为子国，称八子国。

建安二十年（215 年），曹操任命苏则为金城郡（辖区位于今甘肃省榆中县西北黄河南岸）太守，时全郡户数不足 500，苏则“内抚凋残，外鸠离散”[②]，后户数增至 3000 多。镇抚雍州、凉州的张既“政惠著闻”，“能容民畜众，使群羌归土”[③]。

北宋太宗太平兴国七年（982 年），党项贵族李继迁拒绝内迁附宋，为集

① 唐长璐《晋代北境各族“变乱”的性质及五胡政权在中国的统治》，载《魏晋南北朝史论丛》，三联书店 1962 年版。

② 《三国志·魏书十六·任苏杜郑仓传》，中华书局 1959 年版。

③ 《三国志·魏书十五·刘司马梁张温贾传》，中华书局 1959 年版。

结力量、增强自身实力与宋王朝抗衡，采取各种措施招纳宋境内的人才，吸纳宋境内的人口。凡“举子不第，贫贱无归”的豪杰均收为己用，“或授以将帅，或任之公卿，推诚不疑，依为谋主”①。为此，“陕西戍兵、边人负过必逃”，“四方豪士稍不得志则攘臂而去”，均逃入西夏境内②。居住在宋境比邻西夏地区的民族部落，由于宋王朝的边将“失于抚御”，也迁入西夏。咸平五年（1002年），麟州（位于今陕西省神木县）、府州（位于今陕西省府谷县）的部落多数迁入西夏境内，以致张齐贤惊叹“如此，则二三年间麟、府州界蕃汉人户渐更衰耗”③。宋朝时期四川（辖区包括成都府、梓州、夔州和利州四路，位于今四川省境内的四川盆地，陕西、甘肃二省的秦岭以南地区，以及湖北恩施和贵州大部）战略位置重要、农业技术发达、商业较为繁荣，且为井盐的主产地，吸引了很多无地农民。采盐业发达的陵州井研县、嘉州（辖区位于今四川省乐山市）和荣州（辖区位于今四川省荣县）等州以采盐为业的户数很多，而每户需要役使工匠20—50人。这些工匠大多来自外地，“皆是他州别县浮浪无根著之徒”。同时，虽然朝廷设立禁山以阻止汉族民众向边地迁移，但汉族农民不顾禁令“侵开日广”，青城山以西地区“弥望田苗，几撤蕃界”。到南宋淳熙（1174—1189年）年间，文（辖区位于今甘肃省文县）、龙（辖区位于今四川省江油市北）、威、茂（辖区位于今四川省茂汶县）、嘉（辖区位于今四川省乐山市）、叙（戎州）、恭（渝州）、涪（辖区位于今重庆市涪陵区）、施（辖区位于今湖北省恩施市）、黔（辖区位于今四川省彭水县）等边州的禁山，因移民垦荒已所剩无几④。

明末清初，因天灾频繁、动荡空前、各割据武装厮杀不止，四川（含今重庆市）凋残不堪，人口锐减，清朝廷遂招募和迁移大量湖南、江西、福建等省民众入川垦荒。顺治十年（1653年），清朝廷就采取“四川荒地，官给牛种，听兵民开垦，酌量补还价值”⑤的措施，以招徕本籍逃散人口归籍，但效果不佳。康熙七年（1668年）九月，四川巡抚张德地以四川历史上曾大量招民垦荒为理由，上书朝廷请求扩大招垦范围，鼓励湖广等地农

① 上海师大古籍所、华东师大古籍所校《续资治通鉴长编》，中华书局2004年版。
② 上海师大古籍所、华东师大古籍所校《续资治通鉴长编》，中华书局2004年版。
③ 上海师大古籍所、华东师大古籍所校《续资治通鉴长编》，中华书局2004年版。
④ 葛剑雄主编《中国移民史》（第四卷），福建人民出版社1997年版。
⑤ 嘉庆《四川通志·食货·田赋》。

民进川垦荒[①]。康熙十年（1671 年）六月，川湖总督蔡毓荣又提出："蜀省有可耕之田，而无可耕之民，招民开垦，洵属急务"，应放宽招民授官的标准和延长垦荒起征税收的年限，将原定的招民 700 名即行升官改为 300 名即升，将起征税收的年限由 3 年延为 5 年，各省贫民携妻子入蜀开垦者准其入籍[②]。大规模的移民入川由此展开。康熙二十年（1681 年）七月，朝廷规定内地诸省不再实施"招民议叙"，只有四川、云南、贵州 3 省例外[③]，进一步加速了移民西南的步伐。经过长达百余年的移民，据相关统计资料显示，移民人数高达数百万至上千万[④]。

六、屯田

据《文献通考》卷七《田赋考》载，"屯田因兵屯而得名，则固以兵耕；营田募民耕之，而分里筑室，以居其人，略如晁错田塞之制，故以营名，其实用民而非兵也。国初淮河北屯田有兵"，"熙、丰间，屯营多在边州，土著人少，则不复更限兵民，但及给用，即取之，于是屯田、营田实同名异。而官庄之名最后乃出，亦往往杂用兵民也"，"而边地荒弃者，又立倾亩，招弓箭手田；其不属弓箭手而募中土人往耕者，壤地租给，大抵参错，名虽殊而制相入也"，"祖宗时，营田皆置务。何承矩建议于河北、欧阳修募弓箭手于河东，陈恕、樊知古招置营田于河东、北，范仲淹大兴屯田于陕西，耿望置屯田于襄州，章惇初筑沅州亦为屯田务，正以极边两不耕之地，并边多流徙之余，因地之利，课以耕耘，赡师旅而省舆输，此所以为扈边实塞之要务，足国安民之生计也"[⑤]。边地屯田、营田的劳动者的类型、来源、屯田的目的、作用等均做了阐述。屯田的目的是就地供应边地驻军的粮草以节约运输成本，护边实塞、定国安民。屯田的劳动者有三种，即当地驻军、民兵乡兵、"中土"移民。屯田制度作为一种统治制度和策略逐渐趋于完善。总体看，屯田可以分为军屯、民屯、商屯三种。

（一）军屯

军屯主要是指在军事要冲、边地要塞，由当地驻军在平时以一定比例或

---

① "中央研究院"历史语言研究所编《明清史料》丙编，商务印书馆 1935 年版。

② 康熙《大清会典·户部四·田土》，华文书局 1987 年版。

③ 《清圣祖实录》，华文书局 1987 年版。

④ 葛剑雄主编《中国移民史》（第五卷），福建人民出版社 1997 年版。

⑤ 《文献通考·田赋考七》，中华书局 1986 年版。

全部人员投入农业生产就地解决军粮供应，实现守边护塞、定国安民的目的。

东汉王朝控制西域后设置宜禾都尉，由窦固、耿秉率领讨伐匈奴留下的部分官兵进行屯田。先在伊吾卢（位于今新疆维吾尔自治区哈密市），继在金满城和柳中城（位于今新疆维吾尔自治区吐鲁番市东南），每屯数百人①。

北宋西面、北面与西夏和辽国接壤，边防线较长。为发展边疆经济、就近解决军粮供应和战时协同作战的需要，北宋在西、北地区进行了一定规模的屯田。真宗咸平四年（1001 年），建镇戎军（位于今宁夏回族自治区固原市原州区），并在军城四面屯田，以下军 2000 人开田 500 顷。治平末陕西弓箭手并砦户达 4.63 万人。神宗熙宁五年（1072 年），鄜延路以 1.59 万顷耕地，招募汉蕃弓箭手 4900 人前来耕种。元丰五年（1082 年），鄜延路又以新收米脂、五堡、义合、细附图、塞门五砦地置汉蕃弓箭手②。哲宗元祐三年（1088 年），渭州以荒地万余顷招弓箭手 5300 人耕种。

明王朝军队除部分留守京师及内地外，大多数驻守在北方九边重镇及云南、贵州、四川、广西等地。明初，边防驻军的粮饷主要由内地供给，但因运输成本大故采取了屯垦以自给。朝廷规定军屯事务由卫所管理："边地，三分守城，七分屯种。内地，二分守城，八分屯种。每军受田五十亩为一分，给耕牛、农具，教树植，复租赋。"后来鉴于边地久荒难于屯种，朝廷决定屯田暂不交租赋。于是"东自辽左，北抵宣、大，西至甘肃，南尽滇、蜀，极于交阯……在兴屯矣"③。洪武十九年（1386 年）九月，西平侯沐英上奏"云南土地甚广，而荒芜居多，宜置屯，令军士开垦，以备储偫"④。朝廷采纳了这个建议，当年即在洱海卫（位于今云南祥云）"立屯堡"。洪武二十年（1387 年）八月，从四川选精兵 2.5 万人，携带兵器、农具、用钞 3.2 万锭，购买耕牛 1 万头，往"云南屯田"。九月，从湖广靖州、五开及辰、沅等卫新军中选精兵 4.5 万人"于云南听征"，"市年二万，往彼屯种"⑤。洪武二十一

---

① 龚荫著《中国历代民族政策概要》，民族出版社 2008 年版。

② 许嘉璐主编《二十四史全译》之《宋史·兵志四·乡兵一》，汉语大词典出版社 2004 年版。

③ 许嘉璐主编《二十四史全译》之《明史·食货志一·田制》，汉语大词典出版社 2004 年版。

④ 《明太祖实录》，影印本，"中央研究院"历史语言研究所校印。

⑤ 《明太祖实录》，影印本，"中央研究院"历史语言研究所校印。

年（1388 年）二月，“命马烨率西安等卫兵三万三千屯戍云南”[①]。洪武二十三年（1390 年）四月，在湖广辰阳征兵 5000 到平夷卫（位于今云南省富源县）屯田。据《云南通志》记载，云南都指挥使司所辖有 36 个卫所，军屯人数为 29 万人，军屯田土约为 130 万亩，生产粮食近 39 万石[②]。

（二）民屯

民屯主要指由中央王朝招募内地无地、少地的贫苦农民或被流放之人，强行或在边疆屯垦条件影响下自行迁移至特定区域耕种官田或垦荒，按规定纳税粮，以保障税粮和军队给养。汉朝以后的历朝都或多或少地采用过这一策略。民屯由朝廷有关机构负责组织管理，从人多地少的内地移民到人少地广的“宽乡”垦殖。移民有两种：一种是响应“召募”而去的贫苦农民；另一种是因犯罪而被强行迁去（或流放）的人。《明史·食货志·田制》载：“其制，移民就宽乡，或召募或罪徙者为民屯，皆领之有司”[③]。

诸葛亮平定南中后，为保证军队和官吏的粮食供应大兴屯田。在建宁郡驻地味县（位于今云南省曲靖市西）设立五部都尉管理屯田事务，任命大姓为五部都尉以领其“夷汉部曲”、蜀汉分配的“羸弱”和“部曲”进行屯田生产，并把庲降都督治所迁至味县以便监管。在建宁郡的带动下云南郡（位于今云南省祥云县一带）出现了“上方夷”（山区居民）和“下方夷”（坝区居民）。李恢又从永昌郡（位于今云南省保山市）“迁濮民数千落于云南（郡）、建宁（郡）界，以实二郡”，此后一些民族“慕侯之德，渐去山林，徙居平地，建城邑，务农桑”[④]。

庆历元年（1041 年），延州（位于今陕西省延安市）在险要地方筑城堡 11 个以募民垦荒，“可食之田尽募民耕之，延安遂为乐土”[⑤]。熙宁四年（1071 年），王韶经略熙河夺取青海东部和甘肃南部原吐蕃唃厮罗之地，并于熙宁五年（1072 年）五月招募汉人 900 多人，耕田 100 顷，建洒坊 30 多处[⑥]，同年十月朝廷诏南方各路“如有谙晓耕种稻田农民罪犯该刺配者”至

---

① 《明太祖实录》，影印本，“中央研究院”历史语言研究所校印。

② 〔清〕鄂尔泰等监修《云南通志》，清刻本，影印本。

③ 许嘉璐主编《二十四史全译》之《明史·食货志一·田制》，汉语大词典出版社 2004 年版。

④ 参见龚荫著《中国历代民族政策概要》，民族出版社 2008 年版。

⑤ 〔北宋〕司马光撰《传家集·庞公墓志铭》，影印本。

⑥ 上海师大古籍所、华东师大古籍所校《续资治通鉴长编》，中华书局 2004 年版。

熙州，至300人为止[①]。此后，在边远的西宁州（位于今青海省西宁市）、湟州（位于今青海省乐都县南）、廓州（位于今青海省尖扎县境）、洮州（位于今甘肃省临潭县）和积石州（位于今青海省贵德县东）等州军也进行了屯田，除了弓箭手屯田还有一些汉人在此买田，甚至有买田达1000多顷的[②]。此外，宋王朝在广西进行过多次屯田，北宋仁宗嘉祐年间（1056—1063年）广西转运使李师中以优惠条件募民屯田，“于是地稍开辟，瘴毒减息”[③]。神宗熙宁七年（1074年）九月，桂州知州刘彝又募民开荒[④]。南宋真宗景定三年（1262年），朝廷在静江府组织屯田有效后，又在邕州、钦州、宜州、融州、柳州、象州、浔州等州屯田[⑤]。

明王朝在实施军屯的同时也广泛开展民屯。朝廷鼓励内地民众到边疆地区开荒种地，将其作为自身“业田”，并规定“永不取科”。洪武六年（1373年），太仆丞梁埜仙帖木儿建议：“宁夏境内及四川西南至船城，东北至塔滩，相去八百里，土膏沃，宜招集流亡屯田。”这一建议被朝廷采纳。洪武十五年（1382年），明军平定云南后，云南随即成为移民屯垦的主要区域之一。洪武十七年（1384年），朝廷“移中土大姓以实云南”。洪武二十年（1387年），朝廷“命湖广常德、辰州二府民（户）三丁以上者，出一丁往屯云南”[⑥]，其数量达数万至十万余人。

（三）商屯

商屯是中央王朝招募内地地主、商人等到边疆地区屯垦，并把所获谷物交给当地官府或驻军，解决驻军和官吏的粮食供应，并由官府发给凭证到内地府库取钱或按规定进行“官营”商品营利活动的屯田模式。自汉朝以后，商屯在不少中央王朝得以应用，有的王朝取得了显著成效，而有的却收效甚微，但客观上促进了各民族的交流与融合，促进了西部民族地区的经济社会发展。

---

① 上海师大古籍所、华东师大古籍所校《续资治通鉴长编》，中华书局2004年版。

② 许嘉璐主编《二十四史全译》之《宋史·兵志四·乡兵一》，汉语大词典出版社2004年版。

③ 上海师大古籍所、华东师大古籍所校《续资治通鉴长编》，中华书局2004年版。

④ 上海师大古籍所、华东师大古籍所校《续资治通鉴长编》，中华书局2004年版。

⑤ 许嘉璐主编《二十四史全译》之《宋史·理宗纪》，汉语大词典出版社2004年版。

⑥ 《明太祖实录》卷一八六，洪武十七年、二十年，影印本，“中央研究院”历史语言研究所校印。

西汉王朝号召内地汉族中的地主、商人（豪民）到“西南夷”地区屯田。这些地主、商人把在“西南夷”地区屯田收获的谷物交给当地的郡县官府，以供驻军和官吏食用，然后由地方官吏发给凭证到内地府库中取钱。采取这种屯田措施可以更多地开辟边疆荒地，就地解决驻军及官吏的粮食供应问题，降低运输成本，扩大农业种植，发展当地生产，被后世不少王朝采用。这可以视为商屯的初级模式。

《明史·食货志·田制》载：“募盐商于各边开中，为之商屯。”“开中”就是“召商输粮而与之盐”①。明王朝推行食盐专卖制度，盐业由官府专营。为便于边防驻军粮饷供应，朝廷在盐商向边地纳粮后发给盐引。盐商为图便利，招募内地贫苦农民到边疆缺军粮的地区开荒，把收获的谷米等就地缴为军粮换取“盐引”，然后用盐引到盐场或盐井提取食盐贩卖获取利润。位于西部民族地区的明朝产盐区主要有云南、四川、陕西三省，故明朝的商屯多在这些地区展开。《明史·食货志》载：“成祖即位，以北京诸卫粮乏，悉停天下中盐，专于京卫开中。惟云南金齿卫、楚雄府，四川盐井卫，陕西甘州卫，开中如故。”② 为确保边疆驻军粮草供应，朝廷非常注意维护盐商利益，一再提高边疆地区“开中”的盐粮比价。如云南正统初因征麓军粮消耗量巨大，再次大力招募商屯，一再降低纳米数。正统四年（1439 年）六月，大理府纳米二斗，金齿司纳米一斗五升，给白盐井盐一引；到十一月又各减五升，到正统八年（1443 年）又再各减五升，即大理府纳米一斗、金齿纳米五升便可得盐一引。由于一再降低纳米数，商人有利可图，商屯也就大为兴盛，内地到边疆地区进行商屯的农民也很多③。

第三节　民族管理内容

中央王朝对西部民族地区的管理内容因社会发展程度、事务复杂程度和策略、侧重点不同而有所不同。虽然民族管理的具体内容会因时而异，但从

---

① 许嘉璐主编《二十四史全译》之《明史·食货志一·田制》，汉语大词典出版社 2004 年版。

② 许嘉璐主编《二十四史全译》之《明史·食货志一·田制》，汉语大词典出版社 2004 年版。

③ 参见龚荫著《中国历代民族政策概要》，民族出版社 2008 年版。

整个历史发展过程看主要有官吏、经济、边疆、文教、宗教等方面。而按照管理内容的性质，又可以分为与内地非民族地区一致的管理和对西部民族地区进行的特殊管理两个方面。

一、官吏管理

官府运行须官员与辅助人员通力协作才能完成，故“官吏”取“官”和“吏”叠加之意，即包括职官和辅助人员，是官府管理主体组成人员的总称。历朝历代中央王朝在对西部民族地区官吏进行管理时，存在对“流官”与民族职官两种不同的管理方式。“流官”和民族职官源于元、明、清时期的土司制度，其中“流官”指在民族地区由朝廷任命、有品级、不世袭、有任期的官员，民族职官相对于“流官”而言是朝廷封赐的、能世袭的地方民族官员或统治者。“流官”和民族职官作为间接统治与直接统治的产物，具有悠久的历史渊源。

（一）“流官”管理

朝廷对西部民族地区“流官”的管理方式与内地非民族地区的官吏管理基本一致。主要存在于靠近内地、实行郡县制的地区，以及改土归流的地区①。

1. 职官管理

职官管理包括职官的选拔制度，任用制度，考课与奖惩制度，等级与俸禄制度，休假、退休和抚恤制度等方面的内容。

（1）官吏选拔制度。每个王朝的运转都需要不断更新官吏，确保统治的延续，而更新的过程就是官吏的任免选拔。这关系到官府管理与统治效能。①荐举制度。荐举主要有制度荐举、私人荐举、官府荐举和自荐等形式，盛行于科举制产生前，之后则作为一种补充形式不同程度地存在。其中制度荐举主要是指按照选贡士制、察举制、九品中正制等的规定，通过一定途径和程序来选拔官吏。私人荐举是由具有一定资格的大臣在对下属考察的同时，按“外举不弃仇，内举不避亲”的原则，以才能为标准定期向君主保荐，由朝廷授以要职或破格提拔官吏的方式。这一制度源于春秋战国时期，被后代君主所采用，多实行层层担保、大官举荐小官、小官举荐吏职及严格监督并

① 该部分内容综合参考了韦庆远、柏桦编著《中国政治制度史》，中国人民大学2005年第2版；蔡放波主编《中国行政制度史》，武汉大学出版社2009年版；张岂之主编《中国历史》，高等教育出版社2001年版等的相关内容。在此不一一细细注释。

重的方式。官府荐举是以官府名义向君主和上级官府推荐官吏，被举荐者要参加一定的考试，明王朝以前举荐的官府和主要责任人不必负连带责任，而之后则须担责。自荐是因循战国时期士人游说君主的习俗而形成的入仕制度，用自我推荐的方式博得君主信任而被授予官职。西汉开始在制度上给予肯定，但到东汉时逐渐被世俗大户所不齿，到魏晋南北朝时趋于没落。②科举制度。科举制在举荐制的基础上发展而成，以考试成绩作为官吏的主要选拔标准。隋炀帝时开始设进士科以试策取士，经唐朝的发展而确立，后宋因袭唐制，辽、夏、金、元等民族政权也加以利用，至明、清进入程序化、僵化和衰朽期。其科考程序大致可分为四级：童试（府、县级考试）、乡试（省级考试，每三年举行一次）、会试（国家级考试，乡试后的第二年进行，礼部主持由已取得举人身份的人参加）、殿试（会试中试者由皇帝在朝堂考核）。③征辟制度。君主直接选拔官员为“征”或“征召”，主要官员直接任用属官为“辟”。被征召之人往往对当时政治产生一定影响，如蜀汉的诸葛亮、唐朝的李泌、明朝的刘基与宋濂、清朝的范文程等。“辟”分为朝廷重臣辟署和地方长官辟署两种，在秦汉魏晋南北朝时期是一种广泛且重要的入仕途径，但比较容易形成私家派别。④荫袭制度。荫袭指勋贵子弟依靠父兄的权位、功劳进入仕途的制度，是世袭制的演化变种。夏商周三朝实行的是世卿制，官员由国王任命，官职世代相袭。这种由贵族直接控制、封闭式的管理制度以亲疏为任职标准，因存在太多弊病而于春秋战国时期逐渐被破坏，发展为荫袭制度。荫袭的子弟不是承袭父兄原有官职，而是比其低下的职务，甚至只任虚衔或仅只得到入仕资格。⑤其他入仕途径。如博士弟子和国子、赀选世家、军功、捐纳、流外铨和吏员等。其中博士弟子和国子是指经过教育系统培养、通过考试合格或学校升贡而入仕途。赀选世家是一些朝廷把家世和财产状况作为选拔官吏的资格和条件，如秦汉初期规定需有一定财产才能做官。军功是王朝为适应战争、照顾军人的特殊利益而采取的根据战功大小选拔官员的方式，自商鞅变法有此类明确的制度规定后各个朝代均沿袭运用。捐官（亦称“纳赀”）是用财物向朝廷买官爵的入仕途径，自秦代鼓励“入粟拜爵”开其先河起，各个朝代均不同程度存在。流外铨和吏员则是各级官府低级办事人员积累资历而进入职官行列的选拔途径。

（2）官吏任用制度。就官吏任用的种类而言，见于史册记载的主要有守、拜、录、平、兼、行、假、试、权、知、监、参、掌、典、署、督、护、待诏、检校、勾当、候补等；而按任用职等，可分为候补类、试用类、拜授类、兼领类和参知类五种。就任用方法而言，通常，高级官员由吏部等主管部门提出候补名单，交朝廷大臣集体讨论推选，最后由君主裁决；中级官员由吏部等主管部门选注拟定名单，并负责将名单上的人开具履历、注明功过，依次引见给皇帝，由皇帝批准；低级官员由吏部等主管部门直接任命，名单则具题上奏。就任用限制而言，各个朝代对官吏任用均有严格限制，但总体上官吏制度越完善规定就越严格。

（3）考课与奖惩制度。考课也称考绩、考核等，是对在职官吏的政绩和功过的考核。通过考核分出优劣，进行奖惩黜陟，是朝廷约束官吏的基本手段。考课制度形成后，一般都有考课的期限、内容、标准、实施主体等规定。而奖惩制度在各个朝代都有详细规定，但因受多种因素影响，很大程度上凭长官意志而定，具有不稳定性。

（4）等级与俸禄制度。官吏的等级主要体现在政治荣誉和待遇的差异上，界限划分非常明确，主要有职事、秩品、勋赐、散阶、爵位、班位和封赠等。此外，朝廷还对不同级别官吏的服饰、住宅、轿舆、导从、称呼、礼节及用具等做了详细规定。俸禄制度由早期的“世禄制”发展而来，从历朝俸禄额发展变化看，官吏的额定俸禄较少，但朝廷承认的各种补贴、默许的“陋规”等额外收入却相当可观。

（5）休假、退休和抚恤制度。官员的休假称为“休沐”；父母去世后遵制守孝称为“丁忧”；到一定年龄或有疾病要退休称为“致仕”；因公伤病、殉职及退休人员的抚恤称为“恤典”。官吏可以享受定期休假、年节假及特别休假，此外还可以因事、因病请假，但有严格的请假和销假制度。退休有以礼致仕、自请致仕、老疾致仕和勒令致仕四种，其年龄规定、退休后的俸禄规定等因朝代、致仕类别而有所不同。在职期间死亡的官吏的抚恤，一般有追赠官衔、抚慰家属，或送乡治丧的方便和一定经济补偿，有些可以荫子入学或为官；功勋卓著的殉职者，还可以建庙立祠接受官方的祭祀。因工伤残的官吏，可享受全部俸禄或一次性补偿。已致仕官员死亡后，级别较高的则由礼仪部门根据其生平奏请给予一定赐谥，其余官员则给予一定的丧葬补贴。

2. 辅助人员的管理

对辅助人员的管理主要包括对胥吏、幕僚、长随家人等人员的管理。

（1）对胥吏的管理。胥吏不是官，但却在履职中发挥不可忽视的作用。

他们是官的助手，是古代政治制度中不可缺少的重要组成部分。从胥吏的发展历史看，一直与官同在且名目较多，但按其职役的性质可以分为胥和吏两类。胥是供官府驱使的劳役，负责催征赋税、维持治安、把守关卡、看守仓库、看管和押解犯人、站堂、看门、传唤、传送文件、押解官府物品等杂役。胥役可分为两种：一种是在官府督促下从事各种苦重的劳动，如河工、渡夫、纤夫等；另一种是在官府的指挥下从事听差跑腿等杂事。二者因在官府内外职掌的不同，性质上有很大的区别。前者是普通人，后者则是官的爪牙。自明代“一条鞭法”实行以后，充当走卒的役多改为由官府雇用，享有一定工食银米待遇，渐渐成为职业的役，在官吏群体中的地位最低，不但受命于正官、佐贰、属官、杂职官等，且受制于吏典。吏是在官府承办具体公务的人员，虽也有役的性质，但其地位高于胥，在官府中负责收发公文、保管档案、誊录文书、造册报账、处理各种文书等具体事务。吏在吏部注册后有工食银和任期，经考满可进入官的行列。吏的地位低下、权力微弱，但掌握实际操作的权力。明朝人认为是“以官府之衣冠临天下，以胥吏之心计管天下”①。清朝人则认为“本朝则与胥吏共天下”②。

（2）对幕僚的管理。幕僚是军政长官聘请的助手、参谋，出现较早。其纳入官的系列是弥补官吏才能不足的重要一环。幕府制要将所选幕僚的情况报送到朝廷，然后才能享受国家提供的等级待遇。幕友制则属于官员私人聘请，不报朝廷，也不能享受国家的等级待遇，依靠的是官员个人支付的“束脩”“馆谷”等。清朝地方官聘用幕友，把“刑名、钱谷、发审、书启、征收、挂号、朱墨、账房及一切杂务之属”交其办理。因此，官、幕、吏、役之间存在着相互利用而又相互钳制的复杂微妙关系。

（3）对长随家人的管理。在宗法社会里，官吏周围最亲近的是他们的兄弟叔伯子侄和妻子儿女，以及通过婚姻结成的戚属。这些人是官吏的亲属，在朝章礼法上原没有参与官府事务的权力。除了长官的亲戚之外，还有长官的随从家人，大体有三种：一是家生奴，累世为家仆，终身与主相随；二是临时雇用的，长官离任不论官辞或自辞，一般不再随官别任；三是“带肚子”家人，是以官员的债主身份随官就任，欠债本利收回即可离官而去。他们实

① 〔明〕陈龙正《几亭全书·政书·乡筹·御吏》，影印本。

② 〔清〕徐珂《清稗类钞·胥役类》，影印本。

际上都是地方官的一些具体事务的承办者。

（二）民族职官管理

对西部民族地区少数民族职官的管理具有悠久的历史。秦王朝在西部民族地区设置九原郡、蜀郡、巴郡、南郡、黔中郡等后，在郡下设置“道”。后来南王朝在民族地区设置左郡、左县和僚郡、俚郡。随着羁縻府州制、土司制的建立，西部民族地区少数民族职官的管理也得到了快速发展。

1. “入口”管理

在羁縻府州制确立前，中央王朝通过封赐西部民族首领或上层人士以都尉、君长、王、侯等官爵，使其成为朝廷命官，接受朝廷的管理。唐王朝设置的864个羁縻府州、436个羁縻县大多分布在西部民族地区[①]。《新唐书・地理志》载：“唐兴，初未暇于四夷，自太宗平突厥，西北诸蕃及蛮夷稍稍内属，即其部落列置州县。其大者为都督府，以其首领为都督、刺史，皆得世袭。虽贡赋版籍，多不上户部，然声教所暨，皆边州都督、都护所领，著于令式。”[②] 由此可见，羁縻府州县的长官都由民族首领充任，受边州都督、都护管辖。明王朝在云南、四川、贵州、广西、陕西、广东和湖南7个行省设置有土司，其中武职土司960家，文职土司648家，其中绝大部分在西部民族地区[③]。《明史・土司传》载：“踵元故事，大为恢拓，分别司郡州县，额以赋役，听我驱调，而法始备矣。然其道在于羁縻。彼大姓相擅，世积威约，而必假我爵禄，宠之名号，乃易为统摄，故奔走惟命。然调遣日繁，急而生变，恃功怙过，侵扰益深，故历朝征发，利害各半。其要在于抚绥得人，恩威兼济，则得其死力而不足为患。”[④] 此外，西部民族地区一些民族精英，也有因举荐、科举、征辟、荫袭和其他途径进入仕途、取得官爵的。

2. 职衔、隶属和信物管理

西部民族地区民族职官的职衔、隶属及信物有专门的管理规定。

---

① 参见龚荫著《中国历代民族政策概要》，民族出版社2008年版。

② 许嘉璐主编《二十四史全译》之《新唐书・地理志七・羁縻州志》，汉语大词典出版社2004年版。

③ 参见龚荫著《中国历代民族政策概要》，民族出版社2008年版。

④ 许嘉璐主编《二十四史全译》之《明史・湖广土司传》，汉语大词典出版社2004年版。

(1) 职衔管理。民族职官的职衔是指其职务和衔品。①土司职务。武职职务包括：宣慰、宣抚、安抚、招讨、长官。宣慰吏、安抚使始于唐朝，宣抚使、招讨使始于宋朝，元朝"置于边境"之职，明朝"授诸土官"且为武职，即宣慰使、宣抚使、安抚吏、招讨使和长官是明朝才正式成为武职土司职务。卫所土司设置始于明朝，其职务有土指挥使、土千户、土百户、土镇抚等。文职土司的职务有土知府、土知州、土知县。在民族地区封授土酋为州、县土官始于唐、宋时期，但任命土酋充任土知府、土知州、土知县成为定制则是在明朝。②土司衔品。土官的品秩与"流官"相同。卫所土司衔品，"设官如京卫，品秩并同"[①]。文职土司衔品，"军民府、土州、土县，设官如府州县"[②]，即不论文职或武职土司的衔品都是仿照内地官秩而定。

(2) 隶属管理。土司的隶属关系。《明会典·吏部》载："土官承袭，原俱属验封司掌行。洪武末年，以宣慰、宣抚、安抚、长官等官，皆领土兵，改隶兵部；其余守土者，仍隶验封司。"[③] 明王朝于洪武末年明确把土司分为武职、文职两类。宣慰、宣抚、安抚、长官司长官为武职，在朝廷隶属于兵部，在省隶属于都司；土知府、土知州、土知县为文职，在朝廷隶属于吏部，在省隶属于布政司。卫所土司的隶属关系。《明史·职官志》载："外卫各统于都司、行都司或留守司。"[④]

(3) 信物管理。民族职官一经授职，朝廷即赐予其诰敕、印章及冠带等信物，作为其担任朝廷命官的凭证。①诰敕。诰敕是朝廷授予民族职官的任命书。《明会典·吏部》："凡诰敕等级，洪武二十六年（1393 年）定，一品至五品皆授以诰命，六品至九品皆授以敕命。"[⑤] 即武职招讨使以上，文职土知州以上授予诰命；武职长官司长官、文职土知县以下授予敕命。②印章。印章是朝廷授予民族职官权力的象征。正三品以上官员为银印，从三品以下则为铜印。土司均赐予铜印（仅个别赐予银印）。铜印有大小、厚薄之分，按

① 许嘉璐主编《二十四史全译》之《明史·职官志五》，汉语大词典出版社 2004 年版。

② 许嘉璐主编《二十四史全译》之《明史·职官志五》，汉语大词典出版社 2004 年版。

③ 《明会典·吏部五·土官承袭》，中华书局 1989 年版。

④ 许嘉璐主编《二十四史全译》之《明史·职官志五》，汉语大词典出版社 2004 年版。

⑤ 《明会典·吏部五·诰敕》，中华书局 1989 年版。

其品级赐予。③冠带。冠带是可以区别民族职官身份的服饰。据《明史·舆服志》载，明朝文、武官员，按品级高低而被授予规格不同的冠带，土司亦如此。如洪武十七年（1384年）八月，思伦发遣使献方物，“赐伦发朝服、冠带”[①]。④符、牌。符、牌是朝廷颁给民族职官的联系证件与凭证。《明史·云南土司传》载：“永乐二年（1404年）遣内官杨瑄赍敕谕孟定、孟养等部，道经八百大甸，为土官刀招散所阻，弗克进。三年遣使谕刀招散曰：‘朕特颁金字红牌，敕谕与诸边为信，以禁戢边吏生事扰害，用福尔众。’诸宣慰皆敬恭听命，无所违礼。”[②]

3. 授职与承袭管理

西部民族职官的授职、继承、沿袭等在封建社会中期以后有了较为详细的规定。

（1）授职管理。授职管理主要指中央王朝对民族首领“来归者”等授予职衔的相关管理措施。《明史·土司传·序》载：“洪武初，西南夷来归者，即用原官授之，”“以劳绩之多寡，分尊卑之等差。”[③] 又《西园闻见录》载：“因其疆域，参唐制，分析其种落。”[④] 明王朝按照这些原则授予土司官职。明初，西南地区的民族首领“来归者”多在元朝就已被授予官职，明王朝“即用原官授之”。如《明史·贵州土司传》载：“元阿画，世有土于水西宣慰司。霭翠，其裔也，后为安氏。洪武初，同宣慰宋蒙古歹来归，赐名钦，俱令领原职世袭。”“以劳绩之多寡，分尊卑之等差”[⑤] 即按对朝廷的“忠诚”程度、功绩多少等授予高低不同的官职。如《明史·湖广土司传》载，保靖安抚使跟随朱元璋战败陈友谅有功，“洪武元年，保靖安抚使彭万里遣子德胜奉表贡马及方物，诏升安抚司为保靖宣慰司，以万里为之”[⑥]。对新归附的民

① 许嘉璐主编《二十四史全译》之《明史·云南土司传二·麓川》，汉语大词典出版社2004年版。

② 许嘉璐主编《二十四史全译》之《明史·云南土司传三·八百》，汉语大词典出版社2004年版。

③ 许嘉璐主编《二十四史全译》之《明史·土司传·序》，汉语大词典出版社2004年版。

④ 〔明〕张萱辑《西园闻见录·土官》，影印本。

⑤ 许嘉璐主编《二十四史全译》之《明史·贵州土司·贵阳》，汉语大词典出版社2004年版。

⑥ 许嘉璐主编《二十四史全译》之《明史·湖广土司·序》，汉语大词典出版社2004年版。

族首领，即按其辖地大小、人口多少而授予官职。《明史·云南土司传》载："里麻长官司，永乐六年设，隶云南都司，以刀思放为长官。时思放为里麻招刚。招刚昔，故西南蛮官名。思放籍其地来朝，请授职事，遂有是命，仍赐印章、冠带。"①

（2）承袭管理。明王朝对土司的承袭做了一系列规定。①赴阙受职。如《明史·土司传》载："袭替必奉朝命，虽在万里外，皆赴阙受职。"② 洪武末，云南镇南州土同知段良病故，《土官底簿》载："嫡长男段奴，备马赴京朝贺告袭。三十五年（建文四年，1402年）十二月奉圣旨：'他父虽不是世袭土官，比先曾供给军马粮草，既是病故了，着他这男还做流官同知，不守法度时换了，钦此。'"③ ②承袭人范围。《明史·职官志》载："其子弟、族属、妻子、若婿及甥之袭替，胥从其俗。"即父死子继，如洪武中阿迷州知州普宁和"故，男普救告袭，二十年准袭"④。兄终弟及，如镇远府通判杨瑄于成化二年（1466年）领兵征讨阵亡，未有儿男，"三年十二月题准，行令杨裕就彼冠带，借袭堂兄杨瑄土官通判"⑤。叔侄相立，如永乐初，罗雄州知州适广故，男者永年幼，"伊叔沙陀借袭"⑥。族属袭替，如师井巡检司巡检"杨天然，故，绝，轮该另枝杨永珞长男杨志温应袭"⑦。妻妾继袭，如洪武末乌蒙军民府土知府阿普故，子纳孔年幼，"三十三年六月令伊妻设北替任管事"⑧。女、媳继职，如天顺时，路南州土知州秦福"故，无子，止生三女，据布政司咨称：秦福次女元真无过，性纯，识字，夷民信服，该袭。天顺六年十月，奉圣旨：是，钦此"。益州土官妾适璧袭职，故，天顺时"保勘适仲

---

① 许嘉璐主编《二十四史全译》之《明史·云南土司传三·里麻》，汉语大词典出版社2004年版。

② 许嘉璐主编《二十四史全译》之《明史·土司传·序》，汉语大词典出版社2004年版。

③ 《土官底簿》（卷上），云南"镇南州同知"条，见《四库全书》珍本，第1册。

④ 《土官底簿》（卷上），云南"阿迷州知州"条，见《四库全书》珍本，第1册。

⑤ 《土官底簿》（卷下），贵州"镇远府通判"条，见《四库全书》珍本，第2册。

⑥ 《土官底簿》（卷上），云南"罗雄州知州"条，见《四库全书》珍本，第1册。

⑦ 《土官底簿》卷上，云南"师井巡检司巡检"条，见《四库全书》珍本，第1册。

⑧ 《土官底簿》（卷下），四川"乌蒙军民府知府"条，见《四库全书》珍本，第2册。

系适璧童养媳妇，应袭姑职”[①]。子死母袭，如“宣德四年（1429年），上隆州土官知州岑琼卒，无子，有侄岑松尚幼。土人诉于朝，言琼母陈氏有才识，可理州事，愿得陈氏袭职以扶其民，诏从之”[②]。上述均可承袭，次序是先嫡后庶，先亲后疏。③承袭办法。明朝廷规定，土司承袭必须具图本、结状。《明会典·吏部五》载：“洪武二十六年（1393年）定，湖广、四川、云南、广西土官承袭，务要验封司委官体勘，别无争袭之人，明白取具宗支图本，并官吏人等结状，呈部具奏，照例承袭。”即一要有当地官员的核查和担保，二要有土司的“宗支图本”，如果没有则不准承袭。如永乐时，浪穹县箭杆场巡检司土巡检字良故，“亲男字达，备马赴京进贡袭职。为无布政司官吏保结及无宗图随缴，拟将本人发回”[③]，未得袭职。

4. 晋升管理

明王朝及以后，对西部民族职官的升迁途径、办法已有明确规定。

（1）升迁途径。明代土司升迁的途径主要有：①军功。如永昌府南甸宣抚司土官刀氏，万历十一年（1583年）“以平岳凤功升宣慰司宣慰使”[④]。②忠勤。如楚雄高政之妻高纳的斤“初为同知，永乐中来朝，时仁宗监国，嘉其勤诚，升知府”[⑤]。③纳米。如安顺州同知阿宠于“景泰二年（1451年），遇例纳米升知州”[⑥]。④进献。如万历十四年（1586年），播州宣慰“（杨）应龙献大木七十，材美……帝命以都指挥使衔授应龙”[⑦]。

（2）升迁方式。明代土司升迁的方式主要有：①升品级。如蒙化州土知

---

① 《土官底簿》（卷下），云南“澄江府路南州知州”条，见《四库全书》珍本，第2册。

② 〔清〕毛奇龄撰《蛮司合志·两广一》，西河合集本。

③ 《土官底簿》（卷上），云南“剪杆场巡检司巡检”条，见《四库全书》珍本，第1册。

④ 〔清〕王崧撰《云南志钞·土司》，“南甸宣府司”条，道光九年刻本，第7册。

⑤ 许嘉璐主编《二十四史全译》之《明史·云南土司传一·楚雄》，汉语大词典出版社2004年版。

⑥ 《土官底簿》（卷下），贵州“普安卫军民指挥使司安顺州同知”条，见《四库全书》珍本，第2册。

⑦ 许嘉璐主编《二十四史全译》之《明史·四川土司传二·播州宣慰司》，汉语大词典出版社2004年版。

州“左伽从征麓川，战于大侯，功第一，进秩临安知府，掌州事”[①]，左伽由从五品土知州，升为正四品土知府。②加流官名。如正统三年（1438年），“（武定府）土知府凤英以从征功，进秩右参政，仍知府事”[②]。③加虚衔。如正统七年（1442年），“顺宁府知府猛盖勋加大中大夫、资治尹”[③]。

5. 惩罚与宽恕管理

中央王朝对犯错的民族职官的惩罚与宽恕等也有较为详细的规定。

（1）惩罚。明王朝对土司的惩罚，除“反叛必诛”外，主要采取：①典刑。如正统六年（1441年），鹤庆府土知府高伦“为久仇陷害谋官等事”，“依（例）斩决”[④]。②革职降级。如洪武二十九年（1396年），广南府土同知依贞右，聚众反对官军在广南“筑城建卫”被官军擒拿，“械送京师”，降其子“郎金为府通判”[⑤]。③迁徙。如广南府土同知依郎金因违抗朝命，永乐六年（1408年）“赴京自首”给予宽大处理，“发去辽东住坐”[⑥]。明王朝对土司的控制比元代有所加强。元代是“土官有罪，罚而不废”，明王朝对罪大而又态度恶劣的土司坚决予以惩处。

（2）宽恕。明王朝对一些罪轻且认罪态度较好的土司采取宽宥与赎罪两种特殊办法处理。①宽宥。如洪武二十八年（1395年），思恩州知州岑永昌不奉朝命，“命左都督杨文相机讨之，既以荒远不问”[⑦]。②赎罪。如成化二年（1466年），安顺土知州张承祖与所属宁谷寨长官顾钟争地仇杀，“下巡抚究治，命各贡马赎罪”[⑧]。

---

① 许嘉璐主编《二十四史全译》之《明史·云南土司传一·蒙化州》，汉语大词典出版社2004年版。

② 许嘉璐主编《二十四史全译》之《明史·云南土司传二·武定》，汉语大词典出版社2004年版。

③ 〔明〕沈德符撰《万历野获编》卷三〇，“大侯州”条，道光朝广东刻本。

④ 《土官底簿》（卷下），云南“鹤庆军民府知”条，见《四库全书》珍本，第2册。

⑤ 〔清〕王崧撰《云南志钞·土司》，“广南府土同知”条，道光九年刻本，第7册。

⑥ 《土官底簿》（卷下），广西（当为云南）“广南府同知”条，见《四库全书》珍本，第2册。

⑦ 许嘉璐主编《二十四史全译》之《明史·广西土司传二·思恩》，汉语大词典出版社2004年版。

⑧ 许嘉璐主编《二十四史全译》之《明史·贵州土司传·安顺》，汉语大词典出版社2004年版。

二、经济管理

中央王朝为巩固其统治，除采取一些服务于大一统政治需要的经济措施外，对一些民族地区采取了一些较为特殊的区域性措施。

（一）与内地相同的经济措施

与内地相同的经济措施主要是指中央王朝对西部民族地区施行的、同于内地郡县制区域的一般经济管理措施。

1. 统一货币

整顿币制、加强货币管理是中央王朝控制经济命脉、巩固其统治的重要举措。秦朝通行“半两”钱，汉初货币面文仍为“半两”（十二铢），但质量低劣，实际重量往往只有八铢、四铢，有的甚至薄如榆荚，称为“榆荚钱”。贵族、豪商大量盗铸货币以牟取暴利。汉武帝初年，曾改铸三铢钱。元狩五年（前118年），以五铢钱代替三铢钱，恢复秦朝货币“重如其文”的制度，但盗铸之风未减。除以严酷刑法禁止私铸货币外，汉武帝在元鼎四年（前113年）下令取消郡国铸钱的权力，将铸币权收归朝廷，专令水衡都尉属下的钟官、辨铜、伎巧（一说为均输）三官负责铸造新的五铢钱。同时命令各郡国销毁之前的铸钱，所得铜料进输三官，因为禁令十分严格，新币铸造质量相当高，盗铸无利可图，于是币制得到较长时期的稳定①。后世王朝或以铜钱或以金银为货币，但铸币权多收归朝廷，且都有严格的管理制度。

2. 专营制度

中央王朝对关系国计民生的产品设立专门的机构予以管理，进行统一生产、统一经营，利润归国家所有，供皇室、部分军费和赈灾使用。如一些朝代对盐、铁实施官营，其中盐业官营由在产盐区设置的盐官备置煮盐用的“牢盆”募人煮盐，产品由政府统一收购出卖；铁业官营由在产铁区设置的铁官负责采冶铸造，出卖铁器。据《汉书·地理志》载，西汉时期盐官有位于28个郡国的35处，铁官有位于40个郡国的49处。官营盐铁使国家独占对关乎国计民生的核心手工业和商业的全部利润。

3. 重视农业并发展手工业和商业

发展农耕经济对国家强盛具有重要的意义，于是中央王朝多以“富民”为基本国策，大力发展农业。如汉武帝时命搜粟都尉赵过推广先进耕作技术

---

① 张岂之主编《中国历史》（秦汉魏晋南北朝卷），高等教育出版社2001年版。

“代田法”，在关中地区试验，每亩产量较一般农田增长一斛甚至两斛以上。于是“令命家田三辅公田，又教边郡及居延城”，后在各地推广。汉武帝时，在关中开凿了漕渠、白渠、龙首渠、六辅渠、灵轵渠、成国渠等很多沟渠，形成了“衣食京师，亿万之口”的水利网。朔方、西河、河西、酒泉等郡都引黄河水及川谷之水，汝南、九江等郡引淮水，东海郡引钜定泽，泰山郡引汶水，都穿渠溉田各万余顷。各地规模较小的水利工程更是不计其数。

中央王朝还多注重发展手工业和商业，以富民充实国库。其中手工业以纺织业、陶瓷业、造纸业、冶铁业和造船业为主。纺织业形成后经历朝历代尤其是汉、唐、宋、明和清的发展，其水平不断提高。北宋以前以丝麻织业为主，南宋及以后逐渐以棉纺为主。至明中期以后以生产商品为目的的纺织业逐渐兴盛，产生了资本主义生产关系的萌芽，但由于封建生产关系的阻碍，它没有得到长足发展。陶瓷业的产生源于生活需要，实现了实用性和观赏性的统一，也是对外交往中的重要流通品。造纸术始于西汉，至魏晋南北朝时其质量、产量大增，从而逐渐取代简牍成为主要的书写材料。冶铁业的发展是生产力进步的明显标志，有力地推动着社会的变革和进步。造船业的发展与航海业和对外关系发展较为密切。同时制漆业、制盐业和青铜业等也不断发展，为推动经济社会发展起到积极作用。此外，自商朝起商业得到较快、持续的发展，隋唐后出现了政治中心和经济中心的分离，明以后商业贸易与百姓日常生活的联系日益紧密，自然经济逐渐被侵蚀。手工业和商业的发展逐渐改变了自给自足的经济格局，在一定程度上改善了百姓的生产生活条件、充实了国库财源。

4. 税赋管理

赋税管理的内容主要有：①租役管理。自均田制实行后，赋役征派便与土地授受结合起来。赋役包括地租、调和劳役三部分，其中地租缴纳数量依地的优劣和朝代而不同；调是因桑田、麻田等地的类型不同而缴纳不同的税；普通百姓按照规定还要服一定的劳役。随着经济形势的变化，赋役制度在征派对象、数量及方法上有一定程度的调整。赋役征收对象有身丁和以土地为主的资产两种，有的朝代以前者为主，有的以后者为主，有的二者并重。此外还有杂徭、色役。其中杂徭又称杂徭役、杂役、夫役、小徭等，具有征发对象广泛、内容繁杂、临时性等特点；色役多由丁男承担，间或有由中男或品子、勋官承担的。较为固定的各类官司使役大致包括：服役于朝廷和地方各级官府的白直、掌闲、幕士、主膳、供膳、习驭、渔师等；作为俸禄的一部分提供给王公妃主及文武职事官的亲事、帐内、防阁、庶仆、邑士、士力、执衣等；服役于某些公共设施，或管理村、里的斗门、门夫、渠头、桥丁等。杂徭、色役与丁役往往互相混淆，不易区分。尤其是色役并非独立于丁役与杂徭之外，往往是丁役与杂徭的一种具体形式，服色役者可不再服杂徭与丁役。②工商税管理。商人及手工业者的赋税负担与一般民户相同。设关置市的目的在于管理而不在于收税，只在商业非常发达或国库空虚时才征收商业税。除商业税以外，盐税、茶税、酒税和矿税等财政地位较重要，不同于通常意义上的商品交易税、过往税的，官府则采用专卖的方式从中获利。

（二）区域性经济措施

1. 税赋征收与贡献方物

对西部民族地区，中央王朝多施行轻税薄役的政策，甚至在边远、贫困、落后的民族地区只要贡献方物表示归顺即可。如秦王朝对臣属较早的、靠近内地的巴郡、南郡、黔中郡“蛮”等“蛮夷”只征收少量赋税和缴纳数额较少的钱粮，而多收𧝒布、鸡羽等土产。西边临洮、羌中等边远地区的民族因秦王朝实际统治势力所不及，只要1年或2—3年贡献些土特产或珍奇物品表示归顺即可。西汉王朝对于靠近内地的“蛮夷”只征收少量税赋，且为便于缴纳交钱、交物都可。对羌人最初不征税，后逐渐派征或索取财物、牲畜，郡县外偶有纳贡的还给予优厚回赐。东汉初期，西部民族地区稍靠内地的缴纳比内地汉族轻的租赋，边远民族地区因生产落后、朝廷统治力弱及路途险远，只需朝贡少量土特产表示归附即可。东晋“远夷不课田者输义米，户三斛，远者五斗，极远者输算钱，人二十八文。”[①] 唐王朝“诸边远有夷僚杂类之所应输课役者，随事斟量，不必同之华夏。”[②] 羁縻府州的贡赋由当地民族首领都督、刺史征收，所收赋税不上交户部，而是用于补助边镇驻军的军饷与官府开支。宋王朝对西部疆域民族地区征税的基本做法是：边远、落后地区不征税；邻近内地的羁縻州、县峒地区少量征收；已归版籍设正州、县地区同汉民一样征收[③]。元、明王朝对西部民族酋领、土官土司的朝贡时间、人数、贡品、赏赐均做了规定，对民族“籍民户”“立赋法”，普遍征收税赋，

① 许嘉璐主编《二十四史全译》之《晋书·食货志》，汉语大词典出版社2004年版。

② 杜佑撰《通典·食货六·赋税下》，中华书局1988年版。

③ 参见龚荫著《中国历代民族政策概要》，民族出版社2008年版。

只是对高寒山区或人口稀少的民族地区征收很少甚至不征收。明王朝对西部民族纳赋的编户、自输、赋额、蠲免、折纳等均做了较为详细的规定[①]。清王朝对西部民族地区征收的赋额大多沿用明制，新归附“蛮夷”多自报估定，可缴纳实物或白银，土民还能承受，但由于一些地方官吏和土司强征乱派，百姓苦不堪言。

2. 互市管理

互市管理一般包括专门的管理机构、互市的时间、场地、交易物品限制等内容和相应的管理活动。西北的张掖是与西域诸族互市的重要地点，当时“诸胡商互市”的情景是“风行所及，日入以来，职贡皆通，无远不至”，且“富商大贾，周游经涉”[②]。隋炀帝又筑伊吾城，以便西域地区的互市。张掖、敦煌、高昌、鄯善、伊吾都成了西北民族的互市场所，临邛、西宁州（后改越嶲郡）、牂牁、南宁州则是西南诸民族互市点。

唐王朝吸取前朝的互市经验，在西部民族地区先后与突厥、回纥、吐谷浑、西域、吐蕃、诸羌等开展互市，以卖出茶叶、缣帛、丝绸等生活用品，获取马匹、耕牛、骆驼等军事和农业生产所需的物资，同时建立了一套较为完善的管理制度。①专门的管理机构。太宗贞观六年（632 年），唐改隋交市监为互市监，“掌蕃国交易之事”。互市监设有：监 1 人、副监 1 人；属官有录事 1 人、府 2 人、吏 4 人、价人 4 人、掌固 8 人。价人管理交易物价等事情，并鉴别互市的马、驼、牛等的毛色、牙齿、年岁等。②互市时间。一般是 1 年 1 次。③互市场地。管理互市的官员在正式互市前须布置好场地并与蕃商定好货物价格，然后才开市交易。互市有官互市和官方监督下的私互市。《白氏六帖事类集·关市令》载：“诸外蕃与缘边互市，皆令互官司检校。其市，四百穿堑，及立篱院，遣人守门。互市之日卯后，各将货物畜产后俱赴市所，官司先与蕃人对定物价，然后交易也。”[③] ④互市限制。为保障朝廷利益和国防安全，除铁、火药等关系国防安全的物品禁止出关，唐王朝还不允许丝织品、矿产等物资过西、北边关。《唐律疏义·赍禁私物度官》载：“禁物者，谓禁兵器及诸禁物并私家不应有者。”“依关市令，锦、绫、罗、縠、紬、棉、绢、丝、布、犛牛尾、真珠、金、银、铁，并不得度西边、北边诸

① 参见龚荫著《中国历代民族政策概要》，民族出版社 2008 年版。

② 许嘉璐主编《二十四史全译》之《隋书·裴矩传》，汉语大词典出版社 2004 年版。

③ 〔唐〕白居易撰《白氏六帖事类集·关市令》，文物出版社 1987 年版。

关及至缘边诸州兴易。”①

明朝在西部民族地区开放的互市主要有茶、马互市。明朝先后在大同的得胜堡、新平堡、守口堡，宣府的张家口，山西的水泉营，延绥的红山市堡，宁夏的清水营、中卫、平虏营卫，甘肃的洪水扁都口、商沟寨等地设置马市。马市每年1—2次，每次3—15日，由官府派员管理，驻兵维持秩序，参与马市交易的各族（部落）头领也须亲自到市场监督其部族属民，使其按规矩交易。在官市完后才准许商人和普通民众进行私市。但明王朝禁止向蒙古人出售硝磺、铜铁、盔甲、弓箭、兵刃、蟒缎等。茶市主要面对西北蒙古族、藏族地区。明王朝施行“以茶驭番”的做法，逐步建立起一套执行茶法的官僚机构确保茶叶的征收、储运、加工和以茶易马的顺利进行。明王朝在成都、永宁、雅州设3个茶局，在陕西秦州，甘肃河州、西宁、甘州、洮州，四川永宁、雅州、碉门设8个茶马司，又设有成都、重庆、保宁、播州4个茶仓和在巩昌府、临洮府设茶运司。同时禁贩私茶，禁止汉族商人入蒙古地区收购马匹，并禁止蒙古族、藏族商人入内地收购茶叶②。

清王朝在西部民族地区开展的互市贸易与前朝一样，规定了互市的时间、地点等。顺治二年（1645年）规定张家口、古北口设满族章京各1员，在其驻防地方“外藩各蒙古来贸易者，俱令驻于边口，照常贸易，毋得阻抑”③。所卖马匹官府优先购买，然后才轮到民间互市贸易。康熙二十八年（1689年），清王朝允许在宁夏横城、平罗等处让蒙古族与内地各族“暂令其贸易”④。康熙三十六年（1697年），鄂尔多贝勒松阿喇布请求除横城外，“乞于定边、花马池、平罗城三处，令诸蒙古就近贸易”⑤，获得同意。新疆的互市贸易则在乌鲁木齐、伊犁、塔城等处。西藏的互市贸易则规定廓尔喀商人每年可到拉萨贸易3次，克什米尔商人只许贸易1次，贸易人数须报驻藏大臣衙门注册。藏民出境互市贸易须由商头呈报驻藏大臣衙门，并发给印照。西藏境内许多寺庙成了集市贸易的场地，设有专门管理贸易的喇嘛，通过“庙

---

① 《唐律疏义·赍禁私物度官》，线装本，影印本。

② 参见龚荫著《中国历代民族政策概要》，民族出版社2008年版。

③ 《清世祖实录》卷一三，顺治二年正月乙酉朔，第1册，华文书局1969年版。

④ 《清圣祖实录》卷一四三，康熙二十八年一月，第3册，影印本，华文书局1969年版。

⑤ 《皇朝文献通考》卷三三《市籴考二》，光绪年间上海图书集成局排印本。

会”形式进行贸易。四川则以生产的哈达、茶叶、食盐、布匹等同西藏进行贸易，以满足僧侣、藏民的需要。川西北打箭炉（位于今四川省康定县）“汉夷杂处，入藏必经之地，百货完备，商务称盛”，互市贸易非常兴盛，“常年交易，不下数千金，俗以小成都名之”①。由上可知，清朝西部边疆民族地区的互市贸易较历史上的任何一个朝代都发达，管理也更为完备。

三、边疆管理

中央王朝十分注重边疆管理，采取了一系列行之有效的措施加强边疆与内地的联系，以巩固和稳定边疆。

（一）发展交通与通信

为便于统治，中央王朝多修筑通往边疆的道路，以达到道路所及、军队所及、统治所及的目的。秦王朝先后在西部民族地区修筑了“僰、青衣道”“五尺道”“直道”等。其中“僰、青衣道”是由蜀郡太守李冰主持修筑的从青衣（位于今四川省芦山县）沿青衣江到僰道（位于今四川省宜宾市）的道路；“五尺道”是在秦统一后由常頞主持修筑的从僰道（位于今四川省宜宾市）过石门（位于今云南省盐津县豆沙关）、经朱提（位于今云南省昭通市）达味县（位于今云南省曲靖市）转滇池（位于今云南省晋宁县）的道路；“直道”是于秦始皇三十五年（前212年）修筑的从咸阳经上郡（位于今陕西省榆林市东南）、云阳直达九原（位于今内蒙古自治区包头市西北）的道路。随着道路通达而至的还有军队和移民，进而加强了对该区域的控制。

在修筑通往边疆的道路后，为提高信息传递效率、实现对边疆民族地区的有效控制，中央王朝多以都城为中心构建“星罗棋布，脉络通畅，朝令夕至，声闻毕达”的驿道和信息传递系统。如元王朝以大都为中心修筑了四通八达的驿道，西通伊利、钦察两汗国，西南抵乌思藏（位于今前、后藏地区），南接安南（位于今越南北部）、缅国，东连高丽，东北至奴儿干（位于今黑龙江口一带），北达吉利吉思，范围之广前所未有。全国共设有陆站、水站两类驿站（元朝文书中通常称为“站赤”）约1500处。陆站以马站为主，还有牛站、车站、轿站、步站等种类。驿站主要为各级官府因公差遣人员服务，提供交通工具、住所、饮食、薪炭等，也用来运输官府物资，是当时最便利的交通体系。至元七年（1270年），元朝廷设诸站都统领使司，负责管

① 〔清〕徐珂撰《清稗类抄·农商类·打箭炉商务》，影印本，中华书局1984年版。

理全国驿站事务，后改名通政院。地方驿站由各路管理。各站设提领、副使、百户、司吏等职，大站于提领之上复设有驿令。具体服务人员从当地百姓中征发，单立户籍，称站户。每站站户数目或数百或上千，全国则达三十万以上。因公乘驿人员在要求驿站提供服务时必须出示凭证，乘驿凭证主要有圆牌和铺马圣旨。圆牌专为军情急事遣使之用，由朝廷统一铸造、严格管理，佩戴圆牌的使者享有择骑良马、兼程驰驿甚至夺骑官民马匹等特权。一般差遣人员用铺马圣旨乘驿，铺马圣旨用蒙古文字书写标明起马数目，通常由中书省奏准加盖御玺，颁发给诸王贵族和朝廷各省、部及地方各官府，并填写领受者名称，限定在职责范围内使用。在重要都市或交通枢纽处的驿站，朝廷还专设名为脱脱禾孙的检查官，专职稽查过往使臣真伪，以及人员、物品是否违反有关乘驿规定。急递铺是元朝的官方邮递系统。中统元年（1260年），忽必烈初即位即仿金制，置燕京至开平、开平至京兆（今西安）急递铺，每10里或15里、25里设1铺，每铺设铺兵5人负责传递文书。后令各州县依例设置与邻境所置铺相接，各级地方官府皆委正官1人提调。路置总铺，朝廷置总急递铺提领所。急递铺只递送公文，一般不送物件。所递公文都编号逐铺传送，交接时须办清登记手续以备查验。传递速度规定为一昼夜400里，急件500里①。

（二）守备为本

守备为本主要指以武力为基础，在边境地区做积极的防御准备，是中央王朝对边疆民族地区采取的基本策略。唐朝的府兵制、明朝的卫所制等都有边地驻军的相关规定。边地军队主要用于对付外来侵扰、平定各族叛乱和起义、维护边疆稳定。边地卫所中的部分军官为世袭的民族首领。卫所制度与屯田制度相结合确保了“守备为本”的实施，对边疆的开发与稳定起到了至关重要的作用。

如明朝永乐时期在周边连续用兵，征需频繁民力凋敝。到仁、宣两代为休养生息，由开拓征伐转向收敛防御，对蒙古采取“守其要害，严其防禁，务农以足食，练卒以养威，寇至则御，寇退不追”② 的策略，即“守备为本”。其时蒙古鞑靼、瓦剌相争不休，未对明朝发动较大的袭扰。这一时期明

① 张岂之主编《中国历史》（元明清卷），高等教育出版社2001年版。

② 《明仁宗实录·明实录》，影印本，中华书局1974年版。

王朝北方的军事防御体系已完全形成，其主要设施就是修筑长城。并沿长城一线共设置了9个边防重镇，自东向西分别是辽东（位于今辽宁省北镇市）、蓟镇（位于今河北省迁西县）、宣府（位于今河北省宣化县）、大同（位于今山西省大同市）、太原（位于今山西省偏关县）、延绥（位于今陕西省榆林市）、宁夏（位于今宁夏回族自治区银川市）、固原（位于今宁夏回族自治区固原市）、甘肃（位于今甘肃省张掖市），统称“九边”。“九边”各驻重兵，设总兵官、副总兵官、参将等职分区防守。洪武时在长城防线之外还设立过大宁（位于今内蒙古自治区宁城县）、开平（位于今内蒙古自治区正蓝旗）、东胜（位于今内蒙古自治区托克托县）3个前沿防御据点，但永乐后随着“塞王”的内迁而逐渐放弃。长城最终成为明王朝与蒙古势力范围的基本分界线。

（三）务在羁縻

自五服纳贡制以来，中央王朝在民族众多、分裂割据、互不统属的西部民族地区施行“羁縻制”，只要归顺表示忠诚即册封其大小首领为朝廷命官，以维护对该地区的间接统治。明洪武时征伐蒙古多次由西路出兵，在甘肃西部、青海北部直至新疆东部设立了一系列羁縻卫、所。新疆的大部分地区在元朝居于察合台汗国控制之下，至明初，察合台汗国事实上已经分裂，各自割据不相统属，地大者称国，地小者称“地面”。各割据政权统治者仍多为蒙古人，居民则以畏兀儿人为主。明朝前期，以哈密为经营西域的主要据点。哈密地处“丝绸之路”的要冲，在元末明初由蒙古贵族兀纳失里、安克帖木儿兄弟相继统治，明成祖即位后安克帖木儿遣使进贡，明王朝封之为忠顺王。安克帖木儿死后朝廷将已在明朝廷任职的其侄子脱脱送回袭爵，继而于永乐四年（1406年）设立哈密卫，以忠顺王部下头目任卫指挥、千户、百户等职，又派汉人充任忠顺王府长史、纪善等官协同理事。明朝廷希望通过对哈密的经营使其起到“西域之喉襟”的作用，“以通诸番之消息，凡有入贡夷使方物，悉令至彼，译表以上”①。明初，朝廷派员入藏招抚，承认元王朝对当地僧俗首领所加封的称号。洪武六年（1373年），乌思藏摄帝师喃加巴藏卜入朝，明太祖封之为“炽盛佛宝国师”，设立了宣慰司、招讨府、元帅府、万户府、千户所之类羁縻性机构，

① 〔明〕严从简著，余思黎校点《殊域周咨录·哈密》，中华书局1993年版。

以当地首领任长官。不久将藏区的乌思藏、朵甘两卫升为行都指挥使司，由设立于河州（位于今甘肃临夏东北）的陕西行都指挥使司兼辖。明成祖即位后，相继派宦官侯显等多人持节入藏，与各地方、各教派的领袖人物广泛接触，从中封授了一批首领，最高者为王和法王。直到宣德时共封授了大宝、大乘、大慈三大法王和阐化、护教、赞善、辅教、阐教五大地方之王，各有封地互不统属。另外，还加封过若干西天佛子、灌顶大国师及大量的禅师之类僧官，“俾转相化导，以共尊中国”①。在云南、贵州两省、四川南部以及湖广、广西西部，居住着苗族、瑶族、彝族、壮族、黎族、傣族、白族、布依族等众多民族，明王朝对这些地区的统治也带有与内地不同的特点。上层统治机构仍与内地一样设都、布、按三司，民族聚居区的基层管理则主要依靠土司土官。土司绝大多数为世袭官职不受朝廷迁调，但要负责谨守疆界、缴纳赋税、进贡土产、修护驿道，有战事时还要出兵供调遣。土司的承袭在形式上必须经过朝廷批准。一部分土司衙门中的“佐贰”职务由朝廷任命流官担任，以对土司形成牵制。采取这些措施的目的都在于“羁縻”，即实现间接统治，并维护边疆民族地区的稳定和国家的统一。

四、文教管理

一些中央王朝武力平定西部民族地区以后，在文教治理方面虽然着力不多，但随着统治地位的巩固也采取了一些“王化”措施。如朱元璋说：“朕惟武功以定天下，文教以化远人。”②

（一）兴办儒学

因京城太学能容纳的生员有限，封建王朝多仿效内地的办学模式在西部边疆民族地区设立“儒学”等，其中有民间办学和驻军办学之分。

1. 民间办学

洪武二十八年（1395年）六月壬申，明太祖谕礼部，“其云南、四川边夷土官，皆设儒学，选其子孙弟侄之俊秀者以教之”③，“其后宣慰、安抚等

---

① 许嘉璐主编《二十四史全译》之《明史·西域传三》，汉语大词典出版社2004年版。

② 《明太祖实录》，影印本，“中央研究院”历史语言研究所校印。

③ 《明太祖实录》，影印本，“中央研究院”历史语言研究所校印。

土官，俱设儒学”[①]。为克服生员语言不通等难题，朝廷还准许各族起用本族人为教职人员。《万历野获编补遗》载：“宣德间，有选贡李源，为四川永宁宣抚司人，入监，宣抚司奏，本司生员俱土僚朝家，所授言语不通，乞如云南鹤庆府事例，授源教职，上允之，命源为本司训导。盖是时滇蜀皆有之，然皆夷方也。”[②] 当时有积极兴学的土司土官，如思恩军民府知府岑瑛“请置学校，立师儒，增广生徒，比诸内郡焉”[③]；也有消极抵制的，如思南宣慰使田宗鼎“禁其民不得从华风瓦屋，树杭秫，子弟不得读书，民大疾苦”[④]。当时抵制兴学的土司土官占多数。

清朝统治西北民族地区后，在以汉族为主、杂居有其他民族人口的乌鲁木齐府、州、厅、县兴办儒学、书院（义学）。①儒学。乾隆二十五年（1760年）在乌鲁木齐、昌吉两地设厅置官，乾隆三十四年（1769年）设置厅学并定学额，开始了新疆的儒学开科取士。乾隆四十七年（1782年），在新疆镇西、宜禾、奇台、迪化、昌吉、阜康、绥来各设儒学1所，岁试文童、武童各27名。学生考试由陕甘学政主持，地点初在肃州，因离新疆太远，遂于乾隆四十四年（1779年）改在镇迪道。学生考试后凡成绩优秀者，附生可升增生，增生可升廪生，廪生可作为拔贡升太学，进入最高学府学习，或参加科试，凡取得乡试资格者可赴西安参加乡试。乾隆四十二年（1777年），乾隆帝谕旨：“嘉峪关以外士子赴西安乡试及进京会试，并著加恩照云贵之例，一体赏给驿马，以示优恤边陲寒士之至意。”[⑤] 清嘉庆十年（1805年），新疆开科取士，共考取文举1人，武举63人，拔贡6人，岁贡14人，恩贡7人，捐贡1人，副榜1人。②书院（义学）。新疆书院称义学（在南方，义学为乡村初级学校）。最初设置于乾隆三十二年（1767年），时驻乌鲁木齐办事大臣温福奏准“于每城置房数间，各设义学（书院）一所，于民人内择其品行端正，文理通顺”之人以为教读。书院一般设2名教习，多选自因罪被遣至新疆的文武大员。膏火（经费）由当地官府拨给土地雇人耕种以获取。书院培养的

① 许嘉璐主编《二十四史全译》之《明史·职官志四·儒学》，汉语大词典出版社2004年版。

② 〔明〕沈德符撰《万历野获编补遗》卷四，影印本，姚氏扶荔山房刻本。

③ 《粤西文载》卷一一，“广西郡县志”条，见《四库全书》，影印本，商务印书馆。

④ 〔明〕田汝成撰《炎徼纪闻》，“田琛”条，见《历代小史》。

⑤ 《清高宗实录》，影印本，华文书局1969年版。

学生主要通过参加科举考试进入仕途。据嘉庆十年（1805 年）统计，迪化、昌吉、绥来、阜康、济木萨、呼图壁、奇吕等各设书院 1 所，全年膏火（经费）380 两白银。新疆地区的书院一般规模较小、资金较少、教学水平较低，这与新疆地处边陲、民族人口稀少、战乱频繁相关。

《清史稿·选举志》载：西南诸省民族地区多立义学，以“教孤寒生童，或苗、蛮、黎、瑶子弟秀异者”①。康熙四十三年（1704 年），于准为贵州巡抚，“饬州县立义学，令土司子弟及苗民俊秀者悉入肄业”②。康熙五十九年（1720 年），“令广西土属设立义学，土属十五处各立义学一所”。雍正“三年议准云南威远地方，五年议准云南东川土人，八年议准四川建昌番夷、湖南永绥六里等处，并建立义学”③。乾隆时陈宏谋为云南布政使，“立义学七百余所，令苗民得就学，教之书”④。清朝南方各省民族地区已经较为普遍地设立了义学。雍正时曾规定办学方法“先令熟番子弟来学，日与汉童相处，宣讲圣谕广训，俟熟悉后，再令诵习诗书。以六年为期，如果教导有成，塾师准作贡生，三年无成，该生发回，别择文行兼优之士。应需经书日用，令该督抚照例办给。俟熟番学业有成，令往教诲生番子弟，再俟熟习通晓之后，准其报名应试。”⑤ 对学习的内容、期限及学成的出路等均做了规定。除义学外各省还设立了书院。“各省书院之设，辅学校所不及。”⑥ 贵州“贵阳、铜仁、安顺、石阡四府，普安、八寨、郎岱、松桃四厅，黄平、普定、天柱、永从、饔安、清平、兴义、普安诸州县，皆建书院”⑦。光绪时四川松潘“斥私财建书院，广延名宿”⑧。广西 51 府州县，设立书院 80 多所。这表明清朝西南民族地区文化教育已经有了发展。

2. 驻军内部办学

清王朝为统治西北民族地区派驻了大量八旗军，为解决随军子弟的读书

---

① 《清史稿·选举志一》，中华书局 1977 年版。

② 《清史稿·于成龙传附孙准》，中华书局 1977 年版。

③ 上引均见《清朝文献通考·学校考七·直省乡党之学》，见《万有文库》（第 1 册），商务印书馆。

④ 《清史稿·陈宏谋传》，中华书局 1977 年版。

⑤ 《清朝文献通考·学校考七·直省乡党之学》，见《万有文库》（第 1 册），商务印书馆。

⑥ 《清史稿·选举志一》，中华书局 1977 年版。

⑦ 《清史稿·贺长龄传》，中华书局 1977 年版。

⑧ 《清史稿·夏毓秀传》，中华书局 1977 年版。

问题设置了营学、官学。为能与驻地各民族和睦相处，也准许所在地的土军子弟和一些民族上层子弟入学。乾隆三十一年（1766 年），伊犁将军明瑞奏准于伊犁满兵“八旗各设官学一处”。乾隆三十四年（1769 年），奏准伊犁将军永贵“建立满、汉、蒙古官学一所”①。同年，奏准伊犁将军伊勒图于“两满营特设义学一所，派协领等官管理”②，并准许民族子弟入学。有的地方还专为民族子弟办了学校，如哈密建立了以教训兵家子弟为主的营学和以教训民族子弟为主的乡学。锡伯营各佐领均设官学，也准许当地民族子弟入学。在西北其他地区的八旗驻军，也同新疆八旗驻军一样建立了营学、官学，并准许当地一些民族子弟入学。

（二）教育与宗教相结合

清朝和民国时期，在信奉藏传佛教的蒙古族、藏族等民族地区，藏传佛教教育存在于寺庙内；信奉伊斯兰教的回族、维吾尔族等民族地区，伊斯兰教教育则存在于清真寺内。

1. 藏传佛教与藏族、蒙古族等民族教育

10 世纪后期形成的藏传佛教先后在藏族、蒙古族等民族中逐步发展并取得统治地位，对藏族、蒙古族等民族的意识形态和社会生活产生了深远影响。一方面为藏族、蒙古族等民族的统治服务，同时开拓了天文、历法、数学、医学、哲学等知识新领域，对当时藏族、蒙古族等民族的社会生产生活起了一定积极作用。当时藏族、蒙古族等民族尚没有正规学校教育，藏传佛教教育成为学习文化知识、培养人才的主要途径。“人生六七岁，即令识梵字，诵喇嘛经。”③ 诵读与掌握藏传佛教经典是寺院培养弟子的主要目的。藏传佛教经典里包含有科学文化知识，经典《丹珠尔》的后半部分以哲学论述为主，而其中的医方明部是蒙医的著名经典。清光绪十五年（1889 年）建立的新疆和静县巴伦台黄庙等喇嘛寺院，其院房分为三部分。其一为哲学院，专门研究佛教哲理；其二为医学院，专门研究医学等；其三为法学院，专门研究法术、天文、历算等。当时新疆较大的寺院都这样设置④。西藏拉萨的哲蚌寺、色拉寺、甘丹寺、大昭寺，日喀则的扎什伦布寺，昌都的强巴林寺，其寺院

① 〔清〕格埠额撰《伊江汇览·学校》，手抄本，新疆维吾尔自治区图书馆藏。

② 〔清〕祈韵士编《西陲总统事略·教学》，影印本，中国书店 1959 年版。

③ 〔清〕王树楠撰《新疆图志·学校志一》，清宣统三年活字本。

④ 巴赫《准噶尔地区的黄教及其寺院研究》，《新疆师范大学学报》1986 年第 2 期。

房均分为佛经（或显宗、密宗)、天文、藏医扎仓（学院)；喇嘛“甲布日”（医院）里除藏医外，还有天文、历法扎仓（学院)。由此可见，在当时藏族、蒙古族等民族中藏传佛教与教育是交织而行的。

2. 伊斯兰教与回族、维吾尔族等民族教育

10世纪时伊斯兰教传入西北地区，新疆等地出现了伊斯兰教的宗教教育与民族教育相杂糅的状况。19世纪下半叶扩建的艾提卡礼拜寺，有近百间教室和宿舍可供400名学生学习经文。莎车的加曼礼拜寺有可供2000名学生学习经文的教室和宿舍。库车有默拉纳·额西丁建立的经文学校，可容纳500名学生学习经文。经文学校的课程一般为六门：回教仪式（祈祷文的背诵与解释)、阿拉伯字母、《古兰经》、《苏巴阿亚尔》（宗教诗)、《那哇夷》（宗教诗)、《和甲哈皮斯》（宗教诗)。此外，还有算学、医学、天文学、音乐等课程[①]。学生除了学习伊斯兰教经典外，还学习一些科学文化知识。

（三）酋领子弟需入学

中央王朝为提升民族上层人士的“教化”水平以加强统治，多要求民族酋领子弟进国子监读书。明朝土官、土司子弟入学有特恩、岁贡、选贡三种途径。①特恩。明初为了笼络归附的边疆民族土官，有准其派遣子弟入国学的特殊照顾。如洪武十五年（1382年)，普定府知府者额来朝，帝“命谕其部众，有子弟皆令入国学”[②]。洪武十七年（1384年)，“普定军民府知府者额遣其子吉隆及其营长子阿黑子等十六人入太学”[③]。洪武二十三年（1390年)，四川建昌卫土官“安配遣子僧保等四十二人入监读书”[④]。②岁贡。如成化四年（1468年)，朝廷令“土官学，照州学例，三年贡二人”[⑤]，弘治十三年（1500年）又重申此例。③选贡。洪武十八年（1385年）及二十六年（1393年)、永乐元年（1403年）及十八年（1420年)，朝廷先后令云南、广西、湖广、四川、贵州土官土司衙门中，“生员有成材者，不拘常例，从便选贡”，

---

① 马苏坤《十九世纪中叶阿古柏入侵后的新疆伊斯兰教》，载《新疆宗教资料》（第八辑)，油印本，中国社会科学院新疆分院民族研究所印。

② 许嘉璐主编《二十四史全译》之《明史·贵州土司传·安顺》，汉语大词典出版社2004年版。

③ 《明太祖实录》，影印本。

④ 许嘉璐主编《二十四史全译》之《明史·四川土司传一·建昌卫》，汉语大词典出版社2004年版。

⑤ 《明会典·礼部·贡举岁贡》，影印本。

“免考送监”[1]。这些赴京入学的土官土司子弟，直接到京城接受儒家文化的熏陶，吸取先进文化知识，从而造就了一批忠于朝廷的民族上层人士。

为了使土官、土司能逐渐符合官吏规范，更好地为其统治效力，中央王朝多规定土官、土司应袭子弟不入学不准承袭，强制其入学。明弘治十六年(1503 年)，朝廷规定：“以后土官应袭子弟，悉令入学，渐染风化，以格顽冥。如不入学者，不准承袭。”[2] 土官、土司子弟为了承袭、世传绶印，也为了提高统治能力、增加威望，多努力学习并使用汉文化。如丽江府上知府木增“知诗书好礼守义”[3]，是很好地学习和掌握汉文化的土官。《云南志钞》赞道：“（木）增延纳儒流，所著作为一时名士称赏。”[4]

清王朝也规定土司子弟必须入儒学学习。顺治十五年（1658 年），贵州巡抚赵廷臣疏言：“臣以为教化无不可施之地。请自后应袭土官年十三以上者，令入学习礼，由儒学起送承袭。其族属子弟愿入学读书者，亦许其仕进。”[5] 顺治十八年（1661 年），“令滇省土官子弟就近各学立课教诲”。康熙四十四年（1705 年）“令贵州各府州县设立义学，土司承袭子弟送学肄业，以俟袭替。其族属子弟并苗民子弟愿入学者，亦令送学”[6]。于是土司子弟和民族上层人士的子弟均积极入学。“儒教日兴，而悍俗渐变”[7]。一些学成袭职的土司不仅熟悉经史，甚至还有所著述。如湖广沙溪安抚使黄楚昌“折节力学，有时名”，容美宣慰使田甘霖著《合浦集》，其子田舜年刻有《廿一史纂》《白鹿堂集》《容阳世述录》[8]；云南“姚安、蒙化二土府，且以诗文自命”[9]。清末有的土司还出国游学，学习外国文化，如云南干崖“宣慰使刀安

---

① 《明会典·礼部·贡举岁贡》，影印本。

② 许嘉璐主编《二十四史全译》之《明史·湖广土司传·保靖》，汉语大词典出版社 2004 年版。

③ 许嘉璐主编《二十四史全译》之《明史·云南土司传二·丽江》，汉语大词典出版社 2004 年版。

④ 〔清〕王崧撰《云南志钞·土司上·丽江府》，道光朝九年刻本。

⑤ 《清史稿·赵廷臣传》，中华书局 1977 年版。

⑥ 上引均见《清朝文献通考·学校考七·直省乡党之学》，见《万有文库》（第 1 册），商务印书馆。

⑦ 《清史稿·赵廷臣传》，中华书局 1977 年版。

⑧ 《清史稿·土司传一》，中华书局 1977 年版。

⑨ 〔清〕刘崑撰《南中杂说·土司》，见《丛书集成》（第 3142 册），商务印书馆。

仁曾游东洋”[①] 等。

（四）鼓励平民子弟入学

中央王朝及一些地方官吏对民族子弟入学加以鼓励或奖励。如成化十七年（1481 年），“贵州程番知府邓廷瓒奏，本府学校中有土人子弟在学者，宜分别处置，以示奖励”；“弘治初，提学毛科以文试土生，仿廷瓒意，多奖励”[②]。嘉靖元年（1522 年），贵州巡抚汤沐在其上奏的治苗之策中提出，土人入学“凡一切补廪科贡与军民武生一体”[③]。对土民子弟入学采取奖励之策后，贵州“蛮民也稍稍有向学者”[④]，“礼教可行，夷俗可变”[⑤]。广西则“有摛文而宗淮南者，有称诗而薄少陵者，有黜元白而诮长吉者，有谈古今而凿凿者。礼失而求诸野”[⑥]。出现了文士济济的盛况。

清王朝专设土府土县学并定贡生名额，鼓励土人入学。《清朝文献通考》载：顺治十六年（1659 年），设湖南辰州五寨学，“考取童生七名，廪生六名，增广生八名。出贡年分，俱照各县事例，两年一贡”；顺治十七年（1660 年），定贵州苗民入学及廪增额数，“定新进苗生大学五名、中学三名、小学二名，均就附近各学肄业，苗籍廪增大学各三名，中小学各一名”；雍正元年（1723 年），“设立广西太平土州学额，取文、武童生各四名”，雍正十年（1732 年），“定廪增额各四名”；雍正六年（1728 年）“定云南乌蒙府州县学，取进文武生员各十名”。

（五）开科取士

在兴办学校的基础上，明王朝在土官土司地区也开科取士。永乐六年（1408 年），云南巡抚御史陈敏言：“云南自洪武中已设学校，请如各布政司三年一试，从之。丙申始诏，云南以本年八月举行乡试。”[⑦] 洪熙元年（1425 年），朝廷始令“贵州生儒就试湖广。宣德元年（1426 年），诏云、贵合试。

① 《清史稿·锡良传》，中华书局 1977 年版。

② 〔清〕毛奇龄撰《蛮司合志·贵州一》，西河合集本。

③ 〔清〕毛奇龄撰《蛮司合志·贵州二》，西河合集本。

④ 〔清〕毛奇龄撰《蛮司合志·贵州一》，西河合集本。

⑤ 〔清〕毛奇龄撰《蛮司合志·贵州二》，西河合集本。

⑥ 〔明〕邝露撰《赤雅》（卷下），“诸夷有学”条，见《丛书集成初编》（第 3121 册），商务印书馆。

⑦ 《明通鉴》卷一五，永乐六年四月，光绪朝四川刻本。

至嘉靖十四年（1535 年），乃从巡抚王杏、给事中田秋之请，开科于贵州”[①]。至于云、贵乡试额数，嘉靖十四年（1535 年）定“其解额，云南四十名，贵州二十五名”；嘉靖二十五年（1546 年）“令增贵州乡试解额五名”；万历元年（1573 年）“令增云南解额五名”[②]。明王朝对登第土官土司予以奖励或擢拔。如万历末贵州镇远“有土舍杨载清者应袭推官，尝中贵州乡试，命于本卫加俸级优异之”[③]。贵州麻哈州宋儒“为麻哈州世袭土同知，冑北直隶定州籍登第”，为“隆庆辛未进士”，“入为京朝近吏”，“为礼部主事”[④]。明朝虽然土官土司地区登第的士子数量还不多，但从无到有，呈现逐步增加的趋势。

《清朝文献通考》载：“康熙四十二年（1703 年）一体应试，广西土司之民人子弟及贵州苗民并照此例”；康熙四十四年（1705 年），云南巡抚佟毓秀疏言：“其滇省土人有愿考者，准以民籍应试，得旨允行”；同年，“兵部议复两广总督于成龙疏言，土司子弟中有读书能文者，注入民籍，一同考试。从之”。雍正十三年（1735 年）六月，“准土司由生员出身者一体应试”[⑤]。不论土司或民族上层子弟应试都一视同仁，对边远应试者还给予经费资助。道光元年（1821 年）十一月己未，贵州巡抚陈若霖奏请“给苗疆会试入川费，允之”[⑥]。

五、宗教管理

一些中央王朝把宗教信仰或原始崇拜作为巩固统治的精神武器，除反对影响其统治地位的个别宗教外，在西部民族地区多实行宗教信仰自由、允许各教派并存且平等对待的政策。“因势利导”使民族的宗教信仰或原始崇拜有利于巩固其统治地位，并缓和了民族矛盾。

西部地区很多民族具有悠久的原始崇拜或宗教信仰传统。《隋书·高昌传》载：“俗事天神，兼信佛法。”[⑦]《隋书·女国传》载：“有树神，岁初以人祭，或用猕猴。祭毕，入山祝之，有一鸟如雌雉，来集掌上，破其腹而视

---

① 《黔书》卷上，“设科”条，光绪朝贵州刻本。

② 《明会典·礼部·科举》，影印本。

③ 许嘉璐主编《二十四史全译》之《明史·贵州土司传·镇远》，汉语大词典出版社 2004 年版。

④ 〔明〕沈德符撰《万历野获编》卷三〇，“土官之异”条，道光朝广东刻本。

⑤ 《清史稿·世宗本纪》，中华书局 1977 年版。

⑥ 《清史稿·宣宗本纪一》，中华书局 1977 年版。

⑦ 许嘉璐主编《二十四史全译》之《隋书·西域传·高昌》，汉语大词典出版社 2004 年版。

之，有粟则年丰，沙石则有灾，谓之鸟卜。”[①]《隋书·安国传》载：“俗奉佛，为胡书。”[②]《隋书·焉耆传》载：“其俗奉佛书，类婆罗门。”[③]《隋书·于阗传》载：“俗奉佛，尤多僧尼，王每持斋戒。城南五十里有赞摩寺者，云是罗汉比丘比卢旃所造，石上有辟支佛徒跣之迹。于阗西五百里有比摩寺，云是老子化胡成佛之所。”[④]

中央王朝对西部民族地区的原始崇拜或宗教信仰多采取宽容的态度。宋王朝时，大批阿拉伯人、犹太人因经商或率部归附而来，不可避免地将伊斯兰教和犹太教带入[⑤]。至元朝，伊斯兰教更加盛行，在西部民族地区尤以畏兀儿等信奉为甚。昆明的清真寺在当时也极负盛名[⑥]。同时，元王朝、明王朝对西部地区各民族信仰的原始宗教，如对彝族的祖先崇拜、白族的本土崇拜、羌族的白石崇拜、蒙古族的萨满教（之后转信藏传佛教格鲁派）等都采取宽容态度，让其自由信奉、自然发展。

中央王朝多利用西部民族的宗教信仰建立和巩固民族关系。南诏王丰祐在位时（824—859 年），佛教在云南已流传开来。南诏王世隆时，唐朝廷遣使至南诏，世隆不肯下拜称臣，双方断绝关系。唐王朝的西川节度使高骈知南诏信奉佛教，遂派一名僧人为使者再次入滇。此次南诏王世隆，不仅率群臣礼拜，且从此与唐王朝建立了友好往来关系。

有的中央王朝对西部民族中信奉者不多、影响相对有限的宗教极为尊重、推崇，而对全民信奉、影响较大的宗教则实行“多封众建”或“化导”，以分化、笼络各民族。中统元年（1260 年）十二月，忽必烈以八思巴为“国师”统领全境释教，为佛教的最高领袖兼理吐蕃军民等世俗事务，是藏族地区的最高政治首领。此外，对藏族地区僧人颁布诏书，赞扬佛教宏达，“善逝

① 许嘉璐主编《二十四史全译》之《隋书·西域传·女国》，汉语大词典出版社 2004 年版。

② 许嘉璐主编《二十四史全译》之《隋书·西域传·安国》，汉语大词典出版社 2004 年版。

③ 许嘉璐主编《二十四史全译》之《隋书·西域传·焉耆》，汉语大词典出版社 2004 年版。

④ 许嘉璐主编《二十四史全译》之《隋书·西域传·焉耆》，汉语大词典出版社 2004 年版。

⑤ 贾东海主编《中国历代民族理论民族政策研究》，中央民族大学出版社 2011 年版。

⑥ 龚荫著《中国历代民族政策概要》，民族出版社 2008 年版。

佛陀释迦牟尼具有不可夺移之智慧及无边之慈悲，其福德智慧具足犹如满月，犹如日光破除黑暗，犹如兽王狮子战胜一切邪魔外道。朕与察必可敦对其功德、事业和教法生起信仰”。“汝僧人们不从军、不参战”，“专心向法、诵经、修持，祷告上天，为朕祈福”，“汝僧人们已免兵差、赋税和劳役”[①]。明王朝时，藏传佛教已成为藏族的全民性宗教，而且形成了政教合一的局面。明朝廷利用藏传佛教教派众多、互不统属的特点，采用了“多封众建”的策略，使其势力分散、互相制衡，“以共尊中国”。洪武六年（1373 年），明朝廷授予乌思藏摄帝师喃加巴藏卜“炽盛佛宝国师，仍赐玉印”。永乐元年（1403 年），明王朝遣使入藏，请噶举派首领哈立麻进京主持大法会，封为大宝法王。永乐十一年（1413 年），明成祖诏请萨迦派首领昆泽思八入朝，封为大乘法王。永乐十二年（1414 年），诏请宗喀巴进京，宗喀巴因年迈，派上座弟子释迦也失进京朝贡。翌年，释迦也失受封为大国师，又于宣德九年（1434 年），封为大慈法王。此外，明成祖还敕封了阐化王、阐教王、辅教王、护教王、赞善王等五小王为各宗派首领，以及九大灌顶国师、十八灌顶国师等，册封范围之广，超过历朝[②]。因伊斯兰教不反对明王朝的统治，而且如常遇春、胡大海、汤和、邓愈、沐英、蓝玉、冯胜、冯国用等不少回族豪杰，为明王朝的建立和发展做出过重大贡献，故明王朝对伊斯兰教采取优待、扶持的政策，清真寺遍布全国，在西部地区著名的有西安化觉寺、新疆喀什艾提卡尔礼拜寺等[③]。

清王朝对藏传佛教也非常重视并给予扶持，沿袭旧封封授其首领“帝师”“国师”“阐化王”等称号，授予达赖、班禅和大喇嘛统治地方的权力，免除喇嘛的差役、赋税。同时设置理藩院，加强对藏传佛教的管理，大量培植大喇嘛，分散其势力，建立大喇嘛的年班朝贡制度和颁发喇嘛度牒制度，规定喇嘛“妨害国政者”，要“按律治罪”。《清史稿·西藏列传》载：“世祖定鼎燕京，混一宇内。顾实汗复奏：‘达赖功德无量，宜延至京，令其讽诵经咒，以资福佑。’乃遣使往迎。顺治四年（1647 年），达赖、班禅各遣使献金佛、念珠，表颂功德。五年（1648 年），遣喇嘛席喇布格隆等赍书存问达赖，并敦请之。达赖覆书，许于辰年朝觐。九年（1652 年）

① 阿旺贡葛索南著，陈庆英等译《萨迦世系史》，西藏人民出版社 1989 年版。

② 许嘉璐主编《二十四史全译·西域列传三》，汉语大词典出版社 2004 年版。

③ 龚荫著《中国历代民族政策概要》，民族出版社 2008 年版。

十月，达赖抵代噶，命和硕承泽亲王硕塞等往迎。十二月，达赖至，谒于南苑，宾之于太和殿，建西黄寺居之。达赖寻以水土不宜，告归，赐以金银、缎币、珠玉、鞍马慰留之。十年（1653年）二月，归，复御殿赐宴，命亲王硕塞偕贝子顾尔玛洪、吴达海率八旗兵送至代噶，命礼部尚书觉罗朗球、理藩院侍郎达席礼赍金册印，于代噶封达赖为西天大善自在佛领天下释教普通瓦赤喇怛喇达赖喇嘛。达赖归，兴黄教，重建布达拉及前藏各寺院六十二处，又创修喀木、康等处庙，计三千七十云。"[①] 数年后，"敕谕第十一辈达赖喇嘛曰：'咨尔达赖喇嘛。朕抚绥寰宇，敷锡兆民，期一道以同风，冀九垓之遍德。亦赖洪宣梵义，普结善缘，导引群生，同参胜果。其有能通上乘，继阐正宗，使诸部愚蒙悉资开悟者，宜加多楙奖，元沛宠封。兹以尔慧性深沉，经文谙习，既著灵踪于龆岁，益坚戒律以壮年。承袭以来，皈依者众。朕甚嘉之，故特依前辈达赖喇嘛例，封尔为大善自在佛所领天下释教普通瓦赤喇怛喇达赖喇嘛，改受金册。尔尚振修黄教，主持乌斯，本利济以佑民，迓庥祥而护国。所有图伯特事务，其悉依例董率噶卜伦等，妥协商办，报明驻藏大臣转奏，俾图伯特阖境延釐，众生蒙福，弥勤启迪，用副绥怀。兹随册赍往金银、采币、玻磁器皿，尔其敬承，以光我国家亿万年无疆之休命。钦哉！'"[②] 清朝时期，因信仰伊斯兰教的民族对清朝统治没有形成大的威胁，故朝廷对回族、维吾尔族两族采取的策略是：发生叛乱时就镇压，安稳时则稍加安抚。因乌孜别克族、哈萨克族、塔吉克族、塔塔尔族、柯尔克孜族、保安族、撒拉族、东乡族八个信仰伊斯兰教的民族人口较少，势力较小，对清王朝的统治没有任何威胁，故朝廷让其自然发展[③]。

---

① 《清史稿·蕃部八·西藏》，中华书局1977年版。

② 《清史稿·蕃部八·西藏》，中华书局1977年版。

③ 龚荫著《中国历代民族政策概要》，民族出版社2008年版。

第五章　西部民族社会政治形态

“民族社会政治形态”是依据“社会发展规律”理论，用综合分析的方法，从历史与政治的角度来考察西部民族社会发展中，特定生产力和生产关系之上的经济基础与上层建筑的特殊统一体。中华人民共和国成立后，为实现西部各民族的平等、团结、繁荣和社会大变革，曾进行过大规模的民族社会历史调查。相关调查资料显示，直到20世纪中叶，在西部民族社会中，尤其是在“直过区”民族中尚存在大量的原始社会政治形态、少量的奴隶制社会政治形态和一定数量的封建制社会政治形态。但由于西部地理环境的特殊性和社会发展的复杂性，各民族社会政治发展有先有后且形态各异，甚至同一民族因地域差异，其社会政治形态也不尽一致①。因而西部民族社会政治形态除封建地主制社会政治形态外，既不能一概而论地片面强调社会政治形态发展的整齐划一性，也不能简单地从“进化论”角度片面强调社会政治形态“依次更替”的程序化。因此，不能概念化、公式化、简单化和静态化地考察西部民族社会政治形态，只能按照保存最完整的、有据可查的、具有典型性的、特定区域的特殊民族社会政治形态来进行论述。根据西部民族的实际情况，可以把所涉的社会政治形态大致归纳为四类：①原始社会政治形态。如澜沧拉祜族自治县拉祜族的“底页”、贡山独龙族怒族自治县独龙族的“其拉”、金平苗族瑶族傣族自治县拉祜西的“卡”、勐海县布朗族的“戛滚”和景洪市基诺族的“卓米”等社会政治形态。②介于原始社会与封建领主制之间的社会政治形态。由于受到民族自身发展规律和外部社会势力的双重影响，原始社会政治形态向两个方向演变：一是向奴隶制社会演变，如川滇交界的大小凉山的奴隶制等。二是向封建社会演变，如潞西市景颇族的山官制、大

① 史继忠著《西南民族社会政治形态与经济文化类型》，云南教育出版社1997年版。

瑶山瑶族的石牌制、黔东南苗族侗族自治州雷公山地区苗族社会的议榔制、黔东南苗族侗族自治州“榕江、从江、黎平”一线侗族的峒款制、怒江傈僳族自治州傈僳族的共耕制等。③封建领主社会政治形态。如阿坝藏族自治州藏族的“游牧宗法制”、宁蒗彝族自治县永宁纳西族的封建领主制与母权制相结合的形态、西双版纳傣族自治州傣族的封建领主制、黔桂交界的壮族和布依族的亭目制、黔西北彝族的封建领主制、西藏自治区藏族的封建领主制等。④封建地主制社会政治形态。它分布于受内地封建势力影响较大、较为发达的一些西部民族社会中。因其发展较为充分，其特点相对统一。

第一节　原始社会残余政治形态

在原始社会，各种社会关系通过婚姻家庭关系集中体现，以致“婚姻家庭的发展阶段”成为区分社会发展阶段的重要指标。因此，原始社会可以分为原始群、母系氏族、父系家族公社和农村公社四个阶段[①]。在 20 世纪 50 年代民主改革前，西部民族地区存在的原始社会残余政治形态主要有氏族、农村公社、部落、部落联盟等。

一、氏族残余形态

氏族是以血缘关系为纽带形成的社会共同体，是原始社会发展至族外婚之后出现的社会经济组织的基本单位。其基本特征是：生产资料归氏族公有，成员共同劳动，平均分配产品；公共事务由选举出的氏族长管理，重大问题由氏族成员会议决定；靠血缘纽带维系，实行族外婚；有共同的语言、习惯和原始宗教信仰等[②]。在 20 世纪 50 年代民主改革前，西部民族地区存在的氏族残余主要有母系氏族和父系氏族两种。

（一）母系氏族

母系氏族是原始社会低下的生产力和早期群婚制的必然产物。母系氏族中世系以母系计，妇女采集野果、经营农业、管理家务，在氏族中居于支配地位，财物归母系血缘亲族继承[③]。

在 20 世纪 50 年代民主改革前的云南澜沧拉祜族自治县糯福区的拉祜西

① 史继忠著《西南民族社会政治形态与经济文化类型》，云南教育出版社 1997 年版。

② 张岂之主编《中国历史》（先秦卷），高等教育出版社 2001 年版。

③ 张岂之主编《中国历史》（先秦卷），高等教育出版社 2001 年版。

中，还存在着一种拉祜语叫“底页”的社会组织。“底页”的经济、生活来源主要依靠以妇女为中心进行的采集，因而妇女的社会地位高于男子。但由于生产力低下，没有充足的食物，婚姻为“走访婚”或“望门居”形式，男女双方很难形成稳定的家庭，以致子女“只知其母，不知其父”，血统只能按母系计算；男子必须依赖于女子，女性家长具有绝对权威，进而形成由同一始祖母的几代女系子孙组成的母系氏族。族外婚是母系氏族婚姻的基本形式，相对固定的两个氏族互通婚姻。刀耕火种农业发展后，每个母系氏族都吸收男子加入，导致“走访婚”逐渐向“从妻居”转化。男子“外嫁”其他氏族与主妻组成对偶家庭，即拉祜语的“底谷”。若干个“底谷”共居在一所叫“耶类玛”的大房子里。“耶类玛”建立在“从妻居”之上，血统按母系计算，财产由女儿继承；家长由女性中辈分最高、年纪最大的人担任，称为“叶协玛”。在20世纪中叶的糯福拉祜西中，还残存着为数不多的几个“耶类玛”。

此外，独龙族中有15个独龙语叫“尼柔”的母系氏族。氏族的经济生活来源主要靠采集和原始农业，婚姻多为“从妻居”，主妇分食、管仓。独龙族的生产工具只有石器、“宁姆”和“戈拉”，原始农业局限于“德科木朗”的狭小范围，采集为生活的主要来源，过着“巢居野处”的半定居生活，氏族集体占有土地“夺木枯”和渔场“得寡”，集体劳动的方式有“妈卡哇”和“节得畦”。产品按“尼得休”“发休夺”和“阿奢木得休”的方式实行平均分配，婚姻缔结方式为“伯惹”“安克安拉”，男子从妻居，实行“额杂布朵”和“棒千”制度①。

随着原始农业的发展，男子在家庭中的地位逐渐提高，于是部分男子不再“外嫁”，而是娶来媳妇过“从夫居”生活，以致家庭中既有母系支系又有父系支系，形成了双系家庭。为解决家庭的财产继承问题，母系和父系的人分成了2个按性别区分的集团，家长除主母外增加了主母的丈夫。这是母系氏族向父系氏族发展的中间过渡状态。在20世纪中叶糯福区的拉祜西中双系家庭较为普遍。如巴卡乃寨的那期“底页”共101人，以主母那期和其丈夫协卡为中心，由女儿等母系、儿子等父系分别组成的“底谷”构成②。

---

① 史继忠著《西南民族社会政治形态与经济文化类型》，云南教育出版社1997年版。

② 参见《拉祜族社会历史调查》，云南人民出版社1981年版；史继忠著《西南民族社会政治形态与经济文化类型》，云南教育出版社1997年版。

（二）父系氏族与家族公社

随着原始农牧业的发展，男子在生产生活中逐渐处于支配地位，由此血缘改按父系确定，家庭财物改由父系血缘亲族继承，男子成为维系氏族的权威中心。至此，母系氏族逐渐被父系氏族取代。

在铁制农具传入后，独龙族的原始农业发展迅速，男子逐渐取代女子成为家庭的主导者。为此，“一妻多夫制”被禁止，“从妻居”被“从夫居”取代，父权家族产生且“一夫多妻制”逐渐盛行。至此“尼柔”（氏族）便由母系氏族转变为父系氏族，并逐渐发展为父系家族公社，形成了若干按家族关系建立起来的村落，即“其拉”。“其拉”具有明显的特征：一是“其拉”由“尼柔”分化而来，以驻地名或家长名命名，其中以驻地名命名的居多。二是“其拉”是由单一家族构成的血缘村落，首领是具有较高威信的男性家长（“卡珊”），善于言辞、办事公道，是生产的组织者、习惯法的仲裁人和对外的代表。有的“其拉”还有“卡珊”的助手即军事领袖(“甲卡”)，其职责是保卫“其拉”成员的生命财产安全和领导血亲复仇。三是土地归“其拉”共有共耕，且家庭成员间有互相帮助的义务，所得财物包括宰杀的猪牛由各家均分。四是外部纠纷先由“卡珊”调停，若调停无效，则“其拉”全体成员乃至同氏族成员均须参加血亲复仇。

20世纪50年代民主改革前，金平苗族瑶族傣族自治县拉祜西的“卡”也属于父系家族公社。具体表现为：①血缘性。“卡”是以曾孙或祖孙为骨干、以姻缘关系所附之人为旁支而构成的血缘组织。②流动性。拉祜西人具有在正常年景从原住地出发，随新荒地迁移而经过三年左右返回原住地的“圆周形流动”和在荒年带着家当及火种沿山梁、河流迁移的“线型流动”两种迁移、流动方式，而“卡”仅是临时居住地。③分散性。拉祜西居住的山区地广人稀，“卡”与“卡”间距离较远，少则一天脚程，多则三五天脚程。④土地“公有私耕”。拉祜西人土地占有观不强，土地虽为公有，但基本生产单位为家庭，只有砍伐森林等小家庭无法完成的劳作才合伙干。⑤互助性消费。拉祜西人恪守“有就大家吃，没有则大家饿”的习俗。⑥“抽母”与习惯法。“抽母”权威和传统习惯法是维持秩序的基本手段。“抽母”由全“卡”中辈分最高、年纪最大、威信最高、最早建“卡”的男性家长担任，负责全“卡”生产、迁徙、裁决和祭祀等事务。⑦“欧代”有凝聚作用。“欧代”（家族祖先即“抽母”父辈的牌位）起着维系、凝聚全“卡”成员的作用。

此外，20 世纪 50 年代民主改革前的西双版纳傣族自治州勐海县布朗山村寨大多由一个或数个“戛滚”组成。“戛滚”由父系氏族演化而来，是父系家族公社的残留形式。其主要特征为：①血缘集团。“戛滚”是由同一男性祖先繁衍的数代子孙及其妻子组成，首领由本“戛滚”中年纪最大、辈分最高的人担任，终身任职但不世袭，代表全体成员管理内部重大事务，调解纠纷，主持祭祀，对外则代表“戛滚”进行各种交涉。②以“哼而戛滚”为共同信仰。“戛滚”以祖先崇拜为信仰，“哼而戛滚”是内装祖先遗留生产、生活用具的布袋或竹筐，供奉在首领家中，是权力和信仰的象征。③氏族外婚。布朗人禁止同“戛滚”人通婚、禁止姨表间通婚，姑舅表婚虽在某些通婚范围狭小的地区仍然存在，但大都遭到禁止。④土地“公有私耕”。每个“戛滚”集体占有土地，每年春耕时请佛爷以卜卦方式选定播种方向，然后根据面积和户口分配土地。土地分配办法有两种：一是首领先行选定后，各户按辈分高低、年龄大小依次选择；二是将土地按好坏、远近搭配后，按各户劳力多少进行分配。土地分配后以树桩、土埂为界线，集体砍烧后由各户自行耕种，秋收后各户所耕土地又一律归公。

二、农村公社残余形态

20 世纪 50 年代民主改革前，在西部民族地区的部分特定区域还残存着原始农村公社制形态。它是原始社会政治形态向次生形态过渡的阶段，具有三个基本特征：一是按地域划分民众；二是一夫一妻制家庭已成为生产生活的基本单元，房屋及其附属物已成为私有；三是土地在不准买卖和定期重新分配的前提下由家庭独立耕种，并由“公有私耕”逐渐发展为“公有私占”。它主要存在于西双版纳傣族自治州景洪市、勐腊县境内的基诺族社会政治形态中。

（一）演化模式

大约在清中叶后，基诺族开始种植茶叶，并逐渐成为“种茶好猎”民族，经济社会随之得以较快发展。基诺族村寨最初由两个经常通婚的集团住在一起（“两合组织”）而逐渐形成。为此，最初的村寨均有“卓巴”和“卓生”两个头人，他们其实是村寨中两个基本氏族的头人。随着联姻范围扩大，更多氏族成员迁入村寨，血缘关系也逐渐混杂。随着时间推移，村寨的血缘关系逐渐变得松弛，地域关系日益凸显，从而具备了农村公社政治形态的基本条件。而就在此时外部封建势力悄然侵入，中原封建朝廷册封的傣族土司开始在基诺族社会中任命“金伞大叭”、“叭”、“鲊”、土目和保甲长等，并征派赋役、统治村社，于是农村公社逐渐被纳入封建制社会政治形态体系而发展为一种次生形态。尽管如此，到20世纪50年代民主改革前，基诺族社会的母系氏族痕迹尚未完全褪尽，但父系家族公社的基本要素已经具备；尽管血缘关系在许多村寨还比较浓厚，而地缘关系已经基本确立；虽然农村公社政治形态还保存得相当完整，但外部封建势力已经渗入①。

（二）土地与生产方式

20世纪50年代民主改革前基诺族社会的土地性质基本属于“公有私耕”，其所有权属村寨，氏族有占有权，而“玛”和“贝”享有使用权。各村寨的土地间有明确的界线，擅自越界砍伐树木或烧毁林地必须受惩罚；而在村内各家族间也有明显的界线，家族土地则由所属各房（玛）自行号地，多为13片轮种，随后“玛”将土地分给各火塘耕种。若发生土地纠纷，须请头人调解，或采取神灵裁判方式解决。除私人占地外，村寨还拥有范围较大的神林、水源林、风景林、护道林、坟地、道路及未开垦土地等集体土地。因土地界限明显，随时间推移，人口多寡与土地占有不平衡的矛盾日渐凸显，于是逐渐出现了土地租借，而这仅为原始“借地”的延伸，并不存在剥削。但茶园不存在轮种轮歇而是固定土地。久而久之，茶园逐渐变为私有，遂与宅基地、园地和自营地作为“公有私占”的形式成为私有制萌发的起点。

基诺族的生产方式与其特殊自然地理环境密切相关。基诺族生活的山区地广人稀、原始雨林植被生长较快，砍伐后的林地能很快恢复。因种植茶叶而不能长途迁移，遂以茶山为中心实行“圆周式迁徙”的刀耕火种型轮歇耕作制，最初的办法是将茶山周围的土地大致分为13片，每年依次轮种1片，13年后回到原点，但土地利用率不高。随着人口增加，为缩短休耕期、提升土地使用率，逐渐出现了“开夫艾”（种过1年的地）、“肖培”（种过2年的地）、“肖皆”（种过4—5年的地）。为避免随土地耕种期增长、肥力下降、产量递减而实行轮作制，一般第一年种棉花，第二年种稻谷，第三年种玉米。此外，狩猎和采集也是其经济生活不可缺少的部分，狩猎以补充肉食，采集

① 《基诺族简史》修订本编写组编纂《基诺族简史》（修订本），民族出版社2008年版。

以弥补粮菜不足。

（三）村社结构

20 世纪 50 年代民主改革前的基诺族村社大多为村寨（“卓米”）—家族（“阿珠”或“内珠”）—房（“玛”）—火塘（“贝”）的结构，是地域性血缘组织。除巴朵寨外，基诺族村寨都由几个不同姓氏的家族组成；家族则由“玛”组成，同一“玛”的人住在一所大房子里；“玛”则由“火塘”即一夫一妻制的小家庭组成[①]。

村社有议事会和村民大会。议事会由“叭”、“鲊”、保甲长和“卓巳”、“卓生”等组成，负责村寨的日常事务。重大事宜由村民大会解决，除议事会人员外，各家族族长、家庭家长均须参加。议事会长老分为官方代理人（外部封建统治阶级册封的“叭”、“鲊”、保甲长等）和自然领袖（村社固有的头人“卓巴”“卓生”）两类。新加入村寨的氏族均须征得“卓巴”和“卓生”同意，并由其氏族头人（“达斋”“巴努”“生努”“乃厄”“柯普罗”等）参加议事，协助办理某些具体事务。村社头人会议遂变为以建寨最早氏族头人为主、另一基本氏族头人为副的氏族头人联席会议。若卓巴或卓生去世，继承人由这两个氏族按辈分依次递补产生，其他后加入村社的头人也按此增补产生。每个村寨均在卓巴和卓生家供奉着两只木鼓，代表这两个氏族的祖先，卓巴和卓生主持农业祭祀、狩猎祭祀、祭木鼓和祭寨神等祭祀活动。把原始宗教中自然崇拜与祖先崇拜结合起来，成为其履行组织生产、团结氏族和村寨成员的必要手段。因信仰原始宗教，各种活动常受巫师干扰。巫师有两类：一类是负责婚丧灾病、盖新房及过年等祈祷活动的“末丕”；另一类是主持杀牛等重大祭祀，并掌握占卜术的“布腊胞”。同时，巫师还兼具巫医和歌手之责，是文化的传承和传播者[②]。

但在基诺族农村公社形成后，外部封建势力侵入该地区，先后任命头人作土目、“叭”、“鲊”、“先”、保长和甲长等以实现统治。于是农村公社变为封建统治的基层单位，其头人虽须经推选产生、不脱离生产劳动，但已变为替统治阶级传达命令、征收赋役、维持治安、统治百姓的工具。自此，逐渐从原始社会末期步入阶级社会。

---

① 史继忠著《西南民族社会政治形态与经济文化类型》，云南教育出版社 1997 年版。

② 《基诺族简史》编写组编纂《基诺族简史》，云南人民出版社 1985 年版。

三、部落与部落联盟残余形态

20世纪50年代民主改革前，今西盟佤族自治县和沧源佤族自治县境内的阿佤山佤族社会还处于原始社会末期的军事民主时期，存在一定的部落或部落联盟等组织。如西盟佤族自治县的马撒、永广、翁戛科三大部落联盟及岳宋、班帅、芒杏等部落；沧源佤族自治县的班洪、班老等部落联盟及永邦、永和、岩帅、贺南等部落。

（一）部落

部落组织经历了血族部落与地域部落两个发展阶段。其中“血族部落”以氏族血缘为基础建立，形成于母系氏族和父系氏族时期，是部落的原生形态；“地域部落”以农村公社的地缘关系为基础，是原始社会向阶级社会过渡的桥梁。阿佤山区的部落虽血缘成分较浓厚、民族特色仍明显，但均属地域性部落，其部落形成很可能与佤族的支系有关。以西盟佤族自治县为中心的“大阿佤”各部落均属“阿佤”支系，大都源自同一始祖。如马撒部落由永欧、亚木、阿芒、西俄、永格莱、彭克依、木依库、克里木、关切木、斯库等10个主要氏族构成，族谱中都有“司岗里赫”和“普依司岗”，属于同宗。以沧源佤族自治县为中心的“小阿佤”各部落多属“布饶克”支系，后形成班洪、班老、永邦及班况、塔田、公鸡、官中、蛮国、莫弄、戛弄、戛喜、龙夸、敢色等血族部落。后历经姓氏分散、错杂相居、聚而为寨及大寨分出小寨等阶段，血缘部落逐渐转化为地域部落。如马撒部落最先由永欧姓建立，后阿芒、亚木及其他氏族相继迁入，由于人丁繁衍由马撒寨分出班哲、莫斯美、阿莫、莱斯努音4个寨；班哲寨分出奥廊、奥姆各蓝等9个小寨；莫斯美寨分出努木伊等3个小寨；阿莫寨分出奥永、永弄等5个小寨；莱斯努音寨分出班强、永浪、中课等24个小寨，进而形成了马撒部落①。

佤族部落（“界及”）由大寨（“干及”）、小寨（“永”）、家族（“同”）、家庭（“涅”）组成，每个部落有若干大寨，每一大寨包括若干小寨，小寨里住着若干家族，各家族又分若干小家庭。村寨由地缘和血缘关系混杂而成，把家族结合为村寨，又经家族扩散而建立新寨。其部落多以地域关系结合而成，但家族间的血缘纽带并未完全割断，形成以地缘为经、以血缘为纬的复杂结构。然而，由于部落的基础是村寨而非家族，部落有共同的地域、共同

① 田继周、罗之基著《佤族》，民族出版社1996年版。

的政治、经济、文化活动和更为密切的内部关系，地域关系在部落经济社会生活中起决定性作用。部落是村寨分化的结果，而家族已融入村寨中并通过母寨和子寨、大寨和小寨的关系连为一体。但家族并没消亡，同一祖先的各家庭同为一姓氏，并以父子连名而续家谱，每个家族都有自己的族长，有自己的祭祖活动、祭仪和祭语，有互帮互助、恤孤、承担债务的义务，有相互继承财产、优先购买土地的权利，个别家族还有公共墓地和家族地，足见血缘关系在生活中仍有一定的地位和作用。如马撒部落由45个小寨、19个家族组成。岳宋部落由段翁、永塞、永朗、永太、芒得果、永额、永司劳7个小寨组成，其中段翁寨主要有忙、永铺擂、库3个姓；永塞寨主要有忙、库2个姓；永朗寨主要有忙、木古、盟古、木昂、永埃等5个姓；芒得果寨主要有忙、永铺擂、库3个姓；永额寨主要有蒙库、永欧、永铺擂、忙等姓①。

（二）部落联盟

部落与部落较为紧密的结盟形成部落联盟。阿佤山区的“班洪部落”可视为部落联盟的典型。班洪地区的部落最初分散居住、互不统属，其首领有的称“达伯”，有的称“混丧玛哈翁”，有的称“达昆散”，有的称“伙头”。后来班洪部落日渐强大，在与傣族和拉祜族的争斗中逐步将各部落联合起来，于是清王朝加封其首领为土都司。民国云南省政府又委任其为“班洪总管”和“班洪守备司令”，自此形成了部落联盟，建立起一套管理体系。其酋长为世袭制且被封赐为班洪土都司，被称为“班洪王”。“班洪部落”有班洪、班坝、富贡、南板、曼老、那底、南腊、海牙、南锦、柯木、都埃龙、蕉山、班莫、南朗、埃着、曼、曼帕、营盘等18个小部落，77个寨，1500余户。其中小部落即“大户”（佤语为“戈恩”）下辖数量不等的村寨，最小的如南朗部落只辖2个寨，最大的如都埃龙部落辖10个寨。

“达崩”（意为“办大事的老人”）是“班洪部落”首领，而各“大户”为联盟中的小部落，在组织上隶属于联盟但在经济上仍保持相对的独立性。各部落组织尚未完全蜕化为地方政权，仍处于原始社会军事民主阶段。“达崩”世袭其职，或父死子继，或兄终弟及，拥有最高权力但不独裁，袭职时须经各“大户”头人及佛爷开会认可，并宣读“大家让我做大官，我一定为大家办事”的誓词，每逢部落联盟的重大事项也须召开头人会议研究决定。

① 田继周、罗之基著《佤族》，民族出版社1996年版。

“达崩”下设四道衙门（“达伙”）均由近亲贵族统领，分掌内务、外交、军事和财政，并协助“达崩”分管“大户”。“班洪部落”实行“平时为民，战时为兵”制度，没有固定的军事组织，直到民国年间才组建了大约30人的卫队。“大户”（“戈恩”）首领为“达该洪勐”，初为各小部落的世袭酋长，但自“达崩”统治地位确立后其承袭须经“达崩”认可和委任，一般有大头人（“给温勐”）、二头人（“尧相”）、三头人（“安掌”）等3个头人。凡涉及全“戈恩”的重大事项，须由3个头人召集会议商定并报“达崩”批准后执行。“大户”下辖村寨的头人为“达该赛卡木”，下设管事（“不找”）协助管理村寨事务，其中“达该赛卡木”和“不找”都由“达该洪勐”委任。各“大户”对土地有较多支配权，部落成员虽有贫富分化，但尚未形成阶级，各级头人没有彻底脱离劳动①。

农村公社是班洪部落联盟建立的基础，各“大户”为地域性村社组织而非聚族而居的血缘村落，个人可脱离家族而自由迁徙。如班洪大寨共有76户，其中佤族70户、傣族2户、汉族3户、“本人”1户，佤族中又有邓刀、司彭牙特、司岗尔埃、永老、仲瑙、朗鹿埃6姓。同时各“大户”的土地为村寨集体所有，但“公有私占”。村寨间有地界，境内的森林、草坡、荒地为公有，本寨人可自由开垦耕种，其他村寨的人不能开垦。水田和已垦旱地多为各家庭长期占有，村寨内部可进行土地的转让、抵押、买卖。此外，原始的互助合作关系仍占重要地位，主要表现在合种、换工、借地三方面。合种指2户以上的共耕关系，由各方平均出种子和劳力，收获的粮食平均分配，多发生在有血缘关系的家庭之间。换工是季节性互助模式，一般在农忙时节临时互换。缺地户可向地多户借种耕地，有寨内和寨外两种形式：寨内借地中心地带一般只需征得同意即可，而边缘地带一般须送一包茶叶和一对蜡条。借用外寨的土地则中心地带要得到村寨头人允许，按指定地段开荒，并须送茶叶、蜡条、银圆，抛荒后归还原寨。边缘地带的剥削程度明显加重，寨外人借地除送茶叶、蜡条以外，还须交纳20—30斤稻谷的“科罗”②。

班洪部落以约定俗成的习惯法管控秩序，其习惯法中除了原始的平等因素外，已经渗入部分私有制的成分。因习惯法基本能维护大多数人的利益而

① 田继周、罗之基著《佤族》，民族出版社1996年版。

② 史继忠著《西南民族社会政治形态与经济文化类型》，云南教育出版社1997年版。

被民众认可，具有较高权威，对维持社会秩序、规范行为起着较大作用。其主要内容包括：不准泄露本寨的军事行动、猎取人头等机密，发生械斗时所有成年男子须无条件参加并奋勇杀敌；村寨全体成员须参与建水槽、修路及宗教活动等村寨公共事务，要互相帮助，不能在言语和行为上伤害别人；严惩盗窃行为，严禁同姓通婚等。由村寨头人主持“说理”以执行习惯法，若“说理”仍不能解决，则采取“神明裁判”。“神明裁判”由“魔巴”主持，采取先杀鸡看卦后选用以下方式之一进行评判：一是“摩掌”，争辩双方以手掌互相摩擦，先出血者为无理。二是“竹签刺手”，出血急者为无理，出血缓者为有理。三是“捞鸡蛋”，将鸡蛋投入沸水中，争辩双方同时伸手入锅捞起，手臂起泡多者无理，起泡少者有理。四是“站穴顶板”，挖掘出约半尺深、大小仅容双足的洞穴，争辩双方轮流站于洞穴中，“魔巴”将木板连放三次于受审者头顶，板子掉下者无理，板子不掉者有理。惩罚方式依情节轻重而有所区别，多为说服教育与谴责，稍重的则罚谷、罚款、罚酒，再重的则驱赶出村寨甚至处以极刑①。此外，南传上座部佛教传入后逐渐取代了原始的自然崇拜，在班洪寨和各“大户”都建立了佛寺。

（三）等级制度雏形

地域部落和部落联盟出现于原始社会向阶级社会过渡的时期。在此期间私有制逐渐产生，债务关系、雇佣关系和蓄奴现象日益增多，但还没有形成阶级，仅成为等级制度的雏形。

20 世纪 50 年代民主改革前，阿佤山区的佤族社会分化为“珠米”“库普来”“普查”“官教克”与“穷教克”几个等级，“珠米”是有吃穿且能雇工、放债的富裕户；“库普来”是自给自足的中等户，“普查”是缺吃少穿、需借债和帮工的贫困户，“官教克”和“穷教克”则是奴隶。其中“官教克”是指买来一段时间后听话、勤劳、心术正，被留下且举行宗教仪式收为养子，改姓换名与主人连上家谱的奴隶；“穷教克”是指主人对其表现不满意并被转卖的奴隶。“官教克”的地位比“穷教克”高，不会轻易被转卖，且可成家立业，继承主人的部分财产；而“穷教克”却随时会被转卖，甚至用以砍头祭祀。这种奴隶是一种初生形态，主要源于抵债或无依无靠而自卖为奴，因械斗和战争而沦为奴隶的现象十分罕见。据 1957 年的统计数据显示，马撒大

① 参见《佤族社会历史调查》，云南人民出版社 1981 年版。

寨和岳宋寨的118个奴隶中，直接源于抵债的有22人，占18.6%；通过转卖而来的有96人，占81.4%。永广寨的9个奴隶中5人源于抵债，4人系转卖而来。在佤族社会中，同家族的人有帮助还债和抚养孤儿的义务，只在家族衰落时才偶尔有以人抵债或出卖孤儿的情况发生，因而奴隶的来源十分有限[①]。由于受私有制和原始平等观念的制约，奴隶没有完全沦为“会说话的工具”，不能被随意虐待、屠杀，且男奴可以娶妻，女奴可以出嫁。同时奴隶数量很小，在生产中的作用不大。蓄奴主也没有脱离劳动，奴隶还清债务可以赎身，没有终身为奴和世代为奴的情况。因此，这种奴隶制只是原始社会末期的附属，并不能构成一种社会政治形态，是处于萌芽状态的家长奴隶制[②]。

班洪部落联盟首领“达崩”凭着掌握的部分特权对部落成员进行剥削，主要方式有：①雇佣“白工”。即安排人员为自己种地、盖房和操办婚丧等而不给报酬。②摊派“烟课”。即每年向各“大户”征收若干鸦片。③“租课”。即将傣族平民迁走后留下的水田租给部落成员耕种以收取地租。④“买青烟”和“买青谷”。即用低价派购大烟和新谷。⑤征收“门户钱”。即按户征收钱款。⑥收取杂费。即采取巡视、婚丧送礼等方式收取费用。这些剥削方式虽然带有一定的封建性质，但因土地尚未完全集中于“达崩”手中，被剥削者人身自由未被剥夺，“达崩”之下的各级头人也没有完全脱离生产，所以仅是初级的剥削形态。

第二节　转体变迁的社会政治形态

由于受自身发展演变规律和中央王朝等外部封建势力的双重影响，在20世纪50年代民主改革前的西部民族社会中还存在着介于原始社会与封建社会之间的社会政治形态。具体包括两种：①由原始社会向奴隶社会转化的形态。它虽已步入阶级社会，并不断受到周边封建势力的侵蚀，但转变缓慢，如凉山彝族社会的奴隶制。②由原始社会向封建社会转化的形态。它直接从原始社会末期的农村公社次生形态向封建社会演进，但因受多种因素影响而未完全进入封建社会。如景颇族的山官制和傈僳族的共耕制，大瑶山瑶族的石牌

① 参见《佤族社会历史调查》，云南人民出版社1981年版。

② 参见田继周、罗之基著《西盟佤族的社会政治形态》，云南人民出版社1980年版。

制，雷公山地区苗族社会的议榔制和榕江、从江、黎平一线侗族的峒款制等。

一、向奴隶社会转变的社会政治形态

直到20世纪50年代民主改革前，川滇交界的大小凉山彝族地区仍保留着较为完整的奴隶制社会政治形态，不仅具备奴隶制的基本特征，即“奴隶主占有奴隶，奴隶是会说话的工具”，而且具有鲜明的地方、民族和历史等特性。由于受自身发展演变规律及外部封建势力的双重影响，虽然奴隶制已占据主导地位，但在保留大量原始社会残余的同时又渗入了一些封建制因素。多种制度因素相互交织，形成既有“奴隶”又有“农民”的格局。

（一）等级关系

大小凉山彝族奴隶制社会存在着严格的等级制度和普遍的人身依附，有“兹莫”、“诺合”、“曲诺”、“阿加”和“呷西”五个等级。其中“兹莫”是“土司”、“土目”或“土舍”阶级；“诺合”是“黑彝”；“曲诺”是“白彝”；“阿加”意为“主子寨旁的奴仆”（“安家娃子”）；“呷西”意为“主子锅庄旁边的手足”（“锅庄娃子”）。“兹莫”、“诺合”则被尊为“颇色”（“主子”），而“曲诺”、“阿加”和“呷西”被合称为“节伙”（“娃子”），“主子”和“娃子”间等级森严彼此不通婚。“兹莫”统率“诺合”、“曲诺”，占有“阿加”和“呷西”；“诺合”统率曲诺，占有“阿加”和“呷西”；部分“曲诺”也占有少量“阿加”和“呷西”。“阿加”和“呷西”沦为“会说话的工具”，完全没有人身自由权。社会等级关系与人身依附关系在政治、经济、血缘等因素的相互作用下变得非常复杂，具有明显的特殊性。①人身占有关系。最初可能仅有“兹莫”、“诺合”占有“阿加”和“呷西”，为“一道娃子”；随着奴隶来源和使用范围扩大，“曲诺”也可占有“阿加”和“呷西”，为“二道娃子”；随着奴隶制的发展，连“彝根”“阿加”也可占有“非彝根”的“阿加”和“呷西”，为“三道娃子”。因主人地位不同，奴隶也须以一、二、三道娃子加以区别。②等级界限。主子与娃子间等级森严不能转化，“节伙”内部三个等级可互相转化。其中“呷西”成家后变为“阿加”，“阿加”下降或其子女被抽走变为“呷西”，“阿加”经赎身可变为“曲诺”，“曲诺”也可变为“阿加”。“阿加”与“呷西”较易转化，而“阿加”须征得主人同意、交纳赎身费、请寨中曲伙头人作保、立约为凭等一系列复杂的赎身手续后才能转化为“曲诺”。但“阿加”升为“曲诺”后尚有部分子女未能赎身，“曲诺”降为“阿加”后仍保留部分子女亲权。③血缘关系。

从血缘关系看等级被分为“兹伙”“诺合”“曲伙”“麻邀”“龙节”五个层次，其中“兹伙”即“兹莫群体”，专指与“兹莫”有血缘关系的人群；“诺合”即自认为是血统“最纯”“最高贵”的“黑彝”；“曲伙”则包括全部“曲诺”及由“曲诺”下降的“阿加”和“呷西”，被视为“彝族根骨”；“麻邀”是指来历不明或外族“阿加”，被认为“非彝族根骨”；“龙节”则指刚从外掳入或买进的单身“呷西”。④阶级关系。“兹莫”和“诺合”、“阿加”和“呷西”、“曲诺”基本与奴隶主、奴隶和劳动者阶级相对应。“诺合”“曲诺”“阿加”的分化最为明显：绝大多数“诺合”仍为奴隶主，但少数已变为普通劳动者；绝大多数“曲诺”仍为劳动者，但极少数变为奴隶主，少数变为奴隶；绝大多数“阿加”仍为奴隶，但少数变为普通劳动者，个别变为奴隶主。阶级成分虽有变化，但始终存在奴隶主与奴隶两大阶级，故为奴隶制社会政治形态①。

1. 两种并存的奴隶

“呷西”和“阿加”两种奴隶并存的格局与奴隶来源不足有关，因凉山周围已废除奴隶制度并曾先后处于封建王朝及国民政府的严格控制中，掠夺奴隶非常困难且要冒极大风险，遂以男奴和女奴婚配增加奴隶数量，又从“阿加”的子女中抽取“呷西”。“呷西”是单身奴隶，部分通过掳掠、买卖而来，部分则是被抽的“阿加”子女或由“阿加”变化而来，没有人身自由权，可任意打骂、买卖、转让，甚至屠杀，生活极端困苦，婚姻由主人决定，住在奴隶主家里，长年从事各种劳役。虽然“阿加”有家室、部分家产、可赎身后升为“曲诺”，但仍为奴隶。究其原因：一是“阿加”和“呷西”有密切联系，“呷西”婚配即成“阿加”，“阿加”下降即为“呷西”，且奴隶主照例要抽取其子女为“呷西”，两者较易转化。二是“阿加”虽已有家室，但仍隶属于奴隶主，没有自由迁徙和完整的婚权、亲权和财权，承担着各种劳役和经济负担。三是“阿加”虽有部分财产，但财产没有保障，会随意被奴隶主以各种形式占有。因而“阿加”并未摆脱奴隶地位，只不过地位稍高于“呷西”且所受剥削方式有所不同。

2. 人数最多的曲诺

彝族奴隶制社会中处于中间等级的“曲诺”约占总人口的1/2，介于奴

① 胡庆钧著《凉山彝族奴隶制社会形态》，中国社会科学出版社2007年版。

隶主与奴隶间、享有普通劳动者权利、有一定人身依附和经济负担。在冤家械斗极其频繁的环境中，力量弱小的白彝纷纷投靠势力强大的黑彝或被征服，逐渐结成一种依附关系。因这种依附关系产生在两个集团间，且世代沿袭、互不通婚，久而久之就形成了“诺合”与“曲诺”两个阶级。“诺合”凭借武力征服的其他民族，以及因白彝与其他民族通婚而吸收的新成员、部分黑彝男子与“娃子”妇女所生子女、赎身后的“阿加”等导致“曲诺”成为人数最多的阶级。“曲诺”是“诺合”治下的普通劳动者，自耕自食且受“曲伙”家支保护，有一定的人权、婚权、亲权、财权，并负担一定的劳役和贡赋。其中劳役由集体承担，分摊至各户的不多，一般是每户每年为主子服役15天左右，比“阿加”和“呷西”轻很多；贡赋有财物摊派、强制性高利贷和“吃绝业”三项。“曲诺”处在不断分化中，虽绝大部分为自食其力的劳动者，但始终隶属于“诺合”等级。随着奴隶制的发展，“曲诺”也可占有奴隶，并向奴隶主和奴隶两极不断分化，所以“曲诺”的存在并没有改变奴隶社会的性质。

（二）政权组织结构

凉山彝族地区“诺合”家支起着政权组织的作用。自元王朝在这一地区推行土司制度、进行分而治之以后，凉山彝族地区被分为若干土司统治区，政权由“兹莫”阶级掌握，并统率各“诺合”家支。自清王朝改土归流后，“兹莫”失去外部封建王朝这一强大靠山，统治势力日益衰落，于是各“诺合”家支纷纷崛起，逐渐取代“兹莫”的统治，以致形成没有统一的奴隶主政权，而以大约100个分裂割据、互不统属、经常发生械斗的“诺合”家支进行统治的局面。自此，直到20世纪50年代民主改革前，“诺合”家支实际充当了政权组织的角色。

所谓“家支”就是由家、支、户组成的血缘集团。同一祖先的后裔繁衍为若干家，即“楚西”；家又分为若干宗支，即“比杰”；支下有若干家庭，即“楚布”。“家支”由父系氏族蜕化而来，以共同祖先为旗帜、血缘为纽带、父权为特征、父子连名续谱系、嫡长子继承制为核心，实行“等级内婚，家支外婚”。同“家支”的人有继承绝嗣者财产的权利和互相援助、保护的义务。头人“德古”和“苏易”由精通习惯法、善于调解纠纷、精明强干、勇敢善战的人担任，是自然形成的领袖、习惯法的执行者、纠纷的仲裁人和冤家械斗的指挥者。“家支”间的重大事件须经过头人会议

“集尔集铁”、“家支”成员大会“蒙格”、“家支”间联合大会“基格蒙格”、“家支”内各分支会议“乌尼蒙格”及妇女大会“尼莫惹蔑蒙格”等形式协商解决。

凉山彝族地区既有处于统治地位的“诺合”家支，也有处于从属地位的“曲伙”家支。“诺合”家支大多为古候、曲涅后裔，由“兹莫”“诺合”组成，有较稳定的地域，统率领地内的“曲诺”，占有一定数量的“阿加”和“呷西”。具体功能主要是：维护统治地位，确保政治、经济特权不受侵犯；镇压“节伙”等的反抗行为，保卫自身利益，组织各种械斗。而“曲伙”家支处于被统治地位，受诺合家支控制，没有单独、稳定的聚居区和严密的组织结构，且逐渐分化为“曲诺”“阿加”“呷西”3个等级，具有协助“诺合”家支进行统治和维护“曲伙”家支共同利益的双重功能。虽然“家支”源于父系氏族，但进入阶级社会后由于受阶级利益、民族利益和家族利益等因素的影响，性质发生了变化，不再是单纯的血缘组织，而成为拥有一定土地、人口和特权的政权组织；头人也不再是公众领袖而是享有特权并向属民征收赋税的土官，进而转化为维护某一特定集团共同利益的暴力机器①。

（三）特殊剥削方式

凉山彝族社会虽然具有奴隶社会的主要特征，但由于受外部封建因素的不断侵蚀而发生一定程度的变异，以致形成奴隶制和封建制剥削相互交织的特异属性。

凉山彝族奴隶制社会存在劳役、摊派、高利贷、“吃绝业”和土地租佃等五种剥削方式。前四种均基于人身隶属和占有关系而产生，属于奴隶制剥削方式，其中劳役剥削可分为占有“呷西”全部劳动成果、占有“阿加”部分劳动成果和“曲诺”象征性劳役等三种方式。摊派剥削的主要承担者为“曲诺”和“阿加”，具有强制性和随意性。高利贷剥削可分为“杂布达”（若不能按期交纳全额摊派财物须加倍缴纳）和“耳策底”（“曲诺”和“阿加”的一般性高利贷）两种。“吃绝业”剥削虽带有偶然性，却是人身占有和隶属关系在经济上的必然体现。而土地租佃剥削则基于土地占有关系而非人身占有关系，是在外部封建因素影响下产生的封建剥削方式。这是因为凉山彝族地

① 胡庆钧著《凉山彝族奴隶制社会形态》，中国社会科学出版社2007年版。

区四周早已步入封建社会，地主经济从外围向彝汉杂居区的边缘区、腹心彝族聚居地带不断侵蚀，以致在边缘地区的租佃剥削约占总剥削关系的60%~70%，而腹心地带则约占总剥削关系的30%。租佃剥削关系在边缘地区具有更明显的封建性质，即租佃双方缔结契约，不仅盛行实物地租，且有货币地租和土地典当、买卖等，与其他非民族地区的封建租佃关系基本一致。而在腹心地区，由于奴隶制仍根深蒂固地存在，租佃关系尚处于从属地位，并带有较浓的奴隶制色彩。整体看，在凉山彝族社会中奴隶制剥削方式占主导地位，土地租佃剥削居次要地位①。

二、向封建社会转变的社会政治形态

在20世纪50年代民主改革前，由于受到外部封建势力的强烈影响和自身发展阶段的阻滞，西部民族地区还存在着一些直接由农村公社的次生形态向封建社会过渡的政治形态。但这种社会政治形态发展缓慢，并未完全进入封建社会。

（一）山官制社会政治形态

在20世纪50年代民主改革前，西部民族地区还存在着不同阶段的山官制社会政治形态。其中以潞西遮放山区为代表的典型山官制社会政治形态的基本特征为：土地公有私耕和私占，按地域划分民众，阶级分化为“官种”和“百姓种”，山官为世袭制，各山官辖区互不统属，以习惯法维持社会秩序，具有一定的军事民主。

1. 土地从“公有私耕”向“公有私占”过渡

景颇族多住在山区，以刀耕火种农业为主，以畜牧业和手工业为辅，青黄不接时以采集和狩猎为补充。土地为公有，山官有分配、调整、收回土地的权力。随着铁制农具普及后，农业生产力迅速提升，锄地、播种、除草、收获等农活已可由单个家庭承担，以至土地虽仍为集体所有，但已由各家分片占有，并在选定的土地上留下标记，标明其所有权，即“号地”（景颇语为“依墨坦岛埃”，意为“有主的田”）。“号地”有两个原则：一是必须是本辖区内的成员才有资格参与；二是不分等级，按劳动力强弱进行。因刀耕火种的耕地不稳定，“号地”不等于长期占有，产权仍不固定、具有临时性。“换

① 《民族问题五种丛书》云南省编辑委员会编《云南小凉山彝族社会历史调查》，云南人民出版社1984年版。

工”等劳动组合方式开始出现。同时因“号地”多寡、土质优劣不同，贫富分化开始出现，公有制开始缓慢向私有制转化，并为土地“公有私占”的产生奠定了基础。为降低成本、提升收益，景颇族民众普遍开始延长旱地、水田的使用期限，久而久之土地一经号定，便不肯轻易转让给他人，且将水田、旱地长期占有并传给子孙后代，形成“公有私耕”与“公有私占”并存的局面①。

2. 官种、百姓种和奴隶并存

在山官制盛行的遮放山区，社会被分为“官种”“百姓种”和奴隶三个等级。其中“官种”（景颇语为“杜瓦阿谬”，即“做山官的姓氏”或“官家”）是与山官同一血统并有资格担任山官的血缘集团；“百姓种”（景颇语为“色瓦木沙”，即“民众”“地方上的人”）指世代为百姓且永远不能当山官的人，是该地区人数最多的等级；奴隶（景颇语为“木牙姆”，当地汉人称之为“伴当”）人身附属于山官，不能享有“百姓种”的权利，等级最低，数量较少。

山官须出自“官种”，但出身“官种”的人还须是老山官幼子或是老山官其他具有开疆拓土能力的儿子才能担任山官。老山官的幼子是习惯法确定的继承人，能无条件地承袭山官职务。老山官的其他儿子如想当山官，唯一办法就是带人到其他地方建立新的山官辖区。山官有四项特权：①“宁贯”。即辖区百姓凡捕获野兽或屠宰牲畜，须送条后腿给山官以示尊敬和拥护。②“官谷”或“拾瓦谷”。即辖区百姓每年要缴纳两箩筐谷子给山官，作为救济贫困民众和弥补办公费之用。③“官工”或“拾瓦陇”。即每户百姓每年要帮山官做三天的义务劳动。④收受礼品。即山官家举行“目瑙纵歌”时百姓必须送礼。而作为自由民的“百姓种”享有一些基本权利：①人身权。享有人身自由权，可随意迁徙。②劳动权。享有在辖区内“号田”、“号地”、放牧和砍伐树木的权利。③生命、财产权。生命、财产、家庭、婚姻均受习惯法保护。④参战权。任何有战斗力的人均可成为战士，勇敢善战之人还可成为军事领袖。⑤任职权。可担任“色朗”“董萨”“腊颇”“戛杜”“管”“恩道”等公职。等级制度贯穿于景颇族的整个社会生活中，在思想、言行、姓氏、婚姻、宗教活动等方面都有体现，且极其森严、不得逾越。

---

① 龚佩华、陈克进、戴庆厦著《景颇族》，民族出版社 1988 年版。

3. 社会组织结构

“古姆萨”是山官制盛行地区的独特社会组织，具有明显的“双重性”。一是四分五裂、互不统属，但随着兼并战争的延续，呈现出分裂割据与兼并统一的双重性。二是虽然山官职务实行家族专权、幼子继承制，但山官与村寨头人并存，呈现出世袭制与村社制的双重性。三是山官凭借“官庙”体现权力，但宗教贯穿于整个社会生活中，成为处理一切事务的最高准则，呈现出政治权力与宗教权力的双重性。由于传统习惯法在社会生活中仍起决定作用，没有常备军队、监狱和刑具等暴力机器，多数山官仍为生产的组织者、纠纷的调解人和辖区居民的保护者，生活状况与普通百姓相差不大，故“古姆萨”尚未演变为政权结构。

“古姆萨”的执事人员大致可分为首脑“杜瓦”和辅助的“管”“恩道”，以及宗教师“戛杜”“斋瓦”“董萨”和村寨长老“色朗”“腊颇”四类。其中首脑“杜瓦”的主要职能是：保护本辖区居民的生命财产安全，指挥生产、调配土地，调解纠纷、落实习惯法，并解决民众生活中的困难。“管”和“恩道”都由山官委任，“管”只存在于大的山官辖区，负责分管几个村寨；“恩道”是“叫寨子的人”，即山官的听差。宗教师按照地位和职权依次有“戛杜”“斋瓦”“董萨”三种，以祭祀、卜卦、念咒等形式参与政治、军事、生产和生活。“色朗”和“腊颇”则为村寨中的自然领袖。“色朗”通常由建寨最早的家庭或村寨中的大姓选出，经山官委任后作为上传下达的人。而“腊颇”则是村寨中专管农事的人。

4. 依习惯法办事

山官制盛行的地区均按照约定俗成、世代沿袭的习惯法（景颇语为“通德拉”）办事。“通德拉”的内容非常广泛，包括政治、经济、家庭、婚姻、宗教、习俗、伦理、道德等，涉及社会生活的各个方面。是解决社会矛盾的重要准则，是规范人们行为的道德标准，是维持社会秩序的基本保证，是维系村寨、山官辖区团结的纽带，是维护“古姆萨”制度的精神支柱，也是山官管理百姓的法宝。在“通德拉”面前人人平等，在执行过程中体现原始民主精神，解决任何纠纷都须摆事实、讲道理，让当事人及与会者充分发表意见，然后按多数人的决定裁处，如认为不公可以申诉、重议，直到问题解决为止。在执行过程中自始至终都有宗教师参加，遇到疑难问题而无法解决时实行“神明裁判”，具有浓厚的宗教色彩。违反“通德拉”的人毫无例外地须受惩罚。但一般不施以死刑、徒刑和体罚，主要的惩罚方式有赔偿、报复和驱逐三种。赔偿是最常见的一种，根据情节轻重或是原物赔偿，或加倍赔偿、同态赔偿；报复即用“以牙还牙”的方式进行惩罚；而驱逐出寨则很少采用，只适用于那些罪大恶极而又屡教不改的人①。

（二）石牌制社会政治形态

明王朝成化（1465—1487 年）和嘉靖（1522—1566 年）年间，广西大藤峡瑶族起义遭到血腥镇压后，大量瑶族民众纷纷逃避山中，并逐渐成为大瑶山的主要居民。长期以来，大瑶山由“石牌”统治，存在着大量的石牌组织。有的是 2—3 个村寨联合的“小石牌”，有的是涵盖一两个支系的“大石牌”，也有包括瑶山绝大部分地区、几个支系联合的“总石牌”，如“三十六瑶七十二村大石牌”。在石牌制盛行地区，瑶族各支系间经济、社会发展水平不一致，支系间因土地占有不同，结成“山主”与“山丁”的租佃关系，但租佃多以集体形式出现，主要是茶山瑶、花篮瑶和坳瑶将土地租给盘瑶和山子瑶，基本处于封建社会的初期形态②。

1. 社会经济概况

大瑶山瑶族社会的封建化进程正在推进，农村公社和家族公社并没完全被摧毁，领主经济尚未形成，而又在其他民族的影响下渗入地主经济的成分，租佃关系主要发生在两个集体间。土地占有不平衡导致了“山主”和“山丁”的产生，占有土地的一方为“山主”（茶山瑶、花篮瑶和坳瑶），租种土地的一方为“山丁”（盘瑶、山子瑶）。“山主”对土地、森林、河流等有占有权，“山丁”耕种、盖房、喝水、捕鱼、打猎、砍柴等都须交钱，甚至死后土葬也须交“地皮租”。然而由于“山主”的土地是村寨公有，“山丁”以血缘村落为单位进行生产和游耕，因而“山丁”集体租到土地后，按土地面积、土质、路途远近进行搭配划分，以抽签方式分到各户耕种，地租则集体负担；而“山主”获得的地租也归村社共有。“山丁”间的口角纠纷、防匪防盗、社会秩序等须由“山主”调解、指挥和维持，带有一定依附性。“山主”与“山丁”的租佃关系并不稳定，因“游耕”而变化。地租有三种具体形态：①“种树还山”。租佃期满后“山丁”须在耕种土地上种满树木以交租，这

① 史继忠著《西南民族社会政治形态与经济文化类型》，云南教育出版社 1997 年版。

② 《民族问题五种丛书》云南编辑委员会编《云南苗族瑶族社会历史调查》，云南民族出版社 1982 年版。

是一种特殊的劳役地租形式，“山丁”无偿劳动，而“山主”则坐享其成。②实物地租。分为定租和分租两种：定租是事先预定租期，规定应付租额一次交清，到期退还；分租是按“主一佃九”、“主二佃八”和“主三佃七”三种比例，根据当年实际产量交租。③货币地租。收缴办法与实物地租基本相同。在实际生活中二者兼而有之，以实物地租为主。

作为“山主”的茶山瑶、花篮瑶和坳瑶在经济上优于盘瑶和山子瑶，内部不断分化并不同属于一个阶级。其中茶山瑶的山地集体租给“过山瑶”，大部分水田已成为私有，占有极不平衡。花篮瑶分化不如茶山瑶明显，出现了部分富农，但没有地主和雇农。坳瑶的分化不甚明显，富农很少，且出租的水田多是村寨的公田。作为“山丁”的盘瑶和山子瑶，不占有土地而靠租种为生，生产力水平极端低下，阶级分化更不明显①。

2. 石牌制与石牌组织

石牌制是把若干规定铭刻于石碑之上，以示“坚若磐石、牢不可破、不能轻易触犯”之意。即便一些规定是写在纸上或木板上，甚或是口头约定，往往也须埋石头以示其坚定。除条文规定外，还有以石牌为灵魂建立起来的“石牌组织”，进而又有“石牌头人”“石牌会议”“石牌律”“犯石牌”“石牌究治”和“起石牌”等。

大瑶山瑶族社会的石牌有习惯法、盟约和告示等三种功能。①石牌律是“基本法”。涵盖了生产常规、生活习俗、禁忌、信仰、道理、刑律等内容，部分内容已超越了“法”的界限。如茶山瑶的“二月料话”规定浸种、撒秧、割青、犁田、捞鱼的日期和规矩，“罗运九村石牌”规定“不许勾生吃熟”，“桂田等十八村石牌”规定“山主”与“山丁”的关系，“罗香七村石牌”规定“无论何人不遵规条，合众石牌将他全家抵罪”等。②石牌具有盟约功能。民国七年（1918 年），为共同防御匪患，大瑶山各支系立下了“三十六瑶七十二村大石牌”，规定各村各户封好栅门、备好武器、互通音讯、盘查生人、同心协力、共防土匪，并规定不准窝藏匪徒，倘若隐瞒不报必遭严惩。③石牌还用来发布告示。如道光十二年（1832 年）呈请州官所立的“岭祖石牌”规定“瑶民各自安分耕种，切莫听外来奸人煽诱”，“汉奸流棍，不得擅入瑶地”，“外来客民入瑶地贸易，仍许照常出入，不得引诱匪类，欺压

① 《瑶族简史》修订本编写组编纂《瑶族简史》（修订本），民族出版社 2008 年版。

瑶愚，偷盗砍伐，恃强滋事”等。

石牌律的制定即“会石牌”须经过民主程序进行，体现大多数瑶民的意志。召开石牌会议时先由公认的自然领袖会商提出需要解决的重大问题，拟出解决草案，通知相关村寨头人和瑶民在约定的时间、地点开会。参会人员的多寡取决于所研究的内容，一般每户以家长为代表，路途遥远的则可公推代表，有时一村或数村的人参加，有时则是一个或几个支系的人参加，有时是全体瑶山成员参加。参会人员共同推举一位自然领袖出面“料话”，宣读预拟的草案并逐条讲解，充分听取与会人员的意见，如果默认或欢呼则正式通过。而条文一旦通过便成定案，喝鸡血酒并立石盟誓，杀猪宰羊庆贺。倘若日后需要修改条文必须按此程序再议，并将原先的石牌废除另立新石牌。石牌律神圣不可侵犯，无论是普通头人或当权头人都不敢轻易触犯，有“石牌大过天”之说。判案有头人调解、“起石牌”和神明裁判三种形式，如违反“石牌律”则一经查出，处罚不分亲疏，只论情节轻重，轻者罚银数两至百余两，重者逐出村寨或枪决，十恶不赦者将其财产“一概充公”或将其全家“一概划平”（满门抄斩）。石牌组织是指制定或执行石牌律的组织形式，是大瑶山一种特殊的社会组织。它是权力机构而非政权组织，既是管理组织又是军事组织，可以临时组合也可以是永久性联盟。大小石牌组织各自独立，但在某种场合下又互相制约。地域关系是石牌组织的基础，但血缘关系仍相当浓厚①。

（三）议榔制社会政治形态

“议榔”（有的称“乡约”，即大家共同议定规约之意）是苗族社会中规范生产、生活和秩序的一种形式，具有很强的“法律”约束力。雷公山地区是“苗家腹地”，20 世纪 50 年代民主改革前，其原始社会的上层建筑和经济基础未被彻底破坏，小农经济却迅速发展起来，但还残存着“鼓社”“讲方”“议榔”等。

1. “鼓社”组织及其活动

雷公山地区的雷山、台江、剑河、丹寨、榕江、凯里、麻江等地苗族聚居区，曾盛行杀牛祭鼓的“鼓社活动”。祭鼓（苗语为“将略”，意为“一片地方”“一个组织”等，汉语译作“鼓社”）是严密的血缘性组织，可分为

---

① 莫金山著《瑶族石牌制》，广西民族出版社 2000 年版。

“黑社”与“白社”。其中“黑社”为正宗，由同宗共祖且血缘关系密切之人组成，可包括若干同血统的村寨，以民主方式选出一、三、五或九个鼓头，供奉有“鼓石窟”；“白社”由“黑社”分出，多为旁支或结盟家族，没有鼓头、“鼓石窟”等。最重要的鼓头即“大鼓头”（“果昌”）可总管全社之事，其下设有管礼歌的“果叙”，管礼乐的“果箭”，管座次的“果当”，管武卫的“果扎”，管农事的“果养”，管接待的“贵熙”，与“果昌”合称“七兜”或“登台七主”。若加上两个司仪“爸学”，就是“九鼓头”。此外，鼓社中还有管护卫的“顶王”“顶保”，管传令的“顶榜”，管祭品的“顶约”，管钱粮的“珈七扬”，以及村中筹集钱粮的“珈通方”。鼓头多不连任，每届必换，且往往通过选举由各村轮流担任①。

“鼓社”是父系氏族的延续，以父权制为主要特征，表现为苗姓和父子连名两方面。其中“苗姓”是由同一苗族男性祖先的子孙组成的父系家族和通婚单位，有自身的祭祖祀典和公共财产。同一苗姓的人不能通婚，但血缘关系疏远后可通过“破姓开亲”方式，分出新的苗姓后进行通婚。父子连名制多为“子名在前，父名在后”，若子为“桥”，父为“宝”，则称“桥宝”；有少数采取子父祖连名，若子名“石”、父名“桥”、祖父名“等”，则称“石桥等”。“鼓社”存续数个世纪，随着经济社会发展而逐渐演变，已不能简单地视为父系氏族。但总体看，“鼓社”以血缘为纽带，同一苗姓即为一鼓；同一“鼓社”之人可分散在若干村寨，没有共同的经济基础，平时联系并不频繁，但血统观念非常浓厚，仍保留着原始父系氏族组织的某些残余形式，能适应小农经济的发展。

2.“议榔”的形成及特征

在实行“改土归流”前，雷公山地区的苗族社会大致处于原始社会末期的军事民主阶段。“改土归流”后小农经济普遍形成，以苗姓为标志的血缘集团逐渐瓦解，个体家庭慢慢脱离“鼓社”而分散存在，并建立更多地域村寨，之后相邻村寨结合为“讲方”。村寨头人称“楼洋”，“讲方”头人称“楼方”，都是自然领袖，负责调解纠纷，管理地方事务。为了维持地方秩序、共同利益和防止外来侵犯，各村寨和“讲方”以民主方式制定习惯法，即“榔规”或“榔约”。“榔规”是苗民公认、神圣不可侵犯的“法规”，以“埋石

① 史继忠著《西南民族社会政治形态与经济文化类型》，云南教育出版社1997年版。

为盟”方式确定，以“理词”歌谣形式传承，其内容涵盖婚姻伦理、社会秩序、生产生活、禁忌、祭祀和道德规范等方面。议定和执行“榔规”均由“议榔”组织进行，即“构榔”。有的地方叫“议榔”组织为“栽岩会议”或“埋岩会议”，有的则叫“构榔会议”或“勾住”。其规模大小依联合范围而定，小的仅一个村寨，大的则含几十甚至上百个村寨及鼓社。“议榔”组织有大小款首，“榔头”负责管理各项事务，“硬手”和“老虎汉”为军事首领，“行头”和“理老”主持司法、裁判，还有“祭司”和“活路头”。榔头、款首及军事领袖多由选举产生，部分为自然形成。“议榔”的最高权力机构是“议榔大会”，主要职能为制定“榔规”，选举“榔头”、“款首”和商讨“议榔”的重大事项。

“议榔”虽是一种区域性的自治、自卫组织，兼有管理功能，但尚处在由血缘关系向地缘关系转化的阶段，它通过血缘性“鼓社”纵向联系，地缘性“讲方”横向联系，以及“榔款”全面约束民众[①]。

（四）峒款制社会政治形态

侗族的峒款制与瑶族的石牌制和苗族的议榔制颇为相似，但又具备一些独有特征，即将溪峒、村社、合款（亦称“门款”，有歃血为盟、立约为誓之意）、鼓楼融为一体，以村社为内涵，以溪峒为外延，以合款为表征，以鼓楼为标志[②]。20 世纪 50 年代民主改革前，在黎平、从江、榕江三县交界处的“六洞”“九洞”地区，因交通闭塞、社会发展缓慢，还残留着峒款制社会政治形态的若干特征。

1. “溪峒”的基本特征

“溪峒”具有地域的局限性、经济的封闭性和血缘与地缘相交织的复杂性等特征。“溪峒”是个“自给自足”的集体，具有明显的地域性。由于社会基本没有分工、经济结构单一、生产技术落后、以采集和渔猎为主、以“丰衣足食”为目标，社会体系十分封闭。各“溪峒”均以一个大姓为主，但一个姓并不代表一个家族，而包含若干通婚的家族“头”。同“头”的人有共同的祖先，一般不准通婚。“基”是“头”的分支，不同“基”间的血统关系较远，每个“基”有两个以上的“公”。“公”是同一祖父的子孙，亲缘关

① 岑秀文著《苗族》，民族出版社 2004 年版。

② 史继忠著《西南民族社会政治形态与经济文化类型》，云南教育出版社 1997 年版。

系最近。一个“公”有若干“家”，即“一夫一妻”的小家庭。由于人口流动少、通婚范围小，必要时可在同“头”内的几个“基”之间开亲。通常几个“头”居住在同一个寨子以其中之一为主，但彼此间有一定界线，形成“聚头而居”的状况。后因通婚致使同族人分散到其他寨，后来迁入的家族又分别依附于各寨。于是不同血统的人互相交错居住，寨子由血缘性逐渐演变为地缘性，相邻寨子因地界毗连、家族联系和婚姻关系而结合为村。几个村（“小洞”）进一步联合便成“大洞”。从而形成以地缘为经，以血缘为纬，纵横交错、盘根错节的“溪峒”。

2. “溪峒”的社会基础

农村公社是峒款制度的核心和基础，也是“溪峒”与“合款”的重要结合点。它以地域划分居民，以小家庭为生产和生活单位，以“公有私占”为土地占有方式。溪峒内的寨子大多居住着两个以上的家族，相互间虽有亲戚关系但并不都是一个血统。同一村内的家族更多，还有“外地迁入族”和投奔依附的“漏崽”。家族关系虽然存在，但经历从“头”分出“基”、“公”和“家”，以及同一“头”之人分住几寨等分化模式，家族已不再是经济实体，仅保留着血统上的联系和少量的家族田、家族墓地和公共山林，绝大部分土地已被个体家庭占有。村寨界线分明，非本寨之人不得侵占，外地人迁入必须征得同意，表明土地占有方式已变为“公有私占”，但占有差别并不大。

“溪峒”地区均有村社组织。最初的村寨为“聚头而居”，而因一“头”分住几寨，比邻而居的人比住在其他寨的族人更为亲近，有更多利益联系，进而需要头人负责村寨的管理，于是有了“寨老”。“寨老”由公选产生，没有特权、与寨民同劳动，负有执行习惯法、调解纠纷、维持治安、保护村寨利益，带领大家生产、举办公益事项、主持村社祭祀等职责。正是由于“溪峒”植根于农村公社之上，历朝历代封建王朝和中华民国政府都通过“溪峒”施行统治。究其原因主要是：农村公社虽为原始社会末期过渡阶段，但有很强的适应性；它把社会分解为互不相关的模块，便于“分而治之”。在此基础上又把民众按民族、地域组织起来，便于征收赋税等，仅需通过头人就能达到“以夷治夷”目的。

3. 峒款制度

村寨结合为“洞”，“小洞”联合为“大洞”，并通过“合款”方式实现溪峒内部及溪峒间的联系。“合款”因其盛行于溪峒地区故称为“峒款”，是邻近的村寨因利益关系而联合，通过会议而达成某种协议的过程。“峒款”以村寨为起点，逐步扩大为“小款”“大款”。在小范围内形成的跨村寨的联盟组织称为“小款”，由各村的寨老会议推选出最有威信的人做“首士”（“小款首”，意为“祖父中的领导人”）。随着联系范围扩大，毗连的若干“小款”联合建立规模更大的区域性组织，即“大款”或“扩大款”。“大款”首领亦由公选产生。在款首下各村设有“款脚”，负责传递信息，击鼓报警、传呼民众。“峒款”是村寨联盟，既是自治组织，通过地方长老实现“风俗的统治”；又是自卫组织，具有军事联盟性质，凡参加峒款的人都有抵御外侮的义务。黎平的水口、南江、古邦、高青有所谓“四脚牛”峒款，大家杀牛盟誓将牛腿分给四寨，届时一致对外、共同抗敌。村社成员又称为“峒丁”，平时“分田而耕”，战时“负弩前驱”，亦农亦兵。

“峒款”具有区域性、民众性、自发性和权威性等特征。无论“大款”还是“小款”都只局限于一定区域，在此区域之内须受“峒款”约束，因而峒款组织是区域性的，峒款条规只具有“区域性习惯法”的性质。款约由全体民众议定、刻于石上，任何人都不得违犯，“长官意志”的表达极为有限，个人权力始终受民众意志的制约。村寨间的联合完全是因时因事而异的自发行为，只要以某种共同利益为基础，通过会议形式进行协商并达成协议，即可成立“峒款”组织。在“峒款”范围内峒款组织是最高权力机关，款约是“最高法律”，款首是“最高领袖”，“争讼不入官府”，一切由峒款裁处。

4. 鼓楼的社会功能

鼓楼作为公共建筑具有特殊的社会功能，是村寨的活动中心、聚众议事的会场、宣讲款约的讲坛和执行款规的法庭。每当举行推选头人、缔结峒款、杀牲誓盟、调解纠纷、研究对外交涉事宜等村寨重大公共事务，均由寨老在鼓楼召集会议讨论，而会议所定条规或写在木板上悬于鼓楼，或镌刻于石立于楼边。鼓楼同时是军事活动场所，击鼓报警、施放号炮、操练武术、召集武装等均在鼓楼进行。

鼓楼还是举行庆典的场所。侗族村寨至高无上的保护神为“萨玛”，每个村寨都设有供奉“萨玛”的“萨堂”。每逢正月初一寨老与管理“萨堂”的“登萨”一起带领七男七女把“萨玛”接到鼓楼与全寨共度新春佳节，并唱“耶萨”感谢“萨玛”，祈求来年风调雨顺、人畜两旺、村寨平安。男孩到十五岁便在鼓楼前由外祖父或舅父取名，举行成丁典礼。凡年满六十岁的老人正常去世或不满六十岁受大家爱戴的人死去，均在鼓楼举行隆重葬礼追悼亡灵或停棺待葬。另外，鼓楼是社交活动的场所，村寨之间的交谊活动通常也在鼓楼举行①。

（五）共耕制社会政治形态

傈僳族支系较多，社会经济发展水平不尽一致。20 世纪 50 年代民主改革前，有已基本被封建化的，也有大小凉山地区受奴隶制和封建制双重影响的，甚至还有处于原始社会向阶级社会过渡期的社会政治形态。云南怒江傈僳族就处于由原始社会向阶级社会转化的过程中，逐渐发展起来的家长奴隶制在 20 世纪 20 年代“怒俅殖边队”的“开笼放雀”政策影响下夭折，社会逐渐被封建化，但因受种种制约出现了小农经济发展、个体农户多为“自耕农”、原始共耕制度仍然保留的格局。

1. 共耕制的经济基础

傈僳族经济是一种过渡经济类型，农业正由刀耕火种的原始农业向锄耕和犁耕农业过渡，并已占居主要地位，但渔猎、采集仍占相当分量。农业与家庭手工业结合已出现以药材、蜂蜡、生漆、兽皮等山货为主的以物换物式的商品交换，其交换媒介主要是黄牛、铁锅、生猪等。土地私有制已占主导地位，家族共有退居次要地位，逐渐出现贫富分化，产生了“粗波扒”“杂比扒”和“刷扒”三种等级。“粗波扒”（又称“搓吾”，即“山主”）大多为家族或村寨头人，较富裕，但人数很少；“杂比扒”（意为“够吃的人家”）基本能自给自足，人数较少；“刷扒”（意为“贫苦的人”）人数较多，多不缺土地但缺耕牛。“粗波扒”和部分“杂比扒”习惯蓄养奴隶，奴隶主要来源于掠夺人口但人数较少，以怒族居多，其次是独龙族、白族和傈僳族。绝大部分奴隶以“养子”或“养女”形式出现，地位虽低，但主人对其无生杀予夺之权。养子、养女可以嫁娶，也可继承主人的部分财产。蓄奴户一般不脱离生产，尚未形成奴隶主阶级②。

---

① 贵州省民族事务委员会、贵州省民族研究所编《贵州“六山六水”民族调查资料选编》（侗族卷），贵州民族出版社 2008 年版。

② 《傈僳族简史》修订本编写组编纂《傈僳族简史》（修订本），民族出版社 2008 年版。

2. 共耕制形式

在20世纪50年代民主改革前，家族和村社组织在怒江傈僳族社会中仍起着重要作用。傈僳族的家族组织称为“体俄”，由一个或几个“体俄”组合成一个村社“抗”。作为血统关系的小家庭“海途”是“体俄”的一员，作为地域关系的“海途”则是“抗”的一分子，人们在参加这一共耕组织的同时又参加另一共耕组织。共耕有“伙有共耕”和“私有共耕”两种，分别基于两种不同的所有制，代表共耕制演化的两个阶段或两种类型①。

家族伙有、共同协作的“伙有共耕”（傈僳语叫作“贝米合”或“哈米贝米合”）是怒江傈僳族社会中普遍存在的一种原始协作形式，是“公有共耕”萎缩、退化后向私有制发展的一种过渡形式。在刀耕火种极盛时期，绝大部分土地都实行“公有共耕”，私有制发展起来后，土地逐渐“公有私耕”，只有少数土地因家族遗产或共同开垦、共同购买而一时难以分割，继续实行集体耕种、平均分配。“伙有共耕”原则虽然未变，但已不是全家族的人共同耕种，而是邀集同家族的几户人共耕，或者邀集亲朋. 好友共耕，甚或邀集有邻里关系的几户共耕。共耕的形式多样、组合多变、成员因时而异，成为受多种关系牵制的临时性组合，是家族共耕向私有共耕转化的一种过渡形式。尽管它不失共耕的基本原则，但由于同户人可以参加多个共耕组织，在同一共耕组织内的分配固然是平均的，各家因参加共耕组织的多寡不同而所获总数不同，遂加剧了贫富分化，为私有制的发展奠定了基础②。

土地大多成为私有后，由于受生产力水平低下和习惯势力影响，逐渐演变为“私有共耕”（傈僳语叫作“瓦鸠”）。私有共耕有三种方式：第一种是土地所有者出土地、耕牛、籽种、劳力，邀请家族成员参加共耕，收获物对半分成。第二种是一方出土地、耕牛，另一方出籽种和劳力，收获物四六分成（前者得四成，后者得六成）。第三种是一方出土地、籽种，另一方出劳力，收获物对半分成。表面看双方是合作关系，然而在“人情味”后面“不公平”的因素也同样存在。在“共耕”互助掩盖下，雇工悄然发展起来，初期以人工换人工和以牛工换牛工的形式都不具有剥削的含义，但后来出现的

① 史继忠著《西南民族社会政治形态与经济文化类型》，云南教育出版社1997年版。

② 《傈僳族简史》修订本编写组编纂《傈僳族简史》（修订本），民族出版社2008年版。

“瓦府”“瓦刷”“瓦莫”“瓦花”却越来越渗入了剥削成分。“瓦府”以实物雇工，主人用一斤半猪肉或三斤苞谷外加一碗酒便换取一个人工。“瓦刷”（意为“协作”）是农忙时请亲友寨邻帮忙，主人家只招待一顿苞谷稀饭和水酒。“瓦莫”是卖工，“瓦花”是借工。因一部分人富裕而另一部分人穷困，富裕人便打着“互助”幌子用微薄报酬赚取廉价劳动力，剥削逐渐萌芽。“共耕制”非一成不变，虽然都以“共同耕种、平均分配”为特点，但随着土地关系的变化而产生倾斜，掌握生产资料的一方所分收获物越来越多，出卖劳力一方所获越来越少。在这种不平衡中，剥削由轻变重，雇工、租佃应运而生，封建生产关系逐渐萌芽①。

第三节　封建领主制社会政治形态

“封建主占有土地和不完全占有生产者”是封建制生产关系的基本特征。与封建地主制社会不同，封建领主制社会的基础是大土地所有制，封建主“世有其土”，土地严禁买卖，农奴完全成为土地的附属物，世世代代被束缚在领主分配的“份地”上不准随意迁徙，更不能自由选择主人。20世纪50年代民主改革前，在西部民族地区存在着不但典型且特殊性鲜明的封建领主制社会，如草地游牧宗法制、云南宁蒗永宁纳西族的封建领主制和西双版纳的傣族封建领主制、黔桂边境地区的亭目制、以毕节大方为中心的水西彝族社会的则溪制等。

一、游牧宗法制社会政治形态

20世纪50年代民主改革前，四川阿坝的藏族、内蒙古草原上的蒙古族多以畜牧业为生，社会发展缓慢、封建化程度不高，具有游牧、部落和宗法封建制等基本特征，是典型的游牧宗法封建领主制社会政治形态。

（一）经济社会背景

生活在草原的藏族、蒙古族多以畜牧业为主，以农牧商业贸易为辅，但因牧业生产受牲畜生殖能力不稳定和气候、水草、疫病的影响较为突出，远不如农业生产稳定，具有“暴涨暴落”的特点。牲畜兼有生产与生活资料的双重性质，既可作为商品出售，又可作为货币流通，还可作为财富积累。藏

① 杨光民《论傈僳族共耕制的形成发展和转化》，《经济问题探索》1982年第2期。

族、蒙古族习惯做买卖，商品交换多在牧区和农区间进行，市场多设在农牧毗连区，贸易一般在春、秋两季进行，商品交换量较大。牧区输出的商品主要是皮毛、毡毯、酥油、牲畜、兽皮、鹿茸、麝香、贝母、虫草等，输入的则主要是铁器、粮食、茶叶、食盐及日用必需品。商品交易多以青稞或牲畜为重要媒介“以物易物”，间或以银子计价，其他货币很少流通。

藏族、蒙古族游牧既要有可供四季转换的牧场，还要有足够的水源、猎场和柴山，以此构成一个广阔的游牧圈。游牧圈的大小在很大程度上取决于实力，人多势众则占地辽阔，人少力单则占地狭小。因此，藏族、蒙古族游牧离不开集体，并共同占有牧场。在部落、氏族势力范围内凡本部族的人都可以自由放牧，而其他部落、民族的人则严格禁止擅自闯入。藏族、蒙古族牧民宝贵的财富是牲畜，对牲畜的关心在一定程度上超过了对牧场的关心，牲畜归各家所有，以至形成了“牧场公有，牲畜私有”的格局。这种格局始终制约着生产力和生产关系的发展，并衍生出游牧封建领主社会的其他特征。地租和赋税按牲畜的多少征收，并不与牧场直接关联，而牲畜多少与牧场的“载畜量”有一定内在联系，所以按牲畜数量定租赋实为地租的演化。封建领主通过占有大量牲畜并将其出租给缺少牲畜的牧民而实行剥削①。

（二）阶级结构与剥削形式

草地游牧宗法制是游牧民族封建化的特殊形式，把早期封建剥削方式与部落组织结合起来，在宗法关系掩盖下利用习惯法进行统治，部落首领通过部落组织控制牧场和牧民，而牧主则在“互助”幌子下迫使牧民提供无偿的产品和劳役以实现剥削。部落组织逐渐蜕变为官僚机构，成为领主的统治工具，以至社会结构虽没有重大变化，但原始社会却悄然向封建领主制社会演变。

牧区封建领主的形成大致与阶级产生同步，在原始社会解体后直接进入了封建社会。部落首领权力的扩大是由原始社会向封建社会转化的关键。原始社会部落首领经公选产生，有权威的老人作为长老参与议事，为民众办事，没有特殊权利。仅仅为了补偿部落首领忙于公务而耽误的劳动时间，经公议由每户送几斤酥油或帮其割冬草等作为劳动补偿。但随着私有制的产生，部落首领变为世袭制，而长老变为部落首领的亲信，小头领变为部落首领的爪

① 《藏族简史》修订本编写组编纂《藏族简史》（修订本），民族出版社2009年版。

牙。尽管牧场名义上仍为“部落公有”，但所有权已被部落首领操控。原先给部落首领的劳动补偿逐渐转化为税赋，民众逐渐变成牧场的附属物。部落间战争进一步增强了首领的权势，加速了成员的分化，逐渐形成了本部落民众的人身依附和归附部落的集体依附。于是大部落首领成为名副其实的“土官”，而本部落及归附部落的成员都变成了其统治下的属民。为此，部落成员间因占有财产不同而逐渐产生了阶级分化，于是出现了少数人占有大量牲畜而大部分人缺少或没有牲畜，以及租牲畜和雇工放牧的现象，形成了土地关系之外的封建剥削关系。如若尔盖的索格藏部落共 85 户，有 9 户共出租 993 头牛，承租者为 49 户，而租一头母牛每年交纳酥油 50 斤，所生牛犊另交酥油 5—15 斤，并由承租户代养小牛，如牛因病死亡则主人得牛皮，承租者得牛肉。雇工放牧也较盛行，有长工、季工、零工等，男长工每年得酥油 50—80 斤，女长工得 30—50 斤，以及 1 套衣物，而季工和零工只在忙季使用。牧主与雇工的关系主要是经济剥削，并不涉及牧场和人身依附，而部落的所有人无论贫富均隶属于土官。

部落内的每个村落都以血缘近亲为基干，吸收赘婿、儿媳、养子和亲戚等构成游牧公社。血统上的关系与历史上形成的宗主关系逐渐蜕变为封建统治体系，小部落首领听命于大部落首领，氏族长老成为土官委派的代理人，而部落成员则沦为土官管辖的“属民”。虽然原先的宗法关系依然存在，但由于宗法关系逐渐受到封建化、官僚化的侵蚀，封建的隶属关系渗透到固有的社会关系中，土官仍实行传统习惯法统治，劳役和税赋也按传统方式确定，封建特权被用习惯法固定下来。然而这种封建领主制还没有严格的等级制度，剥削程度较低，也没有常备军队、法庭和监狱等“暴力工具”。

随着封建领主制的建立，宗教成为封建领主的统治工具。封建领主利用宗教麻痹牧民，使其把希望寄托于来世，心甘情愿地忍受封建剥削和压迫。宗教在社会生活中占有重要地位，凡生产、贸易、疾病、死亡都要念经、卜卦，但每次念经必索取大量财物，念经费用约占牧民年收入的 1/3。此外，寺庙还经商和放高利贷，并对牧民进行摊派等。

封建领主对牧民的剥削方式主要是：①征收牛税。把所有牲畜都折算成牛收税，有 100 头以上的头等户，每百头征牛 1 头；15 头以上、100 头以下的二等户，每头牛征 1 块银圆；不足 15 头牛的三等户免征。同时按牛的头数每头牛收取 2 斤酥油。②摊派劳役。每 10 户人家每年须无偿为土官服役数天。

③收取杂费。百姓请土官调解纠纷须交纳“说口嘴钱”，少则10块银圆，多则千元以上。④高利贷剥削。土官在部落中放银圆债、贝母债、酥油债、奶渣债等高利贷[①]。

二、母权制社会政治形态

20世纪50年代民主改革前，永宁摩梭社会直接从原始社会部落时期蜕变为封建领主制社会，盛行“阿注婚”，同时存在母系家庭与双系家庭、母权制与封建领主制。这是由于当摩梭人还处于母系氏族向父系氏族转化时，外部封建势力强势介入使其逐渐向封建社会演变，而“阿注婚”以其惯性在这“先天不足”的封建社会中找到了生存空间，并不断畸形发展与改造，最终以个体家庭的“阿注婚”保存下来，进而构成了以母权制为特征的封建领主制形态。

（一）演变历程

摩梭人的封建领主制社会政治形态由原始社会部落时期直接蜕化形成，起决定性作用的是封建土司制度。据传说，摩梭人的祖先迁到永宁时分属于“西”“胡”“牙”“峨”“布”“搓”六个“尔”（“尔”意为“一根骨头”或“一个根根”，即同一母系氏族），后来“布”“搓”两个“尔”逐渐灭绝，其余四个“尔”的后裔便定居下来。最初四个“尔”各据一方，居住地域并不杂糅。但因“峨”的势力最大，于是其他“尔”都以“峨”为中心形成部落。各“尔”的头人称为“总伙头”，村寨头人称为“伙头”，而整个部落的首领则由“峨”的总伙头兼任。元王朝在该地区推行土司制度后，任命部落首领为“答蓝管民官”。明朝初期，因其酋长招抚西番有功而升为土知府，势力日盛，辖有北胜、蒗蕖二州及剌次和、革甸、香罗甸、瓦鲁之等四个长官司。之后酋长的血缘亲人受皇恩被敕封为贵族。为适应封建统治需要，部落组织逐渐蜕变为土司政权。①公选的部落酋长变为由朝廷敕封的土司。土司为终身世袭制，享有各种封建特权，其亲属成为“堪布”、“总管”和“管人”，而村寨“伙头”则成为其在基层的代理人。②设立暴力机构。在“峨”中抽调具有血亲的三十多人作为卫士，在土司衙门设立监狱，指派十多家“责卡”专门负责看守，同时在传统的习惯法中增加新的成文规定以实行“依

① 《中国少数民族社会历史调查资料丛刊》修订编辑委员会、四川省编辑组编纂《四川省阿坝州藏族社会历史调查》（修订本），民族出版社2009年版。

俗而治”。

土司制度推行后，土地由民族公有变为土司私有，以至“司沛底直，司沛吉直”，即“种的是官家的地，喝的是官家的水”。土司自占良田而为“厄鲁”和“库鲁”，贵族又占有部分土地而成“司沛地”，种地人仍为原部落成员，但部分收入需缴纳给土司和贵族。原部落成员依“责卡地”、“冫人地”和“伙头地”而缴纳不同数额的税赋，外来人耕种“纳照地”须缴纳更重的税赋，而其他“尔”专给土司和司沛服役，只能耕种“峨耕食地”（“一碗稀饭的土地”）。在封建领主制经济的冲击下，四个“尔”被肢解为一百多个“斯日”。“斯日”虽然仍为血缘组织，但已成为类似家族的组织，由若干有近亲血缘关系的个体家庭组成。然而随着经济的发展，同“斯日”的人分住几地，几个“斯日”联合而成农村公社。

摩梭人封建领主制在很大程度上是通过土司制度、借助封建王朝政治力量逐步加以改造后形成的，因而具有“跳跃性”的特征。但由于封建化程度不高，原始社会的残余相当浓厚，给古老婚姻制度的延续留下了巨大缝隙，给母系家庭和母系父系家庭提供了生存空间，从而形成母权制与封建领主制同体的格局①。

（二）社会组织结构

尽管摩梭社会的封建化过程极其缓慢，还带有若干原始社会的痕迹，但毕竟其封建土地所有制已经确立，以个体家庭的犁耕农业为主，庄园经济和租佃关系得以发展，出现了“司沛”“责卡”和“俄”三个等级。氏族组织已蜕化为政权组织，具备了封建领主制社会政治形态的基本特征。

土司制度下等级界限分明、阶级固化。“司沛”（“官家”）是从土司家族中分化出来的贵族集团，身份世代不变。可以担任土司政权中的各种职务，享有不服劳役，不交杂税，并占有大量土地、牲畜和数量不等的“俄”等多种特权，约占总人数的3.3%。“责卡”（“百姓”）由原先的氏族公社成员演变而来，有独立的家庭经济、财权、婚权等，可在土司辖区内自由迁徙，享有习惯法规定的权利，也可担任一定官职，但世代被束缚在份地上，为领主提供劳役和贡赋，约占总人口数的67.4%。由土司直接控制的为“内责卡”，由“管人”分统的为“外责卡”，内责卡又根据服役情况而

① 史继忠著《西南民族社会政治形态与经济文化类型》，云南教育出版社1997年版。

分为黑、白、花三种。“俄”（“俾子”）由家奴、罪犯、外来户及下降的责卡组成，大部分隶属于土司、总管及司沛，有少量的财产和人身自由权，但身份须按性别承袭。男人为“俄”的家庭其后代的男人均为“俄”，女人为“俄”的家庭其后代的女人为“俄”，男女均为“俄”的家庭其后代都为“俄”。在“俄”中担任执事的人员称“白俾子”，全家男女均为“俄”的称“黑俾子”，一家之内只有男子或女人为“俄”的则称“花俾子”。

封建土地所有制是等级划分的基础，也是等级差别的重要标志。永宁摩梭人的土地占有极不平衡。据1956年民主改革时的统计：全区共有耕地19 138架，其中32户司沛占有7452架，占总数的38.94%；646户责卡占有11 391架，占总数的59.52%；280户俄占有295架，占总数的1.54%。土司和司沛所占土地都是世袭，多采取自营与出租方式经营。自营地具有庄园经济的特征，如永宁土司将其自营地分为“厄鲁”与“库鲁”两部分：厄鲁为土司世袭职田，由97户内责卡耕种，而犁地则由所有的司沛和责卡承担，设有“伙厄官”“木官”“戛毛”专管，收入供土司衙门开支；库鲁则由直属于土司的36户俄耕种，另有10户俄专门犁地，设管家、官人、牛官及“楼官马”等，收入归土司个人。厄鲁和库鲁之外的土司领地都出租给责卡或俄，收取地租。责卡占有份地但须承担税赋：内责卡以服劳役为主，外责卡以交纳实物税赋为主；在内责卡中黑责卡须在土司的8—12块自营地上服役，花责卡须在2—7块地上服役，白责卡须在1块地上服役；外责卡每户每年须交白银数钱至二三两，还须交纳数十种农副产品，服役数天。“俄”只有耕食地，主要是为主子家服劳役或代耕，服役期从13岁起，男子到57岁，女子到47岁。土地占有情况与等级划分大致相同，也与赋役状况基本适应，表明封建土地所有制已成为社会的经济基础。

尽管母系家庭、双系家庭和父系家庭同时并存，而且母系家庭占主导地位，但有一个共同点就是规模不大，平均每户只有6.43人，超过10人的家庭极少。均为母子或父子两代组成的小家庭，而且小家庭是生产、生活的基本单位。这显然与古老的母系氏族截然不同，不是数代人共居的大家庭，也不是公有共耕的单位，而是与小农经济相适应的家庭组织形式。

自元朝起永宁所设土知府均由长子继承，其下设“堪布”和“总管”两职，由土司的血缘近亲担任。“堪布”掌管宗教和司法，有权摊派宗教负担、审理案件，“总管”掌管公务。“总管”之下设有若干“把事”（又称副总管），协助总管处理日常事务。永宁土司共辖480个村寨，除土司直接管辖的领地外其余都由“管人”分片管理。“管人”之下设“总伙头”，每个“总伙头”辖数名“伙头”，“伙头”负责管理一至数村。土司统治区内的其他民族村寨实行客长制，委派各民族中有威望的富裕户为“客长”，又由“客长”委派“排首”进行统治。民国年间，永宁地区推行保甲制度划分为2个乡，下设保长、甲长，但乡长、保长、甲长仍为伙头制的变异。土司武装有护卫土司的“亲兵”和由壮丁编组而成的“团兵”。土司设有监狱和刑具，但看守和押解犯人均为徒手，很少施用酷刑①。

（三）婚姻家庭形式

摩梭人的“阿注婚姻”与立足于封建领主经济基础上的个体家庭相结合，形成了封建领主制与母权制的混合体。“对偶婚”（摩梭语为“主若主米”，意为“男女朋友”，后借用普米语称“阿注”）出现在母系民族向父系民族过渡期，主要特征为一群男子与一群女子相配，男子有“主妻”，女子有“主夫”，且徘徊于“从妻居”与“从夫居”之间。在一般情况下发展为一夫一妻制婚姻，但在特殊情况下可能向“从妻居”方向偏转，甚至退化为“望门居”婚姻。摩梭人的婚姻家庭便是如此。在外部封建势力影响下，尤其是明、清王朝对土司承袭十分强调家族谱系后，土司和司沛须确认子女以便进行权力和财产的传承，从而迫使其必须实行一夫一妻制婚姻。然而古老的婚姻制度又因特殊现实需求和顽强的生命力而延续，进而逐渐演变为独特的“阿注婚姻”②。

由于摩梭人社会处于藏族、彝族、纳西族等其他相对强势的少数民族土司的包围中而累遭劫难，甚至濒临灭绝，急需繁衍大量人口以求生存，而便捷办法就是沿袭古老的“对偶婚姻”，从而“阿注婚”在“责卡”和“俄”两个等级中畸形发展。而土司和司沛实行一夫一妻制实属无奈，以致为满足其荒淫生活而大力提倡“阿注婚姻”使其作为一夫一妻制的重要补充。此外，永宁地区是滇西与康藏交通要道，“阿注婚姻”可满足马帮、香客、商人等流动生活的需要，进而刺激其发展并延续至20世纪中叶。据民主改革时的调

① 《中国少数民族社会历史调查资料丛刊》修订编辑委员会、云南省编辑组编《永宁纳西族社会及母系制调查》（二），民族出版社2009年版。

② 严汝娴、刘小幸著《摩梭母系制研究》，云南出版集团公司、云南人民出版社2012年版。

查：民主改革前实行一夫一妻制婚姻的仅约占当地总人口的10%，而90%左右的都实行“阿注婚”。“阿注婚”有两种类型：①“阿肖”婚。即“走访婚”，双方过着“望门居”生活，其人数约占“阿注婚”的70%。②“阿注同居”。“从妻居”或“从夫居”，以从妻居为主，其人数约占“阿注婚”的30%。忠实、开坪、温泉、八株、拖支、洛水等6个乡，共有615户、3950人，其中母系家庭占总户数的49%；双系家庭占总户数的44%；父系家庭占总户数的7%。其中一夫一妻制婚姻形成父系家庭，“阿注婚”则导致母系家庭、双系家庭两种，但“阿肖”婚与母系家庭、“阿注同居”与双系家庭并没有严格的对应关系①。

父系家庭、母系家庭和双系家庭为并列的婚姻形式，其家长和财产继承方法不同：父系家庭的家长为男性，财产等以父传子方式传承；母系家庭的家长是女性，凡血缘关系从母的人均有财产继承权；而双系家庭的家长可为男性也可为女性，但因实行“走访婚”和“从妻居”的占绝大多数，故其家长多为女性，家庭成员无论男女均有财产继承权。但父系家庭、母系家庭和双系家庭的规模都比较小，多数为两代或三代不超过十口人，是基本的生产和生活单位，也是个体家庭的变种，区别仅在于母系家庭和双系家庭缺乏稳定性、没有牢固的经济基础和清晰的血统关系②。

三、村社联合制社会政治形态

傣族社会的发展水平因地而异。20世纪50年代民主改革前，盈江、潞西、梁河等地的傣族社会已形成明显的封建地主制，而孟连、耿马及陇川、瑞丽等地的傣族社会则处于封建领主制向封建地主制转化的过渡时期，而西双版纳的傣族社会却较为完整地保留着封建领主制社会政治形态。

（一）社会经济概况

明隆庆四年（1570年），宣慰刀应勐将其辖区分为12个封建负担区，称“西双版纳”（“西双”即十二，“版纳”即“千田”）。西双版纳傣族封建领主制社会的基础是农村公社的次生形态，其村寨可看作农村公社。这是因为其村寨已由血缘村落向地缘村落转化，同一村寨内居住着几个不同的家族，

---

① 《中国少数民族社会历史调查资料丛刊》修订编辑委员会、云南省编辑组编《永宁纳西族社会及母系制调查》（三），民族出版社2009年版。

② 《中国少数民族社会历史调查资料丛刊》修订编辑委员会、云南省编辑组编《永宁纳西族社会及母系制调查》（一），民族出版社2009年版。

而且村寨不断吸收外来人口，其中有老户也有新户。加之村民婚后男方须先“从妻居”三年再“从夫居”，增加了人口的流动性，使不同血缘居民混杂居住，地缘关系逐渐占据主导地位，但家族界线未完全消失，尚存“家族田”等家族公社的残余特征。农村公社长期存在的原因是多方面的：一是它是典型的“田园居国”，耕地稳定、人口定居、人与地的关系较牢固。而且优越的自然条件足以实现自给自足，村寨间缺乏经济联系、商品经济不发达且互相隔绝。二是由于土地肥沃、气候温和、水利条件好，虽然生产技术落后，但仍可获得较多剩余产品，因而在氏族公社解体后还保留着农村公社就迅速步入了阶级社会。同时由于社会分工以自然分工和季节分工形式在家庭内部体现，社会缺乏破坏农村公社体制的冲击力。三是地广人稀、“不患无地而患无人”，私自占有土地的欲望不强，以至村社土地集体所有制能长期存在，并成为农村公社长期延续的制度基础。四是距外部封建王朝的中心控制区较远且交通闭塞，受外部封建势力影响较小，社会的原初形态得以大量保存①。土地的“公有私耕”表现得较为突出。村寨集体占有土地，村寨间有明确地界，每一成员均有权领种一份“寨公田”，并且可在村社范围内自由开荒，但荒地垦殖三五年后须并入“寨公田”，迁离时须将份地归还，任何人不得擅自买卖或侵犯公有土地。随着铁制农具普及、牛耕广泛使用、一夫一妻制确立和大量外来户涌入，生产逐渐由个体家庭单独进行，仅在农忙时互助，于是土地转变为“公有私耕”。随后为适应人口的增长和迁移实行土地定期分配制，具体做法主要是：抽补调换使土地数量和质量趋于平衡，收回迁出户或绝嗣户的土地分配给新立户、上门户和外来户。然而随着地权逐步稳定、人口不断增加和外来户日益增多，土地定期分配制度逐渐废止，仅有少数村寨仍继续沿用，并产生了私人占有土地的倾向。

随着外部封建势力侵入，经历了土地集中、所有权转移、土地掠夺三个环节后，土地的“公有私耕”逐步发展为封建领主的大土地所有制。土地集中与水利灌溉有密切关系，水利工程越大则土地归并的范围越广，通过水利支配各村土地的权力越大，而这种权力慢慢落入少数人手中，于是产生了“公田”和“私田”之分。在20世纪50年代民主改革前，“公田”居于主导

① 参见马曜、缪鸾和著《西双版纳份地制与西周井田制比较研究》，云南人民出版社1989年版。

地位约占总耕地面积的77%，包括“纳曼”（寨公田）与“纳哈滚”（家族田）两部分；“私田”约占总耕地面积的23%，包括“纳鼋召”（宣慰田）、“纳召勐”（土司田）、“纳波郎”（波郎田）、“纳道昆”（头人田）、“纳辛”（主要指召庄田）五种。“公田”是由村社、家族集体占有而转分给农奴使用的口份田和负担田，“私田”是宣慰自占或赏赐给亲属、臣僚、头人、召庄的世袭田或职俸田。“公田”是封建领主篡夺村社公有土地所有权的结果，而“私田”是封建领主“分封采邑”和“封土建寨”的结果，二者是大土地所有制的两种表现形式，以此形成了农村公社与领主庄园并存的格局：村寨既是农村公社，同时又是领主庄园的一个重要组成部分；土地既是村社集体占有，同时又是封建领主所有；既广泛地存在着大量提供负担的“公田”，又有以劳役代耕或收取实物代役租的“私田”；既保证了领主社会必要的劳动力，同时又能满足各级领主的实际利益。

一夫一妻制婚姻制度确立后，私有制逐渐占据支配地位，并确立了财产继承制。父母遗产多采取诸子均分的办法，遗宅则由长子继承，未婚女儿及赘婿可得到比儿子少的财产，但出嫁女儿或女婿却无权继承遗产。如绝嗣，遗产则由家族或村社处理，一般由家族处理居多。夫妻财产中工具、农具和男子衣物等是丈夫的，而织机、首饰、女子衣物等是妻子的。婚后共同财产在离婚时，谷物、牛、马归丈夫，鸡、鸭等家禽则归妻子①。

（二）政权组织

西双版纳傣族封建领主政权组织可分为“曼”、“火西”、“陇”（或“播”、“卡马”）、“勐”和宣慰司五级，但从普通村社到部落联盟，其组织形式基本相同，均由头领、议事会组成。议事会既是议事组织，又是执行机构。上级议事会须有下一级代表参加，各级头人、酋长及大首领都不参加议事会，但负有统领的责任，与议事会既互相配合又互相牵制。

“曼”即村寨，是最基层的政权组织。既是自给自足的集体，又是一个自治性和自卫性很强的单元。村社组织设有“头人”、议事会和民众大会。其中“头人”由村社全体成员用“投豆”方式推选，称为“波曼”（寨公）和“咩曼”（寨母），负责管理居民迁徙、接纳新户、分配土地、征收贡赋、宗

① 《中国少数民族社会历史调查资料丛刊》修订编辑委员会、《民族问题五种丛书》云南省编辑委员会编《西双版纳傣族社会综合调查》（一），民族出版社2009年版。

教事务、缔结婚姻、对外交涉及调解纠纷等事务。村社日常事务由村社议事会处理，村社议事会称为“贯”，由“咩贯”主持，有负责承上启下、协调各方关系的“陶格”和提调公差、负责防火的“波板”及一个民众代表“先”参加。“头人”不参加村社议事会，以便协调矛盾、防止专权，但重大决定须由“陶格”禀报，而凡关系全寨的调整土地、分配负担、兴修水利、选举头人、接纳新户等重大事项须由头人召集民众大会讨论决定。村社还有负责巡逻警卫的“昆悍”、主持宗教仪式和选择吉日的“波章”、主持社神祭祀的“波莫”、主持文书事务的“昆欠”、管理公款的“摩雅欠”等若干执事人员，以及男青年头领“召冒”和女青年头领“乃少”。“火西”意为“十头”，起源于自卫性民兵组织，是“曼”走向联合的重要环节。按照“平时为民，战时为兵”的原则编组，每十人设一个“乃火西”（什长），五个“乃火西”设一个“火哈西”（五十人长），两个“火哈西”设一个“火怀”（百夫长），十个“火怀”设一个“火版”（千夫长）。后来军事性质逐渐淡化，“火西”的管理功能日益增强，从而演变成为村寨的联合体，负责组织武装、分摊劳力、协调村寨关系等。其组织形式与村社相似，设有大头人“叭火西”或“召火西”、议事会“贯”。“贯”由各“曼”头人参加。几个“火西”联合成“陇”，设大头人“叭”、议事会，议事会同样由各“火西”派人参加。几个“陇”或“播”、“卡马”组成“勐”。“勐”的组织形式为村社的放大型，其酋长称为“召勐”，议事会称为“勒贯”，“召勐”不参加“勒贯”，而由“召贯”（或称“叭贯”）主持，有各“火西”的代表参加，大小事务须先交“勒贯”议决，然后报请“召勐”通过后执行。全勐大会为“朋勐”，由“勒贯”召集，参加会议的有各“火西”的大小头人，并由各寨推举民众代表参加，主要讨论“召勐”继承、“勒贯”人选、战争及“召勐”与“勒贯”的争执等。“勐”联合的基础有水利、运盐及民族争斗中的军事联合等，最初的联合以部落联盟形式出现，组织结构沿袭村社的组织模式，设有大首领“召片领”、议事会“勒司廊”。议事会由“召景哈”（议事会主席）主持，“四大卡贞”（“召景哈”“怀郎曼洼”“怀郎曼袭”“怀郎庄往”）及各“勐”代表参加。“召片领”不参加会议，但决议须报请“召片领”批准后才能施行①。

① 史继忠著《西南民族社会政治形态与经济文化类型》，云南教育出版社 1997 年版。

随着封建势力的侵入，“召片领”被敕封为“宣慰使”后不再是部落联盟领袖，而是封建王朝的地方官，于是联盟组织变为宣慰司署。宣慰司的执行机构仍为“勒司廊”，仍设“四大卡贞”。其中“召景哈”（又称“怀郎陇西”）主持“勒司廊”总理公务，“怀郎曼洼”掌管日常事务、财政、税收，“怀郎曼轰”掌管司法、户籍，“怀郎庄往”掌管粮秣。这四人均为“百田级”官员（傣语称之为“纳怀郎”），下设有“八卡贞”，即内务财政总管兼内议事长“召奄帕萨”、饲象监“召奄纳掌”、右榜副元帅“召窀纳花”、枪矛官“召龙纳贺”、薄计官“召窀纳过”、弓箭狩猎总管“召奄纳干”、街市总管“召窀晏”和侍卫长“召奄纳扫窀”。其下有小“二十田级”的“纳扫囡”、十田级“纳西”、五田级“纳哈”，形成“田官制度”（傣语称为“探囊召曼纳”）。这一制度表明上述“官员”已成为宣慰使的家臣。为实现集权在“勒司廊”外又设立内议事庭“司郎乃”，由宣慰司指派亲信“召奄帕萨”和“召竞纳扁”管理，直接对其负责，以干预、掌管公务。同时在宣慰司驻地由“鲁郎道叭”（“召庄”）组成“滚课”，形成“三老四练”（三方四边）护卫司署。为改造原先的村社式组织，使之蜕变为封建领主政权组织以推进封建化进程，主要采取了以下措施：①实行分封制。把召片领的亲属及亲信安排为“四大卡贞”和“八卡贞”，并分封到各勐担任“召勐”，在血统上构成宗法系统，在政治上建立隶属关系，在经济上确立田官制度，从而把族权、政权、地权结合起来。②实行加封制。原先公选的各级头人须报请加封，授予“叭”“鲊”“金伞大叭”等名号，使之具有民众代表和官府属员的双重身份，并将其份地变成职份田，从而把官府权力延伸至基层。③实行“波郎”制。将召片领的旁系亲属派往各勐进行监督，称“波郎勐”，勐派驻各陇的称“波郎陇”，陇派驻各曼的称“波郎曼”。通过层层控制、严密监视把各级政权组织严格管控起来。④实行“郎目乃”制。将亲兵、家奴派往各地建立新寨插入各曼之间，以便加强控制、防止动乱和反叛。原始社会军事民主时期的“民兵”组织，演变为以宣慰使为最高统帅的武装力量（称“昆悍”），成为召片领进行统治的工具和封建政权的一大支柱①。

（三）多层级的等级制度

西双版纳傣族封建领主制社会被分为“勐”、“翁”、“召庄”、“傣勐”

---

① 《民族问题五种丛书》云南省编辑委员会编《西双版纳傣族社会综合调查》（二），云南民族出版社1984年版。

和“滚很召”五个等级。“勐”专指“召片领”及其嫡系亲属，男的尊称为“召勐”，女的尊称为“召喃”，可继承“召片领”职务，也可担任“召景哈”和出任“召勐”，还可充任佛爷中最高的“阿格莫尼”和“列松”。“翁”（或称“萨都”，意为“亲属”）是“召片领”的旁系亲属或亲戚，同时又是“召片领”的家臣，可担任“四大卡贞”、“八卡贞”、“召勐”及“波郎”，并与“勐”通婚。“召庄”（又称“鲁郎道叭”）是贵族的远房子孙，因血统疏远而被降为普通百姓，属自由民，但毕竟是贵族后裔，可自立村寨，不缴纳赋税，不与“傣孟”和“滚很召”通婚。“傣勐”（又称“傣本勐”或“滚勐”，意为“本地人”）是建寨最早的傣族即最初的农村公社成员，种“公田”而服务于领主。“滚很召”（意为“官家的人”）来源于家奴、寺奴、战俘、流民、罪犯及买来的奴婢，是最低的等级。其中“勐”和“翁”均属领主阶级，连同其代理人约占总人口的0.3%；“召庄”是自由民，约占总人口的5.6%；“傣勐”和“滚很召”都称为“卡派”（奴仆）同属农奴阶级，“傣勐”约占总人口的54.9%，“滚很召”占总人口的39.2%。

傣族社会的等级制度以“召片领”为中心，按血统和隶属关系分为若干等级。按血统把社会分为贵族和“卡派”，“勐”“翁”“召庄”属于贵族，而与“召片领”无亲缘关系的则属于“卡派”。其中贵族的直系亲属为“勐”，旁系亲属为“翁”，远支则为“召庄”。“卡派”分为“傣勐”和“滚很召”两个等级，其中“傣勐”的分化不十分明显，“滚很召”则分为“领囡”（最先由领主家中释放出来建寨的家奴）、“滚乃”（释放较晚的家奴）、“冒仔”（官家的伙夫、杂役）、“滚勐”（由前三种分化而安插到各地进行控制的）、“卡住”（释放的寺奴）和“洪海”（收容的流浪汉、战俘及罪犯）等六个等级。就隶属关系而言，在被统治阶级中，“召庄”是领主亲兵，“滚很召”是领主家奴，与领主的关系密切故视为“内”，“傣勐”则被视为“外”。也可认为“召庄”与领主同宗为“内”，“滚很召”为领主仆从为“外”；住在城里的“召庄”和“滚很召”接近领主为“内”，住在乡间离领主较远的“召庄”和“滚很召”为“外”；在“滚很召”中“领囡”、“滚乃”和“冒仔”也有内外之别，而“滚勐”“卡住”“洪海”则都为外，故“领囡”“滚乃”“冒仔”属内府管理，而“滚勐”“卡住”“洪海”则由议事庭管理。这种亲疏、内外区分使等级呈现出多阶梯的状态。

在血缘和地缘方面，各等级间有严格的界限。血缘的隔离通过婚姻关系的限制实现，严禁贵族与“卡派”通婚，以确保贵族血统的纯洁性，进而巩固统治。为扩大统治力量和巩固统治基础，“勐”与“翁”可通婚，但“勐”决不与“翁”以下等级通婚，“勐”的女子下嫁“翁”的男子，所生子女属“翁”，而“翁”的女子嫁给“勐”的男子，所生子女属“勐”。“翁”可与“召庄”通婚，原则上不准与“傣勐”和“滚很召”通婚，但后来有所变通，即“召庄”可娶“傣勐”之女为妻，而不能将女子下嫁“傣勐”。“傣勐”与“滚很召”间的通婚限制虽不很严，但受等级观念影响实际上也有隔绝。同等级的人自成村寨不混杂居住，但不同等级的村寨又犬牙交错分布。据1954年对西双版纳11个“版纳”、25个勐的统计，共有“傣勐”寨318个，“滚很召”寨282个，“召庄”寨32个。在洪景坝子，“勐”住宣慰街等4寨，“翁”住曼洪喝等6寨，“召庄”住曼喝蚌等6寨，“傣勐”住曼达等17寨，“领囡”住曼广瓦等42寨，“洪海”则住曼凹等18寨。血缘和地缘关系的分割使封建等级关系固化，并逐渐加深了阶级对立，筑起了维护阶级利益的鸿沟。

傣族社会的等级制度与土地占有情况直接关联，并通过享有的权利和承担的赋税等体现出各阶级的社会地位。“召片领”为“广大土地之主”，又是宣慰使，世袭领地为“纳召奄”，共有私庄田11 950纳（约合3000亩），其中2120纳由农奴代耕，其余的则收取实物地租以替代劳役地租。“纳召勐”是“召勐”的世袭封地，由“召勐”掌管，作为采邑而收取地租。“宣慰”以下的官员则按职级实行田官制度，各级中又因职务不同而有所差别，但俸禄田“在职授田卸任交还”不世袭。“头人”享受“纳道昆”待遇，即经官府划定而免除负担的“公田”，并由农奴代耕。“召庄”占有“纳辛”自种自食并世代承袭，但既无兵役等劳役，也无其他特权。“傣勐”耕种的“寨公田”又是“负担田”，土地定期分配、税赋均摊，税赋主要有“甘召甘乃”（替领主耕作）、“甘勐”（分摊地方性劳役）、“甘曼”（村寨内的公益劳动）三种。“滚很召”和“傣勐”主要须承担非农业性的养马、割草、织布、制糖、酿酒、舂米、背印、扛刀、打鼓、放炮、吹号等劳役。按不同身份各村寨承担一种劳役，因而有养马寨、织布寨、舂米寨、厨子寨、奶妈寨等。除劳役外还须交纳官租。“勐”和“翁”的土地均由农奴代耕或收取实物代替税赋。由于各等级占地不平衡而产生了租佃关系，但主要采取集体出租方式，以“傣勐”租出的土地最多，其次为“召庄”。不过在同一等级内也有二地租佃关系发生，如“傣勐”中老寨多出租土地给新寨。

等级制度萌发于部落联盟晚期，由于权力逐渐集中使大首领所在氏族、部落占有优势而上升为贵族，其他部落的公社成员下降为“傣勐”，家内奴隶转化为“滚很召”。等级形成后，贵族按等级分授土地并进行地租瓜分，从经济上巩固以“召片领”为中心的宗法关系和隶属关系，又从婚姻限制上巩固贵族血统的纯洁性。各等级在地域上的分割既是农村公社封闭性的结果，又是为了加强统治而采取“封土建寨”的结果，并在客观上助长了农村公社的封闭性，同时也阻碍了农民内部的分化和社会进步，使社会长期处于凝固和停滞不前的状态①。

（四）宗教状况

南传上座部佛教盛行是傣族封建领主制社会政治形态的鲜明特征。不但傣族群众的生活受到佛教影响，而且佛教与封建领主制密切配合，相辅相成，维系着整个社会的秩序。佛教与农村公社、封建领主制和等级制相适应，使佛教获得了高度认同和充分发展，并广泛渗透到生产、生活的各个方面，成为封建领主制社会的上层建筑。不过佛教并没有彻底取代原始宗教，而是将原始宗教包容进来，形成“以佛教为统率，两相配合，互为默契”的格局。虽然佛教在傣族封建领主社会中十分盛行，但教权始终置于政权之下，僧侣并未广泛参政议政，没有产生政教合一的僧官体系。

四、亭目制社会政治形态

作为封建领主制的特殊形式，亭目制度残存于20世纪50年代民主改革前的桂西北和黔西南地区，即广西、贵州、云南毗连的红水河地区，包括广西的凌云、乐业、田林、隆林、西林五县及百色、风山、天峨三县的部分地区，以及贵州的贞半、册亨、望谟、罗甸四县及安龙、兴义的部分地区。

（一）演变历程

亭目制源于唐、宋时期的羁縻州峒制度，成形于元、明时期的土司制度，衰败自清朝雍正年间的“改土归流”，在20世纪50年代民主改革前还有部分

---

① 参见马曜、缪鸾和著《西双版纳份地制与西周井田制比较研究》，云南人民出版社1989年版。

残余形态存在。

“溪峒”组织以村寨为基础，最初为临时性的军事联盟，由公推的军事首领统率，后逐渐成为地域性组织，权力也逐渐集中于大姓豪族，成为封建领主制政治形态的社会基础。“溪峒”下辖数寨或数十寨不等，根据其范围大小可划分为大峒和小峒，实行等级内婚，社会分化为峒官、峒丁和农奴三个等级。其中峒官已不是部落首领，而被封建朝廷加封为知州、权州、监州、知县、知峒等官员，并世代承袭，对峒丁有生杀予夺之权。峒丁（“提陀”）则成为峒官统治下的百姓，世代隶属于峒官。农奴则是通过战争掠夺等方式得到的人口，“男女相配，给田使耕，教以武技，世世隶属”。土地被峒官据为己有，任何人不得买卖、典当，采取“计口给田”方式把峒丁束缚在土地上。北宋仁宗皇祐四年(1052 年)，侬智高反宋自立，宋王朝多次派兵征剿，平定后狄青以其部统治广西左右江流域，由浙江大姓岑氏镇守田州、泗城（辖区位于今广西壮族自治区百色市凌云县）一带。随着南宋借峒丁守卫边防之机，岑氏不断扩充势力，以军事实力占有田州、思恩、镇安、归顺、利州、泗城、上隆、恩诚等地，至宋朝末期自立为土官。随着几代人的不断开疆拓土和受中央王朝的封赐，桂西北及黔西南地区逐渐被纳入了岑氏土司的统治范围。

岑氏土司的统治办法是“分亭设甲”，以甲统亭，以亭统寨。红水河以南岑氏土司直接经营的地区称为“内哨”，而红水河以北后来拓展的地区则称为“外哨”，内、外哨结合实行军事统治。“甲”（“甲哨”的简称）是一种军事组织，亭（有“亭戍”“亭候”“亭燧”之意）是边塞的岗亭或驻兵点，是甲的下级组织。随着土官制度的发展，“甲”“亭”官兵按其势力大小分管土地、人口、财政、赋税，于是“甲”“亭”逐渐演变为军政合一的地方组织。“亭”是最基层的组织单元，有大亭、小亭、半亭（含“大半亭”“小半亭”）之分，大亭下辖数寨或数十寨，小亭下辖一寨或两三寨，人口、赋税不足一亭的则称为半亭，略高于半亭的称为大半亭，略低于半亭的称为小半亭。其中一些较大的亭被分为两亭或三亭。由于这一制度的基础是“亭”，而“亭”的首领称为“亭目”，故被称为“亭目制度”，并以此作为桂西北和黔西南壮族、布依族封建领主制社会的标记[①]。

---

① 《中国少数民族社会历史调查资料丛刊》修订编辑委员会、贵州省编辑组编《布依族社会历史调查》，民族出版社 2009 年版。

（二）亭目制度的特征

在亭目制度下自给自足的自然经济占据主要地位，以致当地社会“闭关自守”，与外界联系很少。土地归岑氏土司所有，层层分封，不得买卖和典当。土民无论是粮庄百姓、夫役或私庄百姓都被束缚在土地上，成为“土地的附属品”，并与土官存在着不同程度的人身依附关系。亭目制社会与其他的封建领主制社会并没有本质区别，但因特殊的地理、历史和民族因素而不可避免地生成了特殊性。

1. 以甲亭组织为统治机构，以农村公社为社会基础

泗城府和西隆州均为岑氏土司领地，泗城府设有土知府、土同知、土通判、土推官等职官，西隆州则设有土知州、土同知、土判官、土吏目等职官，官品与流官相同，但内部组织与流官地区有较大差异。岑氏土司将其亲属和部将派驻各地控制和扼守军事要地，建立甲亭组织，实行土目分治。甲亭组织是泗城府、西隆州土官统治各族民众的工具，既是军政合一的组织，又是政权与族权合一的组织。由自上而下分化形成，是土司“分土而治”的结果，具有明显的征服与统治痕迹。

壮族和布依族都是农业民族，以水田为中心建立村寨“聚族而居”，村寨内很少夹杂其他民族，且往往两三个姓氏共居于一寨。各村寨都有由各家族推选出来、有威望而无特权、可执法但不能谋私的头人（又称“寨老”）。“寨老”既是家族的代表，又是村寨利益的代表。村寨间的界线十分严格，土地为全寨公有，按口分田、量力而耕。为了维系村寨的团结、秩序和行为规范，几乎所有村寨都有公众决定、寨老署名、刻于石上、立于寨中的若干规矩。这些规矩具有绝对权威，若违反则“齐众宰牛，斟酌议定”，轻则“面羞吊打”“支用银钱”，重则“砍手剜目，使人戍废”。村寨是村民共同生产和生活的集体，尚处于农村公社阶段。亭目制度把各自分散的村寨联结起来纳入土官统治之下，土官有权向民众征收钱粮、派差征兵，村寨公有土地逐渐变成土官土地，村寨民众则成为土官剥削的对象。同时土官将各村的寨老委任为“乡约”“把事”，以实施统治、征收赋税和摊派夫役①。

---

① 《布依族简史》修订本编写组编纂《布依族简史》（修订本），民族出版社 2008 年版。

2. 阶级分化为“布赛”“布维”两个等级

在亭目制地区阶级分化为“布赛”（统治阶级，意为官家）和“布维”（被统治阶级，意为百姓或奴仆），即“土官”和“土民”两个等级。“土官”与“土民”界限分明，在称谓、衣着、住房乃至婚姻方面都有明显的区别。土官又分为“土司”“土目”两个等级，其中土司专指泗城府、西隆州的岑氏贵族，是该地区的最高统治者和土地所有者，“世袭其职，世有其土，世长其民”；土目则分为“土府州的土同知、土通判、土判官、土吏目等属官”、“甲首、亭目”及“甲亭的总把事、老总头”三种。其中土府州属官因有朝廷封号地位较高，甲首、亭目次三，总把事、老总头最低。土民则分为“把事”、“马排”、“魔公”、“粮庄百姓”、“夫役”、“私庄百姓”和“奴婢”七个等级：“把事”具有双重身份，既是村寨的自然首领，又是亭目的爪牙；“马排”是甲亭首领的亲兵和卫士；“魔公”是民间主持祭祀活动的人；“粮庄百姓”是人数最多的种田者，也是原农村公社中的壮族、布依族老户，种“份地”而纳粮；“夫役”大多是为官家服劳役的外来户，对官家有较强的人身依附关系；“私庄百姓”以苗族居多，社会地位十分低下，是集体投靠亭目的其他少数民族，是亭目的私产，可连同土地一起被集体出卖，但不能随意屠杀，具有集体家奴的性质；“奴婢”是土官、土目家的奴仆，以女性居多，处于社会最底层，大都从事各种家务劳动，可以出卖或陪嫁。

3. 土地分为“公田”“私田”两类

亭目制地区土地中的“公田”是指分配给各户耕种而交纳地租的“口份田”，即原农村公社的“份地”；“私田”是指土司、土目所占的田，由土民代耕并将收入交给田主。“公田”有“粮田”、“夫田”、“站田”、“马排田”、“魔公田”和“祭祀田”六种，其中“粮田”称“纳粮”，种田者是粮庄百姓，须交纳粮食；“夫田”称“纳夫”，有伙夫田、挑水田、舂米田、柴火田、小菜田、渡户田、针线田、筷子田、班夫田、奶妈田、打更田、马草田、火药田等，种田者须承担相应的差役；“站田”称“栈田”，种田者住在交通线上，须接待过往的“土官”亲友；“马排田”又称“兵田”，种田者须充当土兵；“魔公田”专供从事祭祀的魔公耕食之用，没有额外负担；“祭祀田”是村社集体所有或家族公有，收获专作祭祀之用，是家族、村社公有土地的残余。“私田”有“印田”和“把事田”两种：“印田”称“纳印”，先为土知府、土知州所有，后扩大为从土司到土目都有的“养印田”，即职俸田；

“把事田”是划给各种把事耕种的田，也是由领主准许享有特权的头人的田，最初为自耕自食，后则由土民代耕[①]。

4. 剥削方式

亭目制剥削关系有地租和超经济剥削两大类，地租依耕种土地的类型有所区别。而超经济剥削则主要有三种：①临时性摊派。如土官婚丧嫁娶及修房造屋向百姓摊派钱粮。②敲诈勒索。如告状须先交“状纸钱”，判决时交“开口钱”，释放时须交“开销钱”，甚至被杀时还须交“垫刀钱”等。③“打场”。每年两次由“场头”“乡纳”在集市上抽取“地头税”，卖肉抽肉、卖鸡抽鸡、卖菜抽菜，七月半和除夕则收取各种实物“敬奉祖宗”。此外，打猎要送土官猎物，收获要先让土官尝新等[②]。

五、则溪制社会政治形态

则溪制度建立在大土地所有制之上，族权与政权、衙门机构与军事机构合一，存在多层次的封建等级制度，是封建领主制的又一特殊形式。20 世纪 50 年代民主改革前，在以毕节大方为中心的原水西安氏土司辖区，保留着较多则溪制度的残余[③]。

（一）土地制度

水西安氏能够“世长其民”的根本原因在于大土地所有制，这也是各项经济、政治制度赖以建立的基础。最初水西地区的民众只需量力耕作，按播种多少粗略估算耕地面积而无须精确丈量，客观上不具备土地私有制产生的基本条件。水西地区被安氏征服后，中央王朝只能通过土司而无法直接征收税赋。安氏土司在被封赐为宣慰使后占有该地区的全部土地，并对土地采取自上而下的家族分封和官员分封方式以强化统治。其中家族分封按血统亲疏进行，宣慰使及十二宗亲各占一片土地，继而分封给四十八部落，进而分封给“祃裔”和“奕续”。这种分封制度呈现出土地不得外流的家传性，子孙世代承袭土地的世袭性，以及土地“由宣慰使而宗亲、由宗亲而土目、由土目而祃裔、由祃裔而奕续”逐级细分的基本特点。家支愈分愈多，土地面积则愈分愈小。而官员的土地分封按品级高低进行，与“九扯九纵”官衔一致。相应地也呈现出依官品高低分耕的等级性，任职授土、去职归还的暂时性，

① 史继忠著《西南民族社会政治形态与经济文化类型》，云南教育出版社 1997 年版。

② 王卫红《从亭目制度看布依族的社会形态》，《学理论》2010 年第 5 期。

③ 王军《毕节地区彝族土司则溪制度述论》，《毕节学院学报》2010 年 10 期。

以及封地只限于本人不延及子孙的有限性等特点。虽然两种分封的原则、办法、对象不同，但土地分封的目的都是为了“取得一定的人身依附和贡赋”，以巩固土司政权。宣慰使有权授予，也有权收回，而受封者只有土地使用权，不能买卖或转让。

土地有“宣慰公土”和“土目私土”两种类型，其中“宣慰公土”包括“官庄”和“则溪地”。“则溪地”指十三则溪，分作“土目私田”和“散地”两种。宣慰使占有官庄，把其余的土地分给则溪；则溪划出部分官庄，其余土地又分给土目；土目自占部分官庄，其余土地再分给生产者。“散地”即分给生产者的“份地”，有“粮户地”“夫差地”“人租地”“牛租地”“马租地”“羊租地”“猪租地”和“鸡租地”八种。按规定交纳“粮租”的称“粮户地”，而以某种劳役代替交租的称“夫差地”。“人租地”不必交粮或服役，但须以人换取土地的耕种权。种地人除交粮租外，还须交一头（只）畜禽，另加一头牛的叫“牛租地”，另加一匹马的叫“马租地”，另加一头羊的叫“羊租地”，另加一头猪的叫“猪租地”，另加一只鸡的叫“鸡租地”。无论是哪种“散地”，一经租佃即成世代相袭的永耕地，生产者遂被世代束缚在土地上。为适应这种土地制度，土目家设有总管、“内管事”、“外管事”、“大催”、“小催”等，同时又委派各村寨头人负责收缴租粮、摊派劳役等。个体家庭成为基本生产单位后，“门户”逐渐划小，“猪租地”“羊租地”“鸡租地”等都以“一杆门户”计算，故统称“门户地”。“粮租地”“夫差地”和“人租地”是“门户地”的变种①。

（二）剥削形式

安氏土司统治区有劳役地租、实物地租和超经济剥削等剥削方式，其中劳役地租主要有三种形式：①“官庄地租”。以农业性劳役作为地租。②“夫差地租”。以非农业性劳役为租赋。③“人租地租”。不必交粮或服役，但每一代均须把一个子女送给领主当丫头、娃子换取土地的耕种权利。“人租地租”明显保留着封建领主制社会中的奴隶制残余，因为丫头、娃子成婚后分给耕食地让其自种自食，但须用其子女顶替才能摆脱奴隶的命运。

大部分耕地采取实物地租形式，即耕种不同的土地须缴纳不同的租赋，除须交纳一定数量的粮食外还须缴纳畜禽，最多的缴纳一头牛或一匹马，一

---

① 参见王明贵、王继超主编《水西简史》，贵州民族出版社 2011 年版。

般的缴纳一只羊、一头猪，最少的仅缴纳一只鸡。于是“牛租”、“马秹”、“羊租”、“猪租”和“鸡租”等因此而来。①“门户畜”。以牛、马、猪、羊、鸡为标志。②“门户粮”。按牲畜大小而交纳相应数量的粮食。③“门户钱”。按等价原则缴纳银两。最初出现的是交纳畜禽，随后则增收粮食，而较晚才产生了“门户钱”，故地租等均以牲畜命名。

除地租外还有各种超经济剥削，主要有“认主”、“送礼”和“送新”三种。主人家生了小孩必须备礼上门恭贺，称为“认主”；主人家有婚丧大事必须贡献各种礼物，称为“送礼”；土地所出必先让主人尝新，称为“送新”。此外，还有“一年数小派，三年一大派”等。除各种封建剥削外，凡是种份地的人还须服兵役。“寓兵于农”是大土地所有制的必然产物，也是地租形态的表现形式①。

（三）社会组织结构

“则溪”（又作“宅溪”，意为“仓库”）源于土司将其属地分为若干片区，并在每片区的核心地带驻兵和设立仓库以征收钱粮，并随时间推移逐渐演变为管辖区。水西安氏土司辖有慕胯、法戈、火著、嘎勒、安嘎、的都、胧胯、朵宜、则窝、以著、底苏、于的、洛慕等十三则溪。“则溪”是军政合一的地域性组织，其职能主要是掌管军事、征收赋税。因此，“则溪”头目兼有军民长官之责，而民众既须当兵又要缴纳赋税，亦兵亦农。“则溪”下设有“四十八部，一百二十祃裔，一千二百奕续（亦作夜所）”，“奕续”为最基层组织，隶属于“祃裔”，“祃裔”隶属于各部落，各部落隶属于“则溪”，而十三则溪则统属于安氏土司。

安氏土司被明王朝封赐为贵州宣慰使司，下设有宣慰使、宣慰司知、佥事、经历、都事等职官，而对内则实行“九扯九纵”的政治体制。“九扯九纵”是依职权分设九个横向办事机构，并依等级设有九个纵向品级。最高统治者为“苴穆”，即宣慰使。总理大小事务的长官为“更苴”，“穆魁”和“濯魁”辅佐“更苴”，并参与军机事务。“诚慕”掌祭祀，“白慕”掌丧葬。“诺唯”“祃葩”“慕史”分掌文书、史籍、乐章，是“苴穆”的近臣，为第五品级官员。“祃初”“祃写”“弄余”“崇闲”掌军事、礼仪、农耕，为第六

① 《中国少数民族社会历史调查资料丛刊》修订编辑委员会、贵州省编辑组编《黔西北苗族彝族社会历史综合调查》，民族出版社2009年版。

品级官员。“濯苴”“拜苏”“拜项”“黑乍”“扯墨”为第七品级官员，“项目”“弄都”“初贤”为第八品级官员，服役执事人员则为第九品级官员。其职务与品级统一，职权大小取决于品级高低。每一则溪设置一个“穆濯”以“祃写”充任，而以“穆魁”统领。在“穆濯”之下设置若干个“祃裔”“奕续”统帅各部落。如人多、势强的大寨则设有“祃写”“祃初”等，直接隶属于“穆濯”，而人少、势弱的苗族小寨只设置“奕续”统领全寨民众，隶属于“祃初”①。

“则溪”制度植根于彝族的家支制度，“家支”是一种血缘组织，源于原始社会的父系氏族，由同一男性祖先的子孙组成，是彝族社会中的基本社会组织。因而“则溪”制度是彝族家支制度宗法化、地域化、政权化的结果。从宗法关系看，嫡长子支系为大宗，其余支系为小宗，大、小宗支系互相交错、往复不断。而从地域关系看，全部土地为宣慰使所有，宣慰使自占一片土地，而将其余土地分给十二宗亲，于是构成十三“则溪”。而各“则溪”又将土地分给各部落，各部落再将土地分给“祃裔”，“祃裔”再将土地分给“奕续”，土地层层分封后形成了按家支大小、亲疏关系不同且大小不一的势力范围。从政权关系看，宣慰使是水西政权的最高首领，“则溪”则如州县以十二宗亲首领“穆濯”分别统领，而“四十八部”及“祃裔”“奕续”都是“则溪”之下的片区，实行“土目分治”，实际上起着地方政权组织的作用。其家族宗法关系与政权隶属关系一致，政权层级高低与土地分封状况也一致，即族权、政权与土地占有权完全合一。“则溪”制度与“家支”分地而治，通过“家支”行使政权职能和体现隶属关系，从而形成以则溪制度为特征的封建领主制社会政治形态。

（四）多层次的等级制度

封建领主制下的水西社会被划分为若干等级，各等级间关系稳定、界限森严，存在着种种人身依附关系，有尊卑贵贱之分，在血统上不许轻易混杂。

彝族内部分化剧烈产生了若干等级，其中最高的等级被称为“峨”，百姓称其为“官家”，是具有安氏贵族血统的人，包括土司及土目，细分则有苴穆、穆濯、祃裔、奕续及“九扯九纵”，同时也是土地的主人和执掌政权的统治者。“峨”之下的等级是有高贵血统的“哪数”（“探望、监督的人”），虽

① 史继忠著《西南民族社会政治形态与经济文化类型》，云南教育出版社1997年版。

不能担任土司、土目，但也不会下降为其他等级，有绝对的人身自由，主要充当亲兵、卫士及土目的管家，是黑彝中的平民。“哪数”之下有“果普”（简称“果”，原意是“巧手”，即有手艺的人）“腊勾”（意为“铧匠”或“铁匠”）和“吐数”（意为“干活、役使、被管理的人”）。“果普”多是篾匠，即古籍中所说的“刚夷”“干波罗”。“腊勾”汉人称其为“红彝”。“果普”和“腊勾”都是手工业者，彝族人认为其“命根子长得很”，所以无人敢欺负。“吐数”以耕地为业，有两个等级：“勾则”（意为“有根源的人”），其祖先可能是彝族早期社会的百姓，故汉人称其为“真白彝”或“大白彝”；“六歪”（意为“居于寨下的人”），可能是由家内娃子释放出来的，汉人称其为“小白彝”。最低等级的丫头、娃子（“私房”）分为两种：“颇直”是土司、土目家的娃子，男的叫作“颇”，女的叫作“直”；黑彝家的娃子，男的叫“脾者脾”，女的叫“者几者”，地位比“颇直”更低。不同等级间互不通婚，“峨”与“哪数”不通婚，“哪数”与“吐数”不通婚，“果普”与“腊勾”不通婚，“吐数”中的“勾则”与“六歪”不通婚，甚至“颇”不娶“者几者”，“直”不嫁“脾者脾”，尤以黑彝、白彝之间的界限最为森严，有着不可逾越的等级鸿沟①。

第四节　封建地主制社会政治形态

与封建领主制社会政治形态不同，封建地主制社会政治形态的基础是土地私有制，且土地可自由买卖，农民与地主间存在普遍的租佃关系，仅受“租佃契约”约束，一旦契约期满，农民有权解除契约、自由迁徙、选择新的主人。在20世纪50年代民主改革前，纳入中国版图时间较长、受为地封建社会影响较大、发展较充分的大部分西部民族地区都已进入了封建地主制社会政治形态。大致包括云贵高原坝子、巴蜀盆地及西北五省的三十多个民族，其社会政治形态与内地汉族大体接近或基本相同，具有一些共同的特征。因而在对其社会政治形态进行研究时，可不必拘泥于特定区域进行论述，也能连贯地厘清其基本特征。

一、经济基础

因受内地封建社会影响时间长、社会经济相对发达的西部民族地区的封

① 史继忠著《西南民族社会政治形态与经济文化类型》，云南教育出版社1997年版。

建地主制社会政治形态存在时间较长，其经济社会发展虽出现过停顿乃至倒退，但总的趋势是不断向前。封建地主制社会政治形态赖以存在的经济基础主要是封建地权所有制，以及建立在封建土地所有制基础上的经济形式。

（一）土地占有状况

封建地主制社会政治形态的基础是土地私有制，且因自由买卖而逐渐集中到大地主手中。随着财富的增加，封建地主逐渐掌握了越来越多的经济、政治、军事等特权，于是土地集中的速度日趋加快。随着土地的集中，生产工具、耕畜等也逐渐集中到了地主等剥削阶级手中，而普通农民尤其是贫雇农则只能租种土地、租用生产工具。在西部民族地区，土地、耕畜等生产资料、工具的占有，有时与民族关系交织在一起。如在内蒙古农村地主、富农仅约占总人口的10%，却占有总耕地的70%~80%，占总人口90%的农民仅占有总耕地的20%~30%。蒙古族人口少但占有土地较多，土地出租现象较普遍，少数汉族向蒙古贵族租来土地后再转租给汉族农民成为“二地主”，并把全部地租转嫁，在一定程度上造成蒙汉民族间的矛盾[①]。在广西占农村总人口50%的农民仅占有13%的耕地，只占农村总人口5%的地主却占有40%的耕地[②]。云南封建地主制经济主要分布在元江和澜沧江以东属于内地的彝族、白族、回族、壮族、纳西族、苗族、瑶族、布依族、水族、蒙古族、普米族等民族地区，1950年约为300万人，占全省少数民族总人口的60%，其中彝族地主、富农一般占本民族总人口的4%，占有的土地约为贫农的10倍；多数地方的苗族没有本民族的地主、富农，受当地其他民族地主、富农的剥削；蒙古族耕种土地的61%为其他民族的地主占有，本族地主只占有7%[③]。

1. 土地买卖、抵押关系普遍存在

据20世纪50年代的民族社会历史调查资料显示，早在20世纪初云南金平等地的土地抵押买卖关系就已经存在。当时水田多为哈尼族占有，苗

---

① 陈连开、杨荆楚、胡绍华、方素梅主编《中国近现代民族史》，中央民族大学出版社2011年版。

② 陈连开、杨荆楚、胡绍华、方素梅主编《中国近现代民族史》，中央民族大学出版社2011年版。

③ 金炳镐主编《中国共产党民族工作发展研究》（第三编），中央民族大学出版社2007年版。

族开荒得来的不多，主要是靠买入或抵入。据七区营盘乡锣锅塘、黄河、田头、大黑山、滑石板、水井和班茅寨等8寨的调查资料显示，中华人民共和国成立前土地特别是水田的抵押关系较多。有抵押关系的水田共计805.5石，占8寨水田总数的40%；发生抵押关系的共54户，占有水田户75户的72%。锣锅塘、黄河两寨山地发生抵押关系的最多，共计131.5升种，占8寨山地总数的11.9%；有抵押关系的共42户，占有地户170户的24.7%。仅锣锅塘、黄河两寨而言，锣锅塘寨121.5升种的山地发生抵押关系，占该寨山地总数415.5升种的29.2%；有抵押关系的共40户，占该寨有地户51户的80%。黄河寨10升种的山地发生抵押关系，占该寨山地总数的3.5%；有抵押关系的2户，占该寨有地户25户的8%。中农以上阶级成分的土地抵入多于抵出。大黑山寨有地主1户，依恃政治势力夺取高成寨瑶族的20石水田；半地主式富农抵入56石的水田；富农抵入16石的水田；富裕中农抵出8石的水田，抵入169石的水田；普通中农抵出5升种的地，抵入45.5升种的地。水田抵出多因被乡保长敲诈勒索，缴纳反动政府的苛派、烟课所致。如锣锅塘寨哈尼族雇农罗万宝的30石水田因被敲诈全部抵出，本人无田无地后被迫当长工。苗族贫农斗长生种植鸦片只收获2两，须交10多两烟课只好抵出田地。此外，有少部分因吸鸦片、赌博而抵出田地，也有的个别因婚丧负债而抵出田地①。

2. 土地逐渐集中

如中华人民共和国成立前金平第二区铜厂乡龙口寨有苗族30户135人，共有1347斤种的耕地。其中地主1户16人，占总户数的3.33%，占人口总数的11.76%；占有180斤种的山地，占山地总面积的13.36%，人均占有11.25斤种的山地；占有水田20亩，占水田总面积的33.2%，人均占有1.25亩。富农2户7人，占总户数的6.67%，占人口总数的5.15%；占有74斤种的山地，占山地总面积的5.49%，人均占有10.57斤种的山地；占有水田8.5亩，占水田总面积的14.11%，人均占有1.21亩。中农8户35人，占总户数的26.67%，占人口总数的25.7%；占有540斤种的山地，占总面积的40.1%，人均占有15.4斤种的山地；占有水田23亩，占水田总面积的

① 参见《民族问题五种丛书》云南省编辑委员会编《云南苗族瑶族社会历史调查》，云南人民出版社1982年版。

38.18%，人均占有0.657亩。贫农19户79人，占总户数的63.3%，占人口总数的58.09%；占有557斤种的山地，占总面积的41.35%，人均占有7.05斤种的山地；占有水田8.5亩，占水田总面积的14.11%，人均占有0.108亩。此外，柴山和竹林的占有也形成一定程度的集中，第七区太阳寨乡水塘寨中华人民共和国成立前有苗族59户319人，较大的柴山共有131亩，竹林5亩，但占总户数1.69%的1户地主却占有100亩柴山和全部竹林，占柴山总数的76.3%。占总户数3.39%的2户富农占有柴山10亩，占柴山总数的7.63%。占总户数22.03%的13户中农，占有柴山21亩，占柴山总数的16.03%。占总户数72.89%的43户贫雇农没有柴山①。

3. 耕畜逐渐集中

除地主常因出租土地不需要农具外，其他成分占有的农具、耕畜和占有土地面积基本一致。中华人民共和国成立前金平锣锅塘等8寨的地主平均每户3头牛、2匹马，126户贫农有牛户仅15户，占本阶级成分总户数的11.9%，无牛户111户，占本阶级成分总户数的88.1%，户均仅有0.26头②。

（二）经济形式

封建地主制经济以生产力和商品经济有一定发展为前提，其主要特征是土地买卖、实物地租和小农经营。在西部民族地区封建地主制经济中，农业经济占很大比重，是最主要的经济形式。同时，手工业、畜牧业、商业也有一定发展，成为农业经济的补充。

1. 以农业为主

在西部民族地区封建地主制经济中，农业生产的基本特征与内地基本一致，都是以个体家庭为单位进行，劳动具有独立性和分散性的特点。每年多进行大、小春各一季农业生产，主要作物有水稻、玉米、青稞、大豆和土豆等，主要使用铁犁、锄、镰刀、钉耙等农具，以及斧子、砍刀等砍伐用具。主要靠耕畜和人力进行耕作，有一定的农业水利灌溉设施。农业劳动力以男子为主，妇女一般操持家务或参加一些辅助性的农业劳动。

由于受自然环境、生产资料占有情况、水利条件、劳动力素质等因素的

---

① 参见《民族问题五种丛书》云南省编辑委员会编《云南苗族瑶族社会历史调查》，云南人民出版社1982年版。

② 参见《民族问题五种丛书》云南省编辑委员会编《云南苗族瑶族社会历史调查》，云南人民出版社1982年版。

影响，西部各民族地区生产水平存在一定的差异，有的已进入密集式精耕阶段，有的还相对粗放。在边远的西部民族地区，农业生产技术除受人口迁移、良种和生产工具交换流通等因素的影响外，还受到了一些相关机构和历史人物的重大影响。如在清末与民国时期西康的农业技术改良及农业技术推广过程中，相关机构如晚清开办的“农事试验场”、民国初年广泛建立的“西康农事试验场”和1940年成立的“西康省农业改进所”，以及西康地区的一些历史人物起了较重要的作用①。

2. 以手工业、畜牧业等为辅

手工业是封建地主制社会中由私人经营的以手工劳动及其协作为基础的各种手工作业。西部民族地区农民家庭多把手工业作为种植业的一种补充，除满足自身的消费外，收入多用于缴纳赋税、换取生产用品。私人手工业则主要是磨坊、油坊、纸坊、酱坊、棉坊、糖坊、木作、铜作、漆作、铁作等小型手工作坊，使用的劳动力主要是家庭成员，经营生产的目的以维持生活为主，获取利润的动机只占从属地位。官府也往往以各种形式对其进行干涉和控制。

牛、马等大牲畜是农业生产和运输不可缺少的动力和帮手，也是牧区的主要生产资料和经济来源。而养殖猪、羊、鸡等小牲畜和家禽的主要目的是作为肉食，但也有部分出卖作为副业收入。喂养耕畜和家禽主要靠妇女，男子偶尔参与。饲养耕畜与饲养家禽有所不同，因购买牛、马所需的钱多，雇农很难饲养，以致各阶级成分间占有耕畜的数量极不平衡。幼牛、幼马的繁殖大多是自养母牛、母马，这体现了个体家庭经济的特点。

二、社会等级制度

在封建地主制社会政治形态中，社会等级森严、界限分明，并通过各种制度加以固化，难以逾越和改变。

（一）阶级结构

进入封建社会后，阶级分化较为严重，形成了地主阶级和农民阶级，按照占有财产的不同又可细分为地主、富农、中农、贫农、雇农。从1955年砚山的调查资料看：第二区保黑乡有14个村寨，其中10个村寨苗族聚居，3个

---

① 王川《清末、民国时期西康地区的农业改进及其实际成效》，《民国档案》2004年第4期。

村寨苗族、彝族、汉族、壮族杂居，1 个村寨汉族聚居。全乡共 304 户 1494 人，其中苗族 187 户 965 人，有富农 1 户 10 人，中农 22 户 168 人，贫农 164 户 787 人①。据麻栗坡、砚山和马关等地土地改革时的调查，中华人民共和国成立前已普遍存在阶级分化。如麻栗坡县八布区 870 户苗族中有地主 23 户，占总户数的 2.64%；富农 33 户，占总户数的 3.79%；中农 205 户，占总户数的 23.56%；贫农 609 户，占总户数的 70.01%。马关牛棚乡牛棚村有 20 户苗族、1 户汉族，其中没有地主、富农，只有 4 户中农，其余都是贫农。金平第二区、第七区的 3971 户苗族中，地主、富农共有 62 户，占总户数的 1.57%。毛贝湾乡的 253 户苗族中有富农 2 户，占总户数的 0.8%；中农 43 户，占总户数的 17%；贫农 208 户，占总户数的 82.2%。铜厂乡龙口寨的 35 户苗族中有地主 3 户，占总户数的 8.57%；富农 2 户，占总户数的 5.71%；中农 8 户，占总户数的 22.86%；贫农 22 户，占总户数的 62.86%。第七区营盘乡的 206 户苗族中有地主 3 户，占总户数的 1.46%；富农 2 户，占总户数的 0.97%；中农 60 户，占总户数的 29.124%；贫农 141 户，占总户数的 68.45%②。综上可见，地主所占比重不大，绝大多数为普通农民，尤其是中农、贫农较多。

（二）等级分化诱因

封建等级分化的诱因主要有政治、军事、经济的因素，其中政治和军事特权在较多地方起到主要作用，促进经济上的快速分化，但三者相互交织，共同促进阶级的分化。

1. 政治因素

西部民族地区封建统治机构建立后，委派的管寨、召坝、小派、小催、里长、丛长、保甲长等官员，在为封建统治阶级服务的过程中通过政治特权进行超经济剥削，使自己逐渐转化成地主、富农。金平第二区毛贝湾乡毛贝湾寨熊一今的发家史可为典型的佐证。他先任土司召坝，后任民国政府保长。中华人民共和国成立前占有水田 9 块、产粮约 7 万斤，山地产粮约 1 万斤。年均放债 500 元半开，雇长工 2 人（短工不计），全保农民每年每户出白工 1 日为其犁田地、栽种和收割。另外，农民杀猪他征肉 1 块、猪肝 1/2、猪血 1 碗；

---

① 参见《民族问题五种丛书》云南省编辑委员会编《云南苗族瑶族社会历史调查》，云南人民出版社 1982 年版。

② 参见《民族问题五种丛书》云南省编辑委员会编《云南苗族瑶族社会历史调查》，云南人民出版社 1982 年版。

逢年节农民还须向他送礼。第二区大塘子乡三棵树村的古朗周成为地主的途径则是贩卖砂金积累资本，1941 年任保长后又利用特权购进、抵进产粮达 2.3 万斤的水田[①]。

2. 军事因素

西部民族地区长期的割据局面产生出众多军事头目，进而有的由军事恶霸逐渐蜕化成封建地主。如新平第七区太阳寨乡太阳寨地主黄大就是先通过军事手段为反抗统治者课捐而斗争，后向统治者投降堕落为土匪恶霸。到 1949 年已有马 9 匹、骡 20 匹、水牛 16 头、黄牛 7 头，并占有产粮约 7 万斤的水田 11 块，产粮约 3.25 万斤的山地 22 块。年雇长工 5 人。1946 年放谷 1.3 石，收 9.1 石债利；1948 年放债 1720 元半开，收利息卖价达 6900 元半开的 1720 两鸦片。在地主兼并土地、放高利贷、雇工的同时，贫苦农民被迫抵押和出卖土地、借贷、卖工直至破产。

3. 经济因素

田赋苛重、债利奇高与商品交换增加、鸦片广泛种植等促使土地租佃、抵押和买卖的发展。如新平县第二区铜厂乡新安寨张氏叔侄经商致富，以贩卖农具、鸦片、布和盐为主，先后购进、抵进产粮达 2.8 万斤的水田和山地。并在全区 9 个乡中的 8 个乡普遍放债。

在财富分化的同时出现了买卖孩子的现象，这种现象发生在汉族、瑶族、哈尼族和彝族等民族间。在不同民族间买卖孩子的数量比在本民族内部买卖孩子的数量多。新平各乡均发生过买卖孩子的现象，第七区的兴安里乡是该区买卖孩子较多的乡。仅曼清寨就有 6 户苗族买进哈尼族孩子 8 个、苗族孩子 3 个。购买方主要是地主、富农。上述 11 个孩子中有 7 个是被地主、富农买入，其中 1 户地主就买了 6 个。极少的因无儿女而买幼童作为养子养女，一般不歧视和虐待；而大多数则是购买劳动力用以生产。卖孩子的多是因为租粮、杂课和徭役负担过重或因天灾人祸无法生存而贱卖子女。从买卖情况看，具有明显的早期家庭奴隶性质。不过这种奴隶因素由于苗族在向早期封建社会发展过程中所处历史条件特殊，而迫使奴隶因素只能从属于封建因素。同时在中华人民共和国成立前苗族还有以劳力抵偿债务的情况。

---

① 参见《民族问题五种丛书》云南省编辑委员会编《云南苗族瑶族社会历史调查》，云南人民出版社 1982 年版。

三、剥削关系

剥削关系在阶级社会中普遍存在，只是剥削方式、程度有所不同。在西部民族地区封建地主制社会政治形态中，剥削的残酷性与奴隶社会政治形态比有所降低，隐蔽性有所增强。剥削关系大多与土地租佃或封建特权相联系，具有存在的普遍性、方式的多样性等特征。

（一）剥削存在的普遍性

在西部民族地区的封建地主制社会政治形态中，剥削普遍存在。总体看，普天之下只有剥削别人的人和被别人剥削的人；而从另一角度看，也有小地主在剥削别人的同时受到大地主的剥削。1949 年，金平第二区广东乡李氏湾村周次家 6 人有马 1 匹、黄牛 2 头、收粮达 7600 斤的山地 5 块。同年借出半开 11 元，年获利 720 斤苞谷；雇长工 2 人、短工约 150 个，共产粮 21 575 斤，其中剥削收入 5370 斤，占总收入的 24.8%。崇甘乡老箐林王老则家 9 人，1949 年有黄牛 5 头、马 2 匹、产粮 4000 斤的水田 1 块、产粮 5780 斤的山地 4 块。先后抵进产粮 4270 斤的水田 3 块。雇长工 1 人、短工 240 个。出租产粮 5840 斤的水田 2 块，自耕收入粮食 786 斤，出租田地、雇工剥削收入占总收入的 85.13%。崇甘乡杨老寨杨老垮家 6 人，1949 年有水牛 2 头、自耕产粮 8400 斤的水田 1 块、产粮 4800 的山地 1 块。抵进产粮 1800 斤的水田 1 块，租金是半开 100 元[①]。

（二）剥削方式的多样性

西部民族地区封建地主剥削形式主要有经济剥削和超经济剥削两大类。经济剥削有地租、扁米租、雇工、高利贷、牛租等具体形式，而超经济剥削主要体现在劳役和摊派上，但因各地情况不同，剥削的具体种类和程度均有所不同。如民国时期，麻栗坡荒田乡苗族农民负担的劳役、实物地租和苛捐杂税多达 21 种：劳役（白工）、鸡租、督办署公粮、汛公粮、乡公粮、保公粮、督办署服装费、马料款、马秣粮、伙头粮、养廉费、积谷、填仓谷、汛丁粮、保丁粮、征兵款、请兵款、户籍款、交通款、保丁脚费和教育金。民国政府在苗族地区相继设立团总、保董和保甲，在保甲长之下设小催、小派。如麻栗坡荒田乡在设立保甲制度之前只有团总，直接统治各族人民的是壮族

---

① 参见《民族问题五种丛书》云南省编辑委员会编《云南苗族瑶族社会历史调查》，云南人民出版社 1982 年版。

地主李家的封建势力。1920 年以后，民国政府在麻栗坡设特别区，下设 6 个对汛，对汛下设乡、保甲，于是保甲制度与地主伙头小派并行。团总、乡、保甲长、小催、小派都享有不交租、强迫农民服劳役、放高利贷等特权剥削。

而昭通地区的苗族则受彝族地主和土司的双重剥削。如永善马兰乡苗族初来时地主并不直接收租，每年每户给地主背 3 背柴，农忙时为地主无偿劳动，后来改交 3 背柴抵交粮食，但地主有婚丧事和过节仍要背柴。彝良二区地主出租 1 亩地向佃户收 1 头猪、2 只鸡，租镰刀收刀租，租额为粮食产量的 30%。在地主之下设有“寨头”直接管辖各个村寨，每年每户须向寨头交租谷 1 斗。三区鲜马乡鲜马脚寨苗族租彝族地主的土地，每亩地以 1 头牛做抵押。而在保存封建土司残余势力的彝族安土司和朵亏土司领地，佃户以寨为单位向土司交押金，每寨交白银 30 两。由于已经出现二地主，从而又派生出“正佃”与“花户”，正佃向“安家”直接租地种，而花户则又向正佃租地，从而一些正佃变成二地主直接对花户进行剥削。威信的中坡坎佃农要先向地主交押金，除去交定租外还要给地主无偿背柴、背煤和抬滑竿等。实物地租实行四六分成，农民仅得产量的 40%，地主收取产量的 60%①。

金平的部分地区地租分水田租和山地租，水田租剥削不多。在租佃关系中与外寨发生租佃关系的较多。种植鸦片的山地租佃关系较为普遍，由于鸦片获利较丰厚，山地的租额也相应提高。水田租佃形式有活租制和对半分（主佃对半分，也称分边田）两种，多为对分制。分边田的分配是在地主监督下收割打谷时平分，地主不到不能分。而包租制（定租制）则不论丰歉，必须按约定租额缴纳田租。山地的租佃形式是一种根据山地土质好坏定租额，如“主二佃一”或“主一佃一”；另一种形式是包租制，租金以粮谷缴纳。据 1956 年对金平第七区锣锅塘乡的锣锅塘、黄河、田头、大黑山、滑石板、水井、班茅寨等 8 寨 78 户苗族中进行的土地租佃关系调查：发生过租佃关系的水田为 257 石种，占水田总数 2030.5 石种的 12.6%。其中有 88 石种是客籍户出租的，占全部租佃关系的 34.3%，有 73 石种为官田（民国县政府）出租。属于 8 寨内部所有而出租的仅 5 户，佃耕户仅 10 户。半地主式富农、富农出租的共 74 石种，占 28.8%；富裕中农、中农出

① 参见《民族问题五种丛书》云南省编辑委员会编《云南苗族瑶族社会历史调查》，云南人民出版社 1982 年版。

租的仅 22 石种，佃耕数中客籍户佃耕 110 石种，占 42.8%。8 寨农民（主要是中农、贫农）共佃耕 147 石种，占 57.2%。借贷关系很普遍，主要借贷的是半开、粮食、鸦片、放秋谷和放烟利。第七区营盘乡田头、滑石板和水井等寨子借贷半开数量多的必须以田地做抵押，利息一般是稻谷和苞谷。滑石板寨杨简 1954 年向牛滚塘寨赵银匠借半开 130 元，年利稻谷 3 石，徐老学向李老四借半开 100 元，年利稻谷 3 石。利息也有用半开偿付的，这主要是做生意的与汉族间的借贷，借半开 100 元月利息 10 元，年利息达 120%。借贷鸦片则多为借一还二，有的甚至借一还三。放烟利多针对种烟的农民，以半开作价，收烟时交烟。若市价 1 两为半开 10 元，则最多得半开 5 元，少的仅得半开 2 元①。产生借贷的原因大多与封建统治者的课捐有关，一部分是因吸食鸦片，少数因婚丧借贷。

雇佣关系有长工、短工、劳作抵债等方式，其中长工为主人从事田间劳动或赶马。此外，劳作抵债是因负债而为债主劳动，债务赔偿完便告结束。雇童工从事辅助劳动或牧放牛马一般无工钱，只供给衣食。普遍的雇佣形式是雇短工，短工工钱很低。剥削最残酷的是仅供给口粮不给工钱，农民缺粮时只好接受这种雇佣剥削。包工制能提高劳动效率，更有利于雇主剥削，所以在雇佣关系中包工制盛行一时。雇主为地主、富农和富裕中农，雇工则是丧失土地的贫苦户，无地可种、开荒不能维持生计只能出卖劳力的新迁来户。

---

① 参见《民族问题五种丛书》云南省编辑委员会编《云南苗族瑶族社会历史调查》，云南人民出版社 1982 年版。

第六章　西部民族军事活动

军事是人类活动的特殊领域，恩格斯曾说过“战争比和平发达得早”[①]。战争贯穿了人类文明史的各个阶段，对人类社会的影响超过了其他一切社会活动。正如美国著名军事史家戴维·佐克和罗宾·海厄姆指出的：“冲突从来不是历史进程的一种罕见现象，而是它的常见现象。战争既创造文明，又受文明发展的影响。战争从未在人类生活中长时间的停顿过。”[②] 战争是政治的继续，是矛盾斗争的最高形式。历史上西部民族地区及西部民族间发生了多次大大小小的民族战争。各个朝代矛盾的侧重点不同，使各种战争相互交错，对象、种类差异悬殊，对西部历史的进程和民族政治的各个层面都产生了深刻的影响。

第一节　中华民族内部的西部民族战争

从统一的多民族国家形成过程来看，不管是统一时期还是分裂时期，在历史上发生的汉族与西部民族之间的战争、西部民族之间的战争都是西部民族政治的组成部分。

一、民族掠夺战争

民族掠夺战争是一个民族掠夺其他民族的财富、资源而引起的暴力冲突和军事斗争。这是古代西部民族战争的主要形态，与西部民族独特的地理环境和经济生活上的互补需要有着内在的联系。马克思主义认为，“地理条件是经济关系的一部分，因而也是社会历史的决定性基础”[③]。相对于中原地区自

① 中央编译局编译《马克思恩格斯全集》（第 46 卷），人民出版社 1979 年版。

② ［美］戴维·佐克、罗宾·海厄姆著《简明战争史》，商务印书馆 1982 年版。

③ 中央编译局编译《马克思恩格斯选集》（第 4 卷），人民出版社 1979 年版。

给自足的农业村社生活而言，西部民族游牧生活的流动性很容易突破自然经济的隔绝状态，扩大与外界的交往，而游牧生活的单一性、脆弱性更增强了与外界进行资源交换的迫切程度。于是“战争便成为每一个这种自然形成的集体的最原始的劳动形式之一，既用以保护财产，又用以获得财产”[①]。因而西部民族间的战争大多是围绕土地、土地上的产品和种植土地的劳动者而展开。

（一）资源掠夺战争

在某些历史时期，一些西部民族曾把掠夺其他民族的财富作为民族交往的方式和财富积累的手段，主要表现为西部民族与中原民族之间人、财、物等方面的掠夺与反掠夺。

远至先秦时期，夏、商、周与西部民族的矛盾和战争就经常发生。商王武丁之前，民族间的战争关系缺乏记载。武丁及其以后，商王朝与土方、鬼方或鬼戎等的战争就比较多。殷墟出土的甲骨文中，“伐土方”“我受土方”“正土方”“土方征”等卜辞有十多条[②]。商用兵的规模一般达3000人，多至5000人。如武丁三十年（前1163年），因迎击来侵，连续用兵7次，其中有6次为3000人，1次为5000人[③]。据《竹书纪年》载，“汤十九年，氐羌来宾”，“武丁三十四年，王师克鬼方，氐羌来降”。据《诗·殷武》载，“昔有成汤，自彼氐羌，莫敢不来降，莫敢不来王，曰商是常”。殷墟出土的甲骨卜辞中有关征伐、俘获羌人和以羌人为祭品的卜辞，武丁60多件、廪辛4件、康丁6件、武乙1件、乙辛1件[④]。而且商朝征伐羌人的规模很大，武丁时伐羌用兵最多的一次达1.3万人，而征土方等一次用兵最多才5000人[⑤]。

资源掠夺战争最为典型的就是匈奴与历朝历代中央王朝的掠夺与反掠夺战争。自战国起，匈奴就经常掠夺南面的秦国、赵国、燕国，因而这3个国家都修筑长城进行抵御。赵国派大将军李牧防御匈奴，曾“大破匈奴十余万骑，破东胡，降林胡，单于奔走”[⑥]。秦始皇统一“诸夏”后，在与四方民族

① 马克思著《资本主义以前的社会形态》，人民出版社1956年版。
② 郭沫若著《殷契粹编考释》，大通书局1971年版。
③ 郭宝钧著《中国青铜器时代》，三联书店1963年版。
④ 陈梦家著《殷虚卜辞综述》，中华书局1988年版。
⑤ 胡厚宣著《甲骨续存》，群联出版社1955年版。
⑥ 《史记·匈奴列传》，汉语大词典出版社2004年版。

的关系中，首先考虑和摆在最重要位置的就是匈奴。秦始皇三十二年（前215年），秦始皇派将军蒙恬发兵30万北击匈奴，夺取了河南地（辖区属今内蒙古自治区鄂尔多斯市）。秦始皇三十三年（前214年），“西北斥匈奴，自榆中并河以东，属之阴山，以为四十四县，城河上为塞。又使蒙恬渡取高阙、阳山、北假中，筑亭障以逐戎人，徙谪实之初县”[①]。修筑长城并派蒙恬率军驻扎上郡，匈奴单于头曼“不胜秦，北徙迁”，“不敢南面而望十余年”[②]。

西汉前期，匈奴在不断扩张领地的同时，多次带兵南下袭扰汉王朝的边地，其中规模最大的一次用兵是汉高祖六年（前201年）秋，在马邑（辖区属今山西省朔县）围困韩王信，次年又以40万大军将汉高祖刘邦包围在平城白登山。这次战役虽然没有发生大的战斗，却以汉王朝的失败而结束。此后鉴于秦末和楚汉之战，使“天下之民肝脑涂地，父子暴骨中野不可胜数，哭泣声未绝，伤痍者未起”[③]，“丈夫从军旅老弱转粮饷，作业剧而财匮，自天子不能具钧驷，而将相或乘牛车，齐民无藏盖”，“米至十万钱，马一匹则百金”[④]。汉王朝为了休养生息对外采取和平方针，对匈奴则采取“和亲”策略，“奉公室女公主为单于阏氏，岁奉匈奴絮缯酒米食物各有数，约为昆弟以和亲”[⑤]。然而在和亲过程中匈奴仍经常违约侵犯汉王朝的边地，从高后至景帝时期侵犯汉王朝边地的重要事件多达十余起，都因汉王朝忍让而没有发生大的战争。文帝前元三年（前177年），匈奴右贤王背弃和亲之约，率数万大军侵占河南地，并进袭上郡（辖区属今陕西省绥德地区），掠杀汉民，威胁长安。文帝急令丞相灌婴率兵8万迎击匈奴，自率诸将驻扎甘泉宫（故址在今陕西省淳化西北）作为后援，匈奴右贤王见汉军大队来攻，遂退出塞外。双方虽未交兵，但这次用兵是西汉自白登之围后对匈奴第一次大规模的军事行动，表明西汉王朝也并不甘于只用和亲之策。

文帝前元十四年（前166年）冬，老上单于亲率14万大军入侵北地郡，进占朝那（辖区属今甘肃省平凉西北）、萧关（辖区属今甘肃省固原东南）、彭阳（辖区属今甘肃省镇原东南），火烧回中宫（秦宫，故址在今甘肃省固

① 《史记·秦始皇本纪》，汉语大词典出版社2004年版。

② 《史记·匈奴列传》，汉语大词典出版社2004年版。

③ 《史记·刘敬列传》，汉语大词典出版社2004年版。

④ 《史记·平准书》，汉语大词典出版社2004年版。

⑤ 《史记·匈奴列传》，汉语大词典出版社2004年版。

原），前锋直抵雍县（辖区属今陕西省凤翔南）、甘泉（辖区属今陕西省淳化西北），距长安仅200里，直接威胁西汉王朝的统治中心。文帝得到这一消息，立即命中尉周谷、郎中令张武为将军，率战车1000多辆、骑兵10万屯驻长安附近，防卫京师；又派昌侯卢卿为上郡将军，宁侯魏遬为北地将军，隆虑侯周灶为陇西将军，东阳侯张相如为大将军，成侯董赤为前将军，全面动员上郡、北地、陇西等处兵马车骑迎击匈奴，苦战1个多月，老上单于才退出塞外。而汉军将匈奴军逐出塞外即返回，未乘胜追杀①。从此，“匈奴日已骄，岁入边，杀掠人民畜产甚多，云中、辽东最甚，至代郡万余人”②。

汉武帝与匈奴之间的战争，从元光二年（前133年）马邑之役至征和四年（前89年）武帝下诏陈述征战给双方造成的危害和损失，不再出兵为止，其中有战争的年份23年。马邑之役虽没有发生战斗，但汉、匈关系从此恶化。“匈奴绝和亲，攻当路塞，往往入盗于汉边，不可胜数”③。汉王朝也不断派大军攻击匈奴。其中较有影响的是：元朔二年（前127年）春正月，匈奴入侵上谷、渔阳，杀掠官民1000多人。汉王朝派大将军卫青、李息出云中以西至陇西，抗击匈奴的白羊王、楼烦王于河南，首战俘虏了数千人，并夺得“羊百余万”。打败白羊王、楼烦王后，夺取了河南地。汉武帝听从中大夫主父偃“朔方地肥饶，外阴河，蒙恬筑城以逐匈奴，内省转输戍漕，广中国，来胡之本也”④ 的谏言，设置朔方、五原二郡，迁徙了10万百姓进行屯垦。从而改变了汉王朝在同匈奴战争中的不利形势，为长驱深入反击匈奴准备了条件。元狩二年（前121年），汉王朝大将霍去病率大军出陇西，攻克焉支山、祁连山。匈奴的浑邪王斩杀休屠王后，率领部下4万多投降了汉王朝，汉王朝在其领地先后设置了酒泉、武威、张掖、敦煌4个郡。从此自河西走廊到罗布泊一带再无匈奴，匈奴与西羌的联系断绝。元狩四年（前119年），卫青、霍去病率领步、骑兵数十万从定襄、代郡两道同时出击，夹击匈奴于漠北。卫青率领的大军越过戈壁沙漠1000多里，与匈奴单于伊稚斜的军队遭遇。当时“大风起，沙砾击面，两军不相见”⑤，卫青以武刚车筑成环形阵为

---

① 《史记·匈奴列传》，汉语大词典出版社2004年版。

② 《史记·匈奴列传》，汉语大词典出版社2004年版。

③ 《史记·韩长孺列传》，汉语大词典出版社2004年版。

④ 《汉书·主父偃列传》，汉语大词典出版社2004年版。

⑤ 《汉书·卫青霍去病列传》，汉语大词典出版社2004年版。

营，派5000士兵与匈奴上万兵骑对阵，而把重兵埋伏在两翼。大战一日，汉军两翼的伏兵把匈奴兵团团围住，匈奴兵虽竭力拼杀但支撑不住。单于只好与数百名亲信向西北突围。卫青率兵追击，斩杀、俘虏近2万匈奴兵。霍去病率领的大军出代郡2000多里，在狼胥山大败匈奴左贤王，俘虏7万多匈奴兵，封住狼胥山后返还。此次战役是汉武帝时期打击匈奴最为沉重的一次，百年匈奴边患至此基本解决。

东汉时期，居住在蒙古高原的北匈奴不断骚扰东汉北部边境，和帝派窦固率军对其发动了大规模的进攻。汉王朝的军队在南匈奴的协助下，连年大破北匈奴于大漠南北。北匈奴20多万人先后进入长城归附东汉王朝，其余的在北单于率领下西走乌孙，后转迁康居，越过中亚细亚，向欧洲方向逃去[①]。至此匈奴奴隶制政权全部瓦解。

（二）疆域掠夺战争

古代一个政权在建立之初主要致力于自身的稳定，当其逐步稳定、强大后往往致力于向外扩张，不断扩大自己的势力范围，竭力巩固自己的地位。西部民族战争中也存在着不少以争抢地域、开拓疆土而发动的战争，而且这类战争大多发生在西部民族与中央王朝之间。

隋文帝时期，前北齐营州刺史高宝宁作乱，与突厥可汗沙钵略联合入侵隋王朝的边地，攻陷临渝镇。隋文帝下令整修长城，加强边防；命上柱国阴寿镇守幽州，京兆尹虞庆镇守并州，屯兵数万以防突厥进攻[②]。隋开皇二年（582年）五月，高宝宁勾结突厥军进攻隋王朝的平州。突厥派出5个可汗所属的40万骑兵进入长城内。六月，隋上柱国李充在马邑击败突厥军。突厥又进攻兰州，凉州总管贺娄子干在可洛峐山打败突厥骑兵[③]。十二月，沙钵略可汗和其弟叶护及潘那可汗率领10万多士兵南下，本想大肆掠夺秦陇地区，但在弘化境内遇到达奚长儒阻拦及隋军的拼死抵抗，因此不敢由这条道路前进[④]。这时隋王朝派驻鄯州（辖区属今青海省乐都）西乙弗泊的柱国冯昱、守临洮（辖区属今甘肃省岷县）的兰州总管叱列长叉、屯幽州的上柱国李崇都被突厥军打败，突厥可汗率兵从木硖（辖区属今宁夏回族自治区固原西

① 《史记·匈奴列传》，汉语大词典出版社2004年版。
② 《隋书·阴寿列传》，汉语大词典出版社2004年版。
③ 《隋书·李充列传》，汉语大词典出版社2004年版。
④ 《隋书·达奚长儒列传》，汉语大词典出版社2004年版。

南）、石门（辖区属今宁夏回族自治区固原西北）两个方向入侵武威、天水、金城（辖区属今甘肃省兰州）、上郡（辖区属今陕西省榆林东南）、弘化、延安，这些地方的牲畜被突厥军队抢掠一空。沙钵略可汗准备进一步南下，达头可汗玷厥不愿意参加，率领其部属撤回西域。同时长孙晟劝说沙钵略之子染干，向沙钵略谎报军情说：铁勒等部谋反，企图袭击突厥汗庭。沙钵略可汗因而率大军撤出长城，返回漠北①。开皇三年（583年）四月，因突厥多次入侵，隋文帝任命其异母弟卫昭王杨爽为行军元帅，率7万名骑兵、步兵北伐，并由河间王杨弘、窦荣定、虞庆则等分八路推进，与突厥汗国军交战②。杨爽率总管李充等四将出朔州道，与突厥沙钵略可汗在白道（辖区属今内蒙古自治区呼和浩特西北）遭遇，大败突厥军。沙钵略抛弃所穿的金甲从草丛中潜逃。突厥军中没有食品，以粉骨为粮，导致疫病流行，死了很多士兵③。同年五月，隋秦州总管窦荣定率领9名总管，步兵和骑兵共3万人出凉州，与突厥阿波可汗在高越原（辖区属今内蒙古自治区阿拉善右旗东部和甘肃省民勤西部一带）交战。阿波可汗被多次打败，于是要求停战退兵而去。

西夏与宋王朝的战争始于宝元元年（1038年），其后时战时和，直到北宋灭亡才基本结束。宝元元年（1038年），元昊自称大夏皇帝，设12个监军司准备对宋王朝发动大规模进攻。康定元年（1040年），宋王朝虽命高继隆出击西夏后桥寨等据点，但却把10万大军分散在各地驻守，处于被动防守的态势。正月，元昊抢先发动进攻，集结骑兵主力直逼延州（辖区属今陕西省延安）北的金明寨。同时声东击西，派偏师诈攻保安军（辖区属今陕西省志丹县）。延州守将范雍中计，派大将刘平、石元孙领兵3万驰援保安军，却不知元昊已攻破金明寨。元昊轻易获此胜利，乘胜挥师南下，进围延州。范雍急速命令刘平等人回援，元昊闻讯又用围点打援之计在延川西北的三川口埋伏好重兵。正月二十三日，刘平等部的宋军步骑1万多在三川口与西夏军斥候相遇，宋军奋力将西夏军打败。于是西夏军丢下老弱兵卒和牛马逃走，宋军紧追不舍，陷入包围。元昊以10万精锐骑兵将刘平所部团团围住，宋军多次突围都没有成功。黄昏时分，西夏军开始主动进攻，两军正酣战之时，位于宋军阵后的黄德和率部先逃，引起全线崩溃。刘平身负重伤仍派人杖剑督

---

① 《隋书·长孙晟列传》，汉语大词典出版社2004年版。

② 《隋书·卫昭王杨爽列传》，汉语大词典出版社2004年版。

③ 《隋书·李充列传》，汉语大词典出版社2004年版。

战，阻止士兵溃逃。最后只剩下1000多士兵，于是只好退至西南山下安营扎寨以求自保。次日，西夏军将宋军残部分割包围，逐个攻破营寨，俘获刘平等人①。

庆历元年（1041年）二月，正当宋王朝君臣将帅之间书信往来、争论不休时，元昊又抢先发动了第二次大规模对宋王朝的进攻。他为了麻痹宋王朝，派人分别向韩琦和范仲淹表示请和归顺，接着集中兵力向泾原一路发起进攻。他率军10万直抵宋德顺军（辖区属今甘肃省静宁）境内的好水川地区（辖区属今宁夏回族自治区隆德西北）埋伏下主力部队，又派少量士兵至怀远城（辖区属今宁夏回族自治区西吉县偏城）诱战。韩琦得知西夏军进入境内，派镇戎军（辖区属今宁夏回族自治区固原市原州区）守兵加上所征募的敢勇近2万人，由大将任福统领前去迎击。临行前韩琦再三嘱咐要任福带兵绕至西夏军侧后伺机出击，如果情势不利于主动出击就据险设下埋伏，拦住西夏军往回撤的路，待其往回走时出其不意地攻击②。任福不遵嘱咐，率轻骑数千先行，又命后续部队紧紧跟随。二月十三日，在张家堡（辖区属今宁夏回族自治区固原市原州区张易）与小股西夏军遭遇，将西夏军击败后即乘胜猛追，追至好水川口时已马乏人饥。第二天早晨，宋军循川西进在路旁发现几个银泥盒内有跃动之声，打开一看，只见上百只带哨家鸽从中飞出。埋伏已久的西夏军得到信号，迅速从四面合围。两军战至中午，宋军逐渐支持不住，想退上山依山抵抗。而西夏军又从山脊上居高临下攻击，宋军溃败，许多士兵坠崖而死，任福也战死。同日，宋军后续部队进至姚家川（辖区属今宁夏回族自治区德隆西北），也被西夏军包围击败，仅逃出残兵败将1000多人③。

庆历二年（1042年）闰九月，西夏又发兵10万分东、西两路今攻镇戍军，企图由此进逼关中。宋军派葛怀敏等领兵3万救援，在养马城（辖区属今甘肃省固原西）与西夏军相遇。葛怀敏未接受宋军前几次失败的教训，依然幻想靠野外决战获取胜利，拒绝固守镇戍、以逸待劳的建议④，分兵四路直趋定川寨（辖区属今甘肃省固原西），结果被西夏军分割包围。葛怀敏退入定川寨据守，又被西夏军切断退路和水源。当夜，葛怀敏感到寨小难守，向镇

① 《宋史·刘平列传》，汉语大词典出版社2004年版。

② 《宋史·韩琦列传》，汉语大词典出版社2004年版。

③ 《宋史·任福列传》，汉语大词典出版社2004年版。

④ 《宋史·仁宗赵祯本纪》，汉语大词典出版社2004年版。

成军方向突围。宋军突围至秦故长城壕边被西夏军再次包围，葛怀敏等战死，部下 9000 多人被俘[①]。此后，元昊凭借定川寨胜利的余威，驱军直抵渭州（辖区属今甘肃省平凉），一路上烧尽民宅、杀掠居民，但因害怕宋王朝在鄜延四路驻扎重兵，未敢长驱直入。

（三）其他掠夺战争

历史上还存在一些其他类型的掠夺战争，这类战争最初并不涉及资源或疆土的掠夺，而是由一些特定事件所引发。

贞观八年（634 年）十一月，吐谷浑扣留唐王朝的使者赵德楷，引发了唐王朝对吐谷浑的讨伐战争。唐太宗除发布征讨诏书外，以征剿东突厥的元勋老将李靖为“西海道行军大总管，胶东郡公道彦为赤水道行军总管，凉州都督李大亮为且末道行军总管（又作河东道行军总管），利州刺史高甑生为盐泽道行军总管，以伐吐谷浑”[②]。贞观九年（635 年），唐军六道行军总管分三路集结，对吐谷浑发动攻击。在唐军的打击下，伏允率士兵西逃。后来伏允“可汗大惧，与千余骑遁于碛中，众清亡散，能属之者才百骑，十余日，竟为其左右所杀”[③]。

南诏在唐王朝的支持下，经过并五诏、逐“河蛮”，到开元二十六年（738 年）基本完成了统一洱海地区的大业，建立起颇为强大的地方政权。从此南诏以人众殷实的洱海为基地，逐渐称强于西南。天宝九年（750 年），阁罗凤携眷属前往成都谒见鲜于仲通，行属下之礼。但途经云南姚安时，云南郡太守张虔陀为给鲜于仲通讨伐南诏寻找借口，故意挑起矛盾，不仅侮辱阁罗凤之妻，还派人拦路勒索[④]。并向朝廷“阴表其罪”，诬告阁罗凤有不轨图谋。阁罗凤“由是仇怨，反，发兵攻虔陀，杀之，取姚州及小夷州（指羁縻州）三十二”[⑤]，而且公开宣布正式吞并两爨地区。天宝十年（751 年），唐王朝派剑南节度使鲜于仲通率兵 8 万讨伐南诏。鲜于仲通领军从戎州、嶲州出发，渡金沙江至曲靖，拒绝南诏求和。偏激寡谋的鲜于仲通自恃兵多将广，一意孤行，亲率大军经白崖（辖区属今云南省弥渡县红崖）向洱海进逼，另

① 《宋史·葛怀敏列传》，汉语大词典出版社 2004 年版。

② 《新唐书·太宗李世民本纪》，汉语大词典出版社 2004 年版。

③ 《新唐书·西域列传上·吐谷浑列传》，汉语大词典出版社 2004 年版。

④ 《新唐书·南诏列传》，汉语大词典出版社 2004 年版。

⑤ 《新唐书·南诏列传》，汉语大词典出版社 2004 年版。

派大将王天运带精兵绕道从险峻的点苍山西侧夹击南诏军队，以图将南诏一举荡灭。南诏首领阁罗凤得知唐军兵临城下，当即动员国人奋起抗击。同时阁罗凤还派人携书信到浪穹北部吐蕃边军驻地（辖区属今云南省玉龙县北部塔城）参拜吐蕃论若赞，请求归附并派兵支援[①]。于是南诏联合吐蕃在洱海大败唐军，唐军“士卒死者六万”，大将王天运被“悬首辕门”，鲜于仲通见大势已去，趁夜仓皇逃遁。史称第一次天宝战争。

天宝十三年（754 年），杨国忠命侍御史李宓等率兵 10 万再次征讨南诏，发动第二次天宝战争。李宓孤军深入南诏腹地龙尾城（辖区属今云南省下关）。阁罗凤与前来救援的吐蕃将士“内外相应，犄角竞冲”，使唐军“弓不暇张，刃不及发”，“流血成川，积尸壅水”，最后全军覆灭，连御史李宓也沉江毙命[②]。与唐王朝决裂后，南诏与吐蕃结成“兄弟之邦”，不断侵犯唐王朝边境、开拓疆土，至永泰元年（765 年）基本上控制了整个云南地区。

南诏后期仍然继续发动对外战争。“自咸通以来，蛮两陷安南、邕管，一入黔中，四犯西川。”[③] 大和三年（829 年），南诏权臣王嵯率兵大举进犯四川，迅速攻占西南边境前哨要塞巂州，并打通青溪关要道。随后又攻陷邛州和向东袭掠戎州，并从邛州发兵直抵成都。大和四年（830 年）一月，南诏军队攻陷成都外郭，并攻入成都西区。大中十三年（859 年），南诏与唐王朝彻底决裂，自此南诏又开始不断发动对唐王朝边境的侵扰。南诏派军队攻陷播州（辖区属今贵州遵义），并进行大肆掳掠。咸通元年（860 年），与当地“土蛮”相配合，攻陷安南[④]。咸通二年（861 年）七月，又派兵进攻邕州（辖区属今广西壮族自治区南宁），并对当地大肆掠夺。咸通三年（862 年）十一月，南诏又派兵 5 万多再次进攻安南。咸通五年（864 年）春，南诏又举兵进犯邕州地区。唐王朝委任康承训为岭南西道节度使，征调荆、襄、洪、鄂诸道兵马援救邕州，南诏军队最后被唐军击败，损失惨重[⑤]。唐王朝解邕州之围后，又任骁卫将军高骈为安南都护，前往收复被南诏占据的疆土，高骈率军迅速攻占峰州、龙州，所向披靡。“骈至交州，战胜数，士酣斗，斩其将

---

① 尤中著《中国西南民族史》，云南人民出版社 1985 年版。

② 《旧唐书·杨国忠列传》，汉语大词典出版社 2004 年版。

③ 《新唐书·南蛮列传》，汉语大词典出版社 2004 年版。

④ 〔北宋〕司马光编纂《资治通鉴·唐纪六十六》，中华书局 1956 年版。

⑤ 《新唐书·康承训列传》，汉语大词典出版社 2004 年版。

张铨。李湠龙举众万人降。拔波风三壁，（杨）缉思出战，安南平。”[①] “安南患殆将十年，至是始平”[②]。咸通十年（869 年）十月，“南诏骠信酋龙（即世隆）倾国入寇”，亲率大军进犯西川。“酋龙乃身自将，督众五万侵巂州，攻清溪关”[③]。不久南诏军队又先后攻占嘉州、眉州、黎州、雅州和定边军治所邛州，并于咸通十一年（870 年）二月围攻成都，但遭到了成都军民的奋力抗击。然而南诏并没有就此罢休，不久又向西川大举进犯。“劫略巂、雅间，破黎州”，“邛、雅二州刺史望风奔遁”。南诏军队攻占节峡关兵逼成都，唐王朝“诏发河西、河东、山南东道、东川兵援之”[④]。乾符二年（875 年），唐王朝又任命高骈为西川节度使，“发步骑五千追南诏，至大渡河，杀获甚众，擒其酋长数十人，至成都，斩之”[⑤]。南诏遭受这次打击后一蹶不振，直到唐朝末年也不敢再犯西川。

二、民族征服战争

在封建王朝建立和巩固多民族统一国家的进程中，由于汉族与西部某些民族，以及西部某些民族之间民族矛盾的激化，曾经爆发过一系列民族征服战争。一个民族政权为征服其他民族政权而进行军事斗争，被征服的民族由此丧失了自己的政权。

（一）中央王朝的征服战争

从秦统一到清朝，除汉族建立的大一统封建王朝国家外，也两度出现了由少数民族建立的大一统政权，即元王朝和清王朝。这些大一统的封建王朝都是通过战争，消灭本民族的异己政治集团和其他民族的政权后建立起来的。为了生存和延续，这些大一统的封建王朝必须履行其国家职能，消除内外部的威胁与侵犯。一般情况下，这一国家职能的履行最终需要运用军事手段来完成，因而封建朝廷为了扩大疆域、巩固统治而对西部某些民族发动了多次征服战争。

元封三年（前 108 年），汉武帝命从票侯赵破奴率兵数万击姑师（车师）及楼兰。姑师也多次袭杀汉王朝的使臣。赵破奴令数受楼兰追杀、拦截之苦

---

① 《新唐书·高骈列传》，汉语大词典出版社 2004 年版。

② 〔北宋〕司马光编纂《资治通鉴·唐纪六十六》，中华书局 1956 年版。

③ 《新唐书·南诏列传》，汉语大词典出版社 2004 年版。

④ 〔北宋〕司马光编纂《资治通鉴·唐纪六十八》，中华书局 1956 年版。

⑤ 〔北宋〕司马光编纂《资治通鉴·唐纪六十八》，中华书局 1956 年版。

的王恢为先锋率 700 士兵，攻破楼兰俘楼兰王。楼兰归降西汉，汉武帝封王恢为浩侯①。

太初年间，汉武帝两次出兵征讨大宛。太初元年（前 104 年），以“李广利为贰师将军将六千骑及郡国恶少年数万人”讨伐大宛。但这次用兵以汉王朝的失败而告终，“还至敦煌，士不过十一二”②。太初三年（前 102 年），武帝又派兵 6 万再次讨伐大宛。围攻大宛城 40 多天才攻破其外城。于是大宛派遣使者向汉王朝求和。

征和四年（前 89 年），汉武帝令重合侯莽通（一称马通）率 40 000 骑兵攻击匈奴。途经车师北莽通令成娩率军中楼兰、尉犁、危须等西域六国兵进攻车师，以扫除大军前进的障碍。六国将士将车师包围，车师投降臣属于西汉王朝。但随后车师又归降匈奴，西汉王朝又分别于汉宣帝本始二年（前 72 年）、汉宣帝地节二年（前 68 年）两次出兵，车师又臣属于西汉王朝。

汉宣帝本始三年（前 71 年），长罗侯常惠监护乌孙发兵 5 万大破匈奴后，回朝途中上书请求攻打龟兹，讨伐其杀赖丹的罪行，大将军霍光令其见机行事。于是常惠调集龟兹以西国家 2 万兵马，又遣副使调集龟兹东面国家 2 万兵马，令乌孙发兵 7000，从三面进击龟兹。龟兹王极为惊恐，声称杀赖丹是前王听信贵人姑翼所为，与己无关，并押姑翼来见常惠，常惠斩姑翼后退兵。其后，龟兹王绛宾娶乌孙汉解忧公主之女为夫人。绛宾及其后代多次拜见汉宣帝，与汉王朝亲近并诚心臣服于西汉王朝。

汉宣帝元康元年（前 65 年），卫侯冯奉世调集多国将士共 1.5 万人进击莎车，破莎车城后，呼屠征自杀，冯奉世另立莎车王的其他昆弟为王，恢复了西汉王朝在这里的统治③。

汉明帝永平十七年（74 年），奉车都尉窦固与驸马都尉耿秉、骑都尉刘张率 1.4 万名骑兵，出敦煌昆仑塞进击西域地区的北匈奴。东汉王朝军队在白山击败北匈奴一部，随后直攻车师诸国。在东汉王朝军队的猛攻下车师后部被歼数千人，损失马牛 10 万多头，后王安得自知不是对手，出城投降，不久前王也归降④。

---

① 《汉书·西域列传》，汉语大词典出版社 2004 年版。

② 颜吾芟著《中国秦汉军事史》，人民出版社 1994 年版。

③ 〔北宋〕司马光编纂《资治通鉴·汉纪十七》，中华书局 1956 年版。

④ 〔北宋〕司马光编纂《资治通鉴·汉纪三十七》，中华书局 1956 年版。

贞观三年（629 年），唐王朝派出 10 万多将士分路出击突厥，连战连捷。贞观四年（630 年），又于阴山战败颉利可汗后在白道川等攻击突厥，俘男女 15 万多人，俘获颉利后突厥诸部大酋长都率众归降，东突厥汗国至此灭亡，统一于唐王朝。唐王朝从阴山开拓疆域至大漠[①]。

咸亨元年（670 年）四月，唐王朝任命薛仁贵为逻婆道行军大总管，率兵 10 万攻讨吐蕃，但唐军在大非川（辖区属今青海湖川南）被吐蕃打败，安西四镇一齐被吐蕃攻占，吐谷浑也被吐蕃消灭。之后吐蕃连年骚扰唐王朝的边地，沿边诸羌也都投降了吐蕃。高宗又派刘仁轨前往洮河镇守，并且在内地招募士兵攻讨吐蕃，同时又命剑南、山南两道发兵防御。仪凤三年（678 年）秋，唐王朝派李敬玄、刘审礼率兵攻讨，在青海又被吐蕃打败，刘审礼战死，李敬玄吓得不敢发兵救援。于是吐蕃东与凉州、松州、茂州、嶲州等州相接，南至婆罗门，西又攻陷龟兹镇、于阗镇、疏勒镇、碎叶镇等四镇，北抵突厥，疆域扩展了万余里，自汉魏以来西戎之盛前所未有[②]。直至长寿元年（692 年）武威军总管王孝杰攻打吐蕃，大败吐蕃军后乘胜收复了龟兹镇、于阗镇、疏勒镇、碎叶镇等四镇。在龟兹镇设置安西都护府派兵镇守。久视元年（700 年），吐蕃又侵扰凉州、围逼松昌县，陇右诸军州大使唐休璟在洪源谷打败吐蕃，斩杀其 2500 多士兵。长安二年（702 年），吐蕃赞普亲率万人侵扰悉州，都督陈大慈四战四捷大败吐蕃。开元二年（714 年）秋，吐蕃又兴兵攻扰唐王朝的临洮军及兰州、渭州等州，唐军与吐蕃军相遇于渭源的武阶驿，王海宾率前锋军队奋力作战，王晙也率大军赶到，大败吐蕃军并斩杀其数万士兵，将其所掠的羊马全部夺回。从此唐王朝与吐蕃的战争不断。安史之乱前总体上处于对峙状态，彼此攻伐，互有胜负。安史之乱后，唐王朝调集边地守军赴中原平叛，边防力量顿时锐减，吐蕃乘势大举侵扰，甚至一度攻入西长安。直至唐开成、会昌年间（836—846 年）吐蕃发生内乱，势力被削弱。宣宗大中三年（849 年），唐王朝收复河西，大中五年（851 年），张议潮收复瓜州、沙州等州，随后举兵归顺唐王朝，此后吐蕃力量渐弱。

宋乾德三年（965 年），宋太祖赵匡胤派王全斌率兵平定后蜀，统一了四川，打破了后蜀割据的局面，打通了内地与大理国的通道。

---

① 〔北宋〕司马光编纂《资治通鉴 · 唐纪九》，中华书局 1956 年版。

② 《旧唐书 · 吐蕃列传》，汉语大词典出版社 2004 年版。

明永乐年间（1403—1424年），明成祖先后发动了五次“御驾亲征”，分别征讨鞑靼和瓦剌。永乐八年（1410年），明成祖率领50万将士首次亲征漠北，大败鞑靼部本雅失里于斡难河（辖区属今蒙古鄂嫩河），又败阿鲁台于兴安岭。永乐十二年（1414年），明成祖第二次亲征漠北，进攻瓦剌，双方激战于土剌河（辖区属今蒙古土拉河）上游的忽兰忽失温（辖区属今蒙古乌兰巴托东），以“神机铳炮”大败瓦剌。永乐二十年（1422年），明成祖又连续三年率大军三次出击阿鲁台。然而五次亲征并未完全解决与蒙古之间的矛盾，瓦剌反而乘势兴起征服蒙古各部并向南推进，使明王朝和蒙古的关系发生了急剧变化。正统十四年（1449年），瓦剌太师淮王也先借口明王朝限制其贡使人数、回赏不足、拒绝与其子结姻而失信等，率领蒙古各部分路大举进攻明王朝，欲“求大元一统天下”①。明英宗亲率50万士兵出征，两军会战，明军全军覆没，英宗被俘。十月，也先经不住明军火器的打击率领军队向北返回。景泰元年（1450年），也先送还英宗，双方恢复正常的通贡、互市关系。

（二）民族间的征服战争

实力的较量和抗衡是决定民族地位的关键，西部某些民族必然凭借军事实力，使自己的统治区域扩展到力所能及的最大范围，因而西部某些民族相互之间发生了很多征服战争。

秦二世元年（前209年），匈奴发兵突袭东胡国。东胡国猝不及防，东胡王被杀，其民众及畜产全部被匈奴掳掠。不久冒顿单于又乘胜向西攻打月氏迫其西迁，从而解除了两面威胁。随后匈奴征服了楼兰、乌孙、呼揭等二十多国，控制了西域大部分地区。向北则征服了浑窳、屈射、丁零、鬲昆、薪犁等，向南兼并了楼烦（辖区属今山西省东北）及白羊河南王之辖地，重新占领了河套以南地区。匈奴占据了南起阴山、北抵贝加尔湖、东达辽河、西逾葱岭的广大地区，号称“将诸引弓之民并为一家，拥有控弦之士三十余万”，成为北方最强大的民族②。

汉景帝、武帝时期（前156—前87年），匈奴听到楼兰降附汉王朝的消息就出兵进攻楼兰。楼兰不敢抵敌，只好分别派遣王子到西汉朝廷与匈奴作为人质，向两国称臣。李广利征大宛时，楼兰受匈奴指使，欲发兵袭击汉军后

---

① 〔清〕谷应泰《明史纪事本末·土木之变》，中华书局1977年版。

② 《汉书·匈奴列传》，汉语大词典出版社2004年版。

队，被汉军发觉。汉将正任文领兵从小道袭击楼兰，生擒楼兰王。楼兰王诉苦说："小国在大国间，不两属无以自安。"[①]

汉宣帝本始三年（前71年），匈奴骑兵进犯乌孙，丁零等族联合进行反击，"丁零乘弱攻其北，乌桓入其东，乌孙击其西"。结果歼灭匈奴数万士兵，使被匈奴奴役的"诸国羁属者皆瓦解"，摆脱了匈奴的统治[②]。

以游牧为主要生计的突厥人为取得进一步发展，需要占领有广阔草原的蒙古高原。为此必须打败和灭亡柔然汗国，取而代之成为蒙古高原的主人。西魏废帝元年（552年），阿史那土门率领突厥大军东击柔然国，大破柔然军于怀荒之北。柔然国可汗阿那瓌兵败自杀，其太子庵罗辰率领一部分人投奔北齐，其余残部拥立阿那瓌的侄子铁伐为首领[③]。至西魏恭帝二年（555年）木杆可汗出兵灭柔然国残部，接着又远征叶尼塞河上游，兼并了当地的契骨（今柯尔克孜族的先民），统一了漠北[④]。

约唐贞观六年（632年），松赞干布派兵进入今青海省的玉树、果洛等地，开始征服白兰、党项诸羌，攻取吐谷浑南部地区。不久白兰、党项的领地全部被吐蕃攻占。于是吐蕃统一了青藏高原，与唐王朝的疆域直接连接。约唐贞观十八年（644年），吐蕃松赞干布派人率部往羊同灭李迷夏（亦称李聂秀），统其国政，"将一切象雄部落均收于治下，列为编氓"。《唐会要》大羊同条载："贞观末，为吐蕃所灭。"[⑤] 在解除来自西部羊同威胁的同时，吐蕃还竭尽全力向东北方向和南部发展。

显庆元年（656年）后，吐蕃频繁攻击吐谷浑。显庆四年（659年），吐蕃出兵攻打吐谷浑。战争开始，吐蕃军被唐守将苏定方打败。龙朔三年（663年），吐蕃再次攻打吐谷浑。五月，双方各派遣使臣上表唐王朝论曲直，并请求唐王朝帮助打败对方。唐高宗没有听从双方的辩白。然而吐谷浑的力量十分有限，唐王朝不表态持中立事实上对吐蕃有利。吐蕃得知唐王朝的态度后，加强对吐谷浑的攻势，很快就把吐谷浑打败。吐谷浑王诺曷钵和弘化公主带

---

① 《汉书·西域列传》，汉语大词典出版社2004年版。

② 《汉书·匈奴列传》，汉语大词典出版社2004年版。

③ 〔北宋〕司马光编纂《资治通鉴·梁纪二十》，中华书局1956年版。

④ 《北史·突厥列传》，汉语大词典出版社2004年版。

⑤ 王尧、陈践译《敦煌本吐蕃历史文书》，民族出版社1992年版。

着残部数千向北到达凉州，并请求内迁[1]。自此吐谷浑“自晋永嘉之末，始西渡洮水，建国于群羌之故地，至龙朔三年为吐蕃所灭，凡三百五十年”[2]，吐谷浑政权灭亡。

蒙古族进行的征服战争自成吉思汗开始，经历了窝阔台汗、贵由汗、蒙哥汗直到元世祖忽必烈历时70年之久，分立的民族政权也逐一被蒙古族所灭。从南宋开禧元年（1205年）到蒙古（元）太祖四年（1209年），成吉思汗曾三次发兵进攻西夏。最后一次他统兵长驱直入，以重兵围困西夏都城中兴府（辖区属今宁夏回族自治区银川），迫使西夏国主李安全“纳女请和”订立城下之盟，向成吉思汗称臣纳贡。成吉思汗统领的大军从西夏掠走大量骆驼、牛、羊等牲畜及其他物资，并役使西夏百姓为其制造箭、盾等武器。蒙古（元）太祖二十一年（1226年），成吉思汗以西夏曾拒绝出兵助战和不履行交纳质子为由，发动了东、西两路夹攻西夏的攻势。蒙古军连取肃州、甘州等西夏重镇，于灵州（辖区属今宁夏回族自治区灵武西南）附近黄河岸边歼灭了西夏军主力。蒙古（元）太祖二十二年（1227年）七月，成吉思汗病逝于军中。数月后蒙古军杀死西夏国主李晛并一举攻陷中兴府，西夏灭亡。

蒙古（元）太祖四年，成吉思汗在迫使西夏订立城下之盟以后，随即断绝了对金朝的称臣纳贡关系。蒙古（元）太祖六年（1211年）夏，成吉思汗认为南图中原的时机已经成熟，以为父祖复仇的名义誓师伐金，正式拉开了征伐金国战争的帷幕。蒙古军越过金西北路边墙，连取昌州、桓州、抚州等山后诸州，相继在乌沙堡与野狐岭打败金兵，先锋进入居庸关，直抵中都（辖区属今北京市）城下。蒙古（元）太祖八年（1213年）秋，蒙古军又分兵三路大举南下，攻破金国河北郡、山东郡、河东郡等90多个郡，蒙古（元）太祖十年（1215年）五月攻占中都。蒙古（元）太宗六年（1234年），蒙古、南宋王朝联军攻破蔡州，金哀宗自杀，金国灭亡。

蒙古（元）宪宗二年（1252年），蒙古大汗蒙哥为了达到迂回进攻南宋王朝的目的，开始将征服矛头指向割据云南数百年的大理国。蒙古（元）宪宗三年（1253年），蒙哥大汗之弟忽必烈受命率10万将士，“自临洮、吐蕃

---

① 《新唐书·吐谷浑传》，汉语大词典出版社2004年版。

② 《旧唐书·吐谷浑传》，汉语大词典出版社2004年版。

穿彻西南以平大理”[①]，抵达忒剌（辖区属今四川省阿坝藏族羌族自治州松潘）后兵分三路。东路军由诸王抄合、也只烈率领，拟南下经叙州（辖区属今四川省宜宾市）入滇东再西向进攻；西路军由大将兀良合台率领，南下至晏当（辖区属今云南省香格里拉）再入丽江，然后攻向大理城；中路军由忽必烈亲自统领，南下行经今甘孜藏族聚居地区，过大渡河抵金沙江，入丽江东部后南下攻大理城。除东路军受南宋军队所阻未得深入外，中路军与西路军都顺利攻入大理国境。中路军在忽必烈亲自率领下过大渡河后，“又经行山谷二千余里至金沙江”，途中曾“舍骑徒步”越过雪山，“乘革囊及筏以渡”，于十二月抵达大理。十二月十三日，忽必烈引军进攻大理都城北边要塞上关，高祥“背城出战”。这时兀良合台率西路军也赶到，在两路大军合力攻击下，十五日大理城破，国王段兴智奔善阐（辖区属今云南省昆明市）。高祥逃至统矢逻（辖区属今云南省姚安县），被蒙古军追杀。蒙古（元）宪宗四年（1254 年）春，忽必烈班师北还后大将兀良合台继续进军，相继攻取了云南地区的五城、八府、四郡及“乌蛮、白蛮”三十七部，从而结束了大理国在云南的统治。

与南宋王朝联合灭金后，蒙古军很快便向南宋王朝发动进攻。蒙古军与南宋王朝之间进行了长达数十年几乎未曾间断过的征服与反征服战争。忽必烈建立元王朝后，认为灭亡南宋王朝的时机已经成熟，开始向南宋王朝大举进兵。至元十年（1273 年），南宋重镇襄阳、樊城失守。随后忽必烈命左丞相伯颜和平章政事阿术统领 20 万大军，水陆并进讨伐南宋王朝。伯颜督军在池州附近的丁家洲击溃贾似道所率南宋军主力。至元十三年（1276 年），不战而取南宋都城临安（辖区属今浙江省杭州市）。至元十五年（1278 年），元军占领四川，“川蜀悉平”。翌年（1279 年），元将张弘范攻破南宋最后一个据点厓山，宋臣陆秀夫抱幼帝赵昺自杀，南宋王朝灭亡。

三、民族起义战争

统一王朝或局部地区的各民族政权都面临采取什么策略，处理与周边其他民族或被征服民族之间相互关系的问题。有时采取相对缓和的策略可以保持各民族之间和睦相处。历史上，由于民族关系的不平等产生了民族歧视和民族压迫，进而激起被压迫民族的武装反抗。

---

① 《元史·郝经列传》，汉语大词典出版社 2004 年版。

（一）反抗封建王朝的起义战争

残酷的民族压迫政策激化了封建王朝与西部民族之间的矛盾，从而引发了西部民族的反抗斗争。特别是反抗起义爆发后，封建王朝的血腥屠杀、残酷镇压使民族矛盾进一步激化，往往导致了更大规模的反抗。

南匈奴归汉之后，对汉王朝的反抗和斗争经常发生。和帝永元六年（94年），南匈奴“十五部二十余万人皆拾头，胁立前单于屯屠何子奥鞬日逐王逢侯为单于，遂杀略吏人，燔烧邮亭，向朔方，欲度漠北”[①]。永初三年（109年），南单于檀听信汉人韩琮，“关东水潦，人民饥饿死尽，可击也”[②]，于是起兵反叛。建光元年（121年），新降匈奴痛恨频繁征讨鲜卑，于是反叛汉王朝。永和五年（140年），南匈奴左部句龙大人吾斯、车纽等反叛。永寿元年（155年），南匈奴左奥鞬、台耆、且渠伯德等反叛[③]。南匈奴这些反抗斗争都在或长或短的时间内被汉王朝镇压下去或招降。

东汉时期，羌民起义前后达50多次，其中大规模的有5次。首次羌人起义从建初二年（77年）至永元十三年（101年）。由于汉王朝官吏不断夺占河湟地区的西羌耕地、牧场，随意掠夺羌族妇女为妻妾，无故逮捕羌族首领，河湟地区以烧当羌为首联合其他部族，并与湟中月氏胡、张掖胡联合举行起义，成为长达70多年羌民大起义的开端。第五次羌人起义从中平元年（184年）至中平六年（189年）。中平元年，继黄巾起义后金城郡、陇西郡、汉阳郡发生了联合起义，起义军共达10万多人，攻占了许多郡县，前锋曾抵达三辅的西部。最后由于内讧和部分将领投降汉王朝，起义最终失败[④]。除西羌外，其他少数民族也在东汉末年纷纷起义。如桓帝永寿三年（157年），居风县县令贪暴无度，县人朱达率“蛮夷人”起义，聚众四五千人进攻九真，占领日南日益强盛，人数达2万多，直到延熹三年（160年）才被交趾刺史夏方招降。灵帝光和元年（178年），交趾、合浦“乌浒蛮”起义，联合九真、日南共数万人攻占郡县，两年后才被刺史朱儁镇压。灵帝建宁二年（169年），“江夏蛮”又起义，此后屡平屡起义，参加起义的人数最多时达1万多，

① 《后汉书·南匈奴列传》，汉语大词典出版社2004年版。
② 《后汉书·南匈奴列传》，汉语大词典出版社2004年版。
③ 《后汉书·南匈奴列传》，汉语大词典出版社2004年版。
④ 《后汉书·西羌列传》，汉语大词典出版社2004年版。

攻占了4县，延续多年[1]。

明朝时期，西部民族不堪忍受官府、地主、豪强的剥削压榨和民族压迫，于是掀起了反抗官府、豪强的斗争。其中以苗族、回族、壮族、布依族、白族最具代表性。正统十四年（1449年），兴隆（辖区属今贵州省黄平）、邛水（辖区属今贵州省三穗）和镇远等地区的苗民首先起义，攻下军事重镇思州府城。接着烂土、凯口的苗民进攻都匀，石阡一带的苗民攻取石阡府，黔北苗民占领仁怀城（辖区属今贵州省赤水）。七月，兴隆的韦同烈、镇远的苗金台组织浩大的起义军队伍进攻新添、清平、兴隆、平越，起义军达20多万人。与官军进行了长时间的奋战。景泰二年（1451年），起义军的根据地香炉山（辖区属今四川省清平）被攻破，历时三年的苗族、布依族大起义被明王朝残酷镇压。

成化四年（1468年），由于明王朝官吏的压榨，宁夏固原回族杨氏率领回族人民参加了蒙古族满四的石城起义，起义军多达2万人，一度大败官军。后遭六路官军围攻，因缺粮断水起义失败。弘治元年（1488年），陕西凤翔府扶风等县数千回族人民聚众起义。正德十六年（1521年），陕西回族流民发动大规模起义，转战陕西、山西、河南等地。嘉靖十四年（1535年），甘肃会宁回族人民在马兴率领下，在甘南阶州（辖区属今甘肃省武都）的山区发动起义，许多汉族农民也加入起义军。明末回族人民投入到摧毁明王朝腐朽统治的洪流中，成为各路起义军中的骨干力量之一。崇祯元年（1628年），陕西大旱草木枯焦、赤地千里、人相食，而官府仍催逼税赋。同时境内延绥、固原、宁夏等镇的士兵已有一年多未发军饷，无衣无食，从而引发了陕西边兵、流民和回族人民参加的大起义。这次起义成为明末各民族大起义的开端。在陕西绥德州回族人民马守应率领下，数万起义军驰骋在陇东和陕北。从崇祯十年（1637年）到十五年（1642年），“回革五营”是农民起义军的主力，马守应成为起义军的主要领袖，他率领起义军转战于安徽、湖北、河南的交界地带，挺进江淮平原曾占领和州、含山、定远，进逼桐城、安庆，威胁南京，沉重打击了统治者。崇祯十七年（1644年）春，马守应因病去世，“众推其妻掌营”。随后他所创建的这支起义军仍以“大老回回”“小老回回”等

---

① 《后汉书·西南夷传》，汉语大词典出版社2004年版。

名义出现，一直战斗到清初[①]。

正统二年（1437 年），明王朝调集田州等府的士兵到大藤峡周围屯垦，并以此封锁大藤峡瑶民的出路，企图将瑶民困于深山。这一残酷的欺压行为激起了由蓝受贰和侯大苟领导的大藤峡瑶族大起义。正统七年（1442 年），蓝受贰聚众数百人起义，被官军及土官诱杀，后由侯大苟继续领导起义。正统十年（1445 年），攻取广西重镇梧州，其后不断向大藤峡周围出击。景泰七年（1456 年），与韦公海率领的荔浦起义军联合攻取荔浦等县城。天顺三年（1459 年），围攻浔州、梧州、柳州、庆远等州府。成化元年（1465 年），明王朝派遣赵辅、韩雍率领北京、南京、江西、湖广等地的 16 万官军分五路围攻起义军，夺取修仁、力山、荔浦，又向大藤峡进军。最后起义军因寡不敌众而失败，但大藤峡瑶壮起义军仍然坚持斗争。嘉靖初再次起兵反抗明王朝，联合八寨和府江的瑶族和壮族起义军，互相支援造成浩大声势。嘉靖六年（1527 年），明王朝派遣王守仁为后部尚书总督两广、江西、湖广军务，起义军与官兵激战两个月后失利。嘉靖十七年（1538 年），明王朝又派遣侍郎蔡经等血洗大藤峡，历时 97 年的大藤峡瑶族和壮族起义最后失败[②]。

壮族也曾多次发起过反抗明王朝和土司统治的起义，较为有影响的如下：

明景泰年间（1450—1456 年），古田县发生饥荒，贫苦农民因饥饿被迫向地主借贷稻谷，地主不借，于是当地壮族农民提出减免地租，地主不但不同意减免还催得更紧，不交租就抓人，引起了双方冲突。地主贿赂官府抓走了壮民首领，关押在古田县监狱。当地壮族农民举行武装起义一举攻占县城（辖区属今广西壮族自治区永福县寿城镇）。明弘治五年（1492 年），朝廷派兵镇压反而被击败。起义军继续反抗明王朝的镇压取得了很大的胜利，在古田县建立了农民政权。嘉靖九年（1530 年），农民起义军占领的区域从古田扩大到义宁（辖区属今广西壮族自治区龙胜）、洛容、中渡（洛、中二县分属今广西壮族自治区鹿寨、融安、柳江、永福等县）、永福、昭平及阳朔、临桂、灵州等县或其一部分，截断了从桂林到柳州的水陆交通。嘉靖四十二年至四十三年（1563—1564 年）两次攻进桂林，运走了广西布政司库银七万两及兵器不计其数[③]。隆庆四年（1570 年），朝廷调集广东、湖南、江西等省兵

① 杨绍猷、莫俊卿著《明代民族史》，四川民族出版社 1996 年版。

② 杨绍猷、莫俊卿著《明代民族史》，四川民族出版社 1996 年版。

③〔清〕谢启昆主持纂修《广西通志·前事略二十》，广西人民出版社 1988 年版。

力围攻起义军，起义军战败。随后义宁（辖区属今广西壮族自治区龙胜）壮族人韦狼要率领起义军余部继续坚持斗争到明末。

嘉靖初年，柳州府属迁江县的北三、来宾县的北五、马平县（辖区属今广西壮族自治区柳江）的三都、五都等地壮族农民，因“时魃为灾，秋成无望”，而地主豪商又乘机囤积居奇，“宾州米价，骤至一两一斗”。于是民穷“盗”起，大乱即作。“有数百为群，有千余为群，有三千为群者，白昼出劫，殆无虚日。……且多买骏马，昔以十两一匹，今已出二十两。招纳亡命，教以制火器，造衣甲，出则张旗帜，鸣金鼓，大非昔日盗贼行径。……村落穷民必入其党。人马众多，因而攻城略地。”① 嘉靖二十四年（1545 年），先后占领了来宾、迁江、马平、武宣、平南、藤县、贵县等县或其部分地区。万历五年（1577 年），以北三的谭公炳、韦三层、韦三丈、河塘的韦宋武等为首领的一支农民起义军共 2000 多人，占领了红水河上游两岸，明王朝派重兵镇压前后达数十年也无法取胜。直至明末，明王朝采取“剿抚兼顾”的策略才使起义最终失败。

洪武元年（1368 年），八寨壮族农民就曾起来反抗明王朝的民族压迫，后被提督两广军务的韩雍镇压下去。官府于其地置八寨卫屯田千户所，霸占民田为屯田，激起壮族农民更大的愤怒。成化（1465—1487 年）初，八寨壮族农民和大藤峡瑶族、壮族农民互相呼应掀起武装起义，赶走屯军夺回自己的土地。嘉靖三十三年（1554 年）、三十四年（1555 年），八寨农民军两次攻进南宁府城，运走南宁府库银和枪械，杀死官吏。嘉靖三十九年（1560 年）、四十五年（1566 年）又分别夺取容县、宣化县库存。其中一支北攻柳州、桂林，转战湘西、黔东而南下八寨，所到之处受到当地农民起义军的响应和支持，农民起义进入鼎盛时期。万历七年（1579 年）十月，朝廷命刘尧海总督两广军务，巡抚广西张任募兵 2 万人，合广东、浙江、广西、湖南汉族土兵共计 10 万多人分四路进攻八寨，将其各个击破②。

隆庆元年至隆庆六年（1567—1572 年）间，壮族、瑶族等族农民曾在“前是东岸属平乐，西岸三洞属荔浦，延袤千有余里，中间巢峒盘络，为猺、僮渊薮”③ 的府江两岸地区，掀起了规模宏大的反抗明王朝民族压迫和封建剥

---

① 〔清〕谢启昆主持纂修《广西通志·前事略十五》，广西人民出版社 1988 年版。

② 杨绍猷、莫俊卿著《明代民族史》，四川民族出版社 1996 年版。

③ 《明史》，汉语大词典出版社 2004 年版。

削的农民起义。起义军首领杨公满（壮族）、雷公奉（瑶族）、黄公东（壮族）等先后率军夺取荔浦县坊郭、平乐的乐山、峰门、南源等地。接着沿桂江而下进攻广东三水、清远诸县。隆庆六年（1572 年），朝廷派李锡为大将统帅 6 万官兵、俍兵，分十路进攻起义军。杨公满等因寡不敌众先后战死，余部坚持斗争到万历元年（1573 年）才最后失败①。

明王朝对苗族进行残酷的压迫和剥削，苗族平民和部分苗族上层人士对苗区官府的流官和土官都极为不满，由此不断激起苗民武装起义，其中规模较大的武装起义有黔中苗民起义。黔中地区苗民困苦不堪，在流官与土官的掠夺压迫下被迫起义，反抗卫所屯田及土官的敲诈勒索。洪武六年（1373 年），大平伐（辖区属今贵州省贵定）苗民举行武装起义。八年（1375 年），卫江力、江松等 40 个苗寨起义，围攻平越等处卫所。二十六年至二十八年（1393—1395 年），先是西堡（辖区属今贵州省安顺）苗族、彝族、仡佬族等族联合起义，抗击数万明军，杀死官军 37 000 多人，坚持斗争达两年之久。随后又有紫江、新兰（辖区属今贵州省开阳）苗民起义。永乐四年（1406 年）十二月，贵州宣慰司境内谷陇、王石等寨苗民为了“拒不输赋”，联络宋阿袄等起事。从永乐十四年（1416 年）至宣德元年（1426 年），贵州宣慰司辖地乖西（辖区属今贵州省开阳县）的苗族和仡佬族，为了抗租而举行武装起义达 80 多次。其中规模较大的有西堡苗族、彝族、仡佬族等族联合起义，底寨（辖区属今贵州省息烽）、青山（辖区属今贵州省修文）等处苗民起义，都匀丰宁（辖区属今贵州省独山）苗族、布依族联合起义，起义军焚毁土司廨宇，杀死土官家属。天顺元年（1457 年）冬，龙里、贵定、八番、平越等处苗民举行武装起义，进攻都匀、新添、龙里等地卫所屯堡，次年受明军围攻而失败。正德三年（1508 年），又因水东土官宋然的暴虐而激起乖西苗民在其首领阿贯、阿扎、阿麻的率领下举行武装起义，曾经打到贵阳附近的洪边一带②。

明王朝除通过土司间接压迫剥削布依族平民外，各府、州、县、卫、所流官又直接压迫剥削布依族平民。布依族反封建压迫剥削的武装起义此起彼伏。其中规模较大的有：洪武十一年（1378 年）七月，以罗斛（辖区属今贵

① 杨绍猷、莫俊卿著《明代民族史》，四川民族出版社 1996 年版。

② 杨绍猷、莫俊卿著《明代民族史》，四川民族出版社 1996 年版。

州省罗甸）王乃为首的布依族农民起义。景泰二年（1451 年），贵州清平、平越、都匀等处布依族、苗族平民推举韦同烈为首（史称“苗王”），在兴隆卫清狼洞举行武装起义。“复攻平越（辖区属今贵州省福泉）、清平（辖区属今贵州省凯里）等处。……退保香炉山”①，坚持斗争达数年。成化二十年（1484 年），布依族农民在烂土和官司境内举行武装起义，丰宁司土官（布依族）随后起兵响应。他还联合泗城州农民 9000 多人，攻占铁坑等 100 多寨。到弘治四年（1491 年）都匀乜富架起义响应，聚众 7000 多人，自称“都顺王”。截断云南、四川往来通道。景泰年间（1450—1456 年）至弘治年间（1488—1505 年），布依族、苗族农民武装起义持续斗争长达 40 多年，“其人皆世禄，自用其法，恣虐激变苗民，乱四十余年”②。

永乐元年（1403 年）十月，“顺昌伯王佐镇守云南，占据官民田地，大兴土木，虐使军士，私用官钱，激变蛮夷等事”③。种种剥削压迫使白族农民举行起义。宣德八年（1433 年），兰州（辖区属今云南省兰坪）大营诸农民举行武装起义，杀死官兵，“不供赋役”④。天顺七年（1463 年）大理、澜沧等处白族、傣族等族农民起义，阻截道路，占领乡村⑤。天顺八年（1464 年），云南县（辖区属今云南省祥云县）“多因官司采买物件，守任不得其人，以致饥寒迫身，不得已而啸众为盗”⑥，举行武装起义反抗贪官污吏。

西部一些民族对封建王朝的反抗在元、清时期达到了顶峰，各地区、各民族以民族形式的反抗斗争不断发生，而且愈演愈烈。

早在元世祖忽必烈当政时，苗族地区就不时爆发反抗活动。元王朝的高压手段不但未能使苗族屈服，反而引发激烈的反抗。至元二十七年（1290 年），“贵州苗蛮三十余人作乱，劫顺元路，入其城。遂攻阿牙寨，杀伤官吏，其众遂盛”⑦。元武宗至大元年（1308 年）七月，思州（辖区属今贵州省凤冈）境内苗民起事，在公俄（辖区属今贵州省石阡东）、白泥（辖区属今贵州省余庆）一带展开活动。至大二年（1309 年），又有乖西（辖区属今贵州

① 《布依族简史》编写组编纂《布依族简史》，贵州人民出版社 1984 年版。

② 《明史·邓廷瓒列传》，汉语大词典出版社 2004 年版。

③ 杨绍猷、莫俊卿著《明代民族史》，四川民族出版社 1996 年版。

④ 杨绍猷、莫俊卿著《明代民族史》，四川民族出版社 1996 年版。

⑤ 杨绍猷、莫俊卿著《明代民族史》，四川民族出版社 1996 年版。

⑥ 杨绍猷、莫俊卿著《明代民族史》，四川民族出版社 1996 年版。

⑦ 罗贤佑著《元代民族史》，四川民族出版社 1996 年版。

省开阳）苗民阿马等人为首的暴动。直到元朝末年，苗族反抗元王朝的武装起义有增无减。

元朝中期以后，西部一些民族反抗元王朝的斗争不断兴起，其中以瑶族的反抗活动最为频繁且激烈，数十年来此起彼伏，绵延不断。对于元王朝统治者来说，瑶族是西南少数民族中最难制驭的一个民族。元王朝的乃贤在其《赠张直言南归》诗中云："岭南失控御……野战瘴云热。"政治压迫、官吏贪残是致使元朝时期瑶族不断奋起反抗的直接原因。地方官吏对瑶族"或者欺其远弱而无告，掊克残忍之不厌，是非不明，而举措颠倒，以害其生，以拂其性，虽善懦弱尤不免于动作，况素不知教令者乎？故数十年来，扇动弗息"[①]。早在忽必烈当政时的至元十六年（1279 年）十月，藤州、德庆府、泷水一带的瑶族在吴法受的带领下进行反抗，不久被镇压。至元二十一年（1284 年），武冈路新宁县的瑶族也发动暴动。到元朝中期瑶族的反抗斗争次数激增。元仁宗延祐元年（1314 年），沅州一带瑶族举行反元斗争。同年又有融州、宾州、柳州的瑶族起义，朝廷命湖广行省"遣官督兵捕之"。延祐二年（1315 年），广西静江路古县瑶族群起反抗官府，焚烧县衙文库档案，释放狱中囚犯，直到延祐四年（1317 年）瑶族起义首领被招降或被杀，起义才逐渐被平息。规模大小不等的瑶族反抗元王朝的斗争极为频繁，起义次数很多。从史料记载看，瑶族起义最多的地方是广西，遍及全区瑶族聚居区。其他如贵州的顺元等地，云南的大理、威楚等地也都不断发生瑶族的反抗活动。瑶族起义在泰定年间（1324—1328 年）达到高潮。泰定元年（1324 年），广西的顺元、静江等地与云南的大理、威楚的瑶族相继而起反抗元王朝的暴政。泰定二年（1325 年），有记载的瑶族起义就多达 10 多次，大部分发生在广西。如浔州（辖区属今广西壮族自治区桂平）平甫瑶族暴动，打死达鲁花赤都坚等元王朝的官员。泰定三年（1326 年）二月，又有全茗州（辖区属今广西壮族自治区大新县北）土官许文杰"率诸徭以叛，寇茗盈州，杀知州事李德卿等"，朝廷急"命湖广行省督兵捕之"[②]。

元成宗即位后的大德五年至七年（1301—1303 年），在八番、顺元地区（辖区属今贵州省贵阳一带），宋隆济、蛇节等土酋首领相继起事，发动了声

① 罗贤佑著《元代民族史》，四川民族出版社 1996 年版。

② 罗贤佑著《元代民族史》，四川民族出版社 1996 年版。

势浩大的“西南夷之乱”①。大德五年（1301 年）五月，八番、罗甸、水东、水西地方（辖区属今贵州省境内）一些民族围攻元王朝的官军。元《经世大典·招捕总录》中有关云南的纪事，全部是云南一些民族的武力反抗及元朝统治者的镇压与招降。《元史》诸本纪和列传中也随处可见元王朝对云南一些地区的反抗活动进行“剿抚”的记载。其中固然有一些民族掀起的反抗元王朝统治者与本民族贵族首领双重压迫剥削的起义斗争，但更多的则是由一些民族土官为首的反抗活动②。

到大德六年（1302 年）三月，云南境内也遍燃反抗烈火。据《招捕总录》载，“武定、威楚、曲靖、仁德、普安、广西诸土族，皆以朝廷远征、供输烦劳为辞”，“望风皆叛”③。

乌撒、东川、芒部、乌蒙、罗罗斯等地纷纷趁机起兵，甚至连边远地带的车里“白衣”土酋和江头、江尾的“和泥”土酋，也率众反抗元王朝的统治。大德九年（1305 年），罗雄州（辖区属今云南省罗平县）的罗罗土官阿邦龙与麻纳布昌等，联合广西路和普安路的土官起兵反抗朝廷，烧毁了罗山（辖区属今云南省富源县）附近的他罗迷驿。大德十一年（1307 年），又有阿迷州（辖区属今云南省开远市）土官日苴率众“劫僰人，夺官司马以叛”。元江路属下许多土官及维摩州（辖区属今云南省丘北县南）土官欧茅者文、大希婆等“并起应之”④。到元朝末年，除大理段氏、麓川思氏分别割据了滇西和滇西南外，滇东北与滇东的乌撒、乌蒙、东川、芒部等地罗罗人反元势力再次兴起，也形成若干小块割据。同时云南南部车里诸部也不愿再缴纳“差发银”，在寒赛等酋长率领下起而反抗元王朝的统治⑤。

吐蕃各地也不断发生反抗元王朝的起义，尤其是邻近汉地的东部地区几乎未曾平息过。如元人黄溍所云：“自国家统一函夏，惟土番最为西方强国，诸戎咸畏惮之，……今虽臣附已久，而窃发不时。”⑥ 有广大农奴、牧民举行各种形式的起义，以反抗领主和官府的压榨；也有地方领主因不满元王朝和

① 《元史·陈天祥列传》，汉语大词典出版社 2004 年版。
② 罗贤佑著《元代民族史》，四川民族出版社 1996 年版。
③ 罗贤佑著《元代民族史》，四川民族出版社 1996 年版。
④ 罗贤佑著《元代民族史》，四川民族出版社 1996 年版。
⑤ 罗贤佑著《元代民族史》，四川民族出版社 1996 年版。
⑥ 〔元〕黄溍撰《金华先生文集》，元刻本。

萨迦的统治而掀起的反抗。据《新红史》载，至元二十七年（1290 年），乌思藏地区曾爆发了大规模的“止贡之变”。这次变乱的性质是止贡地方的僧、俗首领反对萨迦政教当局的斗争。据《元史》载，因必里公（即止贡）之乱，乌思藏站驿断绝。可见变乱和战争的规模都不小。忽必烈命镇西武靖王铁木儿不花率领蒙古军，会同萨迦本钦镇压了这次变乱，焚毁了止贡寺，俘杀了止贡万户长亦璘真等人，将局势重新稳定下来。至元二十三年（1286 年），在宣政院辖境有陈骨族六彪及其子合彪起事，联合毡单族和条竹族攻打朵思麻路，起义时间不长即失败。元贞二年（1296 年）五月，吐蕃一些部族联合起义反抗，攻掠阶州一带，朝廷派大臣脱脱会合诸王铁木儿不花、只列等率兵前往镇压。至治元年（1321 年），据吐蕃报称，有孔提谷充儿等七族番民造反，伏击并杀伤官军。同年又发生了八朗朵公等“生番”抢夺元王朝战马 200 多匹的事件。至治三年（1323 年），爆发了参卜朗反元起事，这是元朝吐蕃人中一次较激烈、时间较长的反抗起义。开始仅是“劫杀使臣”、夺取财物，后来发展到攻杀官兵。元王朝先后命镇西武靖王搠思班、四川行省平章政事兼行宣政院使囊加台及吐蕃等路宣慰使都元帅乞剌失思八班藏卜领兵讨伐，直到泰定二年（1325 年）才将这场大规模的反抗起义镇压下去。至元三年（1337 年）五月，吐蕃朵甘思地民众在阿答理胡等率领下发动起义，杀死镇西武靖王之子党兀班，不久遭到元王朝特设行宣政院派兵镇压。此后吐蕃地区反抗元王朝的起义愈演愈烈，仅在至正七年（1347 年）一年内发生反抗起义的地区就有 200 多处。吐蕃多地此起彼伏的反抗起义成为元末各民族反抗元王朝起义的重要组成部分①。

清初，阶级压迫与民族压迫相交织，非常残酷。顺治二年（1645 年）六月，摄政王多尔衮“剃发易服”，强行剃发、留发不留头的命令激起了回族、汉族等民族的强烈反抗。米喇印、丁国栋于顺治五年（1648 年）三月正式宣布起义，占领甘州（辖区属今甘肃省张掖）。继而挥师东进占领了凉州（辖区属今甘肃省武威）等地，很快控制住河西走廊。回族人民起义军乘胜渡过黄河，河东回族、汉族积极参加和支持，兰州、临洮、渭源等城因有回族里应外合很快被攻克。米喇印率军进据兰州，拥立明王朝的延长王朱识𨰻，打起“反清复明”旗帜。起义军队伍日益壮大发展到 10 万人，号称百万。河西、

① 罗贤佑著《元代民族史》，四川民族出版社 1996 年版。

临洮、兰州等地起义军声势浩大，直逼甘肃中部军事重镇巩昌[①]。河州（辖区属今甘肃省临夏）、岷州等边地回族积极响应支持。四月，米喇印率领起义军围攻巩昌，十天之内连续攻破三关，使巩昌城内清军十分惶恐。陕西总督乔孟芳奉朝廷之命集聚清军救援巩昌，在巩昌城外广武坡两军交战，加上巩昌城内清军开门进击形成内外夹攻之势，起义军陷于困境只好撤离，闰四月中旬临洮、岷州、洮州、河洲都被清军占领[②]。米喇印、丁国栋调集甘州、凉州、兰州起义军数万人固守兰州。乔孟芳率所部清军与刚从西安到达的满洲八旗兵、绿营兵全力围攻兰州，起义军失利兰州失守。五月，起义军被迫退到肃州府属下的靖远县，在水泉堡又被清军打败，起义军损失惨重。八月，清军围攻甘州。顺治六年（1649 年）五月，清军调集大军围剿肃州，外援断绝，丁国栋凭城固守，坚持抵抗达半年之久[③]。清军攻陷整个肃州城后对城内军民大肆屠杀。

崇祯元年（1628 年），镇源（辖区属今云南省镇源）拉祜族和傣族、彝族、哈尼族、汉族等民族，在拉祜族首领札铁匠、傣族首领刀如珍的率领下，狠狠打击了镇源府的贪官污吏。嘉庆四年（1799 年），拉祜族参加了李文明起义，反对清王朝的统治和傣族土司的欺压[④]。

顺治十二年（1655 年），龙韬率领仫佬人反清，攻占柳州府、庆远府，坚持了五年之久。乾隆初年（1739—1742 年），覃奉恩、金石元等率领罗城、庆远等地各族人民反清。道光元年（1821 年），仫佬人参加了余近忠、韦士城领导的反清斗争[⑤]。

乾隆十四年（1749 年），广西龙胜侗族起义，在吴金银率领下起义军发展迅速，壮族、苗族等民族也纷纷响应。朝廷调集湖南、贵州、广西三省兵力镇压。咸丰五年（1855 年），在太平天国起义影响下，侗族农民姜映芳在贵州天柱举行武装起义，提出“打富济贫”和“打倒大户分田地”的口号，转战于天柱、三穗、剑河等地，后来又与张秀眉领导的苗族起义军联合，队伍发展到数万人，坚持了六年之久的斗争。宣统三年（1911 年），天柱侗族

---

① 〔清〕魏源撰《圣武记》中华书局 1984 年版。

② 白寿彝著《清代回族人物志》，宁夏人民出版社 1992 年版。

③ 〔清〕魏源撰《圣武记》，中华书局 1984 年版。

④ 《拉祜族简史》编写组编纂《拉祜族简史》，云南人民出版社 1986 年版。

⑤ 《仫佬族简史》编写组编纂《仫佬族简史》，广西民族出版社 1983 年版。

王天培参加武昌起义，推翻清王朝后任国民革命军第七军军长，后在杭州遇害[①]。

乾隆三十年（1765 年）二月，赖和木图拉与 240 名回族人起义，“聚噪城中”击杀清兵，包围衙署，“放火拆房”[②]。阿克苏办事大臣、副都统卞塔海听到乌什的消息后，急速领兵 500 赴乌什。喀什噶尔参赞大臣纳世通亦带兵赶到乌什。乌什维吾尔族起义军据城死守，连续击败卞塔海、纳世通和观音保，夺获大炮四门，后来被驻伊犁将军明瑞统领大军包围，起义军寡不敌众，坚持斗争半年后被镇压下去[③]。

乾隆四十六年（1781 年）三月，甘肃撒拉族苏四十三领导民众起义，攻下河州后又包围兰州。起义军连战连捷，打死清军总兵图钦保、参将和泰、游击王三杰等。朝廷派阿桂等率领京旗健锐营兵 2000 人、火器营兵 2000 人，直赴兰州镇压起义军，又征调甘肃、青海、陕西、蒙古阿拉善旗和四川金川满族、汉族、蒙古族、藏族等官兵 2 万多，围剿起义军[④]。五月，清军多次激烈进攻，遭起义军殊死抵抗。六月初，清军攻破华林山阵地，苏四十三等战死。七月，起义军全部壮烈战死，无一人投降。

乾隆五十八年（1793 年），云南阿昌族发动起义，围攻户撒、腊撒土司衙门，打死土司，斗争持续了三个月，迫使清王朝限制土司对阿昌族农民的苛派。咸丰六年（1856 年），云南大理等地回族人民反清起义，阿昌族也参加了这一斗争。宣统元年（1909 年），阿昌族参加了德宏地区各民族的反清干崖起义。

嘉庆二年（1797 年），贵州布依族在王阿崇（女）、韦朝元的率领下，掀起了大规模的南笼起义。起义军势力发展很快，远及数百里之外，持续斗争一年多，后遭清王朝重兵围剿而失败。咸丰四年（1854 年），贵州布依族杨元保率众揭竿而起，攻抵独山州南门揭开了各族农民起义的序幕。次年镇宁扁担山又爆发了曾煜化等领导的布依族起义，上江布依族罗光明领导布依族、水族、汉族等族农民起义。咸丰十一年（1861 年），归化（辖区属今贵州省紫云县）布依族、苗族等族农民在和置黔太平军曾广依部的影响下起义，同

① 杨学琛著《清代民族史》，四川民族出版社 1996 年版。

② 《清高宗实录》（影印本），中华书局 1986 年版。

③ 《清高宗实录》（影印本），中华书局 1986 年版。

④ 《清高宗实录》（影印本），中华书局 1986 年版。

时期布依族农民还参加了苗族张秀眉领导的农民起义①。

嘉庆六年至八年（1801—1803年），云南维西傈僳族恒乍绷领导傈僳族、怒族、独龙族、汉族、普米族、白族、纳西族、藏族等族农民，反对清王朝及当地土司的斗争长达两年，规模较大遍及八个县。傈僳族的反抗不仅消灭了一些土司、土目，而且歼灭了数千官军，迫使清王朝不得不采取一些缓和措施，查办了维西厅守备，取消了维西等地土司的封建特权，减免了大小三十三个厅、州、县三年的赋税②。

道光二十六年（1846年），广西梁亚发等领导浔江、柳江农民起义，汉族、壮族参加起义的达万人以上。次年雷再浩、李源发先后领导湖南、广西边境汉族、壮族、苗族等族起义，转战于桂北各州县，并深入到大瑶山一带。道光二十八至三十年（1848—1850年），广西平乐、苍梧、思恩等地出现天地会起义高潮，壮族陈亚贵领导武宣一带各族农民起义，转战黔江、浔江等地声势浩大。咸丰元年（1851年），太平天国在广西金田村发动起义，壮族农民纷纷参加起义军，在2万多太平军中壮族士兵占总数的1/4，在太平天国起义军中发挥了重要作用③。

咸丰五年（1855年）三月十五日，张秀眉在台拱梅里发动了咸丰年间声势最大、持续时间达十五六年之久的苗族起义。同年，潘新简领导水族农民在三脚州发动武装起义，上万起义军向官府猛烈进攻。并联合古州“七十二寨”的苗族、侗族起义军围攻荔波县城，打败了清军大营。之后又有水族、布依族、苗族起义军配合太平天国石达开部，在贵州南部展开了反对清王朝的斗争。另外，部分水族还参加了布依族罗光明领导的上江农民起义和苗族张秀眉领导的农民起义，坚持斗争达十八年之久④。

咸丰六年（1856年）八月，杜文秀在蒙化（辖区属今云南省巍山）发动起义，各地回族纷纷响应积极参加起义军，队伍不断扩大，很快攻占大理府城。大理成为回族人民起义军的主要根据地⑤。杜文秀领导的以回族为主体、联合其他民族建立的政权在云南“占五十三城”，“纵横各数千里”，占据了

① 杨学琛著《清代民族史》，四川民族出版社1996年版。
② 尤中著《云南民族史》（下册），云南大学西南边疆民族历史研究所1985年编印。
③ 《壮族简史》编写组编纂《壮族简史》，民族出版社2008年版。
④ 《水族简史》编写组编纂《水族简史》，贵州人民出版社1985年版。
⑤ 《清文宗实录》（影印本），中华书局1986年版。

云南全省1/2的地域，其势力还延伸至贵州、四川及陕西西安[①]。清军集中力量进攻，先后占据“永昌、邓州、浪穹、云南、永平、蒙化各城及上下两关”，唯有大理岿然屹立[②]。同治十一年（1872年）十一月，清军进攻大理先扫清起义军的外围，然后逼近城墙。最终杜文秀及起义军将领杨荣、蔡迁栋等被杀害，大理城被攻占。第二年，清军攻占了顺宁、云州、腾越等地。从咸丰六年至同治十二年（1856—1873年），坚持战斗十八年之久的云南回族人民起义被清王朝镇压了下去。

在云南回族人民反清斗争高涨时，陕西、甘肃回族人民也爆发了反清起义。同治元年（1862年），回族人民处境非常艰难，“自潼以西，凡往来回族人民非铡即杀，无得免者”[③]。四月十七日，华州回族人民群起反抗，渭河两岸也行动起来，在任武、赫明堂领导下，这支回族人民起义军形成反清的强大力量。起义军进攻同州未攻下，继续进攻高陵、华阳、华阴等城，直逼西安。七月，攻三原、咸阳等城兵锋直指凤翔[④]。同治八年（1869年），甘肃境内回族人民起义军势力最强的西有马朵三（马文义），南有马占鳌，北有马化隆。五月，清军进驻泾州；十一月，攻下平凉，起义军退至金积堡。同治九年（1870年），回族人民起义军全力保卫金积堡，杀死清军将领刘松山后，形势略有好转。随后，清王朝委派刘锦堂代刘松山之职，领军攻击回族人民起义军，连战连胜，打败起义军，又用大炮轰垮金积堡周围的50多个营寨，并加派大军包围。马化隆为保全堡中起义军和平民的生命，被迫向清军投降，被杀害[⑤]。同治十一年（1872年）正月，马占鳌发动反攻大败清军。回族人民起义军取得胜利后，本应继续进攻直围兰州，但动摇不定的马占鳌向清军投降。各地回族人民起义军起义失败后，坚持斗争的先后抵达唯一的根据地甘肃肃州。同治十二年（1873年）八月，马文禄因肃州被围人困马乏、粮食断绝开城投降。清军入城杀了马文禄，全城回族人民也惨遭杀害[⑥]。陕西、甘肃回族人民起义长达12年，仅甘肃就占领了24个厅、州、县。

---

① 荆德新编《云南回民起义史料》，云南民族出版社1986年版。

② 王钟翰校点《清史列传》，中华书局1987年版。

③ 马霄石著《西北回民革命简史》，东方书社1951年版。

④ 《清穆宗实录》，中华书局影印本1985年版。

⑤ 《清史稿》，中华书局1998年版。

⑥ 《清史稿》，中华书局1998年版。

从19世纪50年代开始，内蒙古的蒙古族平民不断掀起了以“独贵龙”为组织形式的反抗斗争。咸丰八年（1858年），伊克昭盟乌审旗蒙古族贫苦牧民，在巴拉吉尔等人的率领下，首先发动了反暴政、反苛捐赋役的“独贵龙”运动，提出了不得强占土地、滥征捐租、苛派差役等要求，迫使伊克昭盟盟长与乌审旗札萨克王公等当众宣布减轻赋税。从此，“独贵龙”运动逐渐扩展至全盟。从同治五年（1866年）至光绪十七年（1891年），在该盟札萨克旗（盟长驻地）、乌审旗多次爆发“独贵龙”运动。光绪二十六年（1900年），伊克昭盟准格尔旗、鄂托克旗、乌审旗、札萨克旗及宁夏阿拉善旗等地的蒙古族、汉族平民响应义和团运动，纷纷组织“独贵龙”运动。光绪三十一年（1905年），乌审旗蒙古族平民在拉克巴扎木苏、阿拉坦敖其尔、巴音赛音等率领下，组成有2000多人参加的12个“独贵龙”组织，以海留图为中心，进行抗垦斗争。宣布反对王公出卖土地，拒不缴纳各种赋税等。准格尔旗、杭锦旗等地在丹丕尔等率领下，组织起有六七百人参加的“独贵龙”运动，发动了武装反垦斗争。光绪三十二年（1906年）初，抗垦武装终因寡不敌众被镇压下去①。

光绪二十八年（1902年），广大壮族、汉族、苗族、瑶族等各族平民在会党领导下，掀起了长达四年的起义。这次起义“始于左江而蔓于柳庆各属”，壮族聚居的左江柳庆府属州县是革命的策源地，而以柳州、南宁为主要起义中心。光绪三十年（1904年），会党领导的各族起义达到高潮，遍及广西西南的邕宁、宁明和西北的庆远、南丹，还扩展至贵州、云南等地②。

光绪二十九年（1903年），云南拉祜族、佤族农民不堪统治者的横征暴敛，在张朝文、李三明、刀文林等人的领导下先后发动起义。张朝文在双江起义后，以岩帅佤族部落为首的贺南、班奈、上下贺勐的佤族农民，以及澜沧的拉祜族积极响应③。这次起义聚集了一万多人，时间长达九年。

光绪三十年（1904年），清王朝派凤全为驻藏帮办大臣，在四川边缘一带的藏族地区推行高压政策。凤全采取强硬手段招募土勇开垦荒地，并从内地招来汉族农民在巴塘地区办农场。同时建议裁减喇嘛寺僧侣人数，削弱寺庙的权利。这一做法引起了当地藏族僧侣的极大不满。光绪三十一年（1905

① 《蒙古族简史》编写组编纂《蒙古族简史》，内蒙古人民出版社1985年版。

② 朱万一著《中国少数民族革命运动史》，四川民族出版社1988年版。

③ 朱万一著《中国少数民族革命运动史》，四川民族出版社1988年版。

年），巴塘首先掀起了藏族民众的反抗斗争。焚毁教堂攻击洋教士，并杀了凤全，斗争很快在四川、云南边缘藏族地区发展起来①。

光绪三十一年（1905年），在黔南苗族聚居区苗族农民因不满统治者苛派起而反抗。同年，四川茂州爆发了反对“官盐店”的武装起义，最终地方官府不得不关闭“官盐店”。光绪三十三年（1907年），新疆哈密维吾尔族农奴发动了反对繁重劳役的起义②。

光绪三十三年（1907年），钦州那桑、那黎、那彭地区的壮族农民为反对朝廷增加糖税，组织了以刘思裕为首的“万人会”，发动了大规模的抗捐运动。孙中山任命壮族王和顺为中华国民军南军都督，到三那地区领导农民斗争。七月二十八日，防城清军响应，王和顺等入城以南军都督名义发表文告，号召推翻清廷，建立共和国。起义失败后又退入十万大山。十月二十六日，王和顺等人率队袭取镇南关，战斗到十一月初因弹尽粮绝而失败。光绪三十四年（1908年）四月二十九日，黄明堂、王和顺率领一百多人从南溪河牛角湾涉水渡河，袭击河口警察局。五月一日，革命军进驻督署，河口升起了革命军的旗帜，直到二十六日受清军围困而失败③。

（二）民族内部的起义战争

西部民族对被征服民族的奴役和压迫，也引发了少数民族之间的反抗斗争。从公元5世纪后半叶起，柔然汗国内部各被奴役部落不断逃亡和反抗，突厥人利用这一形势逐渐从柔然汗国的奴役下解脱出来。魏废帝元年（552年），突厥首领土门发兵大败柔然于怀荒以北，柔然可汗阿那环兵败自杀。土门自号伊利可汗，建立突厥汗国。

大业元年（605年），西突厥泥撅处罗可汗攻击铁勒诸部并加重税赋，又猜疑薛延陀等部叛变，用计招来他们的大小首领数百人，全部杀戮。为此铁勒诸部立即反叛泥撅处罗可汗，拥立俟利发俟斤（官号）契弊歌愣为易勿真莫何可汗，以贪汗山为汗庭所在地。又立薛延陀内俟斤乙失钵为小可汗，驻燕末山④。

大中元年（847年），河陇地区爆发了嗢末起义，分布范围很广，“在甘、

① 《藏族简史》编写组编纂《藏族简史》，西藏人民出版社1985年版。

② 朱万一著《中国少数民族革命运动史》，四川民族出版社1988年版。

③ 朱万一著《中国少数民族革命运动史》，四川民族出版社1988年版。

④ 《隋书·西突厥列传》，汉语大词典出版社2004年版。

肃、瓜、沙、河、渭、岷、廓、叠、宕之间”[①]。大中三年（849 年），沙州张义潮起义，率领各族民众进攻沙州城，反抗吐蕃的民族压迫，吐蕃守将弃城而逃。张义潮乘胜攻取了瓜、伊、西、甘、肃、兰、鄯、河、岷、廓 10 个州。咸通二年（861 年），又率领 7000 多士兵攻克凉州。咸通七年（866 年），攻克西州[②]，解除了吐蕃对河陇的威胁。

咸通十年（869 年），吐蕃农牧民和奴隶开始在东部康区揭竿起义，“属民反上之初，首始于下多康（辖区属今青海省、甘肃省及四川省藏族地区）及约如（以雅隆昌珠寺为中心的西藏东同部），继之逐渐遍及各地”[③]。这次奴隶起义持续九年，虽然最后失败了，但在其打击下吐蕃奴隶主政权被摧毁。

通海节度使段思平于南诏大明七年（937 年）二月四日从南诏的东部起兵，以“减尔税粮半，宽徭役三载”[④] 为号召，取得了奴隶、农奴起义武装的支持；又以“赦徭役”为条件，取得滇东三十七部百姓的拥护。在各路武装起义队伍的配合下一举攻克羊苴咩城（辖区属今云南省下关），驱逐杨干贞，推翻“大义宁国”，建立“大理国”。建元“文德”，定都大理。

大理国统治下的“乌蛮”百姓，在封建领主的压迫剥削下生活极为贫困。为了生存，“乌蛮”农民和其他各民族一道，经常举行武装起义反抗领主的压迫。北宋大观三年（1109 年），三十七部“乌蛮”发动武装起义；绍兴十七年（1147 年），三十七部“乌蛮”又举行武装起义，围攻高氏领主的大本营叛鄯阐府（辖区属今云南省昆明市），杀死白族领主高明清，沉重地打击了大理国的封建统治阶级[⑤]。

光绪三十三年（1907 年），哈密地区的维吾尔族农民掀起了反抗哈密王的斗争，这是新疆建省后规模较大的反抗封建压迫的起义。维吾尔族农民铁木耳带领 200 多人的起义队伍打败了巴里坤镇台易盛富的平乱军队和伊犁钱广汉部[⑥]。铁木耳的起义军不仅粉碎了袁大化企图利用维吾尔族民众镇压伊犁起义军的阴谋，而且为整个新疆的起义发展创造了条件。

---

① 〔北宋〕司马光编纂《资治通鉴·唐纪六十四》，中华书局 1956 年版。

② 向达著《唐代长安与西域文明》，三联书店 1957 年版。

③ 转引自黄颢《唐末吐蕃奴隶起义述略》，《青海社会科学》1981 年第 3 期。

④ 〔明〕蒋彬等撰《南诏源流纪要》，嘉靖刊本（云南省图书馆传抄本）。

⑤ 《白族简史》编写组编纂《白族简史》，云南人民出版社 1988 年版。

⑥ 包尔汉《哈密维吾尔农民起义》，载《辛亥革命回忆录》第 5 册。

四、民族分裂与叛乱战争

西部一些民族在发展过程中，由于自然经济的分散性、统治阶级内部争权夺利的斗争、朝廷集权的削弱、社会生产力水平低下等原因，难免导致民族的分裂与叛乱。

（一）民族分裂战争

外部因素无疑是推动分裂进程的重要力量，但主要原因在于民族的内部矛盾和斗争。然而民族的分裂也并非一成不变，有的民族一分即定，有的民族则时分时合。一个民族分裂之后与朝廷的关系往往截然相反，一方臣服，另一方则对立。

匈奴与西汉王朝的战争损失很大，“畜产远移，死亡不可胜数，于是匈奴遂衰耗”[①]，故远避漠北。地节二年（前68年），匈奴又发生饥荒，平民和牲畜死亡十之六七。在匈奴因战争、天灾，平民与畜产日益损耗、国力日益衰弱、诸国羁属者瓦解、攻盗不能理的情况下，其统治集团内部的争斗不断发生。神爵二年（前60年），握衍朐鞮立为单于后，这种争斗进一步明显和激化。神爵四年（前58年），姑夕王、乌禅幕及左地贵人共同立稽侯珊为呼韩邪单于，匈奴一分为二。五凤元年（前57年），呼揭王又自立为呼揭单于，右奥鞬王自立为车犁单于，乌籍都尉亦自立为乌籍单于。于是匈奴同时有五个单于，相互争杀，国无宁日，“死者以万数，畜产大耗十八九，人民饥饿，相燔烧以求食”[②]。汉宣帝甘露三年（前51年），匈奴呼韩邪单于率众降汉，并亲自到长安觐见汉天子“赞谒称臣”。后来在汉王朝的帮助下，呼韩邪单于重新统一了大漠南北。建武二十二年（46年），“匈奴连年旱蝗，赤地数千里，草木尽枯，人畜饥疫，死耗大半”[③]。同时，受到东部乌桓的攻击，匈奴只能向北迁徙。在这种形势下，匈奴内部又发生了争夺单于位的争斗。按照呼韩邪“约立传国于弟”的规定，匈奴单于舆应传位给其弟右谷蠡王伊屠知牙师。可是舆不但传位给其子，还借故杀了伊屠知牙师。前单于乌珠留若鞮之子比抱怨：“以兄弟言之，右谷蠡王次当立；以子言之，我前单于长子，我当立。”[④] 于是率领南边八部众四五万人归附汉王朝。建武二十四年（48年），

---

① 《汉书·匈奴列传》，汉语大词典出版社2004年版。

② 彭年著《中国古代民族关系史研究》，福建人民出版社1989年版。

③ 《后汉书·南匈奴列传》，汉语大词典出版社2004年版。

④ 《后汉书·南匈奴列传》，汉语大词典出版社2004年版。

八部大人共同立比为呼韩邪单于，从此匈奴分为南北匈奴。北匈奴仍独立于汉王朝之外，也经常奉使称臣；南匈奴则成为汉王朝统治下的一个少数民族。

自隋文帝开皇元年（581 年），佗钵可汗死，突厥“昆季争长，父叔相猜”，争夺可汗继承权的争斗便在汗国内激烈展开。佗钵可汗之子庵罗被迫让位于佗钵可汗之侄、乙息记可汗之子摄图，即沙钵略可汗，设牙账于郁都金山。当时突厥诸部中势力强的还有四支：一是庵罗，被封于独洛水（辖区属今蒙古土拉河）流域，称第二可汗；二是木杆可汗之子大逻，便封于阿尔泰山之东，称阿波可汗；三是室点密之子玷厥，原驻牧于乌孙故地（辖区属今新疆维吾尔自治区伊犁河上游），称达头可汗；四是沙钵略可汗之弟处罗候，管辖奚、霫、契丹各族，称突利可汗。这就是“且彼渠帅，其数凡五”① 的五个突厥可汗。“摄图、玷厥、阿波、突利等叔侄兄弟各统强兵，俱号可汗，分居四面，内怀猜忌，外示和同”②，突厥诸部潜伏的分裂危机逐渐成为现实。开皇三年（583 年），沙钵略举兵南下，但达头可汗拒不奉诏。阿波可汗在长孙晟的劝说下入朝，沙钵略听到消息后，率兵袭击阿波驻地，杀死阿波的母亲。阿波西投奔达头可汗，向达头讨要士兵 10 万多人与沙钵略相互厮杀，阿波连连得胜，势力日益壮大。素与阿波可汗相处和睦的贪汗可汗也为沙钵略所猜忌，也率众叛归阿波可汗。于是以达头可汗为首的四支力量联合起来公开反对沙钵略可汗，形成了独立的西突厥③。开皇三年，突厥汗国正式分裂为东、西两个汗国，两国大体上以金山为界，金山以东属东突厥，以西为西突厥。

（二）平定叛乱的战争

叛乱是少数分裂者破坏国家统一、破坏民族团结的行为。引发民族叛乱的原因主要在于民族上层不满封建朝廷的统治，凭借自己的力量利用宗教狂热煽动教徒参与，甚或勾结国外殖民主义势力阴谋分裂国土，公开举兵进行反叛。封建王朝为巩固国家统一、反对分裂，维护多民族国家疆域而进行了一系列军事斗争。

1. 平定土司叛乱的战争

土司拥有世袭的领地、属民和自己的武装力量。基于自身的利益，有的

① 《北史·突厥列传》，汉语大词典出版社 2004 年版。

② 《隋书·长孙晟传》，汉语大词典出版社 2004 年版。

③ 〔北宋〕司马光编纂《资治通鉴·陈纪九》，中华书局 1956 年版。

闭关自守，抑制封建王朝的统一；有的虽归顺但不听从号令和调遣；有的拥兵自重，割据称雄等。因而西部民族地区发生过多次平定土司叛乱的战争。

明洪武年间，统治麓川的土司思任发企图割据一方，不断向四周扩展势力。洪武十八年（1385年），思任发聚集10万多兵攻占景东（辖区属今云南省景东彝族自治县），打败傣族土知府俄陶和明军。洪武二十一年（1388年），派兵攻打到定边（辖区属今云南省南涧彝族自治县）和品甸（辖区属今云南省祥云县）等地，不久被明军打败退回麓川。明王朝为平定麓川，调集了南京、湖广、四川、贵州等地15万将士，发动了“三征麓川”之战。正统六年（1441年），由蒋贵、王骥率领的官军到达云南，分三路进击思任发。受到麓川土司侵犯的大侯、车里等土司也率兵协助明军攻打思任发，思任发接连败退，遁入麓川。明军四面围攻麓川，思任发大败，逃入孟养（辖区属今缅甸东北部迈立开江以西地区），麓川平定。不久思任发之子思机发趁明军胜利回师，回到麓川起兵进攻芒市。正统八年（1443年），王骥奉命再征麓川，第二次平定麓川，但仍然没有从根本上消除麓川土司思氏的势力。正统十四年（1449年），明王朝又派王骥、宫聚率领15万将士征麓川。官军分道并进，最终与思氏订约，不许其越过江东[①]。三征麓川虽然耗费了大量人力、物力，但稳定了云南的局势，维护了明王朝的统一。

弘治六年（1493年），田州府（辖区属今广西壮族自治区西部）内乱，思恩（辖区属今广西壮族自治区西部）土知府岑濬扣留了田州土官岑猛。弘治十一年（1498年），明都御史邓廷瓒兵临思恩强行夺取岑猛。弘治十五年（1502年），岑濬发兵攻陷田州，继而又转攻龙州、上林、武州等地。弘治十八年（1505年），总督潘蕃征调广东、广西、湖广官军10万多人围攻思恩，岑濬战败被杀，思恩被攻陷。嘉靖五年（1526年），岑猛被诬反叛而被杀。嘉靖六年（1527年），岑猛部属卢苏、王受随后反叛明王朝，攻占思恩。明王朝启用前兵部尚书王守仁总督军务率兵镇压。此后田州内乱又起。嘉靖十三年（1534年），巡检卢苏执杀岑邦相，邻府诸土官又起兵攻入田州。明王朝始终未能解决田州、思恩的问题[②]。

隆庆六年（1572年），播州（辖区属今贵州省遵义市）僚人杨应龙统领

---

① 翁独健著《中国民族关系史纲要》，中国社会科学出版社2001年版。

② 翁独健著《中国民族关系史纲要》，中国社会科学出版社2001年版。

播州，朝廷授予宣慰使。由于其统治极为残酷，所辖五长官司七姓纷纷离异，部属告其反叛，明王朝举棋不定。万历二十四年（1596 年），杨应龙率领土兵攻掠大阡、都坝，焚烧草塘、余庆二司及兴隆、都匀各卫，又分兵围攻黄平，攻破重安。二十五年（1597 年），杨应龙攻掠江津、南川，兵临合江。二十六年（1598 年），又攻掠贵州的洪头、高坪、新村，进取湖广四十八屯。二十七年（1599 年），贵州巡抚江东之发兵征讨杨应龙被打得大败。明王朝又派遣四川巡按李化龙兼兵部侍郎，总督四川、湖广军队，并调东征倭寇的将士南下合击杨应龙[①]。前后历时 114 天激战，杨应龙兵败被俘，后被处决于海龙囤。

天启元年（1621 年），彝族农奴主奢崇明因与四川巡抚徐可求争饷发生冲突而起兵反叛明王朝，杀死巡抚、攻陷重庆，又攻占綦江、遵义、合江、卢州、内江等地，进逼成都，在四川左布政使朱燮元及石砫女土司秦良玉的竭力抗击下而失败。天启二年（1622 年），彝族农奴主安邦彦在水西（辖区属今贵州省西北）起兵反叛明王朝，当地四十八马头与头目安邦俊、鲁边、陈其愚等也随之响应，乌撒土目安效良也随之反叛，爆发了云南、贵州、四川三省彝族农奴主的叛乱。安邦彦等攻陷毕节、安顺、平坝、沾益、龙里，进而围攻贵阳。安效良也围攻罗平，并进至沾益。崇祯元年（1628 年），明王朝以朱燮元为总督，调集贵州、四川、云南、湖广、广西五省兵力进行镇压。崇祯二年（1629 年），奢崇明、安邦彦合兵 10 万多人攻打永宁，被明军打败[②]。

2. 平定分裂势力的战争

对于妄图分裂国家的武装叛乱，封建王朝从统一、安定出发，展开大规模的平叛行动。其中最具代表性的则是清朝时期对民族分裂势力的平定。

康熙初年，厄鲁特蒙古准噶尔部首领噶尔丹的势力迅速崛起，控制着天山南北，成为一支强大的地方割据势力，形成了清王朝统一大业的一个严重障碍。康熙二十六年（1687 年）九月，噶尔丹在沙俄殖民者的支持和怂恿下悍然发动了对喀尔喀蒙古土谢图部的进攻。康熙二十九年（1690 年）五月，在沙俄的支持和怂恿下，噶尔丹驱兵攻入内蒙古。康熙二十九年（1690 年）、

---

① 范文澜著《中国通史》，人民出版社 2008 年版。

② 翁独健著《中国民族关系史纲要》，中国社会科学出版社 2001 年版。

三十五年（1696 年）、三十六年（1697 年），康熙三次亲征漠北，先后在乌兰布通（辖区属今内蒙古自治区克什克腾旗南境）、昭莫多等地大败噶尔丹，歼灭其精锐力量，使其一蹶不振。三十六年二月，噶尔丹在清军的围困中粮尽援绝、众叛亲离，陷入极端孤立的境地而被迫服药自杀①。

康熙末年，由噶尔丹侄子策妄阿拉布坦治下的准噶尔部经过休养生息，又逐渐强大起来。策妄阿拉布坦首先驱兵占领了南疆，很快控制了天山南北两路。康熙五十六年（1717 年），他又亲自率兵攻入西藏占领拉萨，给当地百姓带来了一场浩劫。于是清王朝被迫进行保卫西藏的战争。康熙五十七年（1718 年），康熙帝命皇十四子胤禵为抚远大将军，统帅大军前往征讨。次年康熙帝又册封了新的达赖六世，派兵护送入藏。康熙五十九年（1720 年），清军将领延信、噶尔弼自青海和四川两路入藏，在藏族百姓的全力支持下进军非常顺利，很快就击败了策妄阿拉布坦。九月中，拉萨举行了隆重的六世达赖喇嘛坐床大典。随后清王朝在拉萨派驻军队、设立驿站，任命康济鼐和颇罗鼐二人协助达赖、班禅管制西藏。这样，策妄阿拉布坦企图吞并西藏、分裂国家的阴谋最终彻底破产②。

雍正元年（1723 年），在策妄阿拉布坦的煽动下，清廷封为亲王的厄鲁特蒙古和硕特封建主罗卜藏丹津公开武装反叛清王朝。雍正帝急命川陕总督年羹尧为抚远大将军前往征讨，年羹尧驻军西宁，截断叛军入藏的通道及其与准噶尔部的联系。次年二月，罗卜藏丹津势穷力竭逃到了准噶尔部。于是清王朝在青海设立土司，又派驻办事大臣，加强了对青海的统治③。

雍正七年（1729 年）三月，雍正帝下令两路征讨准噶尔部，经过长达五年的战争，清军虽然消灭了敌方一些兵力，但总体上胜少而败多，自身经济、军事力量消耗太大。雍正帝感到长此下去于己不利，于是主动提出议和。至此，平定准噶尔部的叛乱半途而废④。

乾隆帝即位后，立刻着手推动对准噶尔部的平定，还在世宗丧期就指令额驸策棱必须亲自坐镇前线，时刻注意准噶尔部的动向。乾隆十年（1745 年），噶尔丹策零死，准噶尔部内部为争夺汗位发生了激烈的内斗。策妄阿拉

---

① 杨东梁、张浩著《中国清代军事史》，人民出版社 1994 年版。

② 萧君和著《中华民族史》，黑龙江教育出版社 2001 年版。

③ 杨东梁、张浩著《中国清代军事史》，人民出版社 1994 年版。

④ 杨东梁、张浩著《中国清代军事史》，人民出版社 1994 年版。

布坦的外孙阿睦尔撒纳在争斗中失败，于乾隆十九年（1754 年）投降清王朝，被封为亲王。在此前后，准噶尔部一些上层人士和广大贫苦牧民向往统一，急切期盼尽早结束战乱，增强了乾隆帝尽早平息准噶尔部叛乱的决心。

乾隆二十年（1755 年）春，清王朝两路进军，准噶尔军闻风投降不战自溃，首领达瓦齐被俘，乾隆帝赦免其罪并封为亲王，移居北京。此后阿睦尔撒纳无理要求朝廷承认其为厄鲁特四部总汗，被拒绝后便在当年九月公开反叛。乾隆二十二年（1757 年），清军又分两路进剿，声势锐不可当。阿睦尔撒纳眼见大势已去，仓皇逃至俄国避难，后死在俄国。至此，长达数十年的准噶尔部叛乱终被清王朝平定。接着清王朝就在伊犁等地分驻将军、参赞大臣等，巩固对天山北麓的统治①。

雍正时期，准噶尔部首领噶尔丹策零统治了天山南北麓，将不服其统治的维吾尔族首领玛罕木特囚禁于伊犁。乾隆二十年，达瓦齐被清军俘获，玛罕木特（其时已故去）的两个儿子波罗尼都、霍集占，即大小和卓木被释放。波罗尼都返叶尔羌继续当首领，霍集占仍居伊犁。阿睦尔撒纳叛乱被平定之后，霍集占逃归叶尔羌，与波罗尼都密谋摆脱清王朝的统治，于当年兴兵反叛清王朝。双方相持了一年多，至乾隆二十四年（1759 年）夏，清军两路大举进剿，一路由将军兆惠率领进攻喀什噶尔，另一路则由将军富德率领进攻叶尔羌。沿途得到维吾尔族百姓的响应，大小和卓木的同族额色尹、图尔都（分别为清史上有名的香妃的五叔、兄长）积极配合清军作战。在清军的有力打击下，大小和卓木的军队全部被歼灭，波罗尼都和霍集占在仓皇逃窜中被同族人擒杀。清王朝在取得平定大小和卓木的胜利后设立伊犁将军，作为统辖天山南北两路事务的最高官员；又在喀什噶尔等地设参赞大臣、领队大臣、办事大臣，隶属于伊犁将军。至此，清王朝牢固地确立了对天山南北的统治②。

大小金川是四川西北部的藏族聚居地。康熙五年（1666 年），土司嘉勒巴归附清王朝，朝廷授予其孙莎罗奔为金川安抚司，莎罗奔自号大金川。旧土司泽旺为小金川。乾隆十二年（1747 年），势力日渐强大的莎罗奔率兵攻击邻近两土司。清王朝派云贵总督张广泗前往征讨，但因道路险阻始终未获

---

① 杨学琛著《清代民族史》，四川民族出版社 1996 年版。

② 翁独健著《中国民族关系史纲要》，中国社会科学出版社 2001 年版。

大胜。次年，加派大学士讷亲前往督师，讷亲无谋略，一味令清军强攻碉卡，又因其位高而盛气凌人与张广泗不和，清军进攻三个月，损兵折将毫无进展。乾隆帝怒斩张广泗，赐讷亲军前死，改命大学士傅恒督师。傅恒到任后，调集邻省兵马两路进剿，接连攻克叛军的碉卡。莎罗奔恐惧乞降，乾隆帝赦免其罪，让他仍当土司①。

数年后，莎罗奔的侄子郎卡主持大金川土司事务，他不断派兵侵扰小金川和邻近土司。乾隆三十一年（1766 年），清王朝命四川总督阿尔泰联合九土司再次征讨大金川，但阿尔泰不积极进取反而采取姑息养奸之策，使大小金川释仇联合、狼狈为奸，其他小土司都不敢抵抗，使叛军越来越难剿灭②。五年后乾隆帝赐阿尔泰死，命大学士温福前往督师。温福采用以碉攻碉之策，白白折损了不少兵力而无进展。乾隆帝再派阿桂督师，并征调健锐、火器二营精锐兵力进剿。乾隆三十八年（1773 年）十月，清军攻下小金川，接着移师猛攻大金川③。至乾隆四十一年（1776 年）才将大金川平定，清王朝最终确立了在这一地区的统治。

19 世纪 20 年代，大和卓波罗尼都的孙子张格尔在英国殖民者的支持下潜入新疆，妄图恢复祖先散失的在维吾尔族地区的宗教和政治特权。乘驻喀什噶尔参赞大臣斌静不理事务，纠集数百名布鲁特人骚扰边卡。道光六年（1826 年）六月，张格尔带领安延集、布鲁特数百人，以参拜先祖和卓之墓为名潜入阿图什，煽动和欺骗伊斯兰教“白山”派教徒数万人反叛清王朝，占领了喀什噶尔、叶尔羌、英吉沙尔、和阗等城④。清王朝调集陕西、甘肃、四川、吉林、黑龙江等省 3 万多将士阻击张格尔的进攻。道光七年（1827 年）初，张格尔在逃往喀尔铁盖山时被清军俘获⑤。

1933 年 7 月，内蒙古一些盟旗的王公贵族在德楚克栋鲁普（即德王）的带领下，提出了“蒙古高度自治”和成立“内蒙古自治政府”的要求，通电南京国民政府，掀起了内蒙古的“自治运动”。民国政府派员前往宣慰，察哈尔、绥远两省也派人前去劝阻，但自治呼声日高，而民国政府又不好违背其

---

① 杨东梁、张浩著《中国清代军事史》，人民出版社 1994 年版。

② 〔清〕魏源撰《圣武记》，中华书局 1984 年版。

③ 杨东梁、张浩著《中国清代军事史》，人民出版社 1994 年版。

④ 杨学琛著《清代民族史》，四川民族出版社 1996 年版。

⑤ 杨学琛著《清代民族史》，四川民族出版社 1996 年版。

政纲中扶植边疆民族自决自治的原则，遂同意实行“初步之自治”。民国政府分析“蒙古自治”的原因后，认为症结在于“制度与政治不能尽满足蒙藏民众之要求也”①，于是提出变革蒙政方案。双方的会谈因自治范围、自治程度等一系列分歧而陷入僵局。由于对自治问题的态度不一致，谈判的僵局促使内蒙古上层人士进一步分化，从而形成了两派力量。在这种形势下，德王只好向民国政府让步，而转向日本帝国主义求助，想在日本帝国主义支持下使内蒙古独立。1936 年，在德王府成立了伪“蒙古军总司令部”，并积极扩充武装。同时拟定了建立“蒙古国”草案，在锡林郭勒盟召开了第一次“蒙古大会”，讨论建立以内外蒙古和青海为一体的“蒙古国”等议案。会议之后，德王又成立了伪“蒙古军政府”，并再次赴伪满洲国缔结了以“共同防共，军事同盟，互派代表，经济提携”为内容的“满蒙协定”。随后，在日本帝国主义的策动和支持下，德王发起了进攻绥远的战事。1937 年，在日本侵略者的指使下，德王召开了“第二次蒙古大会”，成立了伪“蒙古联盟自治政府”。德王任主席后在加强各盟旗行政权力的同时，提出“蒙汉分治”的政策。即以平绥铁路为界，铁路北的汉人一律南迁，铁路南的蒙古人统统北上。在蒙汉杂居地区采取蒙古人归旗管，汉人归县管的方式。这一方案不但受到蒙汉民族的反对，而且也引起了蒙古封建上层王公的不满。德王妄图制造“蒙古独立”分裂中国的行径随着日本侵略者的失败而破产②。

五、中国共产党领导的西部民族革命战争

1911 年的辛亥革命废除了封建帝制，使民主共和的观念深入人心，中国各族人民继续探索救国道路。1921 年，中国共产党的正式成立给西部民族革命指明了方向。正如毛泽东所说的那样，中国共产党的成立是一个开天辟地的大事变③。从此，在中国共产党的领导和影响下，西部民族革命运动进入了一个新的发展时期。

（一）土地革命战争

第二次国内革命战争时期，中国共产党开展打土豪、分田地、废除封建剥削和债务、满足农民土地要求的革命。在滇南蒙自山区，内蒙古乌审旗、鄂托克旗，陕甘地区等地相继建立了革命根据地，实行武装斗争、土地革命

① 方范九著《蒙古概况与内蒙自治运动》，商务印书馆 1934 年版。

② 翁独健著《中国民族关系史纲要》，中国社会科学出版社 2001 年版。

③ 《毛泽东选集》（第四卷），人民出版社 1991 年第 2 版。

和根据地建设。西部地区积极参军参战，努力发展生产。其中，以广西左右江壮族、瑶族土地革命战争最具代表性。

20 世纪 20 年代，中国共产党广西地方各级组织逐步建立和发展起来，利用国共合作的有利条件积极领导工农群众运动。左右江地区壮族、瑶族人民的革命斗争发展得最为迅猛，中共广西地方组织先后派人到左右江开展农民运动和党、团建设工作。1926 年，壮族知识青年阮殿煊和壮族中国共产党党员黄永达到思林县组织农民协会和革命武装；壮族青年滕国栋、滕德甫等人在恩隆县组织农民建立农民协会，开展反对贪官污吏和土豪劣绅的斗争；壮族青年廖源芳、黄伯尧和黄书祥等人也分别在凤山、凌云、果德等县发动农民斗争。截至 1927 年春，壮族和瑶族聚居的东兰、凤山、河池、凌云、都安、恩隆、百色、奉议、恩林、果德、天保、镇结、那马等县都建立了县一级的农民协会，部分县建立了农民自卫军，为左右江革命根据地的建立提供了坚实的群众基础。1929 年 10 月，邓小平与张云逸分别率广西警备第四大队和广西教导总队到达右江地区的重要城镇百色，与当地壮族、瑶族农民武装相结合，筹备武装起义。12 月 11 日，在邓小平、张云逸、韦拔群等领导下，右江两岸的壮族、瑶族、汉族人民在百色举行起义，成立右江工农民主政府和中国工农红军第七军。之后，在中国工农红军第七军的帮助下，到 1930 年 2 月 1 日，壮族、瑶族聚居的东兰、凤山、百色、奉议、恩隆、思林、果德、隆安、向都、凌云、那马、都安、那地、恩阳、镇结、河池等 16 个县先后成立了苏维埃政府或革命委员会。天保、隆山等县部分地区也建立了革命政权。从而在中国共产党的领导下，在以壮族为主的少数民族聚居的右江地区形成了一个 10 多个县连成一片的拥有近 100 万人口的革命根据地①。右江革命根据地建立后，广大少数民族群众积极参加了根据地在政治、经济、文化等方面的一系列建设，其中土地革命运动成为各项建设的中心内容。

1930 年，俞作豫等率领广西警备队第五大队在左江地区的重要城镇龙州举行起义，成立左江革命委员会和中国工农红军第八军。随后，壮族聚居的龙州、上金、凭祥、养利、崇善、左县、龙茗等地相继成立了革命委员会；邕宁、上思部分地方成为游击区，初步形成 10 多个县、共 70 万人口的左江

① 方素梅著《中国少数民族革命史》，广西民族出版社 2000 年版。

革命根据地[①]。从此，左右江革命根据地连成一片。

（二）民族解放战争

在中国共产党的领导下，西部地区在进行土地改革、社会改革的同时，纷纷建立起自己的武装力量，并积极投入到解放战争中。

1944 年，新疆伊犁、塔城、阿山（辖区属今新疆维吾尔自治区阿勒泰）三个地区的维吾尔族、哈萨克族群众举行了武装起义，即著名的“三区革命斗争”。8 月，牧民游击队在伊犁东北部的乌拉斯台山打响了伊犁地区武装起义的第一枪。11 月，游击队向伊宁进军，仅用了 7 天时间就控制了伊宁城区。1945 年 3 月，伊犁游击队开始进入塔城地区活动。7 月，民族军和游击队进入塔城，组建行政公署。1946 年 1 月，蒲犁革命军先后攻下叶城和泽普，并成立革命政府[②]。

1945 年起，四川、西康的彝族和藏族群众进行了三次反“进剿”的斗争。1945 年 4 月，普雄彝族将“进剿”的国民党军队包围数十天，击毙 400 余人，俘虏 300 多人。1946 年 4 月，第二次反“进剿”彝族群众消灭和俘虏敌军 200 多人，但因增援敌军对大批彝族群众的杀害激起了大凉山地区近 10 万人的起义。1947 年，彝族群众以 5000 人的队伍反击国民党的第三次“进剿”，取得了重大胜利[③]。

抗战胜利不久，中国共产党在绥蒙地区建立了蒙古骑兵独立旅，成为内蒙古人民自卫军的第一支武装部队，为保护和推动内蒙古自治运动进行了顽强的战斗。1946 年 12 月，参加了东北人民解放军发动的三下江南、四保临江战役。1947 年，参加配合了东北人民解放军的夏、秋、冬季攻势，粉碎了国民党军对锡察地区发动的三次军事进攻。1948 年长途奔袭办尼特右旗陶高图庙，一举歼灭了“国民党锡林郭勒盟保安司令部”叛匪[④]。

从 1947 年到 1948 年，广西壮族地区各地都举行了大规模的武装起义。如 1947 年 7 月，龙津、明江、镇边、凭祥、上金、雷平等地相继举行起义。万冈、凤山、果德、田东、那马、武鸣 7 地 3000 多名农民参加了起义，先后攻占 2 个县城、20 个乡公所。9 月，贵县、武宣县、桂平县、来宾县的壮族

① 方素梅著《中国少数民族革命史》，广西民族出版社 2000 年版。

② 方素梅著《中国少数民族革命史》，广西民族出版社 2000 年版。

③ 陈连开著《中国近现代民族史》，中央民族大学出版社 2011 年版。

④ 陈连开著《中国近现代民族史》，中央民族大学出版社 2011 年版。

群众在廖联原、韦志龙的领导下，发动“中秋起义”，先后解放了4个县毗邻20个乡镇的壮族聚居区，约30万人口①。

1948年2月，云南省弥勒县圭山、西山的彝族、苗族等民族群众发动起义，多次打退国民党军队的围攻，建立了人民武装和游击根据地。1948年7月1日，起义部队正式被命名为“云南人民讨蒋自救军第一纵队”②。1949年1月1日，战斗在桂滇黔边区的云南人民讨蒋自救军第一纵队，广西左右江地区、靖镇区的游击部队，滇东南及黔西南的罗盘区、弥泸区、开发区的游击部队，合编为“中国人民解放军滇桂黔边纵队”③。

第二节 西部民族反抗外来侵略的斗争

随着西方帝国主义的入侵，西部边疆也遭受了帝国主义势力的侵略。边疆危机激起了西部各民族反抗帝国主义的斗争浪潮。西部各民族共同奋起抗争，掀起了一系列反帝斗争，为民族解放、国家的统一和完整做出了贡献。

一、爱国官兵的抗击

在反抗外来侵略者的斗争中，西部民族作为主力军多次进行了英勇的反抗斗争，其中最多的是各民族爱国官兵进行的浴血奋战。

（一）奉命抗击

面对外来侵略，封建王朝及地方官府进行了军事部署，西部各民族军民积极参与抗敌斗争，保卫国家疆土。

从元初至明末，倭寇肆虐300多年，在嘉靖年间的抗倭斗争中，广西田州派出主要由壮族、瑶族组成的俍兵5000人，左右江、思恩、归顺、东兰、那地、南丹也派出数目不等的俍兵。嘉靖三十四年（1555年），倭寇危害江浙沿海地区。田州女土官瓦氏夫人率领俍兵5000人到达功州，东兰、那地、南丹、归顺、思恩俍兵随后到达，在总督张经、总兵官俞大猷等统一指挥下击败了倭寇④。

万历三十五年（1607年），安南封建统治集团黎维新派兵侵入广西下雷、

---

① 陈连开著《中国近现代民族史》，中央民族大学出版社2011年版。
② 陈连开著《中国近现代民族史》，中央民族大学出版社2011年版。
③ 陈连开著《中国近现代民族史》，中央民族大学出版社2011年版。
④ 翁独健著《中国民族关系史纲要》，中国社会科学出版社2001年版。

归顺、龙州等地，广西田州土知州岑懋仁和向武土知州黄绍纶共率土司兵大败安南侵略军。万历三十六年（1608 年）元月，安南侵略者又增兵侵入广西钦州龙门哨所。明军在当地壮族、汉族等各民族平民的支持下截断其后路，并于夜间乘大雾弥漫之际用铳炮轰击敌军，敌军大败。三月，明军援兵到来，在钦州澌凛、金勒、古森、丫葛四峒壮族平民 9000 多人的援助下，从四面八方攻击入侵者，一举歼灭敌军 2700 多人，生擒其头目 12 人，其余全部被驱出境外。

清朝时期蒙古族反对外来侵略的斗争始终没有停息。清初的准噶尔部在巴图珲台吉及其子僧格执政期间，就坚决反抗沙俄侵略，多次进行保卫领土的斗争。

道光二十年（1840 年），英帝国主义发动鸦片战争入侵我国沿海。清王朝征调各地精兵驰往沿海防卫。四川大金川和瓦寺的 1000 多藏族土兵奉召出征，由于作战计划被奸细泄露，参战土兵遭敌军伏击半数牺牲。另一部分藏兵在副将朱贵指挥下，与陕西、甘肃、四川清军一道参加了宁波附近的“大宝山战役”。在敌强我弱的情况下瓦寺土兵在土舍索诺木文茂的带领下奋勇冲杀，俘获了不少英军士兵①。道光二十一年（1841 年），英军将领道格拉率兵从拉克达侵入西藏阿里地区，驻藏大臣阵保和海朴督促前、后藏派 3000 藏兵，由索康、惹噶厦两噶伦率领驰援阿里。十二月，藏军在玛法水错湖南岸与侵略军交战，奋战三日后全歼道格拉率领的主力军。

自道光六年（1826 年）起，新疆在阿古柏政权的黑暗统治下，同时面临沙俄帝国主义和英帝国主义分割的危险。光绪元年（1875 年），左宗棠被任命为钦差大臣，督办新疆军务，授予其筹兵、筹饷、指挥军队等权力。收复新疆的战事从光绪二年（1876 年）开始，首先收复了阿古柏占领的北疆地区。新疆各民族平民积极协助官军，“军行所至，或为向导，或随同打仗，颇为出力”②。左宗棠收复新疆大部地区后，于光绪六年（1880 年）拟订了收复伊犁的军事计划，兵分三路向沙俄侵略军侵占的伊犁地区进发。然而在沙俄帝国主义的军事讹诈和英、美等列强的威胁下，清王朝选择了谈判解决伊犁问题的方案。左宗棠被调回北京，清军停止了对沙俄的军事行动③。

---

① 杨学琛著《清代民族史》，四川民族出版社 1996 年版。

② 〔清〕左宗棠撰《左文襄公全集》奏稿卷五一，文海出版社 1979 年版。

③ 杨学琛著《清代民族史》，四川民族出版社 1996 年版。

光绪十年（1884 年）八月，法国侵略军向北宁、谅山进犯，爱国将领冯子材率领的壮族、汉族等民族组成的抗法军队到达边关，准备歼灭入侵之敌。光绪十一年（1885 年）三月二十三日，法国侵略军侵犯镇南关，冯子材率军迎战，激战两昼夜击毙敌军官数十名，士兵 2000 多人，缴获枪支弹药不计其数，取得了震惊中外的镇南关大捷[①]。

（二）自发抗击

在大敌当前、面对外敌入侵的关键时刻，有时封建王朝及地方官府瞻前顾后，只是口头上抗议，没有具体的军事部署，也没有采取抗敌措施。西部民族军民自发进行边境保卫战，反击敌人、保卫国家疆土。

尼泊尔是乾隆年间开始向清王朝纳贡的邻邦，到道光三十年（1850 年）受东印度公司控制后，把矛头指向中国西藏。趁清王朝内外交困之际，“禀请”出兵协助征剿太平军，以试探清王朝的态度，同时显示自己的实力。清王朝拒绝了尼泊尔的请求，称天朝内部之事自己办理“无需该国兵力”[②]。尼泊尔恼羞成怒，多次在西藏地区挑衅。咸丰五年（1855 年），尼泊尔借口西藏“所属营官，还按旧章，多征税课”，以及伤害尼泊尔官员和商人，派兵侵占聂拉木、济陇两地，后又大举侵入后藏。清廷没有发一兵一卒进行抵抗，只派官员赴藏调停尼泊尔和西藏的关系。于是尼泊尔不断增加兵力，疯狂入侵西藏，甚至企图侵占军营，激起藏族官兵义愤，“分路进攻，前后夹击”歼敌数百名，一度攻克了聂拉木要隘，切断了尼泊尔军队的后路，迫使其进退两难[③]。在西藏军民团结奋战取得一定胜利的情况下，清王朝不得不承认西藏官兵为保卫边疆，奋勇进剿入侵之敌有功，“拨银数万两，解赴后藏”，发给打仗奋勇的官兵“以资鼓励”[④]。但清王朝于咸丰六年（1856 年），派驻藏大臣赫特贺出面，让西藏地方政府与尼泊尔议和。

光绪初年，英帝国主义加紧入侵西藏。先是兼并与清王朝有“宗藩关系”的缅甸，随后占领锡金，并在边境筑路向北延伸到卓木（辖区属今西藏自治区亚东）山谷以南。英国组织了以通商为名由马科蕾带领的“考察团”，全团除测量地形、绘制地图等人员外，还有一支由 300 名印度士兵组

① 萧君和著《中华民族史》，黑龙江教育出版社 2001 年版。

② 《清文宗实录》，影印本，中华书局 1986 年版。

③ 《清文宗实录》，影印本，中华书局 1986 年版。

④ 《清文宗实录》，影印本，中华书局 1986 年版。

成的卫队，却没有一个商务官员。当马科蕾考察团企图进入西藏时，西藏地方官府由江孜调兵设立边卡，加强了卓木以南热纳以内的边界要隘隆吐山的防御。英国侵略军反对藏军在隆吐山设防，并迫使清王朝命令藏军限期拆除边卡。西藏军民及各大寺僧众坚决抵制清王朝的命令，指出隆吐山是西藏本境，在此设卡是保卫边境安全，不存在英军提出的“越界筑卡”或“有意威胁”的问题。在清王朝采取退让政策的情况下，英军于光绪十四年（1888 年）初发动了对隆吐山藏军边卡的进攻。尽管藏军人数少，武器装备差，只凭火绳枪、弓箭、刀、矛和石块等坚守阵地，仍然连续击退武器精良的英军的多次进攻。英军大量援军到达后，利用藏军密集防守的弱点，用大炮集中火力轰毁了藏军防御工事。藏军又在一夜之间筑起一道四五里长的墙垣，设临时阵地继续抵抗。在敌人猛烈炮火的压制下，藏军不得不撤退到卓木。增援军民到达后，又继续与英军拼杀①。光绪十五年（1889 年），驻藏办事大臣升泰以“力图整顿，筹办边疆事务”为名，以奉旨“罢兵定界”为理由阻止藏军作战，强迫前方作战军民拆除边卡全部后撤②。自光绪二十八年（1902 年）起，英国侵略军又不断侵入后藏边境，掳掠牲畜、抢劫财物，甚至鞭打藏兵、侮辱西藏官员。清王朝和西藏地方当局互相观望，无抵御之策，驻藏官员和军队奉严令“不准与英军生事”，只能说理劝阻。光绪二十九年（1903 年），集结于隆吐山地区的英军侵入亚东地区进犯江孜，在吐纳遭到藏军顽强抵抗。江孜陷落后，西藏各地兵民急赴增援，包围英军并实施了沉重打击③。光绪三十年（1904 年）三月末，在西藏代本赖丁率领下，1000 多藏兵在曲米森谷一片平原上，靠筑起的一段墙垣作防护与英军接触，并按命令不首先开枪，凭说理阻止英军前进。这 1000 多藏兵在敌人机枪大炮袭击下几分钟之内大部分死伤。英军的恶行激起了西藏军民的愤怒，在英军进犯江孜的过程中，藏族百姓也拿起长刀、梭镖、棍棒、石块等阻击英军，有的截断英军交通运输和通信线路，有的直接参与奋战，延缓英军入侵江孜的进程④。四月中旬，英军进入江孜宗堡垒，江孜宗官府储藏的大量粮食、军用物资全部落入英军手中。到了

① 《藏族简史》编写组编纂《藏族简史》，民族出版社 2009 年版。

② 《清德宗实录》，影印本，中华书局 1987 年版。

③ 《藏族简史》编写组编纂《藏族简史》，民族出版社 2009 年版。

④ 《藏族简史》编写组编纂《藏族简史》，民族出版社 2009 年版。

五月藏军集聚起来，一部分驻守江孜以东的卡罗拉山，坚守江孜通往拉萨的重地；另一部分自北向南迅速向江孜方向进击。虽未完全实现战略计划，但取得了主动权，围英军大营数十日。光绪三十年（1904 年）七月五日，英军开始进攻江孜堡垒，先占据了堡垒山前的市街，然后集中炮火轰毁堡垒东南角一段坚固的墙垣。处于被动地位的藏族军民仍然在断垣残壁后面向敌人射击，一次次击退试图从缺口冲入的英军①。最终藏族军民因缺乏有效的指挥被惨杀。

二、民间自发的抗击

在外国侵略者不断入侵、边疆深受其害的情况下，西部各民族自发组织起来，以多种形式抵御外敌的侵略。

（一）对武力入侵的抗击

当外国侵略军侵犯我国领土时，西部各民族、各阶层同仇敌忾，奔赴抗敌前线，浴血奋战，保卫国家的领土和主权。

19 世纪中叶以后，沙俄侵略势力逐渐深入新疆腹地。道光二十七年（1847 年），俄军侵入中国境内库克乌河和勒布什河流域，强行修建了科帕尔城堡。次年，沙皇下令在科帕尔设置“大玉兹监护官”，负责“管理”中国境内的哈萨克族。哈萨克族自动集合六七千人发起进攻，在深夜袭击俄军的哥萨克巡逻队，烧毁其定居点并牵走马匹。道光三十年（1850 年），科帕尔的俄军入侵伊犁河南，当地居住的哈萨克族数千人包围了俄军。在哈萨克族的打击下，侵略军狼狈逃回科帕尔②。自此，维吾尔族、哈萨克族等民族的抗俄斗争连续不断，成为反对沙俄侵略新疆的重要力量。

同治四年（1865 年），浩罕阿古柏入侵南疆，新疆各族人民殊死抵抗。在侵略军进犯乌鲁木齐时，乌鲁木齐和吐鲁番的妥明清真王组织了 10 万各地回族民军主动出城迎战，向阿古柏军发动了大规模、全方位的反击。虽然战斗因指挥不当失利，但各族人民并未向侵略军屈服。各地民团仍向侵略军不断发动进攻，收复乌鲁木齐满城，进而围攻汉城（迪化），生擒阿古柏的傀儡头目马仲。阿古柏再次纠集 1 万多士兵进犯乌鲁木齐，回族人民与汉族民团徐学功、赵兴体等部联合奋起反抗，围攻阿古柏侵略军，迫使阿古柏军节节

① 《藏族简史》编写组编纂《藏族简史》，民族出版社 2009 年版。

② 陈连开著《中国近现代民族史》，中央民族大学出版社 2011 年版。

败退[①]。

宣统二年（1910 年），英国侵略军 2000 多人侵占云南片马、古浪、岗房三地，激起当地各族民众的强烈反击。次年又在高黎贡山巅分筑炮台，引发云南全省掀起反抗英帝国主义的热潮。昆明、大理等地组织了“保界会”，强烈要求英帝国主义撤兵。云南咨议局派代表到北京请愿，并组织“保安会”作为后盾。居住在怒江边的白族、怒族、傈僳族等各民族平民自发组织武装袭击英国侵略者[②]。

从 1927 年起，英帝国主义偷越国境，密勘矿藏，盗取云南班洪、班老等地的银矿和铅矿矿渣，并于 1934 年 1 月派军队占领了矿区，由此激起了当地佤族民众和全国各族民众的愤慨。2 月，班洪和班老邀约周围 10 多个部落集会于班洪剽牛立盟，誓驱英国侵略者，并立即组织了 3 支武装力量。双江、澜沧、耿马及沧源其他地区的佤族、傣族和汉族民众也组织了义勇军赶赴班洪地区抗击入侵者，打得英军狼狈不堪[③]。

抗日战争时期，佤族和当地各族民众不但以人力、物力支援驻在当地的抗日国军，同时还迅速组织游击队与日军直接展开斗争。当地的抗日游击队有耿马沧源支队（1942 年 9 月成立，辖 3 个大队和 1 个特务连，在耿马、沧源、孟定一带活动），佧佤山特区自卫支队（1943 年 2 月组建，辖 4 个大队，在班洪、班老及其以南地区活动），佧佤山游击支队（1943 年 5 月组建，在沧源永和、西盟一带活动），班洪自卫支队（1944 年年底组建，辖 6 个大队，在沧源县全境及其以西、以南地区活动）。这几支游击队有力地配合了抗日军队的作战。如 1943 年 10 月，配合抗日国军在班洪、班老地区歼灭日军数十人，缴获炮弹 300 多发、战刀 800 多把、枪 20 多支。1944 年 6 月，歼灭侵犯孟定的日军 700 多人[④]。

1943 年，日军企图从缅甸北部进犯云南边境。澜沧、沧源、双江一带的拉祜族与佤族、傣族、景颇族及汉族民众一起组成抗日游击队，奋起保卫边疆[⑤]。

---

① 陈连开著《中国近现代民族史》，中央民族大学出版社 2011 年版。

② 萧君和著《中华民族史》，黑龙江教育出版社 2001 年版。

③《佤族简史》编写组编纂《佤族简史》，云南人民出版社 1986 年版。

④《佤族简史》编写组编纂《佤族简史》，云南人民出版社 1986 年版。

⑤《拉祜族简史》编写组编纂《拉祜族简史》，云南人民出版社 1986 年版。

（二）对文化渗入的抗击

帝国主义为配合其政治、经济、军事的侵略，还派出大批间谍、军事人员、传教士到西部民族地区从事“调查”，收集经济、政治情报。有关史料载：“近数十年，英国开发云南之策略皆藉教师及游历探险者为原动力，如枯泊（Cooper）及华金栋（Kindonword）诸人日记中，彼辈在内地游历时，凡一切互通消息、预备马夫、收买通司、转换货币、接听机要等，概由传教士代办。”①

1. 对传教士渗入的抗击

英、法、美等帝国主义派出一些牧师、神甫到中国西部边疆民族聚居区以传教为幌子，进行搜集情报、挑拨民族关系和分裂活动，引起了各族人民的强烈反抗。

第一次鸦片战争以后，法国的传教活动作为一种侵略手段不断向中国腹地发展，并在四川、云南与青藏高原的边缘地区设立据点。道光二十六年（1849 年），两名法国传教士潜入西藏拉萨，他们的活动引起了西藏地方官府和藏民的注意，不久就将其遣送出藏。咸丰十一年（1861 年），法国教会势力又趁第二次鸦片战争的机会，勾结罗马教廷的 1 名主教，企图让大批法国传教士进入西藏建立教区。四川、云南边缘区藏民对此进行了坚决抵制。同治元年（1862 年），法国传教士邓司铎到达川东土家族、苗族聚居的酉阳州，在距城 20 公里的小摇坝建“公信堂”，强迫民众信教，造成乡民与教会矛盾日益激化。同治四年（1865 年）二月二日，四乡民众在农民刘胜超率领下一举捣毁公信堂。酉阳民众在土家族首领冉从之的率领下，将法国传教士冯弼乐打死在城隍庙。同治七年（1868 年）十一月二日，民团首领何彩率领民众焚烧石垭教堂，捣毁酉阳州的法国天主堂，烧死司铎李国安及教民多人②。

从同治八年（1869 年）起，外国殖民主义者以传教、探险等名义，进入云南怒江和独龙江一带，明目张胆地进行勘测。光绪三十三年（1907 年），法国侵略者在贡山白哈罗强迫民工修建教堂，并阻止当地居民信仰自由，激起了各族民众的愤怒，傈僳族、藏族、怒族、独龙族等各族民众齐聚教堂示

① 杨体仁《英人经营滇缅边境之史实》，载《永昌府文征》卷三六。

② 陈连开著《中国近现代民族史》，中央民族大学出版社 2011 年版。

威并烧毁了法国教堂，驱逐了法国传教士。第二年，傈僳族民众杀死了以探险为名，潜入福贡搞破坏活动的德国武装间谍[①]。

光绪九年（1883 年），漾濞白族民众对法国传教士的罪行忍无可忍，拆毁教堂门窗，杀死教民 2 人。同年洱源孟福营、沙凤村爆发了规模更大的反对传教士的斗争。200 多白族民众手持锄头、刀、棍和其他器械深夜群起焚烧教堂，打死法国天主教司铎张若望等 10 多人。但清王朝的官吏却将这次事件的领头人定罪，并向侵略者道歉且赔偿白银 5 万两[②]。

光绪三十三年（1907 年），贵州都匀内外的水族、苗族、布依族等族民众，以“联团灭教”“灭洋兴汉”相互号召举行武装起义。并联合贵定罗法先、独山吴天祥、三都吴承忠及荔波、八寨、清平、丹江、都江等各地民众共同起义。捣毁都匀府所属的凯口及贵定县所属的犀头岩教堂，继而，都匀的五司，独山的烂土、牛场、水潘和荔波的恒丰、三洞、九阡、巴乃、蒙石及都江等地纷纷响应，惩罚欺压民众的教徒[③]。参加起义的民众达 10 万多人，声势浩大。

光绪十年（1884 年），天主教在鄂尔多斯地区建立教堂，霸占大片土地，激起蒙古族的强烈不满。伊克昭盟达拉特旗章京色力格巴拉率领蒙古族民众一举烧毁了设在达拉特旗的天主教教堂。光绪十二年（1886 年），天主教“中蒙古教区”主教巴齐贤为开辟一个新“教友之区”，依靠教会势力强行霸占、开垦察哈尔镶黄旗七苏木土地。蒙古族民众联合集宁地区的汉族农民放火烧了天主教教堂强行掠夺的土地上的青禾[④]。

2. 对“考察者”渗入的抗击

帝国主义除以传教为名外，还以商务、文化等考察为借口，竭力向中国进行渗透和侵略。

同治九年（1870 年），由沙俄尼·米·普勒日瓦尔斯基率领的沙俄“考察队”由北路向西藏进发，但两次入藏都遭失败[⑤]。随后沙俄又筹备了第三次

---

① 国家民族事务委员会文化宣传司编《中国少数民族》，中央民族大学出版社 2010 年版。

② 《白族简史》编写组编纂《白族简史》，云南人民出版社 1988 年版。

③ 《水族简史》编写组编纂《水族简史》，贵州人民出版社 1985 年版。

④ 陈连开著《中国近现代民族史》，中央民族大学出版社 2011 年版。

⑤ 张广达《沙俄侵藏考略》，载《中国近代史论文集》（下册），中华书局 1979 年版。

入藏“地理考察”，抵达唐古拉山山口后，受到当地哈拉乌苏营和僧众百姓的阻截，以300多人的马队封锁了道路。在沙俄“考察队”企图强行通过时，藏族民众“众立誓词，切实甘结，纵死力阻缘由，处心已定”① 的顽强斗争，迫使沙俄“考察队”返回青海。光绪十年（1884年），尼·米·普勒日瓦尔斯基再次率“考察队”侵入青海扎陵湖附近枪杀藏民，引起了藏族集洛部的自卫反击②。

西南边疆地区是英、法等帝国主义长期觊觎的对象。同治二年（1863年），英国派人到云南德宏地区进行阴谋活动。同治七年（1868年），再次派出“探险队”从八莫闯入德宏直抵腾越（辖区属今云南省腾冲县），进行勘察铁路线的非法活动③。同治十三年（1874年），英国军官柏郎（H. A. Browne）带兵从缅甸出发，驻北京的英国大使馆派翻译官马嘉理（A. R. Margary）从云南入缅迎接。马嘉理从汉口、昆明、永昌经腾越到缅甸，沿途刺探情报、勘测地形。马嘉理到缅甸与柏郎会合后，于光绪元年（1875年）初率领部分英军首先入侵云南边境，英军官柏郎则率领大部武装队伍尾随其后，德宏地区的景颇族民众在傣族民众支持下，在边境的雪列截住马嘉理，并把柏郎率领的入侵英军驱逐回缅甸④。

光绪二十四年（1898年），中英两国勘定云南德宏地区陇川的边界时，景颇族山官早乐东在民众支持下据理抗争，粉碎了英帝国主义侵占中国领土的野心⑤。

（三）对经济掠夺的抗击

19世纪五六十年代后，西方帝国主义凭借不平等条约，取得了在西部民族地区开埠通商、开采矿藏、修筑铁路等权利，对西部民族进行统治和剥削，使西部民族的经济遭受了损失，从而激起了西部民族的强烈反抗。

法国殖民者在设计和勘测滇越铁路之初，原打算通过云南经济发展水平较高的平坝和重要城镇，以便进行更多的经济掠夺，但在勘测中遭到了沿线各族人民的强烈反对。光绪二十八年（1902年），在农民出身的矿工杨自元

① 吴丰培辑《清季筹藏奏牍》（第1辑），国立北平研究院史学研究会1938年版。

② 张广达《沙俄侵藏考略》，载《中国近代史论文集》（下册），中华书局1979年版。

③ 陈连开著《中国近现代民族史》，中央民族大学出版社2011年版。

④ 《景颇族简史》编写组编纂《景颇族简史》，云南人民出版社1983年版。

⑤ 《景颇族简史》编写组编纂《景颇族简史》，云南人民出版社1983年版。

率领下，各族群众攻打云南蒙自的衙门和法国路斯洋关，放火烧毁了蒙自税务司，加上工程技术上的困难，迫使殖民者另择滇越铁路新线。筑路时沿线各族群众又纷纷拿起锄头、镰刀、木棒等挖毁路基、毁坏路桩。筑路工人虽然在殖民者武力监督和威胁下劳动，但经常消极怠工、破坏工具、毁坏电讯设备等，甚至打死殖民者的监工和路警，如残暴虐待工人的法国工程师瓦尔孜等人就被工人打死①。

宣统二年（1910 年）四月一日，法国修筑的滇越铁路全线通车。法国殖民者通过铁路运输对中国西南民族地区的掠夺，实现了用武力所达不到的目的。从滇越铁路的勘测到通车，沿线各族人民和筑路工人反殖民侵略的斗争从未停止过。

光绪二十八年（1902 年）六月，英法隆兴公司总办弥乐石（法国驻滇总领事）与云南地方当局签订了《云南隆兴公司承办七属矿务章程》，云南澄江、临安、开化、楚雄府、元江州和永北厅等 7 处矿藏由英、法殖民者任意开采。殖民者的强取豪夺和清王朝官吏的卖国及腐败行为激起了云南各族人民的强烈反对。光绪二十九年（1903 年）三月，个旧矿区爆发了周云祥领导的各族矿工和农民武装起义，起义军提出了“抗官仇洋”、“拒修洋路、阻洋占厂”等口号。在各民族群众的支持下起义军很快攻占了个旧、建水、石屏，并向阿迷州（辖区属今云南省开远市）、嶍峨（辖区属今云南省峨山彝族自治县）、河西（辖区属今云南省通海县）、江川、宁州（辖区属今云南省华宁县）、弥勒、广西州（辖区属今云南省泸西县）、元江等 10 多个州县发展。起义遭清军围剿失败之后，各族民众和各界人士又掀起了“保矿运动”，要求废除《云南隆兴公司承办七属矿务章程》。宣统二年（1910 年），滇越铁路通车时昆明学生集会游行，要求收回路权和矿权。有的人甚至用刀割臂、断指，强烈要求废约，收回矿权。各族民众的不懈斗争，终于迫使清王朝在宣统三年（1911 年）八月议定赎回云南七处矿产，废除了《云南隆兴公司承办七属矿务章程》②。

三、中国共产党领导的抗日战争

在九一八事变和七七事变爆发以后，西部各民族积极投入到抗日救亡运

① 陈连开著《中国近现代民族史》，中央民族大学出版社 2011 年版。

② 陈连开著《中国近现代民族史》，中央民族大学出版社 2011 年版。

动中，以各种形式有力地支援中国反法西斯事业。

（一）内蒙古地区

在中国共产党团结抗日总方针的指导下，内蒙古人民奋起反抗日本帝国主义的侵略和掠夺。1937年10月，以原百灵庙起义部队改编的蒙旗保安总队以一个团的兵力迎战进攻归绥（今内蒙古自治区呼和浩特）的日军，在大青山以南黑河沿岸坚持抵抗两昼夜。归绥陷落后，杨植霖、高凤英（蒙古族）、贾力更（蒙古族）、刘洪雄等共产党人继续坚持地下斗争，发动当地农民及部分青年学生，组建了抗日游击队，以大青山为依托开展抗日斗争，先后袭击和林县伪骑兵团、归绥县伪保甲团、耿家营子伪蒙军军马场等[①]。1938年9月，由一二〇师团和师直属骑兵连组成的“八路军大青山抗日游击队”到达了大青山，与杨植霖等领导的抗日游击队会师，同日军进行了多次战斗。9月3日袭占陶林，10日攻克乌兰花；10月5日在石拐子击溃敌汽车队，7日袭击三道营车站；11月4日伏击归绥、武川间等。11月，李井泉支队在蒙古族、汉族人民的支持下，粉碎了敌人的进攻，开辟了大青山抗日游击根据地[②]。

（二）西南地区

广西壮族人民在日军入侵期间以各种方式和敌人进行斗争。邕宁县八尺区壮族群众在日军占领南宁之后自发组织起来，成立游击队以抗击日军的烧杀劫掠，得到了广西地方政府和中国共产党广西地方组织的支持。广西战地工作督导团派员到八尺区工作，并成立邕宁县游击大队，后改为邕宁县第四游击大队。1940年5月，击退逼近蒋村和四美的日军。6月，以不足百人的兵力与袭击新丁、乌兰的日军浴血战斗[③]。在桂北和桂中，壮族、苗族、瑶族等群众建立了抗日游击队、抗日自卫队等抗日武装，与日军进行战斗。在龙胜东区，苗族青年杨瑞清等人组织了200多人的伟江抗日游击队，多次狙击日军，一直坚持到日军撤出龙胜。在融水大苗山，苗族群众成立了柳北人民抗日挺进队，与日军交战数十次。在上林县巷贤乡，壮族群众成立了巷贤乡青年自卫大队，多次与日军作战，打死打伤日军50

① 方素梅著《中国少数民族革命史》，广西民族出版社2000年版。

② 陈连开著《中国近现代民族史》，中央民族大学出版社2011年版。

③ 方素梅著《中国少数民族革命史》，广西民族出版社2000年版。

多名，俘获日军 2 人、汉奸 3 人[①]。

1942 年 5 月，日军侵入滇西后，爱国人士朱嘉在龙陵和潞西组织了昆明行营龙潞区游击支队（龙潞游击队），成立初期有队员 600 多人，一年后队伍扩大到 2000 多人，先后与日军作战数十次[②]。在大盈江西岸的盏西，景颇族群众用土枪、铜炮、长刀等武器打击日军，坚持游击战争达两年之久，队伍也扩充到 200 多人，成为盏西独立游击大队下的一个中队[③]。

---

① 方素梅著《中国少数民族革命史》，广西民族出版社 2000 年版。

② 方素梅著《中国少数民族革命史》，广西民族出版社 2000 年版。

③ 方素梅著《中国少数民族革命史》，广西民族出版社 2000 年版。

第七章　西部民族政治关系

“人的本质是一切社会关系的总和”①，西部民族不论是群体还是个体，都处于各种社会关系之中。政治关系是政治的本质内容，在复杂的社会关系中占有极其重要的地位。每个民族在形成和发展过程中都建立了民族的政治体系，形成了自己的政治生活。不同的民族、民族内的不同群体和个人为了争取、实现和维护自己的利益而参与政治生活，从而形成了彼此之间纷繁复杂的政治关系。西部民族政治关系除了最集中、最直接地反映经济关系、利益关系之外，还全面反映着其他社会关系。

第一节　西部民族外部政治关系

外部政治关系是西部民族与其他政治行为主体之间的政治关系，主要是与中央王朝、与其他民族的政治关系。这种政治关系直接影响到西部民族自身的利益和政治生活，而且对中央王朝、其他民族有着很大的影响。

一、与中央王朝的政治关系

政权问题是关系全部政治的根本性问题，也是政治关系的核心问题。在与中央王朝政治生活的互动中，各个民族都希望在权力体系中发挥更大的影响力，获得更多的政治权益，从而在政治权利分配格局中处于更加有利的地位。因此，各个少数民族必然要与朝廷乃至相关的地方官府产生联系。这种关系不仅制约着少数民族自身的政治生活，而且也极大地影响着少数民族之间、少数民族与汉族之间的政治关系。西部民族的发展各具特色且极不平衡，发展程度、力量强弱及发展轨迹方面都存在巨大的差异。因而与中原封建王

① 中央编译局编译《马克思恩格斯选集》（第1卷），人民出版社1995年版。

朝的政治关系也各有不同，并且这种关系还随其自身及居住地的发展呈现出丰富的内涵和不同的时代特征。

（一）并立型关系

历史上西部各民族大多建立了自己的民族政治体系，但这些政治体系的存在形态、发育程度各不相同。处于发展鼎盛时期便拥有足够的实力与中原封建王朝抗衡、并立，体现出一定的独立性与完整性，从而与中原封建王朝的政治关系也呈现出矛盾斗争与友好往来交织发展的复杂局面。

在秦朝和汉朝汉武帝之前，提到与周边民族的关系时往往以“胡越”或“北有胡南有越”来概括。在“胡越”中，北方的胡（匈奴）是最重要的方面。秦、汉王朝与匈奴形成两大势力，一方的政权掌握在无时不想扩大统治范围的封建主手中，另一方的政权掌握在“以马上战斗为国”的奴隶主手中，两者之间的矛盾和斗争也就不可避免。始皇三十三年（前214年），蒙恬北击匈奴，秦王朝收复河南地，匈奴单于头曼因败而向北迁徙。汉高祖五年（前202年），匈奴进入了极盛时期。匈奴的强大对汉王朝形成了严重威胁。汉高祖刘邦在忙于内部事务的同时，也极为注意与匈奴的关系。汉高祖六年（前201年），汉王朝以韩王信材武，徙王太原郡31县，都晋阳（辖区属今山西省太原市）以备匈奴。平城之役后，汉王朝鉴于秦末和楚汉之战使“天下之民肝脑涂地，父子暴骨中野不可胜数，哭泣声未绝，伤痍者未起”[①]，“丈夫从军旅老弱转粮饷，作业剧而财匮，自天子不能具钧驷，而将相或乘牛车，齐民无藏盖”，“米至石万钱，马一匹则百金”[②]，便采用休养生息的措施，对匈奴采取和亲对策，“约结和亲，赂遗单于，冀以救安边境”[③]。汉王朝从高祖至武帝初都遵守和亲策略及与匈奴的约定。除给匈奴各种物品外，还于汉高帝、汉惠帝、汉文帝、汉景帝时4次以宗室女为公主嫁给单于。在这期间，即使匈奴出言不逊和出兵犯边，汉王朝都尽力维持和亲。汉武帝初继续实行与匈奴和亲的策略。“明和亲约束，厚遇，通关市，饶给之。匈奴自单于以下皆亲汉，往来长城下。”[④] 马邑之役后，双方关系恶化，“匈奴绝和亲，攻当路塞，往往入盗于

① 《史记·刘敬列传》，汉语大词典出版社2004年版。

② 《史记·平准书》，汉语大词典出版社2004年版。

③ 《汉书·匈奴列传》，汉语大词典出版社2004年版。

④ 《史记·匈奴列传》，汉语大词典出版社2004年版。

汉边不可胜数”[1]。武帝时期长达45年的汉、匈之战从此开始，直至征和三年（前90年）贰师将军李广利战败投降匈奴。武帝不再发兵攻打匈奴，并下诏“深陈既往之悔”[2]。匈奴却不断侵袭汉王朝的边地和乌孙。这一时期匈奴虽与汉王朝有和亲、通贡、互市的关系，但政治上无隶属关系，且声称“南有大汉，北有强胡。胡者天之骄子也”[3]。

在王莽天凤元年（14年）至东汉建武十二年（36年）这段时期内，中原地区经历了20年战乱。在中原战乱过程中，匈奴雄踞北方，以反对王莽的统治为名经常侵犯边郡，并认为自己完全独立、不再臣服于汉王朝。更始二年（24年）冬，汉王朝派遣使者授予单于汉旧制玺绶、王侯以下印绶时，单于则认为“匈奴本与汉为兄弟。匈奴中乱，孝宣皇帝辅立呼韩邪单于，故称臣以尊汉。今汉亦大乱，为王莽所篡，匈奴亦出兵击莽，空其边境，令天下骚动思汉。莽卒以败，而汉复兴，亦我力也，当复尊我”[4]。汉王朝“方平诸夏，未遑外事”，对匈奴通使和好，但匈奴不断侵犯边郡，使“北边无宁岁”[5]。这一时期汉、匈关系虽然紧张，而联系并未中断。

大统十一年（545年），西魏文帝遣酒泉胡安诺槃陁出使突厥，突厥王认为“今大国使至，我国将兴也”。第二年土门“遂遣使献方物”[6]。大统十七年（551年），西魏又将长乐公主嫁给土门。中原地区的北齐和北周两个王朝在互相争战中，对日益强大的突厥汗国均“争请盟好，求结和亲”[7]。而突厥对北齐和北周则先不偏袒任何一方，中立对待；继而则厚周薄齐，并“与周合从，终亡齐国”[8]。

隋与西域联系密切，隋炀帝派裴矩驻扎在张掖，并往来于武威、张掖之间，主持和西域的联系及贸易等事宜。大业年间（605—618年），西域“相率而来朝者四十余国，帝因置西戎校尉以应接之”[9]。大业五年（609年），隋

① 《汉书・匈奴列传》，汉语大词典出版社2004年版。
② 《汉书・西域列传》，汉语大词典出版社2004年版。
③ 《史记・匈奴列传》，汉语大词典出版社2004年版。
④ 《汉书・匈奴列传》，汉语大词典出版社2004年版。
⑤ 《后汉书・南匈奴传》，汉语大词典出版社2004年版。
⑥ 《北史・突厥列传》，汉语大词典出版社2004年版。
⑦ 《隋书・北狄列传》，汉语大词典出版社2004年版。
⑧ 《隋书・北狄列传》，汉语大词典出版社2004年版。
⑨ 《北史・西域列传》，汉语大词典出版社2004年版。

炀帝西巡，即有西域27国使者同来相会。长安和洛阳“西域胡往来相继”①。

唐贞观二年（628年），原羁属于突厥的薛延陀部首领夷南在唐王朝支持下建立起薛延陀汗国。贞观三年（629年），唐太宗特遣游击将军乔师望持册往慰拜夷男为真珠毗伽可汗，使其势力大振，“回纥、拔野古、阿跌、同罗、仆骨、霫诸部大部落皆属焉”②。薛延陀汗国与唐王朝建立了友好关系，贞观二年至十四年（628—640年），薛延陀派遣使者赴唐15次，其中朝贡13次，请助讨高昌和请婚各1次。但唐王朝“以其强盛，恐为后患”想削弱其势力，引起薛延陀的不满。贞观十六年（642年），唐太宗初允夷男求婚，后又撕毁婚约，致使双方关系急剧恶化。

吐蕃的建国和发展对唐王朝产生了显著影响，“西戎之地，吐蕃是强。蚕食邻国，鹰扬汉疆”③。贞观初年，松赞干布治理下的吐蕃已是一个统一而强大的奴隶制国家。唐太宗时期，唐王朝处于威震海内的鼎盛时期，与吐蕃建立了友好关系，但双方的关系发展充满曲折与坎坷。贞观八年（634年），吐蕃首次派遣使者向唐王朝进贡，唐太宗派使者冯德遐入藏下诏书临抚，从此开创了唐王朝、吐蕃友好关系的历史。自此至贞观二十三年（649年），唐王朝与吐蕃一直保持着友好关系，并因文成公主和亲而得到迅速发展。吐蕃每年还派出使者到长安献方物，不断增进与唐王朝的友好关系。唐太宗和松赞干布相继逝世后，随之而来的长达170年间（650—820年），双方关系却呈现矛盾斗争与友好往来交织发展的复杂局面，友好与战争并行是其主要特点。这一期间双方的战争除了边界摩擦频繁发生外，还有争夺吐谷浑、西域的安西四镇、南诏，以及唐王朝本土的河陇之地的争战。战争中多数情况下吐蕃是进攻者，但唐王朝当时的国势民力也绝非吐蕃所能匹敌，因而争斗时紧时松，打打停停和战相兼，双方使臣往返异常频繁。自唐贞观八年（634年）开始到唐武宗会昌六年（846年）吐蕃王朝瓦解的213年间，据不完全统计，双方使臣来往共191次，其中唐王朝使臣入吐蕃66次，吐蕃使臣入唐125次。吐蕃1年中派遣使臣2次的有14年，派遣3次的有6年，派遣4次的有3年。唐王朝1年中派遣使臣2次的有8年。来

① 〔北宋〕司马光编纂《资治通鉴·隋纪五》，中华书局1956年版。

② 《旧唐书·铁勒列传》，汉语大词典出版社2004年版。

③ 《旧唐书·吐蕃列传》，汉语大词典出版社2004年版。

往使臣长期居留对方，有的达十多年乃至数十年之久[①]。使臣担负报丧、吊祭、朝贺、进贡、报聘、求匠、送僧、请市等职责，但主要任务还是和亲与会盟。文成公主和亲是唐王朝、吐蕃友好关系建立的标志，是汉藏关系史上的一件大事，也是中国民族关系史上的一件大事。景龙元年（707年），唐中宗封养女雍王李宗礼之女为金城公主，和亲吐蕃，在缓解双方冲突方面也起了积极作用。

会盟是唐王朝、吐蕃政治交往的一种特殊形式，作为双方争斗的补充，几乎贯穿双方关系的始终。具体就是唐王朝、吐蕃在停战、议界、划界等方面为安定内部而相互妥协。唐王朝、吐蕃会盟始于中宗神龙元年（705 年），止于穆宗长庆元年（821 年）[②]。这是双方势力消长、势均力敌的必然结果。在这期间双方在交往中互相依存、斗争中互相消耗，经历了各自政治、军事力量由盛转衰的演变，直至出现长庆元年的会盟。这一期间双方有影响的会盟共有 8 次。

表 7－1 唐王朝、吐蕃会盟简表

年代		双方君主、赞普		盟地	内容
公元	唐纪年	唐	吐蕃		
707 年	景龙元年	中宗李显	赤德祖赞	长安	和盟
714 年	开元二年	玄宗李隆基	赤德祖赞	河源赤岭	议界
733 年	开元二十一年	玄宗李隆基	赤德祖赞	赤岭	议界
757 年	至德二年	肃宗李亨	赤松德赞	长安灵州	息兵
765 年	永泰元年	代宗李豫	赤松德赞	长安	息兵
783 年	建中四年	德宗李适	赤松德赞	清水	议界
787 年	贞元三年	德宗李适	赤松德赞	平凉	劫盟
821 年	长庆元年	穆宗李恒	赤松德赞	长安	和盟

资料来源：萧君和著《中华民族史》（上卷），黑龙江教育出版社 2001 年版

① 北京大学编辑组编《西藏地方历史资料选辑》，三联书店 1963 年版。

② 萧君和著《中华民族史》（上卷），黑龙江教育出版社 2001 年版。

自此之后，在唐王朝、吐蕃均已走向衰弱的情况下，双方关系发展进入以和为主的又一个阶段。直到 9 世纪中叶吐蕃瓦解，半个世纪后，唐王朝也最终灭亡。

南诏国前后历经 13 代王，近 200 年。在 13 代王中有 10 个王接受了唐王朝册封，基本上和唐王朝保持了友好关系，这是南诏国与唐王朝关系的主要方面。但双方兵戎相见时有发生，以致在争斗中两败俱伤。同时由于吐蕃势力在紧邻洱海地区日益增强，也始终影响甚至左右着南诏国与唐王朝关系的发展。唐王朝帮助南诏立国，本意是想利用南诏国牵制吐蕃。而南诏王皮逻阁则想借唐王朝的力量统一六诏和缓解吐蕃的压力，并将自己的势力扩展到滇池地区。南诏立国后双方不同的政治意图很快形成了矛盾。剑南节度使章仇兼琼曾遣使南诏国，但“与（蒙）归义言语不相得，归义常衔之”[①]。而表面上南诏国还保持与唐王朝的友好交往。天宝九年（750 年），唐王朝与南诏国第一次天宝战争后至大历十四年（779 年）期间，南诏国反叛唐王朝、归顺吐蕃。德宗建中元年（780 年），南诏国与唐王朝重新修好。贞元十年（794 年），西川节度使韦皋派遣巡官崔佐时到达羊咩城（辖区属今云南省大理市古城），异牟寻率子寻梦凑等在点苍山会盟。盟辞约定唐王朝与南诏国各守疆界互不侵犯，保持和好，南诏国决不私下结盟吐蕃与唐王朝为敌[②]。贞元十一年（795 年），唐王朝派遣袁滋为册封南诏使臣，正式颁发了“贞元册南诏印”。南诏国与唐王朝和好，形成对吐蕃的犄角之势，并经常联兵抵御吐蕃。元和三年（808 年），南诏国年幼的君王继位，王权旁落、权臣专政。异牟寻死后，权臣弄栋节度使蒙嵯巅掌控南诏实权，开始改变异牟寻推行的与唐和好、保境自立的策略，而推行扰掠唐境、向外扩张的方针。大和三年（829 年），蒙嵯巅撕毁盟约，倾全国兵力进攻唐境，攻下巂州、邛州直抵成都，但害怕唐军反击而向唐王朝求和。此后南诏国“比年使者来朝，开成、会昌间再至”[③]，双方在对峙中共处。

北宋初年，宋太祖尽力稳定边境，而辽国也没有向南扩张的企图。因此宋、辽双方还能和平相处。这一期间双方的冲突都与臣属于辽国的北汉有关。开宝七年（974 年），宋王朝为维护北部边境的安宁，派遣使者到辽国议和。

---

① 《旧唐书·南诏列传》，汉语大词典出版社 2004 年版。

② 赵吕甫著《云南志校释》，中国社会科学出版社 1985 年版。

③ 《新唐书·中南蛮列传》，汉语大词典出版社 2004 年版。

辽国应允并嘱咐北汉“通好于宋，无妄兴师”[①]，这是宋、辽和议的开端。在和议成功后的5年中，边境恢复了安定局面，两国使臣往来频繁，宋派遣使臣至辽国14次，辽国派遣使臣至宋18次。宋太宗赵炅统一南方后又兴师北汉，从此揭开了双方再起争战的序幕。多年争战后，至景德元年（1004年）十二月宋王朝与辽国又和议成功。宋王朝以萧太后为叔母，每年送银10万两、绢20万匹；沿边境一线的军队各守疆界，两国的百姓也不相互侵扰、增筑城堡、改移河道等[②]。这就是历史上所称的“澶渊之盟”。自此双方使臣不断且名目繁多，有贺正旦、生辰的使臣，还有告登位、赠馈等使臣。从景德元年（辽统和二十二年，1004年）至宣和三年（辽保大元年，1121年）的117年间，贺生辰宋王朝遣使臣至辽国140次，辽国派遣使臣至宋王朝135次，往来共275次；贺正旦宋王朝遣使臣至辽国139次，辽国派遣使臣至宋王朝140次，共279次；祭吊等宋王朝遣使臣至辽国46次，辽国派遣使臣至宋王朝43次，往来共89次。另外，两国还因事而遣使，宋王朝遣使臣至辽国19次，辽国派遣使臣至宋王朝20次，往来共39次[③]。总之，澶渊之盟后的宋王朝和辽国基本上保持着友好关系，其间也发生了一些争执，但未影响两国关系的基本格局，这种局面维持了近百年之久。

（二）臣属型关系

一部分西部民族已经建立了政权或以部落形式存在，向中原封建王朝称臣纳贡，但并不是中原封建王朝国家的一部分。只是臣属于中原统一王朝的政治体系，但并未完全融入其中，仍然保持其原有的独立性、完整性和存在形态。双方往往通过“贡品”和“赏赐”等方式交往，既形成经济关系，又生成政治关系。而中原封建王朝则利用这种经济方式对入贡少数民族给予优厚的赏赐以笼络和羁縻，或者以拒绝贡使、停止互市制裁敌对者，从而达到政治上的目的。

据文献记载，夏时已有“东夷”“北狄”“西戎”“南蛮”的观念和称谓。《尚书·禹贡》有“夷”、“西戎”和“蛮”。殷墟出土的甲骨文有“夷”“狄”“戎”“蛮”等字，并可以认为是族称。夏朝与四方民族的关系属于“要服”“荒服”之列。要服是“要束以文教”，只承认夏王天下共主的地位，

① 〔清〕吴任臣编撰《十国春秋·北汉二》，中华书局1983年版。

② 〔明〕陈邦瞻编撰《宋史纪事本末·契丹盟好》，中华书局1977年版。

③ 聂崇岐著《宋史丛考》，中华书局1980年版。

并不规定向夏王贡纳什么物品，可以自愿贡献方物。荒服是“因其故俗而治之”，来者不拒、去者不禁。

元狩四年（前 119 年），西汉王朝再次派遣张骞出使西域，想与乌孙联姻结为兄弟，以“断匈奴右臂”。由于“乌孙国分，王老，而远汉，未知其大小；素服属匈奴日久矣，且又近之；其大臣皆畏胡，不欲移徙，王不能专制，骞不得其要领”①。但张骞所派遣的副使分别到大宛、康居、大月氏、大夏、安息、身毒、于阗及诸旁国者，“颇与其人俱来”，于是西域诸国“始通于汉矣”。自此以后，“汉使者去西域者频于道，岁中使者多至十余辈，远者八九岁，近者数岁而返”②。元封三年（前 108 年）十二月，西汉王朝派遣将军赵破奴击破姑师，俘获楼兰王。同时乌孙惧怕匈奴攻击，也派遣使者献马给西汉王朝，愿意联姻结为兄弟。西汉王朝打算联合乌孙攻击匈奴，答应了乌孙的请求，但“必先内聘，然后遣女”。于是“乌孙以马千匹为聘，汉遣江都王建女细君为公主妻乌孙昆莫，随行宦官侍御数百人”③。这样，西汉王朝的势力通过武力与和亲进入了西域。

太初元年（前 104 年）、三年（前 102 年），汉武帝两次出兵攻打大宛。大宛王求和并说：“汉毋攻我，我尽出善马，恣所取，而给汉军食。即不听，我尽杀善马，而康居之救且至。至，我居内，康居居外，与汉军战。”④ 鉴于当时的军情，西汉王朝答应了大宛的求和，得到数十匹好马而与其结盟罢兵。由于出征大宛的胜利，“西域震惧，多遣使来贡献。汉使西域者益得职。于是自敦煌至盐泽往往起亭，而轮台（辖区属今新疆维吾尔自治区轮台）、尉犁（辖区属今新疆维吾尔自治区库尔勒）皆有田卒数百人，置使者校尉领护，以给使外国者”⑤。此后西域“凡国五十，自译长、城长、君、监、吏、大禄、百长、千长、都尉、且渠、当户、将相至侯王，皆佩汉印绶，凡三百七十六人。而康居、大月氏、安息、罽宾、乌弋之属，皆以绝远不在数中，其来贡献，则相与报，不督录总领也”⑥。

---

① 《史记·大宛列传》，汉语大词典出版社 2004 年版。

② 《史记·大宛列传》，汉语大词典出版社 2004 年版。

③ 《汉书·西域传》，汉语大词典出版社 2004 年版。

④ 《史记·大宛列传》，汉语大词典出版社 2004 年版。

⑤ 《汉书·西域传》，汉语大词典出版社 2004 年版。

⑥ 《汉书·西域传》，汉语大词典出版社 2004 年版。

建武二十四年（48 年），南单于比自立为呼韩邪单于，匈奴正式分为南北两部分。建武二十五年（49 年），南单于依仗东汉的力量派兵进攻北单于，“北单于震怖，却地千里”[①]，完全退居漠北，并控制着西域北部的一些地区。北匈奴仍独立于东汉王朝之外，与东汉王朝和平往来，并经常派使者称臣。如北匈奴单于多次向东汉王朝派遣使节请求和亲，通过河西地区与东汉王朝频繁交往。东汉王朝也曾派使者以好言抚慰，并送钱币加以笼络，但未答允和亲。东汉王朝在河西、张掖等多处安排双方之间的贸易，即“合市”。然而，由于东汉王朝支持南匈奴，所以北匈奴也经常侵扰东汉疆域，同时在东汉王朝支持下，鲜卑、西域和南匈奴也多次出兵攻击北匈奴。

西夏国与北宋王朝的关系若即若离、时战时和，虽然名义上对宋王朝称臣，但实际上是独立的。西夏国“强则叛乱，弱则请和：叛则利于掳掠，侵犯边境；和则岁赐金缯，若固有之”[②]。西夏国为扩张势力，不断侵占和骚扰北宋王朝的西北边境，北宋王朝为消灭新兴的西夏政权，曾把大军用于西北战场。宋真宗即位后，西夏王请求议和，并向北宋王朝称臣，北宋王朝授为“夏州刺史、定难军节度、夏银绥宥静等州观察处置押蕃落等使”[③]。西夏王虽接受宋王朝的封号并表示臣服，却不断攻掠北宋王朝的边地，竭力扩大疆域。景德二年（1005 年），北宋王朝对西夏王采用“招抚”的办法，“许德明以定难节度、西平王，赐金帛缗钱各四万、茶二万斤，给内地节度奉，听回图往来，放青盐禁，凡五事。而令德明纳灵州土疆，止居平夏，遣子弟人宿卫，送略去官吏，尽散蕃汉兵及质口，封境之上有侵扰者禀朝旨，凡七事”[④]，并于次年签订和约。天圣九年（1031 年），元昊继位后虽接受北宋王朝“特进、检校太师兼侍中、定难军节度、夏银绥宥静等州观察处置押蕃落使、西平王”[⑤]的封号，但逐渐形成与北宋王朝对立的局面。宝元二年（1039 年），元昊称帝后上表提出要北宋王朝承认的要求。北宋王朝削其官爵，撤了所赐皇姓，断绝了相互间的贸易，并“募人能擒元昊若斩首献者，即为定难军节

---

① 《后汉书·南匈奴传》，汉语大词典出版社 2004 年版。

② 戴锡章撰《西夏纪》，宁夏人民出版社 1988 年版。

③ 《宋史·夏国列传》，汉语大词典出版社 2004 年版。

④ 《宋史·张崇贵列传》，汉语大词典出版社 2004 年版。

⑤ 《宋史·夏国列传》，汉语大词典出版社 2004 年版。

度使”[1]。当时元昊处于兵力强盛时期，对北宋王朝采取“小则恣行讨掠，大则侵夺封疆”[2]。宋仁宗为了实行对西夏王的“惩罚”开始筹备边务，揭开了宋王朝与西夏国陕西之战的序幕。陕西之战后，双方的国内形势发生变化，北宋王朝“自西垂用兵，国帑虚竭，民亡储蓄，十室九空”[3]；西夏国“虽数胜，然死亡创痍者相半，人困于点集，财力不给，国内为‘十不如’之谣以怨之”[4]。在这种情况下，双方出现了恢复和好的局面，经过 1 年多的谈判，庆历四年（1044 年）元昊以“夏国主”的名义向北宋王朝称臣，并送“誓表”。北宋王朝每年赐西夏国绢 15.3 万匹，银 7.2 万两，茶 3 万斤；重开榷场恢复双方贸易[5]。宋册封元昊为夏国主。西夏国名义上向北宋王朝称臣，但实际上“元昊帝其国中自若也”[6]。金军南下，北宋王朝无力对西夏国用兵，西夏国乘机侵占北宋王朝的疆土，直到北宋灭亡。

北宋时期吐蕃没有统一的政权，大小封建领主各据一方，其中较大的或较强的是六谷和唃厮罗。北宋王朝与六谷始终保持着密切的关系。六谷首领经常向宋王朝进贡马匹等，北宋王朝则给予优厚的回赐。咸平四年（1001 年），北宋王朝封六谷首领潘罗支为朔方军节度使、灵州西面都巡检使，并赐以铠甲器币。潘罗支遇害后又封其弟厮铎督等[7]。唃厮罗政权建立后，当权者都接受北宋王朝的封赐，保持着臣属关系。六谷被灭后，双方的关系更加密切，虽然在边境上也发生过摩擦，但总体是友好相处的。

大理国存在的 300 多年中，虽偏居西南一隅，却始终与宋王朝保持着较密切的关系。臣属关系主要体现在封敕、朝贡、使臣往来等方面。宋太宗太平兴国初年（976 年），封“大理”首领白王为“云南八国都王”[8]。此后又敕封大理王为“云南大理王，统辖大渡河南姚巂州界山前山后百蛮三十六鬼主兼怀化大将军、忠顺王”。宋徽宗政和七年（1117 年），正式册封段和誉为

---

① 《宋史·夏国列传》，汉语大词典出版社 2004 年版。
② 〔宋〕李焘编纂《续资治通鉴长编》，中华书局 1985 年版。
③ 《宋史·余靖列传》，汉语大词典出版社 2004 年版。
④ 《宋史·夏国列传》，汉语大词典出版社 2004 年版。
⑤ 〔明〕陈邦瞻编纂《宋史纪事本末》，中华书局 1977 年版。
⑥ 《宋史·夏国列传》，汉语大词典出版社 2004 年版。
⑦ 《宋史·叶蕃列传》，汉语大词典出版社 2004 年版。
⑧ 〔宋〕李焘编纂《续资治通鉴长编》，中华书局 1986 年版。

“金紫光禄大夫、检校司空、云南节度使、上柱国、大理国王”[①]。宋神宗熙宁九年（1076年），大理国王遣使“贡金装碧玕山、毡罽、刀剑、犀皮甲鞍辔”[②]。宋徽宗政和七年（1117年），大理国“贡马三百八十匹及麝香、牛黄、细毡、碧玕山诸物”[③]，并带有大理国王段和誉的奏文“臣屡年以来，尝遣磨中罗道等处乞修朝贡”。南宋绍兴六年（1136年），大理国贡象及马500匹，宋王朝谢绝象而买了马，并赐书慰劳[④]。这种朝贡关系一直保持到宋朝末年。

北宋王朝建立以后，回鹘即遣使称臣。北宋年间，回鹘以方物频繁入贡北宋王朝，北宋王朝也多次以物回赐。从建隆二年（961年）至宣和三年（1121年），回鹘使团正式赴宋50多次[⑤]。所贡畜产品和其他货品有各种马匹、骆驼、羊只、皮毛、玉制品、药材等，不仅品种繁多，而且数量相当可观。如乾德三年（965年）十二月，“甘州回鹘可汗遣使孙夜落与沙州、瓜州同入贡马千匹、驼五百、玉五百余团、琥珀五百斤、硇砂四十斤、珊瑚八枝、毛褐千匹，玉带、玉鞍等”[⑥]。北宋王朝对回鹘的入贡一般按入贡物品从优论价，回赐钱或物品。如咸平四年（1001年）二月，龟兹回鹘遣使入贡于北宋王朝，宋真宗下诏“赐晕锦衣一袭、金带一、金花银酒器二百两、锦绮绫罗二百匹，以贡物价三十万估给之”[⑦]。

（三）归附型关系

有的西部民族已经建立政权或以部落形式存在，但被封建王朝征服或主动请求归附，其政治体系归附于统一的封建王朝政治体系，丧失了原有的独立性、完整性和存在形态，而融入统一的封建王朝政治体系之中。但这种关系并不稳定，时分时合成为常态。

秦汉时期的“西南夷”民族比较复杂，政治不统一，社会发展不平衡。早在先秦时期，巴蜀作为独立的民族就与西部民族形成了密切的关系。更元九年（前316年），秦惠文王灭蜀、巴并建郡之后，“西南夷”就与秦国发生

① 《宋史·大理列传》，汉语大词典出版社2004年版。
② 《宋史·大理列传》，汉语大词典出版社2004年版。
③ 《宋史·大理列传》，汉语大词典出版社2004年版。
④ 《宋史·食货志》，汉语大词典出版社2004年版。
⑤ 《宋史·回鹘列传》，汉语大词典出版社2004年版。
⑥ 〔清〕徐松辑《宋会要辑稿·蕃夷四》，中华书局1957年版。
⑦ 〔清〕徐松辑《宋会要辑稿·蕃夷四》，中华书局1957年版。

了直接关系。秦蜀郡有识之士张若“取筰及其江南地”。太守李冰“又通筰道”①。秦统一“诸夏”也对西南民族地区进行开发和建置。“常頞略通五尺道，诸此国颇置吏焉”②，“邛、莋、冉駹，……秦时尝通为郡县”③。元光五年（前130年），西汉王朝派遣中郎将唐蒙“将千人，食重万余人，至夜郎及旁小邑，谕以威德，约为置吏，乃以为犍为郡（辖区属今四川省宜宾市），并发巴蜀卒治道自僰道指牂牁江。”④ 为通“西南夷”，西汉王朝又派遣蜀、巴、汉中、广汉四郡数万名官兵打通道路。

经西汉王朝与匈奴的长期争夺，至宣帝时，在楼兰的伊循城、渠犁至轮台、车师都开设了屯田。西域的一些主要国家如车师、楼兰、渠犁、龟兹、扜弥等都与西汉王朝建立了隶属关系。元康二年（前64年），汉宣帝任命郑吉为护鄯善以西校尉，驻扎在渠犁，保护、督察南道诸国。神爵二年（前60年），又任命其为“骑都尉谏议大夫使护西域三十六国”。西域都护的设立标志着西域地区在政治上正式隶属于西汉王朝。至王莽末年，80多年间，身任都护的有18人。西域都护是西汉王朝设立的第一个正式管制西域的官员，标志着西域与中原西汉王朝在政治体系方面的正式统一。王莽末期，西汉王朝所设置的西域都护对西域的管辖中断⑤。

到匈奴呼韩邪单于时，匈奴在政治上归属于西汉王朝，成为西汉王朝统治下的一个地方政权。呼韩邪单于虽自立为单于，但匈奴社会的政局比较混乱，出现了五单于争立的局面。正当呼韩邪单于建都单于庭，即将统一匈奴各部时，其兄左贤王呼屠吾斯又自立为郅支单于，并击败呼韩邪单于，占据单于庭，形成了和呼韩邪单于对立的局面，而且郅支单于从势力上还占据优势。呼韩邪单于被郅支战败后，内部有人主张率部归属西汉王朝，认为“今事汉则安存，不事则危亡”，也有人反对归属西汉王朝，认为“今兄弟争国，不在兄则在弟”，“臣事于汉，卑辱先单于，为诸国所笑，虽如是而安，何以复长百蛮”⑥。宣帝甘露元年（前53年），呼韩邪单于采纳归附西汉王朝的建

① 田继周著《秦汉民族史》，四川民族出版社1996年版。
② 《史记·西南夷列传》，汉语大词典出版社2004年版。
③ 《史记·司马相如列传》，汉语大词典出版社2004年版。
④ 《史记·西南夷列传》，汉语大词典出版社2004年版。
⑤ 田继周著《秦汉民族史》，四川民族出版社1996年版。
⑥ 《汉书·匈奴列传》，汉语大词典出版社2004年版。

议，率领所部归顺西汉王朝，并派遣其子右贤王到西汉朝廷服务。郅支单于见状，也立即派遣其子右大将到汉朝廷服务。甘露二年（前52年），呼韩邪单于至五原塞向西汉王朝表示归属，并希望能朝见汉宣帝。随后汉宣帝下诏："今匈奴单于称北藩臣，朝正月，……其以客礼待之，位在诸侯王上。"① 这表明虽然匈奴称"藩国"，单于"称臣"，但却以"客礼待之"，具有独立性。甘露三年（前51年），呼韩邪单于到达长安朝见汉宣帝，在长安留住近两年。黄龙元年（前49年），呼韩邪单于回归时，"自请愿留居光禄塞下，有急，保汉受降城"②。西汉王朝为了扶持呼韩邪单于，派遣长安卫尉、高昌侯医理忠和车骑都尉韩昌率骑兵1.6万，又发边郡士兵数千，送单于出朔方鸡塞，令董忠等留下保卫单于，帮助平复不服者，又转运粮食3.4万斛给呼韩邪单于各部。呼韩邪单于势力日强。元帝永光元年（前43年），在西汉王朝支持下率部北归单于庭，匈奴逐渐安定。自此匈奴对西汉王朝就是"称藩"和臣服的关系。郅支单于被迫向西发展，最后进入康居。呼韩邪曾多次到长安，元帝竟宁元年（前33年），汉元帝以后宫良家女王嫱（字昭君）嫁单于，号宁胡阏氏。呼韩邪单于去世，相继继位的4位单于均继续亲汉。这种和平隶属关系一直保持到王莽时期，长达半个多世纪，这是汉王朝与匈奴关系史上和平友好时间最长的一个时期。匈奴归附于西汉王朝不是西汉王朝以武力征服的结果，而是匈奴内部争斗的结果。汉王朝"北边自宣帝以来，数世不见烟火之警，人民炽盛，牛马布野"③。

汉光武帝建武二十三年（47年），统治匈奴南边八部与乌桓部众的右薁鞬日逐王比，乘匈奴蒲奴单于新立境内、连年蝗灾之际，暗中与东汉朝廷联系，表示愿意归附，并派汉人郭衡向东汉朝廷献匈奴地图。事情被单于察觉，比自立为醢落户逐鞮单于，仍以呼韩邪为号，表示其归附东汉王朝的决心。《后汉书》称其为南单于，以蒲奴单于为北单于。建武二十四年（48年），南单于率南边八部四五万人向南移至五原郡（辖区属今内蒙古自治区包头市西北昆都仑召一带），并向东汉王朝表示"愿为藩蔽，捍御北虏"④。东汉王朝为南单于设庭于五原塞以西80里的地方，并允许南单于各部进入云中郡。从

① 《汉书·宣帝刘询本纪》，汉语大词典出版社2004年版。

② 《汉书·匈奴列传》，汉语大词典出版社2004年版。

③ 《汉书·匈奴列传》，汉语大词典出版社2004年版。

④ 《后汉书·南匈奴传》，汉语大词典出版社2004年版。

此，匈奴分为南北，南匈奴成为汉王朝统治下的一个少数民族。南单于在章和二年（88 年）七月上书："宜及北虏分争，出兵讨伐，破北成南，并为一国，令汉家长无北念。"[①] 东汉王朝对南匈奴的归附十分重视，建武二十六年（50 年）除了给南匈奴大量物资、牛羊、粮食外，还专门设立出使匈奴的中郎将、副校尉等官职，率 5000 汉军驻于南单于庭，在防御北匈奴的同时"参辞讼，察动静"[②]。如单于所言"大兵拥护，积四十年，臣等生长汉地，开口仰食，岁时赏赐，动辄亿万"[③]，基本仰食于汉王朝。在东汉王朝的支持下，南匈奴得到很大发展。

建安二十一年（216 年），南匈奴呼厨泉单于率诸王入朝归附于东汉王朝，曹操将其留在邺城（辖区属今河北省临漳西南），而让右贤王去卑回平阳统领各部，并听任南匈奴各部内迁。随后又将呼厨泉单于的部属分为五部，实际取消了南匈奴的单于，立其各部的贵族为"帅"（曹魏时改帅为"尉"），派司马监督各部活动。太康五年（284 年），匈奴胡太阿率其部落 2 万多人、太康七年（286 年）又率 10 万多人到雍州（辖区属今陕西省西安市西北）刺史王骏处归降。

东汉王朝建立后，西域各国逐渐对匈奴的"敛税重刻"感到不满，皆"遣使求内属，愿请都护"，希望尽快与东汉王朝恢复关系，并借此抗拒匈奴的势力，但由于东汉政权初建无暇顾及。到汉光武帝时期，东汉王朝势力在西域有了一定程度的恢复，但未正式解决西域问题，形成东汉、匈奴和西域诸国三种势力互相斗争的政治局面。建武十四年（38 年），莎车王贤同鄯善王一起派遣使者到洛阳向东汉王朝贡献方物，要求内属。这是东汉王朝建立后与西域的第一次直接联系。建武二十一年（45 年），车师前王、鄯善王、焉耆王等西域 18 国避开莎车王贤，直接向菏泽派遣王子入朝侍奉。汉光武帝仍以国内未定、匈奴北扰、无力西顾不同意其请求，并厚赐礼品、送回各国侍子。汉明帝后期，东汉政权完全巩固，国力大大增强，东汉王朝开始积极经营西域与其恢复关系，但其间出现了史称"三通三绝"的情形。永平十五年（72 年）东汉抗击匈奴，永平十六年（73 年）降服车师，加之班超在西域南道诸国的招抚活动对西域震动很大，诸国纷纷表示归附，并要求尽快派

---

① 《后汉书·南匈奴传》，汉语大词典出版社 2004 年版。

② 《后汉书·南匈奴传》，汉语大词典出版社 2004 年版。

③ 《后汉书·南匈奴传》，汉语大词典出版社 2004 年版。

遣都护。东汉王朝即派陈睦为都护驻扎在焉耆，以耿恭为戊己校尉屯军车师后面的金薄城，以关宠为己校尉屯车师前面的柳中城，各率屯兵数百人。西域与中央王朝隔绝五十多年后又一次正式恢复了联系。这就是东汉王朝与西域的“一通”，但这种关系只维系了两年多。建初元年（76 年），焉耆王勾结龟兹国王杀害了西域都护陈睦，匈奴也胁迫车师一起出兵围困戊己校尉驻地。东汉王朝下令撤销西域都护和戊己校尉。永元二年（90 年），东汉军队击败北匈奴夺取了伊吾、大月氏，震恐西域，于是车师、龟兹等南北两道诸国又归附于东汉王朝。永元三年（91 年），东汉王朝正式任命班超为西域都护，余干为长史，恢复了东汉王朝对西域的统治。永元十四年（102 年），任尚继班超任都护后，对下及西域诸国苛察寡恩。延平元年（106 年），即班超离开后的第四年，西域各民族纷纷起来反抗，东汉王朝调回任尚，另行任命段禧为都护，但西域各民族的反抗并未停止，与中原的道路隔塞，檄书不通。永初元年（107 年），东汉王朝再次撤销西域都护，派兵迎接西域都护及所属官兵返回河西。“二绝”之后，北匈奴残部以乌孙等地为基地，不断袭扰西域，甚至侵袭到河西。元初六年（119 年），汉安帝派敦煌长史索班率领 1000 多人屯驻伊吾招抚西域，车师、鄯善等国闻风归附，但元初七年（120 年）索班被匈奴所杀。延光二年（123 年），东汉王朝正式任命班超之子班勇为西域长史，率兵 500 人屯驻柳中，次年楼兰、龟兹、姑墨、温宿、车师前部等相继归附东汉王朝。这就是“三通”西域。到元嘉二年（152 年），于阗王反叛杀长史王敬，东汉王朝的统治在西域实际上已不存在。这就是“三绝”①。

开皇四年（584 年），在隋文帝强大的政治和军事攻势下，突厥沙钵略可汗率领部众南渡漠南寄居在白道川（辖区属今内蒙古自治区呼和浩特平原），并接受隋王朝统辖。沙钵略可汗派遣第七子窟合真入朝上表称：“窃以天无二日，土无二王，伏惟大隋皇帝，真皇帝也。岂敢阻兵恃险，偷窃名号。今便感慕淳风，归心有道，屈膝稽颡，永为藩附。”② 隋文帝则下诏：“沙钵略称雄漠北，多历世年，百蛮之大，莫过于此。往虽与和，犹是二国，今作君臣，便成一体。”③ 隋王朝与突厥的关系经过近五年调整，终于走上了以和为主的发展阶段。大业十年（614 年），隋炀帝宠臣裴矩以始毕可汗“众渐盛，献策

① 田继周著《秦汉民族史》，四川民族出版社 1996 年版。

② 《隋书·北狄列传》，汉语大词典出版社 2004 年版。

③ 《隋书·北狄列传》，汉语大词典出版社 2004 年版。

分其势”，蒙骗始毕可汗的宠臣、主持对隋贸易事务的史蜀胡悉：“天子大出珍物，今在马邑，欲共蕃内多作交关。”史蜀胡悉信以为真，“尽驱六畜，星驰争进，冀先互市。”裴矩“伏兵于马邑下，诱而斩之”，事后又以史蜀胡悉叛变而讨伐为理由，告之始毕可汗。始毕可汗识破裴矩谎言诡计，迁怒于隋王朝，“由是不朝”[①]，并伺机进行报复。同年，始毕可汗乘隋炀帝北巡，在雁门（辖区属今山西省代县）重兵包围隋炀帝，33 天后才解围。“雁门事变”之后，隋王朝与突厥的关系被兵戎之争所替代。隋末，中原大乱，东突厥成为雄踞漠北、力控西域、势倾中原的强大军事力量，史称其“控弦百万，戎狄之盛，近代未有也”[②]。

贞观二年（628 年），唐太宗乘东突厥内外交困向颉利可汗用兵，前后不到半年就以全胜告终。唐王朝把西起阴山、北至大漠的广阔地区全部收入版图，东突厥部众约 10 万人归附唐王朝。唐王朝对归附部众的妥善安置，加强了中原百姓和西北边疆各民族百姓的联系，极大地提高了唐王朝的威望。西域和北方各民族首领纷纷归附唐王朝，“诸蕃君长诣阙，请太宗为天可汗”。贞观四年（630 年）三月，唐太宗“令后玺书赐西域北荒之君长，皆称皇帝可汗，诸蕃渠帅有死亡者，必下诏册立其后嗣焉”[③]。同年，西域胡人七姓部落所居之七城归附唐王朝。贞观六年（632 年），游牧于热海（辖区属今吉尔吉斯斯坦伊塞克湖）附近的契苾部，在首领契苾何力率领下也臣属唐王朝。贞观九年（635 年），占有西突厥领地的东突厥首领阿史那杜尔率众东迁臣属唐王朝，由“朝贡”到“册授”表明相互间的关系更加紧密。

唐王朝与西突厥首领的“册授”关系，则始于贞观七年（633 年）泥孰“遣使诣阙请降”[④]。唐太宗“遣鸿胪少卿刘善因至其国，册授（泥孰）为吞阿娄拔奚利邲咄陆可汗”[⑤]。唐王朝册封西突厥首领为可汗，从此开创了先例。自此之后，西突厥首领除了例行的遣使朝贡外，如有重大事情均向唐王朝“表奏”，并听命受诏。新可汗即位则须得到唐朝廷的“册授”才合法。

后突厥首领与唐王朝的接近与和好是二者关系的主要方面。长寿二年

① 《隋书·裴矩列传》，汉语大词典出版社 2004 年版。

② 〔唐〕杜佑撰《通典·边防十三》，中华书局 1988 年版。

③ 〔宋〕王溥撰《唐会要·杂录》，中华书局 1955 年版。

④ 《旧唐书·突厥列传》，汉语大词典出版社 2004 年版。

⑤ 《旧唐书·突厥列传》，汉语大词典出版社 2004 年版。

(693 年)，默啜可汗遣使请求和好，武则天册默啜为左卫大将军，封归国公。次年又加授其为迁善可汗。默啜为获得更大的实利，一方面遣使谢恩表示愿做武后之子，并以自己的女儿与唐王朝和亲；另一方面又索还居于丰、胜、灵、夏、朔、代等六州的突厥部众降附者，以及单于都护的辖地。唐王朝“惧其兵势”，“许其和亲，遂尽驱六州降户数千账，并种子四万余硕、农器三千事以与之”[①]。但后突厥与唐王朝的和好、臣属关系并不稳定，在屡提和亲之时仍大肆扰掠唐王朝的边地。

贞观二十年（646 年)，薛延陀汗国被唐王朝灭亡，其羁属回纥诸部酋长都请求归附。回纥药罗葛酋长吐迷度接受唐王朝册封怀仪大将军兼瀚海都督名号，承认自己是唐王朝的官员，但在部落联盟内部仍自称可汗并建立起汗国。唐王朝设都督府与吐迷度称可汗，看来是矛盾的政权设置，却正好体现了回纥与唐王朝相互关系中既有矛盾又相互妥协的特点，也体现了唐王朝羁縻统治的特点。政治上的相互妥协使回纥与唐王朝的关系从一开始就得到顺利发展。开元末，骨力裴罗先后两次出兵击破后突厥，唐玄宗先封其为奉义王，后又举行盛典拜其为骨咄禄毗伽阙怀仁可汗[②]。骨力裴罗是第一个得到唐王朝授予汗号的回纥首领。此后即使回纥益强，唐王朝趋衰，但可汗继位总是由唐朝廷加以册封的成例得以沿袭。回纥对唐王朝以政治上从属为前提的和好关系，从回纥由兴到亡基本上一直保持着，这在中国封建社会的民族关系中极为少见。

蒙古达延汗时期（1474—1517 年)，为了集中力量统一蒙古，与明王朝保持了和平关系。弘治元年（1488 年)，达延汗派遣使臣要求通商，明王朝同意了他的要求。达延汗除每年派贡使之外，还在沿长城一带的马市同明王朝进行贸易，这种和平通贡、互市的关系维持了 10 多年。俺答汗时期(1507—1582 年)，通过坚持不懈的努力与明王朝建立了长期稳定的和平通贡、互市关系。明嘉靖年间（1522—1566 年)，俺答汗不断向明王朝派出使臣，提出了数十次和平通贡、互市的要求，但都遭到明世宗的拒绝，俺答汗的使臣还两次被明朝廷斩杀。直到隆庆四年（1570 年）冬，俺答汗的孙子把汉那吉因不满俺答汗夺去自己的聘妾，携妻、仆投奔明王朝，得到大同总督

---

① 《旧唐书·突厥列传》，汉语大词典出版社 2004 年版。

② 《新唐书·回鹘列传》，汉语大词典出版社 2004 年版。

王崇古的款待。明王朝和蒙古以此为契机，在明穆宗的诏可下，于第二年达成了封王、通贡和互市的协议。明王朝封俺答汗为“顺义王”，并授予右翼诸领主都督、指挥、千户、百户等职，每年发给定额赏金。准许各部领主向明王朝通贡，按领主的等级和贡品的多少回赏相应的物品。明王朝在山西、甘肃、宁夏等地开设了11处马市与蒙古各部互市。“俺答纳款，马市互易，边疆无警，畿辅晏然，汉唐以来所未有也。”[①]

（四）内属型关系

部分西部民族没有建立自己独立的政权，或者是在历史发展中丧失了原有政权，而成为中原封建王朝的一部分。其政治体系内属于统一的封建王朝政治体系，完全丧失了其原有的独立性、完整性和存在形态，彻底融入统一的封建王朝政治体系之中。

羌族自古就是我国的一个少数民族。商周时期，它的一些支系属于中央王朝的“要服”“荒服”之列。秦汉时期，特别到了汉朝，它的相当部分便成为汉王朝直接统治下的民族。秦灭六国统一“诸夏”，使蒙恬西逐诸戎，北却众狄，筑长城以界之。众羌界于长城之西。汉王朝时又“因山为塞，并始置护羌校尉以统领诸羌”[②]。

宋王朝对苗族、壮族的统治，基本上承袭唐王朝的羁縻制度，并根据具体情况做出适当调整。对直接统治的西部民族地区建立州、县，征收赋税、劳役，摊派各种苛捐杂税等，对一时难以直接统治的西部民族地区则建立羁縻州、县进行间接统治。对壮族地区“因其疆域，参唐制，分析其种落，大者为州，小者为县，又小者为峒。凡五十余所……推其长雄者为首领，籍其民为壮丁”[③]。向苗族地区的州、县征收赋税，一般收缴土布、药材、黄腊、朱砂、水银等土产。土官须定期向朝廷进贡，贡品除一般土产外还有名贵的虎皮、麝香、鹿茸等。朝廷派出的官员为了邀功，不惜擅杀“蛮人”，甚至宣称“杀一人头赏钱十千”[④]。

明王朝对藏族地区采取多封众建、尚用僧徒和封贡、互市等手段，以达

---

① “中央研究院”历史语言研究所编《明神宗实录》，上海书店1982年版。

② 《后汉书·西羌传》，汉语大词典出版社2004年版。

③ 〔南宋〕范成大撰《范成大笔记六种》，中华书局2002年版。

④ 〔南宋〕范成大撰《范成大笔记六种》，中华书局2002年版。

到“率修善道，阴助王化”[①]的目的。维持藏族地区政治分散和教派分立的现状，但对不同地区的措施有所不同。在西北藏族地区实施卫所制度，在青海、甘肃、四川等地区推行土司制度，对于乌思藏及其东部朵甘藏族聚居的边远地区则设立羁縻和带笼络性质的卫所，其他沿用元王朝的制度，因俗而治，尽力招抚。先后分封了一系列的宗教首领为法王、西天佛子、国师、禅师等，其中最著名的有大宝法王、大乘法王、大慈法王等。明成祖摒弃“帝师”一名，沿袭元王朝封八思巴为大宝法王，以“法王”为封授番僧最高职位的制度。还根据藏族地区各地实力集团的统治范围，先后将各地政教首领封赐为“五王”，并准予世袭。此外，纳贡、赏赐和茶马互市也是加强统治藏族地区的重要措施。明太祖洪武初年派官员进入藏族地区招抚，鼓励各部头人、宗教首领入京朝贡。对于入贡的僧俗首领给予优厚的赏赐，于是入贡者越来越多。纳贡表明了藏族地区对明王朝的臣属关系和承担的义务；封官、赏赐是羁縻、笼络藏族僧俗头人的手段；茶马互市是以经济手段达到羁縻和加强对藏族地区的政治统治。藏族上层不仅以得到明朝廷的封诰为荣，而且从回赐和茶马互市中得到丰厚的实利，因此而尊崇明朝廷、重视封赏[②]。

明王朝在云南、贵州、四川、广西民族地区仍然实行土司制度。朝廷给世袭土司颁发符印确定等级，并规定了承袭、考核、缴纳贡赋、应征等制度。土司在其辖区内保留其传统的统治机构和权力，但必须承担和缴纳朝廷规定的贡赋，听从朝廷的调遣和征发，以表明与明王朝之间政治上的臣属关系。明王朝也给予朝贡者丰厚的赏赐，借以笼络土司。土司带兵随从征发作战，有功者按军功给赏，但奖散官至三级为止，或厚赏不升。之后在一些条件成熟的地方逐步实施“土流合治”“改土归流”等[③]。

清王朝与蒙古族的关系，以其归顺时间和居住地区的不同而有所差异。从清太宗皇太极到乾隆帝弘历止（1627—1795 年），游牧于漠南、漠北和漠西的蒙古族数百万人先后归属于清王朝。在原有蒙古各部的基础上建立了盟旗制度，由清王朝从蒙古王公、台吉中决定人选，任命旗长，给予土地、牧丁、爵位、俸禄，安置在原来的牧区。各旗长统率部属如“君国子民”，政治权利世袭。旗与旗之间互不统属，甚至禁止相互交往，军政大事一律由朝廷

① “中央研究院”历史语言研究所编《明太祖实录》，上海书店 1982 年版。

② 《藏族简史》编写组编纂《藏族简史》，西藏人民出版社 1985 年版。

③ 翁独健著《中国民族关系史纲要》，中国社会科学出版社 2005 年版。

裁决。旗上设盟，但盟不能直接插手旗内事务，与旗之间无统率之权。盟长仅有权按朝廷的规定定期在固定的地点召集会盟，而且必须由朝廷理藩院派官员检阅。“会盟，简稽军实，巡阅边防，清理刑名，编审丁册”①，从而将蒙古族分散编制，并直接受朝廷的严格控制，使其难以形成一个政治整体。清王朝对蒙古族上层则进行封授爵职，对率部来归附的蒙古汗、王、贝勒、台吉、宰桑等上层人士，按部落大小、人口多少、势力强弱和归顺态度一一封赐爵位，授予官职。联姻婚娶更是清王朝与蒙古族联盟的特殊形式。清太祖努尔哈赤的后妃中有两个蒙古人，清太宗皇太极的后妃中有 6 个来自蒙古。著名的孝端文皇后、孝庄文皇后都是蒙古族。顺治帝的孝惠章皇后、淑惠妃等也都是蒙古族。皇太极当政期间招了 9 个外藩蒙古女婿，康熙时又有 7 个公主嫁给科尔沁等蒙古部的亲王、郡王。朝贡、互市也是清王朝增进与蒙古各部之间关系的重要手段，蒙古各部王公按期派遣使臣进京朝贡，既可领取清帝赠赐的物品，又可按规定在京出售马、驼。顺治七年（1650 年）二月，清世祖福临谕告户部、兵部：“喀尔喀、厄鲁特从边外带来马驼，进入居庸关以后，不许官吏、军民沿途迎买。到达京城，章京以下，披甲兵以上，无驼马而愿购买者，每次准买一匹，违例多买者，所买之马入官。买马之人于指定卖马处所，依次入内，照章购买。”② 蒙古各部有指定的互市地点，“外藩蒙古来贸易者，俱令驻于边口，照常贸易，勿得阻抑”③。同时清王朝大力推崇藏传佛教，给予达赖、班禅及哲布尊丹巴胡土克图很多的宗教特权和很高的政治待遇，以加强对蒙古各部的管制。清太宗为了招抚喀尔喀蒙古，“外藩蒙古惟喇嘛之言是听，因往召达赖喇嘛”。顺治九年（1652 年），第五世达赖率随从 3000 人入朝，清帝予以优礼。顺治十年（1653 年），清帝封达赖喇嘛为西天大善自在佛，“领天下释教”的宗教领袖。康熙五十二年（1713 年），又封班禅五世罗桑意希为“班禅额尔德尼”④。

顺治元年（1644 年），顺治帝就积极和西藏统治集团建立联系，并遣使同喇嘛伊拉古克三胡土克图往迎达赖喇嘛⑤。顺治九年（1652 年），达赖喇嘛

---

① 杨学琛著《清代民族史》，四川民族出版社 1996 年版。
② 中华书局编辑部编《清世祖实录》，中华书局 1985 年版。
③ 中华书局编辑部编《清世祖实录》，中华书局 1985 年版。
④ 翁独健著《中国民族关系史纲要》，中国社会科学出版社 2005 年版。
⑤ 中华书局编辑部编《清世祖实录》，中华书局 1985 年版。

到达北京，顺治帝在南苑亲自迎接，并设宴隆重款待。达赖喇嘛、固始汗都向清帝贡献马匹、文物。顺治十年（1653年），清帝以金册、金印封固始汗为“遵行文义敏慧顾实汗，作朕屏辅，辑乃封圻”① 的西藏汗王，辅助朝廷牢固统治好所管辖的藏族地区。对西藏政教首领的册封，表明了西藏地区与清王朝之间的直属关系。康熙六十年（1721年），清王朝废黜在西藏总揽大权的第巴职位，先后授康济鼐、阿尔布巴、隆布鼐和扎尔鼐五人为噶伦，主管西藏地方事务。雍正六年（1728年），正式设立“驻藏办事大臣衙门”，加强对西藏地区的统治。第一任驻藏办事大臣是僧格和马喇。乾隆十六年（1751年），清王朝又在西藏设立噶厦（西藏地方官府），设四名噶伦，规定一僧三俗共同处理日常事务。所有西藏重大事务必须请求达赖喇嘛和驻藏大臣酌定办理。乾隆五十六年（1791年），廓尔喀入侵西藏，清王朝派遣大将军福康安和参赞海兰察率八旗军和达斡尔、鄂温克兵赴藏，同西藏军民一起打败和驱逐了廓尔喀侵略军，保卫了西藏地方的安全。乾隆五十七年（1792年），清王朝认为西藏地方各项制度松弛，无力抵御外敌入侵，必须加以整顿。达赖喇嘛表示“一切唯命是听，断不敢稍形格碍”②。随后，清王朝制定了《钦定藏内善后章程》，对西藏地区的主要制度进行了规定，在肯定达赖喇嘛政治、宗教权力的前提下对其进行约束，缩小其权限，取消了“专主”地位。同时大力增强驻藏大臣的权力和地位，使“一切事权俱归驻藏大臣管理”。“除上山瞻礼外，其督办事务，应与达赖喇嘛、班禅额尔德尼平等，自噶布伦以下番目，及管事喇嘛等，事无大小，俱禀知办理”③。西藏地方官府的官吏由驻藏大臣和达赖喇嘛挑选人员奏请朝廷任命，官吏的升迁赏罚也由驻藏大臣处理。西藏对外事务也由驻藏大臣全权办理。邻国入藏朝佛，达赖喇嘛、班禅额尔德尼商议酌情回信，其他西藏官员一律不准与邻国私自通信往来。凡边界重大事件必须按照驻藏大臣意见办理，西藏财政也归驻藏大臣统一审核、全面安排。这实际上明确规定了西藏是清王朝直接管辖的地区，只是在很少方面拥有自主权④。

清王朝对青海的蒙古族、藏族采取分而治之的办法。以黄河为界，蒙古

---

① 中华书局编辑部编《清世祖实录》，中华书局1985年版。

② 中华书局编辑部编《清高宗实录》，中华书局1985年版。

③ 中华书局编辑部编《清高宗实录》，中华书局1985年版。

④ 杨学琛著《清代民族史》，四川民族出版社1996年版。

族居住在黄河以北，藏族居住在黄河以南。甘肃境内的藏族由朝廷直属的府、州、县管辖，也给藏族僧俗上层一些权力。云南、四川的藏族有的属一般府、州的流官直接统治，有的实行土司制。对云南的藏族自雍正四年（1726 年）起设流官统治。川康一带的藏族在清朝前期先后加封了土司，由四川总督及下属官员管辖，按照清王朝的规定缴纳贡赋，在指定的地点进行贸易，除金川地区之外的大多数藏族对清王朝都臣服①。

从康熙到乾隆经过数十年的征战，清王朝灭准噶尔、“巴图尔汗国”之后，确立了全面对天山南北路的统治权。乾隆二十四年（1759 年）以后，天山南北路改称“新疆”。乾隆二十七年（1762 年），清王朝在新疆实行“军府”制度，建立军政机构。在伊犁设伊犁将军总管新疆军政事务，在“回疆”设参赞大臣驻喀什噶尔总管回疆事务，在叶尔羌、乌会、阿克苏、库车、和阗等 11 城设办事大臣或协办大臣。并依其原有的制度设阿奇木伯克，官阶自二品到四品，但取消了伯克的世袭，并分散其权力使其分受各大臣节制。同时调整贡赋制度，使贡赋比准噶尔统治时期有所减少。如喀什噶尔所属共 10 城和 70 个村庄，有 1.6 万多户、数十万人口，原来种地人年纳粮 4 万多帕特玛，后减为年征 4000 帕特玛。叶尔羌所属 72 城（村），有 3 万户、10 万多人口，原来每年贡赋交纳 10 万腾格（1 腾格值银 1 两），另外还有“金锐、贸易缎布、牲支等税”，后改为 1 年征粮 1400 帕特玛，折钱约 1.5 万腾格②。乾隆三十年（1765 年），乌什维吾尔族起义后，伊犁将军明瑞奏上“回部善后事宜”，共分八项：削阿奇木伯克之权；取消各城每年派纳四五千腾格的“格讷担”陋规；“回人”的差役应均平均派；公正补用都官伯克，不许阿奇木的子弟亲戚占据；裁减伯克所用“亲随”；公布赋役定额，禁止伯克违例多征；民、回分住，不许杂居同处；确定伯克与大臣、官员相见的“仪注”。经军机大臣议复，乾隆帝批准执行③。总体看，清王朝对维吾尔族的统治是从统一、安定出发，支持各民族建设新疆、巩固西北边防。

左宗棠率领清军收复新疆后，在龚自珍、魏源等人早年提出新疆建省主张的基础上，数次向朝廷提出新疆建省的战略主张。光绪元年（1875 年），清军大举西进之际，左宗棠就提出了新疆建省的初步设想。随后，他又数次

① 翁独健著《中国民族关系史纲要》，中国社会科学出版社 2005 年版。

② 中华书局编辑部编《清高宗实录》，中华书局 1985 年版。

③ 中华书局编辑部编《清高宗实录》，中华书局 1985 年版。

上书朝廷提出“为新疆划长治久安之策，纾朝廷西顾之忧，则设行省，改郡县”的建议[①]。后经刘锦棠多次上书，朝廷才批准。新疆建省后取消了原军府制，以新疆巡抚替代，受陕甘总督节制。原设伊犁将军仍然存在，但权力大大削减。原各地普遍设置的参赞、办事、领队大臣等统兵大员也一律撤除，以道、府、州、县等地方官吏代替。郡县制度的实行削弱了新疆地区的伯克制度，也使清王朝对新疆的统治进一步趋于集权化，从而加强了新疆与内地的联系。

在沙俄和日本侵略中国满族、蒙古族地区的形势下，清王朝在政治上加强了对内蒙古地区的统治，对维护国家统一和领土完整及稳定边疆形势有着积极的作用。在实行“移民实边”的基础上，对内蒙古各地设立的垦务机构和委派大批的垦务官吏及军队，在一定程度上强化了这种统治。在丈垦地区增设的府、厅、州、县，使原来掌握在蒙古王公贵族手中的权力基本上转移到地方官府、官吏手中[②]。移民实边的目的具有明显的经济掠夺性，但其对政治统治的强化和增强内蒙古地区抵抗外敌侵略能力的作用也值得肯定。尤其是大批汉族农民进入内蒙古地区，间接为增进蒙古族和汉族之间的友好交往提供了条件，确实起到一定的“实边”作用。

继新疆建省和对内蒙古移民实边之后，为加强对西藏地区的统治和抗御外国侵略势力，清王朝命张荫棠入藏实施整顿行动。主要包括：对达赖喇嘛、班禅额尔德尼优加封号，厚给岁俸；设立必要的机构，任命各地官府的官吏，在亚东、江孜等地设置通道；以陆军学堂毕业生督率藏官治事，凡有藏官的官府均设汉官 1 人监察；以北洋新军 6000 人进驻西藏，派武备生训练藏族民兵；革除重役苛刑，准民间开采五金煤矿等[③]。这些措施对于加强西藏建设和抵御外敌侵略，以及促进与内地的政治、经济、文化交流具有一定的积极作用，但其中也包含了很多对藏族不信任和不平等的因素，于是在推行过程中引起了藏族各阶层的不同反响。光绪三十年（1904 年），当英国侵略者逼近拉萨的危急关头，十三世达赖喇嘛带少数随从秘密离开拉萨，取道青海、甘肃进入外蒙古。从而清王朝又增加了对达赖喇嘛的重视程度，并根据治藏需要恢复达赖名号。达赖喇嘛在外蒙古期间虽颇受蒙古族的拥戴，但却引起外

① 〔清〕左宗棠撰《左文襄公全集》（奏稿），光绪十六年刻本。

② 萧君和著《中华民族史》，黑龙江教育出版社 2001 年版。

③ 牙含章著《达赖喇嘛传》，人民出版社 1984 年版。

蒙古法王哲布尊丹巴的不快。光绪三十二年（1906 年），达赖喇嘛启程返藏。张荫棠考虑到班禅额尔德尼和达赖喇嘛的矛盾，也建议朝廷阻止达赖喇嘛返藏。达赖喇嘛因此留居青海塔尔寺，并获准进京觐见。光绪三十四年（1908 年），达赖喇嘛的返藏要求被批准，取道青海到达西藏那曲。朝廷在批准达赖喇嘛返藏的同时，为进一步加强对西藏的统治，又任命赵尔丰为驻藏大臣兼川滇边务大臣，并从川军中选拔 2000 精锐士兵进驻西藏。这些措施引起了达赖喇嘛和西藏僧俗上层的极大不满。达赖喇嘛断绝对驻藏大臣的供给，并阻断交通，征调各地藏军，阻止川军入藏。藏军在江孜被川军击溃后与驻藏大臣协商，表示愿意撤回各处藏军，接受朝廷封赏，尊重驻藏大臣等。宣统二年（1910 年），川军进入拉萨，达赖喇嘛出逃。清王朝当即革去达赖喇嘛的名号，对随达赖喇嘛出逃的大臣一律免职通缉。这一决定引起中外信奉藏传佛教民族的抗议。清王朝为了缓和势态，一面斥责驻藏大臣办理不善，同时停止向西藏用兵，并调赵尔丰为四川总督以缓和矛盾。但清王朝对西藏的整治策略并没有因此而改变，一直延续到清王朝被推翻。

1912 年，达赖喇嘛返回西藏。西藏当时没有资产阶级民主革命党人的势力，民国政府将西藏作为中国的一个特殊地区对待。达赖喇嘛返回拉萨后，召集各地方头人商讨西藏内政外交诸事。迫于英国的压力，袁世凯政府停止了对西藏用兵，恢复了达赖喇嘛的名号，任命了驻藏办事长官。达赖喇嘛方面也先后通过新疆督军袁大化和四川督军尹昌衡进行谈判，提出恢复与中央政府的关系。

1928 年，达赖喇嘛派人到南京见蒋介石，西藏地方政府与南京政府开始了接触。从当时达赖喇嘛与国民党代表的谈话来看，他承认西藏是中国的领土，拥护国家统一，认为康藏问题是中国内部事务。1931 年，达赖喇嘛决定在南京设立“西藏驻京办事处”，西藏与中央政府的关系有了初步改善①。1933 年 10 月，达赖喇嘛圆寂，西藏地区举行隆重祭悼仪式。民国政府也在南京举行了盛大的悼念会，逃亡内地的九世班禅额尔德尼赴南京参加追悼，并就任民国政府委员。同时民国政府专派黄慕松入藏，消除西藏地方政府与中央政府之间的隔阂。1937 年 12 月，班禅额尔德尼在青海玉树圆寂。民国政府蒙藏委员会在拉萨设立驻藏办事处，西康省政府也正式成立。

① 牙含章著《达赖喇嘛传》，人民出版社 1984 年版。

为了维护阶级统治和政权稳定，历朝历代统治者也采取了一些安抚策略，促进了汉族与少数民族之间的交往与合作，形成了不可分割的联系。西部一些民族在建立政权过程中及建立政权以后，为加强对汉族的统治，急需得到汉族世家豪门的支持和合作。汉族世家豪门也往往投靠这些少数民族统治者，以确保自身利益和施展政治抱负。于是双方的关系既有统治民族与被统治民族矛盾的一面，又有相互妥协和联合的一面，而且后者越来越占主要地位。如从十六国到北朝基本上是以一些少数民族统治者为主，又与汉族地主联合建立的政权，汉族世家位至高官、受到重用的为数不少。

唐王朝对突厥人采取优待政策，当时迁居长安的突厥人有近万户，部分首领担任京官武职，其中任职五品以上将军、中郎将的有 100 多人，差不多占朝廷武官的 1/2。归附的东突厥大部分仍然居住在原地，唐王朝在其地设置羁縻府州。“自太宗平突厥，西北诸蕃及蛮夷稍稍内属，即其部落列置州县。其大者为都督府，以其首领为都督、刺史，皆得世袭。”①

五代时期，由沙陀建立起来的后唐、后晋和后汉王朝，为了巩固各自王朝的统治，以沙陀皇帝为首的统治集团，尽量吸收各民族尤其是汉族地主阶级中的新旧贵族、官僚、军阀及士人参政。后梁亡后，大批汉族官员、文武大臣齐集宫门待罪。李存勖宣慰说：“二十年血战，盖为卿等家门，无足忧矣，各复乃位。”② 唐、刘燕、后梁的勋贵臣僚，除了少数被认为“昧忠贞而不度安危，专利禄而全亏名节”③ 者遭到严处外，大多被留用或重用。如曾为刘守光参军的冯郎、同中书门下平章事，又被后晋拜为“守司空、同中书门下平章事，加司徒，兼侍中，封鲁国公”④ 等。契丹灭了后晋，冯道“又事契丹”。后汉高祖立，又“以太师奉朝请”⑤。这样官任两个少数民族王朝以上的文臣、武将屡见不鲜。沙陀统治集团大量任用汉族官吏。《新五代史》载，后唐王朝任职的 169 名官吏中有汉族 90 名，少数民族 73 名，不明民族成分的 6 名；后汉王朝任职的 39 名官吏中有汉族 33 名，少数民族 3 名，不明民族成分的 3 名。

---

① 《新唐书·地理志》，汉语大词典出版社 2004 年版。

② 《旧五代史·汉高祖刘知远本纪》，汉语大词典出版社 2004 年版。

③ 《旧五代史·唐书庄宗李存勖本纪》，汉语大词典出版社 2004 年版。

④ 《新五代史·冯道列传》，汉语大词典出版社 2004 年版。

⑤ 《新五代史·冯道列传》，汉语大词典出版社 2004 年版。

明朝中期以后社会矛盾激化，为了逃避明王朝的统治，汉族兵民源源不断进入漠南地区。尤其在嘉靖年间大同三次兵变后，逃入蒙古地区的士兵等最多。到16世纪末，移居土默特地区的汉族人口达到10万多[①]。俺答汗不仅收留了他们，而且给予牛羊、帐幕和耕地，并在《俺答汗法典》中制定了专门条款，调节和处理蒙古族和汉族的民众之间的关系。

清王朝“略仿明制，而损益之”[②]，以满洲贵族为核心、兼用汉人。大学士与六部尚书、侍郎及都察院等朝廷中各部官吏，一般是满汉兼用，数量上也差不多。各省总督、巡抚既有满人也有汉人，知府以下官吏则大多是汉人。各地驻防将军则一律委任满洲八旗官将。

二、少数民族间的政治关系

西部民族之间在政治生活的互动中，也形成了各种错综复杂的政治关系。在不同的社会历史条件下，相互之间的政治关系有着不同的内容和性质，有密切交往、互相依存、团结合作的一面，也有压迫、掠夺和争夺统治权的一面，从而常常出现统一、分裂而又复归于统一的局面。

（一）臣服型关系

西部民族间的臣服型政治关系是指已经建立了政权或以部落形式存在的西部民族向其他少数民族称臣纳贡，但仍然保持其原有的独立性、完整性和存在形态，通过封官、入贡或听命等形式接受其他少数民族的统辖。

汉武帝以前，西域各民族都不是独立存在的，而是不同程度地臣服于匈奴。伊犁河流域的乌孙，“故服匈奴”，后来虽然强盛起来，但仍然羁縻于匈奴[③]。匈奴对天山以南的诸城邦及随畜迁徙的游牧民族，设置“僮仆都尉，使领西域，常居焉耆、危须、尉犁间，赋税诸国，取富给焉”[④]。匈奴对被征服的民族和国家征收赋税，如对乌桓收“皮布税”[⑤]，对西域诸国则“赋税诸国，取富给焉”[⑥]。

契丹与后晋的关系是一种畸形的君臣与父子之国的双重关系。石敬瑭

---

① 中华书局编辑部编《明神宗实录》，中华书局1985年版。

② 《清朝文献通考·职官》，商务印书馆1935年版。

③ 田继周著《秦汉民族史》，四川民族出版社1996年版。

④ 《汉书·西域传》，汉语大词典出版社2004年版。

⑤ 《汉书·匈奴列传》，汉语大词典出版社2004年版。

⑥ 《汉书·西域传》，汉语大词典出版社2004年版。

“事契丹甚谨，奉表称臣，谓契丹主为皇帝”。每次契丹使者到来，石敬瑭在别殿拜受诏敕。每年除奉送金帛30万之外，吉凶庆吊，不时赠送珍贵物品。契丹“小不如意，辄来责让”，而石敬瑭“常卑辞谢之”。相反“晋使者至契丹，契丹骄倨，多不逊语”①。后晋臣僚百姓，对此“咸以为耻”，而石敬瑭“事之曾无倦意”②。

贞观二年（628年），东突厥汗国势衰，原羁属于突厥的薛延陀部首领夷男在唐王朝支持下，建立丐薛延陀汗国。“回纥、拔野古、阿跌、同罗、仆骨、霫诸大部落皆属焉。”③

契丹阿保机即帝位后，为了扩大统治领域，对周边各民族展开了一系列的军事、政治攻势。对西部、西北部地区的民族主要是采取诉诸武力，出兵征伐。神册元年（916年），阿保机率大军“亲征突厥、吐谷浑、党项、小蕃、沙陀诸部，皆平之”，并“俘其酋长及其户万五千六百，铠甲、兵仗、器服九十余万，宝货、驼、马、牛、羊不可胜算”④。天赞三年（924年），又向西部地区各民族发动了第二次规模更大的军事进攻，“大举征吐谷浑、党项、阻卜等部”⑤。之后西部各民族通过接受封官、“入贡”或“听命”等形式接受管辖。

五代后晋时，夏州李彝殷率兵从麟州渡黄河进入辽国西部边境，以牵制辽军。晋出帝授予李彝殷为契丹西南面招讨使。这是夏州李氏政权与辽在政治上的最初接触。李继迁反叛宋王朝自立，并以辽国为援，这是辽国与西夏国建立正式关系的开始。此后100多年间，辽国与西夏国虽因利益冲突发生过兵戎之事，但总体上和平友好相处。西夏国对辽国在政治上始终保持着某种臣属关系。李继捧内迁归附宋王朝后，李继迁不愿内附向辽国称臣，被授为“定难军节度使、银夏绥宥等州观察处置等使、特进检校太师、都督夏州诸军事”⑥，并以宗室“耶律襄之女封义成公主，下嫁继迁”，赐马3000匹⑦。统和八年（990年），辽圣宗晋封李继迁为夏国王，次年李继捧归附辽国，辽

---

① 〔北宋〕司马光编纂《资治通鉴》，中华书局1956年版。
② 〔北宋〕司马光编纂《资治通鉴》，中华书局1956年版。
③ 《旧唐书·铁勒传》，汉语大词典出版社2004年版。
④ 《辽史·太祖耶律阿保机本纪》，汉语大词典出版社2004年版。
⑤ 《辽史·太祖耶律阿保机本纪》，汉语大词典出版社2004年版。
⑥ 《辽史·圣宗耶律隆绪本纪》，汉语大词典出版社2004年版。
⑦ 《辽史·西夏列传》，汉语大词典出版社2004年版。

王朝封其为西平王。李继迁之子李德明即位后，采取了同时结好辽国、宋王朝的策略。统和二十二年（1004 年），辽国封李德明为西平王；统和二十八年（1010 年），又改封为夏国王，以后又不断加封。西夏国所处的中间地位从宋王朝和辽国双方得到了不少好处。景福元年（1031 年），元昊娶辽国兴平公主，辽国封元昊为夏国公、驸马都尉。第二年又册封为夏国王，从而进一步加强了双方在政治上的联系。此后双方有战有和，直到辽保大四年（1124 年）西夏国向金国进誓表称臣，与辽国断绝了政治上的关系。第二年辽王朝灭亡①。

从蒙古国建立前一年的开禧元年（1205 年）到嘉定二年（1209 年），蒙古大军三次征伐西夏国，迫使西夏国主李安全“纳女请和”，向蒙古国称臣纳贡。蒙古国从西夏国掠去大量牲畜、物资，并役使西夏人制造箭盾等武器，直到宝庆三年（1227 年）最终灭西夏国②。

（二）内属型关系

内属型政治关系是指一些西部民族自身没有建立政权，或者是在历史发展中丧失了自己的政权，并完全丧失了原有的独立性、完整性和存在形态，而被纳入另外的少数民族政权统治之中。

辽王朝与西北回鹘诸部的关系主要表现为：辽国在回鹘地区设立王府，王府的官吏有些由辽朝廷诰封，如辽会同四年（941 年）“特授回鹘使阔里于越”③；也有回鹘单于向辽请官的，如会同二年（939 年）辽朝廷应其所请，“诏第加刺史、县令”④。辽朝廷对回鹘各王府“大者拟王封，小者准部使。命其酋长与契丹人区别而用”⑤，这是利用回鹘诸部酋长对本族人进行统治。实际上回鹘诸部对辽王朝处于自主、半自主状态。二者之间的关系主要是通过朝贡实现。《辽史·本纪》有关回鹘的记载有 40 多项，其中有关朝贡的就多达 30 项。

西辽基本上沿袭辽王朝的统治方式对西域诸族进行统治，各首领都是西辽的藩臣。这些藩臣对西辽的臣属程度不尽相同，有的辖地成为西辽国土的

---

① 陈佳华著《宋辽金时期民族史》，四川民族出版社 1995 年版。

② 杜建录著《西夏与周边民族关系史》，甘肃文化出版社 1995 年版。

③ 《辽史·太宗耶律德光本纪》，汉语大词典出版社 2004 年版。

④ 《辽史·兴宗耶律宗真本纪》，汉语大词典出版社 2004 年版。

⑤ 《辽史·百官志》，汉语大词典出版社 2004 年版。

一部分，政权首领与西辽的地方官吏接近；有的辖地虽然成为西辽国土的一部分，但政权首领有一定的自主权；而有的辖地不是西辽国土的组成部分，政权首领自称国王，但与西辽有一定的藩属关系。

13世纪初，蒙古脱离了散漫松懈的氏族部落分立状态，开始成为一个武力强盛的统一民族。历经70年之久，各个分立的民族政权逐一被蒙古所灭。太祖四年（1209年），被西辽控制压迫的畏兀儿国主巴而术阿而忒的斤亦都护决定依靠蒙古摆脱西辽统治，于是毅然杀掉西辽太监归附蒙古。蒙古在其境内派达鲁花赤进行监督，又驻重兵于其陪都别失八里。海押立与阿力麻里不剌城的哈剌鲁首领阿儿思兰汗、斡匝儿等，也于太祖六年（1211年）脱离了与西辽的臣属关系而归附蒙古。太祖十三年（1218年），成吉思汗派哲别率军消灭了盘踞西辽的“乃蛮”贵族屈出律，兼并了西辽领土，于是西北大片土地都置于蒙古统治之下①。

蒙古大汗窝阔台在位时，将西夏旧地封给其子阔端为“份地”。嘉熙三年（1239年），阔端派部将多达那布率军进入吐蕃。这时吐蕃处于分裂状态，藏传佛教和地方势力结合又形成教派林立的局面。其中势力较强的是以款氏家族为中心创立的萨迦派，称雄于整个后藏。因此阔端在听多达那布述说了吐蕃各派势力的情况后，决定召请萨迦第四代座主萨班·贡嘎坚赞到凉州会晤。淳祐六年（1246年），萨班到凉州议妥吐蕃归顺条件后，由萨班以本人的名义致公开信给吐蕃各僧俗首领，敦劝接受蒙古设官授职、清查户口、缴纳贡赋等规定，承认为蒙古的藩属，进而蒙古与吐蕃在政治上确立了主从关系②。

元王朝实现大统一后，与西部民族地区的领属关系比以往更加紧密。西北边陲在成吉思汗西征前就已经归属蒙古。畏兀儿人在元朝政治生活中颇为活跃。据《元史氏族表》统计，畏兀儿人入仕元王朝的达33族。畏兀儿首领亦都护及其亲属，更被蒙古君主“宠异冠诸国”③。自降附蒙古后格外受到成吉思汗的优待，被准许“仍领其地及部民”，世代承袭亦都护之职④。为了进一步密切双方的关系，蒙古皇室还与其缔结姻缘，世代通婚。成吉思汗将亲生女嫁给巴而术阿而忒的斤。自忽必烈起，元王朝更将联姻作为笼络畏兀儿

① 罗贤佑著《元代民族史》，四川民族出版社1996年版。

② 罗贤佑著《元代民族史》，四川民族出版社1996年版。

③ 〔元〕赵孟頫、刘因撰《松雪斋文集·全公神道碑铭》，上海书店1989年版。

④ 罗贤佑著《元代民族史》，四川民族出版社1996年版。

首领的有效手段。元朝统治者通过封赏、联姻等方式与畏兀儿亦都护建立的紧密关系，成为元王朝统治西北边陲的有力支撑。

元世祖忽必烈继承并发展了阔端利用宗教领袖统治吐蕃地区的策略。宝祐元年（1253 年），忽必烈在进军大理国途中驻六盘山时，便派人去凉州召请萨班前来会晤。此时萨班已死，继任萨迦法王的是他的侄子八思巴，八思巴接到忽必烈之命便携同其弟恰那多吉到六盘山谒见忽必烈。忽必烈不但将八思巴留在身边，还将阔端孙女黑卡顿公主许配恰那多吉①。八思巴谒见忽必烈是继萨班与阔端凉州会晤后蒙古族和藏族关系史上的又一重大事件，进一步加强了蒙古政权与萨迦款氏家族为代表的吐蕃政教势力之间的政治关系。

忽必烈建立元王朝后，对于吐蕃“以其地广而险远，民犷而好斗，思有以其俗而柔其人”②，大力尊崇萨迦法王，以宗教力量统治吐蕃。至元元年（1264 年），设立总制院“以管领释教僧徒及吐蕃之境”，命八思巴总领院事。至元二十五年（1288 年），总制院改为宣政院，管理青藏高原各部的军事民政。凡吐蕃地区的“军旅、选格、刑赏、金谷之司，悉隶宣政院”③。直到元末历代元帝都有“帝师”，而且大多出自萨迦款氏家族。“帝师之命”也“与诏旨并行于西土”，地位十分崇高。同时元王朝还通过封赐联姻方式增进与萨迦款氏家族的关系。萨迦款氏家族中先后有恰那多吉、达钦桑波贝、琐南藏卜、贡嘎勒贝迥乃坚赞贝桑布被封为“白兰王”，并迎娶蒙古公主成为驸马。

“色目人”是元王朝对来自天山南北及葱岭以西的畏兀儿、“回回”、钦察、康里等西域人及唐兀人、汪古人的统称，其中以“回回人”居多。色目人文化程度较高，善于经商理财，符合忽必烈急于富国的需要。更重要的是他们大多来自中亚等地，在汉地不易作乱，对元王朝来说可供驱使而不致构成威胁。于是忽必烈开始重用色目人。至元二年（1265 年），正式颁诏“以蒙古人充各路达鲁花赤，汉人充总管，回回人充同知，永为定制”④，明确地利用“回回人”牵制汉人。此后民族界限越来越严格，多次禁止或罢免女真、契丹、汉人担任达鲁花赤，而蒙古人及色目人则可以担任。由此不难看出，色目人所享受的待遇仅次于蒙古人，而优于汉人及久居的女真人、契丹人。

① 罗贤佑著《元代民族史》，四川民族出版社 1996 年版。

② 《元史·释老列传》，汉语大词典出版社 2004 年版。

③ 《元史·百官志》，汉语大词典出版社 2004 年版。

④ 《元史·世祖忽必烈本纪》，汉语大词典出版社 2004 年版。

至元十六年（1279 年），南宋灭亡后，遗民与北方汉人构成元王朝统治下“臣民”的绝大多数。自此，元王朝的民族等级制在实际社会政治生活中逐渐明确起来。

忽必烈在征服大理国时，就开始利用当地民族首领担任土官，“平云南，遣将招降其酋长，遂分三十六路，四十八甸，皆设土官管辖，以大理金齿都元帅府总之”[①]。元王朝建立后，一方面“蛮夷腹心之地，则又因制兵屯旅以控扼之”[②]，同时大力招抚各民族首领充当“蛮夷之官”，利用其传统的地方势力与影响统治镇压各民族。至元十六年（1279 年），诏谕各民族首领“能率所部归附者，官不失职，民不失业”[③]。至元十九年（1282 年），又颁令：“以新附洞蛮酋长为千户。”[④] 对于少数民族上层人士充当的土官给予特殊待遇，除准予“世守其土，世长其民”外，还明文规定：“土官病故，子侄兄弟袭之，无则妻承夫职。”[⑤] 甚至“土官有罪，罚而不废”，尽量保持其在当地世袭的权力与地位，很少干涉其内部事务。但土官要按时朝贡，以考察“忠顺”之心。为了有效控制土官，还多次下令让各族酋长子弟“入质京师”。大多数土官管辖地区的户口、民田都要登记造册，上报朝廷，民户“皆赋役之，比于内地”[⑥]。这些都是土官地区接受元王朝统治的主要标志。

（三）交往型关系

西部民族之间虽然有各族统治者掠夺、压迫其他民族和争夺统治权的战争，但各民族在矛盾冲突中又相互汲取长处，进行多方面的交流，各民族之间的交往关系在纷繁的矛盾纷争中逐步建立起来。

五代时期，五个王朝中开国君主是少数民族的有三个：建立后唐和后汉的分别是沙陀突厥人李存勖和刘知远，建立后晋的是“西夷”突厥人石敬瑭。后唐时期，沙陀突厥上层势力首次登上统治中原的政治舞台，随之大量的西北、东北少数民族迁入中原。仅李存勖的军队，除了数量相当多的突厥骑兵作为嫡系部队外，还有许多西北、东北地区的少数民族将士，如“奚、契丹、

① 〔明〕钱古训撰《百夷传》，云南人民出版社 1980 年版。

② 《元史·兵志》，汉语大词典出版社 2004 年版。

③ 《元史·世祖忽必烈本纪》，汉语大词典出版社 2004 年版。

④ 《元史·仁宗爱育黎拔力八达本纪》，汉语大词典出版社 2004 年版。

⑤ 《元史·仁宗爱育黎拔力八达本纪》，汉语大词典出版社 2004 年版。

⑥ 《元史·地理志》，汉语大词典出版社 2004 年版。

室韦、吐浑之众十余万"[①]。同时还有大量少数民族随军迁入内地居住。后唐王朝对"诸色人"的少数民族住房、盖房、买卖房舍、田地及参加科举等都有明文规定，对迁入中原的少数民族给予正式的承认。

云南德宏地区的傣族土司和景颇族山官、头人各自向对方百姓进行剥削、压迫，因而直至中华人民共和国成立后的民主改革前，两个民族之间一直存在着矛盾和隔阂。傣族土司向景颇族人征收"门户钱""霜降款"，派景颇族人服劳役、兵役等，利用各山官之间的矛盾挑拨离间，或直接对景颇族进行武装镇压、挑起战争，造成景颇族人生命财产损失。同时景颇族山官、头人也怂恿少数人对靠近山区的傣族村寨进行骚扰，傣族百姓为了求得安宁，又向景颇族山官、头人缴纳"保头税"等等。这些统治与被统治、剥削与被剥削的关系形成了两个民族之间的交往、对立。相互间的对立与隔阂直到中华人民共和国成立后的民主改革中才得到解决。

第二节　内部政治关系

西部民族内部的政治关系是少数民族生存和发展的重要条件。各个少数民族内部的政治关系不仅错综复杂，而且构成其民族政治生活中的基本结构。这种政治关系对少数民族的政治生活有着深刻的影响，而且是国家政治生活的重要组成部分。

一、个体间的政治关系

每一个少数民族都是由个体组成的，每个少数民族个体都有自己特殊的利益动机、利益愿望和利益要求。当这些个体为争取、实现和维护自己的利益而进入政治生活，与其他个体或群体、机构之间就形成了各种各样的政治关系。这些政治关系都是以个体的形式发生和存在的，因而成为一种个体间的政治关系。这种政治关系因不同个体在民族政治生活中扮演的角色不同而形成了不同的类型。

（一）普通个体的关系

在民族政治生活中普通个体是占绝对多数的政治主体。虽然他们并不控制和执掌政治权力，但却离不开政治生活，深受政治的影响，总是以一定的

---

① 《旧五代史·庄宗李存勖本纪》，汉语大词典出版社 2004 年版。

方式介入相应的政治过程之中。以普通个体为主体形成的政治关系，主要是普通个体在政治体系中所享有的政治权利和所承担的政治义务。

1. 权利与义务的绝对分离

在阶级社会中，西部民族的政治权利与政治义务完全分离，“几乎把一切权利赋予一个阶级，把一切义务推给另一个阶级”[①]。西部民族平民基本上没有政治权利，只有政治义务。

南诏王朝统治下的村社农民处境非常悲惨，不但要交纳赋税，还要承担繁重的劳役和兵役。劳役是在军将的监督下进行和奴隶一样的劳动。兵役的频繁，特别是南诏晚期进行长期的掳掠奴隶的战争，迫使大量农民背井离乡，以致田园荒芜、家破人亡[②]。

大理国时期，各族平民在封建领主的统治和剥削下，过着十分悲惨的生活。领主还制造出严格的等级界限和数不清的限禁、戒律：不准农民参与政治，不准农民对领主及其家属称名道姓，不准农民盖瓦房、楼房，更不能雕梁画壁，不与农民通婚，甚至连穿衣服、走路、用具都有各种限制[③]。

元朝初期，元王朝大量起用了原大理国白族地区的大、小领主，任用为各路、府、州、县的官吏，并准予世袭。当时白族平民在最大的土官——原大理王段氏和大领主高氏的统治下，继续受着残酷的压迫和剥削，但相比农奴，平民的人身依附关系比较松弛。广大平民每年要将 50% 以上的收获物交给土地所有者，承受沉重的地租剥削。而生活在土司领地内的农奴除交纳地租外，还要负担沉重的无偿劳役和名目繁多的苛派。直至明朝初期，洱海周围白族地区县以上的地方官府，除鹤庆府及大理府下属的邓川州、云龙州仍继续委任土官外，其他府、州、县的土官都予以废除，改设流官管制。从而大大削弱了领主的政治、经济特权，把大部分农奴从领主的人身依附关系中解脱出来，有了一定的人身自由[④]。

宋朝土官对其属民的统治也极其残酷。峒民的“生杀予夺，尽出其酋……一有微过，遣所亲军斩之上流，而自于下流阅其尸也”[⑤]。峒丁的生命也分文不

① 中央编译局编译《马克思恩格斯选集》（第 4 卷），人民出版社 1995 年版。

② 《新唐书·南诏列传》，汉语大词典出版社 2004 年版。

③ 《白族简史》编写组编纂《白族简史》，云南人民出版社 1988 年版。

④ 《白族简史》编写组编纂《白族简史》，云南人民出版社 1988 年版。

⑤ 〔南宋〕周去非撰，杨武泉校注《岭外代答校注》，中华书局 1999 年版。

值，“日曛，酉醉酣，仗剑步，峒丁避不及者，手刃焉”[①]。

元朝时期，封建生产关系在蒙古社会中居于主导地位，已经很难找到不属于任何领主的牧民和牧地，蒙古各部落的成员都已成为各级“那颜”的私属依附民。元王朝法令一再声称，牧民不得“撤离所部，违者斩”。藏匿流徙到别部的人要处以杖刑，因某种原因离开“所部”的人必须送回原部“著籍应役”。每个牧民被固定在各个领地中，并同领主建立了人身依附关系，必须向领主“各出差发”，承担包括缴纳实物税、呈献贡物、应差役、当兵、提供驿站所需的一切等义务[②]。

明朝时期，蒙古族平民仍然依属于封建主，所有土地（包括牧场、水源、森林）均归封建主领有和支配，在这些领地上放牧、耕作、渔猎的蒙古族平民虽然受到封建主的“保护”，但人身、财产、牧地均受封建主支配。除了极少数被豁免赋役的“阿拉特”之外，在封建主的领地上放牧必须向封建主纳贡服役[③]。他们虽然占有少量的牲畜从事个体游牧，负担却十分沉重。除了通常的赋税和服役之外，还要承受种种额外的负担。在主人有花费的一切主要场合，如向宗主纳贡、召集会议、转移牧地、家族婚丧大事时，必须提供牲畜和劳役。对私有财产的处理（如把财产分给儿子）、与外族交往、入寺为僧、举办婚事等都得受领主的监督和控制。在领主的残酷盘剥下生活很悲惨，“各部下穷夷，原无牛马可市，……日无一食，岁无二衣，实在难过”[④]。

清王朝从法律上确认蒙古封建主的特殊身份和对属民的不完全占有权。属民对领主具有严格的人身依附关系，未经许可不得随意离开主人的领地。出外经商或走访亲友须经主人同意。《理藩院则例》规定：封建主杀死平民，只罚牲畜；家奴杀死主人，则凌迟处死。平民诽谤王公要按被诽谤者的爵位高低罚不等的牲畜，即使是在背后议论，只要经过审实也要同样处理[⑤]。由于信仰或逃避封建主的压迫和剥削及其他各种原因，许多牧民都出家当喇嘛。因为喇嘛可以免除兵役、赋税和差役，而且还不愁基本生活，备受尊敬。

在土家族地区内的土司统治时期，土司既是政治上的统治者，又是各自

① 〔南宋〕周去非撰，杨武泉校注《岭外代答校注》，中华书局 1999 年版。

② 《蒙古族简史》编写组编纂《蒙古族简史》，内蒙古人民出版社 1985 年版。

③ 《蒙古族简史》编写组编纂《蒙古族简史》，内蒙古人民出版社 1985 年版。

④ 〔明〕陈子龙等选辑《皇明经世文编》，中华书局 1962 年版。

⑤ 《蒙古族简史》编写组编纂《蒙古族简史》，内蒙古人民出版社 1985 年版。

领地内最大的封建领主。田土山林都归土司所有，广大平民只有零星的一点儿份地。而且平民领得份地以后就被牢牢地束缚在土地上，除利用部分时间在自己的份地上劳动外，大部分时间都在土司、舍把、头人的领地上耕种和服劳役，成为封建领主的农奴。平民生男育女都要上报登记，长大后必须当差，与土司是一种人身隶属关系。战时服兵役，平时服劳役，“战时自持粮糗，无事则轮番赴司听役。每季役止一旬，亦自持粮，不给工食”[①]。除此之外，还要交纳一定数量的实物地租。土司规定农奴每户每年必须给大小二官馈送粮食、鸡鸭、肉肘等物品，穷困无力负担之家也必须照例交纳。在土司残酷的政治压迫、经济剥削下，广大农奴过着暗无天日的悲惨生活。没有人身自由，劳役繁重，被没有时间限制地役使。土司对待他们如同牛马，“刑杀任意，抄没鬻卖，听其所为”[②]。

2. 权利与义务的相对分离

在极个别的情况下，由于外部因素影响或为了加强统治，统治者会给予西部民族平民极少的政治权利，以此笼络人心，巩固其统治地位。

宋朝时期，水族民众在表面上仍具有村社社员的身份，并通过作为传统社会基层组织的村社“洞”“寨”集体领得一份土地归自己耕种，甚至还可自由使用集体的荒地、山林、牧场。但由于这些土地的最高所有权已被领主侵占，平民必须以村寨为单位向领主缴纳贡赋或提供无偿劳役，作为领用土地的经济报酬[③]。

傣族村社成员则把承担寨内公共事务视作古规，作为自己的当然义务。每年需要集体进行的较大杂务有修渠、筑坝、挖路、架桥等，或者帮助新户“出负担”（新户最初三年不出负担）、帮助村寨成员盖新房（全寨都要出动）、为死者料理丧事（死者出殡，全寨都要停止劳动）等。服兵役、祭勐神、斋僧赕佛则是每个村社成员应尽的义务。村社成员积极承担公共事务，就可以分到一份土地[④]。

晚清时期，迁居中国的俄罗斯族均属于沙皇俄国的臣民。当时中国正处于腐败无能的清王朝统治之下，国际地位极低。沙俄却是一个实力强大的帝

① 〔清〕顾彩撰《容美纪游》，湖北人民出版社1999年版。

② 《清史稿·世宗本纪》，中华书局1977年版。

③ 《水族简史》编写组编纂《水族简史》，贵州人民出版社1985年版。

④ 《傣族简史》编写组编纂《傣族简史》，云南人民出版社1986年版。

国主义国家，国际地位较高。因此，当时迁居中国的俄罗斯族不愿意，也不想把自己当作中国人，而总是以俄国侨民的身份出现。商人享受免税的特权，做工务农的则享受外国侨民的优待。他们不受中国官吏的管辖和法律的约束，视沙皇派驻的领事为顶头上司，只受俄国法律的约束。中国官府不敢督责他们纳税缴捐，总是百般谨慎地处置与之相关的事务。十月革命以后，迁居中国的俄罗斯族的社会地位发生了巨大变化。苏维埃政权向全世界公开宣布，放弃帝俄在国外获得的一切侵略权益，以平等的态度对待一切国家和民族。留居中国的俄罗斯族因而失去了政治经济上的特权不再有优越感，开始与中国各民族平等相处①。

杨增新统治新疆时期（1912—1928年），以老庄哲学的核心“无为而治”为指导，对待俄罗斯族相当宽厚和爱护。除了发给必要的救济外，还按照不同情况设法安置。各地官府对在农村定居务农的给其分拨土地，发放耕畜和籽种；对在城镇落户的给以谋生的自由。不登记户籍，也不另设官吏，更不征收租赋捐税。这些措施极大地促进了俄罗斯族的安定和发展。这一时期新疆的俄罗斯族分成了两部分，一部分是由苏联领事管理的侨民，一部分则是形式上属于中国的“归化人”②。

1928年，杨增新被刺杀后，金树仁任新疆省主席。为了加强统治、增加财政收入，对迁居新疆的俄罗斯族采取了一系列新措施。俄罗斯族必须向政府申请居留证和营业执照，或者办理“归化”手续。许多俄罗斯人出钱申请了居留证和营业执照，取得了暂住新疆从事工商业的权利。他们虽已不是苏联侨民，但也没有办理“归化”手续，因而也未成为中国公民。另外一部分俄罗斯人则办理了“归化”手续，取得了中国国籍。据1930—1931年的《新疆政府公报》记载，这期间乌鲁木齐办理“归化”手续的有56户207人，塔城办理“归化”手续的有90户288人；伊犁虽未公布具体数字，但因为当地俄罗斯人更多，所以办理“归化”手续的可能更多③。

1933年，金树仁被逐出新疆，盛世才攫取了新疆的军政大权。为了巩固统治，盛世才高唱民族平等的调子，推行了一些新的民族政策。1934年，新疆召开第一次民众代表大会，俄罗斯族代表以“归化族”名义出席了会议。

---

① 《俄罗斯族简史》编写组编纂《俄罗斯族简史》，新疆人民出版社1987年版。

② 《俄罗斯族简史》编写组编纂《俄罗斯族简史》，新疆人民出版社1987年版。

③ 《俄罗斯族简史》编写组编纂《俄罗斯族简史》，新疆人民出版社1987年版。

1935 年，新疆召开第二次民众代表大会。会上对新疆少数民族的划分和称谓做了具体规定，并通过了相应的决议案。俄罗斯族又以“归化族”的名义正式加入新疆 13 个民族的行列。会后，在各行政区成立的“新疆民众联合会”中都选有一定数量的俄罗斯族代表。从此之后，俄罗斯族正式加入中华民族的大家庭，开始在中国的政治舞台上发挥作用①。中华人民共和国成立后，依照俄罗斯族人民的意愿，废除带有歧视性的“归化族”这一称谓，改用本名。

（二）特殊个体的关系

由于历史和现实、经济、社会等诸多原因，在西部民族中一些个体相对于普通个体对民族的生存、发展有着更强的能力和更大的影响力。他们在西部民族政治生活中扮演着十分重要的角色，发挥着独特的作用，并形成特殊的政治关系。

大理国初期大力进行了分封，如封董氏于成纪（辖区属今云南省永胜县），封爨氏于巴甸（辖区属今云南省通海县），封高氏于巨桥（辖区属今云南省昆阳镇）等。对于“乌蛮”贵州也进行加封。《滇史》载：“思平之得国，以讨来杨氏，其成功实赖东方诸蛮。故于初年，即加恩三十七部蛮，颁赐宝贝，大行封赏。”② 而段氏族人则分封到关津要隘和富沃之区，为段氏征收赋税和承担军事防卫工作，对封予的土地和农奴有完全的所有权、处置权。到了高氏专权后，封其子孙分牧“八府四镇”“世官世禄”“管土管民”，分封领地更加普遍③。但对最高土地所有者大理段氏，都必须定期进贡和调派劳役、兵役等。如北宋绍圣二年（1095 年），鄯阐（辖区属今云南省昆明市）领主高观音除向大理王进贡金马杖 80 节外，还向大理王呈报了所管理的 3.3 万户平民④。大观三年（1109 年），各方领主和部落酋长一次向大理王进纳的贡物中，有金、银、罗绮、犀、象、牛、马及各种珍贵宝物，都是以万为单位计算，数量极多⑤。

元朝时期，蒙古社会以大汗为首的各级那颜，包括诸王、后妃、公主、驸马及万户、千户首领等形成一个等级制的阶梯，实行奴役所属部民的世袭

① 《俄罗斯族简史》编写组编纂《俄罗斯族简史》，新疆人民出版社 1987 年版。

② 王钟翰著《中国民族史》，中国社会科学出版社 1994 年版。

③ 《白族简史》编写组编纂《白族简史》，云南人民出版社 1988 年版。

④ 《白族简史》编写组编纂《白族简史》，云南人民出版社 1988 年版。

⑤ 《白族简史》编写组编纂《白族简史》，云南人民出版社 1988 年版。

统治。明朝时期，蒙古各封建领地仍有世袭领主，这些领主及其臣僚和领主的子孙构成蒙古社会的封建统治阶级。大汗本人和带有“济农”（亲王）衔的王子处于上层。大汗除管理直属的兀鲁思并统率左翼3万户以外，名义上统治全蒙古。济农除管理直属的兀鲁思之外，统率右翼3万户。在大汗和济农之下还有“洪台吉”“台吉”“塔布囊”等，都是“兀鲁思”（土绵）、“鄂托克”（和硕）的统治者。达延汗以后废除了“赛特”们的世袭领地，不再设丞相、太师职位，除了少数领地外，所有大小领地的领主都由达延汗的子孙充当①。自藏传佛教格鲁派传入蒙古之后，上层喇嘛也成为封建统治阶级的一部分，拥有领地和属民，而且大部分出身于统治阶级。封建领主管理各自领地的一切事务，拥有领地内的军政及向属下征税的全部权力。小领主相对于大领主，大领主相对于大汗都处于层层藩属地位。宗主和藩属的关系通过赋役来体现，包括参加军政会议、出征并提供一定数量的士兵和差役、向宗主献纳贡物等②。

明王朝对于保存下来的一部分土官，一方面通过他们统治人民，同时又采取一系列措施限制，削弱领主经济和政治势力的发展。在政治方面，凡任命土官的府、州，大多设有流官同治，实行“土、流同城”“流官掌印”。每代土官袭职必须进京请袭，经朝廷任命后才能得到合法职位。朝廷可以随时除去土官的职位，并限制土官随从人员的人数，断绝其武装来源。土官三年一贡，在朝廷用兵时还必须提供大量的财力和人力以满足军需。贡品和征输数量的多寡是考查土官忠诚程度的标准之一。

清王朝对归顺或降附的蒙古封建主比照满洲贵族的爵秩，授以亲王、郡王、贝勒、贝子、镇国公、辅国公等爵位，又根据蒙古社会尊重“黄金家庭”的习惯，对出自成吉思汗家族的众多贵族，授以一、二、三、四等“台吉”的世爵。亲王以下六等爵位的袭封者分别领取岁俸。一般亲王岁俸银2000两，缎25匹；仆从、马匹另给银、米、刍料，银每日6两5钱3分，米3斗3升，以下各等递减。王公台吉还按爵位高低领有额定的人丁，爵位高的亲王领有人丁60，最低的四等台吉领有人丁4名③。

傣族村社的日常生活在“波曼”（寨父）、“米曼”（寨母）的管理下进

① 《蒙古族简史》编写组编纂《蒙古族简史》，内蒙古人民出版社1985年版。

② 《蒙古族简史》编写组编纂《蒙古族简史》，内蒙古人民出版社1985年版。

③ 《蒙古族简史》编写组编纂《蒙古族简史》，内蒙古人民出版社1985年版。

行，这是由过去的家族长演变而来的。土地的管理、居民的迁徙、新成员的吸收、宗教活动的进行，乃至于调处争端、主持婚丧都是他们职权内的当然事务。其下分别还有昆欠职掌文书、板闷管理水利、昆悍率领武装等各种事务。依据习惯法在家族内选出的村社酋长利用某种世袭权力及财富占有的优势，成为新的权力的代表者，蜕变为村社的“王侯”。对内掌握着管理和分配土地的特权，对外代表村社领有土地或出租土地。村社酋长经常破坏按原始习惯法在村社内实行的土地平均分配，向村社成员索取“贿金”才允许其耕种调配或转让的土地。而村社内部各项公共事务的进行，特别是农田水利的管理和兴建，也成为村社酋长扩大权力的重要手段。如叭曼真代表村寨对外出租土地，外寨人来租田或开荒，无论集体或个人都必须通过他。叭曼真说：“曼扫寨田不够种，向物跪着献蜡条，求点地皮开荒，我可怜他们，都答应了。”他们享受着各种特权，如勐宋的三个“叭龙”（大头人）分别管理着三四个傣族寨子和十多个山区的哈尼族、布朗族、拉祜族寨子，地位相当于三个“召勐”（勐土司），也是每年轮流派遣所属各寨为他们代耕土地，提供家务劳役①。

近代傣族社会中最高领主召片领、召勐、议事庭官员及部分村寨头人，构成领主集团。领主集团内部一般又按照血亲关系划分为“孟”“翁”两个等级。孟的意思是“头盖骨”，是人体最高贵的部分，比喻至高无上，专指召片领及其嫡系亲属；翁或萨都的意思是亲属，指召片领的旁系亲属，包括召片领的叔伯兄弟。就政治地位而言，召片领居于封建等级的最高层，实际上是各召勐的共主，而各召勐则是召片领的“封臣”。召勐有在其领地内组织武装、征派徭役赋税、管理民刑案件等权力，同时又有向最高领主定期朝觐、交纳贡赋、负担兵役的义务，实际上是领地内的最高领主。隶属于召片领和召勐的还有议事庭的各级官吏，其下则是村社内部游离出来的当权头人，他们直接控制着广大农奴，被加封“叭”“鲊”“先”等不同头衔②。

宋朝时期，水族村社内部有关集体的事务虽仍由“都老”主持，如遇到与外界的纠纷、械斗等，由都老敲击铜鼓召集村社成员参加战斗。而领主对村社成员则享有极大的统治权力。如有差役平民必须绝对服从，如取得赏识

① 《傣族简史》编写组编纂《傣族简史》，云南人民出版社 1986 年版。

② 《傣族简史》编写组编纂《傣族简史》，云南人民出版社 1986 年版。

领主“以牛马铜鼓赏之”，得罪领主“小事杖罚，大事杀之，盗物倍还其赃”①。而且领主自视血统高贵，不与外姓通婚。据史籍载，“有射氏，世为酋长……其族不育女，自以姓高，不可以嫁人”②。直至元朝时期，水族地区纳入了土司制度的范围。土司可以世袭，实际上也保持着相当的独立性，但按制度必须隶属流官统辖，比起唐、宋时期权力受到了一定限制。土官还必须按期向朝廷进贡丹砂、雄黄、马匹、雨毡、刀剑等物品。明朝时期，土司的政治地位逐步发生了变化。各级土官既是朝廷封派在当地的“命官”，对朝廷负有“谨守疆土，修职贡，供征调”的义务，同时又是封建领主，凭借朝廷的封号把辖境内的大部分土地通过各村寨的“寨老”分配给平民强迫其耕种，并以代朝廷征收贡赋的名义大量超征，而把相当数量的良田沃土占为自己的领地，交给司署附近的村寨耕种，强迫农民服各种无偿劳役。土司有自己的官衙、军队，并设有法庭和牢狱，生杀予夺的权力也都操在手里。同时按照自己的意志压迫残害平民，镇压农民起义③。

严格的等级制是土家族土司统治时期政治的显著特征，等级森严不可逾越。土司自称“本爵”，土民称其为“爵爷”、“都爷”或“土王”，称其妻为“夫人”，妾为“姑娘”，幼子为“官儿”，女儿为“官姐”，土司子弟担任官职的为总爷④。土司的下属官吏对土司父亲不能直呼其名，甚至与其父名同音的字也必须以其他字代替，犯“讳父名”者要遭到斥责⑤。土司所到之处，土民必须下跪迎接，“土司出，其仪卫颇盛，土民见之，皆夹道伏。即有谴责诛杀，惴惴听命，莫敢违者。”⑥ “土司杀人不请旨”，稍不如意任意屠杀土民。“无礼义，无法度，虽居中国，邈若海外。”⑦ 土司设有监牢和刑场，土人犯罪小则土知州治之，大则土司自己处治。重者斩首，轻者施以宫刑、断指、割耳、杖责等刑。土民中凡具有反抗意识者，或在土司衙署偷拿物品者，都处以极刑，一律斩首；有一般盗窃行为的则砍断手指；土民怠慢土司的客人，或不按期与土司会见的都要被割掉耳朵。

---

① 《宋史·蛮夷列传》，汉语大词典出版社2004年版。

② 《新唐书·南蛮列传》，汉语大词典出版社2004年版。

③ 《水族简史》编写组编纂《水族简史》，贵州人民出版社1985年版。

④ 《土家族简史》编写组编纂《土家族简史》，湖南人民出版社1983年版。

⑤ 《土家族简史》编写组编纂《土家族简史》，湖南人民出版社1983年版。

⑥ 《土家族简史》编写组编纂《土家族简史》，湖南人民出版社1983年版。

⑦ 《土家族简史》编写组编纂《土家族简史》，湖南人民出版社1983年版。

二、群体间的政治关系

在西部各个少数民族内部，由于具体利益的差别，人们组成了各种各样的群体。这些群体在争取、实现和维护自己利益的过程中围绕公共权力，构成各具特色的政治关系。这些政治关系都是以群体为主体发生的，因而是一种群体间的政治关系，在不同的社会历史条件下有着不同的表现形态。

（一）支系间的关系

西部很多民族内部往往分为若干支系，这些不同的支系由于族源、文化特征等方面的一致性而被视为同一个民族，但内部的差异却很大。因而一些不同支系之间不仅存在认同问题，还存在相互争斗的情形。

1. 对立关系

西部一些民族不同支系间大多数时候处于对立状态，相互之间为了争夺控制权、抢夺自然资源等而时常发生争斗。

羌族支系繁多、分布很广，北自秦陇，南自蜀汉以西，包括今甘肃省、青海省、四川省西部、西藏自治区和新疆维吾尔自治区昆仑山区都是其分布区。历史上，繁多的支系致使羌族的政治不统一和分散，即“不立君亘，无相长一”[①]，因而支系之间互相械斗和争夺比较严重，“强则分种为酋豪，弱则为人附落，更相抄暴，以力为雄”[②]，并在本民族支系间的械斗过程中形成了“以战死为吉利，病死为不祥”的道德规范。支系械斗的原因主要是争夺肥沃的土地和财产、争夺“附落”或血族复仇。世居大允谷的烧当羌与居于大小榆谷的先零、卑湳羌为了争夺土地和财富以及“附落”而发生械斗，结果烧当羌战胜了先零、卑湳并掠其财富、夺其土地而居之。“羌人所以易制也，以其种自有豪，数相攻击，势不一也。”[③]“羌人无大君长，而诸种豪递相杀伐，故每有仇雠，往来相报。”[④]

在川滇交界的大小凉山彝族社会中，各家支之间经常为了掳掠奴隶和财物、侵占土地而发生械斗，俗称“冤家械斗”，彝语称“吉尼吉舍”[⑤]。从形式上看，不但有当事人纠合小部分人进行的小型械斗，还有通过家支“蒙格”

---

① 《后汉书·西羌列传》，汉语大词典出版社2004年版。

② 《后汉书·西羌列传》，汉语大词典出版社2004年版。

③ 《汉书·赵充国传》，汉语大词典出版社2004年版。

④ 〔北宋〕司马光编纂《资治通鉴》，中华书局1956年版。

⑤ 《中国彝族史纲要》编委会编《中国彝族史纲要》，云南民族出版社1993年版。

充分组织和动员的大规模械斗，是奴隶社会用武力解决阶级矛盾的一种表现形式。

2. 联盟关系

同一个少数民族不同支系间虽然存在着诸多矛盾，但面对封建王朝、地方官府的压迫，或面临外部侵略时，不同支系会暂时放下内部矛盾，结盟一致对外。这种联盟关系往往由于特定的事件而引发，因而存在明显的临时性和不稳定性。

羌人各支系也经常结为联盟关系，特别在对付汉王朝的剥削方面更容易解仇结盟。如武帝元鼎五年（前 112 年），先零与封养、牢姐等 10 万多人反抗汉王朝，先“解仇结盟”或“解仇合约”，然后联合起来对付汉王朝。宣帝元康、神爵年间（前 65—前 58 年），先零等羌反抗汉王朝，也是先零“与诸羌种豪二百余人解仇交质盟诅”①。汉章帝章和元年（87 年），烧当羌反叛也“与烧何、当煎、当阗等相结，以子女及金银聘纳诸种，解仇交质”②。这种联盟具有明显的军事性质，具有较强的临时性和不稳定性。羌人各支为了某一个共同的军事目的联合起来，军事活动结束，联盟关系也就随之解体。联合起来的各支系除了“解仇盟诅”外没有其他约束，相互独立，以各自的利益为重，当共同利益发生变化时，联盟关系也就随之消失或瓦解。如在反抗汉王朝的斗争中，朝廷在军事压力下略施离间之计，羌族联盟往往就分裂和瓦解，甚至发生内讧和战争。

由于彝族历史上长期处在部落林立、各自拥土自立的状态中，彼此之间的纷争也十分激烈。据《明史·四川土司传》记载，水西、乌蒙、乌撒、芒部、东川、沾益等彝族各部每当受到外来威胁时，彼此之间就抛弃宿怨、共同对敌，一旦外来威胁消失，彼此之间又纷争不已③。

（二）村社、部落间的关系

村社形态的政治体系在少数民族政治体系结构中处于最低层次，但对所属民族的影响不可低估。在西部民族内部各个村社、部落之间经常发生利益冲突，从而形成了村社、部落间的政治关系。相互间经常为争夺土地、资源而发生械斗，甚至“打冤家，你打过来，我打过去。这主要是推行大汉族主

① 《汉书·赵充国传》，汉语大词典出版社 2004 年版。

② 《后汉书·西羌列传》，汉语大词典出版社 2004 年版。

③ 《中国彝族史纲要》编委会编《中国彝族史纲要》，云南民族出版社 1993 年版。

义的反动统治阶级挑起来的，……但他们内部也有很多利害关系”[①]。

傣族村社成员在自己村社的范围内劳动和生活，所有村社之间有着严格的地界。维护和管控地界不仅是村寨头人的责任，也是每一个村社成员的义务。为了防止其他村寨和其他等级的成员渗入，许多村社用鬼神来封路。如曼真寨对于迁入户和外迁户的规定极其严格，对于迁入者约法有三：①附有琵琶鬼的不要；②偷鸡摸狗的不要；③来路不明的不要。即使经头人认可和寨民同意入寨后，还必须履行极为重要的入寨手续，即“灵披曼”（祭寨神），否则不能成为村社的正式成员，也不能得到“披曼”即寨神的保佑。离寨也要灵披曼，即告诉一声“我走了，请寨神放行”[②]。

“武陵蛮”各部之间在政治上没有固定的联系方式，往往各自为政、互不隶属，以致在反封建王朝的控制及起义斗争中多被各个击破，或以“善蛮”攻“叛蛮”而失败。到魏、晋以后南北朝末期，各部之间的联系日渐增强，往往互相联合进行反抗封建王朝的斗争。在峡区及相邻地带的冉、向、田氏各部人口众多、势力强盛，其他姓氏各部大者万家、小者千户，他们联合“黔阳蛮”田乌度、田都唐等抄断江路。“信州蛮”冉令贤、伯犂、冉安西与向五子、向宝胜等曾共同抵抗北周军，或屯据峡区，自称王侯[③]。

元朝，水族土司、土目间为了扩张势力，相互兼并的情况不断发生。当时水族、布依族聚居的荔波、隶属庆远府的南丹溪洞等处安抚司，境内分为十六“埲”，各有“埲目”（土目）。到了元朝末年，由于各埲之间相互兼并，最后形成蒙、皮、雷三姓土司分据的局面[④]。

明朝，“和泥”的“乌蒙、乌撒、东川、芒布诸部长”，“自相雄长，虽受天朝爵号，实自王其地”，即各为其辖境内的大奴隶主。他们“嗜利好杀，争相競尚，焚烧劫掠，恕以为恒”[⑤]，认为掠夺是勇武和高尚的行为，而生产劳动则是卑贱的营生，强迫奴隶去劳作。部落之间械斗频繁，但如果与外族发生矛盾又一致对外，即“无事则互起争端，有事则相为救援”[⑥]。

---

① 国家民族委员会政策研究室编《中国共产党主要领导人论民族问题》，民族出版社1994年版。

② 《傣族简史》编写组编纂《傣族简史》，云南人民出版社1986年版。

③ 《土家族简史》编写组编纂《土家族简史》，湖南人民出版社1986年版。

④ 中国科学院民族研究所编《水族简史简志合编》，中国科学院出版社1963年版。

⑤ 《明史·云南土司列传》，汉语大词典出版社2004年版。

⑥ 《明史·云南土司列传》，汉语大词典出版社2004年版。

（三）与宗教团体的关系

“信仰宗教的个人、宗教团体、机构、组织之间的相互关系和他们与信仰之外的事物的关系，并非全是宗教关系”[①]。在西部民族中，不少民族全民信教，宗教的影响十分深刻，宗教团体在西部民族政治体系中发挥着不可忽视的重要作用。历史上，宗教团体利用其在少数民族中的影响，干预政治生活、分享政治权力，从而形成了一种以宗教团体为主体的政治关系，对西部民族的政治生活产生影响。

南诏婆罗门和佛教密宗的僧侣宣扬“法术”，从思想意识方面统治、麻痹老百姓反抗奴隶主的斗争意志。南诏统治者加封他们为“师僧”或“国师”，让其直接参与政权，对奴隶和平民进行统治剥削，有的还亲自出面镇压[②]。

大理国的僧侣属于贵族等级，官吏很多是从僧侣中选拔出来的。僧侣上层往往出身于领主家庭，甚至连大理国国王也会因为某种政治原因而“避位为僧”[③]。领主经常拨大量土地给寺院，从而大寺院成了大领主。僧侣享有很多特权，是大理国时期的文化垄断者，是组成大理国政权的主要统治者之一。地方则设有僧官，最高的称“国师”或“护国坛主”，帮助领主从政治上、精神上统治平民，与政治紧密地结合起来[④]。

① ［苏］伊·尼·亚布洛柯夫著《宗教社会学》，四川人民出版社 1989 年版。

② 《白族简史》编写组编纂《白族简史》，云南人民出版社 1988 年版。

③ 《白族简史》编写组编纂《白族简史》，云南人民出版社 1988 年版。

④ 《白族简史》编写组编纂《白族简史》，云南人民出版社 1988 年版。

参考文献

白寿彝著《清代回族人物志》，宁夏人民出版社 1992 年版。

《中国彝族史纲要》编委会编纂《中国彝族史纲要》，云南民族出版社 1993 年版。

《白族简史》编写组编纂《白族简史》，云南人民出版社 1988 年版。

《俄罗斯族简史》编写组编纂《俄罗斯族简史》，新疆人民出版社 1987 年版。

《蒙古族简史》编写组编纂《蒙古族简史》，内蒙古人民出版社 1985 年版。

《水族简史》编写组编纂《水族简史》，贵州人民出版社 1985 年版。

《土家族简史》编写组编纂《土家族简史》，湖南人民出版社 1983 年版。

《壮族简史》编写组编纂《壮族简史》（修订本），民族出版社 2008 年版。

《布依族简史》修订本编写组编纂《布依族简史》（修订本），民族出版社 2008 年版。

蔡放波主编《中国行政制度史》，武汉大学出版社 2009 年版。

曹沛霖、陈明明、唐亚林主编《比较政治制度》，高等教育出版社 2005 年版。

岑秀文著《苗族》，民族出版社 1993 年版。

〔东晋〕常璩撰《华阳国志》，齐鲁书社 2010 年版。

〔明〕陈邦瞻编撰《宋史纪事本末》，中华书局 1977 年版。

陈连开、杨荆楚、胡绍华、方素梅主编《中国近现代民族史》，中央民族大学出版社 2011 年版。

陈之迈著《中国政府》，商务印书馆 1948 年版。

聂崇岐著《宋史丛考》，中华书局 1977 年版。

戴锡章撰《西夏纪》，宁夏人民出版社 1988 年版。

杜建录著《西夏与周边民族关系史》，甘肃文化出版社 1995 年版。

〔唐〕杜佑撰《通典》，中华书局 1988 年版。

段尔煜、刘宝明著《中国民族自治地方行政管理学》，中央民族大学出版社 1994 年版。

〔宋〕范成大撰《桂海虞衡志》，广西民族出版社 1984 年版。

范文澜著《中国通史》，人民出版社 2008 年版。

〔南朝宋〕范晔撰《后汉书》，中华书局 2005 年版。

高永久著《民族政治学概论》，南开大学出版社 2008 年版。

葛剑雄主编《中国移民史》，福建人民出版社 1997 年版。

龚佩华、陈克进、戴庆厦著《景颇族》，民族出版社 1988 年版。

龚荫著《中国土司制度史》，四川人民出版社 2012 年版。

龚荫著《中国历代民族政策概要》，民族出版社 2008 年版。

龚荫著《中国民族政策史》，四川出版集团、四川人民出版社 2006 年版。

〔清〕谷应泰编撰《明史纪事本末》，吉林出版集团 2005 年版。

顾祖禹著，贺次君、施和金校点《读史方舆纪要》，中华书局 2005 年版。

贵州省民族事务委员会、贵州省民族研究所编《贵州“六山六水”民族调查资料选编》，贵州民族出版社 2008 年版。

胡庆钧著《凉山彝族奴隶制社会形态》，中国社会科学出版社 2007 年版。

《基诺族简史》修订本编写组编纂《基诺族简史》（修订本），民族出版社 2008 年版。

贾海东主编《中国历代民族理论民族政策研究》，中央民族大学出版社 2011 年版。

〔宋〕江少虞撰《宋朝事实类苑》，上海古籍出版社 1980 年版。

江应樑主编《中国民族史》，民族出版社 1990 年版。

金炳镐主编《民族纲领政策文献选编》，中央民族大学出版社 2006 年版。

金炳镐主编《中国共产党民族工作发展研究》，中央民族大学出版社 2007 年版。

金炳镐主编《中国共产党民族工作理论与实践》，中央民族大学出版社 2007 年版。

〔清〕金鉷编纂《广西通志》，台湾商务印书馆 1986 年版。

荆德新编《云南回民起义史料》，云南民族出版社 1986 年版。

〔宋〕乐史撰《宋本太平寰宇记》，中华书局 2000 年版。

李鸣著《中国民族法制史论》，中央民族大学出版社 2008 年版。

〔宋〕李焘编纂《续资治通鉴长编》，中华书局 1979 年版。

《傈僳族简史》修订本编写组编纂《傈僳族简史》（修订本），民族出版社 2008 年版。

李中清著，林文勋、秦树才译《中国西南边疆的社会经济：1250—1850》，人民出版社 2012 年版。

林剑鸣著《秦史稿》，上海人民出版社 1981 年版。

〔后晋〕刘昫等撰《旧唐书》，中华书局 2002 年版。

罗贤佑著《元代民族史》，四川民族出版社 1996 年版。

罗贤佑著《中国民族史纲要》，中国社会科学出版社 2009 年版。

马大正主编《中国古代边疆政策研究》，中国社会科学出版社 1990 年版。

〔元〕马端临撰《文献通考》，中华书局 1986 年版。

马曜、缪鸾和著《西双版纳份地制与西周井田制比较研究》，云南人民出版社 1989 年版。

《民族问题五种丛书》云南省编辑委员会编《云南苗族瑶族社会历史调查》，云南民族出版社 1982 年版。

《民族问题五种丛书》云南省编辑委员会编《云南小凉山彝族社会历史调查》，云南人民出版社 1984 年版。

莫金山著《瑶族石牌制》，广西民族出版社 2000 年版。

彭年著《中国古代民族关系史研究》，福建人民出版社 1989 年版。

普同金、赵学先、晓根、孙云著《云南少数民族地区行政制度》，云南人民出版社 1998 年版。

〔明〕钱古训撰《百夷传》，华文书局 1969 年版。

《十三经注疏》，上海古籍出版社 1997 年版。

史继忠著《西南民族社会政治形态与经济文化类型》，云南教育出版社 1997 年版。

〔宋〕司马光编纂《资治通鉴》，岳麓书社 1990 年版。

宋才发主编《民族区域自治法通论》，民族出版社 2003 年版。

〔明〕宋濂等主持纂修《元史》，中华书局 1976 年版。

田继周、罗之基著《西盟佤族的社会政治形态》，云南人民出版社 1980

年版。

田继周、罗之基著《佤族》，民族出版社 1996 年版。

田继周著《秦汉民族史》，四川民族出版社 1996 年版。

〔元〕脱脱等主持纂修《宋史》，中华书局 1985 年版。

《佤族社会历史调查》，云南人民出版社 1981 年版。

王明贵、王继超主编《水西简史》，贵州民族出版社 2011 年版。

王森著《西藏佛教发展史略》，中国社会科学出版社 1987 年版。

王尧、陈践译《敦煌本吐蕃历史文书》，民族出版社 1980 年版。

王钟翰主编《中国民族史概要》，山西教育出版社 2004 年版。

韦庆远主编《中国政治制度史》，中国人民大学出版社 1989 年版。

〔清〕魏源撰《圣武记》，中华书局 1984 年版。

翁独健著《中国民族关系史纲要》，中国社会科学出版社 2001 年版。

萧君和著《中华民族史》，黑龙江教育出版社 2001 年版。

晓根著《中国少数民族行政制度》，云南大学出版社 1999 年版。

谢东山编著《贵州通志》，齐鲁书社 1997 年版。

徐栋编，张霞云校《保甲书》，安徽师范大学出版社 2012 年版。

〔清〕徐松辑《宋会要辑稿》，影印本，中华书局 1957 年版。

徐万邦、祁庆富著《中国少数民族文化通论》，中央民族大学出版社 1996 年版。

许嘉璐主编《二十四史全译》，汉语大词典出版社 2004 年版。

薛宗正著《突厥史》，中国社会科学出版社 1992 年版。

牙含章著《达赖喇嘛传》，人民出版社 1984 年版。

严汝娴、刘小幸著《摩梭母系制研究》，云南出版集团公司、云南人民出版社 2012 年版。

杨东梁、张浩著《中国清代军事史》，人民出版社 1994 年版。

杨绍猷、莫俊卿著《明代民族史》，四川民族出版社 1996 年版。

〔明〕杨慎辑《南诏野史》，成文出版社 1968 年版。

杨学琛著《清代民族史》，四川民族出版社 1996 年版。

《瑶族简史》修订本编写组编纂《瑶族简史》（修订本），民族出版社 2008 年版。

尤中著《云南民族史》，云南大学西南边疆民族历史研究所 1985 年编印。

尤中著《中国西南民族史》，云南人民出版社 1985 年版。

《藏族简史》修订本编写组编纂《藏族简史》（修订本），民族出版社 2009 年版。

张尔驹著《中国民族区域自治史纲》，民族出版社 1995 年版。

张岂之主编《中国历史》，高等教育出版社 2001 年版。

〔清〕张廷玉主持纂修《明史》，中华书局 1974 年版。

〔明〕张萱辑《西园闻见录》（影印本）。

赵尔巽等撰《清史稿》，中华书局 1976 年版。

赵秀玲著《中国乡里制度》，社会科学文献出版社 1998 年版。

赵云田著《中国边疆民族管理机构沿革史》，中国社会科学出版社 1993 年版。

中共中央统战部编《民族问题文献汇编》，中共中央党校出版社 1991 年版。

中国科学院民族研究所编《水族简史简志合编》，中国科学院出版社 1963 年版。

《中国少数民族社会历史调查资料丛刊》修订编辑委员会、《民族问题五种丛书》云南省编辑委员会编《西双版纳傣族社会综合调查》，民族出版社 2009 年版。

《中国少数民族社会历史调查资料丛刊》修订编辑委员会、贵州省编辑组编《布依族社会历史调查》（修订本），民族出版社 2009 年版。

《中国少数民族社会历史调查资料丛刊》修订编辑委员会、贵州省编辑组编《黔西北苗族彝族社会历史综合调查》（修订本），民族出版社 2009 年版。

《中国少数民族社会历史调查资料丛刊》修订编辑委员会、四川省编辑组编《四川省阿坝州藏族社会历史调查》（修订本），民族出版社 2009 年版。

《中国少数民族社会历史调查资料丛刊》修订编辑委员会、云南省编辑组编《永宁纳西族社会及母系制调查》（修订本），民族出版社 2009 年版。

“中央研究院”历史语言研究所编《明神宗实录》，上海书店 1982 年版。

周星著《民族政治学》，中国社会科学出版社 1993 年版。

周振鹤著《中国地方行政制度史》，上海人民出版社 2005 年版。

朱万一著《中国少数民族革命运动史》，四川民族出版社 1988 年版。

左言东编著《中国政治制度史》，浙江古籍出版社 1986 年版。

后　记

本书的顺利完成是全体作者共同努力的结果。自写作提纲报审通过后，经过全体作者整整五年的共同努力，八易书稿，最终圆满完成了全部写作任务，个中艰辛大家都深有体会。

本书由段尔煜任主编，并组织、指导撰写。具体的分工是：段尔煜撰写导论、第五章，张光雄撰写第一章、第二章，陈旭东撰写第三章、第四章，李燕英撰写第六章、第七章。在各自完成各章初稿的写作后，陈旭东对部分书稿进行了初审，对一些史料进行了勘误，最后全书由段尔煜修改、定稿。

在本书的撰写过程中作者参考和引用了目前国内公开出版发行的大量相关史料及论著，为行文范式的统一，有的引文和观点没有在相关章节中一一注明，而只是一并列在“参考文献”中，在此特做说明，并谨表歉意。

直到目前，专题全面研究“西部传统民族政治”的成果或写作“西部传统民族政治”的专著尚未面世，所以本书的写作大纲由全体作者按《中国西部民族文化通志》丛书体例的要求共同研究拟定。而写作本书所需资料，作者则只能费时费力地从浩瀚的相关典籍、史料、史书及专著中搜集、挖掘、整理、考证和取舍。加上有的作者对民族史的研究尚有不足，所以本书中的内容难免还有疏漏和错谬，真诚期盼各位读者对书中的不足之处不吝赐教。

本书得以公开出版，得到了云南人民出版社的大力支持，在此特表示衷心的感谢！

编者

2016 年 3 月 28 日

图书在版编目（CIP）数据

中国西部民族文化通志. 政治卷 / 段尔煜主编. --. 昆明 : 云南人民出版社，2017. 6
ISBN 978-7-222-15622-7

Ⅰ. ①中… Ⅱ. ①段… Ⅲ. ①民族文化－文化史－西北地区②民族文化－文化史－西南地区③地方政治－概况－西北地区④地方政治－概况－西南地区 Ⅳ. ①K28 ②D67

中国版本图书馆CIP数据核字(2016)第306792号

出 品 人：李 维 赵石定
策划编辑：尹 杰
责任编辑：李 萍
装帧设计：王曦云
责任校对：余 祁 缪 伟 盛雪梅 温德辉 李 钧
责任印制：洪中丽

中国西部民族文化通志 政治卷
作 者 段尔煜 主编
出 版 云南出版集团 云南人民出版社
发 行 云南人民出版社
社 址 昆明市环城西路609号
邮 编 650034
网 址 http://ynpress.yunshow.com
E-mail ynrms@sina.com
开 本 787mm×1092mm 1/16
印 张 33
字 数 580千
版 次 2017年6月第1版第1次印刷
印 刷 云南国方印刷有限公司
书 号 ISBN 978-7-222-15622-7
定 价 165.00元

如有图书质量与相关问题请与我社联系
审校部电话0871-64164626 印制科电话0871-64191534